Geoffrey Roberts
STALINS KRIEGE

Geoffrey Roberts

STALINS KRIEGE

Vom Zweiten Weltkrieg
zum Kalten Krieg

Aus dem Englischen
von Michael Carlo Klepsch

Patmos

Zur Erinnerung an Dennis Ogden (1927–2004)

Titel der englischen Originalausgabe: *Stalin's Wars. From World War to Cold War, 1939–1953*
Yale University Press New Haven and London

Bibliografische Information der Deutschen Nationalbibliothek
Die Deutsche Nationalbibliothek verzeichnet diese Publikation in der
Deutschen Nationalbibliografie; detaillierte bibliografische Daten
sind im Internet über http://dnb.d-nb.de abrufbar.

© 2006 Geoffrey Roberts
© der deutschen Übersetzung 2008 Patmos Verlag GmbH & Co. KG
Alle Rechte vorbehalten.
Lektorat und Übersetzung der Zeittafel Thomas Menzel
Printed in Germany
ISBN 978-3-491-35019-9
www.patmos.de

Inhalt

Vorwort 7

Einleitung
Stalin im Krieg 11

Erstes Kapitel
Die unheilige Allianz. Stalins Pakt mit Hitler 45

Zweites Kapitel
Unheilvolle Illusionen. Stalin und der 22. Juni 1941 79

Drittes Kapitel
Vernichtungskrieg. Hitler versus Stalin 102

Viertes Kapitel
Sieg bei Stalingrad und Kursk. Stalin und seine Generäle 140

Fünftes Kapitel
Die Kriegspolitik. Stalin, Churchill und Roosevelt 188

Sechstes Kapitel
Triumph und Tragödie. Stalins Siegesjahre 218

Siebtes Kapitel
Befreiung, Eroberung, Revolution. Stalins Ziele in Deutschland
und Osteuropa 259

Achtes Kapitel
Letzte Schlachten. Stalin, Truman und das Ende des
Zweiten Weltkrieges 288

Neuntes Kapitel
Der verlorene Frieden. Stalin und die Ursprünge des
Kalten Krieges 333

Zehntes Kapitel
Der Generalissimus in seinem Umfeld. Der innenpolitische
Hintergrund von Stalins Außenpolitik nach dem Krieg 362

Elftes Kapitel
Konfrontation im Kalten Krieg. Der belagerte Stalin 392

Zusammenfassung
Stalin vor dem Gericht der Geschichte 421

Anmerkungen 424
Zeittafel 471
Ausgewählte Quellen und Literatur 477
Register 494
Danksagung 499

Vorwort

Dieses Werk über Stalin als Kriegsherr und Friedensstifter erblickte als Untersuchung über die sowjetische Rolle innerhalb des Kriegsbündnisses gegen Hitler das Licht der Welt. Das Ziel war herauszufinden, wie das Kriegsbündnis entstand und sich entwickelte, wie Stalin, Churchill, Roosevelt und Truman ihre diplomatischen und politischen Schlachten austrugen und warum das Bündnis nach dem Zweiten Weltkrieg zusammenbrach. Dieses Ziel blieb zwar als roter Faden in diesem Buch enthalten, aber 2001–2002 widmete ich mich einer Forschungsarbeit über die Schlacht von Stalingrad, die mich intensiver mit der militärischen Dimension von Stalins Kriegführung in Berührung brachte.[1] Ich begann mich auch stärker mit der sowjetischen Innenpolitik und der Sozialgeschichte der Stalin'schen Herrschaft in den Vierzigerjahren zu befassen. Das Ergebnis ist das vorliegende Buch – eine detaillierte Studie über Stalins militärische und politische Führung in der letzten und entscheidenden Phase seines Lebens und seiner Laufbahn.

Verkürzt gesagt, sind es drei Schlussfolgerungen, zu denen ich gelangt bin:

1. Stalin war ein höchst effizienter und erfolgreicher Kriegsführer. Er machte viele Fehler und verfolgte eine brutale Politik, die zum Tode von Millionen Menschen führte, aber ohne seine Führung wäre der Krieg gegen Nazideutschland wahrscheinlich verloren gegangen. Churchill, Hitler, Mussolini, Roosevelt – sie waren alle als Kriegsherren ersetzbar, aber nicht Stalin. Im Zusammenhang mit dem schrecklichen Krieg an der Ostfront war Stalin für den sowjetischen Sieg über Nazideutschland unverzichtbar.

2. Stalin setzte alles daran, das Kriegsbündnis mit dem Westen zu einem Erfolg zu machen und wollte es nach dem Krieg weiter bewahren. Während seine Politik und seine Handlungen ohne jeden Zweifel zum Ausbruch des Kalten Krieges beitrugen, waren seine Absichten anderer Art, und er trachtete in den späten Vierziger- und frühen Fünfzigerjahren danach, das Bündnis mit dem Westen wiederaufleben zu lassen.

3. Stalins Herrschaft im Inneren unterschied sich in den Jahren nach dem Krieg

stark vom sowjetischen System der Vorkriegsjahre. Sie war weniger repressiv, nationalistischer und in ihrer alltäglichen Funktionsweise nicht so abhängig von seinen Launen. Sie war ein System im Übergang zur relativ entspannten sozialen und politischen Ordnung der Zeit nach Stalin. Der Prozess der »Entstalinisierung« begann, während Stalin noch lebte, auch wenn der Personenkult um ihn bis zu seinem Todestag ungebrochen blieb.

Dieses Bild Stalins als des größten aller Kriegsführer, als eines Mannes, der den Frieden dem Krieg vorzog, und als eines Politikers, der den Vorsitz über einen innenpolitischen Reformkurs führte, wird nicht jedem gefallen. Es gibt Betrachter, für die das einzig akzeptable Bild Stalins das des bösen Diktators ist, der der Welt nichts als Übel bescherte. Das ist das Gegenbild des Stalinkultes – der Diktator als Teufel und nicht als Gottheit. Es ist ein Bild, das seinen politischen Führungsqualitäten in spiegelbildlich verkehrter Weise huldigt. Sicher war Stalin ein gewandter Politiker, ein intelligenter Ideologe und ein hervorragender Organisator. Er war außerdem eine in sich ruhende charismatische Gestalt, die alle beherrschte, die in näheren Kontakt zu ihm gerieten. Aber Stalin war kein Übermensch. Er verrechnete sich, kam zu Fehleinschätzungen und ließ es zu, dass er von seiner dogmatischen Haltung getäuscht wurde. Ihm war nicht immer klar, was er wollte und wie die Ereignisse sich entwickeln sollten. Er war ebenso launisch wie berechnend und entschloss sich häufig zu Taten, die sich gegen seine eigenen Interessen kehrten. Ein weiteres Ziel dieses Buches ist es, Stalin wieder auf eine menschliche Größenordnung zurückzuführen. Damit soll nicht bestritten werden, dass er in wildbewegten Zeiten lebte, noch soll der furchtbare Charakter vieler seiner Handlungen unterbewertet werden. Aber ich bin der Ansicht, dass Stalin durchschnittlicher war, als es seine Anhänger wie seine Ankläger sich vorstellen können – und gerade dies machte ihn in seiner Wirkung noch außergewöhnlicher. Diese Reduzierung Stalins auf Normmaß bringt eine Gefahr mit sich; sie könnte den Eindruck erwecken, dass viele seiner Verbrechen »normal« gewesen seien. Das ist nicht meine Absicht, und ich habe mich bemüht, so viele Details, wie ich nur konnte, über die verbrecherischen Taten Stalins und seines Regimes beizubringen. Aber dieses Buch ist kein Sündenregister Stalins. Sein Ziel ist ein besseres Verständnis seiner Person. Wie mein Kollege Mark Harrison angemerkt hat, können wir uns dieser Aufgabe stellen, ohne fürchten zu müssen, ein subjektives Risiko einzugehen, und wenn wir dieses bessere Verständnis erreicht haben, sind wir umso mehr in der Lage, ihn zu verurteilen, wenn wir dies denn wollen.[2] Für mich jedoch ist die Herrschaft Stalins nicht eine simple Moralgeschichte über einen paranoiden, rachsüchtigen und blutdürstigen Diktator. Es ist die Geschichte einer mächtigen Politik und Ideologie, die sowohl nach utopischen als auch nach totalitären Zielen strebte. Stalin war ein Idealist, der bereit war, jedwedes Mittel an Gewalt anzuwenden, das ihm nötig erschien, seinen Willen durchzusetzen und seine Ziele zu erreichen. Im titanischen Kampf mit Hitler waren seine Methoden widerlich, aber wirksam, und vielleicht unvermeidlich, wenn man den Sieg erringen wollte. Zugleich war sein Ehrgeiz nicht unbegrenzt; er war ein Realist und Pragmatiker, aber auch ein Ideologe, ein Führer, der sich auf Kompromisse einließ, bereit war, sich anzupassen und sich sogar zu verändern, solange dies nicht das sowjetische System oder seine eigene Macht bedrohte.

Robert H. McNeal, einer der größten Biografen Stalins, urteilte: Es hat keinen Sinn »zu versuchen, Stalin zu rehabilitieren. Der bestehende Eindruck, dass er in großem Maße Menschen abschlachtete, folterte, einkerkerte und unterdrückte, ist kein Irrtum. Andererseits ist es unmöglich, diesen ungemein begabten Politiker zu verstehen, indem man ihm einzig und allein alle Verbrechen und alles Leiden dieser Zeit zuschreibt oder ihn bloß als ein Monster oder einen pathologischen Fall begreift.«[3] Das Ziel dieses Buches ist nicht, Stalin zu rehabilitieren, sondern ihn sich noch einmal genau anzuschauen. Auf den folgenden Seiten wird der Leser viele Stalins finden: den Despoten und den Diplomaten, den Soldaten und den Staatsmann, den rationalen Bürokraten und den paranoiden Politiker. Sie alle zusammen ergeben das komplexe und widersprüchliche Bild eines hochtalentierten Diktators, der ein System schuf und kontrollierte, das stark genug war, den ultimativen Test des totalen Krieges zu überleben. Das langfristige Scheitern des stalinistischen Systems sollte uns nicht den Blick auf die ihm eigenen Tugenden verstellen und nicht auf seine entscheidende Leistung, den Sieg im Krieg gegen Hitler. Anstatt den Sieg des Westens im Kalten Krieg triumphal zu verkünden, sollten wir uns mehr an die Rolle der Sowjetunion erinnern, die dazu beitrug, einen langen Frieden nach dem Krieg zu erhalten.

Einleitung
Stalin im Krieg

Im Pantheon der Diktatoren des zwanzigsten Jahrhunderts wird Stalins Ruf als Machthaber von äußerster Brutalität und krimineller Energie einzig von dem Adolf Hitlers übertroffen. Als Stalin im März 1953 starb, wurde sein Ende dennoch weithin beklagt. In Moskau drängten sich weinende Massen auf den Straßen, und in der ganzen Sowjetunion waren Anzeichen von Massentrauer zu beobachten.[1] Bei Stalins Staatsbegräbnis standen die russischen Parteiführer Schlange, um auf ihren verstorbenen Parteichef Lobreden in ehrfurchtsvollem Ton zu halten, die den Eindruck erweckten, es handele sich mehr um den Tod eines Heiligen als um den eines Massenmörders. »Der unsterbliche Name Stalins wird für immer in unseren Herzen leben, im Herzen des sowjetischen Volkes und der gesamten fortschrittlichen Menschheit«, bekundete Wjatscheslaw Molotow, der russische Außenminister. »Der Ruhm seiner großen Taten im Dienste und zum Glück unseres Volkes und der Arbeiter der ganzen Welt wird ewig fortleben«.[2] Nichts von alldem war sonderlich überraschend. Während der letzten zwanzig Jahre seines Lebens hatte der Personenkult um Stalin in der Sowjetunion extreme Ausmaße angenommen. Der kultischen Verehrung folgend, wurde Stalin als großer Lenker des sowjetischen Staates verherrlicht, als politisches Genie, das im Zweiten Weltkrieg sein Land zum Sieg geführt und die UdSSR im Frieden in den Rang einer Supermacht erhoben hatte; weit darüber hinausgehend wurde er aber auch als »Vater der Völker« glorifiziert.[3] Er war, so lautete der Slogan, »der Lenin unserer Zeit«, und entsprechend wurde sein einbalsamierter Leichnam neben dem Gründer des Sowjetstaates im Mausoleum auf dem Roten Platz feierlich aufgebahrt.

Dennoch begann Stalins Ruhm in der Sowjetunion bald zu bröckeln. Nur drei Jahre nach seinem Tod, im Februar 1956, prangerte Nikita Chruschtschow, der neue Sowjetführer, den Personenkult um Stalin als eine Perversion der kommunistischen Prinzipien an und stellte Stalin als einen Despoten hin, der Genossen und Mitstreiter hatte hinrichten lassen, die militärische Führung des Landes dezimiert hatte und der während des Zweiten Weltkrieges die Sowjetunion von einem Desaster ins andere geführt hatte.[4]

Chruschtschows Rede wurde auf einer geheimen Sitzung des 20. Parteitages der KPdSU gehalten. Aber innerhalb weniger Monate folgte eine Erklärung des Zentralkomitees der Partei »Zur Überwindung des Personenkultes und seiner Konsequenzen«, die vielen der angesprochenen kritischen Thesen öffentliches Gehör verlieh.[5] Auf dem 22. Parteitag feuerte Chruschtschow 1961 eine neue Breitseite auf Stalin ab – nun in aller Öffentlichkeit. Ihm schlossen sich eine Reihe weiterer Redner an. Der Parteitag entschied, Stalins Leichnam aus dem Leninmausoleum zu entfernen, und eine Delegierte bemerkte in der Debatte gar, sie sei »Lenins Rat gefolgt, und es war, als ob Lenin lebendig vor mir gestanden und gesagt habe: Es ist unangenehm, neben mir Stalin zu haben, der so viel Schaden auf die Partei geladen hat.«[6] Stalins Leichnam wurde daraufhin von Lenins Seite entfernt und in einem bescheidenen Grab an der Kremlmauer beigesetzt.

Nach dem Sturz Chruschtschows 1964 fand die neue Sowjetführung es angebracht, Stalin teilweise wieder zu rehabilitieren. Das besondere Problem an der Kritik Chruschtschows war, dass sie gefährliche Fragen zum Versagen der gesamten Partei in ihrer Kontrolle der Stalin'schen Diktatur aufwarf und Fragen zur Mitschuld weiterer Mitglieder der militärischen und politischen Führung an seinen Verbrechen heraufbeschwor. Stalin blieb auch in der Ära nach Chruschtschow weiterhin in der Kritik. Aber negative Einschätzungen wurden ausbalanciert und gegen positive Bekundungen seiner Erfolge aufgerechnet, insbesondere im Hinblick auf die Bedeutung Stalins für die Industrialisierung der UdSSR.[7]

In den späten Achtzigerjahren begann eine neue Phase der Kritik und Verdammung Stalins in der Sowjetunion. Diesmal indes wurde die Kritik an ihm verbunden mit einer generelleren Ablehnung des sowjetkommunistischen Systems. Der Initiator dieser antistalinistischen Kampagne war der reformkommunistische Sowjetführer Michail Gorbatschow, der die kritische Diskussion über die sowjetische Vergangenheit anfachte, um sich damit eine Waffe im Kampf gegen die Gegner des von ihm angestrebten politischen Wandels zu schmieden.[8] Gorbatschow scheiterte in seinem Bestreben, den Kommunismus sowjetischer Prägung zu erneuern, aber sein Reformprogramm destabilisierte das politische System hinreichend, sodass sich dessen Niedergang 1991 weiter beschleunigte. Gegen Ende des Jahres war das multinationale sowjetische Staatsgebilde zerfallen, Gorbatschow war als Präsident der nicht mehr existierenden Union der Sozialistischen Sowjetrepubliken zurückgetreten, und Boris Jelzin wurde zum Führer des postsowjetischen Russlands. In der Ära Jelzin kannte die Diskussion um Stalin keine Grenzen und wurde durch die Öffnung der Partei- und Staatsarchive weiter gefördert, die zum ersten Mal Details über die Mittel und Mechanismen seiner diktatorischen Herrschaft in aller Öffentlichkeit enthüllten.

Es stand zu erwarten, dass in den Neunzigerjahren der Ruf Stalins auf dasselbe Niveau wie der Hitlers in Deutschland absinken würde: Zwar war nicht auszuschließen, dass er in Russland bei Anhängern eines neostalinistischen Kults weiterhin begrenzte Verehrung genießen würde. Dennoch war die Erwartung die, dass sein Einfluss auf Russland und auf die gesamte Welt als weitgehend negativ gewertet würde. Genau dies aber geschah nicht. Im Gegenteil: Für viele Russen wurde die Erinnerung an Stalin in den Zeiten Jelzins eher attraktiver, denn die materiellen Entbehrungen des erzwungenen Übergangs vom autoritären Staatskommunismus zu einem ungezügelten Kapitalismus ließ die von Stalin geprägte Ära in einem geradezu verklärten Licht erscheinen.[9] Unter Historikern war die Verurteilung und die Kritik an Stalin wohl übergroß. Aber seine Herrschaft hatte ebenso Gegner wie Verteidiger, wobei Letztere argumentierten, dass er eine unersetzliche Rolle in der Abwehr der Nazis gespielt habe, die mit ihrem Versuch, Russland und Europa ihr rassistisches System aufzuzwingen, maßgeblich an Stalins Widerstand scheiterten.

Zu Anfang des einundzwanzigsten Jahrhunderts, als der ehemalige KGB-Offizier Wladimir Putin an die Macht kam, war Stalin in Russland gegenwärtiger als je zuvor seit seinem Tod. Die Moskauer Buchläden waren voller Bände, in denen sein Leben und sein Erbe diskutiert wurden. Postum veröffentlichte Memoiren von Stalins Gefolgsleuten oder die Erinnerungen seiner Kinder standen auf den Bestsellerlisten.[10] Das russische Fernsehen zeigte endlose Dokumentationen über Stalin und den inneren Kreis seiner Macht. Postämter verkauften Karten, auf denen klassische Gemälde und Grafiken des Stalinkultes abgebildet waren, während Verkaufsstände und Kioske auf dem Roten Platz Sweatshirts und andere Memorabilien mit seinem Bild anboten.

Zum 50. Jahrestag seines Todestages war die öffentliche Meinung in Russland zwar viel weniger hingerissen von Stalin als zu den Zeiten seiner kultischen Verehrung, aber sein Ruf war immer noch mächtig. Eine Meinungsumfrage unter 1600 Erwachsenen in der Russischen Föderation, durchgeführt im Februar und März 2003, enthüllte, dass 53 Prozent Stalin uneingeschränkt verehrten, während nur 33 Prozent ihn ablehnten. 20 Prozent der Befragten gaben an, dass Stalin für sie ein weiser Führer gewesen sei, während dieselbe Anzahl der Ansicht zustimmte, dass nur ein »harter Führer« das Land unter den damaligen Umständen hätte regieren können. Gerade 27 Prozent der Befragten stimmten zu, dass Stalin ein »grausamer, inhumaner Tyrann, verantwortlich für den Tod von Millionen« gewesen sei, während ebenso viele angaben, dass die volle Wahrheit über ihn noch gar nicht bekannt sei.[11]

Im Westen folgte die politische und historische Behandlung Stalins einer ähnlichen Entwicklung. Als er 1953 starb, war der Kalte Krieg auf seinem Höhepunkt. Gleichwohl wurde die Berichterstattung über Stalins Tod von Respekt getragen. So auch seine Nachrufe in den Zeitungen. Zu dieser Zeit wurde Stalin noch als ein relativ gütiger Diktator angesehen, ja selbst als ein großer Staatsmann.[12] Und im öffentlichen Bewusstsein mischte sich dem eine gefühlvolle Erinnerung an »Uncle Joe« bei, den großen Kriegsführer, der sein Volk zum Sieg über Hitler geführt und der dazu beigetragen hatte, Europa vor der Nazibarbarei zu retten.

Zugleich war es schon damals kein Geheimnis, dass Stalin verantwortlich für den Tod von Millionen seiner Landsleute war: Bauern, die während der Zeit der erzwungenen Kollektivierung der Landwirtschaft deportiert wurden oder verhungerten; Parteiangehörige und Staatsbedienstete, die während der »großen Säuberungen« als »Volksfeinde« hingerichtet wurden; ethnische Minoritäten, die als vermeintliche Nazikollaborateure geächtet wurden, und Kriegsgefangene, die nach ihrer Heimkehr wegen angeblicher Feigheit, Verrat und Untreue verfolgt wurden. Einer seiner ersten ernsthaften Biografen, Isaac Deutscher, legte dar, dass Stalin barbarische Methoden benutzt habe, um in Russland die Rückständigkeit und Barbarei zu beseitigen. »Stalins historische Errungenschaft«, schrieb Deutscher 1953 nach dem Tode des Diktators, »liegt in der Tatsache, dass er zu Beginn seiner politischen Tätigkeit in Russland noch den Holzpflug vorgefunden hatte, das Land dann aber versehen mit dem Atommeiler zurückließ«.[13]

Während Chruschtschows Geheimrede auf dem 20. Parteitag in der Sowjetunion bis zu Gorbatschows Zeiten unveröffentlicht blieb, gelangte eine Kopie dieser Rede in den Westen.[14] Sie wurde bald zu einem der Schlüsseltexte der westlichen Geschichtsschreibung zur Epoche Stalins. Viele westliche Historiker jedoch waren skeptisch gegenüber Chruschtschows Bemühungen, jegliche Schuld an den vergangenen kommunistischen Verbrechen allein Stalin und seinem Personenkult zuzuschreiben. Chruschtschow selbst war schließlich auch Mitglied des inneren Kreises um Stalin und Beteiligter an vielen Vorgängen gewesen, die er später verurteilte. Es war nur zu offensichtlich, dass bloß ein Mythos durch einen anderen ersetzt werden sollte, zumal sich ein etwas zurückhaltender Personenkult auch um Chruschtschow selbst entwickelte.[15]

Während westliche Historiker in den Sechzigerjahren Stalins Rehabilitierung nicht zustimmen konnten, förderte die Neubewertung seiner Person in der sowjetischen Diskussion neue Erkenntnisse und Perspektiven zutage. Besonders wertvoll waren dabei die Beiträge sowjetischer Militärs in ihren veröffentlichten Erinnerungen.[16] In den Jahren nach 1956 war die Memoirenliteratur noch darauf ausgerichtet, Chruschtschows Kritik an den Leistungen Stalins in der Kriegszeit weiter auszuführen. Nach Chruschtschows Sturz 1964 aber waren die Autoren frei, ein positiveres Resümee aus Stalins Rolle zu ziehen und die simplifizierenden und oftmals unglaubwürdigen Behauptungen der Chruschtschow'schen Rede zu korrigieren. Zu diesen gehört, dass Stalin zur Planung seiner militärischen Operationen angeblich einen Globus mit dem gesamten Erdkreis benutzt habe![17]

Sowohl in Russland als auch im Westen war die Diskussion über Stalins Leben und sein Vermächtnis fast völlig auf seine Bedeutung während des Zweiten Weltkrieges konzentriert. Doch Stalins Biografie umfasst verschiedene sehr unterschiedliche Phasen – Jahre der illegalen politischen Betätigung im zaristischen Russland, die Teilnahme an der bolschewistischen Machteroberung 1917 und dem darauf folgenden Bürgerkrieg, innerparteiliche Machtkämpfe in den Zwanzigerjahren, Schritte zur Industrialisierung und Kollektivierung in den Dreißigerjahren und die Zeit der Konfrontation mit dem Westen während des Kalten Krieges in den Vierziger- und Fünfzigerjahren. Aber die zentrale Periode seines Lebens blieb die Zeit, welche die Russen den *Großen Vaterländischen Krieg* nannten.[18] Der Krieg stellte aufs Äußerste die Führungskraft Stalins und des Systems, zu dessen Schaffung und Verbesserung er so viel beigetragen hatte, auf die Probe. »Für unser Land war dieser Krieg der schrecklichste und schwierigste aller Kriege, die unser Vaterland je erlebte hatte ... Der Krieg war eine Art von Test für unser System der Sowjets, unsere Regierung, unsere kommunistische Partei«, bemerkte Stalin in einer Rede im Februar 1946.[19]

Die Erholung der Roten Armee von den katastrophalen Folgen des deutschen Überfalls im Juni 1941 und ihr siegreicher Vormarsch bis nach Berlin im Mai 1945 war die größte militärische Leistung, welche die Welt je gesehen hat. Der Sieg der Sowjets im Zweiten Weltkrieg führte zur Verbreitung des Kommunismus in Osteuropa und in vielen anderen Teilen der Welt. Er erneuerte die Legitimität des kommunistischen Systems und der Führung Stalins. Für die Dauer der nächsten vierzig Jahre wurde das kommunistische System weithin als eine realisierbare Alternative zum liberalen westlichen Kapitalismus angesehen, und die Sowjetunion selbst als ein Staat, der während des Kalten Krieges mit dem Westen in Wettstreit trat, ökonomisch, politisch und ideologisch. Und in der Tat schien es in der Hochzeit der sowjetischen Herausforderung in den Fünfziger- und Sechzigerjahren, als ob viele der Stalin'schen Visionen eines weltweiten Triumphes des Kommunismus sich letzten Endes würden verwirklichen lassen.[20]

Während der Zweite Weltkrieg derart wegweisende politische Folgen für das kommunistische System zeitigte, war er eine schiere Katastrophe für das sowjetische Volk. Im Laufe des Krieges wurden 70 000 sowjetische Städte, Ortschaften und Dörfer verwüstet. Es wurden 6 Millionen Häuser zerstört, 98 000 Bauernhöfe, 32 000 Fabriken, 82 000 Schulen, 43 000 Büchereien, 6000 Krankenhäuser und Abertausende Kilometer an Straßen und Eisenbahnverbindungen vernichtet.[21] Die offizielle Angabe der Verluste an Menschenleben lag zu Stalins Lebzeiten bei 7 Millionen. Später wurde sie auf 20 Millionen erhöht. In nachsowjetischen Zeiten sollte die Zahl der kriegsbedingten Todesfälle gar mit nicht weniger als 35 Millionen angegeben werden. Die heute generell akzeptierte Bezifferung liegt bei ungefähr 25 Millionen Toten, davon zu zwei Dritteln Zivilopfer.[22]

In welchem Maße war Stalin verantwortlich für die verheerenden Folgen des Krieges für die Sowjetunion? Chruschtschows Kritik an Stalins Rolle während des Zweiten Weltkrieges richtete sich speziell auf seine Verantwortung für das Desaster des 22. Juni 1941, als die Deutschen in der Lage waren, einen erfolgreichen Überraschungsangriff (»Blitzkrieg«) auf Russland zu beginnen, der die deutsche Wehrmacht bis an die Stadtgrenzen von Moskau und Leningrad führte. Diese Thematik wurde von vielen westlichen Historikern aufgegriffen, die sie um eine noch weiterreichende Kritik an dem kontroversen deutsch-sowjetischen Nichtangriffspakt im Zeitraum von 1939 bis 1941 erweiterten.

Der deutsch-sowjetische Nichtangriffspakt

Als Hitler im September 1939 in Polen einfiel, konnte er ungeachtet eines drohenden Krieges mit Großbritannien und Frankreich im Westen sicher sein, dass seine östliche Flanke durch die sowjetische Neutralität in Form des deutsch-sowjetischen Nichtangriffspakts vom 23. August 1939 gesichert war. Als Gegenleistung für den Pakt erhielt Stalin in einem geheimen Zusatzprotokoll vom deutschen Reich das Zugeständnis einer sowjetischen Einflusssphäre in Osteuropa. Stalins Entscheidung, den Handel mit Hitler am Vorabend eines neuen Krieges in Europa abzuschließen, war eine dramatische, in letzter Minute durchgeführte Improvisation. Nur ein paar Tage vor dieser radikalen Wendung in der sowjetischen Politik hatte Stalin noch über die Einzelheiten einer militärischen Allianz mit Großbritannien und Frankreich verhandelt. Aber er fürchtete, dass London und Paris so lange manövrieren würden, bis sie einen russisch-deutschen Krieg provozierten, der ihnen erlauben könnte, unbeteiligt außen vor zu bleiben, während Nazis und Kommunisten die Sache unter sich austragen müssten. Stalins Pakt mit Hitler war darauf angelegt, die ganze Angelegenheit zu wenden und ihm Handlungsspielraum in dem kommenden Krieg zu geben.[23] Nach Kriegsbeginn besetzte Stalin den östlichen Teil Polens, was ihm als sowjetisches Einflussgebiet zugestanden worden war. Die baltischen Staaten, Estland, Lettland und Litauen, waren die nächsten auf Stalins Liste, genauso wie Finnland. Während sich die baltischen Staaten Stalins Forderungen nach sowjetischen Militärstützpunkten auf ihrem Territorium beugten und einen gegenseitigen Beistandsvertrag unterzeichneten, weigerte sich Finnland, Stalins Wünschen entgegenzukommen. Darauf marschierte die Rote Armee im November 1939 in Finnland ein. Im Gegensatz zu Stalins Erwartungen eines schnellen und leichten Sieges zog sich jedoch der Krieg mit Finnland hin und stellte sich als ein sehr kostspieliges Unterfangen heraus, sowohl auf diplomatischem als auch auf militärischem Gebiet. Die größte Gefahr aber zog für Stalin herauf, als Großbritannien und Frankreich ein Expeditionscorps für Finnland zusammenstellten, mit dem Ziel, den »Winterkrieg« als Vorwand dafür zu benutzen, die Eisenerzgebiete Nordschwedens zu besetzen. Unter diesen Umständen drohte eine Intervention der Deutschen zur Sicherung ihrer Kriegswirtschaft mit wichtigen Rohstoffen, was für die Sowjets die Gefahr mit sich brachte, in einen größeren europäischen Krieg hineingezogen zu werden. Die Finnen fürchteten ebenfalls eine Eskalation und ersuchten um Frieden. In einem Friedensvertrag, der im März 1940 unterzeichnet wurde, machte Finnland den Sowjets territoriale Zugeständnisse. Dafür sicherte sich Finnland im Gegenzug seine staatliche Unabhängigkeit.

Der einzige Staat, der die Sowjetunion während des Krieges mit Finnland unterstützte, war Deutschland. Dies geschah im Rahmen der deutsch-sowjetischen Beziehungen, die in den Jahren 1939–1940 eine umfassende politische, wirtschaftliche und militärische Kooperation beinhalteten. Im Sommer 1940 jedoch begann die Verbindung zwischen Hitler und Stalin unter dem gegenseitigen Verdacht anderer Absichten zu bröckeln, und Krieg erschien erneut als das wahrscheinlichste Szenario in den deutsch-russischen Beziehungen. Aber Stalin glaubte weiterhin, dass sich ein Krieg bis 1942 hinausschieben lassen würde. Es war diese Fehleinschätzung, die ihn bis zum letzten Moment davon abhielt, militärische Vorbereitungen zu treffen. Erst als Hitlers Armeen die sowjetische Grenze durchbrachen, akzeptierte Stalin, dass der Kriegsfall eingetreten war.

Im Grunde ist die Kontroverse über Stalins Pakt mit Hitler ein Streit über die Kosten und den Nutzen dieser unheiligen Allianz. Auf der einen Seite stehen diejenigen, die das Argument verfechten, dass Stalin, indem er eine antideutsche Allianz mit dem Westen verhinderte, den Nazis die Eroberung Kontinentaleuropas erleichtert habe. Der Preis für diese Fehlkalkulation war der verheerende Schlag des 22. Juni 1941 und der Beinahe-Sieg der Deutschen über die Sowjetunion. Auf der anderen Seite stehen diejenigen, die meinen, dass die UdSSR 1939 noch nicht bereit für einen Krieg mit Deutschland gewesen sei und dass Stalin genauso wie Hitler eine Reihe von strategischen Vorteilen aus dem Pakt gezogen habe, die ausschlaggebend dafür gewesen seien, die Verteidigung der Sowjetunion zu organisieren.

In den Neunzigerjahren nahm die Debatte um den Hitler-Stalin-Pakt eine neue Wendung, als eine Reihe von russischen Historikern die Einschätzung vertrat, dass die Ursachen des Desasters im Juni 1941 nicht Stalins Bemühungen waren, den Frieden mit Hitler zu bewahren, sondern vielmehr seine Vorbereitungen zu einem

Präventivschlag gegen Deutschland.[24] Dieser Auffassung zufolge lag der Hauptgrund für die anfänglichen sowjetischen Niederlagen darin, dass die Rote Armee an der Grenze in Angriffs- und nicht in Verteidigungsformation stand. Die Rote Armee wurde nicht unvorbereitet auf den Kriegsfall geschlagen, sondern inmitten ihres Aufmarsches zu ihrem eigenen Angriffskrieg auf Deutschland. Das Neuartige an dieser Interpretation war die Auswertung bis dahin unbekannter Dokumente aus russischen Archiven, einschließlich der Kriegspläne der sowjetischen Armee für den Zeitraum von 1940–1941. Sie sagten aus, dass sich die Rote Armee in der Tat darauf vorbereitete, Deutschland zu überfallen. Allerdings reichte die Erklärung, weshalb Stalin einen Krieg gegen Deutschland beabsichtigen könnte, noch weiter zurück. Durch die gesamten Zwanziger- und Dreißigerjahre hatten antikommunistische Kommentatoren versucht, eine sogenannte »Krieg-Revolutionsverbindung«[25] herzustellen. Diese Verbindung sah ihrer Ansicht nach so aus, dass Stalin daran interessiert sein könnte, einen neuen Weltkrieg heraufzubeschwören, der – wie bereits zuvor im Ersten Weltkrieg – neuen revolutionären Erhebungen in Europa eine Grundlage geben würde. Diese These nahm die Nazipropaganda auf und behauptete, dass ein Angriff der Sowjetunion auf Deutschland unmittelbar bevorstünde. So wurde der Krieg der deutschen Wehrmacht schließlich als ein Kreuzzug des christlichen Europas gegen die »asiatisch-bolschewistischen Horden« ausgegeben.

Die Wahrheit war weit entfernt von derartigen Kriegs- und Revolutionsplänen; es gab nichts, was Stalin mehr fürchtete als einen größeren militärischen Konflikt. Krieg bot allerdings vorteilhafte Gelegenheiten – und Stalin wusste sie zu nutzen, wenn sich die Gunst der Stunde eingestellt hatte. Zugleich aber bedeutete ein Krieg auch unkalkulierbar hohe Risiken. Während der Erste Weltkrieg zur russischen Oktoberrevolution geführt hatte, folgte auf die Revolution ein Bürgerkrieg, in dessen Verlauf die Feinde des Kommunismus fast die Geburt des Bolschewismus verhindert hätten. Zu den damaligen Feinden des Kommunismus im Bürgerkrieg gehörten auch sämtliche großen kapitalistischen Mächte – Großbritannien, Frankreich und die Vereinigten Staaten –, die den antikommunistischen Kräften in Russland Unterstützung leisteten und der Sowjetunion eine wirtschaftliche und politische Blockade auferlegten – einen Cordon sanitaire –, um so das Gift des Bolschewismus einzudämmen. Die Bolschewiki waren letztlich in der Lage, den russischen Bürgerkrieg zu überleben und in den Zwanzigerjahren das System der internationalen Isolation ihres Landes zu sprengen. Aber in den kommenden zwei Jahrzehnten fürchteten sie immer wieder eine Neuauflage des großen Bündnisses der kapitalistischen Mächte, die erneut die Absicht haben konnten, den Sowjetstaat zu vernichten. Zu Beginn der Vierzigerjahre war die Sowjetunion zwar weitaus stärker, und Stalin war zuversichtlich, dass die Fähigkeiten der Roten Armee ausreichen würden, die sozialistische Heimat zu verteidigen. Der Albtraum einer Kriegsverstrickung gegen eine vereinte Front der kapitalistischen Staaten aber wirkte weiter fort. Dies ging so weit, dass eine Neuauflage einer Koalition in Form eines deutsch-englischen Bündnisses gegen die Sowjetunion von Stalin in den Jahren 1940–1941 nicht ausgeschlossen wurde. Während einige von Stalins Militärkommandanten darauf drängten, Vorbereitungen für einen Präventivkrieg gegen Deutschland zu unternehmen, sah der sowjetische Diktator darin die Gefahr eines zu frühzeitigen Krieges, und er entschloss sich deshalb, alles daran zu setzen, den Frieden mit Hitler weiter zu erhalten.

Stalin als Kriegsherr

Neben der Debatte um den Hitler-Stalin-Pakt kreisten die historischen Diskussionen um Stalins militärische und politische Führung im Großen Vaterländischen Krieg. Während des Krieges war Stalin in einer Person Oberbefehlshaber aller Sowjetarmeen, Vorsitzender des Staatlichen Verteidigungsrates und Volkskommissar für Verteidigung wie auch Regierungschef und Generalsekretär der Kommunistischen Partei. Er unterzeichnete alle wesentlichen Befehle und Direktiven an die Streitkräfte. Seine Reden und Aussagen prägten die sowjetische Militärstrategie und die politische Zielsetzung. Zugleich spielte sein Auftreten eine wichtige Rolle bei der Aufrechterhaltung der Kampfmoral. Stalin repräsentierte das Land auf allen während des Krieges stattfindenden Gipfeltreffen mit den russischen Verbündeten Großbritannien und USA.[26] Und Stalin war es auch, der die regelmäßigen Konsultationen mit dem britischen Kriegspremier Winston Churchill und dem amerikanischen Präsidenten Franklin Delano Roosevelt führte.[27] Vor 1939 hatte Stalin – abgesehen von ausländischen Genossen – nur selten auswärtige Gäste empfangen. Während des Zweiten Weltkrieges wurde er dagegen zum wichtigsten Ansprechpartner für alle ausländischen Würdenträger, Diplomaten, Politiker und Militärs, die nach Moskau kamen. In der Kriegspropaganda der Sowjets wurde er als zentrales, standhaftes Symbol der Einheit des Landes im Kampf gegen die Deutschen dargestellt. Vor allem in den letzten Phasen des Krieges füllten Hymnen auf das militärische Genie Stalins die Seiten der sowjetischen Presse, und als der Krieg zu Ende ging, wurde Stalin zum »Generalissimus«, dem Superlativ eines Generals, erhoben, was nur angemessen erschien.[28]

Ausländischen Beobachtern erschien Stalin zugleich als Schlüsselfigur und als Dreh- und Angelpunkt der sowjetischen Kriegsanstrengungen. Diese zeitgenössische Wahrnehmung wurde zusammengefasst in der 1948 verfassten Stalin-Biografie von Isaac Deutscher:

»Viele ausländische Besucher, die während des Krieges im Kreml vorsprachen, waren erstaunt, bei wie vielen größeren und kleineren militärischen, politischen oder diplomatischen Themen sich Stalin das letzte Wort vorbehielt. Er war in der Tat sein eigener oberster Befehlshaber, sein eigener Verteidigungsminister, sein eigener Quartiermeister, sein eigener Versorgungschef, sein eigener Außenminister und sogar sein eigener Protokollchef ... Dies änderte sich in den vier Jahren des Krieges nicht – er blieb ein Wunder an Geduld, Hartnäckigkeit, Wachsamkeit, fast allgegenwärtig, fast allwissend.«[29]

Sechzig Jahre später wird Deutschers Beurteilung von zahlreichen neuen Erkenntnissen aus russischen Quellen gestützt, die ein detailliertes Bild von Stalins Politik wie auch seinen Entscheidungen und Aktivitäten während des Krieges geben. Wir können Stalins Terminkalender entnehmen, wer ihn im Kreml besuchte und wie lange der Besuch blieb.[30] Wir haben Zugang zu Tausenden von militärischen, politischen und diplomatischen Berichten, die an Stalin gerichtet waren. Wir haben eine fast komplette Aufzeichnung aller von Stalin während des Krieges geführten politischen und diplomatischen Unterredungen, einschließlich der mit ausländischen kommunistischen Parteiführern geführten Gespräche, mit denen Stalin im Allgemeinen am offensten sprach. Wir verfügen über Aufzeichnungen über viele von Stalins Telefongesprächen und Telegrammwechseln mit seinen militärischen Kommandeuren an der Front. Wir haben die veröffentlichten Erinnerungen und Tagebücher seiner engsten Weggefährten. Gleichwohl sind die Quellen weit entfernt davon, vollständig zu sein. So verfügen wir nur über wenige Erkenntnisse über Stalins privateste Gedanken und sein inneres Kalkül.[31] Aber wir wissen eine Menge über seinen Anteil an den sowjetischen Kriegsanstrengungen und über die Zusammenhänge, in denen er seine militärischen und politischen Entscheidungen fällte. Averell Harriman, von 1943 bis 1945 amerikanischer Botschafter in Moskau, hatte wahrscheinlich mehr direkten Kontakt zu Stalin als jeder andere Ausländer während des Krieges. In einem 1981 geführten Interview gab er folgende Einschätzung über Stalins Kriegsführung ab:

»Stalin als Kriegsführer war populär. Es kann keinen Zweifel daran geben, dass er die Sowjetunion zusammenhielt. Ich glaube, niemand sonst wäre dazu in der Lage gewesen, und nichts seit Stalins Tod hat mich dazu gebracht, diese Meinung zu ändern. Ich möchte hier meine große Bewunderung für Stalin als Führer seiner Nation in einer großen Notlage zum Ausdruck bringen. Es war eine dieser historischen Gelegenheiten, in denen ein Mann alleine eine solche Bedeutung annehmen konnte. Damit soll jedoch nicht meine Abscheu vor seinen Verbrechen verringert werden. Aber ich möchte Ihnen sowohl seine konstruktive Seite als auch die gegenteilige aufzeigen.«[32]

In demselben Interview gab Harriman einen faszinierenden Eindruck von den

Qualitäten, die in seinen Augen Stalin zu einem derart effizienten Führer seines Landes während des Krieges machten. In Harrimans Augen war Stalin ein Mann von scharfer Intelligenz, obgleich sicherlich kein Intellektueller, aber ein kluger, praktisch veranlagter Mann, der wusste, wie man die Hebel der Macht mit größtmöglicher Wirkung bediente. Als Person war Stalin sehr zugänglich, wenngleich auch unverblümt und jederzeit bereit, bei Verhandlungen sowohl die Taktik der Schockwirkung als auch die von Schmeicheleien für seine Sache ins Spiel zu bringen. Bei Empfängen zeigte sich Stalin bemüht um jeden Anwesenden und stieß mit jedem an. Anders freilich als seine Gefährten betrank sich Stalin niemals, noch verlor er je die Kontrolle über sich selbst. Harriman bestritt insbesondere, dass Stalin paranoid gewesen sei (freilich »sehr misstrauisch«) oder dass er ein »reiner Bürokrat« war:

»Er hatte eine enorme Fähigkeit, Einzelheiten aufzunehmen und entsprechend zu handeln. Er war sich der Erfordernisse der gesamten Kriegsmaschinerie sehr bewusst ... In unseren Verhandlungen mit ihm fanden wir ihn gewöhnlich extrem gut informiert. Er hatte eine meisterhafte Kenntnis aller Dinge, die wichtig für ihn waren. Er kannte die Kaliber der Waffen, die er haben wollte, das Höchstgewicht der Panzer, die seine Straßen und Brücken aushalten konnten, und Details über die Beschaffenheit des Materials, das er benötigte, um Flugzeuge zu bauen. Dies waren keine Eigenschaften eines kleinkarierten Bürokraten, sondern vielmehr die eines extrem fähigen und tatkräftigen Kriegsführers.«[33]

Stalin als Schmeichler, Stalin als detaillierter Kenner der Materie, Stalin als effizienter Verhandlungspartner. Und vor allen Dingen Stalin als entschlossener und praktisch denkender Mann der Tat – diese Züge in Harrimans Betrachtung scheinen immer wieder auch in den Berichten derjenigen auf, die mit dem sowjetischen Diktator während des Krieges zu tun hatten. Unter Historikern ist das rückblickende Urteil zwar gemischter, aber selbst seine strengsten Kritiker räumen ein, dass der Krieg eine außergewöhnlich positive Phase in Stalins Leben und seiner Karriere gewesen ist. Eine häufige Sichtweise ist die, dass seine Herrschaft zweifellos schreckliche Züge trug, seine Fehler im Krieg jedoch zu den Tugenden seiner Führung wurden. Richard Overy etwa stellte diese Betrachtung in seinem Standardwerk »Die Wurzeln des Sieges. Warum die Alliierten den Zweiten Weltkrieg gewannen« an:

»Stalin brachte einen machtvollen Willen im Hinblick auf die sowjetischen Kriegsanstrengungen zum Tragen, der alle um ihn motivierte und die Energien auf den Sieg lenkte. Im Kriegsverlauf erwartete und erhielt Stalin außergewöhnliche Opfer seines bedrängten Volkes. Der Personenkult, der sich um ihn in den Dreißigerjahren entwickelte, machte in Kriegszeiten den Aufruf zur Opferbereitschaft überhaupt erst möglich. Es ist kaum vorstellbar, dass ein anderer Sowjetführer zu dieser Zeit der Bevölkerung derartige Anstrengungen hätte abnötigen können. In gewisser Weise war der Stalinkult notwendig für die sowjetischen

Kriegsanstrengungen ... Enthüllungen über die Brutalität seines Kriegsregimes sollten uns nicht über die Tatsache hinwegtäuschen, dass Stalins Gewalt über die Sowjetunion den Sieg mehr befördert als verhindert hat.«[34]

Abgesehen von seinen engsten politischen Verbündeten[35] hatten die Mitglieder des militärischen Oberkommandos den intensivsten und häufigsten Kontakt zu Stalin im Krieg. Berichte von Stalins Generälen liefern ein persönliches Porträt des Diktators während des Krieges und ein Bild seines Tagesablaufs.[36] Stalin – damals ein Mann, der die sechzig bereits überschritten hatte – war ein harter Zuchtmeister, der im Krieg selber 12–15 Stunden am Tag arbeitete und dies auch von seinen Untergebenen verlangte. Ihm wurden von seinen Generalstabsoffizieren in Lagebesprechungen dreimal am Tag die neuesten Entwicklungen dargelegt. Stalin erwartete genaue, makellose Berichte, wobei er schnell Ungereimtheiten und Fehler durchschaute. Er hatte ein phänomenales Gedächtnis für Details, Namen und Gesichter. Er war durchaus bereit, anderen Ansichten Gehör zu schenken, erwartete aber von den Vortragenden, exakt beim Thema zu bleiben und ihre eigenen Ansichten kurz und bündig darzustellen.

Das Hauptaugenmerk der Memoiren sowjetischer Militärs liegt nicht bei den persönlichen Eigenschaften, sondern bei Stalins Leistungen als Oberbefehlshaber, als militärischer Führer.

Wie Seweryn Bialer bemerkt hat, waren westliche Beobachter von Stalins Auffassungsgabe gegenüber militärstrategischen Planungen und seiner Kontrolle über die technischen und taktischen Details des sowjetischen Militärapparats beeindruckt.[37] Was jedoch für seine Generäle zählte, waren seine operativen Fähigkeiten, große Schlachten zu lenken und große Militäreinsätze zu leiten. Dabei bezeugen die Erinnerungen der Militärs viele von Stalin zu verantwortende Fehler: schlecht durchdachte, kostspielige militärische Unternehmungen, die hartnäckige Weigerung angesichts feindlicher Umkreisung, den Rückzugsbefehl zu erteilen, und Fehlentscheidungen in wichtigen Schlachten. Andere Klagen beziehen sich auf Stalins übermäßige Einmischung in militärische Operationen, seinen Verlust an Selbstbeherrschung in kritischen Situationen und die Bloßstellung anderer als Sündenbock für seine eigenen Fehler. Über allem aber steht die Kritik, dass Stalin verschwenderisch mit Menschen und Material umgegangen und somit der Sieg über Deutschland mit einem zu hohen Preis bezahlt worden sei.

Während des Krieges an der Ostfront zerstörten die Sowjets mehr als 600 feindliche Divisionen (italienische, ungarische, rumänische, finnische, kroatische, slowakische, spanische wie auch deutsche). Die Deutschen alleine erlitten an der Ostfront Ausfälle in Höhe von 10 Millionen Mann, davon 3 Millionen Tote (dies waren 75 Prozent ihrer gesamten Verluste im Krieg). Hinzu kam eine weitere Million Verluste aufseiten der Verbündeten Hitlers. Die Rote Armee zerstörte 48 000 feindliche Panzer, 167 000 Kanonen und 77 000 Flugzeuge.[38] Dennoch waren die sowjetischen Verluste dreimal so hoch wie die deutschen. Die Ausfälle der Roten Armee summierten sich auf insgesamt 16 Millionen, darunter 8 Millionen Tote.[39]

Marschall Schukow, während des Krieges Stalins stellvertretender Oberkommandierender, bestritt energisch die Behauptung, dass das Sowjetische Oberkommando verschwenderisch mit Soldaten und Material umgegangen sei. Es wäre zu einfach, rückblickend zu behaupten, so Schukow, dass man bei Operationen auch weniger Truppen hätte einsetzen können und so geringere Verluste zu beklagen gewesen wären. Auf dem realen Schlachtfeld seien die Verhältnisse viel schwieriger und völlig unvorhersehbar gewesen.[40] Unbestreitbar aber war der Löwenanteil der Verluste der Roten Armee das Resultat zweier Faktoren: Als Erstes traten die meisten Verluste während der ersten katastrophalen Kriegsmonate ein, in denen es zur Einschließung und Gefangennahme von Millionen von Soldaten der Roten Armee durch die Deutschen kam (die meisten davon starben in deutscher Kriegsgefangenschaft). Dann, während der zweiten Hälfte des Krieges, entstanden hohe Verluste durch großangelegte strategische Operationen gegen einen Feind, der auf seinem gesamten Rückzug eine brutale und hochwirksame Strategie der »verbrannten Erde« verfolgte. Noch bis in den April 1945 hinein, bis in die Tage der Schlacht um Berlin, war die deutsche Wehrmacht in der Lage, der Roten Armee Verluste in Höhe von 80 000 Mann zuzufügen.

Es gibt keinen Hinweis dafür, dass Stalin auch nur die geringsten Gewissensbisse gehabt hätte, Millionen seiner Landsleute in den Kriegstod zu schicken. Dennoch war er nicht gänzlich gefühllos. Er verstand es, nach außen hin die Maske des Oberkommandierenden zu tragen, und war stets rücksichtslos in seiner Zielsetzung, den Sieg zu erringen. Aber sein Hass auf die Deutschen war ehrlich, und er war tief schockiert von Hitlers Strategie eines Vernichtungskrieges an der Ostfront, der Ausradierung der sowjetischen Städte, den Massenhinrichtungen und der angestrebten Versklavung von Millionen von Sowjetbürgern. »Wenn die Deutschen einen Vernichtungskrieg wollen, dann werden sie ihn bekommen«, warnte Stalin im November 1941.[41] Während des Krieges sprach sich Stalin gegenüber Deutschland für die Auferlegung eines Straffriedens aus, für harte Friedensbedingungen, die den Aufstieg eines neuen Hitler unmöglich machen sollten. Obgleich Stalin genau zwischen der Schuld der Nazis und der des gesamten deutschen Volkes unterschied, zeigte er kein Mitleid mit dem Feind und beschränkte das Verlangen seiner Armeen nach Rache erst, als es seinen politischen und ökonomischen Interessen entsprach. In der Öffentlichkeit zeigte er auch niemals Zeichen von Trauer über den Tod seines Sohnes Jakow, der während des Krieges in deutscher Gefangenschaft umkam. Dieser schmerzliche Verlust aber vereinte ihn mit Millionen seiner Landsleute, die den Verlust ihrer Angehörigen zu beklagen hatten.

Einer der emotionalsten und enthüllendsten Ausbrüche Stalins gegenüber Deutschland und den Deutschen war in einer Bemerkung enthalten, die er an eine tschechische Delegation im März 1945 richtete:

»Wir sind dabei, die Deutschen zu besiegen, und viele mögen denken, die Deutschen werden niemals wieder in der Lage sein, uns zu bedrohen. Aber das ist falsch. Ich hasse die Deutschen. Aber dies darf das Urteil über sie nicht trüben. Die Deutschen sind ein großes Volk. Sie sind gute Techniker und Organisatoren. Sie haben gute, tapfere Soldaten. Es ist unmöglich, die Deutschen loszuwerden. Sie werden immer da sein. Wir kämpfen gegen die Deutschen und werden dies bis zum Sieg tun. Aber wir müssen im Sinn behalten, dass unsere Verbündeten versuchen werden, sie zu retten und zu einer Verständigung mit ihnen zu kommen. Wir werden mitleidlos mit den Deutschen sein, aber unsere Verbündeten werden sie mit Samthandschuhen anfassen. Deshalb müssen wir als Slawen darauf vorbereitet sein, dass die Deutschen wieder zurückkommen werden.«[42]

Einer der strengsten Kritiker der Kriegsführung Stalins war sein Glasnost-Biograf General Dimitri Wolkogonow. Nachdem er 1945 in die Rote Armee eingetreten war, arbeitete Wolkogonow zwanzig Jahre in der Propagandaabteilung der Armee. Danach wurde er zum Leiter des Sowjetischen Instituts für Militärgeschichte berufen. Aufgrund seiner Stellung war Wolkogonow in der Lage, insbesondere in der Regierungszeit Gorbatschows Zugang zu vielen politischen Quellen wie auch zu sowjetischen Militär- und Geheimarchiven zu erlangen.[43] Seine 1989 veröffentlichte Stalin-Biografie wurde weithin als die erste ernsthafte und wirklich kritische Behandlung des sowjetischen Diktators in der UdSSR betrachtet. Wolkogonows Urteil über Stalin als Kriegsherr lautete, dass »er nicht der geniale militärische Befehlshaber gewesen ist, als der er in unzähligen Büchern, Filmen, Gedichten, Darstellungen und Geschichten ausgegeben wurde«. Auch hatte Stalin »keine professionellen militärischen Fertigkeiten«; zu strategischen Einsichten sei »Stalin nur in Versuch und Irrtum durch blutraubenden Verlust an Menschenleben« gekommen. Zugleich war Wolkogonow nicht uneinsichtig gegenüber den positiven Aspekten von Stalins Führung im Krieg, insbesondere seiner Fähigkeit, die »tiefgreifende Abhängigkeit des bewaffneten Kampfes zu einem ganzen Feld anderer, nicht militärischer Faktoren wie ökonomischen, sozialen, technischen, politischen, diplomatischen, ideologischen und nationalen zu erkennen«.[44]

Seit dem Erscheinen von Wolkogonows Buch hat sich die Meinung unter russischen Militärhistorikern wieder zugunsten Stalins gewandelt, obgleich manche Autoren weiterhin argumentieren, dass es Stalins Generäle gewesen seien, die den

Krieg gewonnen hätten, und dass ohne Stalins Führung der Sieg zu einem weit weniger kostspieligen Preis errungen worden wäre.[45]

Die detaillierte Untersuchung und Darlegung von Stalins Kriegsführung ist das Hauptthema dieses Buches. Dabei soll die Gültigkeit der bestehenden Kritik an Stalin und die Gegenkritik daran überprüft werden. Vorweg nur eins:

Stalin war kein General, aber er hatte Erfahrung im Generalstab und auch im Kriegseinsatz selbst, wenn auch nicht an vorderster Frontlinie. Während des russischen Bürgerkrieges diente er als Politkommissar. Als Repräsentant des Zentralkomitees war er verantwortlich für die Aufrechterhaltung des Nachschubs der Roten Armee, eine Aufgabe, die ihm Zugang zu hochrangigen Entscheidungsprozessen ermöglichte. Stalins berühmteste Aktion im Bürgerkrieg war die Rolle, die er 1918 bei der Verteidigung von Zarizyn spielte (die Stadt wurde 1925 zu seinen Ehren in Stalingrad umbenannt). Im Süden der Sowjetunion, an einer wichtigen Furt der Wolga gelegen, gingen von Zarizyn bedeutende Verkehrswege nach Moskau, auf denen Lebensmittel und Öl vom Kaukasus in die Hauptstadt transportiert wurden.

In den Zwanziger- und Dreißigerjahren behielt Stalin sein Interesse für militärische Angelegenheiten bei. Er entwickelte sich zu einem beständigen Kritiker dessen, was er in Russland »Bürgerkriegsmentalität« nannte. Dabei legte Stalin großen Wert darauf, dass die Rote Armee waffentechnisch und kriegsstrategisch weiter modernisiert wurde und der Versuchung widerstand, sich auf ihren im Bürgerkrieg errungenen Lorbeeren auszuruhen. Besondere Bedeutung für Stalins Rolle als Kriegsherr im Zweiten Weltkrieg kam seiner Erfahrung der Niederlage und Beinahe-Katastrophe in den Jahren 1919–1920 bei. Auf dem Höhepunkt des Bürgerkrieges wurden die Bolschewiki von den konterrevolutionären Armeen ihrer Kriegsgegner belagert, die geradewegs von allen Seiten angriffen. Zu dieser Zeit war der Kreml kaum noch in der Lage, das ihm verbliebene Territorium in Zentralrussland zu kontrollieren. Außerdem erlebte Stalin als Augenzeuge, wie der polnische General Piłsudski 1920 die Rote Armee auf ihrem Marsch nach Warschau schlug und zu einer erfolgreichen Gegenoffensive ansetzte, in deren Verlauf die Sowjets die westliche Ukraine verloren.[46] Die Erfahrung schwerwiegender Rückschläge, die Stalin miterlebt hatte, sollte deswegen stets berücksichtigt werden, wenn man seine ungewöhnlich feste Zuversicht im Zweiten Weltkrieg betrachtet, den Sieg zu erringen, die auch nicht ins Wanken geriet, selbst als die Hälfte des Landes von den Deutschen besetzt war und Leningrad, Moskau und Stalingrad belagert wurden.

Während des Großen Vaterländischen Krieges nahm Stalin die Position eines Generals ein. Anders aber als Churchill zeigte er keine Neigung, sich an Orten des Kampfes zu zeigen oder, dies im Gegensatz auch zu Hitler, militärische Operationen in Frontnähe zu leiten. Während des Krieges machte er nur einen kurzen

Besuch an der Front. Stattdessen zog es Stalin vor, den Kampf von seinem Büro im Kreml oder seiner nahe Moskau gelegenen Datscha aus zu leiten.

Jede Kritik an Stalins operativen Fehlern sollte berücksichtigen, dass er viele Dinge andererseits richtig entschied, und dies oftmals gegen den Rat seiner professionellen militärischen Berater. Dies traf insbesondere zu, wenn sich militärische Entscheidungen überschnitten mit Fragen der Kampfmoral, der Politik und Psychologie. Wie Wolkogonow bemerkte, war »Stalins Denken umfassender, und dieser Umstand war es, der ihn in der militärischen Leitung über andere stellte«.[47]

Gleichwohl sollte nicht angenommen werden, dass sämtliche Kritik an Stalins persönlichen Fehlentscheidungen zutrifft. In vielen Fällen handelte er auf Rat seiner Kommandeure, und deshalb sollte die Verantwortung für Fehler verteilt werden. Genauso wenig ist anzunehmen, dass, nur weil uns Heutigen Fehler im Rückblick überaus deutlich erscheinen, sie zur damaligen Zeit immer erkennbar und vermeidbar gewesen wären. Sehr häufig waren das Wissen und die Vorausschau, die notwenig sind, um kostspielige Fehlentscheidungen zu vermeiden, zu dieser Zeit schlichtweg für niemanden vorhanden. Wie weltweit alle pensionierten Generäle sind auch die sowjetischen Memoirenschreiber aus dem Militär nicht gegen die Versuchung gefeit gewesen, die Schlachten von einst im Nachhinein nochmals zu schlagen.

Schließlich wäre es zu einfach, wenn man alle kritischen Kommentare der militärischen Memoirenschreiber zusammentragen und für bare Münze nehmen würde. Dies würde eine wichtige Erkenntnis überlagern, und zwar die eines Kriegsführers, der aus seinen Fehlern zu lernen in der Lage war und, je länger der Krieg andauerte, der Erfüllung seiner Aufgabe immer mehr gerecht wurde. Dies war sicherlich auch die Ansicht von zwei der engsten militärischen Mitarbeiter Stalins während des Krieges, Marschall Alexander Wassilewski und Georgi Schukow.

Wassilewski war als Chef des sowjetischen Generalstabs für die längste Zeit des Krieges beteiligt an der Einsatzplanung und Leitung entscheidender Operationen der Roten Armee. Er stand in täglichem Kontakt mit Stalin, entweder direkt oder per Telefon, und wurde häufig als persönlicher Vertreter des Oberbefehlshabers an die vorderste Frontlinie entsandt. In seinen Erinnerungen, die 1974 erschienen, unterschied Wassilewski zwischen zwei zeitlichen Abschnitten des Stalin'schen Oberkommandos: In den ersten Monaten des Krieges wurde deutlich, dass »Stalin keine der Situation angemessene operative und strategische Ausbildung besaß«. Und die zweite Periode begann im September 1942 – als die Schlacht um Stalingrad ihren Höhepunkt erreichte –, als er auf professionelle Beratung zu hören begann und als Resultat dessen »einen guten Zugriff auf alle Fragen erlangte, die im Zusammenhang mit der Vorbereitung und Durchführung von Operationen standen«. Zusammenfassend war Wassilewski »der tiefen Überzeugung, dass Stalin, insbesondere im zweiten Teil des Krieges, die stärkste und bemerkenswerteste

Person des strategischen Kommandos war. Er überwachte erfolgreich die Fronten und die gesamten Kriegsanstrengungen des Landes ... Ich glaube, dass Stalin alle grundsätzlichen Qualitäten eines sowjetischen Generals während der Offensive der sowjetischen Streitkräfte in sich vereinte und ausspielte ... Als oberster Befehlshaber war Stalin in vielen Fällen sehr anspruchsvoll, aber gerecht. Seine Direktiven und Befehle zeigten den Frontkommandeuren ihre Fehler und Defizite auf. Er brachte ihnen bei, sämtliche militärische Operationen geschickt durchzuführen.«[48]

Während Wassilewski im Allgemeinen als das Gehirn hinter allen Operationen der Roten Armee gilt, wird Schukow gewöhnlich unter den sowjetischen Generälen als der größte Frontkommandeur betrachtet. Er leitete die erfolgreiche Verteidigung von Moskau im Herbst 1941 – der erste große Wendepunkt an der Ostfront – und spielte eine Schlüsselrolle in den Schlachten um Stalingrad (1942), Kursk (1943) und Berlin (1945). Von August 1942 an diente er als Stalins stellvertretender Oberbefehlshaber; im Juni 1945 führte er die Siegesparade auf dem Roten Platz an. Sein Ruf war der eines entschlossenen, willensstarken und rücksichtslosen Kommandeurs, der zu den wenigen russischen Generälen gehörte, die willens waren, Stalins Einschätzung in militärischen Angelegenheiten offen in Zweifel zu ziehen und dem darauffolgenden Krach standzuhalten. Nach dem Krieg fiel er bei Stalin in Ungnade, wurde seiner Funktionen entbunden und zum Regionalkommandeur herabgestuft. Nach dem Tode Stalins kehrte Schukow aus der Verbannung in der Provinz wieder nach Moskau zurück und diente als Verteidigungsminister, bis er mit Chruschtschow in Konflikt geriet und 1957 zum Rücktritt gezwungen wurde. Nach Chruschtschows Sturz wurde Schukow erneut rehabilitiert. Mitte der Sechzigerjahre veröffentlichte er eine Reihe von Studien zu den großen Schlachten des Vaterländischen Krieges.[49]

Schukows Memoiren, die 1969 veröffentlicht wurden, boten ein schmeichelhaftes Porträt von Stalins Fähigkeiten als Oberkommandierender:

»Ist es wahr, dass Stalin ein herausragender militärischer Denker gewesen ist? Dass er einen wesentlichen Beitrag zur Entwicklung der Streitkräfte geleistet hat und ein Experte in taktischen und strategischen Prinzipien war? ... Stalin beherrschte die Technik der Organisation militärischer Unternehmungen an den Fronten meisterhaft und leitete sie mit großem Verständnis komplizierter strategischer Fragen und sehr viel Geschick ... Er besaß die Gabe, den entscheidenden Punkt in der strategischen Situation zu erfassen. So wie er die Verteidigung vor dem Feind zu organisieren verstand, wusste er auch, Großoffensiven zu leiten. Er war gewiss als Oberkommandierender an der richtigen Stelle. Natürlich hatte Stalin keine Kenntnisse aller Einzelheiten, mit denen Truppen und Befehlsebenen zu tun hatten, um eine Operation an einer oder mehreren Fronten sorgfältig vorzubereiten. Dies waren Dinge, die er auch gar nicht wissen musste ... Stalins Verdienst liegt vielmehr in der Tatsache, dass er den Wert der Ratschläge seiner Militärexperten sachverständig zu ermitteln verstand, die dann zusammengefasst – in Instruktionen, Direktiven und Bestimmungen – sogleich unter den Truppen umgingen und sie führten.«[50]

Die beiden Lobreden auf Stalin als obersten Befehlshaber sind kaum überraschend, wenn man die Nähe von Wassilewski und Schukow zu Stalin berücksichtigt. Beide wurden von ihm berufen und gefördert. Sie waren loyale Diener des Sowjetstaates wie auch überzeugte Kommunisten. Zudem hatten sie sich dem Stalinkult verschrieben und sonnten sich im Glanz des Sieges der Roten Armee im Großen Vaterländischen Krieg. Und vor allem hatten sie Stalins Blutbad bei den Säuberungen im sowjetischen Militär in den Jahren 1937–38 überlebt.

Stalins Terror

Stalins Säuberung der sowjetischen Streitkräfte begann in dramatischer Weise. Im Mai 1937 wurde der stellvertretende Volkskommissar für Verteidigung, Marschall M. N. Tuchatschewski, verhaftet und des Verrats angeklagt; er habe sich im Bunde mit Nazideutschland an einer Verschwörung zum Sturz der Regierung beteiligt. Der 1935 von Stalin zum Marschall beförderte Tuchatschewski war der innovativste und eloquenteste Theoretiker und Stratege der Roten Armee und vor allem auch ein tatkräftiger Befürworter und Organisator ihrer Modernisierung und Erneuerung.[51] Zur selben Zeit wurden sieben andere hochrangige Generäle verhaftet. Im Juni wurden sie alle in einem Geheimprozess vor Gericht gestellt, für schuldig befunden und erschossen. Der Prozess wurde in der sowjetischen Presse publik gemacht, und nur zehn Tage danach wurden weitere 980 Offiziere in Haft genommen.[52] Im Verlauf der Säuberungen wurden mehr als 34 000 Offiziere aus den Streitkräften entlassen. Während 11 500 dieser Offiziere schließlich wieder eingesetzt werden sollten, wurde die große Mehrheit hingerichtet oder kam in der Gefängnishaft ums Leben.[53] Unter den Todesopfern befanden sich drei Marschälle, 16 Generäle, 15 Admiräle, 264 Oberste, 107 Majore und 71 Leutnants. Aber die Gruppe von Offizieren, die am meisten litt, waren die Politkommissare, von denen Tausende in den Säuberungen ihr Leben verloren.[54]

Nach Stalins Tod wurden die Säuberungen von der politischen und militärischen Führung der Sowjetunion als ungerechtfertigt verurteilt, die Opfer rehabilitiert.[55] In der Folge entwickelte sich eine Debatte über die Wirkung der Säuberungen auf die Einsatzfähigkeit der Roten Armee, insbesondere in der Frühphase des Krieges gegen Deutschland. Unter den Hingerichteten waren schließlich nicht wenige der erfahrensten und fähigsten Mitglieder des sowjetischen Offizierkorps. Es wurde argumentiert, dass die Säuberungen die militärische Erneuerung, Initiative und Unabhängigkeit der Armee matt gesetzt habe mit dem Resultat, dass die Rote Armee und ihr Oberkommando sich in völliger Unterordnung Stalins Willen ergeben habe – um den Preis des Blutes von Millionen Sowjetbürgern, die aufgrund der militärischen Fehler und Fehleinschätzungen Stalins starben.

Wenn es Stalins Ziel war, sein Oberkommando einzuschüchtern, dann hat er dies sicher erreicht. Selbst im Angesicht der völligen Niederlage 1941 gab es niemanden unter seinen Generälen, der Stalins Autorität infrage stellte. Auch gab es keinerlei Widerspruch, wenn er der Armee Versagen und Inkompetenz vorwarf und deshalb Kommandeure erschießen ließ.[56] Andererseits wäre es auch irreführend zu sagen, dass Stalin ein Oberkommando beherrsche, das aus nichts als einem Häuflein zitternder Befehlsempfänger bestand, die quasi mit den noch bluttriefenden Uniformen ihrer ermordeten Vorgänger eingekleidet worden wären. Sobald sie ein wenig Kriegserfahrung gesammelt hatten, leisteten Stalins Kommandeure Außerordentliches und entwickelten eine gemeinschaftliche Zusammenarbeit mit dem Diktator, bei der sie ein großes Maß an Initiative, Gespür und Unabhängigkeit an den Tag legten. Ob ihre den Säuberungen zum Opfer gefallenen Vorgänger unter den gegebenen Umständen Besseres geleistet hätten oder nicht, muss eine offene Frage bleiben. Was man aber sicher sagen kann, ist zum einen, dass die verurteilten Offiziere unschuldig waren, und zum anderen, dass die Säuberungen einen bedeutenden Verlust an militärischen Fähigkeiten just in einem Moment bedeuteten, in dem sich die Sowjetarmee in der Vorbereitungsphase eines Krieges befand. Die Verteidigungsausgaben waren von 10 Prozent des Haushaltes in den Jahren 1932–33 auf 25 Prozent im Jahr 1939 angestiegen. Die Mannschaftsstärke der Streitkräfte erhöhte sich von unter einer Million auf mehr als vier Millionen.[57] Um das Jahr 1941 hatte sich die Rote Armee zur größten und am aufwendigsten ausgestatteten Armee der Welt entwickelt. Dieser Prozess der Aufrüstung und Reorganisation der bewaffneten Streitkräfte setzte sich bis zum Ausbruch des Krieges mit Deutschland im Verlauf des Jahres 1941 fort.

Stalins Säuberung der Sowjetarmee war kein isoliertes Phänomen. Bereits nach der Ermordung von Sergei Kirow, dem Vorsitzenden der Leningrader KP, im Dezember 1934 wurden Tausende von Parteimitgliedern verhaftet, die der Beteiligung an einem Umsturzversuch zur Ermordung der Sowjetführer beschuldigt wurden.[58] Mitte der Dreißigerjahre fand eine ganze Reihe von politischen Schauprozessen gegen ehemals führende Mitglieder der bolschewistischen Partei in der Öffentlichkeit statt, die als Spione, Saboteure und Verschwörer angeklagt wurden.[59] Darauf folgte die sogenannte *Jechowschina* – benannt nach Stalins Sicherheitschef Nikolai Jechow –, eine wahnwitzige Jagd auf angebliche »innere Feinde«,

Einleitung 29

die in Massenverhaftungen und der Hinrichtung von Partei- und Staatsführern gipfelte. Diese Ereignisse sind allgemein als der »Große Terror« bekannt, eine konzentrierte Periode politischer Repression und Gewalt, in der Millionen verhaftet und Hunderttausende, vor allem in den Jahren 1937–1938, erschossen wurden.[60]

Erst viel später wurden sowohl das Ausmaß als auch die Konsequenzen des Großen Terrors bekannt. Aber die Jagd auf »Volksfeinde« bildete an sich kein Geheimnis. Der Terror war vielmehr ein öffentliches Spektakel, ein Ereignis massenhafter Teilnahme, bei dem jeder ermutigt wurde, Informationen über all diejenigen zu sammeln und weiterzugeben, die der politischen Häresie, der wirtschaftlichen Sabotage oder der Beteiligung an Machenschaften ausländischer Regierungen verdächtigt wurden.[61]

Aber was glaubte Stalin? Was waren seine Motive für den Großen Terror und die Enthauptung seines Oberkommandos? Dies ist eine Frage, die zum Kern der Diskussion über Stalin und die Natur seines Regimes führt.

Im Allgemeinen gibt es zwei Denkschulen unter den Historikern. Die Erste besagt, dass Stalin den Terror benutzte, um seine Diktatur und sein Herrschaftssystem zu konsolidieren. Diese Ansicht überschneidet sich oftmals mit Erklärungen zu Stalins Handlungen, die aus seinen persönlichen Charakterzügen hergeleitet werden: Er sei paranoid, rachsüchtig, sadistisch, blutdürstig und von einem grenzenlosen Machtwillen getrieben gewesen. Die andere Betrachtungsweise ist die, dass der Terror aus seiner Sicht eine Notwendigkeit war, um das Sowjetsystem gegen eine potenziell tödliche Kombination aus innerer Subversion und äußerer Bedrohung zu verteidigen. Diese Interpretation verbindet sich gemeinhin mit einem Blick auf Stalin, der betont, dass er ein Ideologe war – ein überzeugter Kommunist, der auch von der eigenen Propaganda gegen den Klassenfeind überzeugt war.

Diese zwei Analysen sind miteinander nicht ganz unvereinbar. Um den grausamen Terror ins Werk zu setzen, Hunderttausende seiner Mitbürger hinrichten und viele Millionen einsperren zu lassen, bedurfte Stalin zweifellos furchtbarer Charakterzüge. Aber dies heißt noch nicht, dass der Prozess allein durch seine psychologischen Eigenschaften oder seine rein persönlichen Ambitionen angetrieben wurde. In demselben Maße, wie Stalin ein überzeugter Anhänger der Werte des Kommunismus war, kam er dazu, die Interessen des Sowjetsystems mit der Stärkung seiner eigenen persönlichen Machtposition gleichzusetzen und zu diesem Zweck den Großen Terror einzusetzen.

Der Schlüssel zu Stalins Absichten liegt möglicherweise im Bereich der Ideologie. Das Leitmotiv der kommunistischen Weltanschauung in den Zwanzigerjahren war der Klassenkampf – der systemimmanente Antagonismus zwischen miteinander unvereinbaren wirtschaftlichen Interessengruppen. Dieser Konflikt zwischen sich bekämpfenden Klassen wurde als ein Kampf gesehen sowohl zwischen Staaten als auch im Inneren von ihnen. Stalins besonderer Beitrag zu dieser Klassenkampfideologie war seine nachdrückliche Steigerung des Klassenkampfes, der stattfindet zwischen kapitalistischen und sozialistischen Staaten in einer Epoche imperialistischer Kriege und revolutionärer Aufstände. Nach Stalin war die Sowjetunion das Ziel imperialistischer Intrigen, weil sie eine bedrohliche soziale Alternative zum Kapitalismus darstellte, die durch Spionage, Sabotage und mörderische Verschwörungen gegen ihre kommunistische Führung zerrüttet werden sollte.

Stalins apokalyptische Vision des universellen Klassenkampfes auf der Ebene von Staaten erreichte ihren Höhepunkt im Februar und März 1937, als er auf dem Plenum des Zentralkomitees der Partei verkündete:

»Die zerstörerische und spalterische Arbeit von Spionen und Agenten ausländischer Staaten hat auf die eine oder andere Weise fast alle unsere Verwaltungs-, Partei- und Wirtschaftsorganisationen erreicht ... Agenten ausländischer Staaten wie auch Trotzkisten haben sich Zugang nicht nur zu minderen Positionen, sondern auch in gewisse verantwortliche Stellen verschafft ... Ist es nicht klar, dass, solange die kapitalistische Einkreisung anhält, wir immer wieder Hasadeure, Spione, Spalter und Mörder erleben werden, die von Agenten ausländischer Staaten ausgesandt werden?

Wir müssen die falsche Theorie zerschlagen, dass wir mit jeder Vorwärtsbewegung den Klassenkampf mehr und mehr absterben lassen können, dass im Verhältnis zu unserem Erfolg der Klassenfeind mehr und mehr gezähmt wird ... Im Gegenteil. Je mehr wir vorwärtsstreben, je mehr Erfolg wir haben, desto zorniger werden die Überbleibsel der geschlagenen Ausbeuterklassen, desto schneller wenden sie sich heftigeren Formen des Klassenkampfes zu, desto mehr Unheil fügen sie dem Sowjetstaat zu, desto stärker wird ihr Griff nach den verzweifeltsten Mitteln des Kampfes ...«[62]

Stalins häufige Wiederholung dieses Themas, sowohl in der Öffentlichkeit als auch im privaten Kreis, legt nahe, dass er tatsächlich glaubte, einen Kampf gegen die kapitalistische Unterminierung des Sowjetsystems zu führen. Nach den Erinnerungen von Molotow, Stalins engstem politischen Gefährten, war das Ziel des Großen Terrors, die eventuell vorhandene »fünfte Kolonne« des Feindes im Inneren vor dem unvermeidlichen Krieg zwischen der Sowjetunion und den kapitalistischen Staaten zu beseitigen.[63]

Während es zu weit geht, anzunehmen, dass Stalin ernsthaft an die absurden Vorwürfe des Hochverrats glaubte, die gegen Tuchatschewski und andere Generäle vorgebracht wurden, erscheint die Möglichkeit einer derartigen militärischen Verschwörung gegen seine Führung nicht so weit hergeholt. Tuchatschewski war eine starke Persönlichkeit mit eigenen Ideen zur Aufrüstung, zu strategischen Grundpositionen und zur Beziehung zwischen Gesellschaft und Militär, die nicht immer

Einleitung

mit denen Stalins übereinstimmten. Tuchatschewski stieß persönlich mit seinem unmittelbaren Vorgesetzten Woroschilow zusammen, der Volkskommissar für die Verteidigung und ein langjähriger Weggefährte Stalins war. Zudem gab es im Hintergrund Spannungen zwischen der Roten Armee und der kommunistischen Partei, die hinsichtlich der Loyalität des Militärs in Zeiten einer ernsten Krise ein Fragezeichen setzte.[64] Vermeintlich unzuverlässige Elemente im Militär und in der kommunistischen Partei waren nicht die einzigen Gruppen, auf die Stalin im Zeichen der Kriegsvorbereitung zielte. An den Rändern der Sowjetunion gab es eine Reihe von ethnischen Gruppen, die im Falle eines Krieges als potenzielle Überläufer angesehen wurden. Entlang der westlichen Grenze lebten Ukrainer, Polen, Esten, Litauer, Deutsche, Finnen, Bulgaren, Rumänen und Griechen. Im Nahen und Mittleren Osten siedelten Türken, Kurden und Iraner, im Fernen Osten Chinesen und Koreaner. In den Großen Terror eingebunden war ein Prozess der ethnischen Säuberungen, der die Verhaftung, Deportation und Hinrichtung Hunderttausender von Personen in Grenznähe beinhaltete. Einer Schätzung zufolge waren während der Jechowschina bis zu einem Fünftel der Verhafteten und bis zu einem Drittel der Hingerichteten Angehörige solcher ethnischer Minoritäten.[65] Nach einer anderen Schätzung wurden zwischen 1936 und 1938 in die zentralasiatischen Teile der Sowjetunion 800 000 Nichtrussen deportiert. Während die Unterdrückung von Parteiangehörigen, Staatsbediensteten und Militärs 1939 zu einem Ende kam, setzte Stalin seine ethnischen Säuberungen der Bevölkerung in den Grenzregionen fort. Nach der sowjetischen Invasion Ostpolens 1939 wurden 400 000 Polen verhaftet, deportiert und (großenteils) hingerichtet – unter ihnen die 20 000 polnischen Kriegsgefangenen, die Opfer des berüchtigten »Massakers von Katyn« vom April und Mai 1940 wurden.[66] Die Besetzung der baltischen Staaten durch die Rote Armee führte zur Deportation von mehreren Hunderttausend Esten, Letten und Litauern. Nach dem Ausbruch des deutsch-russischen Krieges im Juni 1941 erreichten Stalins ethnische Säuberungen neue irrsinnige Höhen in Anbetracht der befürchteten Kollaboration mit dem Feind. Während des Großen Vaterländischen Krieges wurden insgesamt zwei Millionen Mitglieder ethnischer Minoritäten – Wolgadeutsche, Krimtataren, Tschetschenen und andere transkaukasische Völker – ins Innere der Sowjetunion verschleppt.[67]

Sowjetischer Patriotismus

Stalins Krieg gegen die Bevölkerung der Grenzgebiete war nicht so sehr Ausdruck einer persönlichen denn einer politischen Paranoia; es war die Furcht, dass eine nationalistische Abspaltung das Überleben der Sowjetunion in Kriegszeiten infrage stellen könnte. Aber Unterdrückung stellte nicht die einzige Waffe gegen die angeblichen separatistischen Tendenzen unter der ethnisch gemischten sowjetischen Bevölkerung dar. Die andere Strategie Stalins bestand darin, den Sowjetstaat als vaterländischen Verteidiger Russlands gegen ausländische Ausbeutung und Besetzung darzustellen. Dies beinhaltete weder die Aufgabe der kommunistischen Ideologie noch des revolutionären Internationalismus oder der sozialistischen Ziele des Sowjetstaates. Vielmehr bedeutete es für Stalin und das sowjetische System die Betonung sowohl einer nationalen als auch einer kommunistischen Identität. Eine Benennung für diese inhaltliche Erweiterung war der Begriff des »nationalen Bolschewismus«[68], ein anderer der des »revolutionären Patriotismus«[69]. Stalins eigene Begrifflichkeit war »sowjetischer Patriotismus«, der sich auf eine doppelte Loyalität der Bürger zum sozialistischen System und zum Sowjetstaat bezog und der die verschiedenen nationalen Traditionen und Kulturen der UdSSR repräsentierte und schützte. Die multinationale UdSSR war »proletarisch im Inhalt und national in der Form«, erklärte Stalin: Es war ein klassenbewusster Staat, der beanspruchte, sowohl eigenständige nationale Kulturen und Traditionen als auch diejenigen des Proletariats zu fördern. Die Einrichtung, die diese doppelte Loyalität zusammenschloss und organisierte, war die von Stalin geführte kommunistische Partei.

Stalin selbst schien auf ideale Weise geeignet, die von den Sowjetbürgern erwartete mehrfache Identität und Loyalität zu verkörpern. Er war Georgier, der seine Heimattraditionen bewusst zur Schau stellte, zugleich aber auch die russische Kultur, Sprache und Identität bereitwillig annahm. Die bescheidene soziale Herkunft als Sohn eines Schusters zeigte seine plebejische Klassenzugehörigkeit. Wie Millionen andere auch hatte er aber von der bolschewistischen Revolution und der darauffolgenden sozialen Durchlässigkeit Russlands profitiert. Stalin war ein Mann aus den Grenzregionen, der für einen starken, zentralisierten sowjetischen Staat einstand, der alle Völker der UdSSR beschützen sollte. Kurz, Stalin war Georgier, Arbeiter, Kommunist und sowjetischer Patriot in einer Person.[70]

Ein frühes Anzeichen dieser Annahme patriotischer Elemente durch die kommunistische Partei und seiner eigenen Person taucht in einer viel zitierten Rede Stalins im Februar 1931 auf. Darin befasste sich Stalin mit der Dringlichkeit, das Land zu industrialisieren und zu modernisieren. Es war eine Rede, die Stalins gewandte Handhabung und Verschmelzung klassenpolitischer und patriotischer Themen veranschaulicht:

»Die Geschichte des alten Russlands war geprägt davon, dass es unablässig für seine Rückständigkeit geschlagen wurde. Es wurde von den mongolischen Khans geschlagen. Es wurde von den türkischen Beys geschlagen. Es wurde von den schwedischen Feudalherren geschlagen. Es wurde von den polnisch-litauischen

Adligen geschlagen. Es wurde von den japanischen Baronen geschlagen. Jeder gab ihm einen Schlag für seine Rückständigkeit. Für seine militärische Rückständigkeit, für seine staatliche Rückständigkeit, für seine industrielle Rückständigkeit, für seine landwirtschaftliche Rückständigkeit. Sie schlugen Russland, weil es gewinnbringend war und es ungestraft getan werden konnte. Ihr erinnert euch an das Wort des vorrevolutionären Dichters: Du bist erbärmlich, du bist opulent, du bist mächtig, du bist machtlos, Mutter Russland ... Dies ist das Gesetz der Ausbeuter: Schlag die Rückständigen, du bist schwach, also bist du im Unrecht, und deshalb kannst du geschlagen und versklavt werden ... Wir sind hinter den entwickelten Staaten fünfzig bis hundert Jahre hinterher. Wir müssen diesen Rückstand innerhalb von zehn Jahren aufholen. Entweder schaffen wir das, oder wir werden vernichtet. Dies ist die Verpflichtung, die uns von den Arbeitern und Bauern der UdSSR auferlegt ist.«[71]

Zusammen mit Lenin wurde Stalin zum Architekten der sowjetischen Nationalitätenpolitik.[72] Vor 1917 hatte Stalin die wichtigste theoretische Analyse des Bolschewismus zur sogenannten »nationalen Frage« verfasst.[73] Nach dem Bürgerkrieg fungierte er als Volkskommissar für Nationalitätenfragen.[74] Als revolutionäre Internationalisten glaubten Lenin und Stalin an die Einheit der Arbeiterklasse über trennende nationale Gräben hinweg. In prinzipieller Weise widersetzten sie sich dem entgegengesetzten nationalistischen Separatismus. Dennoch erkannten sie den fortdauernden Anreiz durch nationale Gefühle. Gleichzeitig war ihnen die Möglichkeit bewusst, regionale Kulturen und Traditionen im politischen Kampf gegen den Zarismus wie in der Errichtung des sowjetischen Staates für ihre Zwecke zu benutzen. Die bolschewistische Ideologie wurde diesem Ziel angepasst, indem sie die Förderung kultureller und sprachlicher Nationalbewegungen unter den ethnischen Gruppierungen der UdSSR in ihr Programm aufnahm, zugleich aber für die klassenbewusste Einheit aller sowjetischen Völker eintrat. Die 1922 angenommene erste Verfassung der UdSSR war hochzentralistisch, aber – in der Theorie – auch föderalistisch und vorgeblich auf der freiwilligen Verbindung der nationalen Republiken gegründet.

In den Zwanzigerjahren hatte die bolschewistische Nationalitätenpolitik zwei praktische Sockel: zum einen die »Ethnisierung«, die Berufung von Mitgliedern ethnischer Minoritäten in staatliche Funktionen innerhalb ihrer Regionen, zum anderen die Unterstützung kultureller und ethnischer Nationalismen unter den Völkern der UdSSR, einschließlich derjenigen ethnischen Gruppen, die vor der Sowjetzeit keine ausgeprägte nationale Identität besessen hatten. Aber ein Teil der Bevölkerung blieb von dieser Ethnisierungspolitik ausgenommen: die Russen. Die russischstämmige Bevölkerung war größer als alle anderen Nationalitäten zusammengenommen. Lenin und Stalin befürchteten in der Frühzeit des Sowjetstaates, dass die Russen aufgrund ihrer Größe und ihrer hohen kulturellen Entwicklung die anderen Völker allzu sehr dominieren würden und dass die Förderung des russischen Nationalbewusstseins zu einer Entfesselung chauvinistischer Tendenzen führen könnte. In den Dreißigerjahren jedoch vollzog sich in Stalins Einstellung zu den Russen ein radikaler Wandel. Nun wurde ein spezifisch russischer Patriotismus rehabilitiert, und vaterländische Helden aus der vorrevolutionären Vergangenheit Russlands wurden in das Pantheon des bolschewistischen Heroismus aufgenommen. Die Russen wurden nunmehr als Kern der geschichtlichen Sammlung der Völker dargestellt, die den multinationalen sowjetischen Staat bildeten – der Zement in der sowjetischen »Freundschaft der Völker«. Politisch wurden die Russen als Gruppe angesehen, die am meisten der kommunistischen Sache verbunden war und am loyalsten zum sowjetischen Staat stand.

Vor der Revolution waren die Bolschewiki gegen die zaristische Politik der Russifizierung zu Felde gezogen. Gegen Ende der Dreißigerjahre indes war die russische Sprache an ihre einstige Stelle als Leitsprache im Bereich des Schulwesens, der Armee und des Staates zurückgekehrt, während die russische Musik, Literatur und Folklore das Rückgrat der neu erfundenen sowjetischen Kulturtradition bildete.[75] Unter den vielen Gründen für die Neubewertung des Russischen in der Nationalitätenpolitik ist derjenige des heraufziehenden Krieges zu nennen, in dem die Russifizierung der Sowjetunion als ein Bindemittel für die etwa hundert Nationalitäten angesehen wurde, die zusammen die UdSSR bildeten. Vaterländische Appelle wurden außerdem als ein probates Mittel der weitreichenden politischen Mobilisierung zur Bildung des sowjetischen Staates angesehen, wobei die Modernisierung und Industrialisierung des Landes vor allem in Russland selbst stattfand. Vor allem erkannte Stalin die mächtige politische Wirkung von populären historischen Erzählungen, die Anstrengungen der Russen in der Vergangenheit mit dem Kampf der Sowjets in der Gegenwart verbanden. Stalin drückte dies in einem Toast auf einer privaten Feier auf Woroschilows Datscha im November 1937 so aus:

»Die russischen Zaren taten vieles, was schlecht war. Sie raubten und versklavten die Völker. Sie führten Kriege und besetzten Territorien im Interesse der Landbesitzer. Aber sie vollbrachten zumindest ein gutes Werk: Sie schufen eine Großmacht. Wir haben diese Macht geerbt. Wir Bolschewiken waren die Ersten, die diese Großmacht noch weiter zusammengefasst und verstärkt haben. Nicht im Interesse der Landbesitzer und Kapitalisten, sondern im Interesse der Arbeiter und aller großen Völker, die diese Macht zusammen bilden.«[76]

Stalins Vision eines Sowjetstaates als Erbe des russischen Kampfes um die Erlangung einer Großmachtstellung, die es ermöglichte, seine Völker zu schützen, verfehlte in der angespannten Atmosphäre ausländischer Bedrohung, internationaler Krisen und eines herannahenden Krieges keineswegs ihre Wirkung. Als es 1941 zum

Kriegsfall kam, war Stalin in der Lage, die Sowjetunion, insbesondere die russische Bevölkerung, in einem vaterländischen Verteidigungskrieg gegen den Letzten aus einer langen Reihe ausländischer Invasoren zu mobilisieren. So sagte Stalin im September 1941 dem amerikanischen Botschafter Harriman: »Wir wissen, dass die Menschen nicht für die Weltrevolution kämpfen und dass sie auch nicht für die Sowjetmacht kämpfen werden, aber vielleicht werden sie für Russland kämpfen«.[77] In einem Krieg wie dem deutsch-sowjetischen hatte Stalins Fähigkeit, das nationale Gefühl, die patriotische Loyalität und die Bindung an die Sowjetunion zu aktivieren, zentrale Bedeutung. Zur selben Zeit wurden von den Sowjets große Anstrengungen unternommen, die Idee eines zugkräftigen sowjetischen Patriotismus zu propagieren, der alle Nationen und Völkerschaften der UdSSR miteinander verbinden sollte. Russischer Nationalismus und sowjetischer Patriotismus wurden schließlich noch weiter ergänzt um das Konzept einer weitreichenden slavischen Solidarität und durch die Suche Stalins nach einer Allianz der slawischen Staaten, um auch in Zukunft einer deutschen Bedrohung begegnen zu können.[78]

Die neue vaterländische Identität von Stalins Russland hatte eine bedeutende Rückwirkung auf das, was nach dem Krieg geschah. Für die Leistung, einen großen Sieg errungen zu haben, erwartete Stalin eine gerechte Belohnung der UdSSR in Form einer Ausweitung ihrer Macht und ihres Einflusses. Dazu gehörten auch so klassische Ziele der zaristischen Außenpolitik wie die Kontrolle über den Zugang zum Schwarzen Meer und (im nördlichen Pazifik) die Erlangung von eisfreien Häfen für die sowjetische Marine und Hochseeschifffahrt. Aber diese Zielsetzungen Stalins wurden von Großbritannien und den USA abgelehnt – seinen Partnern in der Großen Allianz, die Hitler besiegte –, da sie eine sowjetische Expansion im Bereich des Schwarzen Meeres, des Mittelmeers und des Pazifiks als Bedrohung ihrer eigenen strategischen und politischen Interessen sahen. Im Dezember 1945 beschwerte sich Stalin bei Ernest Bevin, dem britischen Außenminister, dass »seiner Meinung nach, das Vereinigte Königreich Indien und seine Besitzungen im Indischen Ozean als seine Interessensphäre habe. Die Vereinigten Staaten hätten China und Japan, aber die Sowjetunion nichts.«[79]

Stalins hauptsächliches Interesse jedoch lag in der sowjetischen Expansion nach Zentral- und Osteuropa, sodass er von einer Konfrontation mit den westlichen Staaten in den äußeren Regionen absah. Stalin weigerte sich daher nach dem Krieg, den kommunistischen Aufstand in Griechenland zu unterstützen, zog seinen Anspruch auf eine Kontrolle des Zugangs zum Schwarzen Meer wieder zurück und gab sich mit der Weigerung der Briten und Amerikaner zufrieden, ihm einen Anteil an den italienischen Kolonien in Nordafrika zu überlassen. Aber die Verletzung des patriotischen Stolzes der Sowjetunion, die ihm seine einstigen Verbündeten zugefügt hatten, schmerzte und trug nicht wenig zu einem fremdenfeindlichen Wandel in Stalins Außen- und Innenpolitik nach dem Krieg bei.

Das erste öffentliche Anzeichen für diese Neuausrichtung in der Nachkriegspolitik Stalins war aus einer Rede seines Chefideologen A. A. Schadanow im August 1946 abzulesen, der sowjetische Zeitungen und Schriftsteller für ihre Unterwürfigkeit gegenüber der westlichen Literatur und Kultur kritisierte. Die Rede begründete eine Bewegung, die als *Schadanowschina* bekannt wurde – eine ideologische Kampagne gegen den Einfluss des Westens, in der die einmaligen Leistungen der sowjetischen Wissenschaft und Kultur hochgehalten wurden. Schadanows Rede wurde von Stalin weit verbreitet, und die ganze Kampagne wurde auf sein Geheiß geführt.[80] Im Privaten hatte Stalin gerade seinen inneren Kreis des »Liberalismus« und der Unterwürfigkeit gegenüber dem Westen bezichtigt. Aufgrund dessen zwang er seinen Außenminister Molotow, in den diplomatischen Verhandlungen mit den Vereinigten Staaten und Großbritannien in nichts nachzugeben.[81] 1947 sprach er mit Sergei Eisenstein über dessen neuen Film *Iwan der Schreckliche* und riet ihm dies:

»Zar Iwan war ein großer und weiser Herrscher ... Die Weisheit Iwans des Schrecklichen beruhte auf der Tatsache, dass er für eine nationale Sichtweise einstand und dass er Fremde nicht ins Land ließ, indem er es von ausländischem Einfluss abschirmte ... Peter I. war ebenfalls ein großer Herrscher. Aber er gewährte Ausländern zu große Freiheiten, er öffnete ausländischem Einfluss zu weit die Tore und erlaubte die Germanifizierung des Landes. Katharina ließ noch mehr zu. Nach all dem – war der Hof Alexanders I. überhaupt noch ein wirklich russischer Hof? War der Hof Nikolaus' I. wirklich ein russischer Hof? Nein, es waren deutsche Höfe!«[82]

Der Kalte Krieg

Das Auftreten der Schadanowschina war aufs Engste mit dem heraufziehenden Kalten Krieg verbunden. Obgleich der Kalte Krieg sich erst in der Zeit um 1947 entwickelte, öffnete sich die Kluft zwischen Stalin und seinen westlichen Alliierten bereits, als der Krieg zu Ende ging. Wenn es auch eine Reihe von diplomatischen Streitigkeiten mit dem Westen gab – über Polen, das Besatzungsregime in Japan, die Kontrolle der Atomenergie –, sorgte sich Stalin doch am meisten um Entwicklungen an der ideologischen Front. Während des Krieges hatten die Sowjetunion, die Rote Armee und Stalins Führung eine Vorzugsbehandlung in der westlichen Presse genossen. Tatsächlich erlebte der Stalinkult der UdSSR eine fast ungebrochene Fortsetzung in England, den USA und in anderen alliierten Ländern. Als aber der Krieg zu Ende ging, beschwerte sich Stalins Auslandspropaganda über die

Lancierung einer weitreichenden antisowjetischen Propagandakampagne in den westlichen Medien. Die Sowjets glaubten, dass diese Kampagne verbunden war mit dem Wiedererstarken antikommunistischer Reflexe in Großbritannien, den USA und Westeuropa, die eine Wendung in der westlichen Außenpolitik einleiten sollte.[83]

Ein früher Ausdruck dieser für Stalin bedrückenden Entwicklung war Churchills im März 1946 in Fulton, Missouri, gehaltene Rede vom »Eisernen Vorhang«. Wenn Churchill auch von der Notwendigkeit einer Kooperation mit der Sowjetunion sprach, glich der Kern seiner Ausführungen doch einem Aufruf zu einem antikommunistischen Kreuzzug. Obgleich Churchill nicht mehr als Premier im Amt war, empfand es Stalin als nötig, eine längere öffentliche Antwort auf der Titelseite der *Prawda* zu geben, in der Churchill als eingefleischter Antikommunist und Kriegstreiber angeprangert wurde.[84] Im Allgemeinen jedoch übte Stalin Zurückhaltung in seinen öffentlichen Äußerungen über die Beziehungen mit dem Westen und hob die Möglichkeit weiter anhaltender Koexistenz und Zusammenarbeit hervor. Der Grund für Stalins öffentliche Zurückhaltung lag ganz einfach darin, dass er keinen Kalten Krieg mit dem Westen wollte und weitere Verhandlungen mit England und den Vereinigten Staaten zur Begründung einer Nachkriegsordnung erhoffte. In diesem Sinne sagte er dem amerikanischen Senator Harold Stassen bei dessen Moskaubesuch im April 1947:

»Das Wirtschaftssystem Deutschlands und der USA ist dasselbe. Dennoch gab es Krieg zwischen beiden. Die Wirtschaftssysteme der USA und der Sowjetunion sind verschieden, aber sie kämpften Seite an Seite und arbeiteten während des Krieges zusammen. Wenn zwei verschiedene Systeme in Kriegszeiten zusammenarbeiten können, warum sollen sie dies nicht im Frieden tun?«[85]

Zutreffend bemerkte einmal Albert Resis: »Auch wenn Stalins Verbrechen zahllos waren, ein Verbrechen wurde ihm fälschlicherweise angelastet: dass er die alleinige Verantwortung am Ausbruch dessen zu verantworten hat, was als Kalter Krieg bekannt wurde. Tatsächlich hat er dies weder geplant noch gewünscht.«[86] Dennoch trugen Stalins Handlungen und Zielsetzungen nicht wenig zum Ausbruch des Kalten Krieges bei. Gegen Ende des Zweiten Weltkrieges hatte die Rote Armee halb Europa besetzt. Stalin war entschlossen, eine sowjetische Einflusssphäre in den Staaten zu schaffen, die an die Sowjetunion grenzten. Zudem gab es überall in Europa einen großen politischen Umschwung nach links zugunsten der kommunistischen Parteien, was bei Stalin die Vision eines geeinten volksdemokratischen Europas unter Führung linker Parteien und der Kommunisten zur Folge hatte. Dieses ideologische Projekt sah Stalin jedoch als vereinbar mit der Fortsetzung der Zusammenarbeit mit den Westalliierten an. Auch glaubte er an die gleichzeitige Möglichkeit, sich mit dem Westen auf eine weltweite Teilung der Einflusssphären verständigen zu können.[87] Zwar grübelte Stalin über die Gefahr eines zukünftigen Krieges gegen die westlichen Mächte, aber einen derartigen Konflikt sah er als weit entfernt an. »Ich bin ganz sicher, dass es keinen Krieg geben wird, das ist Unsinn. Sie (die Briten und Amerikaner) sind nicht in der Lage, gegen uns Krieg zu führen«, sagte Stalin zum polnischen Parteichef Władysław Gomulka im November 1945. »Ob sie in vielleicht dreißig Jahren einen neuen Krieg wollen, das ist eine andere Frage.«[88]

Neben der Etablierung einer sowjetischen Einflusssphäre in Osteuropa gehörte der wirtschaftliche Wiederaufbau, die Regelung der Nachkriegsordnung – dazu zählte für Stalin vor allem die Eindämmung einer zukünftigen deutschen Machtstellung – und die Verwirklichung einer langfristig angelegten, gegenseitig nutzbringenden Entspannung mit Großbritannien und den Vereinigten Staaten zu seinen wichtigsten Zielen. Der Kalte Krieg brachte alle diese Pläne durcheinander. Er entwickelte sich, weil der Westen Stalins politische und ideologische Ziele nur als bloßen Auftakt einer prinzipiell unbegrenzt angelegten sowjetisch-kommunistischen Expansion einschätzte. So leisteten London und Washington Widerstand gegen das, was sie als Versuch Stalins sahen, eine sowjetische Hegemonie über ganz Europa zu errichten. Dieser anhaltende Widerstand seiner bisherigen Verbündeten wiederum weckte bei Stalin Befürchtungen, dass der Westen versucht sein könnte, ihm seine territorialen Kriegsgewinne streitig machen zu wollen. Während westliche Politiker von einem sowjetischen Expansionismus sprachen, klagte Stalin über einen britisch-amerikanischen Drang, die ganze Welt zu beherrschen. Stalin konnte nicht verstehen, wieso sich der Westen so bedroht fühlte durch die sowjetische Politik in Osteuropa, die Stalin als selbstverständlich, defensiv orientiert und räumlich vollkommen begrenzt betrachtete. Außerdem war Stalin durch seine ideologische Überzeugung geblendet, dass der Umschwung zugunsten der Linken in Europa nur ein Aspekt eines unumkehrbaren historischen Prozesses sei, der unvermeidlich zum Sozialismus führen würde. Aber Stalin war auch so realistisch und pragmatisch zu erkennen, dass er in einem offenen politischen und ideologischen Wettbewerb mit dem Westen wahrscheinlich den Kürzeren ziehen würde. Als das Kriegsbündnis auseinanderfiel und der Kalte Krieg sich näherte, beschloss er mehr und mehr, die UdSSR und Osteuropa vom Westen abzuschotten. Zu Hause spielte er erneut die nationalistische Karte, diesmal mit sogar noch fremdenfeindlicheren Untertönen als in den Dreißigerjahren. Auf internationalem Gebiet erklärte sich die Sowjetunion zum Verteidiger der nationalen Unabhängigkeit der europäischen Staaten gegenüber der britischen und amerikanischen Dominanz.

Der Kalte Krieg selbst begann im März 1947 mit der Ankündigung Trumans, einen weltweiten Kampf gegen die kommunistische Aggression und Expansion zu führen, und dann im Juni desselben Jahres mit der Vorstellung des Marshallplans. Stalin beantwortete diese amerikanische Weichenstellung für die politische und ökonomische Restrukturierung Mittel- und Westeuropas mit der Festigung der sowjetischen Kontrolle über Osteuropa. Ideologisch besiegelt wurde der Eintritt in die neue Epoche durch eine Rede von Stalins Chefideologen Schadanow, in der dieser herausstellte, dass sich zwei gegenläufige Tendenzen in der internationalen Politik derart verfestigt hätten, dass es zu einer Aufspaltung des Staatensystems in zwei Lager gekommen sei: das Lager des Imperialismus, der Reaktion und des Krieges, auf der anderen Seite das Lager des Sozialismus, der Demokratie und des Fortschritts.[89]

Aber selbst nach der gegenseitigen »Kriegserklärung« im Kalten Krieg hoffte Stalin immer noch, dass sich ein kompletter Bruch vermeiden ließe und eine Tür für Verhandlungen und Kompromisse mit dem Westen offen bliebe. Dies lag angesichts eines wieder erstarkenden Deutschlands in Stalins Interesse. Am Ende des Krieges war Deutschland in eine sowjetische, amerikanische, britische und französische Besatzungszone geteilt worden. Stalins Sorge, dass die westlichen Zonen zum Hauptstützpunkt eines antisowjetischen Blocks werden könnten, ließ ihn die erste große Krise des Kalten Krieges in Kauf nehmen: die Berlin-Blockade 1948–1949. Berlin war ebenfalls 1945 geteilt worden, aber es lag inmitten der sowjetischen Besatzungszone im Osten Deutschlands. Um weitere Verhandlungen über den zukünftigen Status Deutschlands zu erzwingen, blockierte Stalin die Zufahrtswege nach Berlin. Durch die weltweites Aufsehen erregende Einrichtung einer Luftbrücke zur Versorgung der Stadt durch die USA und England aber wurde er überlistet und musste schließlich nachgeben. Wenn die Berlin-Blockade überhaupt etwas bewirkt hat, dann die Beschleunigung des Prozesses zur Bildung eines unabhängigen deutschen Staates mit Westbindung im Mai 1949. Einen Monat darauf folgte zudem die Unterzeichnung des NATO-Vertrages, der eine politisch von den Amerikanern geführte Militärallianz begründete, die Westeuropa vor einem sowjetischen Angriff oder Versuchen der Einschüchterung schützen sollte.

Das Scheitern der Beziehungen Stalins zu Deutschland war eine seiner vielen Fehlkalkulationen im Kalten Krieg. Die gefährlichste und teuerste jedoch war der Koreakrieg. Auf Veranlassung des nordkoreanischen Diktators Kim-Il Sung befahl Stalin im Juni 1950 einen Angriff auf Südkorea. Zuerst lief alles nach Plan. Nordkoreanische Truppen besetzten den größten Teil des Landes. Dann aber brachte eine von den Amerikanern im Auftrag der Vereinten Nationen geführte Militärintervention die Wende. Kim-Il Sungs Armee wurde nach Norden zurückgeworfen. Allein dem widerstrebenden chinesischen Eingreifen war es zu verdanken, dass das nordkoreanische Regime vor dem totalen Zusammenbruch gerettet werden konnte. Die Ereignisse führten zu einer rapiden Verschlechterung der Beziehungen zwischen Stalin und Mao Tse-tung. Überdies erwies sich der Krieg militärisch, politisch und ökonomisch als sehr kostspielig.

Diese Rückschläge wurden ausgeglichen durch einige positive Entwicklungen. So war Stalin in der Lage, seinen Zugriff auf Osteuropa weiter zu festigen. Zwar kam es zu einem Bruch mit dem kommunistischen Jugoslawien unter Marschall Tito, das bis dahin einer der treuesten Verbündeten gewesen war. Im August 1949 aber gelang ein erster Atombombentest, und im Oktober kamen Maos Kommunisten in China an die Macht. Wichtiger noch war, dass es ungeachtet der gespannten internationalen Lage zu keiner direkten kriegerischen Auseinandersetzung mit dem Westen kam. In den späten Vierzigerjahren gewann Stalin auch die politische Initiative wieder zurück, als er eine internationale Friedenskampagne ins Leben rief.

Auch die größten außenpolitischen Schwierigkeiten konnten Stalins Position zu Hause nicht beschädigen. Sein Erfolg im Großen Vaterländischen Krieg machte seine Stellung einfach unangreifbar. Währenddessen erreichte der Stalinkult absurde Höhen. Stalins Innenpolitik nach dem Krieg ist oft beschrieben worden als Rückkehr zur kommunistischen »Orthodoxie«. Und in der Tat ist diese Aussage nicht unzutreffend. Während des Krieges hatte sich Stalins Herrschaft an den Erfordernissen der Situation zu orientieren. Er akzeptierte die Notwendigkeit von mehr Pragmatismus in militärischen, kulturellen und ökonomischen Angelegenheiten. Auch ließ er eine größere Vielfalt von Stimmen in der sowjetischen Presse zu. Durch die Kriegsallianz mit dem Westen öffnete sich das Land. Freilich waren weder Stalin noch die kommunistische Partei, sein wesentliches Machtinstrument, geneigt, eine Fortsetzung dieser Entwicklung auch nach dem Krieg zuzulassen. Die sich verschlechternden internationalen Beziehungen ermutigten Stalin zudem, zu einer orthodoxeren politischen und ideologischen Führung zurückzukehren. Aber der Krieg hatte alles verändert, und Stalins Herrschaftssystem war nicht mehr dasselbe wie zuvor. Das kommunistische System hatte nun eine neue Quelle der Legitimation: den Großen Vaterländischen Krieg. Aber es hatte zugleich auch mit einer neuen Erwartungshaltung der Bevölkerung gegenüber der Zukunft zu tun. Millionen heimkehrender Kriegsveteranen mussten wieder in die Partei- und Staatsstrukturen integriert werden. Außerdem war es nicht so einfach, den nationalistischen Ungeist wieder in die Flasche zu sperren. Die Mobilisierung des russischen Nationalgefühls hatte dazu beigetragen, den Krieg zu gewinnen. Aber es bewirkte auch nationalistische Gegenreaktionen unter den anderen Völkern der UdSSR und wurde daher sowohl mit politischen Mitteln als auch mit blanker Repression bekämpft.[90]

Stalins beindruckendste Leistung während des Krieges war die Veränderung seines Führungsstils und der Funktionsweise des politischen Systems, dem er vorstand. Seine Macht und Popularität gegen Ende des Krieges bedeuteten, dass ihm zwar eine Reihe von Handlungsoptionen offenstand. Die komplexe und herausfordernde Situation, der er im Inneren und Äußeren gegenüberstand, machte es wenig wahrscheinlich, dass er zu einem stark kommunistisch geprägten Autoritarismus zurückkommen würde. Die Tragödie des Kalten Krieges aber war, dass Stalin noch zusätzlichen Anreiz dazu erhielt, seine persönliche Alleinherrschaft weiter auszubauen, anstatt weitere Möglichkeiten zu erkunden, ein pluralistischeres System fortzusetzen, das während des Krieges kurzzeitig möglich schien. Es mag sein, dass Stalin persönlich nicht dazu fähig war, eine andere Entscheidung zu treffen. Aber die Flexibilität und Kreativität, die er in Kriegszeiten an den Tag gelegt hatte, zeigt, dass es auch anders ging. Zumindest war eine Rückkehr zum Massenterror der Dreißigerjahre nicht mehr möglich. Stattdessen kam es im Gegenteil zu einer beträchtlichen Verminderung der politischen Repression auf allen Ebenen. Stalins Herrschaft in der Nachkriegszeit war ein System im Übergang und seine Zielsetzung eine entspanntere politische Ordnung als die, die sich nach seinem Tod entwickelte.

Das Alter und die Anspannung während des Krieges machten sich bei Stalin 1945 bemerkbar; immer öfter verbrachte er einige Monate im Jahr in seiner Datscha am Schwarzen Meer.[91] Er gab es auf, sich um alles und jeden zu kümmern, und konzentrierte sich hauptsächlich auf die Außenpolitik. Zur Beschreibung seiner Herrschaft wurde der Begriff »neopatrimonial« geprägt. Wie seine zaristischen Vorgänger oder andere mächtige Autokraten dachte Stalin, dass die Macht, mit der er den Staat in seinen Händen hielt, in gewisser Weise ein Erbhof sei. Vor und während des Krieges hatte er seinen »Besitz« ausgeübt, indem er selbst zahllose Entscheidungen traf und die tägliche Regierungsarbeit genau überwachte. In den Nachkriegsjahren zog er sich aus diesem Prozess mehr und mehr zurück. Ausschüsse und Komitees, angeführt von Mitgliedern des Politbüros, übernahmen seine Funktionen. Dies ermöglichte eine weitaus gradlinigere Arbeit von Regierung und Partei, wenngleich sie sehr bürokratisiert und konservativ war, da niemand den »Boss« verärgern wollte. Dennoch war Stalins Führung, ungeachtet seiner unbeschränkten Macht und seiner zunehmenden Launenhaftigkeit, moderner und rationeller als zuvor.[92] Auf dem 19. Parteitag im Oktober 1952, der ersten Versammlung seit 1938, machte es Stalin nichts aus, dass er das Hauptreferat dem Politbüromitglied G. M. Malenkow überließ.[93] Stalins eigener Beitrag auf dem Parteitag beschränkte sich auf einige kurze, schlüssige Bemerkungen, die an eine Gruppe von befreundeten ausländischen Genossen gerichtet waren. Bezeichnenderweise spielte er dabei wieder auf der Klaviatur des Patriotismus:

»Früher wurde die Bourgeoisie als Führerin der Nation angesehen, als Verteidigerin der Rechte und der Unabhängigkeit des Landes … Heute gibt es kein Anzeichen eines ›nationalen Vorranges‹ mehr. Das Bürgertum würde die Rechte und die

Unabhängigkeit der Nation für einige wenige Dollar verschachern. Das Banner der nationalen Unabhängigkeit und der nationalen Souveränität ist über Bord geworfen worden. Zweifellos muss dieses Banner von Euch wieder erhoben werden, den Vertretern der kommunistischen und der demokratischen Parteien, und nach vorne gestellt werden, wenn Ihr Patrioten eures Landes sein wollt, wenn Ihr die führende Kraft der Nation werden wollt.«[94]

»Über Sieger wird nicht geurteilt«, lautet eine alte russische Redeweisheit, die oftmals Katharina der Großen zugeschrieben wird. Stalin schätzte dies anders als seine zaristischen Vorgänger ein und bekundete entsprechend in seiner im Februar 1946 gehaltenen Rede:

»Es heißt, über Sieger werde nicht geurteilt, das bedeutet, dass sie nicht kritisiert und kontrolliert werden sollten. Das aber ist grundfalsch. Über Sieger muss geurteilt werden, sie sollen und müssen kritisiert werden. Dies ist nutzbringend nicht nur für ihre Arbeit, sondern auch für die Sieger selbst. Dann gibt es weniger Einbildung, dann gibt es mehr Bescheidenheit.«[95]

Die Notwendigkeit, aus den eigenen Fehlern zu lernen, wurde ein immer wiederkehrendes Thema in Stalins öffentlichen und privaten Reden. Freilich wusste er, dass das einzige Urteil, das zu seinen Lebzeiten wirklich zählte, nur sein eigenes war. Selbst außerhalb der Sowjetunion lautete das Urteil der meisten Zeitgenossen – zumindest derjenigen auf der Siegerseite – unmittelbar nach dem Krieg, dass Stalins Sieg, trotz seiner hohen Kosten, den Preis wert gewesen ist. Schließlich hatte eine barbarische Bedrohung der europäischen Kultur abgewendet werden können – und das reichte den meisten Menschen. Zu Beginn des Kalten Krieges hofften viele noch, dass sich Stalins Diktatur in eine gütigere Herrschaft wandeln könnte, eine, die den Opfern des sowjetischen Volkes bei seinem großen Sieg über Nazideutschland gerecht würde. Durch den Ausbruch des Kalten Krieges indes zerschlugen sich diese Hoffnungen ebenso wie durch das Ende der Liberalisierung in Kriegszeiten, an dessen Stelle ein kommunistischer Autoritarismus trat. Dennoch nahm Stalin immer noch eine widersprüchliche Position in den sowjetischen und den westlichen Debatten über den Krieg ein. Für die einen war er der Schöpfer des Sieges. Für die anderen der Verursacher der Katastrophe. Stalin wurde als der größte Kriegsherr betrachtet und als der verhängnisvollste. Sein Weg zum Sieg war schrecklich, aber vielleicht auch unvermeidbar. Er hat ein repressives und terroristisches System geschaffen, das Millionen umbrachte. Vielleicht aber war es auch das einzige System, das überhaupt den gigantischen Kampf gegen Hitler gewinnen konnte.

Einleitung

Erstes Kapitel
Die unheilige Allianz
Stalins Pakt mit Hitler

Der Hitler-Stalin-Pakt im August 1939 war zwar nicht der erste Ausflug Stalins ins Feld der Außenpolitik. Aber seit er in den Zwanzigerjahren an die Macht gekommen war, bei Weitem sein wichtigster und dramatischster. An der Schwelle des Zweiten Weltkrieges wurde die Feindschaft, die seit Hitlers Machtübernahme die Beziehungen zwischen der Sowjetunion und Deutschland überschattet hatte, für aufgelöst erklärt. Beide Staaten unterzeichneten einen Vertrag, der das Versprechen von Neutralität, Nichtaggression und Konsultationen zur friedlichen Lösung von Streitigkeiten beinhaltete.

Der erste öffentliche Hinweis auf diese unvermittelte Wende war die Ankündigung vom 21. August 1939, dass der deutsche Außenminister Joachim von Ribbentrop zu Verhandlungen über einen deutsch-sowjetischen Nichtangriffspakt nach Moskau fliegen würde. Ribbentrop kam in der sowjetischen Hauptstadt am 23. August an, und schon am Ende des Tages wurde der Vertrag abgeschlossen. Am 24. August berichteten die *Prawda* und *Iswestija* auf der Titelseite darüber mit dem heute berüchtigten Bild des sowjetischen Außenministers Molotow, wie er den Vertrag unterschreibt, hinter ihm ein lächelnder Stalin.

»Die böse Nachricht schlug in der Welt wie eine Explosion ein«, schreibt Winston Churchill. »Es gibt keinen Zweifel, dass den Deutschen ein meisterlicher Coup gelungen ist«, hielt der italienische Außenminister Graf Ciano in seinem Tagebuch fest. »Europa ist bestürzt.« Der in Berlin akkreditierte amerikanische Journalist William L. Shirer sprach damit aus, was Millionen dachten. Weiter erinnerte er sich: »Wir konnten es kaum glauben, und wir hatten das Gefühl, dass der Krieg nun unvermeidlich geworden ist.«[1]

Der Grund für den Schock war, dass Stalin in den vorhergehenden sechs Monaten mit Briten und Franzosen über eine Allianz *gegen Hitler* verhandelt hatte. Diese Verhandlungen hatten nach der deutschen Besetzung der Tschechoslowakei im März 1939 begonnen. Sie richteten sich auf die Bedrohung Polens, Rumäniens und anderer osteuropäischer Staaten durch die Nazis. Im April schlugen die Sowjets eine komplette Dreierallianz zwischen Großbritannien, Frankreich und der Sowjetunion vor; ein militärisches Bündnis, das die europäische Sicherheit gegen eine weitere deutsche Expansion garantieren und, wenn nötig, dafür einen Krieg gegen Hitler führen sollte. Gegen Ende Juli war eine Verständigung über die politischen Bedingungen der Allianz hergestellt worden, und mit der Aufnahme militärischer Konsultationen bewegten sich die Verhandlungen bereits auf ein Ende zu.

Die Gespräche zu einem derartigen Dreierbündnis wurden hinter verschlossenen Türen geführt. Dennoch gab es inhaltlich nur wenig, was nicht an die Presse gelangte. Als die britisch-französische Militärdelegation am 10. August in Moskau eintraf, wurde sie in aller Öffentlichkeit empfangen, und die Verhandlungen wurden im opulenten Glanz des Spiridonowka-Palastes des Zaren geführt. Die Hoffnungen waren groß, dass ein Dreierbündnis zustande kommen und dass Hitler davon abgehalten werde könnte, durch den Streit über Danzig und den »polnischen Korridor« mit Polen einen neuen Krieg in Europa zu entfesseln. Aber nach ein paar Tagen wurden die Verhandlungen abgebrochen, und am 21. August wurden sie gar auf unbestimmte Zeit verschoben – und sie sollten nie wieder aufgenommen werden.[2]

Der offenkundige Grund für das Ende war die sowjetische Forderung nach einer britisch-französischen Garantie, dass Polen und Rumänien der Roten Armee im Falle eines Krieges mit Deutschland den Durchzug erlauben würde. Das Problem war, dass Polen und Rumänien – zwei autoritäre und antikommunistische Staaten, die beide in Grenzstreitigkeiten mit der UdSSR verwickelt waren – eine sowjetische Intervention fast genauso fürchteten wie eine deutsche Invasion. Aufgrund dessen waren sie nicht dazu bereit, der Roten Armee ein automatisches Recht zum Durchzug im Kriegsfall zu gewähren. Die Sowjets jedoch bestanden darauf, dass ihre militärischen Planungen davon abhingen, einen deutschen Angriff zurückzuwerfen, indem sie durch Polen und Rumänien marschierten. Für die Sowjets bedeutete ein Dreierbündnis, einen gemeinsamen Krieg gegen Deutschland zu führen. Ohne eine solche Übereinkunft auf militärischem Gebiet gab es für sie keine Aussicht auf eine politische Front gegen Hitler, der, wie die Russen glaubten, sich allein durch ein diplomatisches Abkommen nicht würde abhalten lassen.

Neben dem strittigen Punkt des Durchzugs sowjetischer Truppen durch Rumänien und Polen gab es noch einen tieferen Grund für Moskaus Entscheidung, die Gespräche über ein Dreierbündnis zu unterbrechen: Stalin glaubte nicht, dass die Briten und Franzosen ernsthaft die Absicht hatten, tatsächlich gegen Hitler zu kämpfen. Er fürchtete vielmehr, dass sie ihn durch Tricks in die Position bringen wollten, den Kampf allein zu führen. Wie Stalin später Churchill sagte, hatte er

»den Eindruck, dass die Gespräche unaufrichtig gewesen sind und nur allein dem Zweck dienten, Hitler einzuschüchtern, mit dem sich die westlichen Mächte später verständigen wollten«.[3] Bei einer anderen Gelegenheit beklagte sich Stalin, dass Neville Chamberlain, seinerzeit der britische Premierminister, »den Russen zutiefst ablehnend und misstrauisch gegenüberstand«. Doch zugleich wusste Stalin, wie er hervorhob, dass »falls [ich] keine Allianz mit England eingehen kann, heißt das nicht, dass [ich] allein – isoliert – bleiben muss und wenn der Krieg vorbei ist, zum Opfer der Sieger werde.«[4]

Als Stalin die Verhandlungen über ein Dreierbündnis beendete, war er nicht sicher, was als Nächstes passieren würde, obwohl er selbst einige Tage später den Pakt mit Hitler abschloss. Über Monate hatten die Deutschen durchblicken lassen, dass sie Russland bessere Bedingungen anbieten könnten als die Briten und Franzosen. Anfang August erreichten diese Avancen ihren Gipfel, als Ribbentrop dem diplomatischen Vertreter der Sowjets in Berlin, Georgi Astakow, sagte, dass »zwischen dem Baltikum und dem Schwarzen Meer kein Problem besteht, das zwischen uns nicht gelöst werden kann«.[5] Bis dahin hatte Stalin Ribbentrop keine Ermutigung gegeben, und Astakow blieb unschlüssig, wie er auf die immer größer werdenden deutschen Versprechungen reagieren sollte. Die Deutschen versuchten offenkundig, die Verhandlungen zum Abschluss einer Dreierallianz zu stören. Aber während Stalin den Briten und Franzosen nicht über den Weg traute, traute er den Deutschen noch weniger. Selber ein Ideologe, nahm er Hitlers entschiedenen Antikommunismus ernst und hatte keinen Zweifel daran, dass der Nazidiktator die in seinem Buch *Mein Kampf* propagierte Zielsetzung einer deutschen Ostexpansion, wenn er nur die Gelegenheit dazu hätte, in die Tat umsetzen würde. Außerdem fürchtete Stalin, dass an die Stelle einer gescheiterten Dreierallianz gegen Hitler ein gegen die Sowjetunion gerichtetes deutsch-britisches Bündnis treten könnte. Bis Ende Juli hatten sich die Gespräche über ein Dreierbündnis monatelang ergebnislos hingezogen, und die zögerliche Haltung der Briten und Franzosen gegenüber den inzwischen weitergeführten Gesprächen im militärischen Bereich zeigte Stalin an, dass London und Paris sie nur noch weiter hinauszögern wollten, um Hitler alleine durch die Möglichkeit eines Bündnisses zwischen dem Westen und der Sowjetunion abzuhalten, einen Angriff auf Polen zu unternehmen. So entschied sich die britisch-französische Militärdelegation, anstatt das Flugzeug nach Moskau zu nehmen, mit einem langsamen Dampfschiff nach Leningrad zu fahren, ohne detaillierte Pläne für ein gemeinsames militärisches Vorgehen gegen Hitler im Gepäck.

Während die Briten und Franzosen glaubten, Hitler könnte allein durch die Drohung mit einem gegen ihn gerichteten Bündnis von der Entfesselung des Krieges abgehalten werden, hatte Stalin keine derartigen Hoffnungen. Stattdessen schenkte er den Geheimdienstberichten Glauben, dass Hitler Polen in Kürze angreifen werde. Unter diesen Umständen – dem Scheitern eines Dreierbündnisses und dem bevorstehenden Krieg Hitlers gegen Polen – verlangten die deutschen Verhandlungsofferten ernster in Betracht gezogen zu werden, und Astakow wurde beauftragt, auszuloten, was genau die Deutschen anboten. Der Wendepunkt dabei trat ein, als die deutsche Seite ihre Bereitschaft signalisierte, ein spezielles Protokoll aufzusetzen, in dem die sowjetischen und deutschen Interessen im Bereich der Außenpolitik genau voneinander abgegrenzt würden. In einer dringlichen persönlichen Botschaft an Stalin vom 20. August verwies Hitler mit Entschiedenheit darauf, dass Ribbentrop bereitstehe, nach Moskau zu kommen, um das Protokoll auszuhandeln. Dabei betonte er, dass die »Spannungen zwischen Deutschland und Polen unerträglich groß geworden sind« und dass keine Zeit mehr zu verlieren sei. Stalin antwortete am nächsten Tag, dass er Ribbentrops Besuch zustimme:

»Ich hoffe, dass der deutsch-sowjetische Nichtangriffspakt die entscheidende Wende für bessere politische Beziehungen zwischen unseren Ländern einleiten wird. Die Völker unserer Länder brauchen friedliche Beziehungen zwischeneinander. Die Einwilligung der deutschen Regierung, einen Nichtangriffspakt abzuschließen, bereitet die Grundlage für die Beseitigung der politischen Spannungen und für die Herstellung von Frieden und Zusammenarbeit zwischen unseren Ländern.«[6]

Stalin empfing Ribbentrop persönlich im Kreml und spielte dabei all seinen Scharfsinn und Charme aus, mit jener Intelligenz, für die er in diplomatischen Kreisen berühmt werden sollte. Auf Ribbentrops Vorschlag, in den sowjetisch-japanischen Beziehungen zu vermitteln, antwortete Stalin, dass er keine Angst vor den Japanern habe und dass sie Krieg haben könnten, wenn sie wollten, obwohl Frieden um ein Vielfaches besser wäre! Er befragte Ribbentrop nach der Einstellung Mussolinis zu einem deutsch-russischen Bündnis und wollte wissen, wie die Türkei dazu stände. Stalin vertrat die Auffassung, dass Großbritannien zwar militärisch schwach sei, einen Krieg aber schlau zu führen wisse, und dass mit der französischen Armee immer noch zu rechnen sei. Er brachte einen Toast auf Hitlers Gesundheit aus, wobei er zu Ribbentrop bemerkte, dass er genau wisse, »wie sehr die Deutschen ihren Führer lieben«. Als Ribbentrop schon gehen wollte, gab ihm Stalin mit auf den Weg, dass »die sowjetische Regierung das neue Bündnis sehr ernst nimmt. Er kann sein Ehrenwort dafür abgeben, dass die Sowjetunion ihren Partner nicht betrügt.«[7]

Aber was hatte Stalin mit Ribbentrop ausgehandelt, und welcher Art war die sowjetisch-deutsche Partnerschaft? Der veröffentlichte Text des Nichtangriffspakts war der gleiche wie viele andere Nichtangriffspakte, welche die Sowjetunion in den Zwanziger- und Dreißigerjahren abgeschlossen hatte, abgesehen davon, dass keine Regelung für den Fall einer Aggression eines der beiden Vertragspartner gegen einen Dritten getroffen wurde. Wie diese bemerkenswerte Auslassung anzeigt, war der Pakt im Grunde eine Zusicherung der sowjetischen Neutralität während des kommenden deutsch-polnischen Krieges. Im Gegenzug erhielt Stalin von Hitler das Versprechen der Freundschaft und eines Gewaltverzichts und, bedeutender noch, ein geheimes Zusatzprotokoll zum veröffentlichten Text. Die erste Bestimmung dieses Geheimprotokolls besagte, dass die baltischen Staaten Estland, Lettland sowie Finnland der sowjetischen Einflusssphäre zufielen. Der zweite Artikel teilte Polen in ein sowjetisches und in ein deutsches Interessengebiet entlang der Linie der Flüsse Narew, Weichsel und San und befand, dass »die Frage, ob die Interessen beider Vertragsparteien den Erhalt eines unabhängigen polnischen Staates wünschenswert erscheinen lassen und wie ein solcher Staat abgegrenzt sein sollte, nur im Verlauf zukünftiger Entwicklungen erörtert werden kann«. Die dritte und letzte Bestimmung des kurzen Protokolls lenkte die Aufmerksamkeit auf die sowjetischen Interessen in Bessarabien, einem Gebiet in Rumänien, von dem Moskau behauptete, dass es 1918 Russland gestohlen worden sei, während die deutsche Seite keine eigenen Interessen in diesem Streit anmeldete.[8]

Im Hinblick auf die baltischen Länder hatten die Deutschen den Sowjets das zugestanden, was diese während der Gespräche zur Bildung eines Dreierbündnisses von den Briten und Franzosen verlangten – freie Hand im baltischen Raum, um die strategische Position der UdSSR in einem Gebiet zu festigen, das als lebenswichtig für die Sicherheit von Leningrad galt. »Freie Hand« bedeutete im Zusammenhang der Verhandlungen für eine Dreierallianz das Recht Moskaus, präventiv Maßnahmen zur Abwehr einer Subversion der baltischen Staaten durch die Nazis zu ergreifen, unabhängig davon, was die Balten selbst wollten. Aber es war nicht so klar, wie Stalin seine Handlungsfreiheit im baltischen Raum ausüben würde, die er durch den Vertragsabschluss mit Berlin erhalten hatte. Würde er das Baltikum besetzen oder würde er andere Maßnahmen treffen, um die sowjetischen Interessen in diesem Gebiet zu bewahren? Eine ähnliche Unsicherheit bestand gegenüber Stalins Politik in Bezug auf Polen. Die Deutschen hatten zugestanden, sich aus der sowjetischen Einflusssphäre in Polen herauszuhalten. Aber wie sähe die Bedeutung und die Handhabung dieses Versprechens in der Praxis aus? Die Antwort auf diese Frage hing von zwei unbekannten Größen ab: dem Verlauf des deutsch-polnischen Krieges und der Reaktion der Briten und Franzosen auf den Angriff Hitlers. Im August 1939 war es nicht offenkundig, dass Polen so rasch bei einer deutschen Invasion unter die Räder kommen würde, wie es schließlich geschah. Großbritannien und Frankreich hatten versprochen, Polen zu verteidigen. Aber ein neues »München« – ein Deal, der Polen in der Fortsetzung der Appeasement-Politik an Hitler verraten hätte – wurde nicht ausgeschlossen, zumindest nicht von Stalin.

Was würde dann aus der sowjetischen Einflusssphäre in Polen werden? Bis sich die Lage klären würde, beschloss Stalin, vorsichtig zu handeln, die sowjetische Neutralität in der sich entwickelnden internationalen Krise um Polen zu bewahren und auf eine aktive Verfolgung der sowjetischen Interessen im Verhältnis zu Polen und den baltischen Staaten zu verzichten, ja sogar die Tür für Verhandlungen mit Großbritannien und Frankreich offenzuhalten.

Stalins nach Ausflüchte suchende Position wurde von seinem Außenminister Molotow in einer vor dem Obersten Sowjet am 31. August 1939 gehaltenen Rede artikuliert, in der er die formelle Ratifizierung des deutsch-sowjetischen Paktes vorschlug. Der wichtigste Punkt von Molotows Rede war, dass, während er einerseits von einem Rückzug der Sowjetunion aus der europäischen Politik sprach, er andererseits eine Annäherung an Deutschland ankündigte. In der Tat hatte Molotow nicht wenig Schwierigkeiten, auszuführen, dass der deutsch-sowjetische Nichtangriffspakt die *Folge* und nicht der Grund dafür war, dass die Gespräche zur Bildung einer Dreierallianz mit England und Frankreich gescheitert waren. Dabei musste er auch implizit einräumen, dass der Pakt mit Hitler nur die zweitbeste Wahl nach einem Bündnis mit Großbritannien und Frankreich war. Molotow verteidigte den unter der Gefahr eines neuen Krieges in Europa entstandenen Nichtangriffspakt damit, dass er die Absichten all derer durchkreuzt habe, die Deutschland und die Sowjetunion gegeneinander hätten aufbringen wollen, um ein »großes neues Gemetzel, einen neuen Völkermord unter den Nationen zu provozieren«.[9] An dieser Stelle gab Molotow die Kritik Stalins auf dem 18. Parteitag im März 1939 an der britischen und französischen Außenpolitik wieder. Dort äußerte Stalin: »Die Politik der Nichtintervention macht gemeinsame Sache mit der Aggression und öffnet damit dem Krieg Tür und Tor ... Die Politik der Nichtintervention enthüllt eine Begierde, ein Begehren, den Aggressoren in ihrer schändlichen Arbeit nicht Einhalt gebieten zu wollen: etwa nicht Japan daran hindern zu wollen, sich in einen Krieg mit China zu verwickeln oder besser noch mit der Sowjetunion, Deutschland nicht daran hindern zu wollen, sich etwa in einen Krieg mit der Sowjetunion zu verwickeln, ja sie verstohlen darin zu ermutigen, ihnen zu erlauben, den einen oder den anderen zu schwächen und zu erschöpfen, um dann, wenn sie schwach genug geworden sind, mit frischer Kraft auf der Bühne zu erscheinen, natürlich im ›Interesse des Friedens‹, und den entkräfteten Kriegsparteien die Friedensbedingungen zu diktieren.«[10]

Nahm sich Stalin die westliche Appeasement-Politik zum Vorbild, als er den sowjetisch-deutschen Pakt abschloss? War Stalin ein Anhänger der These, dass es eine Verbindung zwischen einem Krieg und der Weltrevolution gäbe? War er ein Anhänger der Idee, dass die Provokation eines neuen Weltkrieges die Art von Aufständen beschleunigen würde, die Europa nach dem Ende des Ersten Weltkrieges verschlungen hatten? Viele antikommunistische Kommentatoren dachten zu dieser Zeit so. Und diejenigen Historiker, die Stalin so sahen, sind der Ansicht, dass der Grund für den Zweiten Weltkrieg nicht in Hitlers Plänen, sondern mehr in denen Stalins zu finden ist.

Ein Schlüsseltext dafür ist eine Rede Stalins vom 19. August 1939, die er vermutlich auf einer Sitzung des Politbüros gehalten hat. Darin behandelt Stalin die Aussichten einer »Sowjetisierung« Europas. Sie sollte das angestrebte Ergebnis eines Krieges sein, den er mit seinem Bündnis mit Hitler zum Ausbruch bringen wollte.[11] Das Problem ist nur, dass diese Rede eine Fälschung ist. Es hat niemals eine solche Rede gegeben. Darüber hinaus ist es sehr zweifelhaft, dass das Politbüro an diesem Tag zusammentrat (Ende der Dreißigerjahre versammelte es sich überhaupt nur noch selten). »Es ist die Rede Stalins, die es nie gab«, wie der russische Historiker Sergej Sluch es bezeichnet hat.[12]

Stalins angebliche Rede wurde erstmals Ende November 1939 in der französischen Presse bekannt. Ihre Veröffentlichung war offensichtlich Teil einer Gegenpropaganda, die beabsichtigte, Stalin zu diskreditieren und Zwist innerhalb der deutsch-sowjetischen Beziehungen zu säen. Der Inhalt der Rede allein ließ sie schon als offenkundige Fälschung erscheinen. In ihr soll Stalin, so wurde berichtet, beispielsweise schon am 19. August davon gesprochen haben, dass er eine Vereinbarung mit Hitler getroffen habe, die ihm Rumänien, Bulgarien und Ungarn als sowjetische Einflusssphäre zuspreche. Die angebliche Stalinrede wurde zwar außerhalb Frankreichs nicht sehr ernst genommen. Dennoch fühlte Stalin sich bemüßigt, eine Erklärung herauszugeben, in der sie als lügenhaft angeprangert wurde.[13]

Weit davon entfernt, 1939 einen Krieg zu beginnen, fürchtete Stalin, dass er und seine Herrschaft die Hauptopfer eines militärischen Konflikts werden könnten. Dies war letztendlich der Grund, weshalb er auf das gefährliche Spiel mit Hitler einging. Der Pakt mit Deutschland garantierte keineswegs Frieden und Sicherheit. Aber er bot die besten Chancen, die Sowjetunion aus dem kommenden Krieg herauszuhalten. Wie alle anderen erwartete Stalin wohl, dass, wenn Großbritannien und Frankreich gegen Deutschland in den Krieg eintreten, es einen langen Konflikt geben werde, einen Zermürbungskrieg – währenddessen die Sowjetunion die nötige Zeit erhalten würde, sich kräftemäßig vorzubereiten. Aber Stalin war zu vorsichtig, alles auf eine Karte zu setzen, in der Hoffnung, die Ereignisse nach dem Ersten Weltkrieg könnten sich wiederholen.

Der Hitler-Stalin-Pakt, August und September 1939

Die Teilung Polens

Nach der Unterzeichnung des Hitler-Stalin-Paktes war die wichtigste Frage aus der Sicht Stalins: Was soll aus Polen werden? Diese Frage wurde durch den erstaunlichen Erfolg des deutschen »Blitzkrieges« gegen Polen entschieden. Schon am 3. September kündigte der deutsche Außenminister Ribbentrop den Sowjets an, dass die polnische Armee in ein paar Wochen geschlagen sein werde, und drängte sie, ihre Truppen in die russische Einflusssphäre in Ostpolen zu entsenden.[14] An diesem Tag erklärten auch Großbritannien und Frankreich Deutschland den Krieg. Am 5. September antwortete Molotow ausweichend auf Ribbentrops Begehren. Zwar stimmte er ihm darin zu, dass es für die Sowjets notwendig wäre zu handeln. Aber zugleich gab er zu bedenken, dass ein zu frühes Eingreifen »unsere Sache in Mitleidenschaft ziehen und Einheit unter unseren Gegnern herstellen könnte«.[15] Es dauerte bis zum 9. September, bis Molotow die Deutschen darüber informierte, dass in den nächsten Tagen sowjetische Truppen nach Polen einrücken würden.

Stalins Einstellung zum Krieg und zur polnischen Frage wurde bei einem Treffen mit Georgi Dimitrow, dem Generalsekretär der Kommunistischen Internationale, am 7. September 1939 deutlich:

»Ein Krieg zwischen zwei Gruppen kapitalistischer Staaten um die Neuaufteilung der Welt ist entbrannt. Ja, um die Beherrschung der Welt! Wir haben nichts dagegen, wenn sie sich eine harte Auseinandersetzung liefern und sich dabei gegenseitig schwächen. Es wäre gut, wenn unter den Schlägen der Deutschen die reichsten kapitalistischen Staaten (vor allem England) zerschmettert würden. Ohne es zu verstehen oder zu beabsichtigen, unterminiert Hitler das kapitalistische System … Wir können frei handeln, die eine Seite gegen die andere ausspielen und sie in einen möglichst harten Kampf aufeinander loslassen. Der Nichtangriffsvertrag hilft in einem gewissen Maß Deutschland. Das nächste Mal werden wir die andere Seite anfeuern … Früher war der polnische Staat ein Nationalstaat. Deswegen verteidigten ihn Revolutionäre gegen Aufteilung und Versklavung. Heute ist Polen ein faschistischer Staat, der die Ukrainer, Weißrussen und andere unterdrückt. Die Zerschlagung eines solchen Staates unter den gegebenen Bedingungen würde bloß einen bourgeois-faschistischen Staat weniger bedeuten, mit dem wir zu kämpfen haben! Was wäre schon der Schaden, wenn wir als Ergebnis der Niederlage Polens das sozialistische System in neue Gebiete und in den Bereich neuer Bevölkerungen ausdehnen könnten?«[16]

Diese Bemerkungen finden sich in Dimitrows Tagebuch – der wichtigsten Quelle für Stalins Denken während des Krieges. Sie erfordern einige Anmerkungen, da sie als Beweis für die These von der direkten Verbindung von Krieg und

Erstes Kapitel

Revolution gedeutet werden könnten. Der Grund für das Zusammentreffen mit Dimitrow war die Ankündigung Stalins, die politische Linie der Komintern zu verändern, die seit ihrem 7. Weltkongress 1935 auf der antifaschistischen Volksfrontpolitik beruht hatte, einschließlich der Unterstützung einer Allianz zwischen der Sowjetunion und den westlichen bürgerlichen Demokratien. Selbst nach dem Hitler-Stalin-Pakt setzten die Komintern und ihre Mitgliedsparteien ihre Volksfrontpolitik fort, indem sie zwar das diplomatische Manöver Moskaus unterstützten, einen Nichtangriffspakt mit Deutschland abzuschließen, aber weiterhin einem nationalen Verteidigungskrieg gegen die faschistische Aggression das Wort redeten. Stalin lehnte rückblickend betrachtet die Volksfrontpolitik nicht ab. So überliefert Dimitrow eine Aussage Stalins, dass »wir Vereinbarungen mit sogenannten demokratischen Staaten vorziehen. Aber die Briten und die Franzosen wollten uns mit einer Kleinigkeit abspeisen und nicht um jeden Preis haben!« Die Umstände jedoch hätten sich geändert, und der ausgebrochene Krieg sei ein Konflikt zwischen imperialistischen Staaten, sodass die Unterteilung kapitalistischer Staaten in faschistische und demokratische keinen Sinn mehr mache. Stalin sprach auch über die »Aussichten einer Abschaffung der Sklaverei« während des Krieges. Aber er trat nicht, wie es Lenin während des Ersten Weltkrieges getan hatte, dafür ein, den imperialistischen in einen revolutionären Krieg umzuwandeln. Stalins unmittelbare Absicht war es, eine ideologische Begründung für die bevorstehende Invasion Polens durch die Rote Armee zu geben – der erste derartige Akt einer militärischen Expansion in der Geschichte des Sowjetstaates. Und seine Botschaft an Dimitrow war, dass Kommunisten sich dem Krieg widersetzen müssten und ihn nicht zu führen hätten.

Die Rote Armee überschritt am 17. September 1939 die polnische Grenze. In der Ankündigung dieser Intervention erklärte Molotow im Radio, dass der deutsch-polnische Krieg den Bankrott des polnischen Staates bewiesen habe. Unter diesen Umständen, so Molotow, würden die sowjetischen Truppen ins Land kommen, um zu helfen und die Ukrainer und Weißrussen zu schützen, die auf polnischem Gebiet lebten. Diese patriotische Begründung wurde durch sowjetische Zeitungsberichte unterstützt, die von Repressionen gegen Ukrainer und Weißrussen und schließlich von ihrem Jubel über die »Befreier« aus dem Osten berichteten.[17]

Die von der Roten Armee besetzten polnischen Gebiete – im Großen und Ganzen die durch den Hitler-Stalin-Pakt den Sowjets zugestandenen – waren tatsächlich die westlichen Regionen der Ukraine und Weißrusslands. Sie lagen östlich der sogenannten Curzon-Linie – der ethnischen Grenze zwischen Russland und Polen, die durch eine vom damaligen britischen Außenminister Curzon geleitete Kommission auf der Pariser Friedenskonferenz 1919 festgelegt worden war. Die letztendliche Grenzziehung jedoch wurde durch den polnischen Militärerfolg im polnisch-russischen Krieg entschieden. Im Abkommen von Riga vom März 1921 überließ die Sowjetunion Polen die westliche Ukraine und Weißrussland. Aber die Sowjets fanden sich nie mit dem Verlust dieser Gebiete ab. Besonders in den Dreißigerjahren, als das stalinistische Russland eine patriotischere Haltung einnahm, überschattete der Territorialstreit die Beziehungen mit Polen. Es bestand überdies in Moskau die Sorge, dass die nicht auf sowjetischem Gebiet lebenden Ukrainer und Weißrussen als Instrument der Unterminierung ihrer Landsleute innerhalb der UdSSR missbraucht werden könnten. Und in der Tat führte 1938 die Nazipropaganda zusammen mit ukrainischen Nationalisten einen Presse- und Propagandafeldzug für eine wiedervereinigte Großukraine. Der sowjetische Einmarsch in den Osten Polens hatte deshalb in sich eine besondere nationalistische Logik wie auch die geostrategische Begründung, dass das Vorrücken der Roten Armee der deutschen Ostexpansion eine endgültige Grenze aufzeigen würde. Einer der wenigen, die im Westen den Vormarsch der Sowjets nach Polen begrüßten, war Churchill, seit Neuestem als Marineminister ins britische Kabinett zurückgekehrt. In einer berühmten Rundfunkansprache vom 1. Oktober 1939 führte er aus:

»Russland hat einen Schachzug kaltblütiger Interessenspolitik vollzogen. Wir hätten uns gewünscht, dass die russischen Armeen lieber als Freunde und Verbündete der Polen dort geblieben wären, wo sie standen, anstatt zu Invasoren zu werden. Doch die Entscheidung, dass die russischen Armeen jetzt dort stehen, wo sie sind, war sicherlich nötig für die Sicherheit Russlands gegen die Nazibedrohung.«

Churchill bot auch einen Trost für seine Zuhörer an:

»Ich kann Ihnen nicht die zukünftigen Handlungen Russlands weissagen. Sie sind ein doppeltes Rätsel. Aber vielleicht gibt es einen Schlüssel dazu. Dieser Schlüssel ist das nationale Interesse Russlands. Denn es kann nicht mit den Sicherheitsinteressen Russlands übereinstimmen, wenn sich Deutschland an den Küsten des Schwarzen Meeres niederlässt. Genauso wenig, wenn es die Staaten des Balkans überrennt und die slawischen Völker in Süd-Osteuropa unterwirft. Dies wäre den historischen Lebensinteressen Russlands entgegengerichtet.«[18]

Churchill hatte recht. Das russische Nationalinteresse war der Schlüssel zu Stalins Außenpolitik. Der andere war die kommunistische Ideologie. Obwohl Stalins Bemerkung gegenüber Dimitrow vom 7. September auch einen guten Teil an Rhetorik enthält, spricht dennoch viel für eine innere Überzeugung Stalins. Dem Hitler-Stalin-Pakt lag aus seiner Sicht die Überzeugung zugrunde, dass Krisen des Kapitalismus und imperialistische Kriege unvermeidbar seien. In diesem Fall hätten die Imperialisten mit dem Aufstand der Arbeiterklasse und der Revolution in ihren eigenen Ländern zu rechnen, würden somit ihr eigenes Grab schaufeln. Jedoch war Stalin realistisch genug, die sowjetische Sicherheit nicht auf – eher vage – Revolutionshoffnungen im Ausland zu gründen. Deshalb waren Stalins politische Direktiven nach dem Kriegsausbruch gegenüber Dimitrow eher vorsichtig und konservativ.

Beim Treffen mit Dimitrow am 25. Oktober 1939 bemerkte Stalin, dass »während des ersten imperialistischen Krieges (d. h. des Ersten Weltkrieges, Anm. des Autors) die Bolschewiken die Situation überschätzten. Wir alle schritten zu rasch voran und machten Fehler ... Es darf keine Wiederholung der damaligen Situation geben ... Es sollte auch daran erinnert werden, dass heute die Situation anders ist: Zur damaligen Zeit gab es nirgends Kommunisten an der Macht. Aber heute gibt es die Sowjetunion!« Am 7. November sagte Stalin weiter zu Dimitrow: »Ich glaube, dass die Parole, den imperialistischen Krieg in einen Bürgerkrieg zu wenden (die während des ersten imperialistischen Krieges galt), nur für Russland möglich war. Für die europäischen Länder war dies nicht angemessen ...«[19]

Stalins Bemerkung, dass den wesentlichen Unterschied zwischen dem Ersten und dem Zweiten Weltkrieg die Existenz der Sowjetunion ausmacht, hätte Dimitrow gegenüber keiner besonderen Hervorhebung bedurft, der wie alle Kommunisten dieser Zeit in dem festen Glauben lebte, dass seine erste Pflicht die Verteidigung der UdSSR war. Was Stalin von seinen sozialistischen Freunden 1939 verlangte, war nicht die Führung eines revolutionären Krieges, sondern vielmehr eine politische Kampagne zur Aufrechterhaltung des Friedens, die auch die Unterstützung von Hitlers Aufruf an die Westmächte einschloss, den polnischen Konflikt nicht weiter eskalieren zu lassen.

Die sowjetisch-deutsche »Friedensoffensive« begann nach einer zweiten Gesprächsrunde zwischen Stalin und Ribbentrop am 27. und 28. September. Ribbentrop war nach Moskau geflogen, um Vorschläge der Sowjets zu verhandeln, die Grenzziehung zwischen beiden Staaten im besetzten Polen zu modifizieren. Stalin legte gegenüber Ribbentrop Wert darauf, dass die Aufteilung Polens zwischen der Sowjetunion und Deutschland sich so weit wie nur möglich an ethnischen Grenzen orientieren sollte. Dies würde den Transfer polnischen Territoriums von den Sowjets an die deutsche Seite erforderlich machen. Im Gegenzug dafür sollte Litauen der sowjetischen Einflusssphäre in den baltischen Staaten zugeschlagen werden. Als Stalin Ribbentrop den Austausch vorschlug, betonte er, dass eine Grenzziehung, die Regionen mit einer Mehrheit polnischer Bevölkerung von anderen trennt, die überwiegend nicht polnisch besiedelt sind, einer zukünftigen Agitation für ein vereinigtes Polen zuvorkomme.[20] Der Ausgang der Verhandlungen war ein neuer deutsch-sowjetischer Vertrag vom 28. September 1939, der eine modifizierte Grenzziehung in Polen enthielt und (in einem geheimen Zusatzprotokoll) Litauen der sowjetischen Einflusssphäre zuschlug.[21] Am selben Tag gaben die Sowjetunion und Deutschland außerdem noch eine gemeinsame Erklärung heraus, in der sie nach der Teilung Polens zu einem Ende des Krieges in Europa aufriefen.[22] Dieser Erklärung folgten Appelle Hitlers an die Adresse der Westmächte zu einem Verhandlungsfrieden. Sie wurden von Molotow in seiner Rede vor dem Obersten Sowjet Ende 1939 aufgegriffen, in der er die Briten und Franzosen beschuldigte, für das weitere Andauern des Krieges verantwortlich zu sein. Ihr Motiv sei, unter allen Umständen ihren Kolonialbesitz verteidigen zu wollen, wie auch der fortwährende Kampf zwischen den imperialistischen Mächten um die Weltherrschaft.[23]

Das »Neue Rapallo«

Aber wollte Stalin denn wirklich den Krieg beenden? Wahrscheinlich nicht. Aber er hatte auch keine Ahnung, wie lange er dauern und welchen Verlauf er nehmen würde. Außerdem gab es keinerlei Garantie, dass sein Ausgang für die Sowjetunion günstig sein würde. Großbritannien und Frankreich hatten Deutschland den Krieg erklärt, um Polen zu unterstützen, aber in der Tat hatten beide Länder wenig dafür unternommen. Stattdessen schien es ihnen auszureichen, hinter der Maginot-Linie, dem Festungsgürtel entlang der deutsch-französischen Grenze, gegen Deutschland einen diplomatischen »Sitzkrieg« zu führen. Die Eroberung Polens durch die Deutschen hatte das Gleichgewicht der Mächte in Europa grundlegend verändert. Allerdings war es schwierig, vorauszusehen, welche konkreten Auswirkungen dies haben würde. Unter diesen Umständen hatte Stalin keine andere Möglichkeit, als die strategische Position der Sowjetunion auf jedwede Weise zu stärken und dabei gleichzeitig ihre Beteiligung am Krieg weiterhin zu vermeiden. Für den Moment bedeutete dies eine enge Zusammenarbeit mit den Deutschen, wozu auch gehörte, die »Friedensvorschläge« Hitlers zu unterstützen. Gleichzeitig wollte Stalin aber auch nicht alle Kontakte zu den Westmächten abbrechen. So hatte er die Absicht, seine Bindung an Hitler mit einer Politik der »offenen Tür« gegenüber den westlichen Staaten auszugleichen, die es ihm erlauben würde, sein Verhältnis zu ihnen wieder herzustellen.[24]

Wie lange das neue Bündnis mit Hitler halten würde, war schwierig abzuschätzen, aber zu dieser Zeit schloss Stalin auch eine langjährige Partnerschaft nicht aus. Und in der Tat gab es einen wichtigen Präzedenzfall für eine langjährige sowjetisch-deutsche Zusammenarbeit. 1922 hatten die Sowjetunion und Deutschland den Vertrag von Rapallo unterzeichnet, eine Vereinbarung, welche die diplomatischen Verbindungen zwischen beiden Staaten (sie waren seit 1918 abgebrochen gewesen) wiederherstellte und ein Jahrzehnt lang zu einer intensiven wirtschaftlichen, politischen und militärischen Kooperation zwischen beiden Ländern geführt hatte. »Rapallo«, wie das deutsch-sowjetische Beziehungsgeflecht auch schlagwortartig genannt wurde, brach erst zusammen, als 1933 Hitler an die Macht kam. Dennoch gab es auch noch im Laufe der Dreißigerjahre zeitweilig Versuche von beiden Seiten, ein gewisses Maß an Zusammenarbeit wieder aufzunehmen.[25] In seinen Verhandlungen mit Ribbentrop am 27. September hob Stalin den Vorbildcharakter von Rapallo hervor:

»Die sowjetische Außenpolitik gründete immer auf der Möglichkeit einer guten Zusammenarbeit zwischen Deutschland und der Sowjetunion. Als die Bolschewiken an die Macht kamen, wurden sie beschuldigt, von den Deutschen bezahlte Agenten zu sein. Es waren die Bolschewiken, die das Abkommen von Rapallo abschlossen. Es stellte die Grundlage für den Ausbau und die Vertiefung der gegenseitigen Beziehungen her. Als die Nationalsozialisten in Deutschland an die Macht kamen, verschlechterte sich das Verhältnis der Sowjetunion zur deutschen Regierung in dem Maße, wie diese es für nötig befand, um innenpolitischen Erwägungen den Vorrang zu geben. Nach einer Weile erschöpfte sich dieses Thema wieder, und die deutsche Regierung wollte die Beziehungen zur Sowjetunion wieder verbessern ... Historisch betrachtet hat die sowjetische Regierung niemals die Möglichkeit guter Beziehungen mit Deutschland ausgeschlossen. In diesem klaren Bewusstsein nimmt die sowjetische Regierung eine Wiederbelebung der Zusammenarbeit mit Deutschland auf. Diese Zusammenarbeit ist so bedeutsam, dass alle anderen Überlegungen beiseitetreten mussten.[26]

Natürlich war Nazideutschland nicht die Weimarer Republik und Hitler kein gewöhnlicher deutscher Politiker. Aber Stalin neigte dazu, demokratische und faschistische Staaten aufgrund ihrer gemeinsamen kapitalistischen Wirtschaftsordnung eher miteinander gleichzusetzen, denn als unterschiedliche Gebilde zu betrachten.[27] In den Dreißigerjahren ging von Hitlerdeutschland eine düstere Bedrohung der Sowjetunion aus, und Stalin glaubte, dass die Westmächte mit ihm auf einer Seite stünden. Doch die Verhältnisse hatten sich gewandelt, und nunmehr sah Stalin in Hitlers Politik keine Bedrohung, sondern eine Gelegenheit. Diese »Gelegenheit« mochte allerdings in der Zukunft zu einer Bedrohung werden. Zur gegebenen Zeit aber war Stalin damit zufrieden, so viel Gewinn wie möglich aus dem »neuen Rapallo« zu ziehen.

Mit dem Hitler-Stalin-Pakt war eine bedeutsame Wiederbelebung des – auch nach 1933 nie völlig abgebrochenen – Handelsverkehrs zwischen beiden Staaten verbunden. Unter dem Mantel wirtschaftlicher Verträge, die im August 1939, im Februar 1940 und im Januar 1941 abgeschlossen wurden, verzehnfachten sich die Exporte und Importe zwischen beiden Ländern.[28] Die Muster des deutsch-sowjetischen Handels waren die gleichen wie in früheren Zeiten: Die Deutschen gaben den Russen Kredite, um Maschinen und Industriegüter zu kaufen; im Gegenzug belieferten die Sowjets Deutschland mit Rohstoffen. Zwischen Januar 1940 und Juni 1941 wurde Deutschland mit folgenden Mengen an Rohstoffen aus der Sowjetunion beliefert:

1,5 Millionen Tonnen Getreide
100 000 Tonnen Baumwolle
2 Millionen Tonnen Erdölprodukte
1,5 Millionen Tonnen Holz
140 000 Tonnen Magnesium
26 000 Tonnen Chrom[29]

Besonders wichtig waren Getreide, Erdöl, Mangan und Chrom – sie waren lebensnotwendig für die deutsche Kriegswirtschaft, die nach Kriegsausbruch unter einer britischen Seeblockade litt. Die Sowjets unterzeichneten auch einen Geheimvertrag mit den Deutschen, nach dem sie für die deutsche Seite auf dem Weltmarkt dringend benötigte Güter kauften und sie versteckt an Deutschland weiterreichten. Dafür erhielten sie Maschinenteile, chemische Erzeugnisse, militärische Güter und andere Produkte im gleichen Wert.[30]

Die Handelsbilanz lag bei 500 Millionen Reichsmark auf jeder Seite. Auch wenn sie zwischen beiden Seiten ausgeglichen war, war doch der strategische Nutzen für Hitler weitaus größer als für Stalin. So sieht es auch Edward E. Ericson: »Ohne sowjetische Lieferungen hätte Deutschland kaum die Sowjetunion angreifen können und wäre nie in der Lage gewesen, den Krieg beinahe zu gewinnen. Deutschlands Öl-, Mangan- und Getreidevorräte wären etwa Ende 1941 komplett erschöpft gewesen. Und Deutschlands Kautschukversorgung wäre ein Jahr darauf versiegt. In anderen Worten: Hitler hing fast ganz von Stalin ab, der ihm die notwendigen Rohstoffe lieferte, die er brauchte, um die Sowjetunion anzugreifen. Es war demnach kein Wunder, dass Hitler immer wieder versicherte, Deutschland erfülle die wirtschaftlichen Vereinbarungen mit der Gegenseite. Er hätte andernfalls nicht den kleinsten Teil der Sowjetunion erobern können. Dies war erst möglich, als er genug sowjetische Rohstoffe erhalten hatte.«[31]

Der Nutzen der strategischen Zusammenarbeit mit Stalin war für die Deutschen geringer, aber immer noch wertvoll. Als deutsche Bomber im September 1939 Polen angriffen, wurde ihnen durch Leitsignale von sowjetischen Radiostationen geholfen. Nachdem die Rote Armee am 17. September 1939 Polen besetzt hatte, folgte dem eine Zusammenarbeit der sowjetischen und deutschen Streitkräfte. Die Sowjets öffneten in der Arktis deutschen Schiffen, die eine Zuflucht benötigten, ihre Häfen und erlaubten den Deutschen, auf sowjetischem Territorium eine geheime U-Boot-Basis zu eröffnen; eine Basis, von der strategische Operationen ausgingen, bis sie nach der deutschen Invasion Norwegens im April 1940 nicht mehr benötigt wurde.[32]

Auf ideologischer Ebene beendete die sowjetische Presse ihre Angriffe auf den Faschismus, während in kultureller Hinsicht eine Reihe von Schritten eingeleitet

Erstes Kapitel

wurde, Verbindungen zwischen Deutschland und der UdSSR zu begründen und auszubauen. Aber im Bündnis Stalins mit Hitler war die geostrategische Dimension am wichtigsten. Während der Krieg weiterging und Hitler dringend friedliche Beziehungen mit Stalin benötigte, um seine östliche Flanke zu sichern, ließen die Deutschen den Sowjets Handlungsfreiheit in der für sie vorgesehenen baltischen Einflusssphäre.

Einflusssphären

Noch vor der abschließenden Regelung der polnischen Frage hatte Stalin begonnen, die baltischen Länder an sich zu reißen. Am 24. September 1939 wurde der estnische Außenminister, der sich gerade in Moskau zur Unterzeichnung eines Handelsabkommens befand, von Molotow mit einem gegenseitigen Beistandsvertrag überrascht, der den Sowjets Luft- und Marinebasen in Estland zugestehen sollte. Drei Tage später, am 27. September, schaltete sich Stalin in die Verhandlungen ein und sicherte den Esten im Hinblick auf die sowjetischen Militärbasen zu:

»Sie brauchen nicht besorgt zu sein über die sowjetischen Garnisonen. Wir haben Ihnen schon zugesichert, dass die Sowjetunion in keiner Weise beabsichtigt, die estnische Souveränität, ihre Regierung, ihr wirtschaftliches System noch ihre inneren Angelegenheiten oder ihre Außenpolitik zu berühren. Die Sowjetunion wird nichts unternehmen, was nicht in Übereinstimmung mit diesen Versprechen steht.«[33]

Formell gesehen stimmte die Aussage Stalins mit dem Text des sowjetisch-estnischen Vertrages für gegenseitigen Beistand überein, der am 28. September 1939 unterzeichnet wurde und der den Sowjets die Einmischung in die inneren Angelegenheiten Estlands untersagte.[34] Als Nächste waren die Letten an der Reihe. Wie alle baltischen Regierungen hoffte auch die lettische auf eine deutsche Intervention, die sie aus der tödlichen Umarmung befreien sollte. Aber Stalin zerstörte schnell diese Illusion. »Ich sage Ihnen offen: Eine Teilung der Interessensphären hat stattgefunden.« Mit diesen Worten informierte er am 2. Oktober den lettischen Außenminister. »Was die deutsche Haltung angeht, so können wir Ihr Land besetzen. Aber wir wollen keinen Missbrauch.«[35] Bei dem nächsten Treffen am folgenden Tag war Stalin sogar noch eindeutiger: »Die Deutschen könnten angreifen. Sechs Jahre lang haben sich die deutschen Faschisten und die Kommunisten verflucht. Trotz dieser Vergangenheit hat es eine unerwartete Wendung gegeben. Aber man kann sich darauf nicht verlassen. Wir müssen beizeiten vorbereitet sein. Diejenigen, die nicht vorbereitet waren, haben dafür bezahlt.«[36]

Die Letten unterzeichneten den gegenseitigen Beistandsvertrag mit der Sowjetunion am 5. Oktober und die Litauer am 10. Oktober. Wie im Vertrag mit den

Esten erlaubte die Vereinbarung auch die Errichtung sowjetischer Militärbasen und enthielt Versprechungen, sich nicht einzumischen. Stalin ließ die Litauer wissen, dass die Militärbasen das »wertvollste Element im Dienste der litauischen Sicherheit«[37] seien, und witzelte, »unsere Truppen werden Ihnen helfen, einen kommunistischen Aufstand niederzuschlagen, sollte ein solcher in Litauen ausbrechen«.[38] Genau genommen war dies gar kein Scherz. In Übereinstimmung mit der erklärten Politik gab Moskau genaue Anweisungen an seine diplomatischen Vertreter und militärischen Einheiten heraus, sich in den baltischen Staaten jeder Einmischung in Angelegenheiten der örtlichen Politik zu enthalten und nichts zu tun, was die entstandenen Gerüchte über eine zukünftige »Sowjetisierung« des Baltikums noch weiter nähren könnte.[39]

So erklärte Stalin gegenüber Dimitrow am 25. Oktober:

»Wir glauben, dass wir in unseren Verträgen zum gegenseitigen Beistand (mit den baltischen Staaten) die richtige Form gefunden haben, eine Reihe von Ländern in die sowjetische Einflusszone zu bringen. Aber dafür müssen wir eine einheitliche Position bewahren, indem wir ihre innere Verfasstheit und Unabhängigkeit bewahren. Wir werden nicht ihre Sowjetisierung versuchen. Die Zeit wird kommen, wo sie dies selbst wollen!«[40]

Stalins Zurückhaltung im Hinblick auf die baltischen Staaten stand in deutlichem Gegensatz zur Politik der Sowjets im westlichen Weißrussland und in der westlichen Ukraine. Nach der Besetzung dieser Gebiete durch die Rote Armee im September 1939 ordnete das Politbüro eine Wahlkampagne unter dem Motto der Einführung von Sowjets sowie der Wiedervereinigung der östlichen und westlichen Regionen Weißrusslands und der Ukraine an. Die Großindustrie wurde verstaatlicht, das Bankensystem wurde vom Staat übernommen und die Landwirtschaft kollektiviert.[41] Unnötig, darauf hinzuweisen, dass den Wahlergebnissen nachgeholfen wurde. Im November stimmten die »Volksvertretungen« einstimmig für den Anschluss an die UdSSR. Um die völlige politische Kontrolle zu erlangen, scheuten die Sowjets nicht davor zurück, Terror auszuüben, den Klassenkampf zu schüren und Gewalt zwischen den ethnischen Gruppen zu säen.[42] Eine besonders repressive Politik verfolgten die Sowjets gegenüber der polnischen Minderheit in Weißrussland und in der Ukraine, die von ihnen als zukünftige Opposition gegen das neue Sowjetregime angesehen wurde. Etwa 400 000 Polen (bei einer Gesamtzahl von 12 Millionen) wurden verhaftet, deportiert und in vielen Fällen erschossen. Unter den Opfern waren etwa 20 000 polnische kriegsgefangene Offiziere und politische Gefangene, die bei dem berüchtigten Massaker im Wald von Katyn nahe Smolensk im März und April 1940 erschossen wurden.[43]

Hatte Stalin den baltischen Ländern ein ähnliches Schicksal zugedacht? Das ist sicher die Schlussfolgerung, die einige Betrachter aus der Tatsache gezogen haben, dass die Staaten des Baltikums im Sommer 1940 von der Roten Armee besetzt wurden, sie dem Staatsverband der UdSSR eingegliedert wurden und ihnen wie auch der Ukraine und Weißrussland eine erzwungene Sowjetisierung auferlegt wurde. Dennoch ließen Stalins Bemerkungen und das Verhalten der Sowjets eine andere politische Zielsetzung erwarten, zumindest vorübergehend. Auch hatte die weitaus radikalere Politik, die der Kreml gegenüber Polen verfolgte, seine sehr eigenen Wurzeln. Wie schon angemerkt, hatten die Sowjets sich nie mit dem Verlust der westlichen Teile der Ukraine und Weißrusslands an Polen abgefunden, und Stalin beabsichtigte seit Beginn der sowjetischen Invasion in Polen, diese Gebiete wieder der UdSSR zurückzugewinnen. Die Sowjetisierung Ostpolens bedeutete daher keinen Präzedenzfall für die baltischen Staaten, sie stellte aber ein Beispiel dar, wie es ablaufen konnte, was schließlich auch die Deportation von 25 000 »unerwünschten Elementen« aus dem Baltikum im Juni und Juli 1940 noch einmal eindringlich in Erinnerung rief.[44]

Eine andere Region, an der Stalin großes Interesse hatte, war die Balkan-Halbinsel. Anders als gegenüber Polen und den baltischen Staaten gab es in dieser Region keine Übereinkunft mit den Deutschen im Hinblick auf Interessensphären. Dies aber hielt Stalin nicht davon ab, dort seine Interessen zu verfolgen. Im Mittelpunkt von Stalins Balkanpolitik standen zwei Länder: Bulgarien und die Türkei. Beiden wurde ein gegenseitiger Beistandsvertrag mit der Sowjetunion angeboten. Die bulgarische Regierung lehnte höflich aber bestimmt ab. Dabei wies sie darauf hin, dass es nicht klar sei, welche Hilfe die Sowjets im Kriegsfall leisten würden, und betonte, dass ein derartiger Vertrag die angespannte Situation auf dem Balkan nur noch weiter belasten würde.[45] Die türkische Position gegenüber dem Angebot war diffiziler. Die Türkei war prinzipiell bereit, ein solches Abkommen mit den Sowjets zu unterzeichnen. Zugleich aber strebte sie derartige Verträge auch mit England und Frankreich an. Dies aber war für Stalin nicht akzeptabel, wie er dem türkischen Außenminister am 1. Oktober 1939 deutlich darlegte:

»Ereignisse haben oftmals ihre eigene Logik: Wir sagen etwas, aber es entwickelt sich ganz anders. Mit Deutschland teilten wir Polen unter uns auf. England und Frankreich erklärten uns nicht den Krieg. Aber sie hätten es tun können. Wir haben keinen gegenseitigen Beistandsvertrag mit Deutschland. Wenn die Briten und Franzosen uns den Krieg erklären, müssen wir allein gegen sie kämpfen. Wie würde dann die (britisch-französisch-türkische) Vereinbarung dazu aussehen? ... Sie können sagen, dass Sie Vorkehrungen für diesen Fall getroffen haben. Dass die Türkei dann allein entscheidet, was in ihrem Interesse ist, oder dass sie neutral bliebe. Aber wir müssen Vorkehrungen treffen, dass unser Vertrag seine Gültigkeit verliert, wenn die Türkei in den Krieg zöge. Wir werden uns nie an einem Krieg gegen die Deutschen beteiligen … Wollen wir einen Vertrag mit den Türken abschließen? Wir wollen es. Wollen wir Freundschaft mit der Türkei? Ja. Aber unter den Umständen, über die ich gesprochen habe, würde der Pakt (zwischen der Sowjetunion und der Türkei) gegenstandslos werden. Wer ist dafür verantwortlich, dass sich die Umstände für den Abschluss eines Vertrags mit der Türkei verschlechtert haben? Niemand. Es sind die Umstände allein, der Lauf der Dinge. Die Geschehnisse in Polen spielten eine Rolle. Die Engländer und Franzosen, besonders aber die Engländer, wollten keine Vereinbarung mit uns. Sie meinten, ohne uns klarzukommen. Wenn wir an irgendetwas schuld sind, dann daran, dass wir all dies nicht vorhergesehen haben.«[46]

Trotz Stalins Einrede verhandelte die Türkei weiter und schloss schließlich am 19. Oktober 1939 einen gegenseitigen Beistandsvertrag mit Großbritannien und Frankreich ab. Zwar schloss der Vertrag eine Beteiligung der Türkei in einem Krieg gegen die Sowjetunion aus. Aber dies war nur eine geringe Entschädigung für das Scheitern von Stalins großem Plan eines von den Sowjets gesteuerten neutralen Balkanblocks der Türkei, Bulgariens und der UdSSR.

Offenkundig versuchte Stalin, den Türken mit den Andeutungen unvorhergesehener Ereignisse und unbeabsichtigter Konsequenzen Angst einzujagen. Auch brachte er seine vorrangige Verpflichtung gegenüber Deutschland zum Ausdruck. Aber seine Aussagen drückten auch seine geschärfte Wahrnehmung dafür aus, dass sich in den ersten Wochen des Krieges in Europa noch vieles im Fluss befand und dass es schwierig war, letzten Endes die Aufstellung der Staaten in dem Konflikt vorherzusehen.

Der Winterkrieg

Der Krieg zwischen der Sowjetunion und Finnland 1939/40 war der erste Testfall für Stalin als Kriegsherr seit dem russischen Bürgerkrieg. Im spanischen Bürgerkrieg hatte Stalin der republikanischen Seite Hilfe geleistet, zu der auch die Entsendung von 2000 sowjetischen »Freiwilligen« gegen die Faschisten Francos gehörte. Während der Dreißigerjahre kam es zeitweilig zu Zusammenstößen mit Japan entlang der sowjetisch-chinesischen Grenze, wobei manchmal sogar mehrere Divisionen zum Einsatz kamen. Aber diese Konflikte hatten keinerlei Ähnlichkeit mit der Invasion eines ganzen Landes. Zwar war auch Polen ein Beispiel für eine Invasion. Aber als die Rote Armee in Polen eindrang, waren die polnischen Streitkräfte bereits vollständig geschlagen.

Stalin führte den »Winterkrieg« mit Finnland nicht aus freier Wahl. Er hätte ihm eine Verhandlungslösung vorgezogen, um die bestehenden Grenz- und

Sicherheitsfragen aus der Welt zu schaffen. Als aber die Verhandlungen mit Finnland scheiterten, zögerte er nicht, eine militärische Aktion zu befehlen. Der Weg zum Krieg begann, als die Sowjetunion am 5. Oktober 1939 Finnland einlud, eine Delegation nach Moskau zu entsenden, um einen gegenseitigen Beistandspakt auszuhandeln. In Moskau wurde die finnische Delegation nicht nur mit Forderungen nach der Abtretung einer Reihe finnischer Inseln konfrontiert, auf denen sowjetische Marinebasen errichtet werden sollten. Darüber hinaus verlangte Stalin eine nordwestliche Verschiebung der sowjetisch-finnischen Grenze, die bis dahin nur 30 Kilometer von Leningrad entfernt verlief. Im Gegenzug wurden den Finnen territoriale Kompensationen im sowjetischen Teil von Karelien angeboten.

Bei der Vorbereitung der Verhandlungen formulierte das sowjetische Außenministerium eine Reihe von Maximal- und Minimalzielen. Zu den Maximalzielen zählten Militärbasen in Finnland, die Abtretung des nordfinnischen Gebiets um Petsamo mit seinen reichen Nickelvorkommen und das Vetorecht gegen finnische Militärbefestigungen an der Ostsee.[47] Die finnische Delegation jedoch war nur zu sehr eingeschränkten Konzessionen bereit, und die Sowjets beschränkten sich auf ihre Minimalforderungen und ließen dabei selbst den angestrebten sowjetisch-finnischen Beistandspakt fallen. Die Verhandlungen zogen sich bis in den Oktober hinein. Aber es kam kein positives Ergebnis zustande.[48] Mitte Oktober mobilisierten die Finnen ihre Armee und verhafteten, bereits einem Krieg vorgreifend, eine Anzahl prominenter finnischer Kommunisten.[49]

Es scheint, als ob Stalin sich recht früh darüber klar wurde, dass ein Krieg gegen Finnland unvermeidlich sein werde. Am 29. Oktober präsentierte der Leningrader Verteidigungskommissar Marschall Kliment Woroschilow einen »Operationsplan zur Zerstörung der Land- und Seestreitkräfte der finnischen Armee«.[50] Mitte November 1939 soll Stalin seinem Militärrat gesagt haben, dass »wir gegen Finnland kämpfen werden«.[51] Etwa zur selben Zeit befahl Woroschilow, dass die Truppenkonzentration im Raum Leningrad bis zum 20. November abgeschlossen und die lokalen Kommandeure bis zum 21. November einsatzbereit sein müssten.[52] Ein Kriegsgrund wurde in Grenzzusammenstößen zwischen sowjetischen und finnischen Einheiten gefunden. Am 28. November kündigte Molotow den 1932 abgeschlossenen Nichtangriffspakt zwischen der UdSSR und Finnland, und die Sowjetunion brach am folgenden Tag die diplomatischen Beziehungen zu Finnland ab.[53] In dieser Nacht beriet sich Stalin in seinem Büro im Kreml über acht Stunden mit seinen engsten Vertrauten, darunter Woroschilow.[54] Am nächsten Tag griff die Rote Armee Finnland an.

Nach Chruschtschow rechnete die sowjetische Führung nicht mit einem langen Krieg gegen Finnland. Vielmehr glaubte man, dass die Finnen schon im Vorfeld des Krieges oder schlimmstenfalls nach dem ersten Schusswechsel nachgeben würden.[55] Moskaus Erwartung eines kurzen Krieges und leichten Sieges war in den politischen Vorbereitungen des Konflikts offensichtlich. Am 30. November äußerte Molotow gegenüber Ribbentrop, dass die »Bildung einer anderen Regierung in Finnland nicht ausgeschlossen ist – einer gegenüber der Sowjetunion und Deutschland freundlich gesinnten. Niemand hat vor, in Finnland Sowjets einzurichten. Aber wir hoffen, dass es eine Regierung sein wird, mit der eine Verständigung über die Sicherheit Leningrads möglich sein wird.«[56] Was Molotow damit meinte, wurde am nächsten Tag deutlich, als die Sowjets ihre eigene Marionettenregierung in Finnland einsetzten: Die vom finnischen Kommunisten Otto Kuusinen geleitete »finnische Volksregierung«, die in der von der Roten Armee besetzten Grenzstadt Terijoki (Selenogorsk) etabliert wurde, schloss am 2. Dezember in aller Stille ein gegenseitiges Defensivbündnis mit der UdSSR ab, das Stalins Hauptforderungen im Hinblick auf territoriale Zugeständnisse und Sicherheitsbelange im Austausch für ein 70 000 Quadratkilometer großes Stück des sowjetischen Kareliens erfüllte.[57]

Als ideologisches Feigenblatt sollte die Installierung der kommunistischen Gegenregierung dem sowjetischen Angriff auf Finnland eine zumindest scheinbare Legitimation verleihen. Aber die Schaffung dieser Regierung drückte auch den aufrichtigen Glauben der Sowjets aus, dass die Invasion der Roten Armee einen Arbeiteraufstand gegen die bürgerliche Regierung Finnlands auslösen würde.[58] Die ideologische Ausrichtung des Konflikts durch Stalin wurde auch in einer Bemerkung gegenüber Dimitrow im Januar 1940 deutlich, in der er den Krieg gegen Finnland mit dem weltweiten politischen Kampf für den Sozialismus verband: »Die Weltrevolution als ein einzelnes Geschehen zu sehen ist Unsinn. Sie erfolgt zu verschiedenen Zeiten an unterschiedlichen Orten. Die Aktivitäten der Roten Armee stehen ebenfalls im Dienste der Weltrevolution.«[59] Zwar war Stalin durch die ideologische Sicht der Dinge engstirnig geworden, aber nicht verblendet. Sobald deutlich wurde, dass die Entwicklung in Finnland nicht nach ideologischem Plan verlief, ließ er die Regierung Kuusinen wieder in der Versenkung verschwinden. In der Tat hatte Stalin im selben Gespräch mit Dimitrow ein sehr reduziertes Interesse an Finnland angedeutet: »Wir sind nicht darauf aus, uns Finnland anzueignen. Aber Finnland sollte ein der Sowjetunion freundlich gegenüberstehender Staat sein.«[60]

Auf militärischem Gebiet hatte der Krieg mit Finnland zwei Phasen. Im Dezember 1939 unternahm die Rote Armee einen Großangriff auf die finnischen Stellungen. Daran beteiligten sich fünf russische Armeen mit etwa 1,2 Millionen Mann, unterstützt durch 1500 Panzer und 3000 Flugzeuge. Der Hauptstoß richtete sich auf die »Mannerheim-Linie«. Die nach dem finnischen Oberbefehlshaber Carl Gustaf Mannerheim benannte Verteidigungslinie bestand aus teils natürlichen, teils künstlich errichteten Wehranlagen entlang der karelischen Landenge. Der Hauptstoß wurde von der 7. Armee unter General K. A. Merezkow getragen, der auch den Leningrader Militärdistrikt befehligte. Das Ziel der Sowjets war es, die Mannerheim-Linie zu durchbrechen, die Stadt Viipuri (Viborg) zu besetzen und dann westlich in Richtung der finnischen Hauptstadt Helsinki zu schwenken. Der Angriff scheiterte. Die finnische Verteidigung war ausgezeichnet, die Finnen kämpften tapfer, das Wetter war schlecht, und die sowjetische Offensive war unbeholfen und schlecht vorbereitet. Im Januar 1940 wurden die sowjetischen Streitkräfte umgruppiert. Die Armeen wurden verstärkt, und Stalin berief S. K. Timoschenko zum Oberbefehlshaber des finnischen Feldzuges. Mitte Februar begann Timoschenko eine gut vorbereitete Offensive, erneut gegen die Mannerheim-Linie. Dieses Mal gelang es den Sowjets, die finnischen Stellungen zu durchbrechen und Mannerheims Soldaten auf breiter Front zurückzudrängen.[61]

Gegen März 1940 war die Rote Armee in der Lage, die Überbleibsel der finnischen Verteidigung zu zerschlagen, bis nach Helsinki vorzurücken und von dort aus das ganze restliche Land zu besetzen. Stalin entschloss sich gleichwohl, die Friedensinitiativen der Finnen anzunehmen. Nach Verhandlungen wurde am 12. März 1940 ein Friedensvertrag unterzeichnet.[62] In ihm akzeptierten die Finnen die sowjetischen Gebietsforderungen, bewahrten dadurch aber ihre staatliche Unabhängigkeit. Anders als die baltischen Staaten wurde Finnland von der Errichtung sowjetischer Militärstützpunkte ausgenommen. Auch wurde ihm kein gegenseitiger Beistandsvertrag aufgezwungen. Stalins relative Mäßigung gegenüber Finnland hatte mit den weiteren Nachwirkungen des Konflikts zu tun, die im März 1940 drohten, die Sowjetunion in den Krieg in Europa hineinzuziehen. Die internationalen Reaktionen gegenüber dem russischen Angriff auf Finnland waren geprägt von äußerster Empörung. Wie sich Iwan Maiski, der sowjetische Botschafter in London, in seinen Memoiren erinnerte, »hatte er schon eine ganze Menge antisowjetischer Stürme zu bestehen gehabt. Aber was dem 30. November 1939 folgte, brach alle Rekorde«.[63] In Frankreich war die Stimmung noch geladener. Y. Z. Suritz, der sowjetische Botschafter in Paris, berichtete nach Moskau, »unsere Botschaft ist zum Ort der Heimsuchung geworden und ist von einem Schwarm von Polizisten in Zivil umstellt«.[64] In Italien brachte die Heftigkeit der Massendemonstrationen gegen die Sowjetunion Moskau dazu, seinen Botschafter unter scharfem Protest abzuziehen. In den Vereinigten Staaten wurde ein »moralisches Embargo« für den Export kriegsrelevanter Güter in die Sowjetunion angekündigt. Am 14. Dezember schließlich schloss der Völkerbund die UdSSR aus seinen Reihen aus – dies war das erste und letzte Mal in ihrer Geschichte, dass die Organisation eine solchen Maßnahme gegenüber einem Aggressor verhängte (Deutschland, Italien und Japan hatten den Völkerbund von sich aus verlassen).

Zwar verfügte der Völkerbund zu dieser Zeit nur noch über wenig Autorität und Respekt. Da aber die Sowjetunion in den Dreißigerjahren der Hauptvertreter des Prinzips der kollektiven Sicherheit im Völkerbund gewesen war, schmerzte der Ausschluss die sowjetische Regierung nicht wenig.

Stalin äußerte seine Verwunderung über die eingetretene Entwicklung in einem Gespräch mit dem Oberbefehlshaber der estnischen Armeestreitkräfte im Dezember 1939:

»In der Weltpresse erleben wir, wie gegen die Sowjetunion eine aggressive Kampagne organisiert wird, in der sie beschuldigt wird, eine imperialistische Expansionspolitik zu betreiben, insbesondere in der Verbindung mit dem finnisch-sowjetischen Konflikt. Weit verbreitete Gerüchte behaupten, dass die Sowjetunion in ihren Verhandlungen mit Großbritannien und Frankreich versucht hätte, das Recht zu erlangen, Finnland, Estland und Lettland zu besetzen ... Es ist typisch für die Engländer und Franzosen, die über uns derartige Gerüchte fabrizieren und verbreiten, dass sie eine Bestätigung dieser Gerüchte in den offiziellen Dokumenten nicht freigeben. Der Grund dafür ist sehr einfach ... Die stenografischen Aufzeichnungen zeigen nämlich, dass die Franzosen und Engländer gar keine Absicht hatten, ein faires und ehrliches Abkommen mit uns abzuschließen, das den Krieg hätte verhindern können. Sie haben sich davor immer gedrückt.«[65]

Die politischen Wirkungen des Winterkrieges in der Weltöffentlichkeit waren schon ungünstig genug. Aber noch besorgniserregender waren in Moskau eintreffende Berichte, dass die Engländer und Franzosen Vorbereitungen zur Aufstellung eines alliierten Expeditionskorps trafen, das den Finnen helfen sollte. Überdies gab es Anfang 1940 sogar Meldungen über den Plan, die Ölfelder von Baku zu bombardieren, um die deutsche Ölversorgung aus der Sowjetunion abzuschneiden.[66]

Das Kriegsziel der Briten und Franzosen gegenüber Finnland war, »Freiwillige« durch Norwegen und Schweden hindurch ins Kriegsgebiet zu bringen. Im Verlaufe dieser Operation hätten die westlichen Truppen das norwegische Narvik eingenommen und zugleich die Eisenerzfelder Nordschwedens besetzt – die für die deutsche Kriegswirtschaft lebenswichtig waren. Churchill, der jedwede Ausweitung des Kriegs gegen Deutschland bejahte, war ein entschiedener Befürworter dieser Expedition. Während er die Gefahr eines Krieges mit den Sowjets um Finnland als gering darstellte, bereitete er sich augenscheinlich darauf vor, ihn zu riskieren.[67] Die Einschätzung Churchills ist im Nachhinein schwierig zu rechtfertigen. Eine alliierte Expedition hätte eine schwerwiegende Verletzung der norwegischen und schwedischen Neutralität nach sich gezogen. Die Deutschen hätten Maßnahmen eingeleitet, um ihren Nachschub an schwedischem Eisenerz zu schützen. Und die Schweden, die den Finnen versichert hatten, ihre Neutralität zu verteidigen, hätten sich gegen die

Erstes Kapitel

Verletzung ihrer eigenen Neutralität gegenüber England und Frankreich zur Wehr gesetzt. Stalin wollte keinen Konflikt mit Großbritannien und Frankreich, aber konfrontiert mit alliierten Truppen an seiner Grenze und einem größeren Krieg in Skandinavien, hätte er sich vermutlich gezwungen gesehen, sich militärisch an die Seite Hitlers zu stellen.

In seiner *Englischen Geschichte, 1914–1945,* kam A. J. P. Taylor hinsichtlich der geplanten Expedition nach Finnland zu dem Ergebnis, dass »die britische und französische Regierung ihren Verstand verloren hat«[68], ein Urteil, das Stalin wohl geteilt hätte, nur dass er eine andere Begründung dafür gegeben hätte: Die britisch-französischen Planungen in Finnland sollten dazu herhalten, so fürchtete Stalin, den Krieg in Europa in einen Krieg gegen die Sowjetunion zu wenden. Ein mögliches Szenario wurde von Maiski in einem Bericht nach Moskau am 23. Dezember 1939 skizziert. In den herrschenden Kreisen in Großbritannien gebe es zwei Anschauungen zu den britisch-sowjetischen Beziehungen, sagte Maiski. Die eine spreche sich für die Aufrechterhaltung der sowjetischen Neutralität im Krieg aus, in der Hoffnung, dass aus dieser Neutralität ein Bündnis gegen Deutschland erwachsen könne. Die andere Auffassung war die, dass die sowjetische Neutralität nicht dem Vorteil der Briten und Franzosen diene und die Geschehnisse in Finnland eine Möglichkeit böten, den Eintritt der Sowjetunion auf Seiten Deutschlands in den Krieg zu beschleunigen. Der Eintritt der Sowjets in den Krieg würde, so nahm man weiter an, die UdSSR erschöpfen. Zugleich würde ihre Kriegsbeteiligung die USA aktiv auf die Seite des Westens ziehen. Ja, mehr noch: Eine vom Krieg erschöpfte Sowjetunion ließe die Möglichkeit einer großen internationalen kapitalistischen Koalition, einschließlich Deutschlands, entstehen, um gemeinsam gegen das bolschewistische Russland zu Felde zu ziehen.[69]

Diese Ängste und Verdächtigungen wurden in einer flammenden Rede Molotows am 29. März 1940 vor dem Obersten Sowjet öffentlich zum Ausdruck gebracht. »Schon als der Krieg in Finnland begann«, sagte Molotow, »wollten ihn die englischen und französischen Imperialisten zu einem Krieg gegen die UdSSR machen, bei dem von ihnen nicht nur Finnland selbst, sondern die skandinavischen Länder – Schweden und Norwegen – gegen die Sowjetunion benutzt werden sollten. London und Paris, meinte Molotow, betrachteten Finnland als Ausgangspunkt für einen möglichen Angriff auf die Sowjetunion. Indem er auf die Hilfe hinwies, die Finnland von ausländischen Staaten erhalten hatte, behauptete Molotow, »was in Finnland vorgefallen ist, war nicht bloß ein Zusammenstoß mit finnischen Truppen. Es war ein Zusammenstoß mit den vereinten Kräften einer Reihe imperialistischer Staaten.« Molotow lieferte eine Sicht des Winterkriegs aus sowjetischer Sicht. Wie zu erwarten, lobte er die Rote Armee für ihren Durchbruch durch die Mannerheim-Linie und pries die Vorzüge eines Friedensvertrages, der die imperialistischen Pläne vereitelte, die Sicherheit der Sowjetunion garantierte und Finnland als unabhängigen Staat erhielt. Die eigenen Verluste im Krieg wurden von Molotow mit 48 745 Toten und 158 863 Verwundeten angegeben, gegenüber 60 000 Toten und 250 000 Verletzten auf der finnischen Seite.[70]

Trotz der triumphalistischen Bemäntelung des Krieges durch Molotow nahmen die Sowjets hinter verschlossenen Türen eine genaue Analyse des Konflikts und der aus ihm zu ziehenden Lehren vor. Diese Aufarbeitung begann mit der lebhaften Diskussion eines kritischen Referats von Woroschilow über die Kriegsführung, das vor dem Plenum des Zentralkomitees der kommunistischen Partei am 28. März gehalten wurde.[71] Ihm folgte vom 14. bis zum 17. April eine Sonderkonferenz des Oberkommandos über »die Erfahrungen der militärischen Operation gegen Finnland«. Stalin war dabei während der gesamten Konferenz anwesend, schaltete sich oft in die Diskussion ein und schloss die Beratungen mit seiner eigenen Zusammenfassung der Lehren dieses Krieges.

Stalin begann sein Resümee, indem er die Entscheidung, den Krieg zu eröffnen, verteidigte, da die Sicherheit Leningrads dies verlangt habe; Leningrad war die zweitgrößte Stadt der Sowjetunion und der Sitz von 30–35 Prozent der Rüstungsindustrie des Landes. Was den Zeitpunkt des Krieges anbetrifft, führte Stalin aus, dass es wichtiger gewesen sei, die für das Vorhaben günstige politische Lage in Europa zu nutzen, anstatt noch einige Monate zu warten, bis die militärischen Vorbereitungen weiter gediehen wären. Noch einige Monate zu warten hätte unter Umständen einen Aufschub von 20 Jahren bei der Sicherung von Leningrad bedeuten können. Was die Länge des Krieges angeht, enthüllte Stalin, dass die sowjetische Führung angenommen hatte, er würde bis August oder September 1940 dauern. Dabei wies Stalin auf eine Reihe von russischen Feldzügen gegen Finnland in der Vergangenheit hin, die sich über Jahre hingestreckt hatten. Dennoch habe das sowjetische Militär den Kriegszug gegen Finnland nicht ernst genug genommen, den die Militärs als einen Spaziergang ähnlich der Besetzung Ostpolens eingeschätzt hatten. Weiterhin führe der gewonnene Bürgerkrieg immer noch zu Selbstüberschätzung aufseiten der Armee, sagte Stalin, »aber der Bürgerkrieg war kein Krieg heutiger Art, weil er ein Krieg ohne Artillerie, Flugzeuge, Panzer und Raketen war«. Stalin kritisierte die finnische Armee für ihre defensive Einstellung; eine passive Armee sei keine echte Armee aktuellen Typs, die eine Angriffsarmee sein müsse. Stalin beendete seine Zusammenfassung damit, dass er darauf hinwies, dass die Sowjetunion nicht nur die Finnen geschlagen habe, sondern zugleich auch ihre »europäischen Lehrer«: »Wir haben nicht nur die Finnen besiegt – das war keine so große Aufgabe. Das Wichtigste bei unserem Sieg war, dass wir die Techniken, Taktiken und Strategien der führenden Staaten Europas geschlagen haben. Das war die Hauptsache bei unserem Sieg.«[72]

Nach der Konferenz wurde eine Kommission eingesetzt, die weitere Erkenntnisse aus dem Krieg gegen Finnland ziehen sollte.[73] Die Arbeit dieser Kommission trug zu einer Serie von Reformen in den sowjetischen Streitkräften in den folgenden Monaten bei. Diese Reformen wurden von Timoschenko geleitet, der im Mai Woroschilow als Volkskommissar für Verteidigung abgelöst hatte. Im selben Monat setzte ein Regierungserlass die Titel »General« und »Admiral« wieder unter den oberen Kommandorängen der Armee ein, und im Juni wurde die Beförderung von Hunderten im Kriegseinsatz erfahrener Offiziere in diese Ränge verkündet. Unter den Beförderten waren auch Timoschenko, der zum Marschall, und Merezkow, der zum Armeegeneral ernannt wurde. Etwa zur selben Zeit stimmte Stalin zu, Tausende während der Säuberungen in Unehren verabschiedete Offiziere wieder in die Armee aufzunehmen. Unter ihnen befand sich Oberst K. K. Rokossowski, der im Juni 1940 zum General befördert und im Großen Vaterländischen Krieg zu einem berühmten Sowjetmarschall werden sollte. Am 16. Mai 1940 wurden die Ausbildungsvorschriften der sowjetischen Truppen mit dem Ziel verändert, eine realistischere Vorbereitung auf den Einsatz zu gewährleisten. Im Juli wurden die Verhaltensvorschriften in der Armee verschärft, und im August wurde ein einheitliches Kommando auf taktischem Gebiet wiederhergestellt. Dies bedeutete, dass Feldkommandeure nicht länger ihre Befehle mit den Politkommissaren abstimmen mussten. Zugleich wurden Schritte eingeleitet, die Propagandaarbeit in der Armee zu verbessern und mehr Offiziere und Soldaten zum Eintritt in die Partei zu bewegen.[74]

Der Winterkrieg wurde oftmals als gigantisches Versagen von Stalins Führung dargestellt. Es sei ein kostspieliger Feldzug gewesen, der die Rote Armee bis auf die Knochen blamiert und Hitler ermutigt habe, anzunehmen, dass ein Einmarsch in die Sowjetunion relativ einfach sein würde. Er habe die Sowjetunion auf diplomatischer Ebene isoliert und an den Rand eines Krieges mit England und Frankreich gebracht. Er habe die Finnen zu erbitterten Feinden der Sowjets gemacht, die sich dem deutschen Überfall auf die UdSSR im Juni 1941 anschlossen. Aber dies war nicht die Sichtweise Stalins. Für ihn zählte, dass der Krieg trotz allem gewonnen worden war, und zwar in nur drei Monaten, trotz schwieriger Wetterverhältnisse und eines schwierigen Terrains, auf dem er ausgefochten wurde. Die Sowjetunion hatte ihre territorialen Ziele erreicht und zur rechten Zeit die »imperialistischen« Intrigen der Briten und Franzosen durchkreuzt. Zwar hatte der Krieg einige Missstände der Armee in Ausbildung, Ausrüstung, Struktur und Kriegslehre zutage befördert. Aber dies war gut, solange man etwas zur Korrektur unternahm. Mehr als alles andere gab der Krieg gegen Finnland Stalin die Zuversicht, dass die Sowjetunion stark genug war, um mit den unvorhersehbaren Auswirkungen eines größeren europäischen Krieges fertig zu werden.

Erstes Kapitel

Der Krieg gegen Finnland machte zudem Stalins Führungsstil als Oberster Befehlshaber deutlich. Seine Entscheidung, das ideologische Projekt eines »volksdemokratischen Finnlands« fallen zu lassen, und seine Bereitschaft, den Krieg zu einem raschen Ende zu führen, stellten seine Fähigkeit unter Beweis, von dogmatischen Positionen zurückzutreten, wenn es die Lage erforderte. Gleichzeitig bewies die Entfernung seines langjährigen Gefährten Woroschilow als Verteidigungskommissar, die Rehabilitierung der Säuberung zum Opfer gefallener Offiziere und die Beförderung junger, talentierter Militärkommandeure in hohe Positionen seine Flexibilität in entscheidenden Personalangelegenheiten. Die internen Beratungen über den Kriegsverlauf machten deutlich, dass der Status der Unfehlbarkeit Stalins eine ungeschminkte und offene Diskussion einer Reihe von Themen nicht ausschloss. Die Schlussfolgerungen daraus wurden in der Korrektur von Fehlern und der Einleitung radikaler Reformen gezogen. Dennoch bedeutete der autoritäre Führungsstil Stalins und die Ehrerbietung, die seiner Einschätzung zu verschiedenen strittigen Themen entgegengebracht wurde, dass die sowjetische Kommandostruktur in einem hohen Maße von den Entscheidungen Stalins auf strategischem Gebiet abhängig war. Glücklicherweise kam Stalins futuristisch eingefärbter, bolschewistischer Glaube an die Tugenden der Modernität und Technologie den militärischen Angelegenheiten zustatten. Sein oft bekundetes Vertrauen in die Vorzüge moderner Militärtechnologie bedeutete, dass er schnell die Bedeutung des deutschen »Blitzsieges« über Frankreich im Mai und Juni 1940 erfasste. Schon im Juli 1940 korrigierte Stalin den zuvor gefassten Beschluss, die Panzerverbände der Roten Armee aufzulösen. Stattdessen befahl er die Aufstellung schwer bewaffneter motorisierter Einheiten.[75] Zur selben Zeit wurde die Entscheidung zur Beschaffung und Produktion vieler Panzer, Kanonen und Flugzeuge getroffen, die zur Hauptstütze der Roten Armee im Großen Vaterländischen Krieg werden sollten.[76] In einem Treffen mit seinen wichtigsten Kommandeuren im Januar 1941 verteidigte Stalin die Motorisierung gegen Kritiker, die glaubten, dass Pferde zuverlässiger als Panzer seien, deren Wert überdies durch ihre starke Anfälligkeit gegenüber Artilleriebeschuss geschmälert werde. Stalin beharrte dagegen darauf, dass die moderne Kriegsführung eine motorisierte sein werde. Motorisiert zu Lande, motorisiert in der Luft, motorisiert auf und unter Wasser. Unter dieser Voraussetzung wird der Gewinner derjenige sein, der über die meisten und leistungsstärksten Motoren verfügen wird.[77]

Der Fall Frankreichs und das Ende des Hitler-Stalin-Pakts

Bis zur Niederlage Frankreichs im Juni 1940 erwies sich das Bündnis mit Hitler für Stalin als vorteilhaft. Es hielt die UdSSR aus dem Krieg heraus und vermied so den Albtraum eines sowjetisch-deutschen Konflikts, bei dem Briten und Franzosen als unbeteiligte Dritte zuschauen konnten. Ebenso bot der Pakt der UdSSR einen größeren zeitlichen Spielraum, um die Verteidigung vorzubereiten. Zugleich konnten politische und territoriale Gewinne gemacht werden. Die Wiederbelebung des »Geistes von Rapallo« brachte der Sowjetunion zahlreiche wirtschaftliche Vorteile, und Hitlers Neutralität während des Winterkrieges war Stalin sehr willkommen. Dies war keineswegs eine einseitige Bilanz. Auch Hitler zog aus dem Pakt großen Nutzen, insbesondere die Freiheit, Polen angreifen zu können, ohne in einen Zweifrontenkrieg verwickelt zu werden. Der überwältigende Erfolg von Hitlers »Blitzkrieg« im Westen jedoch brachte die Dinge aus dem Gleichgewicht. Als Frankreich am 22. Juni 1940 kapitulierte, beherrschte Hitler den Kontinent. Zwar schien Großbritannien unter der neuen Führung Churchills entschlossen zu sein weiter zu kämpfen. Aber hatten die Briten wirklich die Fähigkeit, Hitler entschieden entgegenzutreten? Die immer noch nicht verstummten Sirenentöne des Appeasement, die auf einen Friedensschluss mit Deutschland drängten, ließen dies zweifelhaft erscheinen. Für Stalin zeichnete sich nun ein Ende des Krieges in Europa ab, dessen Friedensbedingungen von einem siegreichen Deutschland diktiert werden konnten.

Stalins Reaktion gegenüber der veränderten Situation war eine Reihe von Initiativen, die er lancierte, um seine strategischen Gewinne zu optimieren, während der Krieg noch andauerte. Mitte 1940 verstärkte er seine Kontrolle über die baltischen Länder. In der Sorge vor nationalistischen Bestrebungen und deutscher Unterwanderung des Baltikums verlangte Stalin die Bildung prosowjetischer Regierungen in Estland, Lettland und Litauen und die Besetzung aller drei Länder durch die Rote Armee. Er erneuerte auch seinen Versuch, auf dem Balkan eine sowjetische Einflusssphäre zu errichten. Angesichts von Berichten über einen unmittelbar bevorstehenden italienischen Kriegseintritt wurde Molotow in Rom vorstellig und unterbreitete Vorschläge zu einer Absprache zwischen Rom, Berlin und Moskau über ihre Interessensphären auf dem Balkan. Am 10. Juni trat Italien in den Krieg ein. Die sowjetischen Sondierungsversuche nahmen daraufhin weiter zu. Sie erreichten ihren Höhepunkt in dem am 25. Juni unterbreiteten Vorschlag, dass Italien die sowjetische Hegemonie über das Schwarze Meer anerkennen solle, wofür Stalin im Gegenzug eine Anerkennung der italienischen Vorherrschaft im Mittelmeer anbot.[78] Am 26. Juni konfrontierte Molotow den rumänischen Botschafter mit einem Ultimatum, das die Rückgabe Bessarabiens verlangte (das heute zu Moldawien gehört). Weiter verlangte er von Rumänien die Abtretung der nördlichen Bukowina, eines Gebietes mit ukrainischer Bevölkerung, das die Sowjets nie zuvor für sich beansprucht hatten. Zwei Tage später gaben die Rumänen den sowjetischen Forderungen nach. Die Wiedererlangung Bessarabiens gab Moskau die gewünschte strategische Tiefe zur Verteidigung seiner Schwarzmeer-Flottenbasen Odessa und Sewastopol, während die Besetzung der nördlichen Bukowina die Landverbindung zwischen Bessarabien und der Ukraine sicherte. Die sowjetische Grenze zu Rumänien verlief nun entlang der Donaumündung und gab Moskau die Möglichkeit, an der Kontrolle des Schiffsverkehrs zu partizipieren.[79] Wie auch die westlichen Teile Weißrusslands und der Ukraine wurden Bessarabien und die nördliche Bukowina rasch in das Staatsgebiet der UdSSR einverleibt. Ein ähnlicher Prozess wurde im Juli 1940 auch im Baltikum eingeleitet. Während der Großteil der Bevölkerung die sowjetische Besetzung ablehnte, wurde sie von einer linken Minderheit im städtischen Bereich begrüßt. Diese sowjetfreundliche Stimmung in einem Teil der Bevölkerung veranlasste Moskau, seine abwartende Haltung gegenüber einer »Sowjetisierung« der baltischen Staaten zu überdenken. Mitte August wurden Wahlen zu neuen Volksvertretungen in den drei baltischen Staaten abgehalten, die sich dann für die Eingliederung in die UdSSR entschieden.[80]

Stalin betrachtete diese Schritte als defensiv und gleichsam als Vorspiel einer Friedenskonferenz, auf der die nächste Phase des deutsch-sowjetischen Bündnisses verhandelt werden sollte. Hitler hingegen erschienen Stalins Handlungen provokativ und herausfordernd. Die Einverleibung der baltischen Staaten durch Stalin wurde als Teil eines sowjetischen Aufmarsches an der deutschen Ostgrenze angesehen. Moskaus Versuch, Italien als Vermittler für die Abgrenzung der Einflusssphären auf dem Balkan einzuschalten, war in den Augen Hitlers Teil der expansionistischen Strategie der Sowjetunion. Der Einmarsch der Roten Armee in Bessarabien und in die Bukowina bedrohte die Erdöllieferungen an Deutschland aus den rumänischen Ölfeldern bei Ploesti.

Hitlers Argwohn wurde durch die Bestellung eines neuen britischen Botschafters in der UdSSR weiter genährt. Stafford Cripps traf Mitte Juni in Moskau ein und brachte eine persönliche Botschaft Churchills an Stalin mit. Darin warnte Churchill vor der Bedrohung, die durch die deutsche Hegemonie in Europa ausging, und schlug Unterredungen über die sich daraus ergebende Problemlage für die sowjetischen und britischen Interessen vor. Stalin traf Cripps am 1. Juli und lehnte die britische Gesprächsofferte ab. Auf Cripps Hinweis, dass Großbritannien für die Aufrechterhaltung des Mächtegleichgewichts in Europa kämpfe, entgegnete Stalin, er wolle das alte Gleichgewicht in Europa ändern, das gegen die Sowjetunion gerichtet ist. »Wie die Verhandlungen (für ein Dreimächtebündnis) zeigten, wollen uns die Briten und Franzosen in dieser Frage nicht einmal auf halbem Wege entgegenkommen. So kam es dann zu einer Annäherung zwischen der Sowjetunion und Deutschland … Wenn der Gegenstand der vorgeschlagenen Gespräche die Wiederherstellung dieses Gleichgewichts zuungunsten der Sowjetunion ist, dann müssen wir sagen, dass wir dafür nicht zur Verfügung stehen.« Weiter sagte er Cripps, dass es »zu früh sei, von einer deutschen Beherrschung Europas zu sprechen. Die Niederlage Frankreichs begründe nicht eine derartige Dominanz. Eine solche Herrschaft der Deutschen über Europa würde eine Beherrschung der Meere verlangen, was kaum möglich sei … In allen seinen Treffen mit deutschen Vertretern habe er kein Verlangen nach einer deutschen Weltherrschaft verspürt … Stalin leugnete nicht, dass es unter den Nationalsozialisten Anhänger einer deutschen Weltherrschaft gäbe. Aber in Deutschland gebe es genügend intelligente Menschen, die verstünden, dass das Land nicht die Macht besitze, die Welt zu beherrschen.«[81]

Zwei Wochen nach diesem Treffen übergab Molotow dem deutschen Botschafter Graf Friedrich von der Schulenburg einen gereinigten, aber nicht falschen Bericht über das Gespräch zwischen Stalin und Cripps.[82] Stalins Botschaft an Hitler war deutlich: Er wollte den Pakt mit Deutschland fortsetzen. Dieser Wunsch wurde in noch verstärkter Form durch Molotows Rede am 1. August vor dem Obersten Sowjet artikuliert, in welcher der sowjetische Außenminister Pressespekulationen verspottete, dass die Sowjetunion Deutschlands neue Machtposition in Europa unangenehm und einschüchternd fände.

Im Gegenteil, sagte Molotow, das Bündnis mit Deutschland sei nunmehr wichtiger denn je zuvor. Es basiere nicht nur auf »zufälligen Überlegungen vorübergehender Natur, sondern auf den grundsätzlichen Interessen beider Völker«.[83]

Hitler glaubte dennoch, dass sich etwas in den deutsch-sowjetischen Beziehungen zusammenbraue und dass Großbritannien versuchen würde, sich die neue Rolle der Sowjetunion als Gegengewicht zur deutschen Macht in Europa zunutze zu machen. Am 31. Juli bemerkte Hitler gegenüber seinem Oberkommando:

»Englands Hoffnungen liegen auf Russland und Amerika … Russland – das ist der Faktor, auf den England am meisten setzt. Etwas muss in London geschehen sein … Aber wenn Russland geschlagen ist, ist die letzte Hoffnung Englands zerstört. Die Herrschaft über Europa und den Balkan fiele dann an Deutschland. Entscheidung: In diesem Konflikt muss Russland erledigt werden. Frühjahr 1941. Je früher Russland zerstört wird, desto besser. Das Unternehmen wird nur dann sinnvoll sein, wenn wir diesen Staat in einem Schlag vernichten.«[84]

Wie das Zitat zeigt, richtete sich Hitlers Hauptaugenmerk zu dieser Zeit auf Großbritannien, das gerade ein weiteres Friedensangebot Hitlers abgelehnt hatte und nicht auf Russland. Während Deutschlands Militärstrategen bereits damit

Erstes Kapitel

beschäftigt waren, einen Überfall auf die Sowjetunion zu planen, gab Hitler Außenminister Ribbentrop seine Zustimmung für dessen Versuch, die Sowjetunion für einen »Kontinentalblock« zusammen mit Deutschland, Italien und Japan zu gewinnen, bei dem die UdSSR sich sowohl gegen die USA als auch gegen Großbritannien ins Feld führen ließe.[85] Es ist schwierig zu sagen, wie ernst Hitler dieses Lieblingsprojekt des antibritisch eingestellten Ribbentrop nahm. Aber es scheint, als ob er dem Vorhaben eine Chance hätte geben wollen. Wenn nicht alles täuscht, gab Hitler erst nach dem Scheitern des angestrebten Kontinentalblocks den formellen Befehl, den Angriff auf die Sowjetunion vorzubereiten.

Ribbentrops Idee eines Kontinentalblocks verlangte von Russland, dem deutsch-italienisch-japanischen Bündnis vom 27. September 1940 beizutreten. Zu dessen Bestimmungen gehörte der gegenseitige Beistand der Bündnispartner, falls einer von ihnen von einer dritten, noch nicht im Krieg befindlichen Macht angegriffen werde. Zusätzlich beabsichtigte Ribbentrop die Errichtung eines geheimen Zusatzprotokolls, in dem jeder Staat die Richtung seiner zukünftigen Expansion näher ausführen sollte.[86]

Am 13. Oktober sandte Ribbentrop einen Brief an Stalin, in dem er Molotow zu Verhandlungen nach Berlin einlud:

»Ich würde gerne die Meinung des Führers darlegen, dass es die historische Mission der vier Mächte – der Sowjetunion, Italiens, Japans und Deutschlands – ist, eine langfristige Politik zu betreiben und dabei die künftige Entwicklung ihrer Völker in die richtigen Wege zu lenken, indem sie ihre Interessen weltweit räumlich voneinander abgrenzen.«[87]

Stalin reagierte darauf am 22. Oktober in positiver Weise: »Ich stimme mit Ihnen überein, dass eine zukünftige Verbesserung der Beziehungen unserer beiden Länder ganz auf der Grundlage einer weitreichenden gegenseitigen Interessenabgrenzung möglich ist.«[88]

Aber hinter den freundlichen Tönen wuchsen die Spannungen. Am 31. August vermittelten Deutschland und Italien in einem langwierigen ungarisch-rumänischen Grenzkonflikt. Siebenbürgen wurde dabei Ungarn zugesprochen. Zugleich wurde die territoriale Integrität Rumäniens garantiert, wobei allerdings noch ausstehende bulgarische Gebietsforderungen ausgeklammert wurden. Moskau war aufgebracht, dass es in diesen Entscheidungen nicht konsultiert wurde, was faktisch bedeutete, dass Rumänien unter deutsche Vorherrschaft geraten war. In der Tat traf im September eine deutsche Militärdelegation in Bukarest ein. Später, noch im September, tauchten auch deutsche Militäreinheiten auf finnischem Boden auf. Die Anzeichen häuften sich zudem, dass Italien beabsichtigte, Griechenland anzugreifen (was am 28. Oktober geschah), womit sich der Krieg auf den Balkan ausbreitete.

In einer Direktive vom 9. November 1940 legte Stalin gegenüber Molotow seine Zielsetzungen für die Verhandlungen mit den Deutschen dar. Molotow wurde angewiesen, die deutschen Absichten zu sondieren und herauszufinden, welche Rolle der Sowjetunion in Hitlers Plänen zugedacht war. So wurden von Molotow die sowjetischen Interessen in Bezug auf eine Reihe von internationalen Fragen vorgetragen, vor allem hinsichtlich der Einbeziehung Bulgariens in die sowjetische Interessensphäre, eine Angelegenheit, die Stalin als »die wichtigste Frage der Verhandlungen« bezeichnete.[89]

Stalins Instruktion für Molotow deutete an, dass er dazu bereit war, weitreichende Vereinbarungen mit den Deutschen zu treffen, und weiterhin glaubte, dass eine Partnerschaft mit Hitler möglich sei. Molotow traf am 12. November in Berlin ein und versuchte, Stalins Auftrag zu erfüllen. Aber er stand nicht vor Verhandlungen über neue Einflusssphären. Vielmehr sah er sich mit dem Angebot einer Juniorpartnerschaft in einem von Deutschland angeführten weltweiten Bündnis konfrontiert, in dem die sowjetische Expansion nach Indien gerichtet werden sollte, was zwangsläufig einen Zusammenstoß mit Großbritannien zur Folge haben musste. Stalin hatte kein Interesse an einem derartigen Arrangement, und die Verhandlungen gerieten bald in eine Sackgasse. Molotow beharrte auf konkreten Abmachungen mit den Deutschen über anstehende Fragen. Aber vergebens. Die Blockade in den Verhandlungen wurde in einem scharfen Notenwechsel zwischen Molotow und Ribbentrop bei ihrem letzten Treffen am 14. November deutlich:

»Die Fragen, welche die Sowjetunion im Nahen Osten interessieren, betreffen nicht nur die Türkei, sondern auch Bulgarien ... Das Schicksal Rumäniens und Ungarns interessiert auch die Sowjetunion und kann für sie angesichts der Umstände nicht wenig bedeuten. Es würde die sowjetische Regierung weiter interessieren, was die Achse zu Jugoslawien, Griechenland und Polen meint ...« (Molotow).

»Die entscheidende Frage ist, ob die Sowjetunion darauf eingestellt und in der Lage ist, mit uns an der Liquidierung des britischen Empire mitzuwirken. In allen anderen Fragen würden wir leicht eine Verständigung finden, wenn es uns nur gelänge, unsere Interessen abzugrenzen und unsere gegenseitigen Interessensphären zu definieren. Wo die Einflusssphären liegen, wurde wieder und wieder gesagt.« (Ribbentrop)[90]

Nach Yakow Chadajew, einem höheren Verwaltungsbeamten im Rat der Volkskommissare, war Stalin, nachdem Molotow seinen Bericht über die Verhandlungen in Berlin dem Politbüro übergeben hatte, davon überzeugt, dass Hitler den Krieg wollte.[91] Die offizielle sowjetische Antwort gegenüber den Berliner Verhandlungen jedoch legt nahe, dass Stalin zu diesem Zeitpunkt noch nicht ganz die Hoffnung aufgegeben hatte, doch noch zu einer Einigung mit Hitler zu kommen, denn am 25. November übergab Molotow dem deutschen Botschafter Friedrich-Werner Graf von der Schulenburg ein Memorandum, in dem die Bedingungen aufgelistet waren, unter denen die Sowjetunion dem Dreierabkommen beitreten würde: 1. der Rückzug deutscher Truppen aus Finnland; 2. ein sowjetisch-bulgarischer Beistandspakt, der die Einrichtung sowjetischer Militärstützpunkte einschließt; 3. die Anerkennung des sowjetischen Strebens in Richtung des Persischen Golfs; 4. eine Einigung mit der Türkei im Hinblick auf sowjetische Militärbasen am Bosporus; 5. der Verzicht Japans auf Rechte zur Kohle- und Erdölförderung im Norden Sachalins.[92] Wie John Erickson kommentierte, »war Stalins Antwort in jeder Hinsicht ein Test von Hitlers Absichten: Die sowjetischen Bedingungen, dem Viermächte-Pakt beizutreten, bedeuteten, Hitler völlige Freiheit im Westen zu gewähren. Der Preis dafür war allein, Hitler die Option zu nehmen, erfolgreich einen Krieg gegen die Sowjetunion zu führen.«[93]

Auf demselben Treffen informierte Molotow den deutschen Botschafter, dass der neue sowjetische Botschafter in Deutschland, Wladimir G. Dekanozow, Berlin am nächsten Tag verlassen werde. Dekanozow traf am 19. Dezember mit Hitler zusammen. Der deutsche Diktator teilte ihm mit, dass die Verhandlungen, die mit Molotow begonnen hatten, in offizieller Weise fortgesetzt werden würden. Aber weiter wollte sich Hitler nicht festlegen.[94] Tatsächlich hatte sich Hitler bereits für den Krieg entschieden. Am Tag zuvor, dem 18. Dezember 1940, gab er den Befehl für das Unternehmen Barbarossa – der Deckname für die deutsche Invasion Russlands.[95]

Im Dezember 1939 hatte Stalin in aller Öffentlichkeit auf Ribbentrops Glückwunschtelegramm zu seinem 60. Geburtstag geantwortet, indem er auf emphatische Weise die Dauerhaftigkeit des sowjetisch-deutschen Bündnisses bekräftigt hatte: »Die Freundschaft zwischen den Völkern der Sowjetunion und Deutschlands, zementiert durch Blut, hat jeden Grund, beständig und dauerhaft zu sein.«[96] Ein Jahr später jedoch begann der Countdown zum Krieg.

Zweites Kapitel
Unheilvolle Illusionen
Stalin und der 22. Juni 1941

Nach dem Scheitern von Molotows Verhandlungen in Berlin deuteten die Zeichen unheilvoll auf einen sowjetisch-deutschen Krieg. Wie Stalin am 25. November gegenüber Dimitrow sagte, »sind unsere Beziehungen zu Deutschland der Oberfläche nach höflich, aber es gibt ernsthafte Spannungen zwischen uns«.[1] Dimitrow wurde angewiesen, in Bulgarien eine Kampagne der Komintern zu lancieren, um Moskaus Vorschlag an Sofia zu unterstützen, dass beide Länder einen gegenseitigen Beistandspakt unterzeichneten, ein Angebot, das nach Molotows Rückkehr aus Berlin erneuert wurde.[2] Erneut lehnte Bulgarien das Angebot höflich ab und signalisierte stattdessen die Absicht, sich den faschistischen Achsenmächten anzuschließen.[3] Konfrontiert mit dieser Reaktion, protestierten die Sowjets in Berlin, dass sie Bulgarien als Teil ihres eigenen Sicherheitsgebietes auf dem Balkan ansehen würden. Doch Bulgarien unterzeichnete im März 1941 einen Pakt mit den Achsenmächten wie zuvor schon Ungarn, Rumänien und die Slowakei, die allesamt im November 1940 auf die Seite der Achsenmächte getreten waren. Zu den Sorgen Moskaus kam die Situation in Griechenland hinzu, das von den Italienern im Oktober 1940 angegriffen wurde, woraufhin London eine Streitmacht von 100 000 Mann entsandte.

Im Frühjahr 1941 war Jugoslawien – neben dem umkämpften Griechenland – der einzige unabhängig gebliebene Staat im östlichen Europa. Schon im Oktober 1940 unternahm Moskau die ersten Schritte, Jugoslawien in eine antideutsche Front auf dem Balkan einzubeziehen und brachte dann Ende März 1941 den Mut auf, mit einem in der Bevölkerung populären Umsturz in Belgrad die prodeutsche Regierung aus dem Amt zu jagen. Die sowjetische Botschaft berichtete daraufhin von Massendemonstrationen, die ein »Bündnis mit Russland« verlangten, während die kommunistische Partei Jugoslawiens sich in einer Kampagne für einen gegenseitigen Beistandsvertrag mit der UdSSR einsetzte.[4] Am 30. März trat die neue jugoslawische Regierung an die sowjetische Vertretung mit Vorschlägen für eine militärische und politische Allianz zwischen Jugoslawien und der UdSSR heran. Am nächsten Tag lud Molotow Belgrad ein, eine Delegation zu dringenden Verhandlungen nach Moskau zu entsenden.[5] Die Gespräche fanden am 3.–4. April in Moskau statt. Auf sowjetischer Seite wurden die Verhandlungen vom stellvertretenden Außenminister Andrei Wyschinski geführt. Die Jugoslawen wollten ein Militärbündnis. Was aber Stalin anbot, war ein »Freundschafts- und Nichtangriffspakt«. Wyschinski gab ganz offen den Grund dafür an: »Wir haben ein Bündnis mit Deutschland, und wir wollen nicht den Eindruck erwecken, dass wir dieses Bündnis verletzen. Vor allem wollen wir dieses Bündnis nicht stören.«[6] In Übereinstimmung damit bat Molotow am Abend des 4. April Schulenburg zu sich, um ihm mitzuteilen, dass die Sowjetunion einen Nichtangriffspakt mit Jugoslawien abschließen werde. Schulenburg protestierte; die Beziehungen zwischen Jugoslawien und Deutschland seien angespannt, seitdem die Frage unsicher geworden sei, ob sich Jugoslawien dem Bündnis der Achsenmächte anschließen werde. Molotow entgegnete, dass es keinen Widerspruch zwischen Jugoslawiens Beitritt zur Achse und dem vorgeschlagenen Pakt mit der Sowjetunion gebe und dass die von Schulenburg beklagten Spannungen in den deutsch-jugoslawischen Beziehungen zwischen Berlin und Belgrad geregelt werden müssten. Die Sowjetunion sehe, so Molotow, ihren Freundschafts- und Nichtangriffspakt mit Jugoslawien als einen Beitrag zum Frieden und zur Senkung der Spannungen auf dem Balkan.[7]

Der sowjetisch-jugoslawische Nichtangriffspakt, obwohl vom 5. April datiert, wurde in den frühen Morgenstunden des 6. April 1941 unterschrieben.[8] Nach der Unterzeichnungszeremonie wurde ein Bankett im Kreml gegeben. Unter den Teilnehmern war der sowjetische Diplomat Nikolai Nowikow, der sich in seinen Memoiren an einen Wortwechsel zwischen Stalin und Savich, dem Leiter der jugoslawischen Delegation, erinnert:

Savich: »Wenn sie (die Deutschen) uns angreifen, werden wir bis zum letzten Mann kämpfen, und ihr Russen werdet ebenfalls kämpfen müssen, ob ihr wollt oder nicht. Hitler wird sich niemals zurückhalten. Er muss gestoppt werden.«

Stalin: »Ja, Sie haben recht. Hitler wird sich nie zurückhalten. Nach seinen Plänen hat er noch viel vor. Die Deutschen versuchen uns einzuschüchtern, aber wir haben keine Angst vor ihnen.«

Savich: »Sie wissen natürlich von den Gerüchten, dass Deutschland im Mai plant, die Sowjetunion zu überfallen?«

Stalin: »Sie sollen es ruhig versuchen. Wir haben starke Nerven. Wir wollen keinen Krieg. Deswegen haben wir ja den Nichtangriffspakt mit Hitler geschlossen. Aber wie wendet er ihn an? Wissen Sie, wie viele Truppen die Deutschen an unserer Grenze zusammengezogen haben?«[9]

Aber Stalins verbales Draufgängertum wurde von seinen Handlungen nicht gedeckt. Noch am selben Tag kamen Meldungen, dass die Deutschen, besorgt über den stockenden italienischen Feldzug in Griechenland wie auch über die Feindseligkeit der neuen jugoslawischen Regierung in Belgrad, Jugoslawien und Griechenland angegriffen hatten. Innerhalb von zwei Wochen bat Belgrad um Frieden. Die britischen Truppen in Griechenland hielten sich länger. Aber Anfang Mai wurden sie vom griechischen Festland vertrieben. Auch Griechenland fiel damit unter deutsche Herrschaft. Die Jugoslawen erhielten von den Sowjets weder materielle noch ideelle Unterstützung. Es kann sein, dass bei einem längeren Durchhalten Jugoslawiens sowjetische Unterstützung bereitgestellt worden wäre.[10] Aber angesichts eines neuen, leichten deutschen Sieges in einem »Blitzkrieg« entschloss sich Stalin, einen Konflikt mit Hitler wegen Jugoslawien zu vermeiden. Ja, mit dem Fall Jugoslawiens scheint es, als ob sich Stalin entschieden hätte, dass von nun an die beste Art, mit Hitler umzugehen, eine Appeasementpolitik sowjetischer Prägung wäre.

Appeasement sowjetischer Prägung

Vor dem Zweiten Weltkrieg hatte Stalin oft die Appeasementpolitik der Briten und Franzosen mit dem Argument kritisiert, dass ihr Nachgeben Hitlers Verlangen nach territorialem Zugewinn nur noch weiter schüren würde. Diese Betrachtungsweise wurde in den drei Monaten vor dem 22. Juni 1941 beiseitegelegt. Stattdessen versuchte Stalin, seine friedlichen Absichten gegenüber Deutschland zu beweisen, indem er Hitler durch eine Reihe von extravaganten Gesten der Freundschaft vom Krieg abhalten wollte.

Die erste dieser Gesten war am 13. April 1941 die Unterzeichnung eines Neutralitätspaktes mit Japan. Da Japan einer von Hitlers Kriegsalliierten war, lag im sowjetisch-japanischen Vertrag die deutliche Botschaft an Hitler, dass Stalin weiterhin an Verhandlungen mit den Achsenmächten interessiert war. Und in der Tat wurde der Neutralitätspakt in der sowjetischen Presse als das logische Resultat der vorhergehenden Vorschläge dargestellt, dass die UdSSR den Achsenmächten beitreten solle.[11] Natürlich schützte der Vertrag mit Japan auch die gesamte östliche Flanke der Sowjetunion im Falle eines Krieges mit Hitler. Aber unter derartigen Umständen hatte Stalin nicht viel Vertrauen in Japans Zusage, sich neutral zu verhalten. Mehr noch als die strategische Bedeutung des Paktes aber zählte für Stalin die politische. Die an Berlin ausgesandte Botschaft wurde von Stalin noch verstärkt, indem er anlässlich der Abreise des japanischen Außenministers Matsuoka am 13. April öffentlich seine Verbundenheit mit Deutschland demonstrierte.

Nachdem er Matsuoka auf dem Bahnhof verabschiedet hatte, ging Stalin zu Schulenburg, umarmte ihn in aller Öffentlichkeit und sagte: »Wir müssen Freunde bleiben, und Sie müssen alles dafür tun.« Später wandte er sich an den deutschen Militärattaché, Oberst Krebs, mit den Worten: »Wir werden Freunde bleiben – auf jeden Fall.«[12]

Am 7. Mai wurde in der sowjetischen Presse verkündet, dass Stalin zum Vorsitzenden des Rats der Volkskommissare ernannt worden war. Dies bedeutete, dass er neben seiner Aufgabe als Generalsekretär der kommunistischen Partei der Sowjetunion auch das Amt des Regierungschefs übernommen hatte. Als sein Stellvertreter wurde Molotow eingesetzt, der seit 1930 das Amt des Regierungschefs innehatte und – seit Mai 1939 – zugleich als Außenminister fungierte. Nach der Resolution des Politbüros vom 4. Mai, die die Entscheidung festhielt, wurde Stalin ernannt, weil in einer Situation angespannter internationaler Beziehungen, in der es darauf ankomme, die Verteidigung des Landes zu stärken, die Koordination zwischen der Partei und den Staatsorganen verbessert werden musste.[13]

Moskau hatte lange Stalins Image als eines Vermittlers und Friedensbewahrers propagiert, sodass Schulenburg nach Berlin kabelte, er sei »überzeugt, dass Stalin seine neue Position nutzen wird, sich persönlich für die Erhaltung und Entwicklung der guten Beziehungen zwischen den Sowjets und Deutschland einzusetzen«.[14]

Nach Stalins Ernennung zum Regierungschef folgten weitere Signale des Appeasement. Am 8. Mai dementierte die sowjetische Presseagentur TASS Gerüchte über eine Truppenkonzentration entlang der sowjetischen Grenze. Am nächsten Tag zogen die Sowjets ihre diplomatische Anerkennung der Exilregierungen der von den Deutschen besetzten Länder Belgien, Norwegen und Jugoslawien zurück. Am 12. Mai hingegen erkannte die Sowjetunion die antibritische Regierung im Irak an. Zehn Tage später berichtete Schulenburg nach Hause, dass Stalins Politik »vor allem durch die Vermeidung von Konflikten mit Deutschland geleitet ist«, wie »die Einstellung der sowjetischen Regierung in den letzten Wochen zeigt, der Ton der sowjetischen Presse ... und die Beachtung des mit Deutschland geschlossenen Handelsabkommens.«[15] Nach der deutschen Besetzung Kretas Anfang Juni wurde auch die griechische Souveränität von den Sowjets nicht länger anerkannt. Stalins Kampagne des Appeasement gegenüber Deutschland erreichte ihren Höhepunkt am 13. Juni 1941, als die Moskauer Presseagentur TASS Gerüchte über einen Konflikt und einen bevorstehenden Krieg zwischen der Sowjetunion und Deutschland dementierte. Die UdSSR, erklärte TASS, halte sich an den sowjetisch-deutschen Nichtangriffspakt ebenso wie Deutschland, und alle gegenteiligen Berichte seien Lügen und Provokationen. In der Erklärung wurde bestritten, dass Deutschland neue Forderungen an die UdSSR gestellt habe, aber angedeutet, dass die Sowjetunion verhandlungsbereit sei, sollte dies der Fall sein.[16] In den noch verbleibenden Friedenstagen ließen die Sowjets gegenüber den Deutschen weiter erkennen, dass sie für Gespräche offen waren.

Irreführende Signale

Glaubte Stalin, der ein großer Realist und Zyniker war, tatsächlich, dass solche Gesten Hitlers Handlungen beeinflussen könnten? Stalins innerste Überlegungen und Berechnungen in den Tagen und Wochen, bevor die Deutschen die Sowjetunion angriffen, bleiben im Dunkeln. Aber es scheint, als ob er wirklich glaubte, dass Hitler im Sommer 1941 nicht erpicht auf einen Krieg war und dass die Diplomatie den Frieden erhalten könne, zumindest noch für eine Weile.

Zunächst einmal waren aus Stalins Sicht die Signale, die vom sowjetisch-japanischen Neutralitätsbündnis ausgingen, eine wechselseitige Angelegenheit. Moskau und Tokio hatten über 18 Monate miteinander über eine sowjetisch-japanische Version des Hitler-Stalin-Paktes verhandelt, der die strittigen Fragen der Grenzziehung, der Fischereirechte und der japanischen Öl- und Bergbaukonzessionen in Nordsachalin lösen sollte. Die abschließenden Gespräche fanden im Verlauf der Europareise des japanischen Außenministers Matsuoka im März und April 1941 statt. Nach einem Aufenthalt in Berlin und Gesprächen mit Hitler besuchte Matsuoka Moskau im März und erneut im April. Matsuoka verfügte über keine handfesten Informationen, dass Hitler beabsichtige, Russland anzugreifen, und in seiner Unterredung mit Stalin gab er keinen Hinweis darauf, dass er Schwierigkeiten im deutsch-sowjetischen Verhältnis sah.[17] Wenn Hitler zum Krieg entschlossen wäre, muss Stalin geglaubt haben, dann würde er sicher einem Pakt zwischen seinem japanischen Verbündeten und der Sowjetunion entgegenwirken. Japans Bereitschaft, einen Neutralitätsvertrag abzuschließen, war ein positives Signal aus Berlin wie auch aus Tokio. In den spannungsreichen Nachwirkungen der jugoslawischen Ereignisse erkannte Stalin die Gelegenheit, Hitler seine friedlichen Absichten zu signalisieren. So ließ er die langjährigen sowjetischen Forderungen fallen, dass die Japaner ihre wirtschaftlichen Rechte in Nordsachalin aufgeben sollten, und stimmte geradeheraus zu, einen Neutralitätspakt mit Japan zu unterzeichnen.

Hinzu kam außerdem die Rolle Schulenburgs, eines überzeugten Anhängers des Vertragswerks von Rapallo, der ein ebenso überzeugter Vorkämpfer einer allgemeinen Ost-Orientierung der deutschen Außenpolitik war. Schulenburgs Berichte nach Berlin überzogen die deutsch-sowjetischen Beziehungen oft mit einem glanzvollen Anstrich. Mitte April 1941 reiste er zu Konsultationen nach Deutschland. Als er am 28. April Hitler traf, beschwerte sich der Führer bitter über die

Handlungen der Sowjets während der Jugoslawienkrise. Schulenburg verteidigte das sowjetische Verhalten und versuchte Hitler davon zu überzeugen, dass »Stalin noch zu weiterreichenden Konzessionen bereit ist«.[18] Das Treffen aber endete mit einer unbestimmten Note, und Schulenburg kehrte Anfang Mai mit düsteren Vorahnungen hinsichtlich der Zukunft der deutsch-sowjetischen Beziehungen nach Moskau zurück. In einer Reihe von Treffen mit Dekanozow, dem sowjetischen Botschafter in Deutschland, der gerade aus Berlin zurückgekehrt war, versuchte Schulenburg, die Sowjets zu einer diplomatischen Initiative anzuspornen, um die Spannungen im deutsch-sowjetischen Verhältnis zu beseitigen. Beim ersten Treffen am 5. Mai gab Schulenburg seinem russischen Kollegen einen recht genauen Bericht über sein Gespräch mit Hitler, in dem er die Sorge Hitlers über die Episode des sowjetisch-jugoslawischen Beistandsvertrages herausstellte. Schulenburg jedoch war besorgter über Berichte eines kommenden Krieges zwischen Deutschland und der Sowjetunion und bemerkte, dass etwas getan werden müsse, diese Gerüchte zum Verstummen zu bringen. Dekanozow fragte, was getan werden könne, aber Schulenburg konnte darauf nur erwidern, dass beide darüber nachdenken und sich dann zu weiteren Gesprächen treffen sollten. Bei ihrem zweiten Treffen am 9. Mai schlug Schulenburg vor, dass Stalin einen Brief an Hitler und die Führer der anderen Achsenmächte senden solle, in dem die Sowjetunion ihre friedlichen Absichten bekunden solle. Seinerseits regte Dekanozow ein gemeinsames sowjetisch-deutsches Kommuniqué an, und Schulenburg hielt dies auch für einen guten Gedanken, der freilich bald verwirklicht werden müsse. Auf ihrem dritten und letzten Treffen am 12. Mai berichtete Dekanozow, dass Stalin einem gemeinsamen Kommuniqué und einem Briefwechsel mit Hitler über die Kriegsgerüchte zugestimmt habe. Allerdings solle Schulenburg die Texte zusammen mit Molotow aushandeln. An diesem Punkt zog Schulenburg jedoch seine persönliche Initiative zurück. Dafür habe er kein Mandat.[19] Am selben Abend traf Dekanozow Stalin für fast eine Stunde, wobei er vermutlich über seine Gespräche mit Schulenburg berichtete.[20]

Schulenburgs Initiative war rein persönlicher Natur, doch war er gerade aus Berlin zurückgekehrt, wo er mit Hitler gesprochen hatte. So kam es, dass Stalin in den Äußerungen des deutschen Botschafters, die ihm von Dekanozow berichtet wurden, eine informelle, aber mit offiziellen Untertönen grundierte Annäherung heraushörte. Diese Interpretation passte zu der sich in Moskau verbreitenden Anschauung, dass es in den führenden Kreisen Deutschlands eine Spaltung zwischen den Verfechtern eines Krieges mit der Sowjetunion und den Anhängern einer Zusammenarbeit mit der UdSSR gebe. In diesem Licht konnten Schulenburgs Sondierungen als Beweis für die Aktivitäten einer »Friedenspartei« in Berlin gedeutet werden. Die Theorie einer »Spaltung«, wie sie Gabriel Gorodetsky nannte, zirkulierte in der einen oder anderen Form, seitdem Hitler zur Macht gekommen war. Diese Anschauung ging von der Annahme eines nachhaltigen Einflusses des Geistes von Rapallo in Deutschland aus und wurde vom marxistischen Dogma unterstützt, dass die kapitalistische Klasse in Deutschland geteilt sei zwischen zwei Gruppierungen, deren eine die territoriale Ostexpansion befürwortete, während es die andere vorzog, mit der Sowjetunion Handel zu treiben. Moskaus Neigung, an die Existenz von »Falken« und »Tauben« in Berlin zu glauben, wurde durch viele sowjetische Geheimdienstberichte verstärkt, darunter auch die eines Doppelagenten, der von der Gestapo in einen von Moskaus Spionageringen in Deutschland eingeschleust werden konnte.[21]

Ein anderes Ereignis, das die »Spaltung« zu beweisen schien, war am 10. Mai 1941 der dramatische Flug des Hitler-Stellvertreters Rudolf Heß nach England. Heß flog in einer »persönlichen Mission« nach England, nach eigenen Angaben, um einen Frieden zwischen Großbritannien und Deutschland zu vermitteln. Eine Deutung in Moskau besagte, dass Heß' Ziel ein Frieden gewesen sei, der den Weg für ein deutsch-englisches Bündnis gegen das bolschewistische Russland bereitet hätte. Eine optimistischere Lesart war die, dass Heß' Übertritt ein weiterer Beweis für eine Spaltung zwischen denjenigen sei, die Krieg mit Russland wollten, und denjenigen, die weiterhin England als den Hauptfeind betrachteten. Heß' Abfall unterstrich Stalins Wahrnehmung eines bevorstehenden deutschen Angriffs, die er bereits durch viele Geheimdienstberichte, die auf seinen Schreibtisch kamen, gewonnen hatte. Waren die Berichte zutreffend, oder waren sie bloße Gerüchte, von denjenigen in die Welt gesetzt, die einen deutsch-sowjetischen Krieg beschleunigen wollten? Stalins Verdacht in dieser Richtung war nicht ganz falsch. Die Briten nutzten den Fall Heß, um Zwist im deutsch-sowjetischen Verhältnis zu schüren. So wurden gezielt Gerüchte lanciert, dass Heß in offizieller Mission nach England entsandt worden sei, um ein britisch-deutsches Bündnis gegen Russland zu bilden.[22] Die tragische Ironie bestand darin, dass die Briten, als sie davon überzeugt waren, dass Hitler tatsächlich kurz davor war, die Sowjetunion anzugreifen, mit ihren Warnungen in Moskau keinen Glauben mehr fanden. Am 2., 10., 13. und 16. Juni übergab die britische Regierung dem sowjetischen Botschafter Maiski Unterlagen mit genauen Angaben über den deutschen Truppenaufmarsch an der sowjetischen Grenze.[23] Maiski leitete diese Informationen ordnungsgemäß nach Moskau weiter. Aber sie hatten dort nur noch wenig Wirkung.

In dieser unsicheren Situation vertraute Stalin auf seine eigenen Überlegungen, um Hitlers Absichten zu erraten. Aber er hielt es für unglaubhaft, dass Deutschland sich Russland zum Kriegsgegner machen werde, bevor England als ein solcher ausgeschaltet wäre. Warum sollte Hitler einen Zweifrontenkrieg führen, wenn die Sowjetunion offensichtlich keine unmittelbare Bedrohung für Deutschland darstellte? Im Mai 1941 erläuterte Stalin den Absolventen der Kriegsakademie der Roten Armee, dass Deutschland im Krieg 1870 Frankreich geschlagen habe, weil es nur an einer Front zu kämpfen hatte, den Ersten Weltkrieg aber verloren habe, weil es in einem Zweifrontenkrieg stand. Diese Ansicht wurde durch Stalin vorliegende Geheimdienstberichte bestätigt. Zum Beispiel legte ihm der Chef des sowjetischen Militärgeheimdienstes, General Filip Golikow, am 20. März 1941 eine Zusammenfassung von Berichten über die zeitliche Bestimmung eines deutschen Angriffs auf die UdSSR vor. Darin kam Golikow zu dem Ergebnis, dass »das wahrscheinlichste Datum für den Beginn einer Militäraktion gegen die UdSSR nach einem Sieg über England ist oder nach dem Abschluss eines ehrenhaften Friedens (Englands) mit Deutschland. Gerüchte und Unterlagen, dass Krieg gegen die UdSSR im Frühling dieses Jahres unvermeidlich sei, müssen als Desinformation angesehen werden, die vom britischen oder vielleicht selbst vom deutschen Geheimdienst ausgehen.«[24] Golikows folgender Bericht an Stalin jedoch behandelte die Informationen über die Konzentration von deutschen (und rumänischen) Truppen entlang der sowjetischen Grenze in einer viel ausgewogeneren Weise.[25] Am 5. Mai zum Beispiel berichtete Golikow, dass die Anzahl der an der sowjetischen Grenze stationierten deutschen Divisionen in den letzten zwei Wochen von 70 auf 107 zugenommen hat. Auch habe sich die Zahl der deutschen Panzerdivisionen von sechs auf zwölf verdoppelt. Golikow wies weiter darauf hin, dass Rumänien und Ungarn an ihren Grenzen etwa 130 Divisionen hätten und dass die Verstärkung der deutschen Streitkräfte an der sowjetischen Grenze nach dem Ende des Jugoslawienkrieges wahrscheinlich weiter zunehmen werde.[26]

Eine andere Quelle ständiger Warnungen über deutsche Kriegsvorbereitungen gegen die UdSSR waren zwei an hoher Stelle eingesetzte sowjetische Spione in Deutschland. »Starshina«, so der Deckname des einen Spions, arbeitete im Hauptquartier der Luftwaffe und »Korsikanets«, so der Codename des anderen, im deutschen Wirtschaftsministerium. Von ihnen gingen Dutzende Berichte mit detaillierten Informationen über einen bevorstehenden Angriff nach Moskau ab.[27] Auf einen Bericht, der auf den Informationen eines dieser Spione beruhte, schrieb Stalin an seinen Geheimdienstchef W. N. Merkulow (unter Verwendung eines drastischen russischen Schimpfwortes): »Vielleicht solltest Du Deine ›Quelle‹ aus der Leitung der deutschen Luftwaffe besser entfernen. Das ist keine ›Quelle‹, sondern ein Desinformant.«[28] Stalin kommentierte jedoch nicht die Information von Korsikanets, der gleichermaßen suggestiv von einem unmittelbar bevorstehenden Angriff sprach. Wie Gabriel Gorodetsky meinte, zeugt Stalins Ausfall dafür, dass die Berichte eines baldigen deutschen Angriffs ihn aus der Ruhe brachten, und er fürchtete, dass sie zutreffend sein könnten.[29]

Andere Warnungen kamen aus dem Fernen Osten. Richard Sorge betätigte sich als sowjetischer Spion in Tokio, wo er sich als deutscher Journalist ausgab. Seine Hauptquelle waren der deutsche Botschafter und der deutsche Militärattaché in Tokio. Sorges Berichte speisten sich aus den Ansichten dieser beiden, die er aus Gesprächen mit ihnen herausgehört hatte. Aber sie erwiesen sich als nicht ganz zutreffend. Die ersten Berichte Sorges deuteten an, dass Deutschland die Sowjetunion erst dann angreifen werde, wenn man mit England fertig sei. Sein erstes vorhergesagtes Datum eines deutschen Angriffs war der Mai 1941. Am 17. Juni 1941 jedoch berichtete Sorge, dass der Militärattaché nicht sicher sei, ob es Krieg geben werde oder nicht. Am 20. Juni schließlich gab Sorge die dringende Nachricht nach Moskau, dass der Botschafter vom Krieg überzeugt sei.[30]

Näher am Gegenstand waren die Berichte, die Dekanozow aus Berlin erhielt. Erneut waren sie mehrdeutig: Am 4. Juni berichtete er über weitverbreitete Gerüchte eines baldigen Krieges zwischen Deutschland und der Sowjetunion. Zugleich aber war auch davon zu hören, dass es eine Annäherung zwischen beiden Ländern auf der Grundlage sowjetischer Zugeständnisse an Deutschland geben werde, die eine neue Aufteilung ihrer Interessensphären zur Folge haben würde. Dabei würden die Sowjets zusagen, sich nicht in europäische Angelegenheiten einzumischen.[31] Am 15. Juni kabelte Dekanozow nach Moskau, der dänische und schwedische Militärattaché seien davon überzeugt, dass die Truppenkonzentration der Deutschen an der sowjetischen Grenze nicht länger eine Demonstration sei, um Moskau Zugeständnisse abzuringen, sondern Teil der »unmittelbaren Vorbereitung eines Krieges gegen die Sowjetunion«.[32] Allerdings gab Dekanozow keine Hinweise, dass er diese Auffassung teilte.

Zur Unsicherheit der Lage trug eine groß angelegte Desinformationskampagne bei, die der massiven deutschen Truppenkonzentration an der sowjetischen Grenze argumentativ einen anderen Anstrich geben sollte. Die Deutschen behaupteten, dass die Zusammenballung eine defensive Maßnahme sei. Dann stellten sie es in ihrer Kampagne so dar, als ob die Truppenmassierung an der Ostgrenze eine List sei, um die Briten in einem Gefühl falscher Sicherheit zu wiegen. Nach einer anderen Variante waren die deutschen Divisionen nicht aufmarschiert, um die Sowjetunion anzugreifen, sondern nur, um sie einzuschüchtern und zu wirtschaftlichen und territorialen Zugeständnissen zu nötigen. Eines der gängigsten der in Umlauf gesetzten Gerüchte besagte, dass Hitler, wenn er denn zum Angriff entschlossen wäre, Stalin zunächst ein Ultimatum setzen würde.[33]

Rückblickend ist es einfach, die Mehrdeutigkeit vieler Quellen für Stalin zu durchschauen und herauszufinden, welche Berichte wahr und welche falsch waren. Zur damaligen Zeit jedoch gab es viel Raum für Unsicherheit, insbesondere über den Zeitpunkt des deutschen Angriffs. Stalins Grundüberzeugung war, dass Hitler noch nicht angreifen werde und dass anderslautende Berichte sich durch die

»Spaltungstheorie« oder die Machenschaften des britischen Geheimdienstes erklärten. Gleichzeitig aber konnte es sich Stalin nicht leisten, die Möglichkeit eines Krieges in allernächster Zeit einfach abzutun. Stalin verhielt sich niemals töricht, und während er ausländische Geheimdienste wegen der Fehlinformationen ihrer dummen Agenten und *agents provocateurs* verunglimpfte, konnte er die unleugbare Tatsache des deutschen Truppenaufmarschs an der sowjetischen Grenze nicht einfach beiseiteschieben. So notierte Feldmarschall Alan Brooke, Chef des britischen Generalstabs während des Krieges, später über Stalin:

»Stalin ist ein Realist … nur Tatsachen zählen … Pläne, Hypothesen, zukünftige Möglichkeiten bedeuten ihm nichts. Aber er ist bereit, den Tatsachen ins Gesicht zu schauen, selbst wenn sie unangenehm sind.«[34]

Während Stalin sich einreden oder glauben mochte, dass Hitler nicht angreifen werde, war der Umstand eindeutig, dass der deutsche Diktator einen baldigen Angriff planen *könnte*. Stalin stellte sich dieser Möglichkeit, indem er seine Vorbereitungen auf einen Krieg weiterführte, und sie in der Tat beschleunigte, was auch den Aufbau einer massiven sowjetischen Truppenkonzentration in Grenznähe beinhaltete:

»Von Mai bis Juni wurden 800 000 Reservisten einberufen, Mitte Mai wurden 28 Divisionen in die westlichen Gebiete der UdSSR verlegt, am 27. Mai wurden in diesen Gebieten Feldkommandeurposten eingerichtet, im Juni wurden 38 500 Soldaten in die befestigten Bereiche der Grenzgebiete entsandt, zwischen dem 12. und dem 15. Juni wurden daraus weitere Kräfte in Grenznähe abkommandiert, am 19. Juni wurden die regionalen Hauptstützpunkte verlegt und Befehle ausgegeben, mögliche Ziele zu tarnen und Flugzeuge räumlich nicht zu konzentrieren.«[35]

Im Juni 1941 verfügte die Rote Armee über mehr als 300 Divisionen mit 5,5 Millionen Mann, von denen 2,7 Millionen in den westlichen Grenzregionen stationiert waren.[36] In der Nacht vom 21. zum 22. Juni wurde diese große Streitmacht in Alarmzustand versetzt und vor einem Überraschungsangriff der Deutschen gewarnt.[37]

Dennoch bleibt die Frage unbeantwortet: Warum hat Stalin nicht eine völlige Mobilisierung der sowjetischen Streitkräfte im Vorgriff auf einen möglichen deutschen Überfall befohlen, wenn auch nur als Vorsichtsmaßnahme? Ein Teil der Antwort ist, dass Stalin den deutschen Machthaber nicht zu einem frühzeitigen Angriff provozieren wollte. »Mobilisierung bedeutet Krieg«, lautete ein Gemeinplatz des strategischen Denkens der Sowjets. Er stammte aus den Erfahrungen Russlands während der Krise, die zum Ausbruch des Ersten Weltkrieges geführt hatte. Die Entscheidung Zar Nikolaus' II., im Juli 1914 die russische Armee als Vorsichtsmaßnahme zu mobilisieren, provozierte, so lautet die spätere Überzeugung, im Gegenzug die Mobilisierung der deutschen Streitkräfte und schließlich die Eskalation der »Julikrise« zu einem europäischen Krieg. Stalin war entschlossen, diesen Fehler nicht zu wiederholen. Außerdem glaubte er, dass eine vollständige Mobilisierung nicht viel ausrichten würde, wenn Hitler einen Überraschungsangriff plante, da gemäß der sowjetischen Militärdoktrin nach dem Ausbruch von Feindseligkeiten mit Deutschland eine zwei- bis vierwöchige Periode folgen würde, in der beide Seiten ihre Hauptstreitkräfte mobilisieren und für die Schlacht zusammenziehen würden. In der Zwischenzeit könnte es taktische Schlachten entlang der Grenze und kleinere räumliche Einbrüche mobiler Einheiten in die Frontlinie geben, um beim Gegner Schwachstellen zu sondieren und den Weg für größere Umfassungsmanöver zu suchen. In jedem Fall aber würden die entscheidenden Schlachten erst einige Wochen nach Kriegsausbruch geschlagen werden. Erneut war das Vorbild der Erste Weltkrieg. Stalins Generäle aber waren nicht dumm. Sie waren auch nicht darauf eingestellt – wie das Klischee lautet –, bloß den letzten Krieg noch einmal zu wiederholen. Vielmehr hatten sie die deutschen »Blitzkriege« gegen Polen und Frankreich eingehend beobachtet und die Wirksamkeit konzentrierter Panzeroffensiven und massiver Umfassungsmanöver der Wehrmacht durch hochmobile Kräfte genau studiert. Allerdings glaubten sie nicht, dass die Rote Armee das Schicksal der Streitkräfte Frankreichs und Polens teilen würde. Die russische Generalität betrachtete Polen als militärisch schwach und die Franzosen mit ihrer »Maginot-Mentalität« als nicht kampfeswillig. Sie waren zuversichtlich, dass die sowjetischen Verteidigungsstellungen den ersten Ansturm überstehen und Schutz bieten würden, bis die Rote Armee ihre Hauptmacht zum Einsatz gebracht hätte. Wie Evan Mawdsley ausführt, »glaubten Stalin und das sowjetische Oberkommando, dass sie gegen Hitler aus einer *Position der Stärke* und nicht der Schwäche kämpfen würden«.[38]

Aufgrund dieser Analyse fürchtete sich Stalin nicht vor einem Überraschungsangriff Hitlers. Im äußersten Fall würde die Rote Armee einige taktische Grenzschlachten verlieren. Unter dieser Voraussetzung ist Stalins Absicht, den Frieden nach Möglichkeit zu bewahren, viel sinnvoller. Der Gewinn könnte ein Aufschub des Krieges bis 1942 bedeuten. Bis dahin würden die sowjetischen Kriegsvorbereitungen weitgehend abgeschlossen sein.

Der deutsche Überraschungsangriff am 22. Juni überraschte dann aber seltsamerweise niemanden mehr, auch nicht Stalin. Die böse Überraschung war die Art der Kriegsführung – ein *strategischer* Angriff, bei dem die deutsche Wehrmacht ihre Hauptkräfte bereits vom ersten Tag an in die Schlacht warf. Dabei wurden die sowjetischen Stellungen überrannt, stark gepanzerte Einheiten drangen tief nach Russland ein und umfassten die hilflos unbeweglichen sowjetischen Armeen.

Das Versagen Stalins und seiner Generäle, sich einen strategischen Überraschungsangriff vorzustellen, war nur zum Teil die Folge einer verfehlten Militärdoktrin. Es war auch eine Frage des Blickfeldes. Was das sowjetische Oberkommando am Vorabend des deutschen Einfalls beschäftigte, war nicht, wie sich die Rote Armee gegen eine deutsche Invasion verteidigen sollte, sondern wann und wo sie *angreifen* werde. Die sowjetischen Militärstrategen planten und bereiteten einen Angriffskrieg gegen Deutschland vor, nicht einen Verteidigungskrieg.

Sowjetische Pläne für einen Angriffskrieg

Wenn wir feststellen, dass die Sowjetunion offensive Militäraktionen gegen Deutschland vorbereitete, heißt das nicht, dass Stalin einen Präventivkrieg gegen Hitler führen wollte.[39] Stalins politische und diplomatische Manöver zeigen, dass er sich im Sommer 1941 aufrichtig Frieden wünschte. Wäre Stalin mit seinen Bemühungen, den Kriegsausbruch bis 1942 hinauszuschieben, erfolgreich gewesen, so ist es möglich, dass er die Initiative ergriffen hätte, den ersten Streich zu führen. Aber sein Hauptziel in dieser Frage war immer, den Krieg so lange wie möglich fernzuhalten. Er war zuversichtlich im Hinblick auf die Tapferkeit und Schlagkraft der Roten Armee. Aber er fürchtete die Konsequenzen einer Verstrickung der Sowjets in einen größeren Krieg, der das Risiko mit sich führte, dass die kapitalistischen Feinde der UdSSR sich gegen den gemeinsamen kommunistischen Feind verbünden könnten. Stalins Einsatz für eine Erhaltung des Friedens im Sommer 1941 verlangte aber auch, dass die Verteidigung ausreichend organisiert sein musste, für den Fall, dass sein Kalkül sich als falsch erwies. Die Aufmerksamkeit seiner Generäle jedoch galt nicht der Verteidigung, sondern den eigenen Plänen eines Angriffs und eines Gegenangriffs. So bestand ein Missverhältnis zwischen Stalins diplomatischer Strategie und der militärischen Strategie seiner Generäle. Die fehlende Verbindung zwischen der politischen Strategie und der operativen, den Plänen und Vorbereitungen, war wohl der wichtigste Grund für die Schwierigkeiten, in welche die Rote Armee am 22. Juni geriet.

Die Ursache für die fehlende Verbindung lag in der offensiv orientierten Militärstrategie der Roten Armee seit den Zwanzigerjahren. Das sowjetische Oberkommando beabsichtigte, den nächsten Krieg tief in das gegnerische Territorium hineinzutragen, indem es sich auf Angriffe und Gegenangriffe konzentrierte. Die politische Festlegung auf Offensivaktionen wurde in der Zwischenkriegszeit noch durch die Entwicklungen in der Militärtechnologie weiter verstärkt – durch die Zunahme an Schlagkraft, Mobilität und Zuverlässigkeit von Panzern, Flugzeugen und Artillerie –, die schnelle Angriffe und rasche Umfassungsbewegungen an den Flanken und selbst die Durchbrechung der besten Verteidigungslinien möglich machten. In der Militärdoktrin der Roten Armee war die defensive Kriegsführung gegenüber dem Angriff nur die zweite Wahl. Ihr wurde nur eine sekundäre Rolle als vorbereitende Phase, die dem Angriff vorausging, zugebilligt. Diese Prioritätensetzung wurde durch die deutschen Siege über Polen und Frankreich bestätigt sowie auch durch die eigenen sowjetischen Erfahrungen bei der Durchbrechung der starken Verteidigungsstellungen der Mannerheim-Linie 1940.

In seinen auf einer Konferenz des Oberkommandos im Dezember 1940 gezogenen Schlussfolgerungen fasste der Volkskommissar für Verteidigung Timoschenko die wichtigsten strategischen Überlegungen zusammen, wobei die meisten seiner Bemerkungen Probleme der Offensive betrafen. Timoschenko ignorierte die Fragen der Verteidigung allerdings nicht gänzlich; seine Rede ging in wesentlichen Abschnitten auf defensive Kriegsführung ein. Dabei argumentierte er, dass es keine »aktuelle Krise der Verteidigung« gebe. Weiter sprach er sich gegen die Ansicht aus, dass die schnelle Niederlage von Polen und Frankreich belege, dass sich die Verteidiger nicht mehr effektiv gegen die Feuerkraft und Mobilität von Angreifern zur Wehr setzen könnten. Eine wirkungsvolle Verteidigung sei in einem modernen Krieg sehr wohl möglich, sagte Timoschenko. Aber es müsse eine Verteidigung in der Tiefe sein, und es müsse zahlreiche Zonen und Staffelungen geben. Dennoch ließ Timoschenko selbst in diesem Teil seines Berichts keinen Zweifel daran, dass »Verteidigung nicht das entscheidende Mittel bedeutet, den Gegner zu besiegen: Nur der Angriff kann dies letztlich. Auf Verteidigung sollte nur zurückgegriffen werden, wenn keine ausreichenden Kräfte zum Angriff vorhanden sind oder wenn sie dabei hilft, die notwendigen Bedingungen für einen Angriff zu schaffen.«[40]

Der andere Hauptredner auf der Konferenz war General Georgi Schukow, ein ehemaliger Kavallerieoffizier und entschiedener Befürworter einer mobilen Kriegsführung mit Panzereinsatz. Schukow hatte sich einen Namen als Frontkommandeur gemacht, als er im August 1939 eine erfolgreiche Offensive an der chinesisch-mongolischen Grenze gegen die Japaner geführt hatte. Seine Überzeugung war, dass die Rote Armee aus den letzten Erfahrungen des Krieges in Europa lernen und sich nach dem neuesten Stand für Offensivaktionen rüsten müsse.[41] Nach der Konferenz im Januar 1941 wurden von den Mitgliedern des Oberkommandos zwei strategische Planspiele durchgeführt. Beide basierten auf Offensivaktionen an der sowjetischen Westgrenze. Der Gewinner war in beiden Fälle Schukow, der dann zum Chef des Generalstabs ernannt wurde. Wie Evan Mawdsley bemerkte, »ist es schwierig in der Ernennung Schukows anderes als eine Bestätigung der Offensivorientierung der Roten Armee durch Stalin zu sehen«.[42]

Stalin war von der Offensivdoktrin ganz durchdrungen. Genauso wie er die militärische Rationalität dieser Strategie teilte, war er seit Langem dem Gedanken der Vorwärtsverteidigung des geheiligten Territoriums der Sowjetunion ergeben. »Wir wollen keinen Fuß auf fremdes Gebiet setzen«, erklärte er vor dem 16. Parteikongress 1930, »aber von unserem Territorium werden wir niemandem auch nur einen Zentimeter abtreten«.[43] Offensivkonzepte – die in die Zeit des Bürgerkrieges zurückreichten – waren auch in der politischen Kultur des Stalinismus omnipräsent, wo die Lösung sozialer und ökonomischer Probleme typischerweise Kadern avantgardistischer Arbeiter anvertraut wurde, die Schocktaktiken anwendeten, um fest verwurzelte Feinde, die den Vollzug der Parteipolitik behindert hatten, »unschädlich zu machen«. Das Konzept der Roten Armee für einen zukünftigen Krieg, der auf feindlichem Gebiet stattfinden sollte, war schließlich auch eng mit den messianischen Zügen der Sowjetideologie verbunden. Stalin glaubte zwar nicht daran, dass die Revolution mit Waffengewalt exportiert werden könne.[44] Aber er sah in der Roten Armee sehr wohl eine befreiende Kraft, deren Einfälle in fremdes Gebiet aus kommunistischer Sicht durchaus eine positive politische Wirkung haben konnten. Dies belegt auch Stalins berühmter, allerdings erst später entstandener Ausspruch: »Wer immer ein Gebiet besetzt, führt darin auch sein eigenes Sozialsystem ein. Jeder führt sein eigenes Sozialsystem ein, so weit seine Armee nur gelangt. Anders kann es nicht sein.«[45] Was Stalin damals im Sinne hatte, war die Rolle der Roten Armee bei der Unterstützung und Einführung kommunistisch dominierter Volksfrontregierungen in Osteuropa in den Jahren 1944–1945. Zwischen 1939–1940 jedoch hatte er das Vorbild, das die Rote Armee bei den »Revolutionen« in Weißrussland, der westlichen Ukraine, Bessarabien, der Bukowina und den baltischen Staaten geliefert hatte, im Blick. Dem entgegengesetzt stand das warnende Beispiel des Scheiterns der Roten Armee bei ihrer »Befreiungsmission« in Finnland. Bei alledem war die Festlegung der Roten Armee auf die Offensive und eine auf feindliches Territorium getragene Gegenoffensive vornehmlich durch strategische und nicht durch ideologische Überlegungen veranlasst. Angriff wurde ganz einfach als die beste Verteidigung angesehen, und der mögliche politische Nutzen einer offensiven Verteidigung war dafür ein zusätzlicher Anreiz. Nichtsdestoweniger war ein wesentlicher Teil der Kriegsvorbereitungen, die Soldaten der Roten Armee mit dem Gedanken vertraut zu machen, dass jede militärische Aktion Teil eines noch viel größeren Kampfes zwischen der Sowjetunion und der westlichen kapitalistischen Welt sei. Zwischen 1940–1941 wurde diese ideologische Propaganda zusätzlich intensiviert, da die Sowjets meinten, nach der Schlappe, die sie in Finnland erlitten hatten, den Mythos der unbesiegbaren Roten Armee stützen zu müssen.[46]

Strategisch verkörperte sich die offensive Orientierung der Roten Armee in ihren Kriegsplänen. Diese »Pläne« bestanden aus Dokumenten, die potenzielle Gegner identifizierten, die Größe und die mögliche Ausrichtung der gegnerischen Streitkräfte einschätzten und die wahrscheinlichen Wege eines feindlichen Angriffs vorherzusagen versuchten. Die Pläne umrissen auch die allgemeine Strategie der Roten Armee – wie die Sowjetunion überhaupt einen feindlichen Angriff kontern wollte. Sieben derartige Pläne wurden zwischen 1928 und 1941 ausgearbeitet. Der letzte Entwurf vor Ausbruch des Zweiten Weltkrieges wurde im März 1938 unter der Leitung des damaligen Chefs des Generalstabs, Marschall Boris Schaposchnikow erstellt.[47] Schaposchnikows Plan machte als Hauptfeinde Deutschland und seine Verbündeten in Europa sowie Japan aus. Obwohl die sowjetischen Streitkräfte darauf vorbereitet sein mussten, einen Zweifrontenkrieg zu führen, wurde Deutschland als Hauptbedrohung identifiziert und der Westen als Hauptkriegsschauplatz. Die Deutschen, so das Dokument, würden versuchen, einen Angriff auf die Sowjetunion entweder nördlich der Pripjet-Sümpfe in Richtung Minsk, Leningrad und Moskau durchzuführen, oder sie würden südlich der Sümpfe in Richtung Kiew vorrücken und die Ukraine zu erobern versuchen. Welcher Weg genommen würde, hinge von der politischen Situation in Europa ab und von der genauen Aufstellung Deutschlands und seiner Verbündeten gegen die Sowjetunion. Das Dokument stellte dann zwei Varianten eines sowjetischen Operationsplans vor, einem deutschen Angriff zu begegnen. Wenn die Deutschen im Norden angriffen, würde die Rote Armee in diesem Gebiet zum Gegenangriff antreten und im Süden in der Defensive bleiben. Wenn die Deutschen im Süden angriffen, würde die Rote Armee hier mit einem Gegenangriff antworten und sich im Norden defensiv verhalten. In beiden Varianten galt es, die Haupttruppenkonzentration des Feindes anzugreifen und zu vernichten. Die nächste Version des Plans wurde unter dem Eindruck der veränderten Umstände im Sommers 1940 vorbereitet, als Timoschenko als Verteidigungsminister durch Woroschilow abgelöst wurde.[48] Auf den ersten Blick war dieser Plan dem von 1938 ähnlich. Die Version von 1940 jedoch sagte voraus, dass die Deutschen im Norden von Ostpreußen her angreifen würden (nach der Okkupation Polens wieder unmittelbar an das Hauptgebiet des Deutschen Reiches angebunden) und nach Litauen, Lettland und ins westliche Weißrussland vorstoßen würden (allesamt nun Teile der Sowjetunion). Deshalb sollten gemäß dem Plan die Hauptkräfte der Roten Armee im Norden stationiert werden. Erneut bestand die Aufgabe darin, die Hauptstreitmacht des Gegners anzugreifen und zu vernichten, wo auch immer sie sich befinden mochte.

Die letzte Version des Planes wurde von Schaposchnikows Stabsoffizieren vorbereitet. Im Sommer 1940 trat er als Generalstabschef wegen gesundheitlicher Probleme zurück und wurde durch General Merezkow abgelöst. An dem Plan wurde weiter gearbeitet und ein neuer Entwurf unter dem Datum des 18. September vorbereitet.[49] Der Septemberplan wiederholte die Vorstellung, dass die Deutschen am wahrscheinlichsten im Norden angreifen würden, aber er schloss nicht die Möglichkeit aus, dass sie ihre Hauptkräfte auch im Süden konzentrieren könnten. Auf diese Weise wurde nochmals die Notwendigkeit eines Planes hervorgehoben, der eine Antwort der Sowjets auf beide Varianten bot. Wenn die Deutschen ihre Streitkräfte im Süden konzentrierten, würden die Sowjets einen entsprechenden Gegenangriff starten, der nach Lublin und Krakau im von Deutschland okkupierten Polen führen würde. Und von dort aus dann weiter nach Breslau und nach Süddeutschland mit dem Ziel, Hitler von seinen Verbündeten auf dem Balkan und den entscheidenden ökonomischen Ressourcen dieser Region abzuschneiden. Wenn die Deutschen dagegen im Norden einmarschierten, würde die Rote Armee Ostpreußen angreifen. Auch hier bestand das Ziel darin, die Hauptmacht des Gegners zu finden und zu bekämpfen.

Der Septemberplan wurde Stalin und der sowjetischen Führung zur Begutachtung und Diskussion vorgelegt. Aus diesen Besprechungen ging eine wesentliche Abänderung hervor: Die Hauptangriffskräfte der Roten Armee wurden im Süden konzentriert, mit dem Befehl, auf Lublin, Krakau und Breslau vorzustoßen. Obwohl der Grund für die Änderung im Memorandum, das Timoschenko und Merezkow an Stalin sandten[50], nicht genannt wird, liegt die wahrscheinlichste Erklärung in der Erwartung, dass die Hauptkonzentration der deutschen Offensivstreitkräfte im Süden erfolgen werde. In der nächsten Version des im März 1941 überarbeiteten Kriegsplans wurde erneut der Süden als der wahrscheinliche Schauplatz einer deutschen Truppenkonzentration veranschlagt, obwohl eine Ballung im Norden und ein Angriff von Ostpreußen aus nicht ausgeschlossen wurden.[51] Vom Frühjahr 1941 an betonten die sowjetischen Geheimdienstberichte, dass die Deutschen einen zu erwartenden Angriff hauptsächlich im Süden führen würden. Diese irrigen Einschätzungen illustrieren den Erfolg der deutschen Desinformationskampagne, durch welche die wahre Absicht der deutschen Wehrmacht verschleiert wurde, nämlich den Angriff im Norden entlang der Achse Minsk-Smolensk-Moskau zu führen.

Der Entschluss, die Hauptmacht der Roten Armee im Süden zu konzentrieren, war eine fatale Fehlentscheidung, für die Schukow und andere in ihren Memoiren nur zu gerne die Verantwortung ablehnten. In ihrer Version der Ereignisse wurde diese Entscheidung von Stalin gefällt, der glaubte, dass Hitler die wirtschaftlichen Ressourcen und Rohstoffvorkommen der Ukraine und Südrusslands erbeuten wollte, einschließlich der Erdöllagerstätten des Kaukasus. Wenn Stalin auch tatsächlich glaubte, dass der Kampf um Rohstoffe kriegsentscheidend sein würde, gibt es doch keinen direkten Hinweis, dass es eine primär von Stalin ausgehende Entscheidung gewesen wäre, die Masse der Truppen im Süden aufzustellen, obwohl er damit einverstanden gewesen sein muss. Eine andere Erklärung für die Entscheidung ist die von Gabriel Gorodetsky vorgeschlagene, dass die sowjetische Führung mit den Ereignissen auf dem Balkan stark beschäftigt war, als 1940 der

Plan ausgearbeitet wurde, und deshalb vorrangig die Notwendigkeit sah, Hitler von seinen Verbündeten auf dem Balkan abzuschneiden.[52] Aus dieser Sichtweise wurde der Entschluss, die sowjetischen Truppen im Süden zu konzentrieren, vielleicht mehr aus politischen denn militärischen Überlegungen getroffen. Darüber hinaus gibt es noch die von Marschall Schakarow in seiner Studie über den sowjetischen Generalstab vorgetragene Hypothese, dass persönliche Vorlieben und bürokratische Umstände eine entscheidende Rolle gespielt haben könnten.[53] Hauptnutznießer der zur Verfügung gestellten Mittel war der Militärdistrikt von Kiew. Sowohl Meretskow als auch Timoschenko waren ehemalige Kommandanten dieses Distrikts, und Schukow hatte diesen Posten inne, als er im Januar 1941 zum Generalstabschef ernannt wurde. Eine Reihe jüngerer Generalstabsoffiziere, die am Entwurf des Plans beteiligt waren, hatten ebenfalls an der Südwestfront gedient. Der Kiewer Militärdistrikt setzte sich aktiv für eine Aufstockung seiner Kräfte ein, um der erwarteten deutschen Invasion wirksam zu begegnen.[54] Schließlich gibt es das noch radikalere und kontroverse Argument, dass der Grund, die Rote Armee vorrangig im Süden aufzustellen, die Planung eines Präventivkrieges gegen Deutschland gewesen sei, da die Ebenen Südpolens eine einfachere Marschroute boten als Ostpreußen mit seinen Flüssen, Seen und dichten Wäldern.[55]

Der Schlüsselbeweis für die Anhänger der Präventivkriegsthese ist eine neue Version des Mitte Mai 1941 überarbeiteten Kriegsplanes.[56] Der Rang dieses besonderen Dokuments – das Gegenstand ausführlicher Diskussionen in Russland war[57] – ist unsicher. Es war ein handschriftliches Dokument, das von General Wassilewski, seinerzeit der stellvertretende Planungschef, im Namen von General Schukow und Timoschenko erstellt wurde, von keinem der beiden aber unterschrieben worden ist. Es ist nicht sicher, ob Stalin das Dokument gesehen oder je etwas davon gehört hat.[58] Dieses Dokument vom Mai 1941 war eine weniger ausgearbeitete und formal weniger strukturierte Version früherer Kriegspläne. Es hat den Anschein, wie Cynthia A. Roberts meinte, »weniger ein Plan, denn ein Arbeitspapier für einen solchen zu sein.«[59] Nach diesem Dokument wären Deutschland und seine Verbündeten (Finnland, Ungarn und Rumänien) in der Lage, 240 Divisionen gegen die Sowjetunion aufzustellen. Die deutsche Hauptstreitmacht von etwa 100 Divisionen würde aller Wahrscheinlichkeit nach im Süden für einen Angriff auf Kowel, Rowno und Kiew in Stellung gebracht werden. In diesem Papier ist darüber hinaus aufgeführt, dass sich die deutsche Armee im Zustand der Mobilisierung befinde und dass »sie die Möglichkeit hat, uns im Aufmarsch und in der Ausführung eines überraschenden Schlages zuvorzukommen«.

Weiter heißt es:

»Um dies zu verhindern (und die deutsche Armee zu vernichten), halte ich es für notwendig, die Initiative unter gar keinen Umständen den Deutschen zu überlassen, sondern dem Feind im Aufmarsch zuvorzukommen und die deutsche Armee anzugreifen, wenn sie sich noch in der Aufmarschphase befindet und nicht ihre Frontstellung eingenommen oder die verschiedenen Flügel der Armee geordnet hat. Das vorrangige Ziel der Roten Armee wird es sein, die Hauptstreitmacht der deutschen Armee, die südlich von Lublin Aufstellung genommen hat, zu vernichten ... Der Hauptschlag der Kräfte der Südwestfront wird in Richtung Krakau und Kattowitz gehen. Damit wird Deutschland von seinen südlichen Verbündeten abgeschnitten. Einen Unterstützungsschlag wird es von der linken Flanke der westlichen Front in Richtung Sedletz und Demblin geben, mit dem Ziel, die Warschauer Einheiten zu umfassen und der Südwestfront dabei zu helfen, die Einheiten des Feindes bei Lublin zu vernichten. Eine aktive Verteidigung wird gegenüber Finnland, Ostpreußen, Ungarn und Rumänien geführt, und es werden unter günstigen Umständen Vorbereitungen für einen Schlag gegen Rumänien getroffen.«

Das Dokument schließt mit der Bitte an Stalin, die Aktion sowie den vorgeschlagenen Aufmarschplan zu billigen und im Kriegsfall mit Deutschland der geheimen Mobilisierung aller Reservearmeen durch Zustimmung zur Durchsetzung zu verhelfen. Als Teil einer Reihe aufeinanderfolgender Kriegspläne gelesen, gibt es nichts Überraschendes in diesem Maidokument. Es war die logische Entwicklung der Idee, dass in dem kommenden Krieg die Rote Armee die deutsche Hauptstreitmacht im südlichen Sektor angreifen würde. Der Vorschlag, dem Schlussstadium der Mobilisierung und des Aufmarsches der Deutschen zuvorzukommen, reflektiert zweifellos die Angst, die von den sich häufenden Geheimdienstberichten im Frühjahr 1941 über die Truppenkonzentration der Wehrmacht entlang der sowjetischen Grenze erzeugt wurde, und die zunehmende Einsicht, dass der Krieg eher früher als später kommen werde. Der Vorschlag eines Gegenangriffs in Gestalt einer Invasion Südpolens war derselbe wie zuvor, und die vorgeschlagene geheime Bewegung der Reservearmeen war nur die Verlängerung existierender und bereits verdeckt ablaufender Mobilisierungsmaßnahmen.

Freilich bleibt der Text sehr verschwommen, was den Zeitpunkt des sowjetischen Präventivschlages angeht. Wenn es das Ziel sein sollte, die deutschen Armeen zu zerschlagen, dann wäre dafür der beste Zeitpunkt, wenn sie noch nicht völlig mobilisiert und geordnet aufgestellt sind. Aber wer kann diesen Moment genau bestimmen? Ferner war nicht vorstellbar, dass Stalin dem neuen Plan zustimmen würde, solange er glaubte, dass es noch eine Friedenschance gebe, es sei denn, er wäre davon überzeugt worden, dass die sowjetischen Verteidigungsstellungen sogleich zusammenbrechen würden, wenn die Deutschen in der Lage wären, den ersten Schlag zu führen. Es gibt aber keinen Anhaltspunkt dafür, dass diese Möglichkeit im sowjetischen Militär diskutiert wurde. Erst nach dem Desaster des 22. Juni 1941, nach dem Krieg und nach Stalins Tod begannen ältere Kommandeure davon zu sprechen, dass der Verteidigung mehr Aufmerksamkeit hätte gewidmet werden müssen, um einen verheerenden deutschen Überraschungsschlag abzuwehren.

Es wurde angedeutet, dass das Auftauchen des Maiplanes mit der Rede Stalins vor 2000 Absolventen der Kriegsakademie der Roten Armee am 5. Mai 1941 verbunden gewesen sei. Zu dieser Zeit wurde jede öffentliche oder halb öffentliche Äußerung Stalins in der Sowjetunion weit verbreitet. Bei dieser Gelegenheit jedoch gab es keinen publizierten Text, nur einen kurzen Bericht in der *Prawda* am nächsten Tag unter der Schlagzeile »Wir müssen vorbereitet sein, mit jeder Überraschung fertig zu werden«.

»In seiner Rede sprach Genosse Stalin über die tief greifenden Änderungen, die in der Roten Armee in den letzten Jahren stattgefunden haben, und betonte, dass unter den harten Erfahrungen der modernen Kriegsführung ihre Organisation wichtige Veränderungen erlebt habe und dass sie im Wesentlichen neu ausgerüstet worden ist. Genosse Stalin begrüßte die Offiziere, die ihren Abschluss in den Militärakademien gemacht haben, und wünschte ihnen viel Erfolg in ihrer Arbeit.«[60]

Es war nicht überraschend, dass rasch Gerüchte aufkamen über das, was Stalin den Absolventen in seiner Rede noch gesagt haben mochte. Einem Bericht zufolge habe Stalin davor gewarnt, dass ein Krieg mit Deutschland sicher bevorstehe. Nach einem anderen habe er sich dafür ausgesprochen, das sozialistische System durch einen Angriffskrieg auszuweiten. Nach der Version, welche die Sowjets an die Deutschen weitergaben, sprach Stalin von neuen Kompromissen mit Hitler. Die Wahrheit war, wie dies gewöhnlich der Fall ist, prosaischer als jedes umlaufende Gerücht. Nach dem Text der Rede Stalins, der 1995 zum Vorschein kam, war sein Hauptthema – wie die *Prawda* berichtete – die Reform, Reorganisation und Neuausrüstung der Roten Armee. Jedoch enthielt die Rede eine Reihe von Einzelheiten über die Reformen und über die Stärke der Roten Armee – Informationen, die am Vorabend eines Krieges nicht öffentlich werden sollten. Auch sprach Stalin kritisch über die deutsche Wehrmacht, die er, anders als es damals schien, nicht für unbesiegbar hielt. Dabei vertrat er die Ansicht, dass die Wehrmacht in Zukunft nicht so erfolgreich sein werde wie in der Vergangenheit, wenn sie unter den Vorzeichen der Aggression und der Eroberung kämpfen müsste. Dies waren wiederum Bemerkungen, die zu veröffentlichen nicht diplomatisch gewesen wäre, solange Stalin versuchte, Hitler von seinen friedlichen Absichten zu überzeugen.

Nach der Abschlussfeier gab es einen Empfang im Kreml, auf dem Stalin wie üblich einige Trinksprüche ausbrachte. Eine Reihe seiner Bemerkungen in diesem Umfeld wurden für die Nachwelt erhalten. Nach Dimitrow zum Beispiel war er »in

Zweites Kapitel

einer außergewöhnlich guten Stimmung« und sagte, »unsere Politik des Friedens und der Sicherheit ist zugleich auch eine Politik der Vorbereitung auf einen Krieg. Es gibt keine Verteidigung ohne Angriff«. Ein anderer Beobachter hielt fest, dass Stalin bemerkte, »gute Verteidigung bedeutet Angriff. Die Offensive ist die beste Verteidigung«. Nach dem offiziellen Bericht sagte Stalin:

»Die Friedenspolitik ist eine gute Sache. Wir haben bis jetzt ... eine an der Verteidigung ausgerichtete Linie verfolgt ... Und jetzt, da unsere Armee umstrukturiert wurde, da sie mit besserem Material für die Führung eines modernen Krieges ausgerüstet ist, da wir stärker geworden sind, nun ist es nötig, von der Verteidigung zum Angriff überzugehen. Um unser Land zu verteidigen, müssen wir offensiv handeln und von der Verteidigung zur militärischen Doktrin von Offensivaktionen übergehen. Wir müssen unsere Ausbildung in einem offensiven Geist verändern, unsere Propaganda, unsere Agitation, unsere Presse. Die Rote Armee ist eine moderne Armee, und eine moderne Armee ist eine offensive Armee.«

War diese Rede ein Ruf zu den Waffen, eine Mobilisierung der Truppen für einen Präventivschlag, ein Signal an den Generalstab, die nötigen Pläne dafür auszuarbeiten? Es ist nicht anzunehmen, dass Stalin derartige Absichten in einer auch nur begrenzten Öffentlichkeit geäußert hätte. Außerdem waren seine Bemerkungen über die Vorteile der Offensive nicht so verschieden von seinen privaten Anmerkungen, die er ein Jahr zuvor auf der Kommandeurstagung über die Erfahrungen des finnischen Krieges gemacht hatte. Vielmehr ist anzunehmen, dass Stalin gegenüber seinen jungen Offizieren die Bedeutung des Angriffsgeists hervorheben wollte. Wahrscheinlich sah er seine beiläufigen Bemerkungen als eine Stärkung der Moral, als eine vertrauensbildende Anregung im Angesicht eines drohenden Krieges mit Deutschland. Aber dies bedeutet noch nicht, einen derartigen Krieg zu planen und seinen Ausbruch zu provozieren.

Nach Stalins Rede nahm das Tempo der sowjetischen Kriegsvorbereitung zu. Dies geschah aber nicht in dem Umfang und in der Art, die nötig gewesen wäre, um im Sommer 1941 einen Präventivschlag zu führen.[61] In diesem Zusammenhang haben einige Historiker der Tatsache viel Bedeutung beigemessen, dass Stalin am 24. Mai 1941 eine dreistündige Konferenz in seinem Büro im Kreml abhielt, an der nahezu alle seiner obersten Militärs teilnahmen. Es wird vermutet, dass auf dieser Konferenz über einen Präventivschlag gegen Deutschland entschieden wurde, ein Verdacht, der sich daraus nährt, dass es im Anschluss daran keinerlei Informationen über die Themen gab, die beraten worden waren. Nach seinem Terminplan traf Stalin in den folgenden zehn Tagen weder mit Timoschenko, seinem Verteidigungsminister, noch mit Schukow, seinem Generalstabschef, oder mit einem seiner Generäle zusammen.[62] Dies spricht kaum dafür, dass auf der Besprechung eine so bedeutsame Entscheidung wie ein Angriff auf Deutschland gefallen wäre. So ist es viel wahrscheinlicher, dass die Konferenz Teil der permanenten Verteidigungsvorbereitungen für den Kriegsfall gewesen ist.

Rückblickend war die häufigste Form der Kritik an Stalins Verhalten in den letzten Wochen des sowjetisch-deutschen Friedens nicht, dass er einen Angriff vorbereitete, sondern dass er sich geweigert habe, die Rote Armee in den vollständigen Alarmzustand im Hinblick auf eine deutsche Invasion zu versetzen. Wassilewski unterstützt in seinen Memoiren Stalins Politik, den Frieden so lange wie möglich zu erhalten. Zugleich aber argumentiert er: »Das ganze Problem lief auf die Zeitspanne hinaus, die wir noch hatten, um diese Politik fortzusetzen, nachdem Nazideutschland eigentlich ganz offen Kriegsvorbereitungen an der sowjetischen Grenze getroffen hatte, insbesondere in den letzten Monaten. Dies war genau die Zeit, in der wir eigentlich eine schnelle Mobilisierung hätten vornehmen müssen und in den Grenzregionen alle Vorbereitungen hätten treffen müssen, starke und tief gestaffelte Verteidigungsstellungen anzulegen.«[63] In einem nach seinem Tod veröffentlichten Interview hob Wassilewski hervor, dass Stalin im Juni 1941 am Rubikon des Krieges angekommen war, den nächsten Schritt nach vorne aber nicht tat.[64] Schukow jedoch war anderer Ansicht: »Wassilewskis Meinung stimmt nicht vollkommen mit der Realität überein. Ich glaube, dass die Sowjetunion früh geschlagen worden wäre, wenn wir alle unsere Streitkräfte am Vorabend des Krieges in Grenznähe aufgestellt hätten. Die deutschen Truppen wären in der Lage gewesen, ihren Plan zu vollenden, sie an der Grenze einzukreisen und zu vernichten … Dann hätten Hitlers Truppen ihren Feldzug fortgesetzt und Moskau und Leningrad wären 1941 in Feindeshand gefallen.«[65] In seinen Erinnerungen führte Marschall Rokossowski dieses Argument weiter, als er bemerkte, dass die Hauptstreitmacht der Roten Armee gar nicht an der Grenze hätte aufgestellt werden sollen, sondern viel tiefer im sowjetischen Gebiet. Auf diese Weise hätte sie ihre Vernichtung zu Beginn des deutschen Angriffs verhindern können und wäre in der Lage gewesen, konzentriert hochbewegliche Gegenangriffe gegen die vorrückende Wehrmacht durchzuführen.[66]

Die Vorstellung, dass die beste Weise, mit dem »Unternehmen Barbarossa« umzugehen, eine Art mobile strategische Verteidigungshaltung gewesen wäre, wurde auch von einer Reihe westlicher Analytiker, wie Cynthia A. Roberts, bestätigt. Ob sich eine solche Strategie als besser erwiesen hätte, bleibt indes Gegenstand der Spekulation. Was auch immer ihre spezifischen Vorteile gewesen wären, das Konzept einer strategischen Verteidigung hatte zu dieser Zeit im Bereich der sowjetischen Militärstrategie keinen Platz. Wie Schukow in seinen Erinnerungen eingestand, »hatte unsere militärtheoretische Lehre zu dieser Zeit grundsätzlich keine Aufmerksamkeit für die tief reichenden Probleme einer strategischen Verteidigung, die irrtümlicherweise als nicht so bedeutsam betrachtet wurde«.[67] Als die

Deutschen am 22. Juni 1941 angriffen, reagierten Timoschenko und Schukow mit dem Befehl, die seit Langem vorbereiteten Pläne von Angriffsaktionen umzusetzen. Selbst als die Deutschen tief in sowjetisches Territorium eindrangen und vor den Toren von Moskau und Leningrad standen, war die bevorzugte Gegenmaßnahme der Roten Armee, anzugreifen wann und wo immer sie nur konnte. Schließlich erfuhr die Rote Armee die Vorteile der Verteidigung, aber nur weil sie musste. In strategischen Begriffen führte die Rote Armee einen gänzlich offensiven Feldzug an der Ostfront. Nur während der Schlacht von Kursk im Sommer 1943 nahm sie kurzfristig eine strategische Verteidigungshaltung ein, indem sie die große deutsche Panzeroffensive erst brach, bevor sie zu einem massiven Gegenangriff ausholte.

Nach dem Krieg wurden die Rückzüge und Niederlagen der Roten Armee in den Jahren 1941–1942 verklärt und als Teil von Stalins großem Plan mythologisiert, die deutsche Armee erst tief nach Russland hineinzulocken, um sie dann zu vernichten, so wie es die zaristischen Generäle mit der Armee Napoleons gemacht hatten. Nach Stalins Tod zeichnete sich ein realistischeres wie kritischeres Bild des Desasters vom 22. Juni 1941 ab. Der neue Glaube war nun, dass allein Stalin mit seiner Vorliebe für Offensivaktionen für die verheerende Taktik der Roten Armee in den ersten Kriegsmonaten verantwortlich war. Tatsächlich glaubte jedoch das gesamte sowjetische Oberkommando an die Lehre von Angriff und Gegenangriff, sodass die Verantwortung für diese Doktrin und ihre Folgen auf allen lag.

Das ganze Ausmaß der Tragödie vom 22. Juni 1941 lässt sich am besten am Schicksal der Armee verdeutlichen, die Stalin vereinigt hatte, um dem deutschen Angriff zu begegnen. Gegen Ende des ersten Kriegsjahres hatte die Rote Armee 200 Divisionen in der Schlacht verloren und Verluste (einschließlich Verwundeter) in Höhe von 4 Millionen Mann erlitten. Unter den Verlusten befanden sich 142 000 Offiziere (von insgesamt 440 000), darunter 40 getötete Generäle und 44 in Gefangenschaft geratene.[68] Viele zeitgenössische Beobachter erwarteten, dass die schlachtgestählte deutsche Armee, die Polen und Frankreich so mühelos überrannt hatte, ihren Siegeszug in Russland fortsetzen würde. Andere dachten, dass die Sowjets sich teurer verkauft hätten. Was jedoch einen jeden überraschte, war, dass die Rote Armee die enormen Schläge der Deutschen überstand und zu einem Gegenschlag ausholen konnte, der zur größten Invasion der Militärgeschichte wurde.

Sowjetische Pläne für einen Angriffskrieg gegen Deutschland, 1941

Zweites Kapitel

Drittes Kapitel
Vernichtungskrieg
Hitler versus Stalin

Der deutsche Überfall auf die Sowjetunion begann kurz vor der Morgendämmerung am Sonntag, den 22. Juni 1941. An der Spitze des Angriffs entlang einer über 1000 Kilometer langen Front standen 152 deutsche Divisionen, flankiert von 14 finnischen Divisionen im Norden und 14 rumänischen Divisionen im Süden.[1] Später schlossen sich der 3,5 Millionen Mann starken Streitmacht noch Armeen aus Ungarn und Italien an, die »blaue Division« aus Spanien, Kontingente aus Kroatien und der Slowakei und Freiwilligenverbände aus allen von den Deutschen besetzten Ländern Europas.

Die Invasionsarmeen wurden in drei Heeresgruppen unterteilt: Die Heeresgruppe Nord griff aus Ostpreußen kommend an und stieß entlang der baltischen Länder in Richtung Leningrad vor. Die Heeresgruppe Mitte rückte Richtung Minsk, Smolensk und Moskau vor, während die Heeresgruppe Süd in die Ukraine einfiel und sich auf die Hauptstadt Kiew zu bewegte.

Das strategische Ziel der Invasion wurde von Hitler in seinem Befehl vom 18. Dezember 1940 festgehalten:

»Die deutsche Wehrmacht muss darauf vorbereitet sein, auch vor Beendigung des Krieges gegen England Sowjetrussland in einem schnellen Feldzug niederzuwerfen ... Die im westlichen Russland stehende Masse des russischen Heeres soll in kühnen Operationen unter weitem Vortreiben von Panzerkeilen vernichtet, der Abzug kampfkräftiger Teile in die Weite des russischen Raumes verhindert werden ... Das Endziel der Operation ist die Abschirmung gegen das asiatische Russland auf der allgemeinen Linie Wolga-Archangelsk.«[2]

Das »Unternehmen Barbarossa«

Der Deckname des Überfalls war »Unternehmen Barbarossa«, zu Ehren Friedrichs I. Barbarossa, des Kaisers des Heiligen Römischen Reiches, der im 12. Jahrhundert den Kreuzzug gegen die Muslime angeführt hatte, um die heiligen Stätten von ihrer Herrschaft zu befreien. Am 22. Juni erklärte Hitler, er habe die Sowjetunion angegriffen, um einem sowjetischen Angriff auf das Reich zuvorzukommen.[3] Daraufhin stellten die Nazipropagandisten den deutschen Feldzug in Russland als einen im Grunde defensiv angelegten Kreuzzug gegen das gottlose bolschewistische Reich dar, das die europäische Zivilisation bedrohte.

Der ideologische Rahmen des Unternehmens Barbarossa kündete bereits von der Art der Kriegsführung, welche die Deutschen in Russland geplant hatten: einen Vernichtungskrieg.[4] Nicht nur die Rote Armee, sondern die ganze sowjetkommunistische Herrschaft sollte zerschlagen werden. Die Triebkraft dazu war die nationalsozialistische Sichtweise der UdSSR als eines jüdisch-bolschewistischen Staates, dessen Zerstörung nur durch Ausrottung der jüdischen Führungsschicht, die nach Auffassung der Nazis die Sowjetunion beherrschte, gelingen konnte. Die nationalsozialistische Rassenideologie erklärte die slawische Bevölkerung der Sowjetunion zu einer minderwertigen Rasse von *Untermenschen*. Die Einstellung der Nazis gegenüber den Slawen war tendenziell mehr durch den Wunsch nach Ausbeutung als den nach physischer Vernichtung geprägt. Und entsprechend äußerte sich Hitler: »Unser Leitprinzip ist, dass die Existenz dieser Leute nur durch ihre wirtschaftliche Ausbeutung zu unserem Nutzen gerechtfertigt ist.«

Der ideologische und rassistische Krieg, den Hitler gegen Russland führen wollte, drückte sich schon in den militärischen Vorbereitungen des Unternehmens Barbarossa aus. So ließ Hitler am 30. März 1941 seine Generäle wissen: »Der Krieg gegen Russland wird ein solcher sein, dass er nicht auf ritterliche Weise geführt werden kann. Es ist ein Kampf ideologischer und rassischer Gegensätze, und er wird gnadenlos mit nie zuvor gekannter und nicht nachlassender Härte geführt werden.«[5]

Im März 1941 wurde Einvernehmen zwischen der Wehrmacht und der SS über die Rolle der Einsatzgruppen hergestellt – Spezialeinheiten, die den deutschen Armeen auf dem Fuß folgten und die Aufgabe hatten, »jüdisch-bolschewistische« Offiziere, Funktionäre und Intellektuelle zu eliminieren. Am 13. Mai 1941 gab Hitler einen Erlass heraus, der deutsche Soldaten für jedwede Gräueltat, die sie in Russland begingen, Straffreiheit verhieß. Einige Tage später erließ die Wehrmacht »Richtlinien für das Verhalten der Truppe in Russland«:

1. Der Bolschewismus ist der Todfeind des nationalsozialistischen Volkes. Deutschlands Kampf richtet sich gegen diese zerstörerische Ideologie und ihre Vertreter.

Unternehmen Barbarossa, Juni–Dezember 1941

2. Dieser Kampf erfordert rücksichtsloses und energisches Durchgreifen gegen bolschewistische Hetzer, Partisanen, Saboteure, Juden und die vollständige Ausschaltung jedes aktiven und passiven Widerstandes.

3. Es wird zu extremer Zurückhaltung und äußerster Wachsamkeit gegenüber allen Mitgliedern der Roten Armee – selbst Kriegsgefangenen – aufgerufen, da heimtückische Methoden der Kriegsführung zu erwarten sind. Insbesondere die asiatischen Soldaten der Roten Armee sind unergründlich, unberechenbar, verschlagen und gefühllos.

Am 6. Juni erließ die Wehrmacht »Richtlinien zur Behandlung von Kommissaren«. Dies war der berüchtigte *Kommissarbefehl*, der sich mit dem Schicksal von Kommissaren befasste – politischen Offizieren der Roten Armee –, die »wenn sie während der Schlacht oder im Widerstand in Gefangenschaft geraten, grundsätzlich sofort mit der Waffe zu erledigen« sind.

Die ideologische Wahrnehmung des kommenden Krieges mit Russland hilft verstehen, wieso die deutschen Militärs meinten, sie könnten die Rote Armee in einem schnellen Blitzkrieg besiegen. Durch die Säuberungen in der Vorkriegszeit hielten sie die Rote Armee für entscheidend geschwächt. Die Leistungen der Roten Armee während des Winterkrieges in Finnland hatten auf die deutschen Beobachter nicht viel Eindruck gemacht. Genauso wichtig allerdings war die ideologisch verzerrte Wahrnehmung der angeblichen politischen Schwächen von Stalins Herrschaft. »Man braucht nur die Tür einzutreten, und die ganze verrottete Struktur wird zusammenbrechen«, sagte Hitler.[6] Weit davon entfernt, ernsthaften Widerstand in Russland zu erwarten, gingen die Deutschen davon aus, dass sie von großen Teilen der sowjetischen Bevölkerung als Befreier begrüßt werden würden.

In den ersten Tagen des Unternehmens Barbarossa schien es, als würde sich Hitlers Vorhersage eines schnellen und leichten Sieges erfüllen. Am ersten Tag bombardierte die deutsche Luftwaffe 66 feindliche Flughäfen und zerstörte 900 sowjetische Flugzeuge auf dem Boden und weitere 300 in der Luft.[7] Innerhalb weniger Tage hatten die Deutschen die vollständige Lufthoheit über dem gesamten Kampfgebiet. Am 3. Juli notierte General Franz Halder, der Chef des Generalstabs des Heeres, in seinem Tagebuch: »Es ist wohl nicht zu viel gesagt, wenn ich behaupte, dass der Feldzug gegen Russland innerhalb von 14 Tagen gewonnen wurde.«[8] Von einer Millionen Ausfällen erlitten die Sowjets drei Viertel in den ersten drei Wochen des Krieges. Hinzu kamen 10 000 Panzer und 4000 Flugzeuge, die zerstört wurden. Nach drei Monaten hatten die Deutschen Kiew eingenommen, Leningrad eingeschlossen und die Stadtgrenzen von Moskau erreicht.[9]

Die Deutschen wendeten größtenteils dieselben Taktiken an wie zuvor in Polen und Frankreich. Geschlossene starke Panzerverbände bahnten sich ihren Weg durch die feindlichen Verteidigungsstellungen, umfassten die sowjetischen Streitkräfte und schlossen sie ein. Den deutschen Panzern folgten Infanteriedivisionen mit der Aufgabe, die eingekesselten feindlichen Kräfte zu vernichten und das eroberte Gebiet zu verteidigen. In der Kesselschlacht von Minsk nahmen die Deutschen 400 000 sowjetische Soldaten gefangen. Im Juni war Smolensk an der Reihe (300 000 Gefangene) und im September Kiew (500 000 Gefangene). Im Oktober kamen in der Doppelschlacht von Wjasma und Brjansk nahe Moskau noch wenigstens eine weitere halbe Millionen sowjetischer Kriegsgefangener hinzu.

Ende 1941 hatten die Deutschen 3 Millionen sowjetischer Soldaten gefangen genommen. Bis Februar 1942 waren 2 Millionen dieser Gefangenen ums Leben gekommen, hauptsächlich durch Hunger, Krankheit und Misshandlung. Zusätzlich erschossen die Deutschen alle Gefangenen, die sie für Kommunisten hielten. Am Ende des Krieges an der Ostfront waren 160 000 gefangen genommene »Kommissare« von den Deutschen hingerichtet worden.

Das Schicksal der sowjetischen Kriegsgefangenen wurde von vielen anderen sowjetischen Bürgern geteilt, vor allem von denen jüdischer Herkunft. Ungefähr eine Million russischer Juden wurde von den Deutschen umgebracht, die meisten zwischen 1941 und 1942.[10] Das Hauptinstrument dieses Massenmordes waren die SS-Einsatzgruppen. Ursprünglich waren sie damit beauftragt, diensttaugliche jüdische Männer zu ermorden. Im August 1941 jedoch gab der Reichsführer SS Himmler den Befehl, die Mordaktionen auf die gesamte jüdische Bevölkerung auszudehnen – Männer und Frauen, Eltern und Kinder, Alte und Junge, Kranke und Gesunde. Bezeichnend für diesen Kurswechsel war die Erschießung von 30 000 Juden in Babi Yar, einer Schlucht in der Nähe von Kiew, Ende September 1941.

Der Grund für diesen Übergang von der selektiven Ermordung jüdischer Männer zum Massenmord an allen Juden ist Gegenstand intensiver Diskussionen unter Holocaustforschern gewesen.[11] Er scheint mit der Eskalation des Kampfes der Deutschen gegen Partisanen zusammenzuhängen. Sowjetische Partisanenaktionen im Rücken der einfallenden deutschen Armeen begannen bereits wenige Tage nach Ausbruch des Krieges, oftmals inspiriert, eingewiesen und ausgerüstet durch Einheiten der Roten Armee, die sich aus der deutschen Umklammerung hatten lösen können. Die Antwort der Deutschen – wie in Griechenland, Jugoslawien und Polen – war, Dörfer niederzubrennen und Bewohner zu erschießen, die der Hilfe für Partisanen verdächtigt wurden. Im September 1941 erließ die Wehrmacht Befehle, dass für jeden von Partisanen getöteten Deutschen zwischen 50 und 100 Kommunisten erschossen werden sollten.

Es gab einen direkten Zusammenhang zwischen der Taktik der Wehrmacht, Partisanen zu bekämpfen, und der antijüdischen Kampagne der SS. Alle Juden wurden als Kommunisten und Partisanen gebrandmarkt und umgekehrt alle Partisanen als Juden verketzert. »Der Jude ist ein Partisan.« »Der Partisan ist ein Jude.« »Der Jude ist ein Bolschewik und ein Partisan.« Dies waren die Losungen, die zugleich den zweifachen Nutzen hatten, den Massenmord an den sowjetischen Juden scheinbar zu rationalisieren und die harten und wahllosen Maßnahmen bei der Partisanenbekämpfung zu rechtfertigen.[12] Das Massaker von Babi Yar zum Beispiel war vorgeblich eine Vergeltungsaktion für den Tod deutscher Offiziere, die durch eine von der sich zurückziehenden Roten Armee ferngezündete Bombe im Zentrum von Kiew getötet worden waren.

Trotz ihrer aufsehenerregenden Erfolge zeigten sich nach und nach Probleme für die Deutschen. Nicht alle sowjetischen Verteidigungsstellungen brachen zusammen. Einige Positionen wurden gehalten und waren über Wochen umkämpft, mitunter sogar über Monate. In der Festung Brest an der Grenze zum deutschen Teil Polens kämpften 3000 sowjetische Soldaten bis zum letzten Mann, indem sie über Wochen dem Ansturm von 20 000 Deutschen standhielten. Odessa, der wichtigste Marinehafen der Sowjets am Schwarzen Meer, hielt dem Angriff der 4. rumänischen Armee für fast 10 Wochen zwischen August und Oktober 1941 stand. Sein Gegenstück, der Hafen von Sewastopol, erlebte sogar einen noch größeren Ansturm, aber fiel erst im Sommer 1942. Während Millionen sowjetischer Soldaten in Gefangenschaft gerieten, kämpften sich Zehntausende anderer – Einzelne, kleine Gruppen, Bataillone, Brigaden und ganze Divisionen – ihren Weg aus der Umklammerung frei und schlossen sich der Hauptmacht der Roten Armee wieder an.[13] Die Russen setzten zu zahlreichen Gegenangriffen an, bei denen sie die Deutschen häufig zwangen, sich zurückzuziehen und umzugruppieren. Die Verteidigung von Kiew hielt den deutschen Vormarsch durch die östliche Ukraine fast einen Monat auf, während die Schlachten in der Gegend von Smolensk im Juli–August 1941 die Deutschen bei ihrem Vormarsch nach Moskau zwei Monate blockierten. Heftige Gegenangriffe im Raum von Leningrad durchkreuzten das Ziel Hitlers, die zweitgrößte Stadt der Sowjetunion einzunehmen und dem Erdboden gleichzumachen.

Die Verbissenheit der Kämpfe riss die Deutschen aus ihrer anfänglichen Selbstgefälligkeit und Siegesgewissheit heraus. Am 11. August kamen General Halder erste Zweifel. »Wir haben bei Kriegsbeginn mit etwa 200 feindlichen Divisionen gerechnet. Jetzt zählen wir bereits 360. Diese Divisionen sind sicherlich nicht in unserem Sinne bewaffnet und ausgerüstet, sie sind taktisch vielfach ungenügend geführt. Aber sie sind da. Und wenn ein Dutzend davon zerschlagen wird, dann stellt der Russe ein neues Dutzend hin.«[14]

Der Preis der deutschen Siege über die Rote Armee war sehr hoch. Allein in den ersten drei Kriegswochen beklagten die Deutschen 100 000 Ausfälle unter ihren

Mannschaften, sie verloren 7000 Panzer und Sturmgeschütze sowie 950 Flugzeuge. Im Juli betrug die Zahl der Verwundeten und Toten 7000 pro Tag. Im August summierte sich die Gesamtzahl der Ausfälle bereits auf fast 180 000 Mann.[15] Das war wenig im Vergleich zu den erschreckenden Verlusten auf sowjetischer Seite, aber es war um ein Vielfaches höher, als die Deutschen es bisher gewohnt waren. Während des gesamten Westfeldzuges 1940 lagen die Verluste insgesamt bei gerade 30 000 Toten und 126 000 Verwundeten.[16] Wichtiger noch war, dass die Wehrmacht, trotz ihres aufsehenerregenden Vormarsches, ihre strategischen Ziele verfehlte. Leningrad wurde belagert, aber es fiel nicht. Der deutsche Vormarsch im Süden erreichte zwar Rostow am Don – das Tor zum Kaukasus und zu den Erdölfeldern von Baku – verlor dann aber an Schwung, und Ende November wurde die Stadt von den Russen wieder zurückerobert.

Hitlers letzte Chance, den Krieg in einem Zug zu gewinnen, bestand in der Einnahme Moskaus. Die Deutschen eröffneten ihren Angriff auf die sowjetische Hauptstadt im Oktober 1941 mit mehr als 70 Divisionen – eine Million Mann, mit 1700 Panzern, 14 000 Artilleriegeschützen und fast 1000 Flugzeugen. Der Angriff brachte die Heeresgruppe Mitte bis auf 32 Kilometer an den Kreml heran, aber nicht weiter. Am 5. Dezember begannen die Sowjets mit einem Gegenangriff, der die Deutschen 70–80 Kilometer von Moskau zurückwarf. Es war die erste große Niederlage der Wehrmacht im Zweiten Weltkrieg. Sie bedeutete nichts anderes, als dass das Unternehmen Barbarossa gescheitert war und dass Hitler nun vor einem langen Zermürbungskrieg an der Ostfront stand. Zwei zeitgenössische Beobachter der Ereignisse folgerten dann auch, das »der Russlandfeldzug von 1941 eine ernsthafte strategische Niederlage für die Deutschen war«.[17]

Im Dezember 1941 hatte sich der Krieg in Europa in einen Weltkrieg verwandelt. Durch den japanischen Angriff auf Pearl Harbor am 7. Dezember wurden die USA in den Krieg mit Deutschlands Verbündeten im Fernen Osten gezogen, und die Kriegserklärung Hitlers an die Vereinigten Staaten am 11. Dezember brachte die USA auf den europäischen Kriegsschauplatz. Dies besiegelte die amerikanisch-britisch-sowjetische Koalition, die sich seit dem Sommer 1941 abgezeichnet hatte. Unter diesen neuen Umständen begann Hitler darüber nachzudenken, welche Ressourcen er benötigte, um einen Weltkrieg gegen eine vereinigte Front seiner Gegner durchhalten zu können. Sein Blick fiel dabei zunehmend auf das Öl, die Industrien und Rohstoffe der Ukraine, Südrusslands und des Kaukasus.

Einkesselung von Sowjettruppen beim deutschen Vormarsch 1941

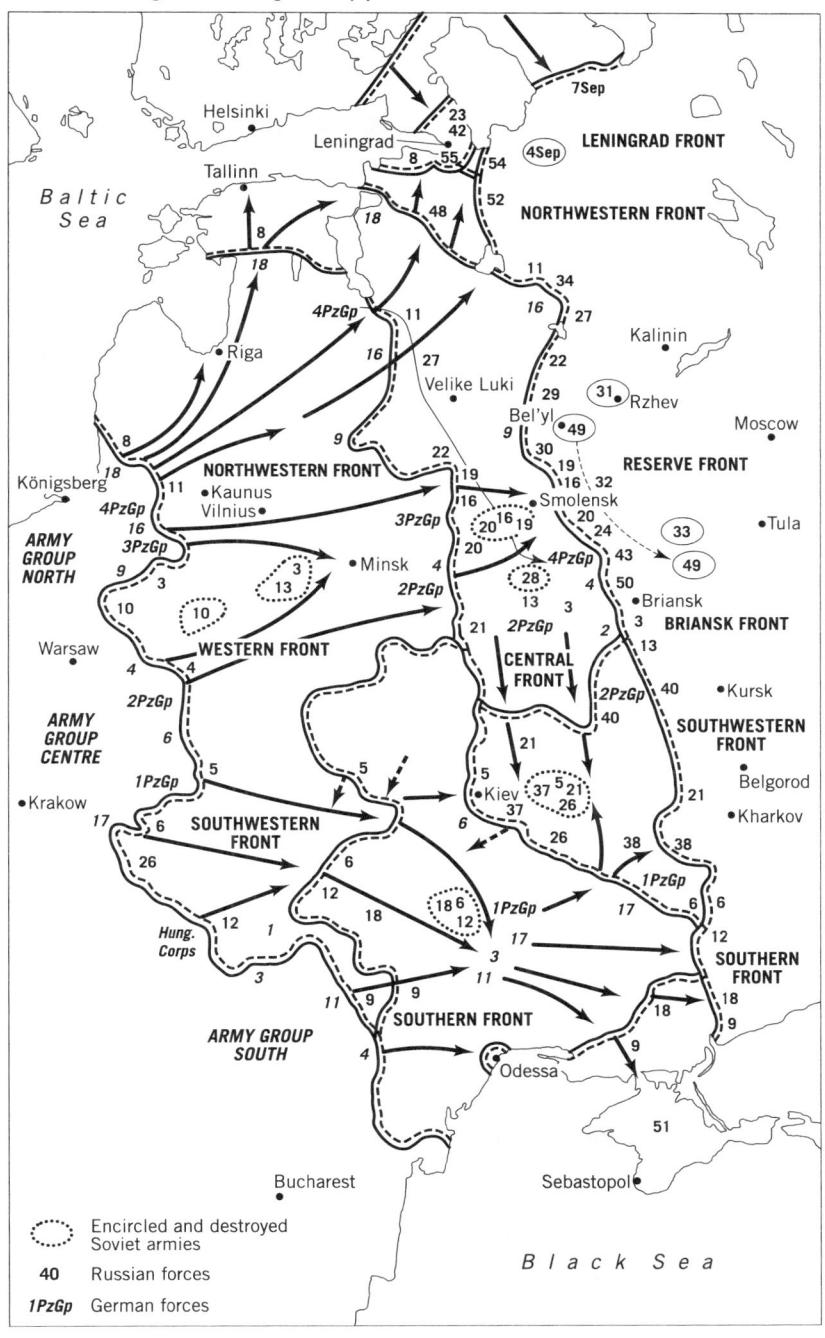

Drittes Kapitel

Stalins Reaktion auf den deutschen Angriff

Die oft erzählte Geschichte von Stalins Reaktion auf das Unternehmen Barbarossa behauptet, dass er vom deutschen Angriff überrascht und schockiert gewesen sei. Dass er nicht glauben wollte, was geschah, und dann in eine Depression verfiel, aus der er nicht wieder heraus fand, bis er von seinen Kollegen im Politbüro gezwungen wurde, die Führung zu übernehmen. Wie so viele Geschichten über Stalin hat auch diese ihren Ursprung in Chruschtschows Geheimrede auf dem 20. Parteitag 1956:

»Es wäre falsch zu vergessen, dass Stalin nach dem ersten schweren Desaster und den Niederlagen an allen Fronten meinte, dass dies das Ende wäre. In einer seiner Reden in diesen Tagen sagte er: ›Alles, was Lenin geschaffen hat, haben wir für immer verloren.‹ Danach leitete Stalin eigentlich nicht die militärischen Operationen und blieb untätig. Er nahm seinen Dienst erst wieder auf, als einige Mitglieder des Politbüros ihn aufsuchten und ihm sagten, dass es notwendig sei, auf der Stelle Maßnahmen zu ergreifen, um die Situation an der Front zu verbessern.«[18]

Chruschtschow, der sich in Kiew befand, als der Krieg ausbrach, führte die Geschichte in seinen Erinnerungen näher aus. Dabei gab er wieder, was ihm Beria erzählt hatte, dass Stalin nämlich die Führung niedergelegt und sich verzweifelt in seine Datscha zurückgezogen habe.[19]

Eine andere Version wird in den Memoiren von Anastas Mikojan, Stalins Handelsminister, ausgeführt. Nach Mikojan kamen die Mitglieder des Politbüros zu Stalins Datscha und berichteten ihrem sich versteckt haltenden Führer, dass sie entschieden hätten, ein staatliches Verteidigungskomitee zu gründen, das Stalin leiten solle. Berija und Molotow, so berichtet Mikojan, hätten dabei die Initiative übernommen.[20] Wie Roi und Schores Medwedew jedoch dargelegt haben, ist dies eine reichlich unwahrscheinliche Geschichte. Molotow und Berija gehörten zu den unterwürfigsten Personen in Stalins Umfeld und würden sich nicht getraut haben, so eigenmächtig zu handeln.[21] Weiterhin gibt es das Zeugnis von Yakow Chadajew, der Mikojans Version vom Besuch auf der Datscha bestätigt. Allerdings ist Chadajews Darstellung kein Augenzeugenbericht, sondern fußt auf Berichten vom Hörensagen. Chadajews Erzählung von Stalins Gemütszustand während der ersten Tage des Krieges gibt den Eindruck wieder, dass das Verhalten des sowjetischen Diktators höchst widersprüchlich und sprunghaft war. Einerseits stark und entschieden, andererseits zurückweichend und zögerlich.[22] Doch Chadajew gab in einem Interview von 1982 folgende Antwort auf die Frage nach Stalins Verhalten in den ersten Kriegsmonaten: »Während der Tage der Krise, während kritischer Situationen an der Front hatte sich Stalin im Ganzen sehr gut im Griff, dabei strahlte er Ruhe und Vertrauen aus und legte eine große Betriebsamkeit an den

Tag.«[23] Andere Erinnerungen bestätigen Molotows Antwort, als er nach der Episode in Stalins Datscha befragt wurde: »Stalin war in einem sehr aufgebrachten Zustand. Er fluchte nicht, aber er war nicht ganz er selbst. Ich würde nicht sagen, dass er seinen Kopf verloren hätte. Er litt, aber er zeigte keine Anzeichen seines Leidens. Zweifellos hatte er seine groben Momente. Es ist unsinnig zu sagen, dass er nicht litt. Aber er wird nicht dargestellt, wie er wirklich war ... Wie gewöhnlich arbeitete er Tag und Nacht und verlor niemals seinen Kopf oder sein rhetorisches Talent. Wie er sich benahm? Wie Stalin es sollte: standhaft.«[24] Nach Schukow war »Stalin willensstark und kein Feigling. Nur einmal sah ich ihn irgendwie depressiv. Dies war am Morgen des 22. Juni 1941, als sein Glaube, dass der Krieg verhindert werden könnte, zerschlagen wurde. Nach dem 22. Juni 1941 und während des gesamten Krieges regierte Stalin mit festem Willen das Land ...«[25] Als Lazar Kaganowitsch, ein anderes Politbüromitglied, gefragt wurde, ob Stalin die Nerven verloren habe, als der Krieg ausbrach, antwortete er: »Das ist eine Lüge!«[26] Molotow und Kaganowitsch waren loyale Anhänger Stalins, wohingegen Chruschtschow und Mikojan, die den antistalinistischen Kampf in den Fünfzigerjahren anführten, vom Glauben an Stalin abgefallen waren. Schukow wurde von Stalin nach dem Krieg verbannt. 1957 entzweite er sich aber mit Chruschtschow und erlebte, dass er von ihm für *seine* Art der Kriegsführung angeklagt wurde.

Wenn man Stalins persönliche Reaktion auf den deutschen Angriff herausfinden will, ist man vielleicht besser beraten, sich die zeitgenössischen Zeugnisse seines Handelns in den ersten Tagen des Krieges anzusehen. Nach seinem Terminkalender hielt Stalin, als der Krieg ausbrach, zahlreiche Besprechungen mit den Mitgliedern der militärischen und politischen Führung ab.[27] Die ersten Kriegstage verlangten von ihm viele Entscheidungen. Am Tag, als der Krieg ausbrach, erließ er 20 unterschiedliche Befehle und Dekrete.[28] Am 23. Juni richtete er eine Stawka (Hauptquartier) des Oberkommandos ein, eine gemischte politische und militärische Einrichtung – deren Vorsitz Verteidigungsminister Timoschenko übernahm –, um die strategische Leitung des Krieges zu beaufsichtigen. Am 24. Juni wurde beschlossen, einen Evakuierungsrat zu gründen, um Bevölkerung und Materialien aus der Kriegszone zu evakuieren. Außerdem wurde ein sowjetisches Informationsbüro (Sowinform) eingerichtet, mit der Aufgabe, die Kriegspropaganda zu koordinieren.[29]

Am 29. Juni richtete Stalin den dringenden Befehl an die Partei- und Staatsorganisationen an den Fronten, bis zum letzten Blutstropfen jeden Zentimeter sowjetischen Bodens zu verteidigen. Die Belieferung der Roten Armee aus dem Hinterland müsse vollständig geschützt und alle Feiglinge und Panikmacher müssten sofort vor das Kriegsgericht gestellt werden. Partisanengruppen sollten in den vom Feind besetzten Gebieten gebildet werden, und im Falle eines erzwungenen Rückzuges sollten dem Feind keine nutzbaren Straßen und Schienen, keine Fabriken und Nahrungsmittelvorräte in die Hände fallen dürfen. Diese Befehle bildeten die Grundlage des Textes von Stalins Radioansprache an die sowjetische Bevölkerung einige Tage später.[30]

Am 22. Juni begann der Tag in Stalins Büro um 5.45 Uhr, als Molotow mit der Nachricht der deutschen Kriegserklärung von einem Treffen mit Schulenburg zurückkam.[31] Eine der ersten Entscheidungen war die, dass Molotow und nicht Stalin mittags eine Radioansprache an die Nation halten sollte. Nach den Erinnerungen Molotows entschloss sich Stalin zu warten, bis sich die Situation geklärt hatte, um dann eine eigene Ansprache an die Nation zu richten.[32] Molotows Redeentwurf wurde sogleich von Stalin stark redigiert und erweitert. Zuerst sollte Molotow erklären, dass er im Auftrage Stalins spreche, und das Land dazu aufrufen, sich um Stalins Führung zu scharen. Zweitens sollte Molotow deutlich machen, dass die Sowjetunion in keiner Weise den Nichtangriffspakt mit Deutschland verletzt habe. Drittens sollte er betonen, dass der Krieg der Sowjetunion nicht von den deutschen Arbeitern und Bauern und der Intelligenz aufgezwungen wurde, sondern von den deutschen Faschisten, die schon Frankreich, Polen, Jugoslawien, Norwegen, Belgien, Dänemark, die Niederlande, Griechenland und andere Länder versklavt hatten. Viertens sollte Molotow Hitlers Überfall auf Russland mit dem Napoleons vergleichen und zu einem vaterländischen Krieg zur Verteidigung der Heimat aufrufen. Wenn auch Stalin umfangreiche Korrekturen vornahm, scheinen doch die unvergesslichen Schlusszeilen der Rede – die zu einer der Hauptparolen der sowjetischen Kriegsführung wurden – von Molotow selbst zu stammen: »Unsere Sache ist gerecht. Der Feind wird geschlagen werden. Der Sieg wird unser sein.«[33]

Ein anderer früher Besucher in Stalins Büro an diesem Tag war der Leiter der Komintern, Georgi Dimitrow, der in seinem Tagebuch vermerkte:

»Um sieben Uhr morgens wurde ich dringend zu Stalin in den Kreml gerufen … Bemerkenswerte Ruhe, Entschlossenheit, Vertrauen von Stalin und allen anderen … Erst einmal soll die Komintern keine offenkundigen Aktionen unternehmen. Die Parteien vor Ort richten eine Bewegung zur Verteidigung der UdSSR ein. Das Thema einer sozialistischen Revolution soll nicht aufgebracht werden. Das sowjetische Volk führt einen vaterländischen Krieg gegen das faschistische Deutschland. Es geht darum, den Faschismus in die Flucht zu schlagen, der eine Reihe von Völkern versklavt hat und darauf aus ist, noch mehr Völker zu versklaven.«[34]

In Stalins Büro ging an diesem Tag auch der stellvertretende Außenminister Andrej Wischinskij aus und ein, der über die diplomatische Entwicklung berichtete. Er hatte einige gute Nachrichten. Aus London hatte Maiski die Versicherung des britischen Außenministers Anthony Eden telegrafiert, dass Großbritannien weiter kämpfen werde und dass für London nicht zur Diskussion stehe, einen Sonderfrieden mit Deutschland abzuschließen, unabhängig von den Gerüchten um die Mission von Rudolf Heß. Eden informierte Maiski, dass Churchill am Abend im Radio über den deutschen Angriff und über die britisch-sowjetischen Beziehungen sprechen werde.[35] Churchills Ansprache muss für Stalin eine beträchtliche Erleichterung gewesen sein:

»Niemand ist in den vergangenen 25 Jahren ein dauerhafter Gegner des Kommunismus gewesen als ich. Ich werde kein Wort von dem zurücknehmen, was ich dazu gesagt habe. Aber all dies tritt in den Hintergrund angesichts des Schauspiels, das sich jetzt entfaltet. Die Vergangenheit mit ihren Verbrechen, Verrücktheiten und ihren Tragödien verblasst … Wir haben nur noch ein Ziel, einen unabänderlichen Zweck. Wir sind entschlossen, Hitler und jeden Überrest der Naziherrschaft zu vernichten. Von dieser Aufgabe wird uns nichts abhalten, nichts … Daraus folgt, dass wir jedwede Hilfe, die wir zur Verfügung stellen können, Russland und dem russischen Volk zukommen lassen …. Wenn sich Hitler vorstellt, dass sein Angriff auf Sowjetrussland auch nur die geringste Änderung der Ziele oder eine Erlahmung der Kriegsanstrengungen der großen Demokratien bewirken könnte, die sein Schicksal zu besiegeln entschlossen sind, dann begeht er einen großen Fehler … Sein Überfall auf Russland ist nicht mehr als ein Vorspiel zur angestrebten Invasion der britischen Inseln … Die Gefahr, in der Russland sich befindet, ist deshalb auch unsere und die der Vereinigten Staaten. So wie die Sache eines jeden um Heim und Herd kämpfenden Russen die Sache eines jeden freien Menschen und der freien Völker in jedem Winkel der Welt ist.«[36]

Die Vereinigten Staaten waren zwar formell neutral, aber sie leisteten Großbritannien seit fast einem Jahr beträchtliche Hilfe und wollten, wie Roosevelt auf einer Pressekonferenz am 24. Juni im Weißen Haus ankündigte, diese Hilfe auf die Sowjetunion ausweiten.[37] Am 12. Juli unterzeichneten Großbritannien und die Sowjetunion ein Abkommen zur gemeinsamen Kriegsführung gegen Deutschland und verpflichteten sich, dass keine Seite separate Verhandlungen mit Hitler über einen Waffenstillstand oder einen Friedensvertrag führen werde.[38] Ende Juli schickte Roosevelt seinen persönlichen Beauftragten Harry Hopkins nach Moskau, um mit Stalin über die amerikanischen Hilfslieferungen im Krieg zu sprechen.[39] Anfang August tauschten die beiden Staaten Noten aus, in denen sie die amerikanische Zusage, die Sowjetunion mit kriegswichtigen Gütern zu versorgen, vertraglich festschrieben.[40] Ende September reiste Lord Beaverbrook, der britische Beauftragte für den Nachschub, zusammen mit Averell Harriman, Roosevelts Beauftragtem für die Hilfslieferungen an Russland, nach Moskau zur Unterzeichnung eines formellen Abkommens über die britisch-amerikanischen Hilfslieferungen für Russland.[41]

Drittes Kapitel

Aber die wichtigsten Entscheidungen fielen an der Front. In den frühen Morgenstunden des 22. Juni warnten Timoschenko und Schukow in einer Direktive vor einem Überraschungsangriff der Deutschen. Die in den Grenzbezirken stehenden Einheiten wurden in höchste Alarmbereitschaft versetzt; zugleich wurden die Einheiten angewiesen, bis zum Tagesanbruch des 22. Juni Flugzeugstellungen zu tarnen und jedwede »provokative Handlung« zu vermeiden. Nach einem Treffen mit Stalin im Kreml wurde von Timoschenko und Schukow ein zweiter Befehl um 7.15 Uhr herausgegeben. Auf Nachrichten von deutschen Luft- und Artillerieangriffen wurde den Truppen befohlen, die Deutschen da anzugreifen, wo sie bereits die Grenze überschritten hatten. Die Rote Armee selbst sollte aber ohne spezielle Genehmigung nicht die Grenze überschreiten. Um 9.15 Uhr gaben Timoschenko und Schukow in einer dritten Direktive der Roten Armee den Befehl, an der nordwestlichen und westlichen Front die deutsche Heeresgruppe Nord anzugreifen, sie einzuschließen und zu vernichten. Im Südwesten sollte die Heeresgruppe Süd angegriffen und gleichfalls eingekesselt werden. Die im Norden und Süden an der Grenze zu Finnland und Rumänien stehenden Einheiten der Roten Armee wurden angewiesen, in der Defensive zu bleiben. Der Westfront wurde befohlen, den Vormarsch der Heeresgruppe Mitte entlang der Linie Warschau-Minsk zu stoppen und Offensivaktionen an der Nordwestfront zu unterstützen.[42] Diese Anweisung stimmte im Großen und Ganzen mit den Vorkriegsplänen einer Gegenoffensive im Kriegsfall überein. Sie zeigt an, dass Stalin und das Oberkommando der Roten Armee ganz und gar zutrauten, mit dem deutschen Angriff fertig zu werden und zugleich ihre eigenen strategischen Aktionen mithilfe eines wirkungsvollen Gegenangriffs auf deutsches Gebiet zu tragen. Tatsächlich wurde gemäß der dritten Armeedirektive erwartet, dass die Rote Armee ihre ursprünglich gesetzten Ziele in Ostpreußen und Südpolen innerhalb von drei Tagen erreichen würde. In Übereinstimmung mit diesen Erwartungen wurde Schukow sogleich nach Kiew entsandt, um die Offensive an der Südwestfront zu überwachen, wo die Hauptmasse der Roten Armee im Vorgriff auf einen deutschen Angriff auf die Ukraine postiert worden war. Schaposchnikow, der frühere Chef des Generalstabs, und Kulik, Leiter der sowjetischen Artillerie, wurden an die Westfront beordert.[43] Die Ruhe und Zuversicht, die diesen ersten Zügen zugrunde lagen, wurden von General Schtemenko in seinen Erinnerungen besonders bemerkt: »Von Anfang an war die Atmosphäre im Generalstab, obgleich angespannt, geschäftsmäßig. Niemand von uns zweifelte, dass Hitlers Überraschungstaktik ihm nur einen zeitlichen Vorteil geben würde. Sowohl die Kommandeure als auch ihre Untergebenen handelten mit ihrer gewöhnlichen Zuversicht.«[44] Die Zuversicht in den Sieg wurde von der sowjetischen Bevölkerung ebenfalls geteilt. In Moskau waren viele verwundert, dass die Deutschen es gewagt hatten anzugreifen, während Tausende sich freiwillig zu den Waffen meldeten.[45]

Als die sowjetische Gegenoffensive vom 23.–25. Juni ohne jede Wirkung blieb und sich die Wehrmacht stattdessen an allen Fronten weiter auf dem Vormarsch befand, wurde es offenkundig, dass der Generalstab in grober Weise die Wucht des deutschen Angriffs unterschätzt hatte. So schrieb Schukow in seinen Memoiren:

»Wir hatten den von allen verfügbaren Kräften plötzlich vorgetragenen, groß angelegten Überraschungsangriff nicht vorhergesehen, der in alle strategischen Hauptrichtungen zielte. Kurz, wir hatten die Art des Schlages in seiner Gesamtheit nicht ins Auge gefasst. Weder der Volkskommissar (der Verteidigung) noch ich selbst oder meine Vorgänger, B. M. Schaposchnikow und K. A. Merezkow, noch die obersten Generalstabsoffiziere erwarteten, dass der Feind eine solch hohe Anzahl von motorisierten Truppen zusammenziehen und sie vom ersten Tag an in mächtigen geschlossenen Verbänden in alle strategischen Richtungen einsetzen würde mit dem Ziel mächtiger Keilschläge.«[46]

Die schreckliche Einsicht, dass der Krieg keineswegs nach Plan verlief, kam Stalin mit der Nachricht, dass Minsk, die Hauptstadt Weißrusslands, in die Hände der Deutschen gefallen war. Laut Schukow (nach dem Fehlschlag der Offensive an der Südwestfront wieder in Moskau) besuchte Stalin das Volkskommissariat für Verteidigung am 29. Juni gleich zweimal, um seine Sorge über die entstandene Situation an der Westfront auszudrücken.[47] Am 30. Juni war nicht nur Minsk gefallen, sondern die kampfkräftigsten Teile von vier sowjetischen Armeen waren westlich der weißrussischen Hauptstadt eingeschlossen worden und »die (sowjetische) Westfront hatte als organisierte Einheit fast aufgehört zu existieren«.[48] An diesem Tag gab Stalin einen Erlass zur Einrichtung eines staatlichen Verteidigungskomitees (GKO – *Gosudarstwennyi Komitet Oborony*) heraus, dem er persönlich vorstehen würde.[49]

Die Bildung des GKO wurde von Stalin am 3. Juli in seiner Radioansprache angekündigt. Nach einigen Berichten war Stalins Vortrag zögerlich und stockend (er war nie ein großer öffentlicher Redner gewesen). Aber dem Text nach – der in allen sowjetischen Zeitungen veröffentlicht wurde – war es eine bravouröse Rede. Stalin begann seine Ansprache mit dem Gruß »Kameraden! Bürger! Brüder und Schwestern! Kämpfer unserer Armee und unserer Marine! An Euch wende ich mich, Freunde!« Er betonte die große Gefahr, in der das Land schwebte. Dabei enthüllte er, dass der Feind bereits große Teile des sowjetischen Territoriums besetzt hatte. Wie konnte es zu dieser Situation kommen? »Tatsache ist, dass die Truppen Deutschlands, das ein Land in Waffen ist, bereits vollständig mobilisiert waren und die 170 deutschen Divisionen, die an die sowjetische Grenze gebracht und auf die Sowjetunion losgelassen wurden, komplett angriffsbereit waren …, wogegen die sowjetischen Truppen erst mobilisiert und an die Front geschickt werden mussten.« War der Pakt mit Nazideutschland ein Fehler? Nach Stalins Ansicht nicht, denn der Pakt habe dem Land Zeit und Spielraum gebracht, um sich auf den Krieg vorzubereiten. Wenn auch die Deutschen aus ihrer Überraschungstaktik kurzzeitig militärischen Gewinn ziehen könnten, so hätten sie sich politisch doch erneut als blutdürstige Aggressoren entlarvt. Stalin betonte, dass es ein vaterländischer Krieg zur Verteidigung nicht nur des sowjetischen Systems, sondern der nationalen Kultur und der nationalen Existenz »der Russen, Ukrainer, Weißrussen, Esten, Litauer, Letten, Usbeken, Moldawier, Georgier, Armenier, Aserbaidschaner und der anderen freien Völker der UdSSR« sei. Stalin ging auch auf das Thema des Antifaschismus ein und unterstrich, dass der Krieg ein Kampf für die Befreiung Europas von der deutschen Herrschaft sei, ein zusammen mit Großbritannien und den Vereinigten Staaten geführter Krieg. Obgleich Stalins Ton eindringlich war, war er zugleich zuversichtlich. Stalin stellte in Abrede, dass die Deutschen unbesiegbar seien, und wies darauf hin, dass sie in Russland erstmals auf ernsthaften Widerstand stießen. »Kameraden, unsere Kräfte sind zahllos. Der anmaßende Feind wird diese Lehre teuer bezahlen.«[50] Die öffentliche Reaktion auf Stalins Rede war gemischt, aber im Ganzen positiv, zumindest in Moskau, wo Partei- und Polizeiberichte einen Anstieg der Moral und der Inspiration des vaterländischen Enthusiasmus vermerkten.[51]

Ungeachtet der ermutigenden Worte allerdings verschlimmerte sich die militärische Lage von Tag zu Tag. Mitte Juli hatte die Rote Armee 28 Divisionen verloren, während 70 andere die Hälfte ihrer Männer und ihrer Ausrüstung eingebüßt hatten und die Deutschen auf breiter Front 300 bis 600 Kilometer weit in Russland eingedrungen waren.[52]

Die Katastrophe bewältigen

Während seiner politischen Laufbahn hatte es Stalin mit vielen Ernstfällen zu tun gehabt: der Revolution 1917, dem Bürgerkrieg, der Kollektivierung der sowjetischen Landwirtschaft, der Industrialisierung des Landes, in den Dreißigerjahren der Jagd nach inneren Feinden, der Krise der Vorkriegszeit und nun dem Scheitern der sowjetischen Verteidigungsplanungen. Seine Reaktion auf die neueste Notlage war charakteristisch für ihn: Umorganisation, Säuberungen, personelle Veränderungen und konzentriertere Entscheidungsmacht in den eigenen Händen.

Das staatliche Verteidigungskomitee (GKO) stand während des Krieges an der Spitze seines Herrschaftsapparats. Als eine von Stalin geführte Art des Kriegskabinetts war es eine politische Einrichtung, die alle Bereiche der sowjetischen Kriegsanstrengungen kontrollierte und lenkte. Mitglieder von Beginn an waren Außenkommissar Molotow, Sicherheitschef Lawrentij Berija, das Mitglied des Politbüros Georgi Malenkow und Marschall Woroschilow, Stalins langjähriger Gefährte im Militär. Obwohl das Politbüro der Partei auch während des Krieges im formellen Sinne weiter bestand, trat es kaum noch zusammen und wurde faktisch weitgehend vom GKO als dem höchsten Organ der sowjetischen Staatsführung abgelöst. Dem GKO unterstellt waren der Rat der Volkskommissare und die verschiedenen Regierungsministerien und staatlichen Planungsbehörden.

Am 10. Juli wurde die Stawka, das Hauptquartier des Kommandos des obersten Befehlshabers, zur Stawka des Oberkommandos mit Stalin an der Spitze umgebildet. Am 8. August wurde es in Stawka des Obersten Kommandos (*Stawka Werkhownogo Glawnokommandowaniya*) umbenannt und Stalin damit zugleich oberster Befehlshaber der Streitkräfte.[53] Vom Generalstab unterstützt, war die Stawka verantwortlich für die Militärstrategie und für die Planung, Vorbereitung und Durchführung großer Operationen.

Die oberste Führungsebene der sowjetischen Kriegsorganisation wurde durch das Volkskommissariat für Verteidigung vervollständigt (NKO: *Narodnyi Kommissariat Oborony*). Stalin wurde am 19. Juli auch zum Volkskommissar für Verteidigung ernannt.[54] Das NKO bestand aus einer Reihe von Abteilungen – Artillerie, Rüstung, Luftwaffe, Luftverteidigung, Kommunikation, Ersatzkräfte, Rückwärtige Verteidigung, Schulung, Militärischer Geheimdienst und Gegenspionage und Propaganda –, die als Organe des GKO dienten.[55]

Die Absicht dieser Reorganisation war es, die oberste Befehlsgewalt über die gesamten sowjetischen Kriegsanstrengungen auch formal in der Person Stalins zu vereinen. Stalins persönliche Kontrolle über die Kriegsführung seines Landes war weitaus umfassender als die jedes anderen Kriegsführers des Zweiten Weltkrieges. In der Praxis jedoch konzentrierte sich Stalin allein auf die militärischen Entscheidungen. Zwar überwachte er andere Bereiche staatlicher Aktivitäten und traf dabei richtungsweisende Entscheidungen. Aber er konnte auch Verantwortung und Initiative an Untergebene delegieren, die sein Vertrauen genossen, wie Beria (innere Sicherheit), Nikolai Wosnesenski (Wirtschaft), Mikojan (Nachschub) und Lazar Kaganowitsch (Transport). Nur in der Außenpolitik hielt Stalin die Zügel genauso fest in seinen Händen wie in militärischen Fragen, und Molotow blieb dabei sein engster Untergebener, der ausgiebiger als jeder andere während des Krieges mit ihm zusammenarbeitete.

Die Umorganisation der Streitkräfte war gleichermaßen einschneidend. Am 10. Juli wurden die fünf »Frontabschnitte« der Roten Armee (Nord, Nordwest, West, Südwest und Süd) auf drei strategische Fronten (*Naprawlenii*) begrenzt. Marschall Woroschilow wurde als Kommandant an die Nordwestfront beordert,

Marschall Timoschenko an die Westfront und Marschall Budennyi an die Südwestfront.[56] Am 15. Juli löste die Stawka die großen Panzerdivisionen wieder auf, die erst im Jahr zuvor gebildet worden waren, und verteilte die verkleinerten Panzerkorps zur Unterstützung der Infanterie. Den Stawka-Abteilungen wurde befohlen, die großen, schwerfälligen Armeen aufzulösen und sie durch kleinere und flexiblere Feldarmeen von nicht mehr als fünf oder sechs Divisionen zu ersetzen. Dieser Befehl sah auch die Einrichtung einer Reihe von mobilen Kavallerieeinheiten vor, um dem Feind in den Rücken zu fallen, die rückwärtigen Verbindungslinien der Deutschen zu stören und ihre Nachschubverbindungen anzugreifen.[57]

Am 16. Juli wurde die Propagandaabteilung des NKO zur Politischen Abteilung der Roten Armee (GPU: *Glawnoe Politcheskoe Uprawlenie* RKKA) umstrukturiert. Zugleich wurde die Institution der Politkommissare in den Streitkräften wieder eingeführt.[58] Dies bedeutete, dass Politkommissare erneut die Möglichkeit hatten, ihr Veto gegen Kommandoentscheidungen der militärischen Führung einzulegen, und als stellvertretende Kommandeure auf allen Ebenen der Streitkräfte tätig werden konnten. Am 20. Juli gaben Stalin und der neue Leiter der GPU, General Lew Mechlis, einen Befehl an alle politischen Kommissare heraus, in dem der Ernst der Lage betont und die spezielle Verantwortung der Kommissare hervorgehoben wurde, die Disziplin in den Streitkräften aufrechtzuerhalten und entschieden mit Feiglingen, Deserteuren und Panikmachern umzugehen. Es dürfe keinen Rückzug ohne Befehl mehr geben, und es liege in der Verantwortung der Kommissare, dass diese Entscheidung umgesetzt werde.[59] Diese Anweisung gehörte zu einer Serie von Befehlen Stalins, die seine Auffassung widerspiegelten, dass die anfänglichen Niederlagen zumindest teilweise durch Disziplinlosigkeit verursacht waren, insbesondere auf der Kommandoebene. Am 17. Juli schuf ein GKO-Befehl eine Spezialabteilung (*Osobyi Otdel'*) des NKWD (*Narodnyi Kommissariat Innostrannyk Del* – Volkskommissariat für innere Angelegenheiten). Das Kommissariat war mit dem Kampf gegen Spione und Verräter in der Roten Armee betraut und hatte das Recht, Deserteure standrechtlich hinzurichten.[60] Am 16. August erließ Stalin den Befehl 270, der alle Mitglieder der Streitkräfte zur Eliminierung von Feiglingen und Deserteuren aufforderte. Außerdem sollten Kommandanten, die sich in der Schlacht zögerlich verhielten, sofort abgesetzt werden. Einheiten, die eingeschlossen waren, hatten bis zum letzten Mann zu kämpfen. Am weitesten ging Stalins Ankündigung, dass auch die Familien von Feiglingen, Deserteuren und Verrätern von nun an durch Verhaftung zur Verantwortung gezogen würden.[61] Am 12. September wies Stalin die unmittelbaren Frontkommandeure an, Sperrabteilungen (*zagraditel'nye otriady*) zu bilden, die verhindern sollten, dass Soldaten der Roten Armee vor dem Feind die Flucht ergriffen, und die auch die Anstifter von Panik und Fahnenflucht zu liquidieren hatten. Stalin legte außerdem fest, dass es zur Aufgabe dieser Abteilungen gehöre, all diejenigen zu unterstützen, die sich nicht der Panik und Angst vor einer Einschließung ergaben.[62]

Stalins Entschlossenheit, in der Roten Armee eiserne Disziplin durchzusetzen, wurde durch eine Säuberung unter den führenden älteren Kommandanten der von Fehlschlägen gezeichneten Armeen an der Westfront demonstriert, die bei Minsk eine katastrophale Niederlage erlebt hatten. An der Spitze der abgesetzten Generäle stand Dmitri Pawlow, der befehlshabende Kommandeur der Westfront. In einem die Verhaftungen ankündigenden GKO-Befehl vom 16. Juli machte Stalin deutlich, dass er mit diesem Strafgericht ein Exempel für alle undisziplinierten Führungsoffiziere statuieren wollte.[63] Bei Pawlows Verhaftung Anfang Juli stand noch die Beschuldigung einer antisowjetischen Verschwörung gegen ihn im Raum – eine Anklage, wie sie schon 1937 gegen Tuchaschewski erhoben worden war. Aber als das Militärgericht am 22. Juli das Todesurteil gegen ihn verhängte, wurde dieses mit Feigheit, Panikmacherei, krimineller Fahrlässigkeit und nicht autorisiertem Rückzug begründet.[64] Die andere Gruppe älterer Kommandanten, an denen Stalin seine Wut ausließ, war eine Reihe hochrangiger Luftwaffenoffiziere, die für die mangelhafte Abwehr der verheerenden deutschen Fliegerangriffe am 22. Juni verantwortlich gemacht wurden. Unter den Verhafteten waren die Generäle Proskurow, Ptukin, Rychagow und Smuschkewisch, die im Oktober 1941 ohne Prozess erschossen wurden.[65] Opfer dieser Säuberung wäre beinahe auch General Merezkow geworden, den Pawlow unter der Folter als Mitverschwörer eines antisowjetischen Komplotts belastet hatte. Obwohl Merezkow einer strengen Befragung durch den NKWD unterzogen wurde, kam er ohne Anklage wieder frei und wurde im September nach Leningrad zurückgesandt, wo er als Stawkavertreter bis zu seiner Abkommandierung an die fernöstliche Front 1945 diente.[66]

Pawlows Nachfolger als Kommandant der Westfront war General A. I. Jeremenko. Als die Organisation der Frontabschnitte Mitte Juli verändert wurde, behielt Jeremenko seinen Posten, aber Timoschenko wurde ihm als Oberbefehlshaber des westlichen Frontabschnitts (d. h. der Achse Minsk-Smolensk-Moskau) vorgesetzt, und Schaposchnikow wurde sein Stabschef.[67] Ende Juli wurde Schaposchnikow nach Moskau zurückbeordert, um Schukow als Chef des Generalstabs zu ersetzen. Schukows nächster Auftrag war, das Kommando über zwei Reservearmeen zu übernehmen, die hinter dem Frontabschnitt von Moskau aufgestellt wurden.[68] Schukows neues Kommando war ein wichtiger Einsatz: Seine Aufgabe lautete, an der Hauptgegenoffensive gegen die deutsche Heeresgruppe Mitte in der Region von Smolensk teilzunehmen, und zwar in der Gegend um die Stadt Jelnja. Wie Schukow in seinen Memoiren berichtet, »war die Jelnja-Operation mein erster unabhängiger Einsatz, der erste Test meiner strategischen Fähigkeiten im Krieg gegen Hitlerdeutschland«.[69] Der Einsatz begann Mitte August. Anfang September hatten Schukows Truppen die Stadt wieder eingenommen und ein beträchtliches Gebiet von den Deutschen zurückerobert.[70] In der sowjetischen Presse wurde der Erfolg von Jelnja als großer Sieg gefeiert; für ausländische Berichterstatter wurden sogleich Besichtigungen des Schlachtfeldes arrangiert.[71]

Die Jelnja-Offensive war im Sommer 1941 Teil einer umfangreichen Serie von Operationen der Roten Armee in der Gegend von Smolensk. Die Stadt selbst fiel Mitte Juli an die Deutschen, aber in der Gegend gingen die Kämpfe mit ungebrochener Heftigkeit weiter. Gegenstand der Kämpfe war der weitere Weg nach Moskau – weniger als 250 Kilometer von Smolensk entfernt. Dennoch wurde bei Smolensk auf sowjetischer Seite keine Abwehrschlacht geschlagen. Die sowjetische Strategie war offensiv ausgerichtet, und es wurden zahlreiche Gegenschläge, Gegenangriffe und Gegenoffensiven unternommen, wie die von Jelnja. Rückblickend vielfach kritisiert, hatte diese Strategie ihre Erfolge. Die Deutschen wurden bei Smolensk für die Dauer von zwei Monaten aufgehalten, und die Rückschläge brachten Hitler dazu, den Vormarsch auf Moskau aufzuschieben und Kräfte zu den scheinbar leichteren Zielen Leningrad im Norden und Kiew im Süden abzuziehen. Auch war der psychologische Auftrieb für die Rote Armee bedeutsam, die den deutschen Vormarsch erstmals zum Stehen gebracht und die Heeresgruppe Mitte an einigen Orten zurückgeworfen hatte. Aber der Preis dieser Erfolge war sehr hoch. Schukows 100 000 Mann starke Armee erlitt bei der Jelnja-Offensive Verluste in Höhe eines Drittels der ursprünglichen Mannschaftsstärke. Als die Deutschen Ende September ihren Vormarsch nach Moskau fortsetzten, war die Rote Armee nicht in der Lage, das Terrain zu halten, das sie einige Wochen zuvor unter derart hohem Einsatz zurückerobert hatte.[72] Die Gesamtzahl der Verluste in den zweimonatigen Kämpfen mit den Deutschen in der Region Smolensk betrug eine halbe Million Tote oder Vermisste und eine viertel Million Verwundete.[73]

Die Muster dieser kostspieligen sowjetischen Offensiven, die wenig mehr erreichten, als den deutschen Vormarsch aufzuhalten, wiederholten sich an der Westfront den gesamten Sommer des Jahres 1941 hindurch. Es war eine Strategie, die massiv kritisiert wurde, wobei der wesentlichste Kritikpunkt war, dass eine defensive Orientierung weitaus effektiver gewesen wäre und einen weit geringeren Blutzoll verlangt hätte. Außerdem wurde eingewandt, dass ein zeitig eingeleiteter Rückzug vernünftiger gewesen wäre, als auszuharren und bis zum letzten Mann zu kämpfen. Besonders Stalin wurde heftig kritisiert, der beschuldigt wurde, die treibende Kraft hinter der unsinnigen Offensivausrichtung der Roten Armee im Sommer 1941 gewesen zu sein. Jedoch war die Doktrin einer Offensivstrategie nicht Stalins persönliche Erfindung, sondern Teil der strategischen Tradition der Roten Armee und ihrer Militärkultur. Stalin nahm sie bereitwillig an, nicht zuletzt, weil sie mit seiner Politik und Ideologie übereinstimmte. Stalin war vor allem ein Voluntarist – ein überzeugter Anhänger der verändernden Kraft des menschlichen Willens. Die militärischen Ziele, die er der Roten Armee setzte, waren ebenso hochgesteckt wie die wirtschaftlichen und politischen Ziele, deren Erreichung er von den Verantwortlichen für die Industrie und den Parteikadern erwartete. »Es gibt keine Festungen, die Bolschewiki nicht stürmen könnten«, lautete die Parteiparole, die Stalins Auffassungen entsprach. Immer wieder berief er sich auf die Maxime, dass, sobald die richtige Politik einmal bestimmt sei (gewöhnlich von ihm), alles von den Organisationen und Kadern abhänge. Leider waren Stalins Militärkommandeure genauso wenig in der Lage, seine übersteigerten Erwartungen zu erfüllen, wie seine Kader in Politik und Wirtschaft. Wie David Glantz angeführt hat, »schätzte die Stawka die Fähigkeiten ihrer eigenen Kräfte und diejenigen der Wehrmacht falsch ein … Automatisch überschätzte sie Erstere und unterschätzte Letztere. Folglich mutete die Stawka ihren Kräften unrealistische Aufgaben zu. Die Ergebnisse waren vorhersehbar katastrophal … Die Fehleinschätzung der Stawka, welche Zielsetzungen ihre Truppen erreichen könnten, führte zu immer verheerenderen Niederlagen.«[74]

Stalin teilte diese Fehleinschätzungen und trug als Oberkommandierender letztlich die Verantwortung für ihre schrecklichen Konsequenzen. Wie A. J. P. Taylor zugespitzt bemerkte, brachte Stalins Festhalten an der Offensivstrategie »den sowjetischen Armeen schlimmere Niederlagen ein, als sie jede andere Armee jemals gekannt hatte«.[75] Es gab auch viele Situationen, in denen Stalins persönliche Anordnung, statt eines Rückzuges einen Gegenangriff um jeden Preis zu befehlen, zu schweren sowjetischen Verlusten maßgeblich beitrug. Das bekannteste Beispiel dafür ist das Desaster von Kiew im September 1941.

Weil die Verteidigung Kiews zum Hauptziel der sowjetischen Divisionen, einschließlich der Panzerkräfte, erklärt wurde, vermochte die besser ausgerüstete Südwestfront, den deutschen Vormarsch erfolgreicher zu verlangsamen als die schwächeren sowjetischen Verbände, die in Mittel- und Nordrussland operierten. Dennoch stand die deutsche Heeresgruppe Süd Anfang August vor Kiew, und Stalins Militärberater begannen, den Oberbefehlshaber darauf hinzuweisen, dass ein Rückzug aus der ukrainischen Hauptstadt notwendig werden könnte.[76] Am 18. August erließen Stalin und die Stawka dessen ungeachtet den Befehl, dass Kiew auf keinen Fall in die Hände des Feindes fallen dürfe.[77] Ende August wurde die Rote Armee auf eine Verteidigungslinie am Fluss Dnjepr zurückgeworfen. Kiew lag nunmehr ungeschützt am Ende einer langen und verwundbaren Ausbuchtung der Front. Zu diesem Zeitpunkt wurde Heinz Guderian – der berühmte deutsche

Panzergeneral – mit seiner 2. Panzerarmee auf Befehl Hitlers von der Heeresgruppe Mitte nach Süden abkommandiert, um die sowjetische Südwestfront vom Hinterland anzugreifen und die sowjetischen Kräfte in und um Kiew einzuschließen. Die Stawka beobachtete diesen Schwenk, aber Stalin war zuversichtlich, dass die neu geordnete Frontlinie von Briansk unter Jeremenkos Kommando halten werde. Am 24. August gab es einen Telegrammwechsel mit Jeremenko. Stalin fragte den General, ob die Abstellung weiterer Truppen an seine Front es ihm ermöglichen würde, die »Kanaille« Guderian zu vernichten. Jeremenko antwortete: »Was die Kanaille Guderian angeht, haben wir keinen Zweifel, dass wir die Aufgabe erfüllen werden, die Sie uns mit seiner Vernichtung gestellt haben.«[78] Am 2. September jedoch beschlichen Stalin Zweifel, und er sandte Jeremenko die folgende Nachricht: »Stawka ist immer noch nicht zufrieden mit Ihrer Arbeit ... Guderian und seine ganze Einheit müssen in tausend Stücke zerschlagen werden. Bis dies erledigt ist, sind alle Ihre Zusicherungen des Erfolges wertlos. Wir erwarten Ihren Bericht über die Zerschlagung der Einheit Guderians.«[79] Nach Wassilewski erbat der Militärrat der Südwestfront am 7. September die Erlaubnis, einige Kräfte zum Fluss Desna zurückzuziehen, um die rechte Flanke vor Guderians Vorstoß zu schützen. Wassilewski und Timoschenko gingen mit diesem Vorschlag zu Stalin, entschlossen, ihn davon zu überzeugen, dass die Aufgabe Kiews und ein Rückzug östlich des Dnjepr längst überfällig seien. »Das Gespräch war hart und kompromisslos«, erinnerte sich Wassilewski. »Stalin warf uns vor, wir suchten den Weg des geringsten Widerstandes: Rückzug anstatt den Feind zu schlagen.«[80] Am 9. September schließlich genehmigte Stalin einen teilweisen Rückzug. »Aber die bloße Erwähnung, dass es dringend notwendig sei, Kiew zu räumen«, notierte Wassilewski, »brachte Stalin in Rage, und er verlor dabei zeitweilig seine Selbstkontrolle. Wir hatten augenscheinlich nicht genügend Willenskraft, diesen Ausbrüchen unkontrollierter Wut standzuhalten und brachten es nicht fertig, Stalin von unserer Verantwortung für die bevorstehende Katastrophe zu überzeugen.«[81] In einem Telefonat mit Schaposchnikow am 10. September unterstrich Marschall Budjonny, der Oberbefehlshaber der Südwestfront, dass Jeremenko seine Aufgabe nicht erfüllen konnte, und sagte, dass er ohne Verstärkungen gezwungen sein würde, den Befehl zum Rückzug zu geben.[82] Budjonny bat Schaposchnikow, seine Meinung Stalin mitzuteilen, aber am nächsten Tag sandte er selbst ein Telegramm an ihn: »Der Militärrat der Südwestfront meint, dass es in der entstandenen Situation notwendig ist, einen allgemeinen Rückzug der Front ins Hinterland zu erlauben ... Ein Verzug des Rückzuges der Südwestfront könnte einen beträchtlichen Truppen- und Materialverlust zur Folge haben. Wenn ein Rückzug nicht in Betracht gezogen werden kann, bitte ich als letzten Ausweg um die Erlaubnis, Truppen und Ausrüstung aus der Gegend von Kiew abzuziehen, die zweifellos der

Südwestfront helfen dürften, eine Einkesselung zu verhindern.«[83] Später am selben Tag sprach Stalin mit General Kirponos, dem Kommandanten der Südwestfront, und sagte ihm: »Ihren Vorschlag, Truppen zurückzuziehen, … halten wir für gefährlich … Hören Sie auf, nach Rückzugslinien zu suchen, und fangen Sie an, nach Widerstandslinien und nur danach zu schauen.«[84] Stalin entschied an diesem Tag, Budjonny vom Oberbefehl der Südwestfront zu entbinden und Timoschenko an seine Stelle zu setzen.[85] Am 13. September unterbreitete Kirponos Stabschef Schaposchnikow einen Bericht, nach dem die Katastrophe bloß noch eine Frage weniger Tage sei. Wutentbrannt diktierte Stalin die Antwort selbst: »Generalmajor Tupikow sandte eine von Panik gezeichnete Depesche … an den Generalstab. Die Situation erfordert aber im Gegenteil, dass sämtliche Kommandeure aller Ebenen einen außergewöhnlich klaren Kopf und Ruhe bewahren. Niemand darf sich der Panik hingeben … Die Truppen an der Front müssen die Notwendigkeit verstehen, einen verbissenen Kampf zu ertragen, ohne zurückzuschauen. Jeder muss unbeirrbar die Instruktionen des Genossen Stalin ausführen.«[86] Trotz Stalins Ermahnung kam das Ende schnell. Am 17. September genehmigte die Stawka schließlich den Rückzug von Kiew an die Ostseite des Dnjepr.[87] Es war eine halbherzige Entscheidung, die zu spät kam. Die Zangenbewegung der Wehrmacht östlich von Kiew hatte den Kessel bereits geschlossen. Vier sowjetische Armeen, 43 Divisionen insgesamt, wurden eingekesselt. Die Südwestfront erlitt Verluste in Höhe von dreiviertel Millionen Mann, darunter mehr als 600 000 Getötete, Gefangene oder Vermisste während der Schlacht von Kiew.[88] Unter den Toten waren auch Kirponos und Tupikow.

Ein Überlebender der Katastrophe von Kiew war General Iwan Bagramjan, Kirponos Einsatzleiter, dem es gelungen war, sich aus der Einkesselung herauszukämpfen. In seinen Erinnerungen spekulierte Bagramjan, dass Stalin so darauf beharrte, Kiew zu halten, weil er Roosevelts Emissär Harry Hopkins gesagt hatte, dass die Rote Armee die Linie Kiew, Moskau, Leningrad verteidigen könne.[89] In seiner Unterredung mit Hopkins Ende Juli strahlte Stalin Zuversicht aus und bemerkte, dass die Deutschen müde seien und ihren Angriffsgeist verloren hätten. Stalin sagte Hopkins, dass die Deutschen mit Beginn des Septembers wegen der kommenden schweren Regenfälle nicht mehr in der Lage wären, bedeutende Aktionen durchzuführen. So würde sich die Front in jedem Fall ab Anfang Oktober stabilisieren.[90] Aber ein Monat war eine ziemlich lange Zeit an der Ostfront, und Anfang September informierte Stalin Churchill, dass die Front durch die Ankunft frischer Truppen des Feindes in Unruhe geraten ist. Er drängte Churchill, eine zweite Front zu eröffnen, entweder auf dem Balkan oder in Frankreich, die 30–40 feindliche Divisionen von der Ostfront ablenken würde. Dies war nicht das erste Mal, dass Stalin die Briten dazu aufrief, eine zweite Front zu bilden, aber der Aufruf hatte diesmal größere Dringlichkeit denn je zuvor. Als ihm Churchill mitteilte, dass eine zweite Front 1941 nicht möglich sei, schlug Stalin vor, dass 25–30 britische Divisionen in die UdSSR transportiert werden und sich auf sowjetischem Territorium am Kampf beteiligen sollten.[91]

Während der Prestigefaktor unzweifelhaft eine Rolle spielte – Kiew war sowohl der historische Geburtsort des russischen Staates als auch die Hauptstadt der Ukraine –, war der Hauptgrund für das Debakel nach Wassilewskis Memoiren, dass Stalin die Gefahr einer deutschen Einschließung unterschätzte und die Möglichkeiten seiner eigenen Truppen, mit der Bedrohung fertig zu werden, überschätzte.[92]

Ewan Mawdsley kommentierte, dass die Einschließung von Kiew durch die Deutschen »ihr größter Kriegserfolg im Osten und das größte einzelne militärische Desaster der Roten Armee war«.[93] Aber die Schlacht von Kiew war keine vollständige Katastrophe für Stalin, und sie verlangte auch Hitler einen hohen Preis ab (nach Wassilewski 100 000 Verwundete und Tote und 10 Divisionen).[94] Während Guderian im Süden beschäftigt war, war die Heeresgruppe Mitte nicht in der Lage, ihren Vormarsch nach Moskau wieder aufzunehmen. Nach ihrem Sieg bei Kiew stießen die Deutschen in die östliche Ukraine vor, auf die Krim und nach Rostow am Don, dem Tor zum Kaukasus. Die Deutschen nahmen Rostow im November 1941 ein. Es gelang ihnen aber nicht, die Stadt zu halten. Auch setzten sich die Kämpfe auf der Krim um Sewastopol bis Juli 1942 fort.

Aus Sicht von Stalins Oberkommando demonstrierte die Episode von Kiew, dass der Optimismus des obersten sowjetischen Kriegsherrn in Bezug auf den Willen nicht durch genügend intellektuellen Pessimismus gemäßigt werden konnte. Sie zeigte ebenso, wie leicht es für Stalin war, seinen Generälen seine Wünsche aufzuzwingen, und wie schwer sie es hatten, ihm ihren Rat nahezubringen, sobald er sich einmal festgelegt hatte. Wenn es Stalin nicht gelänge, bessere Entscheidungen zu treffen oder bessere Ratschläge anzunehmen, würde die Rote Armee einer düsteren Zukunft entgegengehen.

Die Schlacht von Leningrad

Die Entscheidung über das Unternehmen Barbarossa sollte durch die Schlacht um Moskau fallen, die im Oktober–November 1941 stattfand. Aber als die Deutschen in Russland einfielen, war ihr Hauptziel Leningrad.[95] Erst nach der Einnahme Leningrads sollten die deutschen Truppen weiter nach Moskau vorstoßen. Anfänglich ging alles nach Plan. Die sowjetische Verteidigung an der litauischen Grenze wurde leicht durchbrochen, und der versuchte sowjetische Gegenangriff auf die Heeresgruppe Nord scheiterte am 23.–24. Juni. Innerhalb von drei Wochen stießen die Deutschen 450 Kilometer vor und besetzten einen großen Teil des Baltikums. Von nun an nahm die Geschwindigkeit des Vormarsches ab, von 5 Kilometer am Tag Mitte Juli auf 2,2 Kilometer im August und 1,4 Kilometer im September. Mitte August versuchten die Sowjets einen weiteren Gegenangriff, dieses Mal in der Gegend von Staraja Russa nahe Nowgorod. Er scheiterte ebenfalls, zwang aber die Deutschen, ihre Kräfte von der Heeresgruppe Mitte zur Unterstützung der Heeresgruppe Nord abzuziehen, was auch die Verluste auf deutscher Seite steigerte. Stalins Reaktion auf die Pläne seiner Frontkommandeure zu einer Gegenoffensive zeigte, dass er gelernt hatte und etwas vorsichtiger geworden war:

»Der Operationsplan … ist dieses Mal unrealistisch. Es ist nötig, diejenigen Kräfte einzuplanen, die auch zur Verfügung stehen, und deshalb müssen Sie eine begrenzte Aktion festsetzen … Ihre Vorstellung eines Operationstempos von 15 Kilometer am Tag liegt deutlich über Ihren erreichbaren Möglichkeiten. Die Erfahrung zeigt, dass sich der Feind während unserer Offensiven angesichts unseres Angriffsschlages freiwillig zurückziehen wird. Dann wird er, während er den Eindruck einer schnellen und leichten Offensive erweckt, zugleich seine Kräfte an den Flanken unseres Angriffskeils umgruppieren, um ihn schließlich zu umkreisen und von den Hauptfrontlinien abzuschneiden. Deshalb befehle ich Ihnen, während der Offensive nicht zu weit vorzustoßen … Bereiten Sie die Offensive mit äußerster Geheimhaltung vor … sodass der Feind, wie es schon so oft geschah, unseren Plan nicht am Anfang der Operation erkennen und unsere Offensive nicht durchkreuzen kann.«[96]

Nach dem Scheitern der sowjetischen Gegenoffensive bei Staraja Russa ging der deutsche Vormarsch weiter, und Anfang September erreichte die Heeresgruppe Nord die Außenbezirke von Leningrad. Dann jedoch schwenkte Hitler auf Moskau als Hauptangriffsziel um. Er entschied, dass der Sturmangriff auf Leningrad unterblieb, die Stadt sollte eingeschlossen und bis zu ihrer Kapitulation ausgehungert werden. Unterstützt durch fortgesetzte finnische Angriffe nördlich von Leningrad, waren die Deutschen zuversichtlich, dass die Stadt eher früher als später fallen würde. Am 22. September gab Hitler in Bezug auf Leningrad den Befehl: »Der Führer hat entschieden, die Stadt St. Petersburg auszuradieren. Ich habe kein Interesse an der weiteren Existenz dieser großen Zusammenballung nach dem Fall der Sowjetunion … Wir schlagen vor, die Stadt durch eine Blockade abzuriegeln und sie durch Artilleriebeschuss aller Kaliber und durch fortgesetzte Luftangriffe auszulöschen.«[97]

Für Stalin war die Bedrohung Leningrads noch gefährlicher als der Zusammenbruch der sowjetischen Fronten in der Ukraine. Wenn Leningrad fallen sollte, würde den Deutschen der Weg zu einem Umfassungsangriff auf Moskau freistehen; die Sowjetunion würde ein wichtiges Rüstungszentrum verlieren; und die psychologische Wirkung des Verlustes der Wiege der Revolution an die Nazis würde verheerend sein. Stalins Sorgen über die Situation von Leningrad spiegelten sich in seiner gereizten Kommunikation mit der örtlichen Führung. Der Parteichef Leningrads war das Politbüromitglied A. A. Schdanow, zweifelsohne ein loyaler Anhänger Stalins, aber ein Mann mit Talent, Energie und Initiative.[98] Einen Tag nachdem das GKO eingerichtet wurde, gründete er seine eigene örtliche Version des Verteidigungskomitees in Leningrad. Am 20. August 1941 errichtete Schdanow einen Militärrat für die Verteidigung Leningrads, dessen vorgesehene Aufgabe es war, die Stadt auf einen Straßen- und Häuserkampf vorzubereiten. Stalin jedoch war darüber nicht informiert worden, und er war von der Idee nicht begeistert. In einem Telegrammwechsel mit Schdanow am 22. August bemerkte er:

1. Sie haben einen Militärrat für die Verteidigung Leningrads gebildet. Sie müssen verstehen, dass ein Militärrat nur von der Regierung eingesetzt werden kann, ihren Repräsentanten, der Stawka ...
2. Weder Woroschilow (der Oberbefehlshaber der Nordwestfront, Anm. des Übers.) noch Schdanow sind in dem Militärrat ... Das ist falsch und sogar politisch schädlich. Den Arbeitern wird damit zu verstehen gegeben, dass Schdanow und Woroschilow nicht an die Verteidigung Leningrads glauben, sich in dieser Sache zurückhalten und die Verteidigung an andere übergeben haben ...
3. In Ihrem Dekret zur Bildung eines Militärrates ... schlagen Sie die Wahl von Bataillonskommandeuren (von Arbeiterabteilungen) vor. Das ist organisatorisch falsch und politisch schädlich ...
4. Nach Ihrem Dekret ... wird die Verteidigung Leningrads auf Arbeiterbataillone begrenzt sein ... Wir glauben, dass die Verteidigung Leningrads vor allem eine Artillerieverteidigung sein muss.

Schdanow telegrafierte zurück, dass der Rat nur begrenzte Macht und Funktionen habe und dass er und Woroschilow mit der Verteidigung Leningrads weiterhin befasst seien. Aber Stalin wiederholte, dass sie kein Recht hätten, ein solches Gremium einzusetzen, und fürchtete, dass es ihnen erneut in den Sinn kommen könnte, normalen Prozeduren zuwiderzuhandeln. Schdanow gestand ein, dass der Vorschlag, Kommandeure zu wählen, missverstanden worden sei, hielt aber daran fest. Doch Stalin beharrte auf seinem Standpunkt: Sollte eine solche Praxis in der ganzen Armee um sich greifen, hätte dies Anarchie zur Folge.[99]

Am 24. August wurde von der GKO eine Bestimmung über die Einrichtung eines Militärrates in Leningrad erlassen, die Schdanow und Woroschilow in die Führung mit aufnahm. Am 26. August entsandte der GKO eine hochrangige Kommission nach Leningrad mit dem Auftrag, die Verteidigung der Stadt zu organisieren und eine mögliche Evakuierung ihrer Einwohner und der Industrie zu prüfen. Die von Molotow geleitete Kommission erreichte Leningrad am 27. August. Zwei Tage später empfahl sie die Evakuierung von 250 000 Frauen und Kindern aus der Stadt und weiteren 60 000 Personen aus frontnahen Gebieten. Sie erzwang außerdem die Deportation von 96 000 Personen deutscher oder finnischer Herkunft aus der Region.[100]

Sowohl mit den Leistungen des Leningrader Frontkommandeurs General M. M. Popow als auch mit denen Schdanows und Woroschilows blieb Stalin unzufrieden. Am 29. August telegraphierte er an Molotow nach Leningrad:

»Ich fürchte, dass Leningrad aufgrund irgendwelcher Dummheiten verloren wird. Was machen Popow und Woroschilow? Sie sagen uns noch nicht einmal, was für Maßnahmen sie gegen die Gefahr unternehmen. Sie sind nur eilfertig darin, nach Rückzugslinien zu suchen. Soweit ich sehe, ist dies ihre einzige Beschäftigung ... Das ist bäuerlicher Fatalismus. Was sind das für Leute? Ich kann das nicht verstehen. Wer ist dieser Popow? Was macht Woroschilow? Wer kommt Leningrad zur Hilfe? Ich schreibe dies, weil ich über den fehlenden Einsatz der Kommandeure Leningrads bestürzt bin ... Sofort nach Moskau zurückkommen.«[101]

Am selben Tag wurde der Frontbereich Nordwest abgeschafft und die Kommandantur des Leningrader Bezirks mit dem der Nordwestfront vereinigt. Am 5. September wurde Woroschilow zum Kommandeur des neuen Leningrader Frontbereichs ernannt und Popow zum Stabschef. Doch Woroschilow wurde bald seines Postens enthoben und am 11. September durch Schukow ersetzt.[102]

Die von Schukow organisierte Verteidigung Leningrads sah Gegenangriffe und drakonische Strafen für Verstöße gegen die Disziplin vor. Am 17. September erließ er einen Befehl zur Verteidigung des südlichen Stadtbezirks: »Alle Kommandeure, Politkommissare und Soldaten, die die genannte Linie ohne einen schriftlichen Befehl der Front oder des Militärrates verlassen, werden auf der Stelle erschossen.« Stalin unterstützte voll und ganz Geist und Inhalt von Schukows Drohungen. Am 20. September schrieb er Schukow und Schdanow und wies sie an, seine Nachricht an die örtlichen Kommandeure weiterzugeben:

»Es heißt, dass die deutschen Kanaillen auf ihrem Vormarsch nach Leningrad alte Männer und Frauen, Mütter und Kinder vorausgeschickt haben, die die Bolschewiken darum bitten sollen, Leningrad aufzugeben und Frieden zu schließen. Es heißt, dass sich unter Leningrads Bolschewiken Personen befinden, die es für unmöglich halten, gegen diese Leute ihre Waffen einzusetzen. Ich meine, dass wir derartige Personen vernichten müssen, wenn sie sich wirklich unter den Bolschewiken befinden, ... weil sie vor den deutschen Faschisten Angst haben.

Meine Antwort ist: Seid nicht sentimental, sondern schlagt dem Feind und seinen Komplizen, Kranken oder Gesunden, die Zähne ein. Krieg ist erbarmungslos, und er wird zur Niederlage derjenigen führen, die Schwäche zeigen und schwankend werden ...

Schlagt die Deutschen und ihre Geschöpfe, wo immer sie sind, in jeder Weise, mit allen Mitteln. Es macht keinen Unterschied, ob sie bewusste oder unbewusste Feinde sind.«[103]

Ende September 1941 hatte sich die Front um Leningrad stabilisiert. Die Stadt war fast vollständig eingeschlossen und wurde von deutschen und finnischen Truppen belagert (später von der spanischen »blauen Division«). Eine Versorgung aus der Luft oder über den Ladogasee war aber noch möglich. Das große Drama Leningrads hatte begonnen. Mehr als eine Million sowjetischer Soldaten verlor in der Leningrader Region ihr Leben. In fast drei Jahren der Belagerung verhungerten 640 000 Zivilisten, während weitere 400 000 während der Evakuierung ums Leben kamen oder verschwanden. Nach Evan Mawdsley war die Belagerung von Leningrad eine Tortur, die hauptsächlich von Frauen erlitten wurde. Der Großteil der männlichen Bevölkerung befand sich in der Roten Armee oder war in die Volksmiliz eingezogen worden.[104] Die Deutschen versuchten bei vielen Gelegenheiten, die Verteidigung der Stadt zu durchbrechen oder die Verteidiger zum Aufgeben zu bewegen, aber sie kamen dem Erfolg nie mehr so nahe wie 1941. Die Belagerung war ein harter Test für Schdanow und die Kommunistische Partei. In einer Mischung aus rücksichtsloser Härte und einer breiten Mobilisierung der Zivilbevölkerung wurde die Stadt zusammengehalten und die Legende des heroischen Leningrad geprägt.[105]

Nach strategischen Maßstäben, half der Widerstand Leningrads, eine große Anzahl feindlicher Kräfte zu binden (ein Drittel der Wehrmacht 1941) und Moskau zu retten. Von besonderer Bedeutung war die Tichwin-Offensive im November und Dezember 1941, die Moskau vor einem deutschen Einschließungsmanöver aus dem Nordwesten sicherte. Aber die Spannungen zwischen Stalin und den Leningrader Parteigenossen drangen auch weiterhin von Zeit zu Zeit an die Oberfläche. So begann Stalin beispielsweise in einem Telegrammwechsel mit Schdanow am 1. Dezember mit der sarkastischen Bemerkung, dass es »sehr merkwürdig ist, dass Genosse Schdanow in so schwierigen Zeiten für Leningrad nicht die Notwendigkeit sieht, sich an den Parteiapparat zu wenden, um von uns einen gegenseitigen Austausch von Informationen zu erbitten. Wenn die Moskauer ihn nicht dazu aufrufen würden, ist es wohl so, dass Genosse Schdanow Moskau und die Moskauer ganz vergessen würde. Man könnte daraus schließen, dass sich Genosse Schdanows Leningrad nicht in der UdSSR befindet, sondern vielmehr im Pazifischen Ozean.« Wie dieses Zitat illustriert, gab es zweifellos ein Element der Rivalität zwischen Moskau und Leningrad in Stalins Verhältnis zu Schdanow. Wichtiger aber war Stalins Obsession der Verteidigung Moskaus. So befahl er

Schdanow in demselben Telegrammwechsel: »Verlieren Sie keine Zeit. Es ist nicht nur jeder Tag wertvoll, sondern jede Stunde. Der Feind zieht alle seine Kräfte vor Moskau zusammen. Alle anderen Frontabschnitte haben nun die gute Gelegenheit, den Feind anzugreifen. So auch Ihre Front.«[106]

Stalin rettet Moskau

Die Schlacht um Moskau begann mit zwei Katastrophen für Stalin. Anfang Oktober schlossen die Deutschen sieben Sowjetarmeen in einer massiven Umfassungsbewegung bei Wjasma und Brjansk ein. Die Einkreisung war ein heftiger Schlag gegen die Moskau schützenden Verteidigungsstellungen. Durch die Kesselschlacht gingen 64 Schützendivisionen, 11 Panzerbrigaden und 50 Artillerieregimenter verloren.[107] Die zahlenmäßigen Verluste betrugen eine Million Mann, darunter fast 700 000 Kriegsgefangene. David Glantz bemerkte dazu: »Die Katastrophe ... die die Rote Armee im Oktober erlitt, überstieg in jeder Hinsicht die von Juni, August und September.«[108] Das Debakel war nicht zuletzt das Resultat der numerischen Überlegenheit der Deutschen. Die Kräfte der Heeresgruppe Mitte überstiegen mit einer Million Mann, 1700 Panzern und Sturmgeschützen, 14 000 Geschützen und Mörsern sowie 950 Flugzeugen die Truppen der Verteidiger. Diese betrugen 800 000 Mann, 6808 Kanonen und Mörser, 782 Panzer und 545 Flugzeuge.[109] Die sowjetischen Kräfte waren schon durch die Strapazen der Gegenoffensiven im August und September geschwächt worden. Seitdem hatten die Verteidiger keine Zeit gehabt, sich ausreichend einzugraben und mehrstufige Verteidigungsstellungen aufzubauen.

Wie immer gab es auch operative Fehler, aber die einfache Wahrheit mag gewesen sein, dass die Deutschen besser kämpften und taktisch besser aufgestellt waren. Und zusammen mit ihrer zahlenmäßigen und materiellen Überlegenheit brachte ihnen dies den Sieg. Auf jeden Fall schwebte nach dem deutschen Erfolg über der sowjetischen Hauptstadt eine direkte und unmittelbare Bedrohung.[110]

Stalin reagierte auf die sich verschlechternde Situation, indem er Schukow am 5. Oktober von Leningrad nach Moskau zurückrief und ihm am 10. Oktober das Kommando der neuen Westfront übertrug.[111] Am 5. Oktober befahl die Stawka die Aufstellung von zehn Reservearmeen östlich Moskaus.[112] Im Verlauf der Schlacht um die Stadt wurden fast 100 Divisionen an den zentralen Frontabschnitt verlegt, darunter neun aus dem Fernen Osten, da Stalin zu dem Ergebnis gekommen war, dass sich die Japaner zu diesem Zeitpunkt kaum dem deutschen Angriff anschließen werden.[113]

Trotz dieser Truppenkonzentration wurden Pläne für die teilweise Räumung der sowjetischen Hauptstadt erstellt, die vom 15. Oktober an umgesetzt wurden. Unter den Ersten, die nach Kuibischew (Samara), ca. 900 Kilometer südöstlich von Moskau an der Wolga, evakuiert wurden, waren ausländische Diplomaten und Journalisten, der Volkskommissar für Auswärtige Angelegenheiten und der Volkskommissar für Verteidigung. Die meisten Mitglieder des Generalstabs wurden nach Arsamas geschickt, auf halbem Wege zwischen Moskau und Kuibischew. Beria wurde befohlen, in Moskau Sprengsätze verlegen zu lassen, um den größten Teil der Stadtviertel in die Luft jagen zu können, sollte dies nötig werden.[114] Diese und andere Maßnahmen ließen wilde Gerüchte entstehen; Panik erfasste Teile der Bevölkerung. Am 17. Oktober versicherte A. A. Scherbakow, der Moskauer Parteichef, im Radio, dass Stalin in der Hauptstadt bleiben werde, und die Lage beruhigte sich ein wenig. Die Situation wurde auch durch einen GKO-Befehl vom 19. Oktober stabilisiert, der den Belagerungszustand erklärte, eine Ausgangssperre verhängte und die Sicherheit der Stadt in die Hände von Berijas NKWD legte.[115] Entgegen dem, was über die sogenannte »große Flucht« (*bolshoi drap*)[116] geschrieben wurde, blieb die große Mehrheit der Moskauer ungerührt von der drohenden Gefahr in der Hauptstadt.[117] Unter den Verteidigern der sowjetischen Hauptstadt im Oktober und November 1941 befanden sich fünf Divisionen Freiwilliger, die kaum ausgebildet und miserabel ausgerüstet waren; sie erlitten extreme Verluste im Frontkampf gegen die Deutschen. Eine weitere halbe Million Zivilisten in der Region Moskau beteiligte sich am Bau von Befestigungsanlagen vor der Stadt.

Als Schukow die Verteidigung der Stadt übernahm, sahen die Planungen vor, eine Linie zu halten, die durch Moschaisk, etwa 120 Kilometer westlich von Moskau, verlief. Aber Schukow erarbeitete auch Pläne, die Verteidigungsstellungen näher an Moskau heranzulegen.[118]

Ende Oktober hatten die Deutschen die Moschaisk-Linie entweder durchbrochen oder umgangen und näherten sich Moskau aus dem Nordwesten und Südwesten sowie auch vom Mittelabschnitt her. Anfang November stand die Wehrmacht 80 Kilometer vor der sowjetischen Hauptstadt, ohne jedoch den entscheidenden Durchbruch zu erzielen. Dies war der Moment, in dem Stalin seinen eigenen, möglicherweise entscheidenden Beitrag leistete, Moskau vor den Deutschen zu retten. Die Gelegenheit war die jährliche Feier zum Jahrestag der Oktoberrevolution, traditionell begangen durch eine Rede des Parteichefs und eine Militärparade auf dem Roten Platz. Laut Schukow fragte Stalin am 1. November, ob die Lage an der Front es zulasse, die Feier wie üblich abzuhalten. Schukow antwortete, dass die Deutschen nicht in der Lage wären, in den nächsten Tagen eine größere Offensive zu beginnen.[119] Aufgrund der Gefahr deutscher Luftangriffe wurde das traditionelle Treffen am Vorabend des Jahrestages jedoch unterirdisch, in der Metrostation Majakowski, abgehalten.

Stalin wuchs in dieser Situation über sich hinaus und lieferte eine rednerische Meisterleistung. Mit dem Feind vor den Toren Moskaus konnte er kaum die Ernsthaftigkeit der Lage leugnen. Tatsächlich gestand er das volle Ausmaß der Gebietsverluste an die Deutschen ein. Aber Stalin legte zugleich dar, dass die Wehrmachtstrategie eines Blitzkrieges gescheitert war und fragte, warum der »Blitz« in Westeuropa funktioniert habe, aber nicht in der Sowjetunion. Dafür gebe es drei Gründe, sagte Stalin. Erstens das Scheitern Hitlers, Großbritannien und die USA in eine anti-bolschewistische Koalition einzubinden. Zweitens hatten die Deutschen vergebens auf die Instabilität und Unzuverlässigkeit der sowjetischen Heimatfront gesetzt, auf Klassengegensätze und Gegensätzlichkeiten ethnischer Natur, die zu einer raschen Auflösung der Sowjetunion hätten beitragen sollen. Drittens hatten die Deutschen die Stärke der Roten Armee unterschätzt, ihre Fähigkeit, die Kampfmoral aufrechtzuhalten sowie ihre Heimat wirkungsvoll zu verteidigen. Im Blick auf das, was er als »zeitweilige Rückschläge« der Roten Armee bezeichnete, hob Stalin zwei Faktoren hervor: Das Fehlen einer zweiten Front in Europa und der Mangel an Panzern. Er ging dann auf die Politik und Ideologie der »hitleristischen Invasoren« ein. Sie seien, anders als sie behaupteten, keine Nationalisten oder Sozialisten, sondern Imperialisten, sagte Stalin. Tatsächlich »ist das Hitlerregime eine Kopie des reaktionären Regimes, das in Russland unter dem Zarismus herrschte. Es ist bekannt, dass die Hitleristen die Rechte der Arbeiter unterdrücken, die Rechte der Intellektuellen und die Rechte der Nationen, genauso wie das Zarenregime sie unterdrückt hat, und dass sie mittelalterliche Judenpogrome veranstalten, genauso wie das zaristische Regime sie organisiert hat. Die Hitlerpartei ist eine Partei der Feinde der demokratischen Freiheiten, eine Partei mittelalterlicher Reaktion und schwarzer (antisemitischer) Pogrome.« Stalin unterstrich, dass »die deutschen Invasoren einen Vernichtungskrieg gegen die Völker der Sowjetunion führen wollen«, und hob insbesondere die Gefahr der Ausrottung der »großen russischen Nation« und ihrer Kultur hervor. Schließlich bestritt er die deutsche Behauptung, dass keine Ähnlichkeit zwischen Hitler und Napoleon bestehe. Der Unterschied sei jedoch, dass der Letztere für kurze Zeit Moskau eingenommen hatte, bevor er wieder aus Russland vertrieben worden war. Außerdem kämpfte nach Stalin »Napoleon gegen die Kräfte der Reaktion und stützte sich auf fortschrittliche Mächte, während Hitler sich auf die Kräfte der Reaktion stützt und fortschrittliche Mächte bekämpft«. Diese Aussage war Teil von Stalins Argumentation, dass das deutsche Hinterland anfällig sei und sich dort Widerstand von fortschrittlichen Gruppierungen sowohl in Deutschland selbst als auch in den von ihm besetzten Gebieten formiere. Was aber Hitlers Verhängnis werden sollte, so Stalin, das sei das amerikanisch-britisch-sowjetische Bündnis, eine auch wirtschaftlich mächtige Allianz, die den entscheidenden »Krieg der

Maschinen« gewinnen werde. »Der Krieg wird von der Seite gewonnen werden, die in der Maschinenproduktion überlegen ist.« Stalin schloss damit, dass er den Krieg gegen Hitler als einen gerechten Krieg charakterisierte, ein Kampf für die Befreiung sowohl der »versklavten Völker Europas« als auch der Sowjetunion.[120]

Am folgenden Tag, dem 7. November 1941, richtete sich Stalin an die über den Roten Platz marschierenden Truppen. Die Situation ist ernst, sagte ihnen Stalin, aber die Sowjets standen in der Vergangenheit noch vor viel größeren Schwierigkeiten:

»Erinnert Euch an das Jahr 1918, als wir den ersten Jahrestag der Oktoberrevolution begangen. Drei Viertel unseres Landes waren in den Händen ausländischer Invasoren. Die Ukraine, der Kaukasus, Zentralasien, der Ural, Sibirien und der Ferne Osten waren für uns zeitweilig verloren. Wir hatten keine Verbündeten, wir hatten keine Rote Armee ... Es gab nicht genügend Nahrung, nicht genügend Waffen ... Vierzehn fremde Staaten attackierten unser Land. Aber wir haben nicht den Mut verloren. In der Hitze des Krieges haben wir die Rote Armee geschmiedet und unser Land in ein Militärlager verwandelt. Der Geist des großen Lenin belebte uns ... Und was geschah? Wir haben die Interventionisten vertrieben, unsere verlorenen Gebiete zurückerobert und den Sieg errungen.«

Zusammenfassend kam Stalin auf das Thema des Patriotismus zurück, indem er an die Kämpfe der Russen in der Vergangenheit gegen ausländische Invasoren erinnerte:

»Das Schicksal hat Euch dazu ausersehen, zu einer großen Befreiungsschlacht anzutreten. Erweist euch dieser Mission als würdig ... Lasst das männliche Gesicht Eurer großen Vorväter – Alexander Newski (der die deutschen Ordensritter besiegte), Dimitri Donskoi (der die Tataren schlug), Kurma Minin und Dimitri Poscharski (der die Polen aus Russland vertrieb), Alexander Suworow und Michail Kutusow (der berühmte General und Held der Napoleonischen Kriege) – Euch Ansporn in diesem Krieg sein. Mag das siegreiche Banner des großen Lenin Euch als Leitstern voranleuchten.«[121]

In späteren Jahren wurde der vaterländische Inhalt dieser Reden vielfach kommentiert. Alexander Werth beispielsweise schrieb über »Stalins Rede vom Heiligen Russland«. Dabei war, wie Werth bemerkte, Stalins vaterländische Akzentsetzung nicht neu. Er hatte sich schon vor langer Zeit als Patriot offenbart, als Staatengründer und als Schützer des Staates. Auch wenn das Thema des russischen Patriotismus eine besonders deutliche Ausprägung erfuhr, so wurde es doch durch Verweise auf das Sowjetsystem, die UdSSR und die Freundschaft der Völker relativiert. Was jedoch besonders bemerkenswert an Stalins Reden war, ist das völlige Fehlen jedes Hinweises auf die kommunistische Partei. Obwohl Lenin erwähnt wurde, erfolgte dies in seiner Rolle als Teil der russischen Heldengeschichte und nicht als

Gründer der bolschewistischen Partei. Stalin verwarf selbstverständlich nicht die kommunistische Partei, sie blieb vielmehr das Schlüsselinstrument für die landesweite Kriegsmobilisierung. Aber die Ausblendung der Partei aus seinen Kriegsreden unterstrich die Botschaft, dass er eine vaterländische Einheit anstrebte, die weit über die Reihen der engagierten Kommunisten hinausreichte.

Stalins Reden wurden in der gesamten sowjetischen Presse abgedruckt und in Form von Handzetteln an die Streitkräfte verteilt. Die Reden wurden übersetzt und in Millionen weiterer Exemplare auf Deutsch, Italienisch, Finnisch, Ungarisch, Rumänisch und Spanisch gedruckt, um im Propagandakrieg an der Front verwendet zu werden.[122] In den Tagen nach seiner Rede untersuchten die sowjetischen Militärzensoren Millionen von Briefe, die an die Front gingen oder in die Heimat, und berichteten über einen wesentlichen Aufschwung der öffentlichen Stimmung.[123] Aus Leningrad meldete das NKWD, dass »die Rede des Genossen Stalin und seine Ansprache auf dem Roten Platz am 7. November von der arbeitenden Bevölkerung in großem Maße diskutiert wird … Arbeiter, Funktionäre und Intellektuelle sagen, dass die Rede von Genosse Stalin das Vertrauen gestärkt und für jeden den unmittelbaren Blick auf den Krieg geschärft habe. Die unerschöpflichen Reserven und Kräfte der Sowjetunion garantieren die vollständige Niederschlagung des deutschen Faschismus. Die Hilfe aus Amerika und England, von der Stalin gesprochen hat, wird die Niederlage der faschistischen deutschen Invasoren beschleunigen.«[124] Es ist zwar unmöglich, den Beitrag Stalins am Erfolg der Schlacht von Moskau genau zu gewichten, doch es kann durchaus sein, dass seine Intervention zwischen Sieg und Niederlage entschied.

Mitte November nahmen die Deutschen ihre Angriffe auf die Hauptstadt wieder auf und rückten an verschiedenen Punkten bis in Sichtweite der Innenstadt vor. Die sowjetischen Verteidigungslinien gaben nach, hielten aber an den kritischen Stellen stand, so bei Tula südwestlich von Moskau. Es stand auf Messers Schneide. Erst als die Stawkareserven eintrafen, wendete sich das Blatt: Der deutsche Vormarsch konnte zum Stehen gebracht werden. Diese Reserven, die ursprünglich als Speerspitze einer großen Gegenoffensive vorgesehen waren, mussten permanent defensiv eingesetzt werden. Anfang Dezember war der deutsche Angriff auf Moskau versandet. Neben der Erschöpfung der deutschen Truppen, den logistischen Schwierigkeiten der Nachschubversorgung und dem Wintereinbruch waren die Truppenreserven, die auf russischer Seite in die Schlacht geworfen wurden, der entscheidende Faktor. Dank dieser Reserven konnte nicht nur die Hauptstadt erfolgreich verteidigt werden; Schukow war nunmehr bereit, zum Gegenschlag auszuholen.

In der Offensive

Schukow reichte seinen Plan für eine Gegenoffensive vor Moskau Stalin am 30. November ein; fünf Tage später begann die Operation. Schukows Plan bestand darin, die feindlichen Kräfte nördlich und südlich von Moskau anzugreifen und sie von der sowjetischen Hauptstadt abzudrängen. Am Vorabend der Gegenoffensive war Stalin in überschwänglicher Stimmung. »Die Russen waren schon zweimal in Berlin, und sie werden noch ein drittes Mal dort sein«, sagte er Władysław Sikorski, dem Führer der polnischen Exilregierung, am 3. Dezember 1941.[125]

Mitte Dezember wurden die Deutschen auf breiter Front einige Hundert Kilometer von Moskau zurückgedrängt. Am 16. Dezember bat Generalfeldmarschall Fedor von Bock, der Oberbefehlshaber der Heeresgruppe Mitte, Hitler um seine Zustimmung, einen strategischen Rückzug antreten zu dürfen. Hitler widersetzte sich und erließ am 18. Dezember einen »Haltebefehl«, der den Rückzug verbot und von der Wehrmacht fanatischen Widerstand gegenüber dem sowjetischen Vormarsch verlangte [126] – eine Maßnahme, die möglicherweise die Wehrmacht vor einer größeren Niederlage bewahrte. So gelang es, entlang der Achse Moskau-Smolensk den sowjetischen Vormarsch zum Stehen zu bringen. Während sich die Deutschen in ihren Verteidigungsstellungen eingruben, schmiedete die Stawka weiterreichende Pläne: eine Großoffensive an der gesamten Ostfront. Das strategische Ziel dieser Operation war es, die Heeresgruppe Mitte einzuschließen und Smolensk zurückzuerobern, die Heeresgruppe Nord zu vernichten und die Blockade Leningrads zu sprengen sowie die Heeresgruppe Süd bis in die Ukraine zurückzudrängen, Sewastopol zu entsetzen und die Krim zurückzuerobern. Das ambitionierte Gesamtziel war, der deutschen Wehrmacht im Verlauf einer einzigen Operation den kriegsentscheidenden Schlag zu versetzen – nicht weniger als ein Unternehmen Barbarossa in umgekehrter Richtung. Die Entstehung und Vorbereitung dieses Plans ist komplex[127], aber es scheint, dass die Planungen und die ersten Befehle zur Umsetzung der Großoffensive bald darauf erfolgten, obgleich sie nicht vor Januar 1942 in die Tat umgesetzt wurden.

Gewöhnlich wird die Großoffensive Stalin zugeschrieben. John Erickson beispielsweise nannte sie »Stalins erste strategische Offensive«. Kennt man Stalins Vorliebe für gigantische Projekte und die triumphale Berichterstattung in der sowjetischen Presse über die erfolgreiche Moskauer Gegenoffensive – die erste größere Niederlage der Deutschen in diesem Krieg –, so ist es nicht schwierig, sich Stalin vorzustellen, wie er einen solchen Plan entwarf und vorantrieb. Dennoch gibt es keinen Beweis – nachträgliche Behauptungen in Memoiren beiseitegelassen[128] –, dass Stalins Generäle mit der Idee einer strategischen Gegenoffensive nicht vollkommen einverstanden gewesen wären. Es war eine Operation, die perfekt in die Offensivdoktrin der Roten Armee passte. Es war außerdem die Gelegenheit, die vergangenen Fehlschläge vergessen zu machen, die strategische Initiative zurückzugewinnen und die deutsche Invasion zum Scheitern zu bringen. Das Vertrauen, das Stalin in die bevorstehende Operation setzte, wurde in einem Gespräch mit dem britischen Außenminister Anthony Eden am 16. Dezember deutlich:

»Wir sind an einem Wendepunkt angelangt. Die deutsche Armee ist ausgelaugt. Ihre Kommandeure hatten gehofft, den Krieg vor dem Winter zu beenden, und trafen nicht die nötigen Vorbereitungen für einen Winterfeldzug. Die deutschen Soldaten sind jetzt notdürftig gekleidet, schlecht ernährt und ihre Moral sinkt. Sie beginnen die Anstrengungen zu spüren. In der Zwischenzeit hat die UdSSR mächtige Verstärkungen vorgenommen und in den letzten Wochen zum Einsatz gebracht. Daraus folgte eine fundamentale Veränderung der Lage an der Front ... Unsere vereinzelten Gegenangriffe haben sich nach und nach zu einer koordinierten Gegenoffensive entwickelt. Wir haben vor, diese Linie im ganzen Winter fortzusetzen ... Es ist schwer vorherzusagen, wie weit wir im Verlauf unseres Vormarsches kommen werden, aber in jedem Fall werden wir diese Linie bis ins Frühjahr hinein weiter verfolgen ... Wir kommen voran und wir werden weiter an allen Fronten vorankommen.«[129]

Eden hielt sich in Moskau auf, um die Einzelheiten eines britisch-sowjetischen Bündnisses und einer Zusammenarbeit in der Nachkriegszeit zu verhandeln. Stalin hatte schon Ende September 1941 begonnen, über die Nachkriegsordnung zu sprechen. Dieses Thema setzte er auch in Gesprächen mit Beaverbrook und Harriman fort, wobei er eine Fortsetzung des Bündnisses mit dem Westen auch für die Nachkriegszeit anstrebte. Dieses Thema wurde von Stalin auch in seiner Korrespondenz mit Churchill aufgegriffen, der Eden zu einem umfassenden Meinungsaustausch nach Moskau schickte. In Moskau wurde Eden ein viel weiterreichender Vorschlag unterbreitet, als ihn die Briten erwartet hätten. Es sollten zwei Abkommen zwischen beiden Ländern geschlossen werden. Eines über die gegenseitige militärische Hilfe während des Krieges und ein zweites mit dem Ziel, Probleme der Nachkriegszeit beizulegen. An das zweite Abkommen sollte ein geheimes Zusatzprotokoll angefügt werden, das sich mit den Grenzen im Nachkriegseuropa befasste. Nach dem sowjetischen Entwurf des vorgeschlagenen Protokolls sollten die sowjetischen Grenzen die von 1941 sein (d.h. einschließlich der baltischen Staaten, des westlichen Weißrusslands, der westlichen Ukraine, Bessarabiens und der nördlichen Bukowina sowie des von Finnland im März 1941 abgetretenen Gebietes nahe Leningrad). Polen sollte für den Verlust seiner östlichen Provinzen durch eine Westerweiterung auf deutschem Gebiet entschädigt werden. Finnland sollte der UdSSR die Region um Petsamo überlassen. Die Tschechoslowakei, Griechenland, Albanien, Jugoslawien und Österreich sollten als unabhängige Staaten wiederhergestellt werden. Als Belohnung für die Aufrechterhaltung ihrer Neutralität sollte die Türkei die Dodekanes-Inseln in der südlichen Ägäis erhalten, einen Teil Bulgariens und vielleicht einige syrische Gebiete. Deutschland sollte mittels Abrüstung und Teilung geschwächt werden – durch Aufteilung in eine Reihe kleinerer politischer Einheiten. Großbritannien sollte mit Belgien und Holland verbündet sein und Militärstützpunkte in Westeuropa haben, während die UdSSR Militärbasen in Finnland und Rumänien einrichten würde. Schließlich sollte im Nachkriegseuropa eine Militärallianz den Frieden sichern.[130] Verglichen mit der Einflusssphäre, die Stalin sich nach 1945 tatsächlich in Europa schuf, waren dies recht bescheidene Vorschläge. Sie beinhalteten im Wesentlichen die Wiedereinsetzung eines Status quo ante in Europa, die Bestrafung der Feindstaaten (vor allem Deutschlands) und die Steigerung der britischen und sowjetischen Sicherheit. Im Gespräch mit Eden machte Stalin jedoch klar, dass sein wesentliches und direktes Ziel die Anerkennung der territorialen Gewinne war, die der Sowjetunion aus dem Hitler-Stalin-Pakt erwuchsen. So erklärte er Eden: »Es ist sehr wichtig für uns zu wissen, ob wir mit Großbritannien auf einer Friedenskonferenz über unsere westliche Grenze kämpfen müssen.«[131]

Nach Stalins Wahrnehmung stellte sich der Krieg so dar, als ob er schon in einigen Monaten zu Ende sein könnte. Wie der Krieg zu einem Ende gelangen könnte, war allerdings schwer vorhersehbar. Im sicheren Vertrauen auf militärische Erfolge in allernächster Zeit versuchte Stalin, seine politischen Ziele im Vorgriff auf ein baldiges Kriegsende zu maximieren. Aber Eden ging auf Stalins Forderungen nicht ein und wies darauf hin, dass er Churchill und das britische Kabinett konsultieren müsse und dass die Amerikaner ebenfalls ein Interesse an den Vorschlägen hätten. Eden verließ Moskau am 22. Dezember 1941. Eine formelle Antwort auf Stalins Vorschläge aber ging nicht vor April 1942 ein. In ihr bot Großbritannien eine Reihe unverbindlicher Kooperationsfelder während des Krieges und in der Zeit danach an, die zu nichts verpflichteten und die keine Zustimmung zu Moskaus Forderungen beinhalteten. Am 22. April schrieb Stalin an Churchill, dass er vorschlagen würde, Molotow nach London zu entsenden, um die Differenzen zwischen der sowjetischen und der britischen Position zu klären.[132] Als Molotow am 20. Mai in London ankam, wiederholte er verbissen die sowjetische Position. Da geschah etwas Seltsames. Plötzlich stimmte Molotow dem britischen Angebot eines Bündnisvertrages im Krieg zu, der nicht mehr als vage Verpflichtungen einer Kooperation in der Nachkriegszeit enthielt. Molotows ursprüngliche Antwort auf das britische Angebot, die er nach Moskau kabelte, nannte es eine »leere Deklaration«, die abgelehnt werden sollte. Am 24. Mai jedoch gab Stalin eine Richtungsänderung aus:

»Wir haben den Vertragsentwurf Edens erhalten. Wir erachten ihn nicht als leere Deklaration, sondern als ein wichtiges Dokument. In ihm fehlt zwar das Thema der Grenzsicherheit, aber das ist vielleicht nicht so schlecht, weil es uns freie Hand lässt. Die Grenzfrage oder, um genauer zu sein, die Garantie der Unverletzlichkeit unserer Grenzen in dem einen oder anderen unserer Landesteile wird mit Gewalt entschieden.«[133]

Der Antrieb zu Stalins Kursänderung war die sich verschlechternde militärische Situation. Im Dezember hatte er noch über die Umrisse der Welt in der Nachkriegszeit sinniert; nun war es seine vordringliche Priorität, das Bündnis mit Großbritannien und den USA zu festigen und eine Verpflichtung seiner Partner zu erhalten, 1942 in Europa eine zweite Front zu eröffnen, die den Druck von der Ostfront nehmen würde.

Stalins Erwartung an das Jahr 1942 war, dass er den Sieg erringen würde. Anfang Januar gruppierte die Stawka ihre Kräfte um und bereitete eine Großoffensive vor, um die deutschen Stellungen an der gesamten Ostfront zum Einsturz zu bringen. Am 10. Januar gab Stalin folgenden Befehl an seine Kommandeure:

»Nachdem die Rote Armee die deutschen Invasoren erfolgreich zermürbt hat, ging sie zur Gegenoffensive über und verfolgte die deutschen Invasoren nach Westen. Um unseren Vormarsch aufzuhalten, gingen die Deutschen in die Defensive über … Die Deutschen beabsichtigen damit, bis zum Frühjahr unseren Vormarsch zu blockieren, um dann mit neu gesammelten Kräften wieder gegen die Rote Armee in die Offensive gehen zu können … Unsere Aufgabe ist es, den Deutschen keine Atempause zu lassen, sie ohne Halt weiter westwärts zu treiben, sie zu zwingen, ihre Kräfte zu verausgaben, bevor es Frühjahr geworden ist. Dann werden wir umfangreiche Reserven heranführen, während die Deutschen keine mehr haben. Dies wird 1942 den vollständigen Sieg über die Nazikräfte sicherstellen.«[134]

Die sowjetische Offensive brachte zwar einige lokale Erfolge ein, verfehlte aber alle wichtigen Ziele. Schon im Februar verlor sie an Schwung. Am 23. Februar – dem 24. Geburtstag der Roten Armee – erließ Stalin einen »Tagesbefehl« an alle Truppen. Im politischen Sinne war das Hauptthema des Befehls, dass die Rote Armee nicht einen Beutekrieg oder einen imperialistischen Krieg führe, sondern einen vaterländischen Krieg, einen Befreiungskrieg, einen gerechten Krieg. Außerdem hob Stalin hervor, dass die Sowjetunion nicht anstrebe, das deutsche Volk auszurotten oder den deutschen Staat zu vernichten: »Die historische Erfahrung zeigt, dass die Hitlers kommen und gehen, aber das deutsche Volk und der deutsche Staat bleiben.« Stalin betonte die antirassistischen Überzeugungen des sowjetischen Staates und der Roten Armee. Die Deutschen werden von ihr vernichtet, »nicht aufgrund ihrer Herkunft als Deutsche, sondern weil sie unser Vaterland versklaven wollen«. In militärischen Fragen war Stalin optimistisch. Die Initiative, behauptete er, sei nun an die Sowjets übergegangen, und »der Tag ist nicht mehr fern, an dem die Rote Armee ... den brutalen Feind verjagt hat und die rote Flagge siegreich über dem ganzen sowjetischen Land wehen wird«. Stalin verkündete, dass der Krieg durch dauerhafte Faktoren entschieden würde: »die Stabilität im Hinterland, die Moral der Armee, die Quantität und Qualität der Divisionen, die Armeeausrüstung, die Organisationsfähigkeiten der Armeekommandeure«.[135] All dies suggerierte, dass der Krieg eher mittelfristig denn kurzfristig gewonnen würde.

Im März 1942 lief sich die sowjetische Großoffensive in der *Rasputisa* (dem Frühjahrsschlamm) fest. Im April brach die Stawka die Offensive ab und ging zur Defensive über. Aber schon wurden Pläne ausgearbeitet, die sowjetische Gegenoffensive im Sommer 1942 wieder aufzunehmen. Nachdem sie im Dezember 1941 vor Moskau das Vorgefühl des Sieges erlebt hatten, waren Stalin und seine Generäle entschlossen, die strategische Initiative wieder zu ergreifen und die Deutschen in die Defensive zu drängen. Hitler jedoch hatte seine eigenen Vorstellungen, und die Wehrmacht traf bereits die Vorbereitungen zu einer neuen Blitzkriegskampagne in Russland.

Ende 1941 hatte die Rote Armee fast 200 Divisionen im Einsatz verloren und beklagte 4,3 Millionen Gefallene, Verletzte und Kriegsgefangene. Noch höhere Verluste forderte die vergebliche Gegenoffensive Anfang 1942. Aber der sowjetische Staat hatte Hitlers Vernichtungskrieg überlebt, die deutsche Invasion gestoppt und sie dann zurückgeschlagen. Stalin war zuversichtlich, dass das Pendel des Schicksals weiter zu seinen Gunsten ausschlagen würde. Aber der größte Test des Sowjetsystems und der Kriegsführung Stalins sollte erst noch bevorstehen.

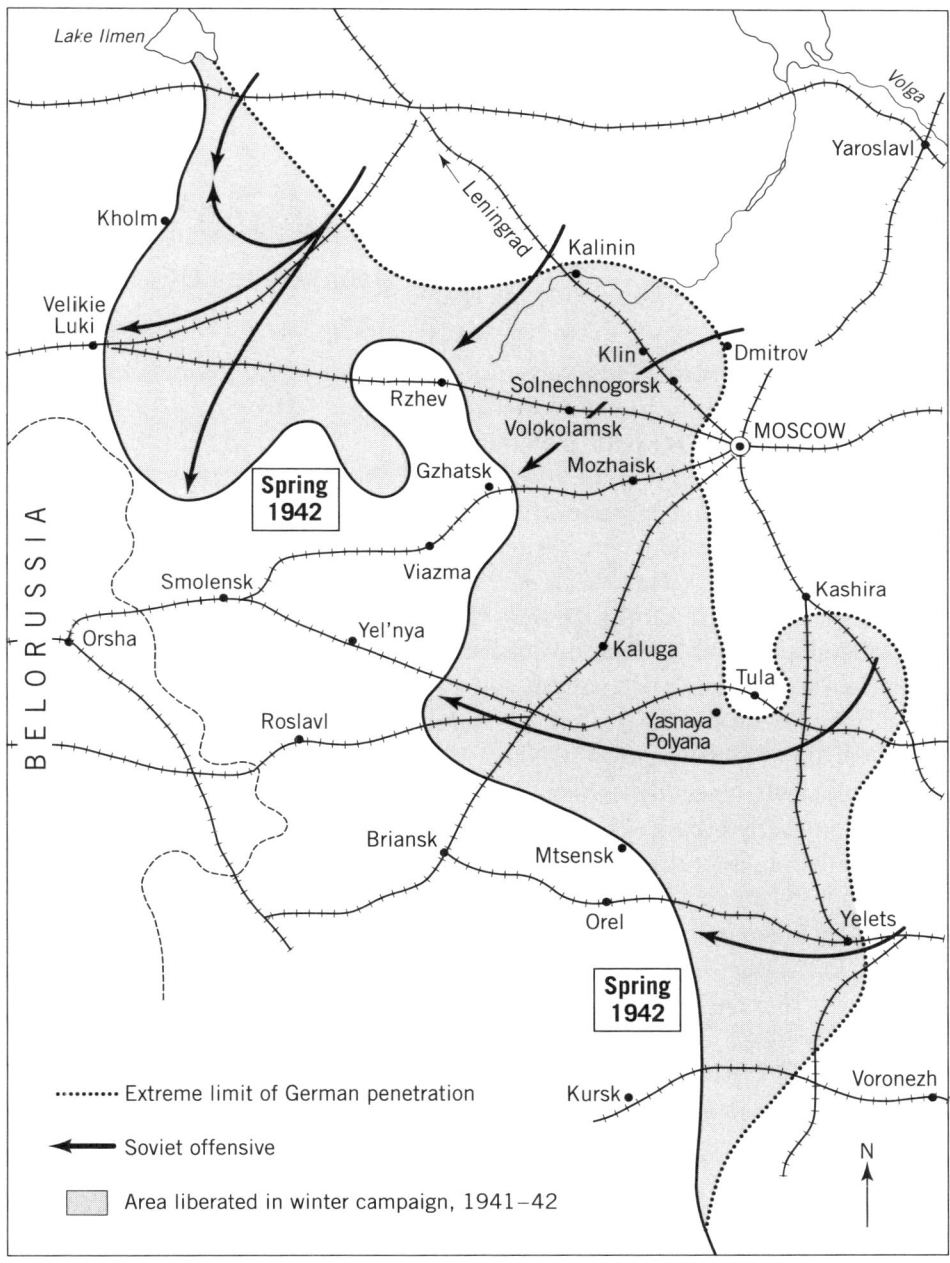

Viertes Kapitel
Sieg bei Stalingrad und Kursk
Stalin und seine Generäle

Für das Jahr 1942 plante Hitler einen neuen Feldzug in Russland. Sein Umfang und die Ziele waren ganz andere als beim Unternehmen Barbarossa. Trotz der großen deutschen Siege 1941 hatte die Rote Armee der Wehrmacht vor Moskau eine schwere Niederlage beigebracht, sodass sie nicht mehr in der Lage war, eine von Umfassungsmanövern begleitete strategische Offensive an der Ostfront durchzuführen. Im März 1942 hatten die Deutschen 1,1 Millionen Gefallene, Verwundete, Vermisste und Kriegsgefangene zu verzeichnen. Dies entsprach 35 Prozent ihrer ursprünglichen Kampfstärke im Osten. Nur 8 von 162 Divisionen waren noch voll einsatzbereit, und 625 000 Mann Verstärkung wurden benötigt. Die Mobilität der Deutschen wurde durch den Ausfall von 40 000 Lastwagen, 40 000 Motorrädern, fast 30 000 Militärkraftwagen und Tausender Panzer stark beeinträchtigt. Das zweite wichtige Fortbewegungsmittel der Wehrmacht waren Zugtiere (hauptsächlich Pferde), von denen die Wehrmacht 180 000 in Folge feindlicher Aktionen verlor, aber nur 20 000 wieder ersetzt wurden.[1] Hitlers einzige bleibende Option war die Offensive an einer der Fronten. Seine Aufmerksamkeit richtete sich dabei auf den Süden und auf den Bedarf an Öl. Südlich des Kaukasus lagen die Ölfelder von Baku, zu 90 Prozent die Quelle des sowjetischen Öls. Hitlers Kalkül bestand darin, dass die Einnahme dieser Felder den Sowjets ihre Ölversorgung nehmen würde, andererseits aber die Lieferungen nach Deutschland und an die verbündeten Achsenmächte steigern und die Abhängigkeit von den verwundbaren rumänischen Ölfeldern von Ploesti verringern würde. Schon vor seinem Überfall auf die Sowjetunion war Hitler besorgt über die deutsche Ölversorgung. »Im Zeitalter der Luftkriegsführung«, sagte er im Januar 1941, »kann Russland die rumänischen Ölfelder in ein rauchendes Trümmerfeld verwandeln ... und die Existenz der Achse hängt von diesen Feldern ab«.[2] Hitler sorgte sich zunehmend auch um die Auswirkungen des Kriegseintritts der USA. Das wirtschaftliche und militärische Gewicht der Vereinigten Staaten wurde als entscheidend dafür angesehen, dass sich während des Ersten Weltkrieges die Waage zuungunsten Deutschlands neigte. Auch erschien Hitler die Gefahr, die seiner »Festung Europa« durch eine britisch-amerikanische Landung in Frankreich drohte, besorgniserregend. Diese Invasion kam zwar erst im Juni 1944, aber Anfang 1942 schien sie eher Monate als Jahre entfernt. Dies würde einen Zweifrontenkrieg in Europa bedeuten, und Hitler wollte unbedingt mit Stalin fertig sein, bevor er den Briten und Amerikanern im Westen entgegentrat. Langfristig benötigte Hitler die Mittel, um einen langen Zermürbungskrieg gegen eine vereinte Koalition von Kriegsgegnern an einer Vielzahl unterschiedlicher Fronten zu führen – im Atlantik, im Mittelmeer, in Nordafrika und im Mittleren Osten genauso wie in West- und in Osteuropa.[3] Die Ziele der deutschen Sommeroffensive 1942 wurden in der »Führerweisung Nr. 41« vom 5. April 1942 bestimmt:

»Daher sind zunächst alle greifbaren Kräfte zu der Hauptoperation im Südabschnitt zu vereinen mit dem Ziel, den Feind vor dem Don zu vernichten, um dann die Ölgebiete im kaukasischen Raum und den Übergang über den Kaukasus selbst zu gewinnen.«[4]

Anders als 1941 erwartete Hitler nicht mehr, den Krieg im Osten innerhalb eines Jahres zu gewinnen. Sein Ziel war vielmehr, der Roten Armee einen vernichtenden Schlag zu versetzen, indem er ihre Kräfte in der Gegend des Don und des Donezbeckens (Donbass) zerschlug und die Kontrolle über die Ölversorgung und andere wirtschaftlich wichtige Rohstoffe in der Ukraine, in Südrussland und im Kaukasus an sich riss. Dies könnte wohl kurzfristig zu einem Sieg führen, aber wichtiger noch war es Hitler, die Mittel zu sichern, mit denen er in der Lage sein würde, langfristig einen weltweiten Krieg zu führen.

Hitlers Generäle teilten zwar seine rohstofforientierte Strategie. Ihr vordringliches Ziel aber war die Zerstörung der Roten Armee. Die Offensive sollte das Donbass und das gesamte Gebiet westlich des Don besetzen. In diesen Gebieten sollten die sowjetischen Truppen eingekesselt und vernichtet werden. Anschließend sollte eine Verteidigungsstellung entlang des Donufers angelegt werden. Nach Erreichen dieses Ziels könnten die Deutschen dann den Fluss in Richtung Rostow überqueren und nach Kuban, dem Kaukasus und Baku ausgreifen.

Es war dieser Plan, der im Herbst 1942 zum wichtigsten Wendepunkt des ganzen Zweiten Weltkrieges führte – zur Schlacht von Stalingrad. Stalingrad lag an einem Wolgabogen, der den Fluss bis auf 80 Kilometer an den östlichsten Punkt der großen Donbiegung heranführte. Aus der Überlegung heraus, die Abwehrstellungen am Don verteidigen zu wollen, war es für die Deutschen sinnvoll, Schlüsselstellungen am Westufer der Wolga nahe Stalingrad einzunehmen. Dies würde sie in die Lage versetzen, eine defensive Landbrücke zwischen beiden Flüssen zu errichten. Stalingrad war außerdem ein wichtiges Industriezentrum und kontrollierte den Weitertransport des Öls wolgaaufwärts von Astrachan nach Nordrussland. Nach Hitlers Führerweisung 41 sollte »auf jeden Fall versucht werden, Stalingrad selbst zu erreichen oder es zumindest so unter die Wirkung unserer schweren Waffen zu bringen, dass es als weiteres Rüstungs- und Verkehrszentrum ausfällt«.[5] Bis dahin aber gab es noch nicht die feste Absicht, die Stadt dauerhaft zu besetzen.

Der Deckname der angestrebten Operation war »Operation Blau«; sie sollte von der Heeresgruppe Süd durchgeführt werden, die aus der 6. und 7. Armee und der 1. und 4. Panzerarmee sowie der 11. Armee bestand, die auf der Krim stationiert war. Zur Unterstützung der deutschen Armeen gab es eine große Anzahl von Divisionen weiterer Achsenmächte, darunter der 2. ungarischen, der 8. italienischen und der 3. und 4. rumänischen Armee. Zusammengenommen waren es 89 Divisionen mit fast 2 Millionen Mann, einschließlich neun Panzerdivisionen.[6]

Vor der Operation Blau begannen die Deutschen noch mit einer Operation, mit der sie die Eroberung der Krim abschließen wollten. 1941 hatten sie fast die gesamte Krim erobert. Anfang 1942 aber hatten sie die Kontrolle über die Halbinsel Kertsch wieder verloren – als Folge einer Reihe von Gegenstößen der Roten Armee, um die Verteidiger der Stadtfestung von Sewastopol zu entsetzen.[7] Die 11. Armee der Deutschen begann ihren Feldzug, um die Halbinsel Kertsch zurückzuerobern, am 8. Mai. Innerhalb von zwei Wochen hatte sie drei Sowjetarmeen mit 21 Divisionen zerschlagen und 170 000 Kriegsgefangene gemacht.

Nach diesem Debakel rechneten Stalin und die Stawka in einer detaillierten Kritik mit dem Verhalten der Befehlshaber ihrer Krimfront ab. In einem Dokument, das auf den 4. Juni datiert ist und an die oberen Befehlsränge der Roten Armee ging, wurde die Führung der Krimfront kritisiert. Der erste Kritikpunkt war, dass sie nicht die Wesenszüge moderner Kriegsführung verstehe, der zweite, dass sie die Kontrolle über ihre Truppen verloren habe. Die dritte Rüge bestand darin, dass die Führung die Befehle der Stawka undiszipliniert ausgeführt habe. Das Dokument kündigte die Absetzung und Degradierung fast aller Führungsoffiziere an der Krimfront an. Unter den degradierten Frontkommandeuren waren General Koslow und Lew Mechlis, Leiter der Politischen Abteilung der Roten Armee, der als Stawkavertreter auf die Krim entsandt wurde. Mechlis verlor sowohl sein Amt als stellvertretender Volkskommissar für Verteidigung als auch seine Aufgabe als GPU-Kommissar und wurde vom Armeekommissar 1. Grades zum Korpskommissar degradiert. Stalins Zorn gegen Mechlis war schon in den ersten Tagen der Wehrmachtsoffensive auf der Halbinsel Kertsch entbrannt, als sich der Kommissar mit Beschwerden über das Verhalten General Koslows gegenüber den deutschen Angriffen an Moskau wandte. Als Antwort erteilte ihm Stalin eine scharfe Rüge.

»Sie nehmen eine merkwürdige Position ein, geradezu wie ein außenstehender

Beobachter, dem keine Verantwortlichkeit über die Angelegenheiten der Krimfront zukommt. Diese Einstellung mag bequem sein, aber sie ist äußerst undankbar. Sie sind kein außenstehender Beobachter..., sondern der verantwortliche Vertreter des Oberkommandos, verantwortlich für alle Erfolge und Niederlagen an der Front und dazu verpflichtet, die Fehler des Kommandanten auf der Stelle zu korrigieren.«[8]

Bei anderer Gelegenheit kabelte Stalin an Koslow:

»Sie sind der Kommandeur der Front, nicht Mechlis. Mechlis muss Ihnen helfen. Wenn er Ihnen nicht hilft, müssen Sie dies berichten.«[9] Die Lehre, die aus der Angelegenheit gezogen wurde und die im Stawka-Dokument vom 4. Juni formuliert wurde, war, dass »alle Kommandeure die Wesenszüge moderner Kriegsführung sicher beherrschen müssen«, die Bedeutung des »koordinierten Einsatzes aller Waffensysteme« verstehen und »den schädlichen Methoden bürokratischer Führung ein für alle Male ein Ende bereiten müssen«. Weiterhin dürften die Kommandeure »sich nicht damit begnügen, Befehle zu geben, sondern müssten die Truppen, Divisionen und Armeen an der Front häufiger aufsuchen und ihren Untergebenen helfen, ihre Befehle auszuführen. Die Aufgabe unserer Kommandeure, Offiziere und Politkommissare ist es, jede Undiszipliniertheit unter den Kommandanten aller Ränge auszurotten.«[10]

Die Eroberung der Halbinsel Kertsch öffnete den Deutschen den Weg für ihren abschließenden Sturm auf Sewastopol, der am 2. Juni mit einem schweren Luft- und Artilleriebombardement begann. Während der monatelangen Belagerung der Stadt flog die Luftwaffe mehr als 23 000 Einsätze und warf mehr als 20 000 Tonnen Bomben auf die Stadt. Außerdem schafften die Deutschen von der Front bei Leningrad ihre allerschwersten Artilleriegeschütze heran, darunter solche, die eine Tonne, 1,5 Tonnen und sogar 7 Tonnen schwere Geschosse auf die Festungsstadt abfeuerten. Nach Marine- und Infanterieangriffen fiel Sewastopol Anfang Juli in die Hände der Deutschen. Die sowjetischen Verluste betrugen einige Zehntausend Mann, und weitere 95 000 Soldaten gingen in Kriegsgefangenschaft. Im Gegenzug verloren die Deutschen selbst 75 000 Mann, unter ihnen 25 000 Tote. Die Deutschen hatten noch einmal die Oberhand behalten. Aber die Verteidiger von Sewastopol hatten ihnen einen Ehrfurcht gebietenden Kampf geliefert und den heroischen Taten der Roten Armee ein weiteres Kapitel hinzugefügt. Der geradezu legendäre Ruhm der Roten Armee als unbeugsame Verteidigerin Russlands begann im Juni 1941 in Brest und wuchs in den Kämpfen um Odessa, Smolensk, Leningrad, Tula und Moskau.[11]

Viertes Kapitel

Die Katastrophe von Charkow

In der Zwischenzeit setzten in der Ostukraine schwere Kämpfe ein: Es waren jedoch nicht die Deutschen, sondern die Sowjets, die sie eröffneten. Am 12. Mai begann die Rote Armee eine Großoffensive zur Rückeroberung von Charkow, der zweitwichtigsten Stadt der Ukraine. Unglücklicherweise traf die sowjetische Offensive auf eine örtliche deutsche Truppenkonzentration, denn die Mobilisierung für die Operation Blau war bereits im Gange. Die 6. Armee und die 1. Panzerdivision konnten eine wirkungsvolle Verteidigung organisieren und daraufhin einen verheerenden Gegenschlag führen. Dabei scheiterten die Russen nicht nur in ihrem Versuch, Charkow wieder einzunehmen. Es wurden auch drei sowjetische Divisionen in der Schlacht eingekesselt und zum größten Teil vernichtet. Die Schlacht war am 28. Mai zu Ende. Die sowjetischen Verluste betrugen fast 280 000 Mann, 170 000 wurden getötet, andere vermisst oder gefangen genommen. Die Rote Armee verlor 650 Panzer und beinahe 5000 Artilleriewaffen.[12]

Charkow stellte erneut ein militärisches Desaster dar, das Stalin später zur Last gelegt wurde. Dieser Vorwurf wurde ein weiteres Mal von Chruschtschow erhoben, der damals Politkommissar im südwestlichen Frontbereich war und in dessen Kommando die Charkower Operation fiel. 1956 behauptete Chruschtschow, dass er Stalin um seine Zustimmung gebeten habe, die Operation zu beenden, bevor die sowjetischen Truppen von den Deutschen eingeschlossen würden.[13] Chruschtschows Version der Ereignisse war Teil der offiziellen Darstellung des Großen Vaterländischen Krieges, die in den frühen Sechzigerjahren erschien, als er noch die Sowjetunion regierte.[14] Aber Schukow bestritt in seinen Memoiren Chruschtschows Darstellung grundsätzlich und wies dem Oberkommandierenden des südwestlichen Frontabschnitts die Verantwortung zu: Dieser habe sich für das Unternehmen stark gemacht und Stalin dann falsch über den Verlauf der Schlacht unterrichtet.[15] Diese Kritik an der örtlichen Führung wurde von Marschall K. S. Moskalenko aufgegriffen, einem der in die Operation einbezogenen Armeekommandanten. Aus seiner Sicht hatte die Führung des südwestlichen Frontabschnitts den deutschen Widerstand unterschätzt und die Fähigkeiten ihrer eigenen Kräfte übertrieben.[16] Diese neue Version der Geschehnisse spiegelt sich in der offiziellen Geschichte des Zweiten Weltkrieges der Siebzigerjahre wider,[17] obwohl Wassilewski in seinen Memoiren einen etwas anderen Akzent setzte. Zwar stimmte er grundsätzlich mit der von Schukow und Moskalenko gegebenen Darstellung überein. Doch zugleich bestätigte er Chruschtschow, dass dieser sich bemüht habe, Stalin zum Abbruch der Aktion zu überreden. Wassilewski fügte auch an, dass die Stawka mehr hätte tun können, um dem Kommando der Südwestfront zu helfen.[18] Dieser letzte Kritikpunkt wurde in den Erinnerungen Marschall Bagramjans ebenfalls aufgegriffen, der die personelle Unterbesetzung der Stawka als Hauptproblem der Operation einschätzte.[19]

Stalins Urteil über das Scheitern vor Charkow wird aus einem Sendschreiben an den südwestlichen Frontbereich vom 26. Juni deutlich. Darin kündigte er die Entlassung von Marschall Bagramjan wegen dessen Versagens an, für klare und sorgfältige Aufklärung und Informationen an die Stawka zu sorgen, »die nicht nur die schon halb gewonnene Charkower Operation wieder verlor, sondern in der Folge auch noch 18–20 Divisionen an den Feind abgeben musste«. Stalin verglich die »Katastrophe« mit einem der größten Desaster der zaristischen Armee während des Ersten Weltkrieges und wies darauf hin, dass nicht nur Bagramjan Fehler gemacht habe, sondern auch Chruschtschow und Timoschenko, der Oberkommandierende der Südwestfront. »Wenn wir dem Land die Katastrophe vollständig berichtet hätten … dann fürchte ich, würde man sehr unfreundlich mit Ihnen umgehen.« Stalin jedoch fasste die schuldigen Befehlshaber mit Glacéhandschuhen an. Bagramjan wurde zwar von der Führungsebene des Generalstabs zu einem einfachen Generalstabsoffizier degradiert, wird aber später wieder einer der führenden sowjetischen Armeekommandeure – einer von nur zwei Nichtslawen (er war Armenier, der andere war Jude), die über einen Frontbereich mit vielen Armeen das Kommando innehatten.[20] Auch wurde niemand an ihrer Stelle als Sündenbock geopfert. Tatsächlich erlangten viele, die an der Operation beteiligt waren, später führende Positionen im sowjetischen Oberkommando, beispielsweise General A. I. Antonow, der von Dezember 1942 an Stalins stellvertretender Generalstabschef wurde. Im Juli 1942 wurde Timoschenko nach Leningrad versetzt und wurde Kommandeur der Nordwestfront. Dies kann zwar auch als Degradierung oder Bestrafung angesehen werden, aber gleichermaßen auch als Rückberufung Timoschenkos an den Ort seines Triumphs im Krieg gegen Finnland.[21]

Stalins nachsichtige Behandlung der Führung der Südwestfront steht im scharfen Widerspruch zu seiner Degradierung der Schuldigen unter den Kommandeuren auf der Krim. Möglicherweise berücksichtigte Stalin die Erkenntnis, dass die Katastrophe von Charkow in der gemeinsamen Verantwortung der Stawka und des Oberkommandierenden selbst lag. In dieser Hinsicht waren die Vorschläge und Berichte, die von der Leitung der Südwestfront der Stawka zwischen März und April 1942 vorgelegt wurden, sehr aufschlussreich.[22] Diese Dokumente zeigen, dass die Führung nicht nur sehr überzeugt vom Erfolg war, als sie die Operation vorschlug, sondern auch extrem hochgesteckte Ziele hatte, wobei man glaubte, Charkow zurückerobern und selbst den Dnjepr wieder erreichen zu können. Selbst als während der Schlacht deutlich wurde, dass die Deutschen viel stärker als erwartet waren und die erreichten Ziele hinter den Erwartungen der Operation zurückblieben, setzte die Leitung der Südwestfront ihre optimistische Berichterstattung an Moskau fort.

Dass derartige Pläne überhaupt ausgearbeitet wurden und der Optimismus der Führung – nicht nur in dieser Hinsicht[23] – trotz allem anhielt, erklärt sich auch aus der zuversichtlichen Einschätzung Stalins und der Stawka der Aussichten der Roten Armee an der Ostfront 1942. Erwartet wurde von der Wiederaufnahme der Offensive nicht weniger als die Vertreibung der deutschen Truppen aus der UdSSR zum Ende des Jahres. Charkow war nur eine ehrgeizige Offensive unter vielen, die von Stalin und der Stawka im Frühjahr 1942 genehmigt wurden. Auf der Krim wurden weitere sowjetische Offensiven nur durch den deutschen Angriff vom 8. Mai verhindert. Anfang Mai begann an der Nordwestfront eine Operation gegen eine starke Konzentration deutscher Truppen in der Gegend von Demjansk. Mitte Mai wurde an der Leningradfront ein Unternehmen eingeleitet, um eine im Gebiet von Lyubon eingeschlossene sowjetische Armee zu befreien. Nur im mittleren Frontabschnitt gab es keine unmittelbaren Aktionen der Roten Armee. Dagegen wurden Pläne vorbereitet, einen Angriff in Richtung Rschew, Wjasma und Orel vorzutragen.[24]

Vermutlich lagen die Wurzeln des Charkower Desasters mehr im strategischen Festhalten der Stawka an der Offensivdoktrin als in irgendwelchen operativen Fehlern, die von Stalin oder der Leitung der Südwestfront begangen wurden. Diese tiefere Wahrheit über Charkow wurde indes durch die diversen Schuldzuweisungen in der Memoirenliteratur ebenso verstellt wie durch die Darstellung der Debatten im Frühjahr 1942 zwischen Schukow und Wassilewski auf der einen Seite und dem sowjetischen Oberkommando auf der anderen. Denn nach Darstellung der beiden Generäle war es ursprünglich der Plan der Stawka, bis zum Sommer in der Defensive zu bleiben. In diesem Zusammenhang stellt sich die Charkower Operation als eine unglückliche Abweichung vom Hauptplan dar, aber auch als ein Resultat von Stalins Offensivneigung und des Eintretens Timoschenkos für eine Großoffensive in diesem Gebiet.[25] »Wir sollen in der Defensive bleiben, unsere Zeit vertun und darauf warten, dass die Deutschen als Erste angreifen?«, so wurde Stalins Rede von Schukow wiedergegeben.[26] Zweifellos drängte Stalin wie gewöhnlich wieder übereifrig zu Offensivaktionen. Aber Schukow und Wassilewski erweckten fälschlicherweise den Anschein einer grundsätzlichen Präferenz der Stawka für die Defensive, was nicht überzeugen kann. Denn laut Schukow favorisierte er selber ein defensives Verhalten, aber er drängte auf eine frühzeitige Großoffensive gegen die Heeresgruppe Mitte in der Gegend von Wjasma und Rschew, ein Vorschlag, der dann zugunsten der Charkower Operation verworfen wurde. Dies deutet an, dass sich die Diskussion innerhalb der Stawka mehr auf die Frage konzentrierte, wo die vorhandenen Reserven angreifen sollten, als auf die Frage, ob man in der Defensive bleiben sollte oder nicht. Diese Interpretation wurde später bestätigt durch Schukows Behauptung in eigener Sache, dass seine Wjasma-Rschew-Operation – die schließlich im Juli und August 1942 stattfand – die ganze strategische Situation im mittleren Frontabschnitt vor Moskau grundlegend hätte verändern können, wären dafür nur mehr Truppen abgestellt worden.[27] Wassilewskis Bericht der internen Debatten innerhalb der Stawka ist gleichermaßen widersprüchlich. Er besagt, dass zugleich mit der Entscheidung für die »strategische Verteidigung« auch eine getroffen worden sei, »örtliche Offensivaktionen an verschiedenen Sektoren zu unternehmen, die nach Stalins Auffassung den Erfolg der Winteroffensive festigen, die operationelle Situation der Truppen verbessern und helfen sollte, die strategische Initiative zu bewahren sowie die Naziplänen für eine neue Offensive im Sommer 1942 zu stören. Es wurde erwartet, dass alles zusammen für die Rote Armee eine günstige Voraussetzung schaffen könnte, eine noch größere Offensive im Sommer an der gesamten Front vom Baltikum bis zum Schwarzen Meer zu beginnen.«[28] Dies klingt alles mehr nach einem Offensivplan als nach einer strategischen Defensive, und so sah das Konzept denn auch aus, das sich in den Dokumenten des Generalstabs für das Frühjahr 1942 verbarg. Es sah, wie Wassilewski erwähnt, lokale Aktionen vor. Aber diesen sollten Ende 1942 noch ehrgeizigere Offensiven bis hin zum Vormarsch zur Westgrenze der UdSSR folgen; *dann* erst sollte die Rote Armee zur Offensive übergehen.[29] Diese Perspektive einer strategischen Offensive wurde Churchill von Stalin in einer auf den 14. März 1942 datierten Botschaft unterbreitet: »Ich bin ganz zuversichtlich, dass die vereinten Anstrengungen unserer Truppen, ungeachtet zeitweiliger Rückschläge, darauf hinauslaufen werden, den gemeinsamen Feind zu vernichten, und dass das Jahr 1942 einen entscheidenden Wendepunkt zugunsten der Anti-Hitler-Front erleben wird.«[30] Für die sowjetische Öffentlichkeit stellte Stalin in seinem Tagesbefehl vom 1. Mai die gegenwärtige Kriegsphase »als eine Periode der Befreiung des sowjetischen Landes vom hitleristischen Abschaum« dar, und er rief die Rote Armee dazu auf, »das Jahr 1942 zum Jahr der endgültigen Niederlage der deutsch-faschistischen Truppen und zur Befreiung des sowjetischen Territoriums vom hitleristischen Gesindel zu machen!«[31]

Ein anderer wichtiger Aspekt der Stawkaplanung im Frühjahr 1942 betraf die Vorhersagen in Bezug auf die Hauptrichtung der deutschen Offensivaktionen. Zwar gab es genaue Hinweise darauf, dass die deutsche Hauptoffensive im Süden mit dem Ziel stattfinden würde, die Kontrolle über die wirtschaftlichen Ressourcen der Sowjetunion zu erlangen, die Informationen dazu waren jedoch nicht gesichert. Die Tatsache, dass die Heeresgruppe Mitte mit ihren 70 Divisionen weniger als 160 Kilometer von Moskau entfernt verblieb, wog in den Überlegungen Stalins und der Stawka schwer.[32] Obwohl Stalin eine deutsche Großoffensive

Deutscher Vormarsch im Süden, Sommer 1942

speziell im Süden nicht ausschloss, sah er als ihr hauptsächliches Ziel, die Einschließung Moskaus vom Süden her zu unterstützen. Der Verteidigung an den Frontabschnitten, die für die Sicherheit Moskaus lebenswichtig erschienen, wurde daher höchste Priorität gegeben und die Stawkareserven in entsprechender Nähe aufgestellt. Während des gesamten Feldzuges im Jahre 1942 herrschte die Annahme vor, dass Hitler vor allem die Einnahme Moskaus anstrebe. Diese Vorstellung wurde durch deutsche Täuschungsmanöver (mit dem Namen Operation Kreml) weiter genährt, die falsche Fährten in Hinblick auf einen Angriff auf die sowjetische Hauptstadt legten.[33] In seiner Rede zum 25. Geburtstag der bolschewistischen Oktoberrevolution im November 1942 – als der deutsche Vormarsch im Süden seinen Höhepunkt erlebte – bestritt Stalin weiterhin, dass die deutsche Sommeroffensive es vor allem auf das Öl abgesehen hatte. Vielmehr bestand er darauf, dass das Hauptziel der Deutschen (nach wie vor) sei, Moskau vom Osten zu umgehen. Die sowjetische Hauptstadt solle vom Hinterland her eingenommen werden. »Kurz gefasst, das Hauptziel der deutschen Sommeroffensive war es, Moskau einzuschließen und den Krieg dieses Jahr zu beenden.«[34]

Nicht zum ersten Mal wurden die Pläne Stalins und der Stawka durch den Verlauf der Ereignisse gestört. Die Offensivaktionen bei Charkow und an anderen Orten scheiterten nicht nur, sondern führten zu hohen Verlusten und erschöpften die Reserven der Stawka. Als der deutsche Angriff kam, zielte er auf Stalingrad und Baku – und nicht auf Moskau. Das entscheidende Zusammentreffen zwischen der Roten Armee und der Wehrmacht fand 1942 nicht vor Moskau, sondern in Stalingrad statt.

Der Weg nach Stalingrad

Die Operation Blau begann am 28. Juni 1942[35] und machte rasche Fortschritte. Ende Juli besetzten die Deutschen den ganzen Donbass und waren damit auf dem Weg nach Stalingrad und in den Kaukasus. Wie im Sommer 1941 stieg dem deutschen Oberkommando der Erfolg bald zu Kopf. Am 6. Juli notierte Halder: »Der Feind ist von uns überschätzt worden und ist durch den Angriff völlig zerschlagen.« Am 20. Juli äußerte Hitler gegenüber Halder: »Der Russe ist fertig.« Halder antwortete: »Ich muss zugeben, es sieht so aus.« Ende August standen die Deutschen an der Wolga, und Stalingrad wurde belagert. Im Süden hatten deutsche Verbände die Ausläufer des Kaukasus erreicht, besetzten die Ölfelder von Maikop und bedrohten ein anderes Ölfeld bei Grosny in Tschetschenien. Am 21. August 1942 wurde die deutsche Flagge auf dem Gipfel des Elbrus gehisst.[36]

Im Laufe des Juli und August machten die Deutschen 625 000 Gefangene und erbeuteten oder zerstörten 7000 Panzer, 6000 Artilleriegeschütze und mehr als 400 Flugzeuge. Die deutschen Verluste waren auch hoch. Sie beliefen sich auf 200 000 Mann allein im August. Die Verluste der Roten Armee waren schwerwiegend, aber nicht so katastrophal wie im Sommer 1941. Seitdem hatten die Sowjets gelernt, sich zurückzuziehen und waren geschickter darin geworden, sich Umfassungsmanövern zu entziehen. Die deutsche Strategie tiefer Einbrüche und weiträumiger Einschließungen funktionierte nur, solange der Feind entschlossen war, auszuharren und zu kämpfen, anstatt eine Einkesselung zu vermeiden.[37] Obwohl sie generell einer Politik ohne Rückzug zuneigten, waren Stalin und die Stawka mehr als früher dazu bereit, Rückzugsmanöver zu billigen. Mit steigenden Verlustraten konfrontiert, war das sowjetische Oberkommando bemüht, seine Kräfte zu schonen. Während des Jahres gab es eine Reihe von Telegrammwechseln zwischen Stalin und den Frontkommandeuren, in denen es um das Schicksal eingekesselter Einheiten ging und in denen erörtert wurde, wie man ihnen helfen konnte, die Einkesselung zu sprengen.[38] Den Deutschen jedoch erschien eine kleiner werdende Zahl sowjetischer Gefangener als Zeichen der Schwäche. Auch ein vollständiger Rückzug wurde von ihnen eher als Schwäche denn als eine Änderung der Taktik ausgelegt. Dieser irrtümliche Eindruck hatte entscheidenden Einfluss auf die strategische Überarbeitung des Unternehmens Blau, die im Juli 1942 stattfand.

In ihrer ursprünglichen Konzeption war die Operation Blau eine geschlossene, koordinierte Operation, deren Ziele schrittweise erreicht werden sollten. Als Erstes sollte die Kontrolle über den Don und die Wolga gewonnen werden. Daraufhin war ein Vorstoß in den Kaukasus geplant. Am 9. Juli jedoch wurde die Heeresgruppe Süd in die beiden Armeegruppen A und B aufgeteilt. Von Bock, der Kommandeur der Heeresgruppe Süd, übernahm die Armeegruppe B, die aus der 6. Armee und der 4. Panzerarmee sowie verschiedenen Truppen der verbündeten Achsenmächte bestand. Ihre Aufgabe bestand darin, östlich von Kursk und Charkow in Richtung Woronesch vorzustoßen und dann südöstlich in Richtung der großen Donbiegung. Die Armeegruppe A wurde von Feldmarschall Wilhelm List geführt, der die 17. Armee und die 1. Panzerarmee befehligte. Seine Aufgabe bestand darin, Rostow am Don einzunehmen und dann bis nach Baku vorzudringen. Am 13. Juli wurde Bock wegen strategischer Meinungsverschiedenheiten abgelöst und durch Feldmarschall Reichsfreiherr von Weichs ersetzt. Am selben Tag wurde die 4. Panzerarmee von der Armeegruppe B abgezogen. Ihr wurde befohlen, sich der Armeegruppe A bei ihrem Vorstoß in den Süden anzuschließen. Zehn Tage später erließ Hitler den Befehl 45. Darin stand zu lesen, dass »in einem Feldzug von weniger als drei Wochen die von mir dem Südflügel der Ostfront gesteckten, weiten Ziele im Wesentlichen erreicht worden sind«. Von der 11. Armee auf der Krim unterstützt, wurde die Armeegruppe A beauftragt, den Feind südlich von Rostow zu vernichten und dann »die gesamte östliche Küstenlinie des Schwarzen Meeres in Besitz zu nehmen« und schließlich Baku zu erreichen. Was von der Heeresgruppe B übrig geblieben war, sollte »im Vorstoß gegen Stalingrad die dort im Aufbau befindliche feindliche Kräftegruppe zerschlagen, die Stadt selbst besetzen und die Landbrücke zwischen Don und Wolga sowie den Strom selbst sperren«.[39]

Hitlers Entscheidung, die südliche Offensive aufzuteilen und zwei strategische Ziele zugleich zu verfolgen – die Besetzung von Baku und die Einnahme Stalingrads –, wurde weithin als ein fataler Fehler angesehen. Während die Wehrmacht wohl in der Lage gewesen wäre, das eine oder das andere dieser beiden Ziele zu erreichen und durch Bündelung ihrer Kräfte entweder Stalingrad oder Baku einzunehmen, war sie nicht stark genug, beide Zielsetzungen zu erfüllen. Dies aber beurteilte Hitler damals anders, und die Wiedereinnahme von Rostow am 23. und 24. Juli bestätigte nur seinen Optimismus.

Die deutschen Truppen waren bereit, ihren Feldzug im Kaukasus zu beginnen. Doch General Alfred Jodl, Chef des Wehrmachtführungsstabes im Oberkommando der Wehrmacht, notierte Ende Juli weitsichtig: »Das Schicksal des Kaukasus wird in Stalingrad entschieden.« Der Grund dafür war, dass Stalingrad der Dreh- und Angelpunkt der Verteidigungsstellung an Don und Wolga war, den die Deutschen benötigten, um ihren Vorstoß nach Baku vor einer sowjetischen Umfassung bei einem Gegenangriff zu schützen. Aber Hitler war zuversichtlich, dass dies zu erreichen sei, und als die 6. Armee Ende August die Außenbezirke von Stalingrad erreichte, erwartete der »Führer«, dass die Stadt im Sturm genommen würde.

Stalin fühlte sich durch die Operation Blau in seinem Glauben bestätigt, dass Moskau das Hauptziel der Deutschen 1942 war – eine Wahrnehmung, die durch den ursprünglichen deutschen Angriff im Süden bestätigt wurde, der auf Woronesch zielte, das näher bei Moskau als bei Stalingrad liegt. Ein deutscher Durchbruch an dieser Stelle hätte die Kommunikation der Hauptstadt mit dem Süden des Landes bedroht. Die Stadt fiel am 7. Juli an die Deutschen. Aber über Wochen führte die Rote Armee im Gebiet von Woronesch Gegenangriffe durch. Die Bedeutung, die die Stawka dieser Operation zuschrieb, drückte sich auch in der Entscheidung aus, eine eigene Woroneschfront zu begründen und mit ihrer Leitung einen der talentiertesten Offiziere des Generalstabs, General Nikolai Vatutin, zu beauftragen.[40] Eine andere Gegend hartnäckiger Offensivaktionen der Roten Armee war im Sommer 1942 die Region zwischen Rschew und Wjasma. Die dortigen Operationen wurden von Schukows Westfront durchgeführt und von der Kalininfront und der Brianskfront unterstützt. In seinen Memoiren sagt Schukow wenig über diese Aktionen, außer dass sie erfolgreich gewesen wären, wenn mehr Truppen zur Verfügung gestanden hätten. Er präsentiert die Episode als ein weite-

Viertes Kapitel

res Beispiel für seine Herabstufung, weil er es gewagt habe, mit Stalin über die Bedeutung der Charkow-Operation zu streiten. Tatsächlich hatte die Rschew-Wjasma-Operation eine hohe Priorität für die Stawka, und Schukow wurden beträchtliche Zusatzkräfte zu einer Zeit zur Verfügung gestellt, als die sowjetische Position im Süden zusammenbrach und dringend Verstärkung gebraucht wurde.[41]

Während über die Woronesch-Schlacht in der sowjetischen Presse recht ausführlich berichtet wurde – zumindest bis Stalingrad in die Schlagzeilen rückte –, gab es nur wenig Aufmerksamkeit für die Kämpfe in der Gegend von Rschew und Wjasma. Beide Operationen kamen oft in den Tagesberichten des Generalstabs vor und sind bezeichnend für die weiter anhaltende Präferenz von Offensivaktionen selbst unter den gefährlichsten und schwierigsten Umständen.[42]

Weiter südlich waren die Möglichkeiten, in die Offensive zu gehen, eingeschränkt durch die Schwäche der Südwestfront Timoschenkos nach dem Desaster von Charkow. Als der deutsche Vorstoß Anfang Juli nach Süden schwenkte, zerbröckelte Timoschenkos Verteidigungsfront, und die Stawka sah sich gezwungen, einen Rückzug zum Don zu befehlen.[43] Die Bedrohung Stalingrads wurde bald offenbar, und die Stawka befahl am 12. Juli die Einrichtung einer Stalingradfront.[44] Dies war eine Umbenennung der Südwestfront Timoschenkos, aber es wurden drei Reservearmeen hinzugefügt[45] – die 62., 63. und 64. –, die dafür eingesetzt wurden, Stalingrad zu verteidigen. Insgesamt hatte Timoschenko 38 Divisionen zur Verfügung, eine Streitmacht von mehr als einer halben Million Mann, einschließlich 1000 Panzern und fast 750 Flugzeugen.[46] Timoschenkos Kommando an der Stalingradfront dauerte jedoch nicht lange; am 22. Juli wurde er durch General W. N. Gordow abgelöst.[47] Am nächsten Tag traf Wassilewski – der am 26. Juni zum Chef des Generalstabs ernannt wurde – auf der ersten seiner zahlreichen weiteren Reisen in die Kampfzone in Stalingrad ein.[48] Wassilewski war nur einer von vielen hochrangigen militärischen und politischen Führern, die während der Schlacht nach Stalingrad entsandt wurden, um zu beraten und über die Lage vor Ort zu berichten. Stalins Praxis, Vertreter der Stawka an kritische Frontabschnitte zu schicken, hatte sich nun bewährt, aber die Häufigkeit und Dauer der Aufenthalte stieg in der Schlacht um Stalingrad an.

In der russischen und sowjetischen Geschichtsschreibung ist der 17. Juli 1942 der »offizielle« Beginn der sogenannten »200 Tage des Feuers«, womit die Schlacht von Stalingrad gemeint ist.[49] An diesem Tag stießen Vorausabteilungen der deutschen 6. Armee mit Abteilungen der 62. und 64. sowjetischen Armee am Fluss Tschir zusammen. Die sowjetischen Truppen wurden bald auf ihre Hauptverteidigungslinie entlang des Don zurückgetrieben, und es drohte ein Durchbruch der Deutschen über den Fluss. Stalins Sorge über diese Gefahr drückte sich in einem

Befehl vom 23. Juli an die Südfront, die Nordkaukasusfront und die Stalingradfront aus:

»Wenn es den Deutschen gelingt, Pontonbrücken über den Don zu errichten, und sie es schaffen, Panzer und Artillerie auf die Südseite des Dons zu bringen, würde dies eine schwerwiegende Bedrohung unserer Fronten bedeuten. Wenn die Deutschen nicht in der Lage sind, Pontonbrücken zu bauen, dann können sie nur mit der Infanterie übersetzen, und dies würde für uns keine große Gefahr bedeuten … In Anbetracht dessen ist es die Hauptaufgabe unserer Truppen und unserer Luftwaffe zu verhindern, dass die Deutschen Pontonbrücken über den Don bauen. Wenn es ihnen gelingt, müssen sie mit aller Macht unserer Artillerie und Luftwaffe zerstört werden.«[50]

Innerhalb weniger Tage hatten die Deutschen in großer Zahl den südlichen Abschnitt des Dons überquert und stießen schnell auf den Kaukasus und Stalingrad zu. Die wichtigste Entwicklung war der Verlust von Rostow Ende Juli, ein Ereignis sowohl von symbolischer als auch strategischer Bedeutung. Die Stadt bewachte den Zugang zum Kaukasus, sodass den Deutschen nunmehr der Weg in den Kuban, das reiche Agrargebiet zwischen Don und Kaukasusgebirge, offen stand. Gleichermaßen wichtig war die moralische Wirkung dieses Verlustes auf die Sowjets. Die Stadt war im November 1941 bereits zum ersten Mal durch die Deutschen eingenommen worden. Ihre Rückeroberung durch die Rote Armee einige Tage später war als ein großer Wendepunkt des Krieges gefeiert worden, ein Teil der sich entwickelnden sowjetischen Gegenoffensive, die vor Moskau ihren Höhepunkt erlebte hatte. Nun war Rostow wieder in Feindeshand gefallen, und die Mühelosigkeit, mit der die Deutschen die Stadt erneut eingenommen hatten, erweckte schlechte Erinnerungen an die langwierige Verteidigung Sewastopols.[51]

Am 28. Juli 1942 erließ Stalin den Befehl 227, gewöhnlich bekannt als *Ni shagu nazad!* (Keinen weiteren Schritt zurück!). Der Befehl wurde nicht in den Zeitungen veröffentlicht, aber der Text wurde bei allen Truppengattungen verteilt. Gedruckte Kopien wurden an der Front verbreitet, und Offiziere trugen seinen Inhalt ihren Soldaten vor. *Ni shagu nazad* wurde die Hauptparole der sowjetischen Presse im Sommer 1942, und zahlreiche Artikel und Kommentare verbreiteten die wichtigsten Teile in der breiten Öffentlichkeit.

Der Befehl begann offen mit einer Beschreibung der schwerwiegenden Situation, in der sich das Land befand:

»Der Feind wirft neue Kräfte an die Front und … dringt tief in die Sowjetunion ein. Er überfällt neue Gebiete, er verwüstet und zerstört unsere Städte und Dörfer, er vergewaltigt, beraubt und ermordet das sowjetische Volk. Schlachten toben in der Region von Woronesch, am Don, im Süden an den Toren zum Kaukasus. Die deutschen Besatzer brechen nach Stalingrad durch, an die Wolga und wollen um jeden Preis Kuban und den nördlichen Kaukasus mit seinen Öl- und Lebensmittelvorräten an sich bringen.«

Aber die Rote Armee, so Stalin, scheitere in ihrer Aufgabe gegenüber dem Land:

»Einheiten der Südfront, bei denen Panik ausbrach, zogen sich aus Rostow und Nowotsherkassk ohne ernstlichen Widerstand und ohne Befehl von Moskau zurück und beschmutzten ihre Fahne mit Schande. Die Menschen unseres Landes ... verlieren ihren Glauben an die Rote Armee ... Sie verfluchen die Rote Armee, dass sie unsere Bevölkerung dem Joch der deutschen Unterdrücker überlässt, während sie selbst in den Osten flüchtet.«

Indem er das Ausmaß der bisherigen Verluste unterstrich, betonte Stalin, dass »sich weiter zurückzuziehen, den Ruin unseres Landes und unserer selbst bedeutet. Jedes weitere Stück Land, das wir preisgeben, wird den Feind weiter stärken und unsere Kräfte schwächen, das Vaterland zu verteidigen«. Stalins Lösung war, den Rückzug zu beenden:

»Nicht einen weiteren Schritt zurück! Dies muss nunmehr unsere Hauptlosung sein. Jede Stellung muss bis zum letzten Blutstropfen verteidigt werden, jeder Meter sowjetischen Territoriums, jedes Stück sowjetischer Erde muss bis zum Äußersten gehalten werden.«

Die Durchführung dieser Linie verlange eiserne Disziplin, besonders von den Offizieren und Kommissaren, die als Verräter zu behandeln seien, wenn sie sich ohne Befehl zurückzögen, sagte Stalin. Im Einzelnen ordnete der Befehl die Einrichtung von Strafbataillonen für diejenigen an, die gegen die Disziplin verstoßen hatten, und verlangte, dass hinter schwankende Divisionen Sperrbataillone zu stellen seien. Die Strafbataillone sollten an den gefährlichsten Frontabschnitten eingesetzt werden und ihren Angehörigen die Chance eröffnen, ihre Verfehlungen und Undiszipliniertheiten wiedergutzumachen, während die Sperrbataillone Panikmacher und Drückeberger zu erschießen hatten.[52]

So gab es nichts Neues im Befehl 227, obwohl sein dringender Ton ein Licht auf Stalins Sorge um die sich häufenden Niederlagen und zunehmenden Verluste in diesem Sommer warf. Eiserne Disziplin, drakonische Strafen und kein Rückzug ohne Befehl waren Stalins Losung seit Kriegsbeginn. Der Vorschlag, Strafbataillone einzurichten, war Stalin als eine Idee präsentiert worden, die von den Deutschen stammte. Sie war aber tatsächlich eine Wiederkehr früherer sowjetischer Praktiken. Zwischen 1942 und 1945 wurden etwa 600 derartiger Strafeinheiten gebildet, und ungefähr 430 000 Männer dienten in ihnen. Aufgrund ihrer gefährlichen Einsätze erlitten sie fünfzigprozentige Verluste.[53] Während Sperrbataillone schon an einer Reihe von Frontabschnitten existierten, gab es nach dem Erlass des Befehls 227 einen merklichen Anstieg ihrer Zahl und Aktivitäten. Nach einem zusammenfassenden NKWD-Bericht wurden 193 Sperrbataillone gebildet, nachdem der Befehl 227 ausgegeben worden war. Zwischen 1. August und 15. Oktober dienten in diesen Einheiten 140 755 Männer. Von ihnen wurden 3980 Soldaten verhaftet, 1189 erschossen, 2961 wurden in Strafbataillone eingegliedert, und 131 094 wurden zu ihren Einheiten zurückgeschickt.[54]

Der Befehl 227 wurde allgemein von denjenigen, die an der Front dienten, unterstützt und leistete einen willkommenen Beitrag, die Kampfmoral zu stärken.[55] Tatsächlich war das Hauptziel des neuen Befehls nicht, Missetäter zu bestrafen, sondern Zauderer abzuschrecken und kampfeswillige Rotarmisten in ihrer Pflichterfüllung zu unterstützen, koste es, was es wolle. Stalin brauchte Beispiele von Heldenmut und wünschte nicht, Todeslisten des NKWD von Verrätern zu sehen. Seine Hauptsorge war, denjenigen den Rücken zu stärken, die bereit waren, ihr Leben für die große Sache zu opfern.[56]

Neben die Strafdrohung trat der Appell an den Patriotismus. Der Ruf zur Erfüllung der vaterländischen Pflicht war das Hauptthema der politischen Mobilisierung, seit der Krieg begonnen hatte. Aber er wurde noch deutlicher im »Schwarzen Sommer 1942«, wie es Alexander Werth ausdrückte, als erneut die katastrophale Niederlage drohte. Die Krisenstimmung dieser Zeit wurde gesteigert durch die Erwartung der Öffentlichkeit, dass sich die düstere Situation von 1941 nicht wiederholte. Die öffentliche Propaganda versuchte, den Optimismus zu verstärken. Am 21. Juni kommentierte die Zeitung der Roten Armee, *Krasnaya Swesda* (Roter Stern), dass »die deutsche Armee sich noch immer verbissen in der Defensive befinde und ihr der Offensivdrang, den sie zuvor hatte, genommen wurde … So kann es keine Wiederholung der deutschen Offensive wie im letzten Sommer mehr geben.« Am nächsten Tag gab das Sowjetische Informationsbüro (Sowinform) eine Stellungnahme ab, in der es auf das erste Kriegsjahr zurückblickte. Es versicherte den Lesern, dass »die deutsche Armee des Jahres 1942 nicht mehr die von vor einem Jahr ist … Die deutsche Armee kann keine Offensivoperationen in derselben Größe mehr durchführen. Der Kommentar in der *Prawda* behauptete sogar: »1942 wird das Jahr der endgültigen deutschen Niederlage und unseres endgültigen Sieges.«[57] So kam der rasche Vormarsch der Deutschen im Süden für die meisten Menschen wie aus heiterem Himmel. Die sowjetische Propaganda änderte schnell ihre Richtung und begann, die schwerwiegende Gefahr der Situation zu betonen. Am 19. Juli verglich ein Kommentar in der *Krasnaya Swesda* die Situation im Süden mit den Schlachten von Moskau und Leningrad 1941.[58] Antideutsche Hasspropaganda erfüllte die Presse. Die sowjetischen Soldaten wurden aufgefordert, so viele Deutsche wie möglich zu töten, oder die Ausrottung ihrer Familien, Freunde und des Landes zu gewärtigen.[59] Nachdem der Befehl 227 ergangen war, lautete die Hauptparole wie erwähnt: »Nicht einen Schritt zurück!« Und: »Sieg oder Tod!«[60]

Viertes Kapitel

Die Hauptzielgruppe des Aufrufs zum vaterländischen Opfer war das sowjetische Offizierkorps. Keine Gruppe war für die sowjetischen Kriegsanstrengungen wichtiger und empfänglicher. Während des Krieges wurde eine Million Offiziere getötet und eine weitere durch Kriegsverletzungen invalide. Am 30. Juli 1942 begründete Stalin neue Ordensauszeichnungen allein an Offiziere: der Kutusow-, Newski- und Suworoworden. Ein Kommentar in der *Krasnaya Swesda* rief am nächsten Tag die Leser dazu auf, »dem Vaterland so beizustehen, wie Suworow, Kutusow und Alexander Newski«.[61] In der sowjetischen Presse erschienen Artikel, in denen sowohl die spezielle Bedeutung der Offiziere bei der Aufrechterhaltung der Disziplin herausgestellt wurde als auch ihre technische Kompetenz und ihre Professionalität. Im Verlaufe des Jahres wurden an die Offiziere unverwechselbare Uniformen ausgegeben, zusammen mit Epauletten und goldener Borte (die speziell aus England importiert werden musste).[62] Am 9. Oktober 1942 – auf dem Höhepunkt der Schlacht von Stalingrad – wurde ein Befehl erlassen, der die Institution der Politkommissare und das System des doppelten Kommandos von Offizieren und Kommissaren beseitigte. Die Begründung für diesen radikalen Wechsel war, dass die Offiziere ihre patriotische Loyalität während des Krieges bewiesen hätten und dass das Doppelkommando der Weiterentwicklung ihrer politischen und militärischen Führung im Weg stehe. Die Politkommissare wurden durch eine Reihe neuer Organisationen abgelöst, die sich um die propagandistische Arbeit in den Streitkräften kümmerte. Mehrere der erfahrensten Kommissare wurden auf Kommandeursposten im Militär versetzt.[63] Der Befehl wurde in der Armee nicht überall gutgeheißen, nicht zuletzt unter den Kommissaren. Vielen schien die Abschaffung zum falschen Zeitpunkt zu kommen. Auch befürchtete man, dass sie die Disziplin an der Front untergraben würde. Andere meinten, dass die Kommissare gute Arbeit geleistet hätten und der Mangel an militärischen Fähigkeiten bei vielen Kommandeuren das Problem sei.[64]

Während mehr und mehr Artikel in der sowjetischen Presse der Glorifizierung von vaterländischen Heldentaten aus vorrevolutionären Zeiten gewidmet waren, wurden auch die heroischen Ereignisse der Zeit nach 1917 nicht vernachlässigt. Das Thema des Bürgerkrieges wurde insbesondere relevant, als sich die Deutschen Stalingrad näherten. Vor allem wurden Parallelen hergestellt zwischen Stalins erfolgreicher Verteidigung des damaligen Zarizyn 1918 und der bevorstehenden Schlacht zur Rettung Stalingrads. Die Verteidiger der Stadt gelobten, den Heldentaten ihres berühmten Vorgängers während des Bürgerkrieges nachzueifern. Obwohl in der sowjetischen Propaganda das Motiv des Patriotismus vorherrschte, wie Alexander Werth bemerkte, zu dieser Zeit Korrespondent der *Sunday Times* in Moskau, »trat die Idee der Sowjets niemals in den Hintergrund … Die Verbindung aus ›Sowjet‹ und ›Russland‹ war im riskanten Jahr 1942 nur anders zusammengesetzt als in früheren oder späteren Zeiten.«[65]

Auf Seiten Stalins reifte im Sommer 1942 die Erkenntnis, dass eine entscheidende Schlacht bevorstand. Anfang August entschied die Stawka, die Stalingradfront in zwei Hälften aufzuteilen – eine Stalingrad- und eine Südostfront. Verwirrenderweise kam Stalingrad selbst in den Bereich der Südostfront, während die Stalingradfront nördlich und westlich der Stadt entlang des Dons verlief. Jeremenko wurde zum Kommandeur der Südostfront ernannt, während Gordow zum Kommandeur der neuen Stalingradfront bestellt wurde.[66] Um die Zusammenarbeit bei der Verteidigung Stalingrads zu erleichtern, wurde am 9. August Jeremenko zum Oberkommandierenden beider Fronten berufen. In der Ankündigung dieser neuen Kommandostruktur feuerte Stalin beide Generäle an, indem er betonte, dass »die Verteidigung Stalingrads und die Niederlage des Feindes ... von entscheidender Bedeutung für alle sowjetischen Fronten sind. Das Oberkommando verpflichtet Sie, keine Mühe zu scheuen und vor keinem Opfer zurückzuschrecken, um Stalingrad zu verteidigen und den Feind zu vernichten.«[67]

Churchill in Moskau

Als die Deutschen näher an Stalingrad heranrückten, traf Winston Churchill im August in Moskau ein. Er brachte schlechte Nachrichten mit: Im Jahr 1942 werde es keine zweite Front mehr geben. Zusätzlich zu seiner früheren Ankündigung, dass England wegen der hohen Verluste seine Nachschubkonvois an Russland durch die Arktis einstellen werde, war diese Entscheidung ein herber Schlag für Stalin. Sie bedeutete, dass es keine unmittelbare Aussicht darauf gab, dass sich der Druck der Deutschen an der Ostfront abschwächen könnte.

Stalin hatte Churchill seit Kriegsbeginn zur Einrichtung einer zweiten Front im Westen gedrängt. In Großbritannien, den Vereinigten Staaten und anderen verbündeten Staaten hatte die Komintern eine massive Kampagne zur Eröffnung einer zweiten Front in Frankreich aufgenommen. Als Molotow im Mai und Juni 1942 nach London und Washington reiste, war eines seiner Hauptanliegen, seine Partner darauf zu verpflichten, so schnell wie möglich eine zweite Front zu eröffnen. Das Resultat war ein gemeinsames Kommuniqué vom 12. Juni, in dem es hieß, dass »vollständiges Verständnis hinsichtlich der dringenden Aufgabe erreicht wurde, 1942 in Europa eine zweite Front zu schaffen«.[68]

Diese Erklärung wurde in einem am selben Tag veröffentlichten amerikanisch-sowjetischen Kommuniqué wiederholt.[69] Die Formulierung, die auf Stalins Drängen in beide Kommuniqués aufgenommen wurde[70], weckte die Erwartung, dass 1942 tatsächlich eine zweite Front in Frankreich eröffnet würde. Ein Kommentar in der *Prawda* begrüßte die Deklaration freudig als bedeutsame Stärkung der Anti-

Hitlerkoalition und rief 1942 zum Jahr der »endgültigen Niederlage der Hitler-Horden« aus.[71] Am 18. Juni berichtete Molotow dem Obersten Sowjet über die Ergebnisse seiner Reise nach London und Washington. Molotow sagte, dass die Deklaration »große Bedeutung für die Völker der Sowjetunion hat, da die Einrichtung einer zweiten Front den Armeen Hitlers unüberwindliche Schwierigkeiten an unserer Front bereiten wird. Wir hoffen, dass unser gemeinsamer Feind bald das gesamte Gewicht der anwachsenden Militärkooperation der drei großen Mächte spüren wird« – eine Erklärung, die nach dem offiziellen Protokoll der Sitzung mit langem, stürmischem Applaus aufgenommen wurde.[72] In vertraulichen Gesprächen jedoch erhielt Molotow, was die zweite Front betraf, keine vorbehaltlose Zusicherung. In die Annahme der Deklaration hatten die Engländer den Vorbehalt eingebaut, dass sie zwar »Vorbereitungen für eine Landung im August oder September 1942 auf dem Kontinent unternehmen ... aber kein Versprechen in der Angelegenheit abgeben können. Vorausgesetzt aber, dass es vernünftig und sinnvoll erscheint, würde nicht gezögert, die Pläne in die Tat umzusetzen.« Im Gespräch mit Molotow machte Churchill deutlich, dass dies bestenfalls die Landung von sechs Divisionen auf dem Kontinent bedeute, worauf 1943 eine vielfach größere Invasion erfolgen würde. Molotows Schlussfolgerung in seinem Bericht an Stalin war, dass »die britische Regierung keine Verpflichtung auf sich genommen hat, dieses Jahr eine zweite Front zu eröffnen, sondern nur sagt, und dies mit einiger Einschränkung, dass sie eine Probelandung vorbereitet«.[73]

Als Molotow den Bericht vorlegte, hoffte Stalin immer noch, trotz der Rückschläge bei Charkow und auf der Krim, auf einen großen militärischen Fortschritt 1942. In diesem Zusammenhang war jedes Bekenntnis zu einer zweiten Front willkommen. Im günstigsten Fall würde es zu einer Landung kommen, und diese könnte dazu beitragen, die durch einen Truppenabzug in den Westen geschwächte Wehrmacht an der Ostfront zurückzudrängen. Schlechtestenfalls würde die Bedrohung Hitler abhalten, zu viele Truppen aus Westeuropa abzuziehen. In jedem Fall glaubte Stalin, dass ein öffentliches Bekenntnis zu einer zweiten Front den politischen Druck auf die westlichen Regierungen erhöhen würde, eine solche Operation durchzuführen. Mitte Juli jedoch hatte sich die Lage an der Ostfront drastisch verschlechtert, und Stalin sah nun die fehlende zweite Front als einen ungünstigen Faktor in der militärischen Gleichung. Je weiter die Deutschen in den Süden vordrangen, desto dringender wurden die diplomatischen Bemühungen der Sowjets, die westlichen Alliierten zur Umsetzung ihrer Versprechen zu drängen.[74] Am 23. Juli schrieb Stalin selbst an Churchill, dass er hinsichtlich der Eröffnung einer zweiten Front in Europa fürchte, dass die Angelegenheit eine schlechte Wendung nehme. In Anbetracht der Lage an der sowjetisch-deutschen Front erklärte er mit allem Nachdruck, dass die sowjetische Regierung es nicht dulden könne, wenn die Eröffnung einer zweiten Front auf 1943 verschoben würde.[75] Churchill antwortete, indem er eine persönliche Begegnung vorschlug, bei der er Stalin über die anglo-amerikanischen Pläne für Militäraktionen im Jahre 1942 unterrichten könne. Stalin stimmte zu, Churchill zu treffen, bat aber den Premierminister, nach Moskau zu kommen, weil weder er noch Mitglieder seines Generalstabes die Hauptstadt in einer so kritischen Zeit verlassen könnten.[76]

Die Aussichten für das Treffen waren nicht gerade vielversprechend. In den Wochen vor Churchills Ankunft in Moskau berichteten sowjetische Spione in Großbritannien und in den Vereinigten Staaten, dass die USA 1942 keine zweite Front in Europa eröffnen werde und stattdessen eine größere Militäraktion in Nordafrika plane.[77] Ein gleichermaßen pessimistisches Bild ging aus Berichten von Stalins Botschafter in den USA, Maxim Litwinow, hervor. So schrieb Litwinow, dass im Gegensatz zu Roosevelt, der eine zweite Front in Europa befürwortete, Churchill sich gegen diese Überlegung ausgesprochen und den Präsidenten stattdessen von den Vorzügen einer Aktion in Nordafrika überzeugt habe.[78]

Am 7. August legte Iwan Maiski, der sowjetische Botschafter in London, Stalin eine kurze Zusammenfassung der Absichten vor, die Churchill mit seiner Reise nach Moskau verfolgte. Es gehe dem Premier um dreierlei, schrieb Maiski. Als Erstes solle mit dem Besuch die öffentliche Erregung über eine zweite Front in Großbritannien zur Ruhe gebracht werden. Zweitens sollten gemeinsame alliierte Strategien gegen Deutschland diskutiert werden. Drittens wolle Churchill Stalin überzeugen, dass eine zweite Front in Europa 1942 nicht möglich und nicht wünschenswert sei. Nach Maiski war Churchill nicht sehr zuversichtlich in Bezug auf britische Militäraktionen, wo auch immer. Die Reihe militärischer Niederlagen, die Großbritannien in Nordafrika und dem Fernen Osten hatte erleben müssen, habe eine negative Wirkung auf Churchill gehabt. Maiski sprach außerdem ein Thema an, das Stalin fortwährend ärgerte: Hofften die Briten auf eine Schwächung sowohl Deutschlands als auch der Sowjetunion? Ja, meinte Maiski, aber das bourgeoise Großbritannien wie Churchill selbst fürchteten noch mehr den Nazisieg und suchten daher nach Wegen, der Sowjetunion, wenn auch unter Verzicht auf eine Landung in Europa, zu helfen. Zusammenfassend argumentierte Maiski, da es unwahrscheinlich sei, dass Churchills Einstellung zu einer zweiten Front sich ändern werde, solle sich die sowjetische Seite auf »zweitrangige« Fragen konzentrieren, wie vermehrte Nachschublieferungen, und den Besuch dazu nutzen, »eine gemeinsame alliierte Militärstrategie zu konzipieren, ohne die ein Sieg unvorstellbar ist«.[79]

Churchill traf in Moskau am 12. August ein. Begleitet wurde er von Averell Harriman, Roosevelts Londoner Beauftragten für die Hilfslieferungen an Russland, der auf Wunsch Roosevelts an der Reise Churchills teilnahm. Die beiden hatten am Abend ihr erstes Zusammentreffen mit Stalin.[80] Das Treffen begann mit einem Meinungsaustausch zur militärischen Situation. Churchill sprach über die Lage in Ägypten, während Stalin sagte, dass »die Nachrichten nicht gut seien und dass die Deutschen enorme Anstrengungen unternähmen, nach Baku und nach Stalingrad zu gelangen. Er wisse nicht, wie die Deutschen so viele Truppen, Panzer und so viele ungarische, italienische und rumänische Divisionen zusammenbekommen konnten. Er wäre sicher, dass sie ganz Europa nach Truppen ausgequetscht hätten. In Moskau wäre die Lage stabil, aber er würde nicht im Vorhinein garantieren, dass die Russen fähig wären, einem deutschen Angriff standzuhalten.«

Churchill fragte, ob die Deutschen in der Lage seien, eine neue Offensive auf Woronesch oder in Richtung Norden zu unternehmen. Stalin antwortete, dass es »in Anbetracht der Länge der Front für Hitler gut möglich wäre, 20 Divisionen abzuziehen und so eine starke Offensivstreitmacht zu schaffen«.[81] Die Diskussion drehte sich dann um die Frage einer zweiten Front. Churchill erklärte, dass es nicht möglich sei, 1942 in Frankreich über den Ärmelkanal zu landen, weil es nicht genügend Landeboote gebe, um eine solche Operation gegen eine befestigte Küste zu unternehmen. Nach dem Bericht des amerikanischen Dolmetschers des Treffens »schaute Stalin daraufhin sehr finster drein« und schlug verschiedene Alternativen vor, so eine Landung auf den Kanalinseln. Churchill argumentierte, dass eine solche Aktion mehr schaden als nützen und Ressourcen aufbrauchen werde, die 1943 besser eingesetzt werden könnten. Stalin bezweifelte Churchills Einschätzung der deutschen Truppenstärke in Frankreich, aber der britische Premier insistierte: »Krieg ist Krieg und keine Narretei, und es wäre närrisch, ein Desaster heraufzubeschwören, das niemandem helfen würde.« Zu diesem Zeitpunkt »war Stalin ruhelos geworden« und sagte, dass »seine Ansicht des Krieges eine andere ist. Ein Mann, der nicht bereit ist, Risiken auf sich zu nehmen, kann keinen Krieg gewinnen.« Weiter meinte Stalin, dass die Briten und Amerikaner »nicht so viel Angst vor den Deutschen haben sollten« und dass sie dazu neigten, die deutsche Stärke zu überschätzen. Stalin äußerte, »seine Erfahrung zeige, dass Truppen in der Schlacht mit Blut getauft werden müssten. Wenn man sie nicht zur Ader lasse, dann habe man keine Ahnung von ihrem Wert.« Nach weiteren Überlegungen zur Möglichkeit von Landungen in Frankreich wandte sich die Diskussion den alliierten Bombenangriffen auf Deutschland zu. In dieser Frage stimmten beide Regierungschefs weitgehend überein. Stalin hoffte, dass die Bevölkerung genauso bombardiert würde wie die Industrie, da dies der einzige Weg sei, die öffentliche Kriegsbereitschaft zu brechen. Churchill stimmte dem aus ganzem Herzen zu:

»Was die Zivilbevölkerung betrifft, sehen wir ihre Moral als ein militärisches Ziel an. Wir gaben keine Gnade, und wir geben keine Gnade ... Wenn nötig, werden wir im Laufe des Krieges nahezu jede Behausung in nahezu jeder deutschen Stadt zerschmettern.«

Nach dem amerikanischen Bericht über das Gespräch hatten Churchills »Worte eine sehr anregende Wirkung auf das Gespräch, und nach und nach wurde daraufhin die Atmosphäre herzlicher«.

Churchill berichtete Stalin dann über die »Operation Torch« – die für den Oktober und November 1942 geplante Landung der Briten und Amerikaner im französischen Teil Nordafrikas. Das Ziel der Operation war es, eine Position zu beziehen, von der aus deutsche und italienische Kräfte in Tunesien und Libyen angegriffen werden könnten. Um die Bedeutung dieser Operation zu verdeutlichen, malte Churchill das Bild eines Krokodils für Stalin auf und sagte, dass die anglo-amerikanische Operation die Absicht habe, anstatt der harten Schnauze der Bestie in Nordfrankreich ihre weiche Unterseite in der Mittelmeerregion anzugreifen. Stalin konnte den fehlerhaften Vergleich verzeihen, wenn er daran dachte, dass die harte Schnauze des Krokodils an der Ostfront lag, wo sich die Rote Armee bereits im Kampf mit dem Ungetüm befand. Was die Operation Torch anging, wusste Stalin bereits aus eigenen Quellen vieles über sie, aber er täuschte großes Interesse und Unterstützung für die Operation vor. Er war besorgt, dass sie die Franzosen gegen die Alliierten aufbringen könnte. Dennoch sah er in ihr vier herausragende Vorteile: Erstens würde der Gegner im Hinterland angegriffen. Zweitens würde sie die Franzosen gegen die Deutschen in den Kampf führen. Drittens würde sie Italien aus dem Spiel werfen. Und viertens würde sie die Spanier neutral lassen.

Am nächsten Tag war Stalins Begeisterung für Torch schon ein wenig abgeflaut.[82] Er sagte Churchill und Harriman, dass sie die Sowjetunion, obgleich die Operation militärisch richtig sei, nicht direkt betreffe. Was die Frage einer zweiten Front anging, so war für die Briten und Amerikaner die russische Ostfront von zweitrangiger Bedeutung. Stalin beschwerte sich darüber, dass Briten und Amerikaner ihre Zusagen von Hilfslieferungen an die Sowjetunion nicht einhielten, und erklärte, dass beide Länder höhere Opfer bringen müssten, wobei Stalin auf die sowjetischen Verluste von täglich 10 000 Mann an der russischen Ostfront verwies. Churchill antwortete ihm, dass es ihn betrübe, dass die westlichen Alliierten nach Ansicht der Russen nicht genug für die gemeinsame Sache unternehmen würden. Stalin antwortete, dass dies kein »Misstrauen sei, sondern nur Ausdruck unterschiedlicher Ansichten. Seine Meinung war, dass es für die Briten und Amerikaner möglich sei, sechs oder acht Divisionen an der französischen Küste bei Cherbourg an Land zu setzen, zumal sie die Luftherrschaft hätten. Er glaubte, wenn die britische Armee so sehr die Deutschen bekämpfen würde wie die russische Armee, müsste sie die Deutschen nicht fürchten. Die Russen und auch die Royal Air Force hätten gezeigt, dass es möglich sei, die Deutschen zu schlagen. Die britische Infanterie könne dasselbe, vorausgesetzt, sie würde sich zeitlich mit den Russen abstimmen.«

Stalin präsentierte Churchill und Harriman ein Memorandum, aus dem angeblich hervorging, dass die geplanten sowjetischen Sommer- und Herbstoperationen auf der Basis einer zweiten Front in Europa beruhten.[83] Am 15. August traf Churchill erneut Stalin, diesmal ohne Harriman. Dies war eine viel intimere und freundlichere Begegnung als die ersten beiden Treffen, die in ein privates Abendessen in Stalins Kremlwohnung überging.[84] Stalin sprach erneut die Möglichkeit einer zweiten Front an, indem er vorschlug, dass die Alliierten auch Südfrankreich besetzen müssten, wenn die Operation Torch Erfolg habe, was Churchill bereitwillig zugestand. Aber das Hauptthema des Gespräches war etwas anderes: Stalins äußerst optimistische Beschreibung der Lage an der Ostfront. Die Deutschen, sagte Stalin, greifen in zwei Wellen an – eine in Richtung Kaukasus und die andere in Richtung Woronesch und Stalingrad:

»Die Front sei durchbrochen, der Feind hatte Erfolg, aber er hatte nicht genügend Kraft, etwas daraus zu machen ... Sie haben geglaubt, bei Stalingrad durchbrechen zu können, aber sie haben es nicht geschafft, die Wolga zu erreichen, und sie werden dies nicht schaffen. Bei Woronesch wollten sie nach Elets und Riasan durchbrechen, um so die Moskauer Front aufzurollen. Aber sie hätten es auch nicht geschafft ... Bei Rschew hätten die Russen die Schlinge ausgelegt, und Rschew würde sehr bald genommen werden. Dann würden sich die Russen in südliche Richtung bewegen, um Smolensk abzuschneiden. Bei Woronesch wurden die Deutschen über den Don getrieben. Die Russen hätten umfangreiche Reserven ... nördlich von Stalingrad, und er hoffe, bald eine Offensive in zwei Richtungen zu unternehmen: a) in Richtung Rostow und b) in eine südlichere Richtung ... Das Ziel sei, die feindlichen Kräfte im Kaukasus abzuschneiden ... Er schloss mit dem Hinweis, dass Hitler nicht die Kraft habe, mehr als eine Offensive an mehr als an einem Frontbereich gleichzeitig zu starten.«

Beim Abendessen diskutierten Stalin und Churchill die Möglichkeit einer gemeinsamen Aktion in Nordnorwegen, um die britischen Schiffsrouten nach Murmansk[85] zu schützen, und tauschten ihre Meinung über die Zukunft Deutschlands aus. Churchill meinte, dass der preußische Militarismus und der Nationalsozialismus zerstört und Deutschland nach dem Krieg entwaffnet werden müsste, während sich Stalin dafür aussprach, dass Deutschlands Militärkaste liquidiert und das Land durch Abtrennung der Ruhr geschwächt werden sollte. Stalin erkundigte sich nach dem Wahrheitsgehalt von Gerüchten, dass es ein britisch-deutsches Übereinkommen gebe, Berlin und London nicht zu bombardieren, was Churchill verneinte und entgegnete, dass die Bombardierungen wieder aufgenommen würden, wenn die Nächte länger würden.[86] Churchill sagte, dass Maiski ein guter Botschafter sei, aber

Stalin meinte, er könnte besser sein: »Er spricht zu viel und kann seine Zunge nicht im Zaum halten.« Churchill sprach über seinen Vorkriegsplan eines »Bündnisses der drei großen Demokratien Großbritannien, die Vereinigten Staaten und die UdSSR, das die Welt führen könnte«. Stalin stimmte zu und sagte, es hätte eine gute Idee sein können, aber für Chamberlains Regierung. Am Ende des Abendessens war der Text eines gemeinsamen Kommuniqués über Churchills Besuch hergestellt, und signierte Fotos beider Regierungschefs wurden ausgetauscht. Der britische Dolmetscherbericht schloss: »Die ganze Atmosphäre war herzlichst und freundlichst.«

Nachdem Churchill Moskau verlassen hatte, schrieb Molotow an Maiski und gab ihm eine kurze Zusammenfassung des Besuchs. »Die Verhandlungen mit Churchill waren nicht ganz problemlos«, übermittelte Molotow nach London, aber ihnen »folgte ein ausführliches Gespräch in der Privatresidenz Genosse Stalins, das für ein enges persönliches Verhältnis zu dem Gast sorgte. Obwohl Churchill eine befriedigende Antwort auf die Hauptfrage (einer zweiten Front) schuldig blieb, können die Ergebnisse trotzdem als befriedigend betrachtet werden.« In einer weniger positiven Mitteilung informierte Molotow Maiski, dass »Ihre Idee, eine gemeinsame Strategie auszuarbeiten, nicht diskutiert wurde. Es scheint mir, dass in diesem Stadium, wo wir die einzige Partei im Krieg sind, diese Idee inakzeptabel für uns ist. Sie sollten diese Idee nicht an die Briten herantragen. Sie haben von uns keine derartigen Direktiven erhalten, und Sie konnten sie auch von uns nicht erhalten.«[87]

Während seiner gesamten Gespräche mit Churchill und Harriman stellte Stalin heraus, dass die Kontroverse über eine zweite Front, trotz aller weiteren Streitigkeiten über Hilfslieferungen oder andere Dinge, eine Meinungsverschiedenheit zwischen Verbündeten und nicht eine Angelegenheit grundsätzlich fehlenden Vertrauens war. Die persönliche Begegnung zwischen ihnen, so gab Stalin Churchill zu verstehen, sei von großer Bedeutung. Stalin bedeutete auch Harriman, dass er gerne so bald wie möglich Roosevelt treffen möchte.[88] Je mehr sich freilich die Situation in Stalingrad verschärfte, umso schmerzlicher erschien Stalin das Fehlen einer zweiten Front, wodurch sich seine Beziehungen zu den westlichen Alliierten wieder abkühlten. Stalins zunehmende Ungeduld in dieser Frage wurde der Öffentlichkeit am 3. Oktober vernehmbar, als er auf die schriftlichen Fragen des Associated-Press-Korrespondenten Henry Cassidy in Moskau antwortete:

»Frage: Welchen Rang nimmt die Möglichkeit einer zweiten Front in den sowjetischen Überlegungen zur gegenwärtigen Situation ein?

Antwort: Einen sehr wichtigen Rang. Man könnte sagen einen Platz von erstrangiger Bedeutung.

Frage: In welchem Maße hat sich die alliierte Hilfe für die Sowjetunion als hilfreich erwiesen, und was kann getan werden, diese Hilfe zu erweitern und zu verbessern?

Antwort: Verglichen mit der Hilfe, die die Sowjetunion den Alliierten zukommen lässt, indem sie die Hauptkräfte der deutsch-faschistischen Armeen auf sich zieht, hat sich die Hilfe der Alliierten an die Sowjetunion bislang als wenig effektiv erwiesen. Um diese Hilfe zu erweitern und zu verbessern, wird nur eines benötigt: dass die Alliierten ihre Verpflichtungen vollständig und zur vereinbarten Zeit erfüllen!«[89]

Stalins öffentliche Kritik schlug in der britischen und amerikanischen Presse hohe Wellen[90] und machte deutlich, dass die Sowjets die Einrichtung einer zweiten Front einstweilen aufgegeben hatten und stattdessen verstärkten Hilfslieferungen Vorrang gaben. Dies stimmte mit Stalins privatem Meinungsaustausch mit Briten und Amerikanern überein, wo er vor allem seinen dringenden Bedarf an Flugzeugen deutlich machte.[91] Zur Frage einer zweiten Front kehrte Stalin dann in seiner Rede zum 25. Geburtstag der bolschewistischen Revolution am 6. November 1942 zurück. Er erläuterte seiner Zuhörerschaft in Moskau, dass sich der gegenwärtige militärische Erfolg der Deutschen aus dem Fehlen einer zweiten Front in Europa erkläre, da sie in der Lage seien, all ihre Reserven an der Ostfront zu konzentrieren. Wäre eine zweite Front eröffnet worden, stände die Rote Armee nun bei Pskow, Minsk, Schytomyr und Odessa, und »die deutsch-faschistische Armee befände sich am Rande eines militärischen Desasters«.[92] Stalins Kritik an der Haltung des Westens zu einer zweiten Front wurde in zahllosen Zeitungsartikeln und Kommentaren wiederholt. Es scheint, als ob sie in der sowjetischen Öffentlichkeit weitestgehend geteilt wurde, wenn man NKWD-Berichten über die öffentliche Meinung glauben kann.[93]

Diese Spannungen unter den Alliierten über eine zweite Front fielen mit einer weiteren interalliierten Kontroverse zusammen: der Frage der Verurteilung und Bestrafung von Kriegsverbrechern. Anfang Oktober wurden die Sowjets von den Briten und Amerikanern eingeladen, an einer »war crimes commission« teilzunehmen. Aber bevor Moskau auf die Einladung antworten konnte, kündigten die Briten einen Plan zur Bestrafung von Kriegsverbrechern *nach Ende des Krieges* an. Darauf Bezug nehmend veröffentlichte Molotow eine Erklärung zur »Verantwortlichkeit der hitleristischen Invasoren und ihrer Komplizen für die von ihnen in den besetzten Gebieten Europas begangenen Verbrechen«.[94] Kern dieser am 14. Oktober veröffentlichten Erklärung war die Forderung, dass festgenommene Naziführer bereits während des Krieges vor einem internationalen Gerichtshof angeklagt werden sollten, so nicht zuletzt Rudolf Heß, Hitlers einstiger Stellvertreter, der seit seiner dramatischen Flucht im Mai 1941 nach Großbritannien dort im Gefängnis saß. Am 19. Oktober veröffentlichte die *Prawda* einen Kommentar, in dem verlangt wurde, Heß als Kriegsverbrecher anzuklagen. Weiter hieß es: »Zu sehen, dass Heß nicht vor Ende des Krieges vor Gericht gestellt werden wird, dass ihm während des gesamten Krieges ein Verfahren vor einem internationalen Gerichtshof erspart bleiben wird, bedeutet, die Augen vor den Verbrechen eines der blutrünstigsten hitleristischen Verbrechers zu verschließen und Heß nicht als einen Kriminellen anzusehen, sondern als Repräsentanten eines anderen Staates, als Hitlers Gesandten.«[95]

Der Streit um die Behandlung von Kriegsverbrechern bildete den Hintergrund eines außergewöhnlichen Telegramms Stalins an Maiski.

»Bei uns allen in Moskau hat sich der Eindruck ergeben, dass Churchill die Niederlage der UdSSR anstrebt, um sich dann mit … Hitler … auf unsere Kosten zu arrangieren. Ohne diese Annahme ist Churchills Haltung zu einer zweiten Front in Europa nur sehr schwer zu verstehen. Dies gilt auch für die militärischen Hilfslieferungen an die UdSSR, die trotz zunehmender Produktion in England nach und nach immer mehr reduziert werden, und für die Angelegenheit Heß, den Churchill in Reserve zu halten scheint. Auch die systematische Bombardierung Berlins durch die Briten steht aus, was Churchill in Moskau noch ankündigte, was er aber nicht im Geringsten unternahm, obgleich er es zweifellos hätte tun können.«[95]

Maiski antwortete Stalin am 23. Oktober. Er wies darauf hin, dass ein deutscher Sieg über die UdSSR von Churchill wohl kaum gewünscht werde, da nicht nur Europa unter Hitlers Herrschaft fallen würde, sondern auch Afrika und selbst ein größerer Teil Asiens. Zwar gebe es Briten, die eine Niederlage der UdSSR und eine Verständigung mit Hitler wollten, aber sie würden gegenwärtig keinen großen Einfluss ausüben. Churchills Versäumnisse erklärte Maiski aus der Tatsache, dass er einen »einfachen Krieg« wolle. Die Hilfslieferungen hätten aufgrund der Operation Torch abgenommen. Dass Churchill Berlin nicht bombardiert hat, läge daran, dass er eine Vergeltung gegenüber London fürchte. Heß würde nicht angeklagt, weil die Briten eine Vergeltung gegenüber ihren Kriegsgefangenen in Deutschland fürchten würden. Im Übrigen, schloss Maiski, glaube Churchill, dass der Krieg lange Zeit dauern kann und sich Heß eines Tages noch einmal als nützlich erweisen könne.[97] Stalin antwortete Maiski am 28. Oktober:

»Ich glaube weiter, dass Churchill als ein Anhänger eines leichten Krieges von denen beeinflusst wird, die eine Niederlage der Sowjetunion anstreben, da eine Niederlage unseres Landes und ein Kompromiss mit Deutschland zulasten der Sowjetunion die einfachste Form des Krieges zwischen England und Deutschland ist.

Natürlich werden die Engländer später verstehen, dass ohne die russische Front und mit einem handlungsunfähigen Frankreich sie, die Engländer, zur Vernichtung verurteilt sind. Aber wann werden sie das einsehen? Wir werden sehen …

Churchill sagte uns in Moskau, dass im Frühjahr 1943 ungefähr eine Million britisch-amerikanische Soldaten eine zweite Front in Europa eröffnen werden. Aber Churchill gehört wohl zu den Führern, die leichtfertig Versprechungen machen, um sie wieder zu vergessen oder zu brechen. In Moskau versprach er auch, Berlin im September und Oktober massiv zu bombardieren. Jedoch hat er nicht sein Versprechen gehalten und hat bis jetzt noch nicht einmal daran gedacht, Moskau über seine Motive für die Unterlassung zu informieren. Nun, von jetzt an wissen wir, mit was für Alliierten wir es zu tun haben.

Ich setze wenig Hoffnung auf die »Operation Torch«. Wenn sie sich, entgegen den Erwartungen, als erfolgreich herausstellen sollte, ist es verzeihlich, dass uns Flugzeuge zugunsten der Operation genommen wurden.«[98]

Stalin war verwirrt – durch das Fehlen einer zweiten Front, durch Kürzungen der Hilfslieferungen, durch die Heß-Affäre, durch den Verdacht, dass viele seiner angeblichen Verbündeten gerne die Deutschen als Sieger über die Sowjetunion sehen würden. Vor allem aber spürte er den Druck der Schlacht von Stalingrad. Selbst jetzt noch bereitete die Rote Armee eine große Gegenoffensive vor, um den Feind bei Stalingrad zu schlagen. Ihr Erfolg hing nicht davon ab, ob Stalingrad gehalten werden könnte; strategisch war es am wichtigsten, die Deutschen von den Außenbezirken der Stadt fernzuhalten. Aber der Verlust der Stadt selbst würde ein verheerender Schlag für die sowjetische Kriegsmoral sein – und auch für Stalin persönlich. Emotional und politisch hatte er ebenso viel darin investiert, die »Stadt Stalins« zu verteidigen, wie Hitler aufgewendet hatte, um sie einzunehmen.

Die Belagerung von Stalingrad

Die Belagerung von Stalingrad begann mit massiven Luftangriffen am 23. August 1942. Zwei Tage lang bombardierte die Luftwaffe die Stadt. Dabei wurden 2000 Einsätze geflogen, durch die mindestens 25 000 Zivilisten getötet wurden. General Wolfram von Richthofen, Kommandeur des 8. Fliegerkorps, flog über die zerstörte Stadt und bemerkte in seinem Tagebuch, dass Stalingrad vollkommen »zerstört und ohne weitere nennenswerte Angriffsziele« sei.[99] Am Tag nach den Luftangriffen erreichten Vorauseinheiten der 6. Armee unter General Friedrich Paulus die Wolga bei Rynok und Spartakanska in den nördlichen Bezirken der Stadt. Doch der Hauptteil von Paulus' Kräften erreichte die äußeren Teile des Zentrums von Stalingrad nicht vor Anfang September. Im Süden der Stadt kam Hermann Hoths 4. Panzerarmee – die vom Feldzug im Kaukasus zum Angriff auf Stalingrad zurückgerufen wurde – bei Kuporosnoye nicht vor dem 10. September an die Wolga. Als die 4. Panzerarmee eintraf, war die sowjetische Verteidigung von allen

Bewegungsrichtungen mit Ausnahme der östlichen Richtung über die Wolga abgeschnitten.

Zur Verteidigung der Stadt befand sich die 62. Armee im Zentrum und im Norden Stalingrads und die 64. Armee in den südlichen Stadtteilen. Aber sie waren durch den deutschen Vorstoß an die Wolga voneinander getrennt worden. Nach sowjetischen Zahlen setzten die Deutschen entlang der 64 Kilometer langen Front von Stalingrad 13 Divisionen mit etwa 170 000 Mann, 500 Panzern, 3000 Artilleriegeschützen und 1000 Flugzeugen ein. Ihnen gegenüber standen 90 000 Mann mit 2000 Artilleriegeschützen, 120 Panzern und weniger als 400 Flugzeugen.[100]

Anfänglich war Stalin zuversichtlich, dass er Stalingrad halten könne. Die Stadt hatte sich seit Anfang Juli auf eine Belagerung vorbereitet, und Reserven der Stawka strömten in die Region. Zwischen Mitte Juli und Ende September beorderte die Stawka 50 Divisionen und 33 unabhängige Brigaden in die Stalingrader Region. Unter den Verstärkungen befanden sich eine Reihe von Sturmregimentern aus dem Fernen Osten und 100 000 Marinesoldaten.[101] Am 23. August gab Stalin Jeremenko den Befehl, den Feind mit allen seinen Flugzeugen und seiner gesamten Artillerie anzugreifen und ihm dabei weder bei Tag noch bei Nacht Ruhe zu lassen. »Die Hauptsache«, sagte Stalin, »ist, nicht in Panik zu verfallen, vor der Frechheit des Feindes keine Angst zu haben und die Zuversicht in unseren Erfolg zu bewahren.«[102] Am nächsten Tag gab Stalin Jeremenko den Befehl, die Lücken in der sowjetischen Verteidigung zu schließen und die Deutschen von Stalingrad fernzuhalten.[103] Stalin war aber inzwischen vorsichtiger geworden und sandte am 25. August eine Nachricht an Wassilewski und Malenkow – die gerade Stalingrad als Stawkavertreter besuchten –, in der er sie fragte, ob sie einen Rückzug der 62. und 64. Armee auf eine Linie entlang des östlichen Dons befürworteten.[104] Am 26. August wurde Schukow nach Moskau zurückgerufen und zum stellvertretenden Oberkommandierenden ernannt.[105] Auch er wurde nach Stalingrad beordert, um über die Situation Bericht zu erstatten. Anfang September begann sich Stalins Zuversicht zu verflüchtigen, und am 3. September instruierte er Schukow:

»Die Situation wird immer schlechter. Der Feind steht (6 km) vor Stalingrad. Er kann Stalingrad morgen oder übermorgen einnehmen. Lassen Sie die Kommandeure der Truppen im Norden und Nordwesten Stalingrads ohne Verzug angreifen … Keine Verzögerung kann geduldet werden. Verzögerung kommt jetzt einem Verbrechen gleich. Stellen Sie alle Flugzeuge zur Hilfe für Stalingrad ab. In Stalingrad gibt es kaum noch Flugzeuge.«[106]

Am 9. September berief die Stawka General Wassili Tschuikow zum Befehlshaber der 62. Armee.[107] Als Tschuikow den Befehl übernahm, standen ihm 54 000 Mann, 900 Artilleriegeschütze und 110 Panzer zur Verfügung, während Paulus doppelt so starke Kräfte hatte. Trotz der zahlenmäßigen Unterlegenheit war es

Viertes Kapitel

Tschuikows Truppen zu verdanken, dass Stalingrad vor einer vollständigen deutschen Besetzung bewahrt werden konnte. Aber auch die 63., 64. und 66. Armee, die an den Flanken der Stadt operierten, leisteten einen unverzichtbaren Beitrag zur Verteidigungsschlacht.

Stalingrad war eine lange, enge Stadt, die sich über 50–60 Kilometer entlang der Westseite der Wolga erstreckte. Sie war in drei Stadtteile untergliedert. Im Süden lag die Altstadt, die an den Hauptbahnhof der Stadt und die zentrale Schiffsanlegestelle anschloss. In der Mitte befand sich ein modernes Viertel mit breiten Boulevards, Kaufhäusern, Verwaltungsgebäuden und öffentlichen Einrichtungen. Der Norden der Stadt wurde durch drei große Fabriken entlang des Flusses dominiert: die Dscherschinsky-Traktorenfabrik (die während des Krieges auf Panzerproduktion umgestellt wurde), die Barrikady-Waffen- und Munitionsfabrik und das Metallwerk Krasnii Oktyabr (Roter Oktober). Der südliche Teil der Stadt wurde vom Fluss Zariza (der den ursprünglichen Namen der Stadt Zarizyn geprägt hat, die 1924 zu Ehren von Stalins Verteidigung der Stadt im russischen Bürgerkrieg in Stalingrad umbenannt wurde) in drei Teile geteilt. Beherrscht wurde das Zentrum der Stadt durch den Mamajew-Hügel (auch als Anhöhe 102,0 bekannt). In taktischen Begriffen ausgedrückt, entschied die Schlacht, wer die Wolgaufer kontrollierte. Solange die Rote Armee die Kontrolle über die Ufer hatte, konnten ihre in der Stadt kämpfenden Truppen mit Nachschub aus dem Gebiet östlich der Wolga versorgt werden. Wenn die Deutschen die Ufer einnehmen würden, könnten sie den sowjetischen Brückenkopf innerhalb der Stadt zerstören.

Die Schlacht innerhalb der Stadt entfaltete sich hauptsächlich in vier Phasen.[108] In der ersten Phase, die am 13. September begann, konzentrierte sich die Schlacht auf den Süden und das Zentrum der Stadt. Die Ziele der Deutschen waren, die Stadt südlich der Zariza unter Kontrolle zu bringen, die zentrale Schiffsanlegestelle zu besetzen und die 62. Armee in zwei Hälften aufzuteilen. Nördlich der Zariza bestanden die Ziele der Deutschen darin, das Zentrum der Stadt und den Mamajew-Hügel zu besetzen. Am 26. September war General Paulus in der Lage, die Einnahme des Südens und des Zentrums der Stadt zu melden. Während die Schiffsanlegestelle unter Feuer lag, hatten die Deutschen diese Stadtteile jedoch noch nicht fest in ihrer Hand. Gleiches gilt für den Mamajew-Hügel – bestehend aus mehreren kleineren Hügeln und dem Haupthügel –, der umkämpft blieb.

Während der zweiten Phase der Schlacht, vom 27. September bis zum 7. Oktober, setzte sich der Kampf um den Mamajew Hügel fort. Die Hauptschlacht aber fand im Norden um die Kontrolle des Fabrikbezirks statt. Erneut machten die Deutschen beträchtliche Fortschritte. Jedoch gelang es ihnen nicht, die Fabriken einzunehmen oder die entscheidende Uferfront an der Westseite der Wolga zu erreichen.

Die Schlacht von Stalingrad, September und November 1942

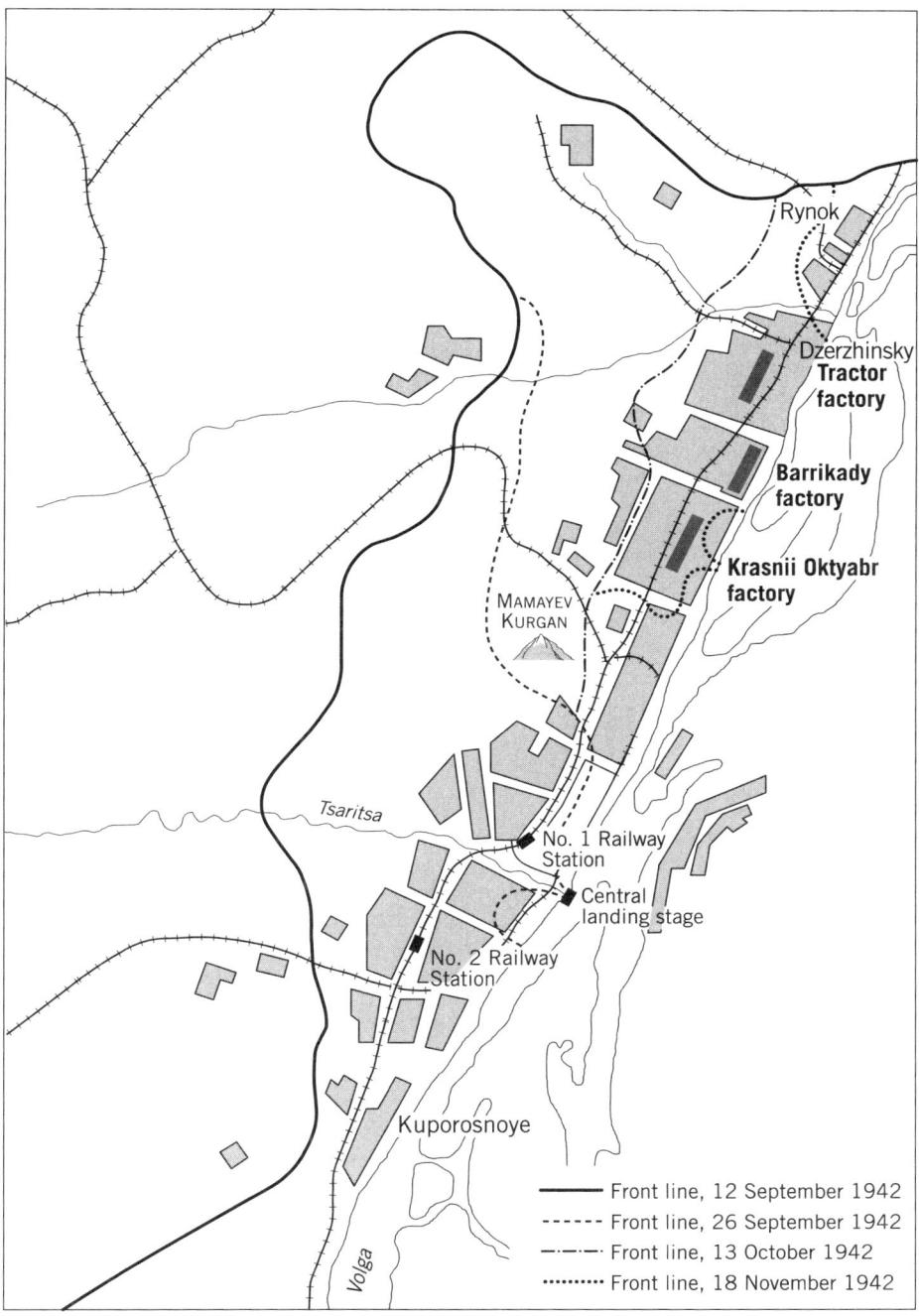

Viertes Kapitel

Stalins zunehmende Sorge um die sowjetischen Stellungen in der Stadt drückte sich in einem ärgerlichen Befehl an Jeremenko am 5. Oktober aus.

»Ich glaube, dass Sie nicht die Gefahr sehen, die den Truppen der Stalingradfront droht. Wenn der Feind das Zentrum der Stadt besetzt und in den Norden Stalingrads Richtung Wolga vorstößt ... beabsichtigt er, die 64. Armee im Süden einzuschließen und festzuhalten. Der Feind kann sein Ziel vollenden, wenn er die Wolgaübergänge im Norden sowie das Zentrum und den Süden Stalingrads besetzt. Um dieser Gefahr zuvorzukommen, ist es nötig, den Feind von der Wolga fernzuhalten und die Straßen und Gebäude einzunehmen, die uns der Feind weggenommen hat. Dazu muss jede Straße und jedes Gebäude in Stalingrad in eine Festung verwandelt werden. Leider haben Sie dies versäumt und dem Feind Häuserblock auf Häuserblock überlassen. Ich bin mit Ihrer Arbeit an der Stalingradfront gar nicht zufrieden. Stalingrad darf dem Feind nicht überlassen werden, und jeder vom Feind besetzte Teil Stalingrads muss wieder befreit werden.«[109]

Trotz Stalins Mahnungen war die Rote Armee gezwungen, in der dritten Phase der Schlacht, die am 14. Oktober mit einem erneuten Sturm der Deutschen auf das Fabrikviertel der Stadt begann, dem Feind noch mehr Terrain zu überlassen. Ende des Monats hatten die Deutschen die Traktoren- sowie die Waffen- und Munitionsfabrik genommen und den größten Teil des Metallwerks Roter Oktober. Tschuikows Kräfte waren in einem langen Streifen auf der Westseite der Wolga eingezwängt, der an einigen Stellen nur wenige hundert Meter breit war.

Am 11. November schließlich startete Paulus seinen letzten Großangriff in Stalingrad. Das Ziel war erneut das Fabrikviertel. Die Deutschen schafften es, bis zur Wolga durchzubrechen. Dabei besetzten sie einen weiteren Teil der westlichen Flussseite, wodurch sie die 62. Armee in drei Teile aufspalteten. Mitte November hatten die Deutschen mehr als 90 Prozent Stalingrads unter ihre Kontrolle gebracht, aber, was entscheidend war, Tschuikows Truppen blieben in einem 25 Kilometer langen Streifen entlang der westlichen Wolgaseite verschanzt. Solange die Rote Armee diesen Brückenkopf hielt, konnten die Deutschen nicht den völligen Sieg über Stalingrad für sich beanspruchen und blieben durch sowjetische Gegenangriffe gefährdet. Paulus hatte seine Truppen erschöpft; die 6. Armee war nicht mehr in der Lage, weitere Offensivaktionen zu führen. Indem Tschuikow sich erfolgreich in Stalingrad verschanzt hatte und damit die völlige Niederlage verhinderte, hatte er gewissermaßen die Schlacht um die strategische Kontrolle der Stadt für sich entschieden.

Tschuikows Erfolg basierte hauptsächlich auf drei Faktoren: erstens auf dem Einsatz wirksamer Straßenkampftaktiken, die nicht nur eine hartnäckige Verteidigung befestigter Stellungen im Trümmerhaufen der Stadt beinhalteten, sondern es auch erlaubten, den Feind immer wieder mit Angriffen aus den zerstörten Fabriken und

Gebäuden der Stadt zu überziehen. Der Offensivgeist der Roten Armee hatte überlebt und sich in Stalingrad als geeignet erwiesen. Zweitens gab es ständigen Nachschub von der anderen Wolgaseite. Besonders wichtig waren Truppenverstärkungen. Unter den auf die andere Wolgaseite geschickten Einheiten befand sich auch die von A. I. Rodimtschew kommandierte 13. Schützendivision, die ein tragisches Schicksal erlitt. Schützendivisionen waren Eliteformationen, die erfahren und kampferprobt waren, besser als normale Einheiten besoldet wurden und im Allgemeinen auch besser ausgerüstet waren. Die 13. Schützendivision überquerte am 14. und 15. September die Wolga und griff sofort im Zentrum in den Kampf ein. An ihrem ersten Einsatztag erlitt die 10 000 Mann starke Einheit Ausfälle in Höhe von 30 Prozent, was damit zusammenhing, dass viele Männer ohne Munition über die Wolga gesetzt wurden.[110] Am Ende der Schlacht um Stalingrad blieben der Division nur noch 320 Überlebende. In seinen Erinnerungen schrieb Tschuikow: »Hätte es nicht Rodimtschews Division gegeben, wäre die Stadt Mitte September in die Hände des Feindes gefallen.«[111] Drittens war die Luft- und Artillerieunterstützung für die Verteidiger Stalingrads entscheidend. Bilder der Schlacht werden oftmals durch Straßenkampfszenen beherrscht. Genauso entscheidend aber war der Geschosshagel, der von der östlichen Wolgaseite aus auf die Deutschen niederging, sowie die russische Luftüberlegenheit über dem Himmel von Stalingrad.

Darüber hinaus gab es noch einen weiteren Grund für den sowjetischen Erfolg in Stalingrad, und dieser Grund erschien den zeitgenössischen Beobachtern, zumindest in der westlichen Welt, am offensichtlichsten: der Heroismus, mit dem die Rote Armee die Stadt verteidigte. Während der Schlacht erlitten Tschuikows Truppen Verluste von 75 Prozent der Mannschaftsstärke. Dennoch tat dies dem Willen der 62. Armee, weiter erbitterten Widerstand zu leisten, keinen Abbruch. Die sowjetische Öffentlichkeit wie auch die des Westens bewunderten die Widerstandskraft der Roten Armee, waren aber von ihr nicht mehr besonders überrascht. Denn Stalingrad war das letzte Glied in einer langen Kette heldenhafter Verteidigungskämpfe der Roten Armee. Anders war hier nur die lange Dauer der Kämpfe und das weltweite Aufsehen, das sich zwischen August und November 1942 täglich auf den Seiten der westlichen und sowjetischen Presse spiegelte. Natürlich gaben sich sowjetische Propagandisten Mühe, die Taten der Roten Armee in Stalingrad zu überhöhen und die Kämpfenden mit dem Bild heroischen Kampfesmutes zu stärken. Die Legende des heldenhaften Stalingrad hatte zwar historische Wurzeln, aber sie wurde noch verstärkt durch die Berichterstattung der Medien. Selbst Jahrzehnte nach Stalingrad stand die Schlacht noch als Symbol für Verteidigung auf Leben oder Tod. Natürlich war nicht alles Heroismus. In Stalingrad wie andernorts spielte Stalins gnadenlose und unerbittliche Forderung nach Disziplin eine wichtige Rolle, die Frontlinie zu festigen. Während der gesamten Schlacht legte der NKWD Berichte über seine Aktivitäten in Stalingrad vor. Ein Bericht überliefert folgende Begebenheit, die am 21. September stattfand:

»Während eines Durchbruchversuchs des Feindes wurden heute zwei Einheiten der 13. Schützendivision wankelmütig und begannen, sich zurückzuziehen. Der Kommandeur einer dieser Einheiten, Leutnant Mirolubow, geriet ebenfalls in Panik und flüchtete vom Schlachtfeld, seine Einheit im Stich lassend. Das Sperrbataillon fing die sich zurückziehenden Einheiten wieder ein und stabilisierte die Stellung. Leutnant Mirolubow wurde vor den Augen seiner Männer erschossen.«[112]

Im Laufe der Schlacht prüften die NKWD-Einheiten in der Stadt und ihrer Umgebung die Papiere von 750 000 Personen. Dabei gingen ihnen 2500 Deserteure und 255 feindliche Spione sowie feindliche Fallschirmspringer ins Netz.[113] Nach einem anderen zusammenfassenden NKWD-Bericht nahmen die Einheiten am Don und der Stalingradfront zwischen dem 1. August und dem 15. Oktober mehr als 40 000 Personen fest. 900 wurden verhaftet, 700 erschossen und 1300 ins Strafbataillon geschickt. Der Rest wurde zu seinen Einheiten zurückgesandt.[114] In Stalingrad jedoch war selbst der NKWD heroisch. Bei seiner Aufgabe, die Sicherheit zu bewahren und Gegenspionage zu betreiben, befand sich der NKWD mitten im Kampfgetümmel und erlitt hohe Verluste. Bei seinen Operationen schlüpfte er durch die feindlichen Linien und verübte zahlreiche Sabotageaktionen.[115]

»Mars«, »Saturn«, »Jupiter« und »Uranus«

Während der gesamten Schlacht von Stalingrad hatte die Stawka ihren Gegenschlag geplant und vorbereitet. Er kam dann am 19. November mit einer koordinierten Gegenoffensive bei Stalingrad sowie an der Don- und der Südwestfront. Die Fronten von Stalingrad und vom Don waren am 28. September gebildet worden, als Jeremenkos Südostfront zur Stalingradfront umbenannt wurde und Rokossowski das Kommando über die alte Stalingradfront übernahm, die den Namen Donfront erhielt. Die Südwestfront, die an die Donfront anschloss, wurde am 31. Oktober unter General Vatutins Kommando ins Leben gerufen.[116] Die Grundidee der »Operation Uranus« war es, den Feind bei Stalingrad einzuschließen. Dies sollte durch einen Vorstoß aller drei Frontbereiche geschehen, deren Armeen sich bei Kalatsch vereinigen sollten.

Die Gegenoffensive wurde unter äußerster Geheimhaltung vorbereitet, und eine Reihe von Maßnahmen zur *maskirowka* (Täuschung und Desinformation) wurde dabei begleitend ins Werk gesetzt.[117] In den frontnahen Gebieten wurden Zivilisten evakuiert,[118] und die Stoßkräfte für den Hauptangriff wurden erst im letzten Moment zusammengeführt. »Diesmal trieb Stalin seine Kommandeure«, formulierte der russische Historiker Weschanow, »nicht zur Eile an, die Operation wurde sorgsam und effizient vorbereitet«.[119] Um für die notwendigen Angriffskräfte und Reserven zu sorgen, wurden an anderen Fronten Operationen gestoppt oder auf defensive Manöver reduziert.[120] Mitte November hatte die Stawka eine Streitmacht von 750 000 Mann zusammengezogen.

Die Operation Uranus wurde ein erstaunlicher Erfolg. Am 23. November war die Einkesselung von Paulus' Truppen in Stalingrad vollendet. Die Stawka hatte erwartet, etwa 100 000 Mann feindlicher Truppen einzuschließen. Schließlich aber waren es dreimal so viele, und Uranus wurde für die Rote Armee zum ersten erfolgreichen Umfassungsmanöver des Krieges. Unter den während der Kesselschlacht aufgeriebenen feindlichen Kräften befanden sich auch Armeen der mit Deutschland verbündeten Achsenmächte, deren Aufgabe es war, die Flanken der 6. Armee zu schützen. Später versuchten die Deutschen, die Schwäche ihrer Verbündeten für das Debakel verantwortlich zu machen, aber die Rumänen, Ungarn und Italiener waren von der Wehrmacht schlecht mit Nachschub versorgt worden und hatten die unmögliche Aufgabe, riesige Gebiete offenen Landes zu überwachen, ohne dabei über Reserven zu verfügen, um auf einen Durchbruch des Gegners kontern zu können.[121]

Die Ursprünge der Operation Uranus sind umstritten. Wie schon ein russisches Sprichwort sagt, ist das Scheitern eine Waise, aber der Erfolg hat viele Väter. Die am ehesten akzeptierte »Vaterschaft« ist die Schukows, der in seinen Erinnerungen schreibt, dass er und Wassilewski die Idee hatten und sie am 13. September Stalin unterbreiten. Wassilewski stützte Schukows Bericht in seinen Memoiren, obwohl er kein näheres Datum angab oder Schukows dramatische Schilderung wiederholte, wie Stalin dazu gebracht worden sei, einem radikalen neuen Plan zuzustimmen.[122] Jedoch fand nach Stalins Terminkalender zwischen dem 31. August und dem 26. September kein Treffen mit Schukow statt. Stalin traf zwar während dieser Zeit mit Wassilewski zusammen, aber nicht zwischen dem 9. und 21. September.[123]

Denkt man an die zahlreichen anderen dubiosen Behauptungen in Schukows Memoiren, ist es wahrscheinlich, dass sein Bericht eine Erfindung ist. Das heißt freilich nicht, dass Schukow nicht einer der Planer der Operation gewesen ist. Er war immerhin Stalins Stellvertreter und arbeitete eng mit Wassilewski zusammen, der als Generalstabschef verantwortlich dafür war, Operationspläne zu entwerfen. Schukow und Wassilewski verbrachten während der Schlacht viel Zeit in der Gegend von Stalingrad und konnten aus eigener Anschauung viel Wissen beitragen.

Insofern bleibt die genaue Vorgeschichte der Operation Uranus unklar. Jedoch ist es wahrscheinlich, dass sie aus mehreren Plänen und Ideen erwuchs, die Vertei-

Viertes Kapitel

diger Stalingrads vom deutschen Druck zu entlasten, indem man die Deutschen an ihren Flanken angriff. Solche strategischen Überlegungen und Planungen gehörten zu dieser Zeit zu den Standardoperationen der Führung der Roten Armee. Auf jeden Fall wurde Anfang Oktober eine Entscheidung zu einem Großangriff getroffen, und die Fronten wurden aufgefordert, detaillierte Pläne dafür auszuarbeiten.[124]

Eine andere strittige Debatte über die Operation Uranus betrifft ihr Verhältnis zu einer anderen Offensive – der »Operation Mars«. Dies war ein Angriff der Kalinin- und Westfront auf die Heeresgruppe Mitte, die beabsichtigte, die 9. Armee in der Frontausbuchtung von Rschew einzuschließen. Mars sollte ursprünglich vor Uranus beginnen, aber wegen des Wetters und anderer Faktoren wurde die Aktion auf den 25. November verschoben. Obwohl die für die Operation Mars zusammengezogenen Kräfte mit denen von Uranus zu vergleichen sind, war sie kein großer Erfolg. Ende Dezember wurde die Operation ohne größere Wirkung beendet. Das Ergebnis waren 350 000 Verluste auf sowjetischer Seite, davon 100 000 Tote.

In seinen Memoiren stellt Schukow die Operation Mars als eine weitestgehend erfolgreiche Hilfsoffensive für Uranus dar, konzipiert, um zu verhindern, dass Truppen der Heeresgruppe Mitte in den Süden verlegt würden.[125] Obgleich diese Darstellung von den meisten russischen Militärhistorikern akzeptiert wurde, argumentierte der amerikanische Historiker David Glantz, dass Mars die vom stellvertretenden Oberbefehlshaber favorisierte Aktion war und dass auf sie eine andere Operation namens »Jupiter« oder »Neptun« folgen sollte – ein groß angelegter Plan für die Einschließung und Vernichtung der gesamten Heeresgruppe Mitte.[126] Jupiter war nach Glantz' Ansicht der vorgesehene Begleiter für die »Operation Saturn« im Süden, diese war selbst die Folgeoperation von Uranus, mit der Rostow zurückerobert und die Armeegruppe A im Kaukasus abgeschnitten werden sollte. Was die Stawka im Sinne hatte, war, wie es Stephen Walsh ausdrückte, ein atemberaubend »kosmisch-strategischer Entwurf«.[127] Wie ein Blick auf den Operationsplan zeigt, kann die planetarische Terminologie von Mars-Saturn-Uranus-Jupiter als Metapher für die angestrebten Einschließungsoperationen gesehen werden – eine relativ kleine im Fall von Mars und Uranus; eine gigantische Einkesselung im Fall von Saturn und Jupiter. In prosaischeren Worten schrieben Glantz und sein Koautor Jonathan House, dass »die strategischen Ziele der Sowjets weit über eine einfache Niederlage der deutschen Kräfte im Süden hinausgingen: Die Stawka beabsichtigte, die feindlichen Stellungen praktisch an der gesamten Ostfront zum Einsturz zu bringen.«[128] Die Operationen Mars, Saturn, Uranus, Jupiter waren also weitere Großprojekte Stalins, um die Wehrmacht mit einem Schlag zu vernichten – gewiss ein reizvolles Ziel für den sowjetischen Führer. Selbst als Mars scheiterte, hielt Stalin an der Idee fest, die Stellungen der deutschen Armee entlang der Ostfront aufzurollen.

Die Operation Mars war eine Aktion, die aus einigen vorherigen Bemühungen hervorging, gegen die Heeresgruppe Mitte voranzukommen. Anders als die vorangehenden Aktionen war die Operation Mars materialmäßig besser vorbereitet und strategisch als Zangenarm einer doppelten Offensive mit der Operation Uranus verbunden. Und in der Tat wurden beide Operationen bis März so in der sowjetischen Presse vorgestellt, bis Mars scheiterte und aus den Nachrichten verschwand.[129] Die Operation Mars scheiterte, weil die Heeresgruppe Mitte stärker war und sich in besser vorbereitete Stellungen begeben hatte als die deutschen Armeen im Süden. Außerdem hatte die Heeresgruppe Mitte keinen derart kräfteraubenden Sommerfeldzug hinter sich. Trotz ihres Scheiterns war die Operation Mars eine wichtige Ergänzung für die Operation Uranus. Denn die Stawka konnte kaum die deutschen Truppen an der Schwelle zu Moskau ignorieren, insbesondere wenn Stalin und wohl auch Schukow weiterhin die sowjetische Hauptstadt für Hitlers Hauptziel hielten. Wie Michail Myagkow dargelegt hat,[130] hätte eine Änderung der strategischen Lage im Süden aus dem Blickwinkel der Stawka zu einem zeitweiligen Erfolg im zentralen Frontsektor führen können. Denn früher oder später würde die Rote Armee sich der Heeresgruppe Mitte annehmen müssen.

Hitler reagierte auf die Einschließung der 6. Armee in Stalingrad, indem er als Erstes ihre Versorgung auf dem Luftwege anordnete. Das Problem jedoch war, dass die Luftwaffe 300 Tonnen an Versorgungsgütern und Material am Tag hätte einfliegen müssen, ihr dafür aber nicht genügend Flugzeuge zur Verfügung standen, denn die Hälfte ihres Geschwaders war zu dieser Zeit damit beschäftigt, beim deutschen Rückzug aus Nordafrika zu helfen, der durch die Operation Torch erzwungen wurde. Außerdem waren die Witterungsverhältnisse für eine deutsche Luftbrücke ungünstig, und über dem Himmel von Stalingrad nahm die russische Luftwaffe immer mehr an Stärke zu.[131] Als Zweites befahl Hitler der Heeresgruppe Don, nach Stalingrad durchzubrechen (»Unternehmen Wintergewitter«). Unter dem Kommando von Feldmarschall Erich von Manstein kamen die Deutschen nicht schlecht voran, wurden aber 40–50 Kilometer vor Stalingrad gestoppt, während die Truppen von Paulus nicht mehr in der Lage waren, sich den Weg zu Manstein frei zu kämpfen. Auf jeden Fall entschied Hitler, dass die 6. Armee dort, wo sie war, bleiben und kämpfen sollte, anstatt ein riskantes und wenig heldenhaftes Rückzugsunternehmen durchzuführen. Wie auch Stalin maß Hitler heroischen Niederlagen einen Wert bei, insbesondere wenn es zu ihnen kaum eine andere Alternative gab. Ein wichtiger Nebeneffekt des Unternehmens Wintergewitter bestand darin, die Sowjets zu zwingen, ihre Pläne für die Operation Saturn zu ändern. Um Manstein aufzuhalten, musste die Stawka stattdessen die »Operation Kleiner Saturn« durchführen.[132] So konnte zwar Manstein gestoppt werden, Rostow aber nicht vor Februar 1943 genommen werden – eine Verzögerung, die es der Armeegruppe A ermöglichte, aus dem Kaukasus zu entkommen.

Viertes Kapitel

Als den Sowjets die gesamte Stärke der von ihnen in Stalingrad eingeschlossenen feindlichen Truppen bewusst wurde, bereiteten sie eine Verkleinerung des Einschließungsrings vor. Am 10. Januar 1943 griffen sieben sowjetische Armeen unter dem Kommando von Rokossowski an. Ende des Monats war die Schlacht gewonnen und 90 000 hatten kapituliert. Paulus war einer von 24 deutschen Generälen, die in Stalingrad in russische Kriegsgefangenschaft gerieten.

Unterdessen hatte die Rote Armee im südlichen Sektor eine Großoffensive begonnen. Am 26. Januar wurde Woronesch zurückerobert, am 14. Februar Rostow. Am nächsten Tag zogen sich die Deutschen aus Charkow zurück – aber Mitte März nahmen sie die Stadt bei einem Gegenangriff wieder ein. Anfang Februar wurde von der Roten Armee eine weitere Großoffensive begonnen, die auf Orel, Briansk und Smolensk zielte. Einige Tage darauf begann die »Operation Polarstern« – ein Versuch, die Blockade Leningrads zu sprengen. In seinem Tagesbefehl vom 23. Februar 1943 bedauerte Stalin die Tatsache, dass aufgrund »des Fehlens einer zweiten Front in Europa die Rote Armee alleine die gesamte Kriegslast tragen muss«. Zugleich behauptete er, dass die Initiative nun fest in den Händen der Sowjets sei: »Unter harten Winterbedingungen befindet sich die Rote Armee auf einer Länge von 1500 Kilometern auf dem Vormarsch und erzielt fast jeden Tag irgendwo neue Erfolge.«[133] Dies traf zu, aber der russische Vormarsch fand bald ein Ende in der *rasputisa* (dem Frühjahrsschlamm). Erneut hatten die Fähigkeiten der Roten Armee nicht den ehrgeizigen Stawkazielen standgehalten, während die Widerstandsfähigkeit der Deutschen sich in der Folge der verheerenden Niederlage in Stalingrad als überraschend ausdauernd erwies.

Die Siege von Stalingrad und Kursk

Auch wenn die Stawka ihre ehrgeizigsten Ziele verfehlte, war der russische Sieg bei Stalingrad schon spektakulär genug. Die Deutschen und ihre Verbündeten erlitten im Verlaufe des Feldzuges im Süden 1942 Ausfälle in Höhe von anderthalb Millionen Mann und gewannen nichts. Ein Jahr nach dem Beginn der Operation Blau standen die Deutschen wieder in den Stellungen, von denen sie aufgebrochen waren. Sie hatten fast 50 Divisionen verloren, einschließlich der hervorragenden 6. Armee. Allein in Stalingrad waren 150 000 Deutsche ums Leben gekommen. Die Armeen aller europäischen Verbündeten Deutschlands, außer der finnischen, waren auf irreparable Weise zerschlagen worden. Für die Achsenmächte in Europa war es der Anfang vom Ende. 1943–1944 sollte das Bündnis der Achsenmächte ganz zerfallen.[134] Widerstandsbewegungen in ganz Europa erhielten durch die deutsche Niederlage in Stalingrad Rückenwind. Der psychologische Auftrieb der sowjetischen und alliierten Kampfmoral war unschätzbar. Deutschland hatte seine erste große Niederlage im Krieg erlebt, und der Sieg für die Alliierten schien nunmehr sicher.

Rückblickend wurde Stalingrad oft als *der* Wendepunkt des Krieges an der Ostfront betrachtet. Bei Stalingrad ergriffen die Sowjets die strategische Initiative und gaben sie nicht mehr ab. Nach Stalingrad war es nur noch eine Frage, wie und wann die Deutschen den Krieg verlieren würden, aber nicht mehr, ob sie unterliegen würden. Abgesehen von einem letzten Versuch bei Kursk im Sommer 1943 war die Wehrmacht von nun an nur noch auf dem Rückzug.

Zeitgenössische Beobachter im Westen erkannten schnell die Bedeutung Stalingrads. In Großbritannien wurde der sowjetische Sieg in der Presse als Rettung der europäischen Zivilisation bejubelt.[135] In der *Washington Post* verglich Barnet Nover am 2. Februar 1943 Stalingrad mit den großen Schlachten des Ersten Weltkrieges, die dem Westen den Sieg gebracht hatten: »Stalingrads Bedeutung in diesem Krieg ist nur mit der Schlacht an der Marne und Verdun zu vergleichen.« Ein Kommentar in der *New York Times* vom 4. Februar 1943 brachte dies zum Ausdruck:

»Stalingrad ist der Schauplatz einer der verlustreichsten und verbissensten Schlachten dieses Krieges. Die bis zu ihrem verzweifelten Ende ausgekämpfte Schlacht mag sich als eine der entscheidenden Schlachten in der langen Geschichte des Krieges herausstellen … Im Ausmaß ihrer Heftigkeit, ihrer Zerstörungswut und ihres Schreckens kennt Stalingrad keinen Vergleich. Es erlebte die ganze Kraft der beiden stärksten Armeen Europas und würde in keinen geringeren Rahmen passen als den eines Kampfes auf Leben und Tod, der die ganze Welt umspannt.«

Zur damaligen Zeit hatten die Sowjets einen distanzierteren Blick auf die Bedeutung Stalingrads. Natürlich wurde die Schlacht als ein großartiger Sieg gefeiert.[136] Aber es gab keine triumphalen Bekundungen, dass der Krieg gewonnen sei. Das sowjetische Oberkommando wusste, dass der Sieg weit hinter den Hoffnungen einer umfassenden Niederlage der deutschen Armeen an der Ostfront zurückgeblieben war. Zudem war es ein Sieg, der die Russen teuer zu stehen kam, mit Verlusten weitaus höher als in der Öffentlichkeit verlautbart. Die sowjetischen Ausfälle im Verlauf der deutschen Offensive im Süden betrugen 2,5 Millionen Mann. Diese Verluste kamen zusätzlich zu den enormen Ausfällen des Jahres 1941 hinzu, ganz zu schweigen von den Hunderttausenden von Toten und Verwundeten an anderen Frontabschnitten 1942. Überdies erwarteten Stalin und die Stawka, dass die entscheidende Schlacht gegen die Heeresgruppe Mitte noch bevorstünde. Der Weg nach Berlin führte über eine relativ kurze Zentralachse, deren Stationen Smolensk, Minsk und Warschau waren. Solange dieser Weg immer noch durch starke deutsche Kräfte verstellt blieb, konnte es keine Selbstgefälligkeit geben.

Viertes Kapitel

Als ihre Winteroffensive im Frühjahr 1943 zum Stehen kam, begutachtete die Stawka ihre Möglichkeiten für zukünftige Operationen. Nach verschiedenen Treffen und Beratungen im März und April zeichnete sich ein Konsens darüber ab, dass sich die Rote Armee in unmittelbarer Zukunft defensiv verhalten solle. Stalins Bereitschaft, eine defensive Ausrichtung zuzulassen, scheint durch drei Faktoren beeinflusst worden zu sein. Erstens durch die Enttäuschung, dass die Offensiven nach dem Sieg bei Stalingrad keinen größeren Erfolg hatten erzielen können, ja sogar in einer Reihe von Frontbereichen zurückgeschlagen wurden, so vor allem in der Gegend von Charkow. Zweitens fehlten der Stawka die nötigen Reserven, um weiterhin offensiv zu agieren. Am 1. März hatte die Stawka nur noch vier Reservearmeen zur Verfügung, obwohl Ende des Monats ihre Anzahl wieder auf zehn angestiegen war.[137] Drittens konnte als nächstes Ziel der Deutschen eindeutig der nach außen verlaufende Frontbogen in der sowjetischen Verteidigungslinie nahe der Stadt Kursk als künftiger Schauplatz von Operationen der Heeresgruppen Mitte und Süd ausgemacht werden. Dies legte die Möglichkeit nahe, sich auf einen dortigen Angriff der Deutschen vorzubereiten und dann mit einem Gegenangriff zu antworten. Ein früher Anhänger dieser Strategie war Schukow, der am 8. April an Stalin schrieb:

»Der Feind, der im Winterfeldzug 1942–43 schwere Verluste erlitt, wird offensichtlich nicht in der Lage sein, im Frühjahr genügend große Reserven für eine Offensive aufzustellen, die bis zum Kaukasus und an die Wolga reicht, um Moskau weiträumig einzuschließen. Aufgrund der begrenzten Reserven wird der Feind gezwungen sein ... offensive Aktionen an näher gelegenen Fronten zu eröffnen und nur nach und nach sich seinem vorrangigem Ziel, Moskau einzunehmen, nähern können. Die gegenwärtige Feindberührung an unserer Zentral-, Woronesch- und Südwestfront führt mich zu der Annahme, dass der Feind hauptsächlich an diesen Fronten losschlagen wird, um uns hier zu zerschlagen und damit den Boden zu bereiten, sich frei zu bewegen und Moskau aus größtmöglicher Nähe einzuschließen. In der Anfangsphase wird der Feind wahrscheinlich in einer Zangenbewegung versuchen, Kursk einzukreisen ... Ich halte es für angebracht, dass unsere Truppen in den nächsten Tagen in einem Präventivschlag dem Feind zuvorkommen, seine Panzerkräfte vernichten und ihn in die Defensive drängen. Mit der Herbeiführung neuer Reserven können wir dann eine Großoffensive an allen Fronten beginnen, um die Hauptkräfte des Feindes zu zerschlagen.«[138]

Indem Schukow die Bedrohung Moskaus herausstellte, aber sich in einem späteren Stadium für eine Großoffensive an allen Fronten einsetzte, traf er bei Stalin genau den Nerv. Nach Erinnerungen des Planungschefs des Generalstabs, S. M. Schtemenko, ging Stalin in seiner Antwort auf Schukows Vorschlag von seinem lange befolgten Prinzip ab, »sich nicht durch Vorhersagen über den Feind das Handeln aufzwingen zu lassen«.[139] Er befahl, die Frontkommandeure zu befragen. Falls sie die Meinung Schukows teilten, sollte die Verteidigungsschlacht in der Kursker Region vorbereitet werden. Dieses Thema griff auch Stalins Tagesbefehl vom 1. März 1943 auf, in dem die Notwendigkeit betont wurde, die Erfolge der Winterschlachten zu sichern.[140]

Die Vorhersage, dass Kursk das nächste Ziel der Wehrmacht sein würde, hatte sich durch Geheimdienstberichte bestätigt.[141] Tatsächlich gab es im Mai eine Reihe von warnenden Berichten über einen unmittelbar bevorstehenden deutschen Angriff, der die Stawka dazu veranlasste, Alarmmeldungen an die Frontkommandeure herauszugeben. Das Ausbleiben des Angriffs führte bei einigen zu der Annahme, dass es keine derartige Offensive geben werde und die Rote Armee stattdessen die Initiative wieder übernehmen müsse. Ein Anhänger eines russischen Angriffs war General Vatutin, der nun wieder das Kommando über die Woroneschfront innehatte. »Wir werden den Zug verpassen, wir lassen den günstigen Augenblick vorüberziehen«, soll er Wassilewski gesagt haben. »Der Feind wird sich nicht bewegen, bald wird es Herbst, und all unsere Pläne haben sich dann erledigt. Lasst uns als Erste losschlagen. Wir haben genügend Kräfte dafür.«[142]

Schukow und Wassilewski gelang es, Stalin dazu zu überreden, auf den deutschen Angriff zu warten, aber das Oberkommando war besorgt über die Verteidigungsvorbereitungen, insbesondere die Fähigkeit der Roten Armee, einem großen Panzerangriff standzuhalten. Die Spannung wurde noch durch Nachrichten von Churchill und Roosevelt im Juni verstärkt, dass es trotz weiterer Operationen im Mittelmeerraum 1943 mit Sicherheit keine zweite Front in Frankreich geben werde.[143]

Der deutsche Angriff bei Kursk kam am 4. und 5. Juli.[144] Der Plan des Feindes war, den Frontbogen durch eine gemeinsame Zangenbewegung der Heeresgruppe Mitte und der wiederhergestellten Heeresgruppe Süd zusammenzudrücken. Die im Kessel gefangenen sowjetischen Truppen sollten vernichtet und die deutsche Verteidigungslinie verkürzt und gefestigt werden. Was die Wehrmacht vorhatte, war tatsächlich eine strategische Verteidigungsschlacht, mit der die Rote Armee geschwächt und die Initiative im mittleren Frontabschnitt wieder zurückgewonnen werden sollte. So sollte die Wehrmacht in die Lage versetzt werden, den Krieg an der Ostfront zumindest einstweilen zu überstehen.

Hitler stellte für das Unternehmen 18 Infanteriedivisionen ab, drei motorisierte Divisionen und 17 Panzerdivisionen, die von ihrer Feuerkraft her alles in den Schatten stellten, was der Roten Armee zur Verfügung stand. Der deutsche Angriff dauerte etwa eine Woche und fand seinen Höhepunkt in einer großen Panzerschlacht am 11. und 12. Juli – der größten des Zweiten Weltkrieges, die zum Verlust von Hunderten von Panzern auf beiden Seiten führte. Dass die Rote Armee den Angriff überstand, bedeutete, dass die Verteidigungsschlacht gewonnen war. Die Stawka ging nun zum Angriff über. Die Deutschen wurden aus der Kursker Region verdrängt und dann an einer Reihe anderer Stellen entlang der Ostfront angegriffen. Am 24. Juli verkündete Stalin öffentlich, »der deutsche Plan für eine Sommeroffensive kann als vollkommen gescheitert betrachtet werden ... Die Legende, dass die Deutschen in einer Sommeroffensive immer erfolgreich sind und dass die sowjetischen Truppen gezwungen sind, sich zurückzuziehen, ist widerlegt.«[145] Bald darauf entwickelte sich der sowjetische Gegenangriff zu einer Großoffensive. Innerhalb weniger Wochen wurde die Wehrmacht auf breiter Front an den Dnjepr zurückgedrängt. Zu den ersten Städten, die wieder befreit wurden, gehörten Anfang August Orel und Bjelgorod. Ihre Wiedereinnahme wurde in Moskau durch einen Salut von 120 Kanonenschüssen verkündet, die Erste von 300 derartigen Salven, die von Stalin in den verbleibenden Kriegsjahren befohlen wurden – in den Worten von Alexander Werth hatte die Ära der Siegessalute begonnen.[146] Dies war außerdem die Zeit, in der Stalin häufig Tagesbefehle ausgab, in denen sowjetische Siege und Ordensverleihungen an erfolgreiche Kommandanten vermerkt wurden. Im August wurde Charkow zurückerobert. Es folgte im September Smolensk und Kiew im November. Ende 1943 hatte die Rote Armee die Hälfte des 1941–1942 von den Deutschen besetzten Territoriums wieder befreit. In seiner Ansprache zur Oktoberrevolution fasste Stalin die Ereignisse des Jahres 1943 als einschneidenden Wendepunkt des Kriegsverlaufes zusammen, was bedeutete, dass nun Nazideutschland einer militärischen und politischen Katastrophe entgegensah.

Stalin und seine Generäle

Die zwei wichtigsten Architekten des Sieges bei Kursk waren Schukow und Wassilewski, die zusammen mit Antonow, dem stellvertretenden Generalstabschef, Stalin von den Vorzügen einer strategischen Pause im Frühjahr 1943 überzeugten. Während der Schlacht von Kursk wurde Wassilewski mit der Aufgabe betraut, die Woronesch- und die Südwestfront zu koordinieren, während sich Schukow um die Zentral-, Briansk- und Westfront kümmerte. Zu dieser Zeit war Stalin mehr denn je geneigt, den Frontkommandeuren wichtige operative Entscheidungen zu überlassen, und sie zu befragen, bevor er den Operationsverlauf bestimmte. So glaubte Stalin nach Aussage Schtemenkos zum Beispiel während der Schlacht von Kursk, dass die Frontkommandeure besser als die Stawka in der Lage seien, den richtigen Moment des Übergangs von der Verteidigung zum Angriff zu bestimmen.[147]

Stalins Verhältnis zu seinen Generälen während der Schlacht von Kursk war bezeichnend für eine weitgehende Veränderung der Beziehungen innerhalb des sowjetischen Oberkommandos in den Jahren 1942–1943. Es wird oft gesagt, dass Stalin zunehmend bereit war, den professionellen Ratschlägen und Einschätzungen seiner Generäle zu folgen. Die Schlussfolgerung aus dieser Darstellung, die auf den Erinnerungen Schukows, Wassilewskis und anderer beruht, ist, dass die Rote Armee zu siegen begann, als Stalin dazu überging, dem Rat seiner Generäle zu folgen. Dieses eigennützige Bild, das Stalins Generäle zeichneten, ist nur teilweise wahr. Tatsächlich hat Stalin immer auf seine Generäle gehört und oft den Rat des Oberkommandos angenommen. Doch nach Stalingrad suchte er häufiger deren Rat, ihre Ratschläge wurden besser und Stalin war zunehmend geneigt, sie zu befolgen. Die sowjetischen Generäle wie auch Stalin befanden sich vom ersten Kriegstag an in einer steilen Lernkurve, und nur durch die bittere Erfahrung der Niederlage wurden sie zu besseren Kommandanten und Stalin zu einem besseren Oberbefehlshaber. Und natürlich ist es so, dass eine Niederlage Fehler größer erscheinen lässt, während sie durch einen Sieg eher übertüncht werden. Auch nach den Siegen von Stalingrad und Kursk fuhr das sowjetische Oberkommando fort, Fehler zu machen, und erlebte weitere Rückschläge, aber keine, die zu einer Katastrophe führten oder die in der historischen Erinnerung wahrgenommen werden. Aber vermutlich war es mehr als alles andere der Sieg, der die Beziehung Stalins zu seinen Generälen veränderte und zu einem ausbalancierteren Verhältnis zwischen seiner Macht und ihrem professionellen Expertentum führte. Gleichzeitig behielt Stalin die Zügel fest in der Hand und übte weiterhin auf militärischem wie auch politischem Gebiet seine Führungsposition aus.

Unabhängig von der Frage, ob Stalin genauso weise oder töricht wie seine Generäle war, gibt es noch einen anderen wichtigen Punkt. Wie Simon Sebag Montefiore sehr eindringlich in seinem Porträt des Lebens an Stalins »Hof« aufgezeigt hat[148], war eine der Quellen für die anhaltende Macht des sowjetischen Diktators die Loyalität und Stabilität seines inneren Kreises. Von den späten Zwanziger- bis in die frühen Fünfzigerjahre gab es eine bemerkenswerte Kontinuität in der Gruppierung um Stalin, die das Land und die Partei regierte. Stalins engste Mitarbeiter – Molotow, Kaganowitsch, Woroschilow, Beria, Schdanow, Malenkow, Mikojan und Chruschtschow – fürchteten ihn, waren von ihm eingeschüchtert, wurden von ihm benutzt und manipuliert, aber zugleich wurden sie von ihm umworben und von seiner Aufmerksamkeit für ihre persönlichen Bedürfnisse und die ihrer Familien verführt. Das Resultat war eine Führungsclique, die miteinander durch dick und dünn ging und bei der Abtrünnigkeit gegen Stalin *niemals*, selbst unter den schwierigsten Umständen, ein Thema war. Während des Krieges schuf Stalin gleichermaßen Zusammenhalt und Loyalität unter seinen engsten militärischen Mitarbeitern und wendete dabei viele seiner Herrschaftstechniken an. Marschall Rokossowski beispielsweise zeichnete in seinen persönlichen Erinnerungen ein sehr schmeichelhaftes Bild der persönlichen Führungsqualitäten Stalins, insbesondere im Vergleich zu Schukow (mit dem Rokossowski oft zusammenstieß). Er schrieb, dass die »vom Oberkommandierenden entfalteten Unternehmungen unschätzbar waren. Seine freundliche, väterliche Sprachmelodie war aufmunternd und stärkte das Selbstvertrauen.«[149] Ebenso erinnerte sich Wassilewski an eine Situation während der Schlacht von Moskau, in der Stalin ihn zum General befördern wollte. Er selber lehnte ab, aber bat, dass einige seiner Assistenten zum General befördert werden sollten. Stalin stimmte zu, und alle wurden zusammen mit Wassilewski befördert. »Diese Aufmerksamkeit berührte uns zutiefst«, schrieb Wassilewski. »Ich habe schon erwähnt, dass Stalin sehr jähzornig und grob sein konnte. Aber noch bemerkenswerter war seine Sorge für seine Untergebenen zu einer so schweren Zeit.« In seinen Memoiren erzählte Stalins Chef der Operationsabteilung, General Schtemenko, eine Geschichte, die zeigt, dass Stalin ungeheuer bösartig, aber ebenso zuvorkommend sein konnte. Schtemenko hatte versehentlich einige wichtige Karten während einer Besprechung in Stalins Büro vergessen. Als er zurückkam, sie zu holen, tat Stalin, als ob er sie nicht mehr hätte und sie verloren gegangen wären. Schtemenko insistierte darauf, dass er sie an Ort und Stelle vergessen hatte, worauf Stalin sie hervorholte und ihm sagte: »Hier sind sie. Und lassen Sie sie nicht mehr liegen ... Gut, dass Sie die Wahrheit gesagt haben.«[150] Normalerweise war Stalins Umgang mit dem Oberkommando höflich und respektvoll. Obgleich es genügend Beispiele für seine Schärfe in den überlieferten Gesprächen mit seinen Frontkommandeuren gibt, verhielt er sich in solchen Situationen zumeist geschäftsmäßig und höflich, selbst wenn es sich um schlimme Niederlagen handelte, und er vergaß selten, seinen Kommandanten bei ihren Aufträgen viel Glück zu wünschen. Normalerweise bestrafte Stalin seine Kommandanten nicht, wenn sie scheiterten. Auch machte er sie nicht zu Sündenböcken. Nach den Säuberungen an der Westfront, die unter anderem General Pawlow und Generäle der sowjetischen Luftwaffe 1941 betrafen, entwickelte sich trotz der militärischen Katastrophen und der Beinaheniederlage in der personellen Zusammensetzung des sowjetischen Oberkommandos eine bemerkenswerte Kontinuität. Mit Ausnahme derer, die in Gefangenschaft gerieten oder im Einsatz fielen, dienten Stalins Generäle fast alle während des gesamten Krieges in gehobenen Befehlspositionen. So schrieb David Glantz:

»Entgegen der weitverbreiteten Annahme war die höchste Kommandoebene in der Roten Armee viel stabiler, und die Turbulenzen in ihr waren weitaus weniger schädigend als bislang angenommen – nicht nur nach dem November 1942, sondern auch während der ersten 18 Kriegsmonate. Dies gilt überdies auch für die unmittelbaren Frontbereiche, die wichtigsten Armeen, Panzerdivisionen und die sie unterstützenden Luftwaffen-, Artillerie- und Flugabwehreinheiten ... Wichtiger noch ist, dass Stalin auch 1941 und 1942, als die Instabilität auf der Kommandoebene am größten war, immer noch die Schlüsselpersonen unter seinen Kommandeuren zu erkennen und zu fördern in der Lage war. Kurzum, die meisten Marschälle und Generäle, die im Mai 1945 die Rote Arme zum Sieg führten, dienten bereits im Juni 1941 als Generäle und Obersten, als der Krieg ausbrach. Was überrascht, ist der relativ hohe Prozentsatz dieser Offiziere, die 1941/42 ihre Feuerprobe durch die Wehrmacht überlebten, um sich dann 1945 als erfolgreiche Kommandeure der siegreichen Roten Armee zu erweisen.«[151]

Stalin hielt zu seinen Generälen, solange sie sich ihm gegenüber loyal verhielten, diszipliniert waren und überzeugende Kompetenz besaßen. Die ersten beiden Eigenschaften waren für alle hochrangigen Offiziere der Roten Armee selbstverständlich, denn sie hätten nie derartige Ränge erreicht, wären sie nicht loyal zu Stalin und zur Partei gewesen und dabei entschlossen, das sowjetische System bis zum Äußersten zu verteidigen. Jedwede Zweifel daran waren nach den Säuberungen in der Vorkriegszeit und dem an Pawlow exemplifizierten Beispiel nicht mehr angebracht. Entspannter zeigte sich Stalin im Hinblick auf die Kompetenz. Denjenigen, die sich loyal zu ihm verhielten, war er geneigt, mehr als nur eine Chance zu geben, ihren Wert zu beweisen. Dennoch war seine Geduld nicht unbeschränkt. Wenn sich Personen als zu inkompetent erwiesen, wurden selbst die loyalsten seiner Weggefährten auf weniger bedeutsame Posten abgeschoben.

Noch bemerkenswerter ist, wie Stalin innerhalb dieser Strukturen, die von Loyalität und Disziplin geprägt waren, Kreativität und Talent in den obersten Bereichen der Roten Armee förderte. Dies erklärt sich zu einem großen Teil aus seiner Bereitschaft, aus Erfahrungen zu lernen, zu experimentieren und der Fähigkeit, sich auf veränderte Situationen einzustellen. Während des Großen Vaterländischen Krieges war die Rote Armee eine große Lehrgemeinschaft. Die Erfahrungen und Lehren aus den Kämpfen und dem Kommando wurden auf sorgsame und systematische Weise gesammelt und durch Dokumentation und Training verbreitet. Die Kommandostruktur wie auch die Organisation der Truppen wurde ständig beobachtet und anhand von vielen Gelegenheiten verbessert. So wurden zum Beispiel die im Sommer 1941 abgeschafften großen Panzerverbände 1942 wieder aufgestellt. Ebenso wurden größere Fliegerformationen gegründet. Stoßtruppen wurden als Speerspitze des Angriffs aufgestellt, und die Bezeichnung »Garde« wurde für kampferprobte Divisionen und kleinere Einheiten verwendet. Titel und Aufteilungen der Frontbereiche wurden verändert, wenn es die Lage erforderte.

Und gegen Ende des Krieges waren komplexe, koordinierte Offensiven an zahlreichen Frontabschnitten die Regel. Mit zunehmender Dauer des Krieges wurden die Offiziere der Roten Armee darin ermutigt, Risiken einzugehen und Entscheidungen auf eigenverantwortlicher Grundlage zu treffen, insbesondere wenn sie sich in der Offensive befanden. Ebenso wurden Fragen der Militärstrategie ständig überprüft. Angriff blieb die erste Priorität. Aber Planung, Vorbereitung und Durchführung von Offensivoperationen wurden immer ausgefeilter. Intensive und ständige Anstrengungen wurden auch dahingehend unternommen, die Propaganda in der Truppe zu verbessern und sie effektiver zu gestalten. Natürlich war Stalin nicht für alles persönlich verantwortlich, aber er stand dem System und seiner Kultur dynamischer Innovationen vor, und nichts von alledem wäre ohne seine Unterstützung möglich gewesen. Zumindest einen wichtigen Beitrag wird man ihm aber persönlich zuschreiben können: die Betonung der Wichtigkeit von Reserven und Nachschubversorgung – die er als »dauerhafte Operationsfaktoren« benannte, die langfristig den Ausgang des Kampfes mit Deutschland entscheiden würden. Nicht von ungefähr wird sowohl in westlichen als auch in sowjetischen Memoiren seine Rolle hervorgehoben, die materiellen Grundlagen des Sieges der Roten Armee über die Wehrmacht organisiert zu haben.

Seine veränderte Bedeutung und militärische Position nach dem Sieg von Stalingrad findet in dem Titel »Marschall der Sowjetunion« ihren bezeichnenden Ausdruck, der Stalin im März 1943 verliehen wurde. Nachdem die Niederlage abgewendet und der Sieg gesichert war, wurde nun der Personenkult um Stalin auch auf den militärischen Bereich ausgedehnt. Ab 1943 tauchte der Mythos von Stalins strategischem Genie mehr und mehr in der sowjetischen Presse auf. Aber der neue Titel spiegelte mehr als nur Propaganda und Personenkult wider. Er war auch eine Würdigung der militärischen Fähigkeiten, die Stalin entwickelte. Vor allem gab der neue Titel die Realität von Stalins Oberkommando wieder, seine Kontrolle der Entscheidungsprozesse und seine zentrale, unverzichtbare Bedeutung in der gesamten sowjetischen Kriegsmaschinerie.

Die wirtschaftlichen Grundlagen des Krieges

Die sowjetischen Siege bei Stalingrad und Kursk waren das Resultat mehrerer Faktoren: Stalins Führung, guter Generäle, deutscher Fehler, vaterländischer Mobilisierung, heldenhafter Taten, harter Disziplin und nicht zuletzt ein wenig Glück. Aber über all diesen Faktoren standen unglaubliche wirtschaftliche und organisatorische Leistungen.[152]

Zu der Zeit, als die Schlacht von Stalingrad begann, hatten die Deutschen die

Hälfte des europäischen Teiles von Russland besetzt – ein mehr als 1,5 Millionen Quadratkilometer großes Gebiet, das 80 Millionen Menschen oder 40 Prozent der sowjetischen Bevölkerung beheimatete. Die besetzten Gebiete machten fast 50 Prozent des kultivierten Agrarlandes der UdSSR aus, sie umfassten 70 Prozent der sowjetischen Roheisenproduktion, 60 Prozent der Kohle- und Stahlerzeugung und 40 Prozent der Elektrizitätserzeugung. Dennoch hatte sich Ende 1942 die jährliche Produktion von Gewehren gegenüber 1941 mehr als vervierfacht (auf fast 6 Millionen), während sich die Fertigung von Panzern und Artilleriegeschützen um das Fünffache auf 24 500 bzw. 287 000 pro Jahr gesteigert hatte. Die Zahl der fertiggestellten Flugzeuge stieg von 8200 auf 21 700. Diese Leistung war ein Beleg für die Mobilisierungskraft der sowjetischen Wirtschaft, aber auch eine erstaunliche Meisterleistung in der Verlegung ganzer Fabriken in den Osten der Sowjetunion 1941–1942. Einer der ersten Befehle Stalins im Krieg galt der Einrichtung eines Evakuierungskomitees, das im Sommer 1941 die Überführung von mehr als 1500 großen Industriebetrieben in den Osten organisierte. Mit den Fabriken und Maschinen wanderten Hunderttausende Arbeiter ab. Zehntausende Lastwagen und bis zu einer Million voll gefüllter Eisenbahnwaggons wurden dabei benutzt. Diese Leistung wiederholte sich in geringerem Umfang im Sommer 1942, als aus der Gegend des Dons und der Wolga 150 große Fabriken evakuiert wurden. Neben der Verlagerung von Fabriken gründeten die Sowjets während des Krieges 3500 neue Fertigungsanlagen vornehmlich in der Rüstungsindustrie.

Hinsichtlich der Mannschaftsstärke war Ende 1941 die ursprünglich 5 Millionen Mann umfassende Rote Armee fast völlig ausgeblutet. Da sich die Sowjets jedoch ein ganzes Jahrzehnt auf den Krieg vorbereitet hatten, gab es ein Reservoir von 14 Millionen Zivilisten mit elementarer militärischer Ausbildung. Die sowjetischen Behörden waren imstande, bei Ausbruch des Krieges fünf Millionen Reservisten einzuberufen, und so zählte die Rote Armee Ende 1941 acht Millionen Mann. 1942 stieg die Zahl trotz starker Verluste auf 11 Millionen an. Zur Zeit der Einkesselung der Deutschen in Stalingrad war die Rote Armee in der Lage, 90 vollständig ausgerüstete und frische Divisionen alleine für die Operation Uranus ins Feld zu schicken. Zur Mannschaftsstärke der Roten Armee gehörte auch, dies sollte nicht vergessen werden, ungefähr eine Million sowjetischer Frauen, etwa die Hälfte davon diente in Kampfverbänden.

Fand die höchst erfolgreiche Mobilisierung der menschlichen und materiellen Ressourcen der Sowjetunion dank oder trotz Stalin statt? Lieferte die zentralisierte stalinistische Kommandowirtschaft die Kriegsgüter, oder war es die Dezentralisierung der Entscheidungsprozesse und die Einführung von Elementen der Marktwirtschaft, die solche Leistungen ermöglichte? War es der Planungstätigkeit in Kriegszeiten zu verdanken, dass die sowjetische Wirtschaft nicht kollabierte, oder gründete sich der Erfolg auf Improvisation und individueller Initiative? Hätte ein besseres System oder eine bessere Führung auch bessere Leistungen erbracht? Die Debatte über diese Fragen dauert an, aber eines ist klar: Es lag im Machtbereich Stalins, durch Fehlentscheidungen den Produktionsfluss zu unterbrechen und die wirtschaftliche Leistungsfähigkeit zu untergraben. Stattdessen beließ er zu einem Großteil die Angelegenheiten der Kriegswirtschaft in den Händen seiner Wirtschaftsexperten. Er intervenierte nur, wenn es ihm nötig erschien, dringende Ziele zu erreichen. Für gewöhnlich aber beschränkte er seine Rolle darauf, sicherzustellen, dass für den militärischen Nachschub gesorgt ist, selbst um den Preis einer strengen Einschränkung des zivilen Lebensstandards.

Eine ähnliche Diskussion kreist um die Bedeutung der westlichen Hilfslieferungen für die sowjetische Kriegswirtschaft. Zwischen 1941 und 1945 deckten die westlichen Verbündeten der UdSSR die Bedürfnisse der sowjetischen Kriegswirtschaft in einem Umfang von 10 Prozent. So belieferte die USA nach dem Leih- und Pachtgesetz (Lendlease Act) die UdSSR mit 360 000 Lastwagen, 43 000 Kübelwagen, 2000 Lokomotiven und 11 000 Eisenbahnwaggons – wodurch die Rote Armee mobiler und weitaus weniger abhängig von Zugtieren wurde als die Deutschen. Die amerikanischen und kanadischen Lebensmittellieferungen ernährten ein Drittel der sowjetischen Bevölkerung. Australien sorgte mit Tausenden von Schaffellmänteln dafür, dass die Rote Armee in ihren Winterfeldzügen ausreichend gekleidet war. Zwar bemängelten die Russen während des Krieges fortwährend, dass der Westen seine Zusagen an Hilfslieferungen nicht einhalte, und in der Anfangszeit des Krieges wurden diese Klagen mitunter auch auf der öffentlichen Bühne laut. Aber im Allgemeinen war der Dank der Sowjets für die westliche Unterstützung groß. Obgleich es individuelle Widerstände gab, westliche Hilfe anzunehmen, wurden in der sowjetischen Presse die verschiedenen Lieferabkommen groß herausgestellt. Doch erst am Ende des Krieges enthüllten die sowjetischen Behörden gegenüber ihren Bürgern das wahre Ausmaß der erhaltenen materiellen Unterstützung.[153] Der Großteil dieser Hilfe aber traf erst nach Stalingrad ein. So lag ihre Bedeutung eher darin, den Sieg zu erleichtern, als die Niederlage abzuwenden. Andererseits, wie Mark Harrison bemerkte, stand die sowjetische Wirtschaft aufgrund der territorialen und wirtschaftlichen Verluste am Rande des Zusammenbruchs. In dieser Situation war jede Hilfslieferung aus dem Westen von entscheidender Bedeutung, selbst in dem beschränkten Maße der Jahre 1941/42.[154] Ebenso wichtig war die Förderung der sowjetischen Kriegsmoral, die durch das Bündnis mit dem Westen zustande kam und deutlich machte, dass die UdSSR in ihrem Kampf gegen die Achsenmächte nicht allein stand. Die Anti-Hitlerkoalition, wie sie die Russen nannten, verkörperte auch die Hoffnung auf eine friedliche Zukunft. In seinen Kriegsreden spielte Stalin auf die Hoffnungen und Erwartungen der Bevölkerung an, was der Frieden mit sich bringen werde. Und in der Tat schob er nach den Siegen von Stalingrad und Kursk seine eigenen Befürchtungen und Enttäuschungen in Bezug auf die westlichen Verbündeten beiseite und machte sich die Idee zu eigen, dass es nach dem Krieg ein Friedensbündnis der großen Mächte geben sollte, das die Welt sicherer machen würde und eine Nachkriegsordnung, in der die Sowjetunion eine wichtige Rolle spielen würde.

Fünftes Kapitel
Die Kriegspolitik
Stalin, Churchill und Roosevelt

Von Anbeginn des Krieges sah Stalin in der Auseinandersetzung mit Hitler einen politischen und diplomatischen Wettstreit und nicht nur einen militärischen Konflikt. Der Krieg und der Friede, der folgte, würde nicht allein auf den Schlachtfeldern gewonnen oder verloren werden, dessen war sich Stalin bewusst, sondern auch durch die politischen Bündnisse, die jede Seite schloss. Für Stalin war das Bündnis mit Großbritannien und den Vereinigten Staaten daher ebenso ein politisches Bündnis wie eine militärische Koalition. Bis Mitte 1943 war er bestrebt zu verhindern, dass Hitler in seinen diplomatischen Bemühungen Erfolg haben würde, mithilfe antikommunistischer Elemente in Großbritannien und den USA die westlich-sowjetische Allianz zu sprengen. In seiner Rede vom November 1941 ging Stalin ausführlich auf das deutsche Ziel ein, die Angst vor dem Kommunismus und einer sozialen Revolution zu nutzen, um die Briten und Amerikaner für ein antisowjetisches Bündnis zu gewinnen.[1] Im Juni 1942 gab das sowjetische Informationsbüro (Sowinform) eine Erklärung zum ersten Jahrestag des sowjetisch-deutschen Krieges heraus, in der die Erfolge der UdSSR herausgestellt wurden, die eine diplomatische Isolierung des Landes verhindert und stattdessen eine Koalition mit den westlichen Verbündeten hergestellt hatte.[2] Alle größeren Erklärungen der Regierung wurden sorgfältig von Stalin überprüft, und so kann kein Zweifel daran bestehen, dass die Ansicht von Sowinform Stalins eigene Sicht wiedergab. Aber wie sein Meinungsaustausch mit seinem Londoner Botschafter Maiski über die Affäre Heß zeigt, blieb Stalin besorgt, dass die Briten einen Separatfrieden mit Hitler abschließen könnten, sollte dieser siegreich aus der Schlacht von Stalingrad hervorgehen. In dieser Hinsicht hatte der verbissene Druck auf die Briten und Amerikaner, in Frankreich eine zweite Front zu eröffnen, sowohl einen politischen als auch einen militärischen Grund: Die westlichen Alliierten sollten dazu gebracht werden, durch blutige Schlachten mit den Deutschen das Bündnis mit der Sowjetunion zu stählen. Auf diese Weise sollte ihre Verpflichtung verfestigt werden, den Krieg gegen Deutschland bis zum Schluss fortzuführen. Selbst in den schlimmsten Momenten der Niederlage war Stalin sicher, dass der Krieg früher oder später gewonnen würde, vorausgesetzt, dass die Sowjetunion den anfänglichen deutschen Militärschlag übersteht und das Bündnis mit Großbritannien und den Vereinigten Staaten bestehen bleibt. Aber hat er jemals über eine alternative Überlebensstrategie nachgedacht: einen sowjetischen Separatfrieden mit Deutschland? Während des Krieges gab es viele Gerüchte und Berichte darüber, dass Stalin versucht wäre, Hitler zu einem Sonderfrieden zu verlocken. Eine Kategorie von Gerüchten bezieht sich auf Friedensfühler, die im Sommer 1941 von dem bulgarischen Botschafter Iwan Stamenow in Moskau ausgegangen sein sollen.[3] Nach Pawel Sudoplatow, dem NKWD-Beauftragten in dieser Angelegenheit, war Stamenow jedoch ein sowjetischer Agent, und das Ziel Moskaus war es, ihn unwissentlich dafür zu benutzen, Desinformation im Lager der Achsenmächte zu verbreiten.[4] Eine andere Lesart der Geschehnisse deutet an, dass Stalin im Herbst 1941 durch den deutschen Vormarsch auf Moskau so verstört war, dass er darüber nachgedacht habe, den Deutschen einen Kapitulationsfrieden anzubieten. Aber eine derartige Interpretation stimmt nicht mit Stalins Verhalten während des Ansturms auf Moskau noch im Hinblick auf seine Pläne und Vorbereitungen für einen entscheidenden Gegenschlag überein, um die Deutschen vor Moskau zu schlagen.[5] Sudoplatow kommentierte feinfühlig: »Stalin und die Führung spürten, dass jeder Versuch einer Kapitulation in einem Krieg, der derart hart geführt wurde, automatisch die Berechtigung der Führung infrage stellen würde, das Land in Zukunft weiter zu regieren.«[6] In seinem Buch *Generalissimus* veröffentlichte der russische Historiker und Kriegsveteran Wladimir Karpow Dokumente, die andeuten, dass Stalin Anfang 1942 an einen Separatfrieden mit Hitler gedacht habe. Eines der im Wortlaut wiedergegebenen Dokumente ist ein vom 19. Februar 1942 datierter und von Stalin unterschriebener Vorschlag eines sofortigen Waffenstillstandes. Dem darin vorgesehenen Rückzug der Deutschen aus Russland sollte ein gemeinsamer sowjetisch-deutscher Krieg gegen das »internationale Judentum« folgen, das durch England und die Vereinigten Staaten repräsentiert würde.[7] Die Tatsache freilich, dass Stalin im Februar 1942 die Niederlage Deutschlands bis Ende des Jahres erwartete, macht deutlich, dass dieses Dokument eine absurde und grobe Fälschung ist.

Derartige Geschichten sind ein ganz offenkundiger Versuch, Stalin und die sowjetische Kriegsleistung zu diskreditieren, die kaum einen Kommentar verdienen würden, wenn nicht selbst seriöse Wissenschaftler irritiert werden könnten. Vojtech Mastny spekuliert beispielsweise in seiner klassischen Studie *Moskaus Weg zum Kalten Krieg* ausführlich darüber, dass Stalin darüber sinniert habe, wie er seine Siege bei Stalingrad und Kursk für eine Vereinbarung mit Hitler ins Spiel bringen könnte.[8] Mastny, der das Buch in den Siebzigerjahren geschrieben hatte, gab Gerüchte aus der Kriegszeit wieder, die von deutsch-sowjetischen Friedensverhandlungen im Sommer 1943 im neutralen Schweden sprachen. Tatsächlich war Moskau seinerzeit auf das Äußerste bedacht, den Gerüchten sogleich entgegenzutreten. So veröffentlichte die sowjetische Nachrichtenagentur TASS zwei Dementis, dass die Sowjetunion inoffizielle Friedensverhandlungen mit Deutschland führe.[9] Auf der Moskauer Außenministerkonferenz im Oktober 1943 wurde vereinbart, Informationen weiterzugeben, wenn die Achsenmächte auf irgendwelchen Wegen versuchen sollten, Friedensverhandlungen aufzunehmen. Die Sowjets bestanden unerbittlich darauf, dass die alleinige Grundlage für Verhandlungen mit einem Achsenstaat seine bedingungslose Kapitulation sein müsse. Bei einem Abendessen anlässlich der Konferenz am 30. Oktober 1943 sagte Stalin zu Averell Harriman, dem neu bestellten amerikanischen Botschafter in Moskau, er sei sicher, die Amerikaner und Briten würden glauben, »die Sowjets planten einen Separatfrieden mit Deutschland zu schließen, doch er hoffe, sie davon überzeugt zu haben, dass dies nicht stimme.«[10] Wie auf der Konferenz vereinbart, übermittelte Molotow am 12. November Harriman ein Memorandum, in dem er ihn darüber informierte, dass an die sowjetische Botschaft in Stockholm angebliche Vertreter einer Gruppe deutscher Industrieller herangetreten seien, die vermutlich in engem Kontakt zu Hitlers Außenminister Ribbentrop stünden, der für einen Separatfrieden mit der Sowjetunion eintrete. Nach Molotows Aussage hätten die Mitarbeiter der Botschaft diesen Versuch zurückgewiesen und es abgelehnt, weitere Gespräche zu führen.[11] Die Gerüchte über sowjetisch-deutsche Friedensverhandlungen im Sommer 1943 lebten später jedoch wieder auf und wurden in den frühen Jahren des Kalten Krieges wiederholt.[12] Jedoch gab es dafür keinen festen Beweis, und ein solcher ist auch in den Jahrzehnten darauf niemals aufgetaucht. Tatsächlich ist es ein Ammenmärchen zu glauben, dass Stalin einen solchen Schritt auch nur in Erwägung gezogen hätte, als der Sieg in Sichtweite geriet. Noch weniger ist es plausibel, dass Stalin einen Bruch des Bündnisses mit dem Westen für einen Separatfrieden mit Hitler riskiert hätte, zumal sich dieser in der Vergangenheit als so hinterhältig erwiesen hatte. Hätte irgendein sowjetisches Regime – selbst Stalins – den Sturm der Entrüstung im Inneren überleben können, den ein Friedensschluss mit Hitler provoziert hätte?

In Wahrheit war ein Waffenstillstand mit Deutschland das Letzte, was Stalin nach Stalingrad und Kursk in den Sinn kam. Stattdessen freute er sich mit gestärkter Zuversicht auf den Sieg und begann, seine Position im Bündnis mit dem Westen hinsichtlich kriegsbedingter Fragen und in Bezug auf die Nachkriegszeit zu überdenken. So stellte Stalin bereits im Herbst 1941 Überlegungen zu den sowjetischen Kriegszielen sowie zur Gestaltung der Nachkriegswelt an. In seinem Treffen

Fünftes Kapitel

mit dem britischen Außenminister Anthony Eden im Dezember desselben Jahres schlug er ein weitreichendes Programm zur Regelung der europäischen Grenzen und zur Bewahrung des Friedens in der Nachkriegszeit vor. An der Spitze seiner Forderungen stand die Wiederherstellung der sowjetischen Grenzen vom Juni 1941 und eine sowjetische Einflusssphäre in Europa, die militärische Stützpunkte in Finnland und Rumänien beinhalten sollte. Im Januar 1942 ordnete Stalin die Schaffung einer »Kommission für die Aufarbeitung diplomatischer Dokumente« an, ein internes Komitee des Volkskommissariats für Auswärtige Angelegenheiten, geführt von Molotow, dessen Aufgabe die Behandlung des ganzen Spektrums der Nachkriegsfragen war – der Grenzen, der wirtschaftlichen und politischen Ordnung der Nachkriegszeit, der Organisation von Frieden und Sicherheit in Europa. Die Kommission trat mehrere Male zusammen und brachte auch einige Materialien und Berichte hervor, kam aber nicht sehr weit in ihren Beratungen.[13] Dies lag vermutlich daran, dass Stalins Interesse an der Nachkriegszeit schwand, als sich die militärische Situation 1942 verschlechterte. Aber nach Stalingrad, als der Sieg wieder winkte, erneuerte der Sowjetführer sein Interesse an einer Klärung von Fragen der Nachkriegszeit. Anders als 1941–1942 waren Churchill und Roosevelt erpicht darauf, nun einige spezifische Fortschritte in der Behandlung strittiger Fragen zu erzielen. Stalingrad kündigte an, dass Deutschland auf jeden Fall an der Ostfront geschlagen und dass die Sowjetunion als die bestimmende Macht auf dem europäischen Kontinent hervorgehen würde. Die Machtbalance hatte sich zugunsten Moskaus verschoben. Die Welle der Bewunderung für die heroischen Taten der Sowjetunion in Stalingrad, die die westliche Welt erfasste, hatte der sowjetischen Position zudem Auftrieb gegeben.[14] Seinerseits war Stalin glücklich, die Möglichkeiten eines Bündnisses mit Großbritannien und den Vereinigten Staaten in Friedenszeiten zu erkunden. Je mehr die großen drei über den Frieden sprachen, desto wahrscheinlicher war es, dass sie in Kriegszeiten weiterhin zusammenarbeiten und zusammenhalten würden. Stalin hielt es zudem für weitaus besser, die Gemeinschaft mit den Engländern und Amerikanern in der Nachkriegszeit zu wahren, als sie vereint gegen sich zu haben, möglicherweise noch mit einem wiedererstarkten Deutschland im Bunde. Eine Allianz der drei Großmächte würde einen Rahmen bilden, in dem die Sowjetunion ihre Sicherheitsziele erreichen und ihr Prestige steigern könnte und die Zeit gewinnen würde, sich von ihren Kriegsschäden zu erholen. Aber wie würden diese diplomatischen Aussichten mit Stalins politischen und ideologischen Ansichten übereinstimmen? Die Antwort auf diese Frage liegt, paradoxerweise, in Stalins Entscheidung vom Mai 1943, die Kommunistische Internationale abzuschaffen.

Fünftes Kapitel

Die Abschaffung der Komintern

Die Abschaffung der Kommunistischen Internationale (Komintern) stand für Stalin persönlich seit einiger Zeit an. Im April 1941, nach einem Abend im Bolschoi-Ballett, sagte Stalin zu Dimitrow, dass er der Ansicht sei, die verschiedenen kommunistischen Parteien sollten von der Komintern unabhängig gemacht werden und sich mehr auf ihre nationalen Aufgaben konzentrieren als auf die der Weltrevolution. Die Komintern, sagte Stalin, sei in der Erwartung einer Weltrevolution gegründet worden. Unter den gegenwärtigen Bedingungen aber sei sie eher ein Hindernis in der individuellen Entwicklung der kommunistischen Parteien auf ihrer nationalen Grundlage geworden.[15] Wenn Stalin etwas sagte, selbst wenn es nur beiläufig und aus dem Stegreif war, galt dies nahezu als ein Befehl. So begannen Dimitrow und seine Genossen im Exekutivkomitee der Komintern sofort darüber zu diskutieren, wie man die Komintern reformieren und sie zu einer wirksameren Unterstützung ihrer einzelnen Bestandteile machen könnte. Jedoch verfolgte Stalin die Idee nicht weiter. Sollte er konkrete Pläne gehabt haben, dann wurden sie durch den Kriegsausbruch gestört. Aber Stalin kam zwei Jahre später wieder auf die Idee zurück. Durch Molotow informierte er Dimitrow, dass die Komintern aufgelöst werden sollte.[16] Das Exekutivkomitee der Komintern diskutierte denn auch ordnungsgemäß seine eigene Abschaffung, und es wurden Konsultationen mit einer Reihe ausländischer kommunistischer Parteien geführt. Das vorgeschlagene Ableben der Organisation wurde von einigen mit Bedauern aufgenommen, aber es gab keine abweichende Meinung. In der Tat war der Tenor der Diskussion, dass die Abschaffung der Komintern einen Fortschritt für die kommunistische Bewegung bedeuten würde.[17] Am 22. Mai 1943 wurde der Auflösungsbeschluss in der *Prawda* veröffentlicht. Die Resolution betonte die tief gehenden Unterschiede in der historischen Entwicklung der verschiedenen Länder, was die Verfolgung unterschiedlicher Strategien und Taktiken durch die einzelnen nationalen kommunistischen Parteien verlange. Der Krieg habe diese Unterschiede noch vertieft, und in jedem Fall habe die Komintern den nationalen Parteien mehr und mehr erlaubt, ihre eigene Linie zu verfolgen.[18] Am 8. Juni wurde die Resolution von 31 nationalen Sektionen angenommen, und zwei Tage später war die Organisation formell aufgelöst.[19]

Stalin war eng in die Beratungen einbezogen, die zur Auflösung der Komintern führten. Er beriet Dimitrow in der Abfassung des Resolutionstextes und in der Handhabung des Konsultationsprozesses. Anfänglich riet Stalin Dimitrow, den Prozess nicht zu übereilen. Dann aber drängte er ihn, den Auflösungsbeschluss zu veröffentlichen, noch bevor alle Antworten der ausländischen kommunistischen Parteien eingetroffen waren.[20] Am 21. Mai 1943 rief Stalin ein in Kriegszeiten seltenes Politbürotreffen ein, um über das Schicksal der Komintern zu beraten. Die Resolution, die bei dem Treffen verabschiedet wurde, bemerkte, dass der Hauptgrund für die Abschaffung die Unmöglichkeit sei, in Kriegszeiten die Aktivitäten aller Kommunisten von einem einzigen Zentrum zu leiten, insbesondere wenn die kommunistischen Parteien ganz unterschiedlichen Aufgaben gegenüberstehen würden: In einigen Ländern streben sie die Niederlage ihrer Regierung an, in anderen arbeiten sie auf den Sieg hin. Ein anderes Motiv, vermerkte die Resolution des Politbüros, wäre es, Feinden die Möglichkeit zu nehmen, weiterhin zu behaupten, die Aktivitäten der kommunistischen Parteien würden von einem fremden Staat gesteuert.[21] Der Text der Resolution gründete offenkundig auf Bemerkungen Stalins in der Sitzung, wie sie auch von Dimitrow in seinem Tagebuch überliefert wurden. Stalin bekundete sein Vertrauen auf die positive Wirkung der Auflösung: »Der nun unternommene Schritt wird zweifellos die kommunistischen Parteien als nationale Arbeiterparteien stärken und zugleich den Internationalismus der breiten Massen, deren Basis die Sowjetunion ist, zur Geltung bringen.«[22] Stalins optimistische Einschätzung trat auch in einer öffentlichen Erklärung vom 28. Mai über die vorgeschlagene Auflösung der Komintern zutage. In seiner Antwort auf eine in schriftlicher Form vorgebrachte Frage des Reuters-Korrespondenten in Moskau, Harold King, erklärte Stalin, dass die Auflösung der Komintern aus vier Gründen geschehe. Als Erstes würde die Lüge Hitlers bloßgestellt, dass Moskau andere Staaten zu »bolschewisieren« versuche. Zweitens würde die Verleumdung deutlich, unter der Kommunisten zu leiden hätten, wenn ihnen vorgeworfen wird, nicht im Interesse ihrer Landsleute zu handeln, sondern im Interesse auswärtiger Mächte. Drittens würde die Auflösung die Einheit aller fortschrittlichen patriotischen Kräfte stärken, »unabhängig von Parteiinteressen und Glauben«.[23] Viertens würde es die internationale Einheit aller friedliebenden Völker erleichtern und den Weg für »die zukünftige Organisation der Gemeinschaft der Nationen« bereiten. Zusammen würden diese vier Faktoren, so schloss Stalin, das Bündnis gegen Hitler weiter stärken.[24]

Aber warum wählte Stalin diesen speziellen Moment – den Mai 1943 –, um die Komintern aufzulösen? Es scheint wahrscheinlich, dass die Wahl des Zeitpunktes sehr stark durch größere politische Vorgänge der Monate zuvor beeinflusst wurde – insbesondere durch die »Katyn-Krise«, die zu einer Verschlechterung der diplomatischen Beziehungen Moskaus zur polnischen Exilregierung in London geführt hatte. Die Krise war durch die Bekanntgabe der Deutschen ausgelöst worden, dass sie die Massengräber von Tausenden polnischer Offiziere im Wald von Katyn nahe Smolensk gefunden haben, eine Region, die zu dieser Zeit immer noch von den Nazis besetzt gehalten wurde. Moskau reagierte mit der Behauptung, dass dies ein Propagandatrick der Nazis sei und dass die Deutschen selbst – und nicht

Fünftes Kapitel

der NKWD wie Berlin behauptete – die Polen erschossen hätten. Die polnische Exilregierung jedoch unterstützte den Vorschlag der Deutschen, eine unabhängige medizinische Untersuchungskommission zu beauftragen, um herauszufinden, was den Kriegsgefangenen zugestoßen war. Die Russen empörten sich, und *Prawda* und *Iswestija* veröffentlichten heftige Kommentare, in denen die Exilpolen als Komplizen Hitlers angegriffen wurden.[25] Am 21. August sandte Stalin ein entrüstetes Telegramm an Churchill und Roosevelt, in dem er sich über die Verleumdungskampagne der Polen beklagte.[26] Der Abbruch der politischen Beziehungen zu der Londoner Exilregierung folgte vier Tage darauf.

Hintergrund der Katyn-Krise[27] waren die Ereignisse der Jahre 1939–1940, als mehrere hunderttausend polnische Kriegsgefangene nach der Invasion der Roten Armee im Osten Polens im September 1939 von den sowjetischen Behörden interniert wurden. Viele dieser Gefangenen wurden nur kurze Zeit festgehalten, und die allermeisten wurden nach dem Juni 1941 aufgrund eines Vertrages zwischen der UdSSR und der Londoner Exilregierung Polens freigelassen. Im Oktober 1941 entließen die Russen etwa 400 000 polnische Bürger aus Gefängnissen oder Lagern. Dennoch blieben 20 000 Offiziere und Regierungsbeamte vermisst, und die Polen drängten die sowjetischen Behörden um Auskünfte über ihren Verbleib. Sogar Stalin wurde von General W. Sikorski, dem polnischen Premierminister, und General W. Anders, dem Befehlshaber der polnischen Armee, die auf sowjetischem Territorium aufgestellt wurde, danach befragt. Stalin bemerkte dazu wiederholt, dass er keine Informationen über ihren Aufenthalt habe und dass sie irgendwie das Land verlassen hätten.

Tatsächlich aber waren die vermissten Kriegsgefangenen nach der Annahme eines Politbürobeschlusses vom 5. März 1940, das ihre Hinrichtung anordnete, vom NKWD erschossen worden.[28] Diese Entscheidung war von furchtbarer Grausamkeit und enthüllt stark den ambivalenten Charakter von Stalins Regime. Als die polnischen Kriegsgefangenen in Haft genommen wurden, gab es keine Absicht, sie zu ermorden, sondern sie sollten von der Bevölkerung der neu ins Land aufgenommenen Gebiete des westlichen Weißrusslands und der westlichen Ukraine abgesondert werden. Ziel war, sie in einer »Umerziehung« zur Annahme der neuen sowjetischen Ordnung in Ostpolen zu bewegen. Die Umschulung durch den NKWD jedoch machte kaum nennenswerte Fortschritte, und die Sowjets kamen bald zu der Schlussfolgerung, dass die »bourgeoisen« polnischen Offiziere unverbesserliche Klassenfeinde sind, die liquidiert werden müssten. So schrieb Innenminister Beria Anfang März an das Politbüro, wobei er empfahl, die polnischen Gefangenen durch den NKWD verurteilen und hinrichten zu lassen. Dem Entschluss des Politbüros lag die Furcht zugrunde, dass der Krieg mit Finnland in einen größeren Konflikt eskalieren könnte, bei dem die widerspenstigen

Polen sich als größeres Sicherheitsproblem erweisen könnten. Die Massenhinrichtung erfolgte im März und April 1940, nicht nur in Katyn, sondern auch an anderen Orten in Russland, Weißrussland und der Ukraine. Zur selben Zeit wurden die Familien der ermordeten Kriegsgefangenen nach Kasachstan deportiert.

Es gibt keinen Hinweis, dass Stalin mit dem entsetzlichen Entschluss näher befasst war, aber er muss die darauffolgenden Komplikationen und Peinlichkeiten bitter bereut haben. Die von den Deutschen beauftragte internationale Medizinerkommission fand ganz korrekterweise heraus, dass die Kriegsgefangenen vom NKWD im Frühjahr 1940 hingerichtet worden waren. Als die Rote Armee Smolensk zurückeroberte, begannen die Sowjets mit einer ausgefeilten Täuschungsoperation, um die Welt davon zu überzeugen, dass die Deutschen die Schuldigen seien. Zu den sowjetischen Machenschaften gehörte im Januar 1944 eine Einladung an eine Gruppe amerikanischer Journalisten, den Ort des Massakers in Katyn zu besuchen. Unter den Eingeladenen befand sich Kathleen Harriman, die Tochter von Averell Harriman. Am 28. Januar 1944 schrieb Kathleen an ihre Schwester Mary über die Reise nach Smolensk:

»Der Wald von Katyn stellte sich als ein kleiner schäbiger Kiefernwald heraus. Uns wurde die Anlage von einem großen sowjetischen Arzt gezeigt, der mit einer weißen Schirmmütze, weißen Schürze und Gummihandschuhen wie ein Koch aussah. Lustvoll zeigte er uns ein aufgeschnittenes polnisches Hirn, das für Inspektionszwecke sorgfältig auf einem Teller platziert war. Dann begann ein Rundgang zu jedem der sieben Gräberfelder. Wir müssen etwa einige tausend Körper oder Teile davon gesehen haben, alle in einem unterschiedlichen Auflösungsgrad, die schrecklich stanken (zum Glück hatte ich eine Erkältung, sodass ich vom Gestank weniger belästigt wurde als die anderen). Einige der Leichen waren von den Deutschen im Frühjahr 1943 ausgegraben worden, nachdem sie ihre Version der Geschichte lanciert hatten. Sie waren in ordentliche Reihen gelegt worden. Sechs bis acht Körper in einer Reihe. Die Leichen aus den anderen Gräbern waren in alle Richtungen verstreut. Während der gesamten Zeit, als wir dort waren, wurde die Exhumierung von Männern in Armeeuniformen fortgesetzt. Irgendwie konnte ich sie nicht gerade beneiden. Der interessanteste und überzeugendste Beweis war, dass jeder Pole durch den Hinterkopf mit einer einzigen Kugel erschossen worden war. Einige der Erschossenen hatten die Hände hinter dem Rücken gefesselt, was alles typisch für die Deutschen ist. Als Nächstes wurden wir in Obduktionszelte geführt. In ihnen war es heiß und stickig, und es stank infernalisch. Zahlreiche Obduktionen waren im Gange. Jeder Leiche wurde eine gründliche Überprüfung zuteil, wir sahen mehrere … Ich war überrascht, wie gut erhalten die Leichen waren. Die meisten hatten noch Haare. Selbst ich konnte ihre inneren Organe erkennen, und sie hatten immer noch eine Menge ›festes‹ rotes Fleisch an ihren

Schenkeln ... Du weißt, die Deutschen sagen, dass die Russen die Polen 1940 töteten, während die Russen sagen, die Polen sind nicht vor Herbst 1941 getötet worden. So besteht eine ziemliche Diskrepanz in der Zeit. Obwohl die Deutschen die Taschen der Polen geleert haben, haben sie einige schriftliche Dokumente übersehen. Während ich zuschaute, fand man einen vom Sommer 1941 datierten Brief, was ein verdammt guter Beweis ist.«[29]

Eine andere Komplikation der Katyn-Krise war ihre Wirkung auf die Kommunistische Partei Polens oder die Polnische Arbeiterpartei, wie sie damals genannt wurde. Als die Krise ausbrach, waren die polnischen Kommunisten gerade dabei, mit anderen Gruppierungen eine breite nationale Einheitsfront im Widerstand gegen die deutsche Besetzung Polens auszuhandeln. So sollte es auch eine Einheit zwischen den Kommunisten und der polnischen Heimatarmee geben, die mit der Exilregierung in London verbunden war. Diese Verhandlungen brachen Ende April 1943 angesichts von Forderungen ab, dass sich die polnischen Kommunisten der Exilregierung unterordnen, die sowjetischen Gebietsforderungen gegenüber Polen zurückweisen und ihre Verbindungen zur Komintern abbrechen sollten.[30] Am 7. Mai – ein Tag bevor Molotow über die Auflösung der Komintern mit Dimitrow sprach – traf sich Wanda Wasilewska, eine führende polnische Kommunistin, mit Stalin und berichtete vermutlich über die gescheiterten Verhandlungen mit der polnischen Heimatarmee.[31] Es ist gut möglich, dass diese Entwicklung Stalin dazu veranlasst hat, die Komintern abzuschaffen, ein Schachzug, der dabei helfen sollte, die nationalistischen Behauptungen zu unterminieren, dass die polnischen Kommunisten keine Patrioten, sondern sowjetische Agenten seien.

Stalins Auflösung der Komintern wurde zumeist als eine Geste gegenüber England und den Vereinigten Staaten[32] gewertet, als ein Signal, dass Stalin mit Ende des Krieges nicht eine Revolution oder eine kommunistische Machtübernahme in Europa anstreben würde. Es mag sein, dass Stalin seine Bündnispartner mit einer Geste guten Willens beeindrucken wollte. Aber es ist wahrscheinlicher, dass er versuchte, die politische Initiative im Gefolge der Katyn-Krise wieder zurückzugewinnen. Im Zusammenhang betrachtet mit dem beabsichtigten Kampf um politischen Einfluss im Polen der Nachkriegszeit – das mit Abstand wichtigste Land an der Westgrenze der UdSSR – gibt es noch einen direkteren und einfacheren Grund: Die Komintern wurde abgeschafft, um den strategischen Einfluss des europäischen Kommunismus zu verbessern. In Polen wie in ganz Europa suchten Kommunisten durch die Bildung nationaler antifaschistischer Bewegungen Einfluss und politische Macht zu gewinnen, um den Widerstand gegen die Nazibesetzung und dann den Kampf für eine fortschrittliche Politik nach dem Krieg anführen zu können. Mit anderen Worten, die europäischen Kommunisten sollten sich selbst als radikale Patrioten neu erfinden – wie es die Sowjets getan hatten – und sich den nationalen Interessen ihres Landes genauso wie dem proletarischen Internationalismus verschreiben. In der Mitte des Krieges war dieser Prozess einer vaterländischen Neuausrichtung schon in vielen Ländern weit fortgeschritten, als kommunistische Parteien wiederauflebten und die antifaschistische Politik der Volksfrontregierungen in der Vorkriegszeit fortschrieben. So bedeutete die Abschaffung der Komintern keine diplomatische Verbeugung vor den westlichen Bündnispartnern, sondern eine ideologische und politische Herausforderung der sowjetischen Alliierten. Stalin war der Erhaltung des Bündnisses im Krieg als auch im Frieden verpflichtet, aber dies bedeutete nicht, dass er glaubte, es könne oder solle eine Rückkehr zum Status quo der Vorkriegszeit in Europa geben.

Zu diesem Zeitpunkt wusste Stalin nicht, wie sehr sich die europäische Politik als Ergebnis des Krieges ändern sollte. Aber er erkannte, dass eine radikale Veränderung wahrscheinlich sein würde, und er wollte, dass seine kommunistischen Verbündeten in einer starken Position wären, damit sie alle entstehenden politischen Gelegenheiten nutzen könnten.

Eine andere wichtige Bedeutung in der Abschaffung der Komintern wurde vom italienischen Historiker Paolo Spriano[33] hervorgehoben: Stalins Prestige und der Mythos um ihn waren nunmehr so groß, dass er eine Einrichtung wie die Komintern nicht länger benötigte, um zwischen ihm und der internationalen kommunistischen Bewegung zu vermitteln. Von nun an würde er persönlich die großen Linien der kommunistischen Strategie und Politik bestimmen, und er würde dies, wann immer es nötig ist, durch Begegnungen von Angesicht zu Angesicht mit ausländischen Parteiführern tun. Stalin hatte lange Zeit die internationale kommunistische Bewegung politisch und ideologisch beherrscht, aber seine Macht wurde zum Teil durch die kollektive Organisationsform der Komintern und die Prominenz anderer kommunistischer Parteiführer begrenzt. Dimitrow zum Beispiel war der Held des Prozesses um den Reichstagsbrand 1933 und wurde weithin als die Verkörperung der antifaschistischen Volksfrontpolitik der Komintern verehrt. Im Privaten dominierte Stalin Dimitrow, aber öffentlich erschien der Kominternvorsitzende als eine unabhängige und charismatische Persönlichkeit, wie auch andere kommunistische Führer, etwa der französische Parteiführer Maurice Thorez, der italienische Kommunist Palmiro Togliatti oder Earl Browder und Harry Pollitt, die Führer der amerikanischen und britischen Parteien. Jedoch bedeutete der Erfolg der Sowjets im Krieg, dass Stalins Person nun einen großen Schatten auf die gesamte internationale kommunistische Bewegung warf. In dem Moment, in dem die Komintern aufgelöst wurde, wurde die internationale kommunistische Bewegung tatsächlich die Partei Stalins.

Obwohl die Komintern als Institution im Juni 1943 aufhörte zu existieren, bestanden einzelne organisatorische Elemente weiterhin und arbeiteten wie zuvor.

Dies traf insbesondere auf die Strukturen zu, die materielle und finanzielle Unterstützung an im Untergrund arbeitende kommunistische Parteien leisteten. Ebenso wurden die im Partisanenkampf mit den Deutschen stehenden Parteien weiterhin unterstützt.[34] Dimitrow wurde in eine neue »Abteilung internationale Information« transferiert, die ein Bestandteil des Zentralapparats der sowjetischen kommunistischen Partei war, der sich in der Nachkriegszeit in die internationale Abteilung der Partei verwandelte.

Dimitrows Abteilung sollte dem Politbüro Informationen und Analysen zu internationalen Fragen bereitstellen und Kontakte mit ausländischen kommunistischen Parteien anknüpfen und unterhalten. Ende 1944 begann die Abteilung, vertrauliche Berichte zur Außenpolitik (*Woprosy Wneschnei Politiki*) zu erstellen. Eine öffentliche Version der sich entwickelnden sowjetischen Ansichten über die internationalen Beziehungen wurde von Juni 1943 an alle vierzehn Tage von der Zeitschrift *Woina i Rabochii Klass* (Der Krieg und die Arbeiterklasse) verbreitet. Als die Zeitschrift vom Politbüro gegründet wurde, wurde sie vom offiziellen Prozess der sowjetischen Zensur ausgenommen.[35] Stattdessen wurden ihre Inhalte von Stalin und Molotow genau begutachtet. Teilweise war die Zeitschrift ein Ersatz für das Magazin *Die kommunistische Internationale*. Aber sie diente hauptsächlich als öffentlich zugängliche Hauszeitschrift des Volkskommissariats für auswärtige Angelegenheiten, wobei große Teile ihres Inhalts im Ministerium selbst erstellt wurden. Die Artikel wurden vielfach in der sowjetischen und kommunistischen Presse wiedergegeben. Ganz zu Recht wurden sie als offizielle Erklärungen Moskaus zu aktuellen internationalen Ereignissen und zu Moskaus Plänen für die Nachkriegswelt angesehen.

Vorbereitungen auf den Frieden

Das Erscheinen von *Woina i Rabochii Klass* zeigte Stalins wachsendes Interesse an der Planung und Vorbereitung der Nachkriegsordnung. Im Sommer 1943 wurde entschieden, die Kommission für die Vorbereitung diplomatischen Materials durch zwei neue Kommissionen zu ersetzen – eine Kommission zu den Bedingungen eines Waffenstillstands (*Komissiya po Woprosam Peremiriya*), die von Marschall Woroschilow geleitet wurde, und eine Kommission zu den Friedensverträgen und der Nachkriegsordnung (*Komissiya po Woprosam Mirnykh Dogoworow i Poslewoennogo Ustroistwa*), deren Vorsitz der im Sommer 1943 von seiner Position als Botschafter in den USA zurückgerufene Litwinow übernahm. Maiski, auf dem der Schatten der gescheiterten Kampagne zur Einrichtung einer zweiten Front lastete, wurde aus London abgezogen und mit der Leitung einer Kommission beauftragt, die sich mit Fragen der Reparation beschäftigte.³⁶ Stalins Einsetzung von Litwinow, der damit beauftragt wurde, die Schlüsselkommission zu leiten, war höchst bemerkenswert, berücksichtigt man die langjährige Rivalität zwischen Litwinow und Molotow und seine Absetzung 1939 als Volkskommissar für auswärtige Angelegenheiten.³⁷ Litwinow war bei Weitem der kenntnisreichste und erfahrenste von Stalins Diplomaten, und der Sowjetführer benötigte seine Kenntnisse und Fertigkeiten. Litwinow war zudem ein ausgesprochener Befürworter einer Zusammenarbeit mit Großbritannien und den Vereinigten Staaten. Lange hatte er Stalin gedrängt, Schritte dahin zu unternehmen, die Kooperation zwischen der Sowjetunion und dem Westen zu institutionalisieren. Nach seiner Rückkehr aus Washington im Mai 1943 schrieb Litwinow ein ausführliches Memorandum *Die Politik der USA*, das er Stalin und Molotow übergab. In diesem Dokument vertrat er die Position, dass die UdSSR »an einer Kommission mit Großbritannien und den USA teilnehmen sollte, in der generelle militärpolitische Fragen zu diskutieren seien, die sich aus dem gemeinsamen Kampf gegen die europäischen Achsenmächte ergeben«. Eine solche Kommission, führte Litwinow weiter aus, würde es der UdSSR ermöglichen, die strategische Planung der Briten und Amerikaner wie auch die politische Meinung in den westlichen Staaten zu beeinflussen.³⁸ Litwinows Vorschlag für eine alliierte militärpolitische Kommission scheint in Stalins Überlegungen eingegangen zu sein. Am 22. August schrieb er an Churchill und Roosevelt:

»Ich glaube, die Zeit ist reif, eine militärpolitische Kommission mit Vertretern unserer drei Länder einzusetzen …, um Probleme zu erörtern, die sich aus den Verhandlungen mit den verschiedenen von Deutschland abfallenden Regierungen ergeben. Bis jetzt ist der Prozess folgender gewesen: Großbritannien und die Vereinigten Staaten haben sich untereinander verständigt. Dann wurde die UdSSR wie eine dritte passive Seite von den zwei Mächten unterrichtet. Ich muss sagen, dass diese Situation nicht länger toleriert werden kann.«³⁹

Stalins Telegramm war die Erste von mehreren derartigen Botschaften an Roosevelt und Churchill. Unmittelbaren Anlass dazu gab die alliierte Invasion von Sizilien und Italien im Sommer 1943. Mussolini war zurückgetreten, und eine neue Regierung unter dem monarchistischen Marschall Badoglio verhandelte mit Großbritannien und den USA über die Bedingungen eines Waffenstillstandes. Stalin war der Meinung, dass die Sowjetunion an den Verhandlungen teilnehmen müsse, die zur italienischen Kapitulation und zur Errichtung einer alliierten Besatzungsherrschaft führen würden. Aus Stalins Sicht war es sinnvoll, ein Abkommen abzuschließen, das den sowjetischen Einfluss in Gebieten erleichtern sollte, die von den Briten und Amerikanern besetzt wurden. Im Austausch dafür bot er seinen westlichen Verbündeten entsprechenden Einfluss in den Ländern an, die in Zukunft von der Roten Armee besetzt werden sollten. Roosevelt und mehr noch Churchill waren anderer Ansicht: Sie wollten das, was sie hatten, nicht aus der Hand geben und bestanden darauf, dass die Besatzungsherrschaft in der Verantwortung der Militärkommandeure vor Ort läge. Ergebnis war, dass die Sowjetunion von jeder effektiven Mitsprache in der alliierten Verwaltung des besetzten Italiens ausgeschlossen wurde. Zwar saßen sowjetische Vertreter in der alliierten Kontrollkommission und später im Beirat, aber sie verfügten über wenig Macht.[40] Das Beharren der Briten und Amerikaner in der Frage der Besatzung Italiens wirkte sich langfristig aus und schuf einen Präzedenzfall, als die Rote Armee 1944–1945 Osteuropa besetzte. Stalin war in der Lage, auf die Verhältnisse in Italien zu verweisen und den westlichen Einfluss in der Verwaltung besetzter Gebiete auf ein Minimum zu beschränken.

1943 jedoch hatte Stalin noch keine Vorstellung davon, dass die Verhältnisse in Italien sich noch einmal zu seinen Gunsten auswirken könnten. So war er bestrebt, den sowjetischen Einfluss auf die Besatzung zu maximieren, indem er den stellvertretenden sowjetischen Volkskommissar für auswärtige Angelegenheiten Andrei Wyschinski als Vertreter in den Beirat für Italien entsandte. Aber in kürzester Zeit merkten die Sowjets, dass die Teilnahme am Beirat reine Zeitverschwendung war. Im März 1944 entschloss sich Stalin, die Absprachen zwischen den Alliierten zu umgehen, indem die Sowjetunion die Erste der drei alliierten Mächte wurde, die de facto diplomatische Kontakte zur Regierung Badoglio aufnahmen. Diese hatte sich nun den Alliierten angeschlossen und stand im Kampf gegen die Deutschen in Italien. Ein langer Kommentar auf der Titelseite der *Prawda*, »Die italienische Frage« überschrieben, rechtfertigte die sowjetische Anerkennung der Regierung Badoglio, indem er auf den Unilateralismus der Briten und Amerikaner in Italien verwies und weiter argumentierte, dass ein solcher Schritt notwendig gewesen sei, um den antifaschistischen Kampf zu unterstützen.[41] Um den sowjetischen Einfluss auf die Regierung Badoglio zu verstärken, ordnete Stalin zur gleichen Zeit gegenüber Togliatti an, dass die Kommunisten die Oppositionsrolle verlassen und in eine von dem monarchistischen Marschall geführte Koalitionsregierung eintreten sollten. So sagte Stalin zu Togliatti:

»Die Existenz zweier Lager (Badoglio sowie der König und andererseits die antifaschistischen Parteien) schwächt das italienische Volk. Das nützt nur den Engländern, die gerne ein schwaches Italien im Mittelmeerraum hätten.[42] Die Kommunisten sollten der Regierung Badoglio im Interesse eines verstärkten Kampfes gegen die Deutschen beitreten, dabei die Demokratisierung des Landes fördern und das italienische Volk vereinen. Das Wesentliche ist die Einheit des italienischen Volkes im Kampf gegen die Deutschen für ein unabhängiges und starkes Italien.«[43]

Dass Stalin die italienischen Kommunisten ins Spiel brachte, um seine diplomatische und geopolitische Position in Italien zu verbessern, war auch ein Schachzug, um den Einfluss der Kommunisten im Land durch die Erweiterung der kommunistischen Basis zu verbreitern. Stalin war pessimistisch im Hinblick auf die Aussichten, dass es den Kommunisten gelingen könnte, in Italien an die Macht zu kommen. Solange der Krieg andauerte, widersetzte er sich rigoros jedem Gedanken, in dieser Beziehung Abenteuer zu riskieren.[44] In Frankreich verfolgte er die gleiche politische und diplomatische Strategie. Im März 1944 wurden die französischen Kommunisten instruiert, dass »die Partei als die führende Kraft der Nation handeln muss, als eine Staatspartei, die in der Lage ist, nicht nur ihre eigenen Anhänger zu überzeugen und zu gewinnen, sondern genauso auch breitere Schichten.«[45] Stalin hielt nicht viel von de Gaulle, aber im Oktober 1944 schloss er sich den Briten und Amerikanern in ihrer Anerkennung von de Gaulles Komitee für die nationale Befreiung als provisorischer Regierung in Frankreich an. Bei einem Treffen mit dem Kommunistenführer Maurice Thorez im November 1944, kurz bevor dieser nach Frankreich zurückkehrte, drängte ihn Stalin, de Gaulles Regierung zu unterstützen, politische Verbündete zu suchen und nicht zuzulassen, dass die Kommunisten isoliert werden. Er schlug selbst der Résistance vor, sie sollte ihren Namen in »Wiederaufbaufront« ändern. Außerdem sollte das Programm der kommunistischen Partei Frankreichs »Wiederaufbau der Wirtschaft, Garantie von Arbeitsplätzen für Arbeitslose, Verteidigung der Demokratie und Bestrafung derjenigen, die die Demokratie unterdrückt haben« beinhalten.[46]

Ein anderer Grund für Stalin, auf einen gemeinsamen Ansatz bei der alliierten Besetzung Italiens im Sommer 1943 zu drängen, war sein bevorstehendes Treffen mit Roosevelt und Churchill. Roosevelt hatte mehrmals versucht, Stalin zu einem Treffen zu überreden; im Mai 1943 sandte er den früheren amerikanischen Botschafter in der UdSSR, Joseph Davies, mit einer Note nach Moskau, in der er fragte, wo und wann sie zusammentreffen könnten.[47] Stalin stimmte prinzipiell darin überein, Roosevelt zu treffen, aber er wollte sich auf Einzelheiten nicht einlassen, solange die deutsche Sommeroffensive bei Kursk anstand. So wurden Zeit und Ort eines Treffens erst im September vereinbart. Bis dahin war der Rahmen des Treffens mit der Einbeziehung Churchills erweitert worden. Weiter wurde vereinbart, dass sich zur Vorbereitung eines Treffens der großen drei Ende November in Teheran der amerikanische, britische und sowjetische Außenminister im Oktober 1943 zu einer Konferenz in Moskau treffen sollten.

Die Moskauer Außenministerkonferenz

In der Vorbereitung der Moskauer Konferenz[48] setzten die Briten und Amerikaner eine große Anzahl von Beratungspunkten auf die Tagesordnung. Die Briten wollten über Italien und den Balkan sprechen, über die Einrichtung eines interalliierten Konsultativgremiums, über die gemeinsame Verantwortung der Konferenzteilnehmer in Europa (im Gegensatz zu unilateralen Maßnahmen), über die polnische Frage, über Vereinbarungen zwischen großen und keinen Mächten zu Fragen der Nachkriegsordnung, über die Behandlung Deutschlands und der anderen Achsenmächte nach dem Krieg. Beraten werden sollte ferner über die Haltung zur Partisanenbewegung in Jugoslawien, über die Bildung einer provisorischen Regierung in Frankreich, über die Bildung eines Staatenbundes in Osteuropa, über den Iran und über die wirtschaftliche Kooperation mit der UdSSR nach dem Krieg. Auf der amerikanischen Agenda stand die Einrichtung einer internationalen Sicherheitsorganisation, die Behandlung von Feindstaaten, der Wiederaufbau nach dem Krieg sowie die Frage, wie man politische und wirtschaftliche Fragen klären kann, die im Laufe des Krieges entstehen. Hingegen schlugen die Sowjets nur einen Tagesordnungspunkt vor: »Maßnahmen zur Verkürzung des Krieges gegen Deutschland und seine Verbündeten.« Während die Sowjets sich darauf vorbereiteten, die von ihren Alliierten vorgeschlagenen Themen zu diskutieren, baten sie die Briten und Amerikaner, ihre spezifischen Vorschläge auf den Tisch zu legen. Auch bestand Moskau darauf, dass die Konferenz nur einen vorbereitenden Charakter haben sollte. Auf ihr sollten nur Entwürfe für Vereinbarungen diskutiert werden, die später von den drei Regierungen entschieden würden.[49] Diese sowjetische Antwort auf die westlichen Vorschläge zur Tagesordnung spiegelte Moskaus Ansicht wider, dass es das Ziel der Briten und Amerikaner ist, die Aufmerksamkeit von der Frage einer zweiten Front abzulenken und die sowjetische Haltung zu einer Reihe von Themen auszuloten, insbesondere was die Zukunft Deutschlands angeht.[50] Die sowjetische Verhandlungseinstellung schien den Briten und Amerikanern nichts Gutes gegenüber ihren Vorschlägen zu verheißen, was die Sowjets dazu brachte, ihre Position zu den vorgelegten Themen zu verdeutlichen. Eine große Anzahl von Dokumenten und Positionspapieren wurde daraufhin im Volkskommissariat für auswärtige Angelegenheiten erstellt, die zur Grundlage der sowjetischen Verhandlungsposition auf der Konferenz selbst wurden.[51] Ein wichtiger Teilnehmer in der internen Diskussion war Litwinow, der eine Reihe von Denkschriften für Molotow schrieb. Anders als einige der Vorschläge sowjetischer Experten bewegten sich die Vorschläge Litwinows ganz und gar im Zusammenhang einer interalliierten Strategie, obwohl das nicht bedeutete, dass er entweder spezielle sowjetische Interessen vernachlässigte oder zu leicht westlichen Positionen nachgab. Eines der Themen seiner Beiträge behandelte tatsächlich die

Frage, ob es wünschenswert wäre, zur Vermeidung zukünftiger sowjetisch-westlicher Konflikte die Welt in zwei verschiedene Sicherheitszonen im Rahmen einer übergeordneten internationalen Organisation aufzuteilen. Andere Teilnehmer der internen Diskussion – besonders diejenigen mit Erfahrung in der Arbeit der Komintern – waren Großbritannien und den USA gegenüber misstrauischer und betonten vielmehr die Gegensätze im Verhältnis zum Westen als die Gemeinsamkeiten. Aber niemand stellte direkt die Wünschbarkeit und Chancen eines Dreierbündnisses in Frage. Ein derart weitreichender Konsens konnte nur von der Spitze der sowjetischen Entscheidungshierarchie – von Stalin selbst – gestiftet werden. Und diese Bereitschaft zur Zusammenarbeit stellte die Arbeitsgrundlage der Konferenz dar, und so kam es zu sehr offenen, aber zugleich freundlichen Diskussionen mit den Briten und Amerikanern und zum Abschluss wichtiger Vereinbarungen, die weit über die ursprüngliche Planung einer Vorbereitungskonferenz für Teheran hinausreichten.

Die sowjetische Delegation auf der Konferenz, die im Spiridonowka-Palast stattfand, wurde von Molotow geleitet mit Litwinow als seinem Stellvertreter. Großbritannien war vertreten durch seinen Außenminister Anthony Eden und die Vereinigten Staaten durch Außenminister Cordell Hull. Stalin nahm an der Konferenz nicht teil, wurde aber von Molotow, Litwinow und anderen führenden Mitgliedern der sowjetischen Delegation ausführlich informiert.[52] Am 18. Oktober, dem Tag vor Konferenzbeginn, wurde Stalin die Abschlusserklärung unterbreitet, in der die sowjetische Position gegenüber zahlreichen strittigen Fragen dargestellt wurde.[53] Während der Konferenz traf Stalin zweimal mit Eden und einmal mit Hull zusammen. Er trat auch als Gastgeber des Abschlussdinners am 30. Oktober in Erscheinung.

Die Bedeutung der Konferenz für Stalin wurde in seinem Gespräch am 27. Oktober mit Eden deutlich, als er den britischen Außenminister, wie vorherzusehen, auf die Einrichtung einer zweiten Front drängte. Dabei betonte er, dass die Sowjetunion nicht mehr in der Lage zu weiteren großen Offensiven gegen die Deutschen sei, wenn Hitler nicht unter einer starken Bedrohung aus dem Westen gezwungen würde, seine Kräfte zu teilen.[54]

Auf der Konferenz betonten die westlichen Staaten nochmals ihre Bereitschaft, eine zweite Front in Frankreich zu eröffnen, diesmal im Frühjahr 1944. Einvernehmen wurde auch über die Notwendigkeit erzielt, die Türkei von einem Kriegsbeitritt gegen Deutschland zu überzeugen, und es wurde über den sowjetischen Vorschlag diskutiert, alliierte Luftwaffenbasen im neutralen Schweden zu errichten. Cordell Hull ging es sehr darum, Einvernehmen über eine Nachfolgeorganisation für den diskreditierten Völkerbund zu erzielen. Eine dahingehende Erklärung wurde von der Konferenz verabschiedet. Auf einen sowjetischen Vorschlag hin wurde vereinbart, zu dem Thema einer neuen Sicherheitsorganisation weitere Gespräche zwischen den drei Staaten zu führen. Ein anderes wichtiges Thema war die Annahme eines britischen Vorschlages, einen europäischen Beirat der drei Mächte mit der Aufgabe zu gründen, Bedingungen für einen Waffenstillstand mit Deutschland zu prüfen. Die einzige auf der Konferenz erzielte spezifische Vereinbarung über die Zukunft Deutschlands war die Erklärung, dass Österreich von Deutschland getrennt und ein unabhängiger Staat werden sollte. Aber in der Diskussion über Deutschland wurde deutlich, dass alle drei Außenminister darin übereinstimmten, dass es entwaffnet, demilitarisiert, entnazifiziert, demokratisiert und aufgeteilt werden müsse. Ebenfalls bestand Einvernehmen, dass die wichtigsten Naziführer als Kriegsverbrecher vor Gericht gestellt werden müssten.[55] In einem zum Ende der Konferenz herausgegebenen Kommuniqué erklärten die drei Staaten ihre Bereitschaft, »die gegenwärtig enge Zusammenarbeit und Kooperation in der Führung des Krieges in der Zeit nach dem Ende der Feindseligkeiten fortzusetzen«. Das Dokument schloss mit einer Hervorhebung »der Atmosphäre gegenseitigen Vertrauens und Verständnisses, die die Arbeit der Konferenz begleitet hat«.[56] Diese Bekundung war nicht nur eine propagandistische Übertreibung. Die Konferenz *war* ein durchschlagender Erfolg und bedeutete den Anfang einer Zeit intensiver Zusammenarbeit zwischen den drei Alliierten in der Planung der Nachkriegsordnung. Die Sowjets priesen in aller Öffentlichkeit die Konferenz als Vorbote eines langen und stabilen Friedens, der durch die Zusammenarbeit der drei großen Länder garantiert sein würde.[57] Intern setzte das Volkskommissariat für auswärtige Angelegenheiten seine Mitarbeiter darüber in Kenntnis, dass die Konferenz »ein großes Ereignis im Leben des Volkskommissariats für auswärtige Angelegenheiten gewesen ist, das alle Mitarbeiter des Kommissariats im Detail studieren müssen ... und, wenn möglich, Vorschläge zur Verwirklichung seiner Entscheidungen machen« sollten.[58] Die Briten und Amerikaner waren nicht weniger enthusiastisch. Die Briten waren besonders überschwänglich gegenüber der Leistung Molotows auf der Konferenz, von der alle der Meinung waren, dass sie brillant gewesen sei. Am Ende der Konferenz schlug Eden sogar vor, dass Molotow alle zukünftigen Treffen der drei Außenminister leiten sollte.[59] Nach seiner Rückkehr berichtete Eden dem Unterhaus: »Ich habe noch nie Beratungen beigewohnt, deren Vorsitzender mehr Können, Geduld und Urteilsvermögen besaß als Herr Molotow, und ich muss sagen, dass es seiner Behandlung einer langen und komplizierten Themenstellung zuzuschreiben ist, die zu einem Großteil den Erfolg erklärt, den wir erzielt haben.«[60] Hull vermeldete dem amerikanischen Kongress, dass die Erklärung zur Einrichtung einer neuen Sicherheitsorganisation bedeute, dass »es keine Notwendigkeit von Einflusssphären, für Bündnisse, für eine Politik der Balance of Power oder andere spezielle Absprachen mehr gibt, die in der unglücklichen Vergangenheit die Nationen dazu führten, vor allem ihre

Sicherheit zu suchen oder ihre Interessen zu vertreten.«[61] Botschafter Harrimans Urteil war, dass die Konferenz »ziemlich nah an die Vertrautheit heranreichte, die in den Diskussionen zwischen den Briten und uns existiert«, während sein Stellvertreter in der amerikanischen Botschaft, Charles Bohlen, meinte, dass sie »die Rückkehr der UdSSR als Mitglied in der Gesellschaft der Nationen mit dem Sinn für Verantwortung bedeutete, der damit verbunden ist«.[62]

Stalins Beurteilung der Konferenz ist in seiner Ansprache zum Jahrestag der Oktoberrevolution am 6. November 1943 überliefert, die nunmehr ein jährliches Ereignis von beträchtlicher öffentlicher Bedeutung in der Darlegung der Militär- und Außenpolitik der Sowjetunion war. In einem Bereich seiner Darlegungen, der überschrieben war »Die Konsolidierung der Anti-Hitlerkoalition und das Auseinanderfallen des faschistischen Blocks«, sagte Stalin:

»Der Sieg über die Verbündeten unseres gemeinsamen Feindes rückt näher und, trotz aller Bemühungen des Feindes haben sich die Beziehungen zwischen den Verbündeten und die militärische Kooperation ihrer Armeen nicht verschlechtert, sondern noch weiter verstärkt und gefestigt. In dieser Hinsicht sind die historischen Entscheidungen der Moskauer Konferenz … ein beredtes Zeugnis. Nun sind unsere geeinten Länder voll entschlossen, gemeinsame Schläge gegen den Feind zu führen, die zu unserem endgültigen Sieg über ihn führen werden.«

Trotz des Geredes über die Zukunft des Bündnisses der Sowjets mit dem Westen blieb eine zweite Front Stalins wichtigstes Ziel. In seiner Rede erwähnte er die alliierten Militäraktionen in Nordafrika, im Mittelmeer und in Italien und die Folgen des fortdauernden Luftbombardements auf die deutsche Industrie. Anders als gewöhnlich lobte Stalin auch die westlichen Hilfslieferungen an die UdSSR, indem er bemerkte, dass sie zum Erfolg der sowjetischen Sommeroffensive beigetragen hätten. Der Stachel im Fleisch jedoch war für ihn, dass die Militäraktionen in Südeuropa nicht die gewünschte zweite Front gewesen sind, die, wenn sie eröffnet würde, die militärische Kooperation zwischen den Alliierten stärken und den Sieg über Nazideutschland beschleunigen würde.[63] Wie die Konferenz von Teheran zeigen sollte, blieb die Verwirklichung einer zweiten Front Stalins vornehmliches Ziel in seinen Beziehungen zu Churchill und Roosevelt. »Die Hauptfrage, die nun entschieden werden muss, ist, ob sie uns helfen werden oder nicht«, soll Stalin auf dem Weg nach Teheran gesagt haben.[64]

Die Konferenz von Teheran

Stalins Treffen mit Churchill und Roosevelt fand in Teheran statt, da die sowjetische Führung auf einem Ort bestand, von dem aus sie in direktem telefonischem und telegrafischem Kontakt mit dem Generalstab in Moskau bleiben konnte. Nach General Schtemenko, Chef der Planungsabteilung, hatte er Stalin auf dem Weg nach Teheran (per Zug nach Baku und dann weiter mit dem Flugzeug) dreimal am Tag über die Lage an der Front zu berichten. Schtemenko hielt Stalin auch während der Konferenz auf dem neuesten Stand der Dinge, und der sowjetische Führer genehmigte von Teheran aus weiterhin militärische Befehle, die ihm von General Antonow, dem stellvertretenden Chef des Generalstabes, per Telegramm vorgelegt wurden.[65]

Der Iran war seit August 1941 von britischen und sowjetischen Truppen in einer Operation besetzt worden, mit der eine prodeutsche Regierung in Teheran gestürzt und die bedrohten Nachschubrouten im Süden der UdSSR geschützt wurden. 1943 waren die britischen und sowjetischen Truppen formell aus der iranischen Hauptstadt abgezogen worden, aber dennoch blieb sie voller alliierter Soldaten. Für die Konferenz wurde die sowjetische Botschaft als ein sicherer Tagungsort ausgesucht. Aus Sicherheitsgründen blieb Roosevelt zusammen mit Stalin in der sowjetischen Botschaft, während Churchill in der nahe gelegenen britischen Gesandtschaft Quartier bezog.

Viele Geschichten sind über die Teheran-Konferenz erzählt worden: über geplante deutsche Anschläge, die großen drei zu kidnappen oder zu ermorden, über die sowjetische Bespitzelung von Churchill und Roosevelt, über den Spion in der britischen Botschaft in Ankara, der Berlin mit Abschriften der gesamten Konferenz versorgte.[66] Aber das eigentliche Drama, das über die Existenz von Millionen während der nächsten Jahre entscheiden sollte, war die Bedeutung dessen, was in Teheran gesagt und entschieden wurde.

Stalins erstes Treffen mit Roosevelt fand in Teheran am 28. November 1943 statt. Nach Walentin Bereschkow, einer von Stalins Übersetzern, war es ein Raum neben dem großen Konferenzsaal, in dem das Gespräch abgehalten wurde. Stalin war darum bemüht, dass die Sitzordnung der Tatsache Rechnung trug, dass Roosevelt im Rollstuhl saß.[67] Da dies das erste Treffen der beiden Politiker überhaupt war, ging es erst einmal darum, eine persönliche Gesprächsgrundlage zu finden. Das Gespräch begann mit der Frage Roosevelts nach der Lage an der Ostfront und der Aussage, dass er gerne dazu beitragen würde, 30 bis 40 feindliche Divisionen von Stalins Truppen abzulenken. Stalin war natürlich erfreut und drückte Verständnis für die logistischen Schwierigkeiten der Vereinigten Staaten aus, eine Armee von zwei Millionen Mann zu versorgen, die mehrere Tausend Kilometer vom amerikanischen Kontinent entfernt im Einsatz war. Roosevelt bemerkte dann, dass er gerne mit Stalin über Fragen der Nachkriegszeit sprechen wolle, einschließlich des Themas der Handelskontakte zur Sowjetunion. Stalin entgegnete, dass die Sowjetunion nach dem Krieg ein großer Markt für die USA sein würde.

Roosevelt stimmte dem zu und bemerkte, dass die Vereinigten Staaten einen großen Bedarf an Rohstoffen hätten, der durch die UdSSR gedeckt werden könnte. Daraufhin folgte ein Meinungsaustausch über die Kriegsqualitäten Chinas, wobei beide übereinstimmten, dass die Chinesen zwar gute Kämpfer seien, sie aber von Militärs wie Chiang Kai-shek schlecht geführt würden. Eine noch größere Nähe zwischen Stalin und Roosevelt wurde in ihrem Gespräch über de Gaulle und die Franzosen offenbar. Nach Stalins Worten war de Gaulle in politischen Dingen kein Realist. Er betrachtete sich selbst als den Vertreter des wahren Frankreichs, das er natürlich nicht repräsentierte. De Gaulle versteht nicht, dass es zwei Frankreichs gibt: das symbolische, das er vertritt, und das reale, das den Deutschen in der Person von Laval, Pétain und anderen hilft. De Gaulle habe keine Verbindung mit dem wirklichen Frankreich, das für seine Hilfe für die Deutschen bestraft werden müsse.

Roosevelts Einstellung dazu war ähnlich, und die beiden waren auch einer Meinung, dass die Zugehörigkeit der französischen Kolonien zum Mutterland nach dem Krieg überprüft werden müsse. Stalin war mit einem amerikanischen Vorschlag einverstanden, eine »internationale Kolonialkommission« zu schaffen, und wusste sich mit Roosevelt auch darüber einig, dass es besser gewesen wäre, gegenüber Churchill nicht die Frage Indiens zu berühren, die für den britischen Premier einen wunden Punkt darstellte. Auf den Einwand Roosevelts, dass Indien nicht für ein parlamentarisches System geeignet sei und besser mit einer Art sowjetischem System von oben klarkommen würde, antwortete Stalin, dass »dies bedeutet, den Weg der Revolution zu gehen. In Indien gibt es viele unterschiedliche Völker und Kulturen. Es gibt aber keine einzelne Kraft oder Gruppe, die das Land führen kann.« Aber Stalin stimmte Roosevelt zu, dass diejenigen – wie sie selbst – mit einer distanzierteren Sicht auf die indische Frage besser geeignet seien, sie objektiv zu untersuchen.[68]

Das harmonische Verhältnis zwischen Roosevelt und Stalin setzte sich in der zweiten Gesprächsrunde, die in den späteren Stunden am selben Tag geführt wurde, fort. Das Hauptthema der Diskussion bei dem ersten Treffen der drei Alliierten war jedoch die für 1944 geplante Invasion in Frankreich. In der Tat verbündeten sich Roosevelt und Stalin gegen Churchill und bestanden darauf, dass die »Operation Overlord«, wie die Kanalüberquerung benannt wurde, 1944 absolute Priorität unter den britisch-amerikanischen Militäroperationen haben sollte. Stalin war durch Geheimdienstberichte über den sich schon seit Langem hinziehenden Disput zwischen Briten und Amerikanern informiert, der den Vorrang der Operation Overlord gegenüber weiter andauernden Militäroperationen im Mittelmeerraum betraf. Obwohl Churchill Overlord im Prinzip zustimmte, zweifelte er daran, ob eine Landung an der französischen Kanalküste klug sei, wo die Landungstruppen auf gut ausgebaute Stellungen treffen würden. Stattdessen zog

Churchill weiterhin einen Angriff auf »den weichen Unterleib der Achsenmächte« vor.[69] Indem Stalin die Operation Overlord gegenüber Churchills Mittelmeerstrategie unterstützte, die sich auf Operationen in Italien und auf dem Balkan konzentrierte, verfolgte er weiter das langjährige Ziel der Sowjets einer zweiten Front in Frankreich. Stalin wollte nun ein endgültiges Ende der Verschleppung dieser Angelegenheit. Sein zweiter bedeutender Beitrag auf der Sitzung war seine Ankündigung, dass die Sowjetunion sich in Fernost dem Krieg gegen Japan anschließen werde, wenn Deutschland kapituliert habe. Dies war keine ganz so große Überraschung mehr für die Amerikaner, da Stalin dies bereits gegenüber Harriman und Hull auf der Moskauer Konferenz angekündigt hatte. Aber es blieb eine große militärische Verpflichtung, die Roosevelt sich von den Sowjets seit Pearl Harbor gewünscht hatte.[70]

Beim Abendessen war Stalins Thema das Schicksal Deutschlands nach dem Krieg. Charles Bohlen, der als amerikanischer Dolmetscher in Teheran arbeitete, gibt das Gespräch wieder:

Hinsichtlich Deutschlands scheint Marschall Stalin alle vom Präsidenten oder auch von Churchill vorgeschlagenen Maßnahmen zur Unterwerfung und zur Kontrolle Deutschlands als unpassend zu erachten. Er machte den Eindruck, als ob er kein Vertrauen in einen Wandel des deutschen Volkes hätte, und äußerte sich verbittert über die Einstellung der deutschen Arbeiter zum Krieg gegen die Sowjetunion. Er meinte, dass Hitler ein sehr fähiger Mann sei, aber im Grunde genommen kein intelligenter. Ihm fehle es an Kultur, und er habe nur ein sehr primitives Verständnis von politischen Fragen und anderen Dingen. Stalin teilte nicht die Ansicht des Präsidenten, dass Hitler geistig zerrüttet sei und betonte, dass nur ein sehr fähiger Mann fertigbringen könne, was Hitler mit der Festigung des deutschen Volkes geschafft habe, was immer wir auch von seinen dabei angewandten Methoden halten würden.

Auch zog Stalin die Nützlichkeit des im Januar 1943 von Roosevelt ausgegebenen Prinzips einer bedingungslosen Kapitulation Deutschlands in Zweifel, indem er darauf hinwies, dass sie die Deutschen gegen die Alliierten vereine, obwohl er letztlich doch zustimmte.[71] Nach dem Abendessen hatte Stalin ein weiteres Gespräch über die deutsche Frage mit Churchill und äußerte die Befürchtung, dass Deutschland jede Möglichkeit habe, sich von dem Krieg zu erholen und in relativer kurzer Zeit einen neuen Krieg zu beginnen. Er fürchtete sich vor einem deutschen Nationalismus. Schon nach Versailles schien der Frieden gesichert, aber Deutschland erholte sich schnell wieder. Nach Stalins Einschätzung müssten die Alliierten Stärke zeigen, um Deutschland von einem neuen Krieg abzuhalten. Auf die Frage Churchills, wie lange die Deutschen brauchen würden, um sich zu erholen, sagte Stalin: 15 bis 20 Jahre. Stalin stimmte Churchill zu, dass es die vordringliche Aufgabe sein müsse, die Welt wenigstens für die nächsten 50 Jahre vor Deutschland zu schützen. Aber er glaubte nicht, dass die vom Premierminister vorgeschlagenen Maßnahmen – Entwaffnung, wirtschaftliche Kontrollen und territoriale Veränderungen – weit genug zielten. Nach späteren Diskussionen in Teheran zu urteilen, wie auch nach den Berichten dieses besonderen Gespräches, bezog sich Stalins Einwand auf Churchills Vision eines verkleinerten und kontrollierten Deutschlands wie auf die zurückhaltenden Vorschläge des Premiers zur Aufteilung Deutschlands – hauptsächlich die Abtrennung und Isolierung Preußens –, die für Stalin nicht weit genug gingen. Churchill griff auch die polnische Frage gegenüber Stalin auf, der dazu nicht viel zu sagen wusste, aber andeutete, dass er bereit sei, die Nachkriegsgrenzen des Landes zu diskutieren, wozu für ihn auch die Einverleibung deutschen Territoriums durch Polen gehörte.[72]

Vor der zweiten Arbeitssitzung am 29. November traf Stalin erneut mit Roosevelt zusammen. Das Hauptthema dieses Gespräches war Roosevelts Plan einer internationalen Sicherheitsorganisation nach dem Krieg. Stalin kannte schon die Ansichten des Präsidenten, da Roosevelt Mitte 1942 Molotow seine Idee vorgestellt hatte, dass die großen Mächte sich als eine internationale Polizeimacht einsetzen sollten, um den Frieden zu bewahren. Als er Roosevelts Vorschlag gehört hatte, telegrafierte Stalin am 1. Juni 1942 Molotow in Washington, dass die »Überlegungen des Präsidenten zur Bewahrung des Friedens absolut vernünftig sind. Es gibt keinen Zweifel, dass es unmöglich ist, den Frieden zu bewahren, ohne eine vereinte Militärmacht durch Großbritannien, den USA und der UdSSR, die in der Lage ist, Aggressionen zu verhindern. Sagen Sie Roosevelt, dass ... er absolut recht hat und dass seine Position von der sowjetischen Regierung voll und ganz unterstützt wird.«[73] In Teheran umriss Roosevelt gegenüber Stalin seinen Plan für eine internationale Organisation mit drei Bestandteilen: ein übergreifendes Gremium aller »vereinten Nationen«; ein Exekutivrat von zehn oder elf Ländern und ein »Polizeikomitee« der großen drei zusammen mit China. Die kleinen Staaten Europas würden eine solche Organisation nicht gerne sehen, merkte Stalin an (und bezog sich dabei auf die Rolle Chinas). Stattdessen brachte er eine Organisation für Europa und eine für den Fernen Osten ins Spiel. Roosevelt kommentierte, dass dies dem Vorschlag Churchills entspreche. Der amerikanische Kongress aber, so fügte Roosevelt hinzu, werde niemals einer Mitgliedschaft nur in einer europäischen Organisation zustimmen. Stalin fragte, ob die Vereinigten Staaten ihre Truppen nach Europa senden würden, wenn eine Weltorganisation gegründet werden würde. Nicht notwendigerweise, entgegnete Roosevelt. Im Falle einer Aggression würden die Vereinigten Staaten Schiffe und Flugzeuge bereitstellen, aber die Truppen könnten aus England und Russland kommen. Roosevelt fragte Stalin nach seiner Meinung, und der Sowjetführer merkte an, dass Churchill beim

Fünftes Kapitel

Abendessen am Tag zuvor die Ansicht geäußert habe, dass Deutschland nach dem Krieg nicht sehr schnell in der Lage sein werde, seine Kräfte zurückzugewinnen. Er jedoch glaube, dass sich Deutschland innerhalb von 15 bis 20 Jahren wieder erholt haben würde und dann erneut fähig sein könnte, einen Angriffskrieg zu führen. Um Derartiges zu verhindern, müssten die großen Mächte strategische Schlüsselpositionen in und um Deutschland besetzen. Dasselbe gelte im Hinblick auf Japan. Die neue internationale Organisation müsse das Recht haben, derartige strategische Positionen zu besetzen. Roosevelt sagte, dass »er Marschall Stalin zu 100 Prozent zustimmt«.[74]

Es gab einen wichtigen, wenn auch wenig bekannten Hintergrund zu Stalins offenkundig obsessiver Beschäftigung mit der deutschen Frage in Teheran. Im Volkskommissariat für auswärtige Angelegenheiten hatte man soeben begonnen, sich ernstlich mit der Zukunft Deutschlands zu beschäftigen. Der hauptsächliche Beweggrund für die Planungen war die zu erwartende langjährige militärische Besetzung Deutschlands durch die Alliierten und die Teilung des deutschen Staates. Gleichzeitig waren die Sowjets besorgt, dass die Deutschen Druck auf eine Wiedervereinigung ausüben und sich dagegen wenden könnten, dass Deutschland für lange Zeit schwach gehalten wird. Stalins Idee, sich darauf vorzubereiten, strategische Positionen zu beziehen, war das natürliche Resultat interner sowjetischer Diskussionen über die deutsche Frage.[75]

Stalins Gespräch mit Roosevelt wurde unterbrochen, um an einer Zeremonie teilzunehmen, bei der Stalin das »Schwert von Stalingrad« erhielt, ein Geschenk König Georgs VI. zu Ehren der Bürger der heldenhaften Stadt. Wie bei solchen Gelegenheiten üblich, spielte eine Kapelle die *Internationale* (die zu dieser Zeit immer noch die sowjetische Nationalhymne war) und *God save the King*. Nachdem der sowjetische Diktator und der britische Premier Höflichkeiten zum englisch-sowjetischen Verhältnis ausgetauscht hatten, nahm Stalin von Churchill das Schwert in Empfang, küsste es und reichte es an Woroschilow weiter, der es fast fallen ließ – ein Detail der Zeremonie, das in der alliierten Presse nicht berichtet wurde.

Auf der zweiten Arbeitssitzung ging die Diskussion über die Operation Overlord weiter. Stalin drängte Churchill auf eine Reihe von Festlegungen: auf das Datum einer Invasion in Frankreich (sodass sich die Sowjets darauf einstellen könnten), auf die Bestellung eines britisch-amerikanischen Oberbefehlshabers für die Operation und auf eine Definition des Verhältnisses von Overlord zu den anderen geplanten Militäraktionen der Westalliierten. Die Schärfe des Wortwechsels mit Churchill auf dieser Sitzung fand ihren Höhepunkt in der spitzen Bemerkung Stalins, dass er »gerne wüsste, ob die Briten überhaupt an die Operation Overlord glauben, oder bloß davon sprechen, um die Russen zu beruhigen«.[76]

Am folgenden Tag, dem 30. November, hatte Churchill ein Gespräch mit Stalin allein. Darin äußerte sich Churchill weiterhin zögerlich zu Overlord und erklärte, dass er nicht sicher sei, ob sich eine alliierte Landungstruppe halten könne, wenn sich starke deutsche Kräfte in Frankreich befänden. Stalin bestand jedoch darauf, dass die Rote Armee fest mit einer alliierten Invasion in Nordfrankreich rechne und dass er nunmehr wissen müsse, ob die Operation wie geplant stattfände oder nicht. Wenn sie stattfände, würde die Rote Armee zugleich eine Großoffensive beginnen, um die Deutschen erst einmal im Osten festzuhalten.[77] Bei dem darauffolgenden Mittagessen im Kreise aller Teilnehmer kündigte Roosevelt an, dass vereinbart worden war, mit der Operation Overlord zusammen mit einer unterstützenden Invasion in Südfrankreich im Mai 1944 zu beginnen. Mit der getroffenen Entscheidung, eine zweite Front zu eröffnen, nahmen die Besprechungen zwischen Stalin und Churchill allenthalben eine freundlichere Wendung. Churchill ging auf Stalin zu und bemerkte, dass Russland das Recht auf einen eisfreien Hafen habe, und Stalin ergriff die Gelegenheit, um die Frage der Zugangskontrolle zum Schwarzen Meer aufzugreifen, die zugunsten der Sowjetunion verändert werden müsse. Stalin sprach auch die eisfreien Häfen im Fernen Osten an, darunter Häfen in der Mandschurei wie Darien und Port Arthur, die im 19. Jahrhundert vom zaristischen Russland gepachtet, aber nach der Niederlage im russisch-japanischen Krieg 1904–1905 Japan überlassen worden waren. Churchill wiederholte nochmals, dass »Russland Zugang zu eisfreien Häfen haben muss«, und fuhr dann fort, dass »die Führung der Welt in die Hände derjenigen Nationen gelegt werden muss, die keine Ansprüche erheben … Unsere drei Nationen sind solche Länder. Die Hauptsache ist, das wir nach einer Einigung untereinander keine gegenseitigen Ansprüche mehr erheben.«[78]

Ein freundlicher Meinungsaustausch zu unterschiedlichen politischen Fragen folgte am nächsten Tag. Während des Abendessens gab es eine lange Diskussion über Churchills Lieblingsprojekt, die Türkei zu einem Kriegseintritt aufseiten der Alliierten zu bewegen. Stalin war skeptisch, aber er sicherte zu, dass die Sowjetunion Bulgarien den Krieg erklären würde, wenn ein Kriegseintritt der Türkei einen bulgarisch-türkischen Konflikt beschleunigen sollte. Diese Verpflichtung nahm Churchill dankbar auf, und er dankte Stalin sehr dafür. In einem Gespräch über Finnland drückte Churchill seine Sympathie und sein Verständnis für die Sicherheitsbedürfnisse der UdSSR hinsichtlich Leningrads aus. Jedoch fügte Churchill hinzu, dass er hoffe, Finnland werde nach dem Krieg nicht von Russland verschluckt. Stalin entgegnete, dass er an ein unabhängiges Finnland glaube, aber es müsse territoriale Veränderungen zugunsten der Sowjetunion geben, und dass die Finnen für die von ihnen verursachten Kriegsschäden Reparationen bezahlen müssten. Churchill erinnerte Stalin an die Parole der Bolschewiken während des Ersten Weltkrieges: »Keine Annexionen, keine Kriegsentschädigungen.« Der Sowjetführer aber parierte mit den Worten: »Ich habe Ihnen ja schon gesagt, dass ich ein Konservativer geworden bin.«

Nach dem Abendessen wurde auf der formellen Arbeitssitzung freundschaftliche Übereinstimmung über die Aufteilung der italienischen Marine und Handelsflotte erzielt, wobei Churchill und Roosevelt Stalin versprachen, die Schiffe so schnell sie nur könnten zu überstellen. Das nächste Verhandlungsthema war schon ein wenig schwieriger: Polen. Churchill und Roosevelt griffen gegenüber Stalin die Frage auf, ob die Sowjetunion wieder diplomatische Beziehungen mit der polnischen Exilregierung in London aufnehmen sollte. Stalin reagierte unnachgiebig und erklärte, dass dies nicht geschehen werde, solange die polnischen Exilanten, so Stalin, mit den Deutschen zusammenarbeiten würden. In territorialer Hinsicht unterstützte Stalin den Vorschlag, dass Polen auf Kosten Deutschlands entschädigt werden sollte. Er bestand jedoch darauf, dass die polnische Ostgrenze die von 1939 sein müsse, das westliche Weißrussland und die westliche Ukraine also Bestandteile der UdSSR blieben. Eden warf ein, dass dies die »Molotow-Ribbentrop-Linie« bedeute. Stalin sagte, dass er es nennen könne, wie er wolle. Molotow intervenierte, dass man hier über die »Curzon-Linie« spreche und dass es keine wesentlichen Unterschiede zwischen der ethnografischen Grenze gebe, die vom britischen Außenminister Lord Curzon eingeführt wurde, und der von den Sowjets vorgeschlagenen russisch-polnischen Grenze. Stalin gestand jedoch zu, dass alle Gebiete mit einer ethnischen polnischen Mehrheit östlich der Curzon-Linie an Polen gehen sollten.

Das letzte von den großen drei in Teheran diskutierte Thema war die Aufteilung Deutschlands. Die »deutsche Frage« wurde zuerst von Roosevelt aufgegriffen. Stalin fragte ihn, welche Vorstellung er habe. »Die Aufteilung Deutschlands«, antworte Roosevelt. »Das ist auch das, was wir vorziehen würden«, warf Stalin ein. Auch Churchill meinte, dass er die Aufteilung Deutschlands favorisiere. Als ihn aber Stalin genauer zu seiner Einstellung dazu fragte, erklärte der britische Premier, Preußen müsse härter als der Rest des Landes behandelt werden. Außerdem trat Churchill für eine Donauföderation von Deutschlands südlichen Landesteilen ein, hauptsächlich um zukünftige deutsche Forderungen nach einer Wiedervereinigung abzufangen. Nach der britischen Aufzeichnung der Diskussion war Stalins Ansicht wie folgt:

Es ist viel besser, die deutschen Stämme auseinanderzubrechen und zu zerstreuen. Natürlich würden sie sich wieder vereinen wollen, wie sehr sie auch zersplittert sein mögen. Darin sah Stalin eine große Gefahr, die durch unterschiedliche wirtschaftliche Maßnahmen neutralisiert werden könnte und langfristig wenn nötig auch mit Gewalt. Das sei der einzige Weg, den Frieden zu erhalten. Wenn wir einen großen deutschen Zusammenschluss zulassen sollten, wäre zukünftiger Ärger vorprogrammiert. Wir müssen darauf achten, sie geteilt zu lassen. Es sollten deshalb keine Maßnahmen zugelassen werden, die eine Bewegung zu einer Einheit hin gestatten würden. Die Alliierten müssten stark genug bleiben, um den Deutschen zu begegnen, wenn sie noch einmal einen Krieg lostreten.

Churchill fragte Stalin, ob er ein fragmentiertes Europa von Kleinstaaten bevorzugen würde. Nicht Europa, nur Deutschland, antwortete Stalin. Roosevelt warf ein, Deutschland sei sicherer gewesen, als es in 107 Fürstentümer aufgeteilt war. Aber Churchill beharrte auf seiner Sicht, dass fünf oder sechs größere Teile besser seien. Stalin hielt daran fest, dass »Deutschland unter allen Umständen so aufgeteilt werden muss, dass es sich nicht wieder vereinen kann«, und schlug vor, das Thema sollte durch den alliierten europäischen Beirat weiter behandelt werden, der auf der Moskauer Konferenz eingerichtet worden war, um die Bedingungen der deutschen Kapitulation und Besatzung zu untersuchen.

Ganz am Ende der Konferenz kam Churchill auf die Frage nach den Grenzen Polens zurück und legte einen offiziellen Vorschlag vor, dass sie durch die Curzon-Linie im Osten und durch die Oder im Westen festgelegt werden sollten. Stalin meinte dazu: »Die Russen haben keine eisfreien Häfen in der Ostsee. Deshalb brauchen die Russen die eisfreien Häfen von Königsberg und Memel ... Die Russen brauchen ein Stück deutsches Gebiet. Wenn die Engländer einverstanden sind mit der Übergabe dieses Gebietes, dann werden wir der von Churchill vorgeschlagenen Formel zustimmen.« Churchill meinte, dass er diesen sehr interessanten Vorschlag studieren werde.[79]

Am 7. Dezember wurde die Meldung des Treffens der großen drei in Teheran an die Presse gegeben, und das berühmte Bild von Churchill, Roosevelt und Stalin, die vor dem Konferenzgebäude sitzen, wurde von der alliierten Presse verbreitet. Ein Kommuniqué im Namen der drei Führer lautete:

»Wir erklären unsere Bereitschaft, dass unsere Nationen im Krieg und im darauffolgenden Frieden zusammenarbeiten werden. Was den Krieg anbelangt, haben sich unsere Generalstäbe verständigt und Vorkehrungen für die Zerstörung der deutschen Kräfte getroffen. Wir haben vollkommene Übereinstimmung zum Ausmaß und zum Zeitpunkt der Aktionen hergestellt, die im Osten, Westen und Süden unternommen werden ... Was den Frieden betrifft, sind wir sicher, dass unsere Übereinstimmung einen dauerhaften Frieden herstellen wird ... Wir sind mit Hoffnung und mit Entschlossenheit hergekommen. Wir kehrten wieder heim als Freunde in der Tat, im Geiste und im Zweck.«[80]

Die sowjetische Berichterstattung der Ergebnisse von Teheran war sogar noch lobender als die Behandlung der Moskauer Konferenz. Laut *Iswestija* hätten die Entscheidungen von Teheran »historische Bedeutung für das Schicksal der gesamten Welt«, während die *Prawda* erklärte, dass die Konferenzdeklaration ein

»Vorbote nicht nur des Sieges, sondern auch eines langen und stabilen Friedens« sei.[81]

Stalin selbst machte sich die Mühe, die Überschrift des Berichts der sowjetischen Nachrichtenagentur TASS von der neutralen »Konferenz der Regierungsoberhäupter der Sowjetunion, USA und Großbritanniens« umzuändern in »Konferenz der Führer der drei alliierten Mächte«.[82] Am 10. Dezember wurde ein Dokument, das die Gespräche in Teheran zusammenfasste, für Stalin vorbereitet. Stalins Sekretäre waren stets sehr bemüht, eine genaue Wiedergabe seiner Gespräche zu erstellen, und ihre Zusammenfassung folgte den offiziellen sowjetischen Konferenzakten sehr eng. Aber Stalins handschriftliche Korrekturen und Anmerkungen bezeugen, dass er dieses Dokument sehr sorgfältig las. Deswegen kann es als ein Beleg dafür gelten, was Stalin dachte und wozu er meinte, sich in Teheran verpflichtet zu haben. In Bezug auf Churchills Vorschlag zu den Grenzen Polens wiederholt der zusammenfassende Text Stalins Angebot, dies zu akzeptieren, vorausgesetzt, es besteht Übereinstimmung, dass Memel und Königsberg Teil der UdSSR werden. Zur Türkei zitiert das Dokument eine Bemerkung Stalins, dass »ein großes Land wie die UdSSR bei der Ausfahrt aus dem Schwarzen Meer nicht blockiert sein darf und es notwendig ist, die Kontrolle der Meerengen noch einmal zu überprüfen«. Hinsichtlich Stalins Ansicht einer Aufteilung Deutschlands hielt das Dokument fest:

»Genosse Stalin erklärte in Bezug auf das Ziel einer Schwächung Deutschlands, dass die sowjetische Regierung es bevorzuge, Deutschland zu teilen. Genosse Stalin stand dem Plan Roosevelts positiv gegenüber, ohne jedoch die Anzahl der Staaten vorherzubestimmen, in die Deutschland aufgeteilt werden sollte. Er wandte sich gegen Churchills Vorhaben, eine Donauföderation zu schaffen. Genosse Stalin sprach sich für einen unabhängigen österreichischen und einen unabhängigen ungarischen Staat aus.«

Hinsichtlich der Frage einer internationalen Sicherheitsorganisation in der Nachkriegszeit fasste das Dokument Roosevelts Ansichten zusammen und notierte Stalins Gegenvorschlag zweier Organisationen – eine für Europa und eine für den Fernen Osten. Stalin änderte diesen Teil des Dokuments und stellte fest, dass er keinen Einwand gegen Roosevelts Vorschlag habe.[83] Allerdings ließ er die Zusammenfassung seiner Ansichten zu wichtigen strategischen Positionen unverbessert. »Genosse Stalin wies darauf hin, dass die Gründung einer solchen Organisation noch nicht ausreiche. Es sei nötig, eine Organisation zu schaffen, die das Recht habe, wichtige strategische Stellen zu besetzen, um Deutschland und Japan davon abzuhalten, erneut Angriffskriege zu führen.«[84]

Stalin, Churchill und Roosevelt

Churchill wurde in Teheran von Marschall Alan Brooke, dem Chef des britischen Generalstabes, begleitet. Brookes Einschätzung von Stalins Leistung in Teheran war, dass »er nie in irgendeiner seiner Bemerkungen einen strategischen Fehler beging und dass er die Auswirkungen einer Situation mit raschem Blick und untrüglichem Auge einschätzte.«[85] Das Urteil von Admiral King, dem Oberbefehlshaber der amerikanischen Marine bestätigte, dass »Stalin wusste, was er wollte, als er nach Teheran kam, und dies auch erhielt«.[86] Ein anderer Kommentar von Brooke war, dass »Stalin den Präsidenten in seiner Tasche hatte.«[87] Für Roosevelt selbst war Stalin ein geistreicher, schlagfertiger und humorvoller Gesprächspartner und zudem eine Gestalt, wie aus Granit gehauen. Harry Hopkins vertraute er an, dass ihm Stalin weitaus härter erschien als erwartet, aber Roosevelt glaubte immer noch, dass der Sowjetführer nach dem Krieg für eine friedliche Kooperation gewonnen werden könnte, wenn Russlands Ansprüche und Rechte angemessen berücksichtigt würden.[88] Churchill war vorsichtiger mit seinem Urteil, aber selbst er schrieb im Januar 1944 von »dem neuen Vertrauen, das in unseren Herzen gegenüber Stalin erwachsen ist.«[89]

Für Stalin war das entscheidende Resultat von Teheran die Vereinbarung über das Unternehmen Overlord. Er betrachtete eine zweite Front in Frankreich zwar nicht länger als eine derart entscheidende militärische Notwendigkeit, aber es blieb für ihn wichtig, dass die Alliierten die Last des Landkrieges gegen Deutschland teilten. Denn ein Sieg der Sowjetunion über Deutschland drohte zu einem Pyrrhussieg zu werden, wenn die UdSSR durch den Krieg geschwächt würde. Auch traten die amerikanischen und britischen Armeen auf dem europäischen Kontinent in Stalins Bewusstsein, wenn es galt, Deutschland für längere Zeit besetzt zu halten und eine erneute Aggression zu verhindern. In der Behandlung der deutschen Frage waren sich Roosevelt und Stalin über einen Straffrieden für Deutschland einig, zu dem auch die drastische Aufteilung des Landes gehören sollte. Churchill hatte dabei zwar einige Bedenken geäußert, aber selbst er stimmte zu, dass harte Maßnahmen vonnöten seien, um einen Wiederaufstieg Deutschlands zu alter Macht und Stärke zu verhindern. Was Polen anbelangte, begrüßte Stalin die große Bereitschaft Roosevelts, die polnische Grenze westwärts zu verschieben, da es ihm die Anerkennung seiner Vereinbarung mit Hitler in dieser Frage einbrachte. Roosevelts Pläne zu einer zukünftigen internationalen Sicherheitsstruktur, versprachen der Sowjetunion eine wichtige Rolle in der Lenkung der Welt nach dem Krieg zuzuweisen, und Churchills Anmerkungen in Bezug auf die russischen Rechte auf eisfreie Häfen liefen auf eine Russland begünstigende Änderung in der Kontrolle der Meerengen hinaus. Auf persönlicher Ebene hatte Stalin ein gutes Arbeitsverhältnis mit Roosevelt hergestellt. Zwar gab es einige Reibungspunkte mit Churchill, aber das persönliche Übereinkommen beider war zu Ende der Konferenz wiederhergestellt worden.

Und was dachte Stalin wirklich über Churchill und Roosevelt? Wie in allen Fragen zu Stalins innersten Gedanken ist es auch hier schwierig, Spekulationen zu vermeiden, da er wenig über derartige Dinge nach außen dringen ließ. In ihrer Gegenwart verhielt sich Stalin sowohl politisch als auch persönlich sehr vertraulich, aber wie Spriano vermerkte, »war er geschickt darin, seine Gesprächspartner in ein persönliches Vertrauensverhältnis zu ziehen«, und derartiges Verhalten hatte sich in unzähligen anderen Begegnungen mit westlichen Politikern wiederholt. Andererseits waren Churchill und Roosevelt die einzigen Personen, denen er während des Krieges begegnet ist, die sich ihm auf Augenhöhe nähern konnten. Es muss für Stalin eine Erleichterung gewesen sein, mit Personen gleicher oder beinahe gleicher Machtstellung und Bedeutung zu tun zu haben, solange sie ihn respektierten und er bekommen konnte, was er wollte. Natürlich trennte Stalin von Churchill und Roosevelt eine große ideologische Kluft. Aber selbst dieser Graben war weniger breit, als es zuerst erscheinen musste. Im ideologischen Diskurs der Sowjetunion wurden Churchill und insbesondere Roosevelt als die Vertreter des progressiven Teils der herrschenden Klasse ihrer Länder eingestuft: als Führer, die nicht nur im Krieg, sondern auch im Frieden gemeinsame Sache mit der Sowjetunion machen wollten. Natürlich verfolgte die Politik Churchills wie diejenige Roosevelts eigennützige Ziele. Aber in der marxistischen Betrachtungsweise war alles Politische von realen und materiellen Interessen geleitet. Stalin war vor allem ein ideologischer und politischer Akteur, und das war die Grundlage, auf der er zu anderen in Beziehung trat und sie beurteilte. Das bedeutete nicht, dass rein persönliche Faktoren für ihn unwichtig waren. Die politische Kultur der Sowjetunion und nicht zuletzt Stalins eigene Arbeitsweise war geprägt von Vertrauensverhältnissen zu Einzelnen oder Gruppen, persönlichen Loyalitäten und politischen Freundschaften. Stalin war zudem ein großer Anhänger der Auffassung, dass bedeutende Individuen in der Geschichte eine große Rolle spielen. In einem Interview von 1931 vertrat er die Ansicht, dass große Persönlichkeiten diejenigen wären, die auf zutreffende Weise neue Verhältnisse erkannten und wussten, wie die alten zu ändern seien.[90] In demselben Interview verneinte Stalin bescheiden jedwede Parallele zwischen seiner Rolle in der russischen Geschichte und der von Peter dem Großen oder Lenin. Aber es ist nicht schwer, sich vorzustellen, dass Stalin sich, hierin Hitler nicht unähnlich, als Mann der Vorsehung betrachtete. Anders aber als Hitler war Stalin kein Egomane, und er war bereit, seine geschichtliche Bedeutung mit zwei anderen Männern von schicksalhafter Bedeutung zu teilen – Churchill und Roosevelt – zumindest so lange, wie es seinen Zwecken und Interessen nützte.

Zwei Wochen nach der Konferenz von Teheran verfasste Charles Bohlen eine oft zitierte Zusammenfassung der sich herausbildenden sowjetischen Kriegsziele:

»Deutschland muss niedergeschlagen und in diesem Zustand gehalten werden. Den Staaten Süd- und Südosteuropas sowie auch Mitteleuropas darf nicht erlaubt werden, sich in eine Föderation oder Gemeinschaft mit anderen zu begeben. Frankreich sollten seine Kolonien und strategischen Stützpunkte außerhalb seiner eigenen Grenzen genommen werden. Außerdem sollten dem Land keine nennenswerten militärischen Einrichtungen erlaubt werden. Polen und Italien werden etwa ihre gegenwärtige territoriale Größe behalten. Aber es ist zweifelhaft, ob einem der beiden erlaubt werden sollte, eine nennenswerte militärische Streitmacht aufrechtzuerhalten. Das Ergebnis würde sein, dass die Sowjetunion die einzige wichtige militärische und politische Macht auf dem europäischen Kontinent sein würde. Der Rest Europas wird zu militärischer und politischer Ohnmacht reduziert werden.«[91]

Bohlens Einschätzung war nicht übertrieben, obwohl sie das Ausmaß von Stalins Kriegszielen, soweit sie über die Festschreibung der Grenzen der Sowjetunion von 1941 hinausgingen, aufbauschten. Aber Bohlens Zusammenfassung ließ einen zentralen Bestandteil von Stalins Sichtweise aus: Die sowjetischen Kriegsziele würden in Kooperation mit Churchill und Roosevelt erreicht werden, und dabei würde ein Geben und Nehmen auch im Hinblick auf die britischen und amerikanischen Interessen bestimmend sein. Wichtiger aber noch war, dass die sich abzeichnenden Ziele Stalins politischer, ideologischer und auch strategischer Natur waren. Das Europa, das der Sowjetführer zu beherrschen suchte, würde ein von sozialen und wirtschaftlichen Umbrüchen bestimmter Kontinent sein, in dem die Kommunisten eine immer wichtigere Rolle spielen würden. Stalin hatte allen Grund, das große Bündnis mit den Westmächten auf unbegrenzte Zeit aufrechtzuerhalten, aber dieses Ziel stand in einem spannungsreichen Widerspruch zu seiner Vision einer radikalen Transformation der europäischen Politik. Er sah einen Widerspruch zwischen dem großen Bündnis in Friedenszeiten und dem Beginn einer europaweiten Veränderung zu Sozialismus und Kommunismus. Diese Einschätzung aber wurde von Churchill und Roosevelt nicht geteilt. Ihr Ansatz gegenüber der Nachkriegswelt wurde von der Vorstellung einer Wiederbelebung des europäischen Kapitalismus bestimmt, auf demokratischer Basis und in Übereinstimmung mit den britischen und amerikanischen Wirtschaftsinteressen. Während der Krieg weiter tobte, konnten diese grundsätzlichen Differenzen zwischen der sowjetischen und der westlichen Sicht der Nachkriegswelt noch durch die Rhetorik der antifaschistischen Einheit übertüncht werden. Aber je näher der Sieg kam, desto mehr begannen sich die Spannungen und Widersprüche innerhalb des sowjetisch-westlichen Bündnisses zu verstärken und Stalins Bekenntnis zu seiner Fortsetzung auch in Friedenszeiten infrage zu stellen.

Fünftes Kapitel

Sechstes Kapitel
Triumph und Tragödie
Stalins Siegesjahre

In den Annalen der sowjetischen Geschichtsschreibung wurde das Jahr 1944 zum Jahr der »zehn großen Siege«. Der ursprüngliche Verfasser dieser heroischen Erzählung war Stalin, der die Wendung der zehn »vernichtenden Schläge« gegen den Feind als Mittel verwendete, seine Darstellung der militärischen Entwicklungen des Jahres 1944 zu strukturieren. Die Gelegenheit dazu stellte seine Rede zum 27. Jahrestag der bolschewistischen Oktoberrevolution dar. Sie war ein gutes Beispiel für Stalins Benutzung von narrativen Techniken in seinen Äußerungen zum Krieg, die typischerweise den Verlauf des Krieges in Form aufeinanderfolgender Schlachten und Erzählungen von militärischen Operationen analysierten. In diesem Fall waren die Ereignisse:

1. Die Aufhebung der Blockade von Leningrad (Januar).
2. Die Einschließung der deutschen Truppen in der südwestlichen Ukraine und der Einmarsch der Roten Armee in Rumänien (Februar–März).
3. Die Befreiung von Odessa und die Zerschlagung der deutschen Truppen auf der Krim (April–Mai).
4. Die Niederlage Finnlands bei Viborg (die den Weg zur Kapitulation des Landes im September 1944 bereitete) (Juni).
5. Die Befreiung Weißrusslands (Juni–Juli).
6. Der Einmarsch sowjetischer Truppen in Polen (Juli).
7. Die Besetzung Rumäniens und Bulgariens (August–September).
8. Die Befreiung Litauens und Estlands (September).
9. Die Befreiung Belgrads und der Einzug sowjetischer Truppen in Ungarn und in die Tschechoslowakei (Oktober).
10. Die Niederlage der deutschen Wehrmacht im Norden Finnlands und Norwegens (Oktober).

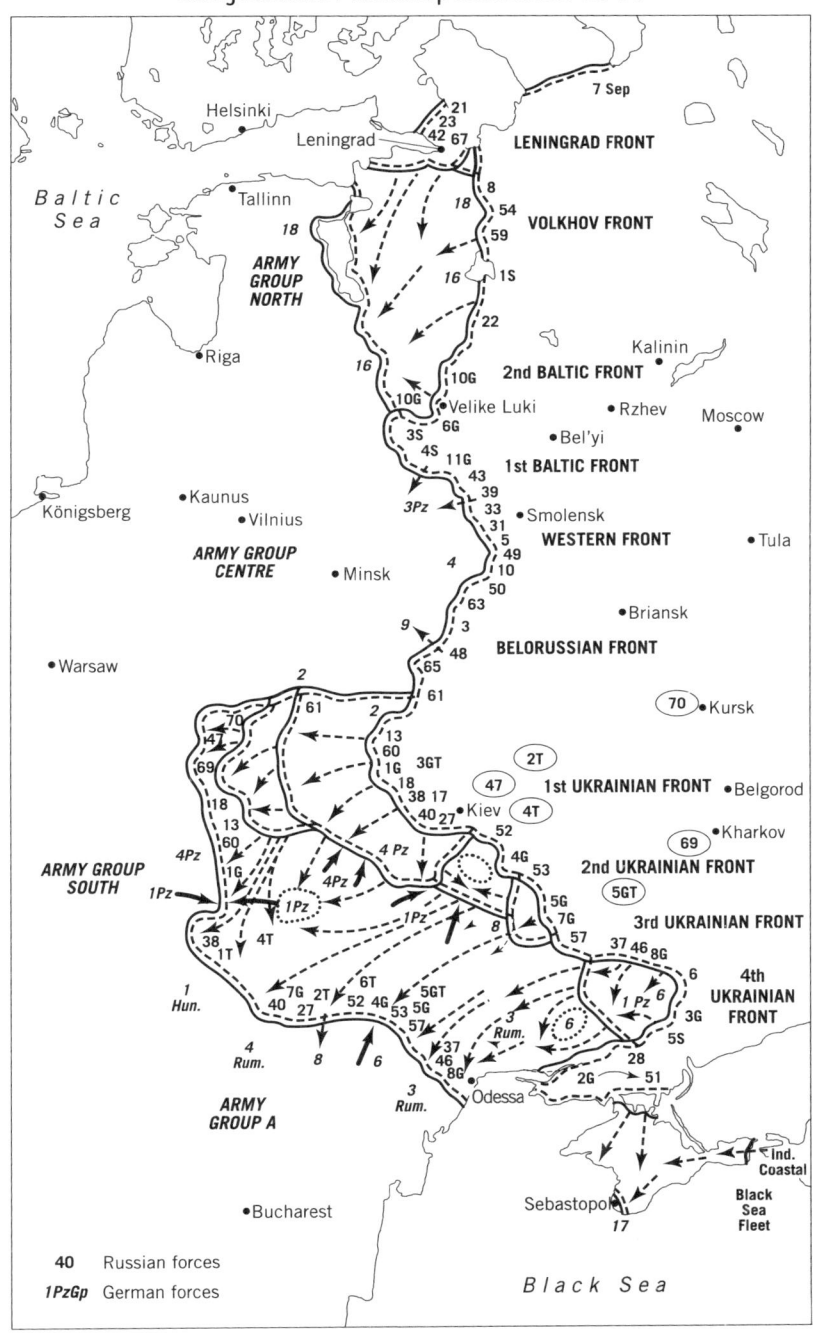

Sowjetische Militäroperationen 1944

Sechstes Kapitel

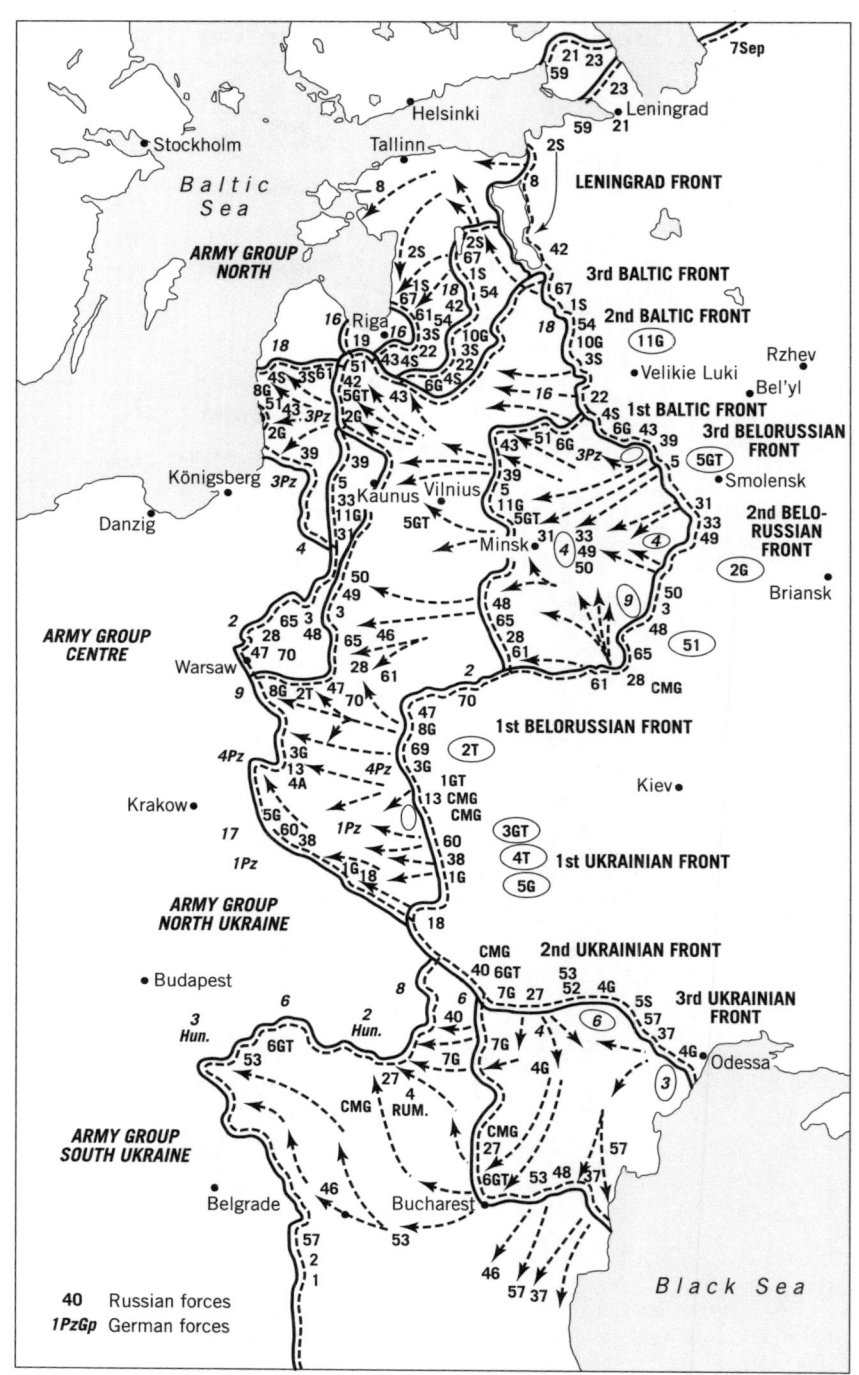

Neben dem Lobpreis für die Erfolge der Roten Armee war besonders bemerkenswert, dass in die sowjetische Propaganda das Element des Kommunismus wieder zurückkehrte. In den vorherigen Reden, insbesondere der im November 1941, hatte Stalin den Vaterländischen Krieg gegen Deutschland fest in der russischen Tradition der Verteidigung des Vaterlandes verortet. Nun betonte er, dass »das aus der Oktoberrevolution heraus geborene sozialistische System unser Volk und unsere Armee mit großer und unbesiegbarer Kraft ausgestattet hat«. Wenn Stalin von den Volksgruppen in der Sowjetunion sprach, bezog er sich nicht auf die Ethnien oder andere Nationalitäten, sondern verwendete die herkömmlichen bolschewistischen Kategorien der Arbeiter, Bauern und Intelligenzija, wobei jeder Gruppe eine wichtige und unverwechselbare Rolle in den Kriegsanstrengungen zugemessen wurde: den Arbeitern in der Industrie, den Bauern auf dem Land und der Intelligentija auf dem Gebiet der Konzepte und Organisation. Stalin aber brachte die Dimension der Klasse und der Volksgruppe in seiner Definition des sowjetischen Patriotismus im Krieg zusammen:

»Die Stärke des sowjetischen Patriotismus liegt darin, dass er nicht auf rassischen oder nationalistischen Prinzipien begründet ist, sondern auf der tiefen Loyalität und Hingabe des Volkes für sein sowjetisches Vaterland, der brüderlichen Partnerschaft des arbeitenden Volkes aller Nationen in unserem Land. Im sowjetischen Patriotismus sind die nationalen Traditionen der Völker und die gemeinsamen lebenswichtigen Interessen aller Werktätigen der Sowjetunion harmonisch miteinander verbunden. Der sowjetische Patriotismus macht keine Unterschiede. Im Gegenteil, er schweißt alle Nationen und Nationalitäten unseres Landes zu einer brüderlichen Familie zusammen.«

Ein anderes bemerkenswertes Merkmal von Stalins Rede vom November 1944 war eine lange Erklärung über die Fortdauer des Bündnisses mit den Westmächten nach Ende des Krieges. »Die Grundlage für das Bündnis der UdSSR, Großbritanniens und der Vereinigten Staaten liegt nicht in zufälligen und vorübergehenden Überlegungen«, sagte Stalin, »sondern bei lebenswichtigen und langfristigen Interessen«. Wenn der Krieg gewonnen sein wird, werde das Bündnis sich des Problems annehmen, »den Ausbruch einer neuen Aggression und eines neuen Krieges unmöglich zu machen – wenn nicht für immer, dann zumindest für eine sehr lange Zeitspanne«. Die Gefahr eines neuen Krieges stellt sich, wie die Geschichte zeigt, weil sich Deutschland in 20 bis 30 Jahren unvermeidbar von seiner Niederlage erholt haben wird und dann eine neue aggressive Bedrohung darstellen wird. Der einzige Weg, diese Bedrohung abzuwenden, sagte Stalin, sei, eine internationale Sicherheitsorganisation zu schaffen, die mit Streitkräften ausgestattet sein müsse, um den Frieden wirksam zu schützen und mit allen Bedrohungen durch aggressive Mächte fertig zu werden. Im Zentrum dieser neuen Organisation würden die großen Mächte stehen, die die Last des Krieges gegen Deutschland getragen hätten und die deswegen ihre Einheit und Zusammenarbeit in der Nachkriegszeit aufrechterhalten müssten.[1]

Dumbarton Oaks

Stalins Erklärung, dass es notwendig sei, einen wirksamen Ersatz für den Völkerbund zu schaffen, war eine Antwort auf die Ergebnisse der Konferenz von Dumbarton Oaks im August–September 1944. Sie wurde einberufen, um über den Plan einer neuen Sicherheitsorganisation zu beraten, der auf der Moskauer Außenministerkonferenz im Oktober 1943 angekündigt worden war. Auf sowjetischer Seite begannen die Vorbereitungen für Dumbarton Oaks Anfang 1944. Anfänglich war Litwinow die Schlüsselfigur in den internen sowjetischen Diskussionen über dieses Thema. Als Vorsitzender der Kommission, die mit den Friedensverträgen und der Nachkriegsordnung befasst war, schrieb Litwinow eine Reihe von Berichten an Molotow, seinen Chef, in denen er auf die britischen und amerikanischen Vorschläge zur Nachkriegsordnung einging und seine Vorstellungen zu einer neuen internationalen Sicherheitsorganisation vorstellte. Litwinows Ansicht war, dass die Organisation von einem Komitee geleitet werden sollte, in dem die großen Mächte auf der Basis einstimmiger Beschlüsse vertreten sein sollten. Ihre Hauptaufgabe würde darin bestehen, die internationale Sicherheit zu wahren und den Frieden zu schützen. Dabei erschien es Litwinow ganz entscheidend, dass die Aktionen der Führungskommission von einer Reihe bilateraler Verpflichtungen und Abkommen zwischen den großen Mächten untermauert werden sollte. Litwinows Überlegung war, dass die großen Mächte nach den Erfahrungen mit dem Völkerbund eher zu Abkommen untereinander zu bewegen seien als dazu, sich allgemeinen Verpflichtungen einer kollektiven Sicherheit anzuschließen. Litwinow befürwortete außerdem die Einrichtung von regionalen Unterorganisationen, um eine Aufteilung der Welt in einzelne Zonen zu erreichen, für die jeweils eine Großmacht die Verantwortung übernehmen und die Sicherheit garantieren müsste. Tatsächlich war Litwinows Rezept für die Sicherheit der Nachkriegswelt eine amerikanisch-britisch-sowjetische Mischung, eine Aufteilung der Welt in Einflusssphären einzelner großer Mächte. Litwinows Absicht war es, einvernehmlich Einflusssphären zu bilden, die es erleichtern würden, Frieden und Sicherheit aufrechtzuerhalten, indem Großbritannien, den USA und der Sowjetunion Verantwortung wie auch Macht in ihren eigenen Einflusszonen übertragen würde. Eine Aufteilung der Welt, die jeder Großmacht eine Handlungssphäre zuteilt, würde auch nach Litwinows Ansicht die miteinander im Wettstreit liegenden und potenziell rivalisierenden Interessen Großbritanniens, der Vereinigten Staaten und der Sowjetunion voneinander trennen.[2]

Litwinows Vorstellungen spielten eine wichtige Rolle bei der Formulierung der sowjetischen Position in Dumbarton Oaks. Seine radikalste Position aber – dass die neue Organisation auf einer Aufteilung der Welt unter den großen Mächten basieren sollte – tauchte in den Anweisungen an die sowjetische Delegation nicht auf. Die sowjetische Führung scheute zudem vor der Idee regionaler Unterorganisationen zurück und nahm stattdessen die Position ein, dass die Angelegenheit weiterer Diskussionen bedürfe.[3] Der Grund für diese Auslassung wurde in einem internen sowjetischen Beitrag von Jakow Malik, dem sowjetischen Botschafter in Japan, benannt: Das Problem einer Aufteilung der Welt in unterschiedliche Verantwortungszonen könnte zum Ausschluss der UdSSR aus dem Fernen Osten oder ihrer Marginalisierung dort führen. Malik wies zudem darauf hin, dass in den regionalen Organisationen die Briten in vier Bereichen (Europa, Asien, Afrika und Nord- und Südamerika) teilnehmen würden und die Amerikaner in drei (Europa, Asien und Nord- und Südamerika), während die UdSSR nur Mitglied von zweien (Europa und Asien) wäre.[4]

Natürlich lag das letzte Wort in dieser Diskussion bei Stalin, und Ende Juli/Anfang August unterbreitete ihm Molotow eine Serie von Memoranden, in denen er den vorgeschlagenen sowjetischen Verhandlungsstandpunkt in Dumbarton Oaks skizzierte.[5] Eines der interessantesten Details in Molotows Memoranden für Stalin ist der Wechsel in der sowjetischen Position zur Frage einer Mitgliedschaft Frankreichs in dem Gremium, das später der UN-Sicherheitsrat werden sollte. In den frühen internen sowjetischen Dokumenten wurde Frankreich nicht als Mitglied des Rates der großen Mächte genannt, nur China, Großbritannien, die USA und die UdSSR. In der Anweisung an die Delegation für Dumbarton Oaks jedoch wurde Frankreich als Mitglied des zukünftigen Sicherheitsrates einbezogen. Innerhalb des Volkskommissariats für auswärtige Angelegenheiten hatte es eine fortwährende Diskussion um die zukünftige Position Frankreichs als Großmacht gegeben. Einige Diplomaten wie Litwinow traten für ein schwaches Frankreich ein und für eine sowjetisch-britische Allianz in der Nachkriegszeit, während sich andere für die Wiederherstellung der französischen Macht als Gegengewicht zu Großbritannien stark machten. Es mag sein, dass die Veränderung der sowjetischen Haltung gegenüber einer Mitgliedschaft Frankreichs das Auf und Ab der internen Diskussion reflektiert. Aber Molotow nannte Stalin gegenüber bloß die Notwendigkeit, mit den Amerikanern mitzuhalten, die sich entschlossen hatten, einer Mitgliedschaft Frankreichs im Sicherheitsrat zuzustimmen.[6]

Die sowjetische Delegation in Dumbarton Oaks wurde von Andrei Gromyko geleitet, der Litwinow im Sommer 1943 als Botschafter in den USA abgelöst hatte.

Die Konferenzregeln wurden verkompliziert, weil die Sowjetunion noch dem Krieg im Fernen Osten beizutreten hatte und Moskau zögerlich war, seine Neutralität zu kompromittieren, indem es an formellen Gesprächen teilnahm, die China betrafen, das sich im Krieg mit Japan befand, aber nicht auf dem europäischen Kriegsschauplatz involviert war. Die Lösung sollte in einer Zweiphasenkonferenz liegen. In der ersten und wichtigsten Phase vom 21. August bis zum 28. September 1944 hielten die amerikanischen, britischen und sowjetischen Delegationen ihre Gespräche über die vorgeschlagene Sicherheitsorganisation in der Nachkriegszeit ab. Als die Sowjets am 28. September abreisten, trafen die Chinesen mit den Briten und Amerikanern zu getrennten Gesprächen zusammen.[7]

Wie alle Konferenzen während der Kriegszeit wurde Dumbarton Oaks im Geheimen durchgeführt, aber es war unvermeidlich, dass Informationen an die Presse drangen. Die Konferenz war in vielerlei Hinsicht erfolgreich, und es wurde eine große Anzahl interalliierter Vereinbarungen über die Gestalt der Organisation getroffen, die später die Vereinten Nationen werden sollte.[8] Eine endgültige Übereinstimmung jedoch wurde durch zwei Meinungsverschiedenheiten verhindert. Bei der Frage nach der Gründungsmitgliedschaft der Organisation wollten die Sowjets die Mitgliedschaft auf diejenigen Staaten begrenzen, die als Teil einer Koalition der »Vereinten Nationen« im Krieg mitgekämpft hatten, und waren entschieden gegen die UN-Mitgliedschaft für neutrale Staaten, von denen viele aus Moskaus Sicht die Achsenmächte während des Krieges begünstigt hatten. Was die Frage der Einstimmigkeit der großen Mächte bei Entscheidungen zur Verteidigung der gemeinsamen Sicherheit anging, bestanden die Sowjets darauf, dass alle Beschlüsse des Sicherheitsrates einstimmig von allen großen Mächten gefasst werden müssten. Wie der interne sowjetische Bericht über Dumbarton Oaks vermerkt, war das Thema des Vetorechts der großen Mächte »die schwierigste aller auf der Konferenz debattierten Fragen«, und Gromyko machte den Briten und Amerikanern unmissverständlich deutlich, dass die Sowjets einer Gründungskonferenz der UN nicht zustimmen würden, bis die Frage geklärt wäre.[9] Die britische und amerikanische Position war, dass die Einstimmigkeit in allen Fällen zur Anwendung kommen sollte, aber eine Großmacht sollte nicht das Veto zu Entscheidungen einlegen können, die in einem Streitfall diese Macht selbst betreffen.

Gegen Ende der Konferenz wandte sich Roosevelt an Stalin und bat ihn um eine Annahme dieser Einschränkung. Stalin blieb ungerührt und bestand auf einer kompletten und einheitlichen Anwendung des Prinzips der Einstimmigkeit, das, so argumentierte er, zentral sei, um die Einigkeit der Großmächte zu erhalten und um zukünftige Aggressionen zu verhindern.[10]

Das Verfehlen endgültiger Einigkeit in diesen strittigen Themen bedeutete, dass die Konferenz von Dumbarton Oaks mit einer etwas pessimistischen Note endete und es Spekulationen über Unstimmigkeiten zwischen den Alliierten gab. Auf derartige Spekulationen zielte Stalins Rede vom November 1944:

»Es wird über Differenzen in Sicherheitsfragen zwischen den drei Großmächten geredet. Es gibt Differenzen, natürlich, und sie werden noch bei anderen Fragen auftreten ... Das Überraschende ist nicht, dass es Differenzen gibt, sondern dass es nur so wenige sind und dass sie fast regelmäßig im Geist der Einheit und Zusammenarbeit der drei großen Mächte beigelegt werden. Was zählt, ist nicht die Existenz von Differenzen, sondern dass sie nicht über die Grenzen dessen gehen, was im Interesse der Einheit der drei Großmächte tolerierbar ist.«[11]

Auch privat äußerte sich Stalin ähnlich. In einer Diskussion mit Mitgliedern des kommunistisch kontrollierten polnischen Komitees der Nationalen Befreiung sagte er am 9. Oktober 1944: »Das Dreimächtebündnis basiert auf einem Kompromiss, der die kapitalistischen Mächte auf der einen Seite und die UdSSR auf der anderen einbezieht. Dies war die Quelle gewisser Divergenzen von Zielen und Anschauungen. Diese waren jedoch dem vordringlichen Aspekt des Krieges gegen Deutschland untergeordnet, wie auch der Einführung neuer Beziehungen in Europa. Wie jeder Kompromiss enthielt das Bündnis auch gewisse Konfliktfelder. (Aber) ... es gab keine Gefahr eines Bruchs in der grundsätzlichen Natur des Bündnisses. Wie die Wahrnehmung einzelner Geschehnisse zeigt, hatte jeder Verbündete seine eigene Sichtweise.«[12]

In dem Jahr seit Teheran hatte sich Stalins Bindung zum Bündnis mit dem Westen nicht abgeschwächt, und er sah immer noch die Umrisse der Nachkriegswelt in Abhängigkeit von den Dreimächteverhandlungen zwischen Großbritannien, der Sowjetunion und den Vereinigten Staaten. Treibende Kraft dieser anhaltenden Verpflichtung war Stalins fortwährende Furcht, dass die Bedrohung durch die Deutschen sich nach dem Krieg wieder neu erheben könnte. Während 1944 in Moskau immer öfter Salutschüsse zu hören waren, änderte sich nichts an den grimmigen Kämpfen mit den Nazis, und jeder sowjetische Sieg auf dem Schlachtfeld musste aufs Neue erbittert erkämpft werden. Wie Alexander Werth bemerkte, »waren die Siege der Roten Armee 1944 spektakulär, aber nur sehr wenige davon waren leichte Siege«.[13] Die Rote Armee war dabei, den Krieg zu gewinnen, und marschierte in Richtung Berlin. Indes stiegen die zivilen und militärischen Verluste der Sowjetunion in schwindelerregende Höhen. Als sich das Ende des Krieges abzeichnete, nahm die langfristige Fortdauer des Bündnisses mit dem Westen für die Sowjetunion eine immer größere und nicht kleinere Bedeutung an, was durch das dringliche sowjetische Bedürfnis nach einer langen Periode des Friedens und des Wiederaufbaus motiviert war.

Sechstes Kapitel

Das »Unternehmen Bagration«

Die größte militärische Operation der Roten Armee 1944 war das »Unternehmen Bagration«, benannt nach dem georgischen Helden der Napoleonischen Kriege. Der Plan war, die Heeresgruppe Mitte – die größte intakte Streitmacht der Deutschen an der Ostfront – zu umfassen und zu vernichten. Dann sollten die Deutschen aus Weißrussland vertrieben werden. Die Planungen für den sowjetischen Sommerfeldzug begannen bereits früh im Jahr. Mitte April hatte der Generalstab seine grundsätzliche Strategie ausgearbeitet: ein Feldzug zur Befreiung der noch unter deutscher Herrschaft stehenden Teile der Sowjetunion.[14] Dieses Ziel wurde in Stalins Tagesbefehl vom 1. Mai 1944 ausgegeben. »Das Ziel ist nun, alle Teile unseres Landes von den Naziinvasoren zu befreien und die Staatsgrenzen der Sowjetunion in ihrer Gesamtheit vom Schwarzen Meer bis zur Barentssee wiederherzustellen.«[15]

Wie gewöhnlich gab es ausführliche Konsultationen mit Frontkommandeuren, bevor der endgültige Operationsplan am 31. Mai 1944 angenommen wurde. Die Hauptstreitmacht des Angriffs auf die Heeresgruppe Mitte bestand aus der 1., 2. und 3. Weißrussischen Front und der 1. Ukrainischen Front. Diese vier Fronten verfügten über 2,4 Millionen Mann, 5200 Panzer, 36 000 Artilleriegeschütze und 5300 Militärflugzeuge. Es bestand eine Überlegenheit in der Truppenstärke im Verhältnis 2 zu 1 zu den Deutschen. Im Bereich der zur Verfügung stehenden Flugzeuge und Artillerie lag das Verhältnis bei 4 zu 1 und bei Panzern war die Überlegenheit gar sechsmal so groß.[16] In einer die Offensive unterstützenden Rolle befanden sich die Leningrader und die baltische Front, die damit beauftragt waren, die Heeresgruppe Nord zu binden und auch sekundäre Ziele zu verfolgen, zu denen gehörte, Finnland aus dem Krieg zu drängen. Die Offensive sollte mit einem Vormarsch der Leningradfront Anfang Juni auf Viborg beginnen, gefolgt von einem Überraschungsangriff in Weißrussland und dann einem Vorstoß der 1. Ukrainischen Front in die Gegend von Lemberg mit dem Ziel, die Verlagerung von feindlichen Kräften vom Süden in den zentralen Frontabschnitt zu verhindern.

Die sowjetischen Pläne für die Operation Bagration waren eng mit den amerikanischen und britischen Vorbereitungen für den Aufbau der lang erwarteten zweiten Front in Frankreich abgestimmt. Die Sowjets wurden über den voraussichtlichen Zeitpunkt des D-Day Anfang April informiert. Am 18. April telegrafierte Stalin an Roosevelt und Churchill, »wie in Teheran vereinbart, wird die Rote Armee eine neue Großoffensive zur selben Zeit beginnen, um der anglo-amerikanischen Operation maximale Unterstützung zu gewähren«.[17] Seit Teheran hatte sich die Weitergabe von geheimdienstlichen Erkenntnissen über die Gefechtsaufstellung und über die Militärtechnologie der Deutschen, insbesondere im Hinblick auf Verteidigungsstellungen, unter den Alliierten erhöht. Auch gab es eine intensive Zusammenarbeit

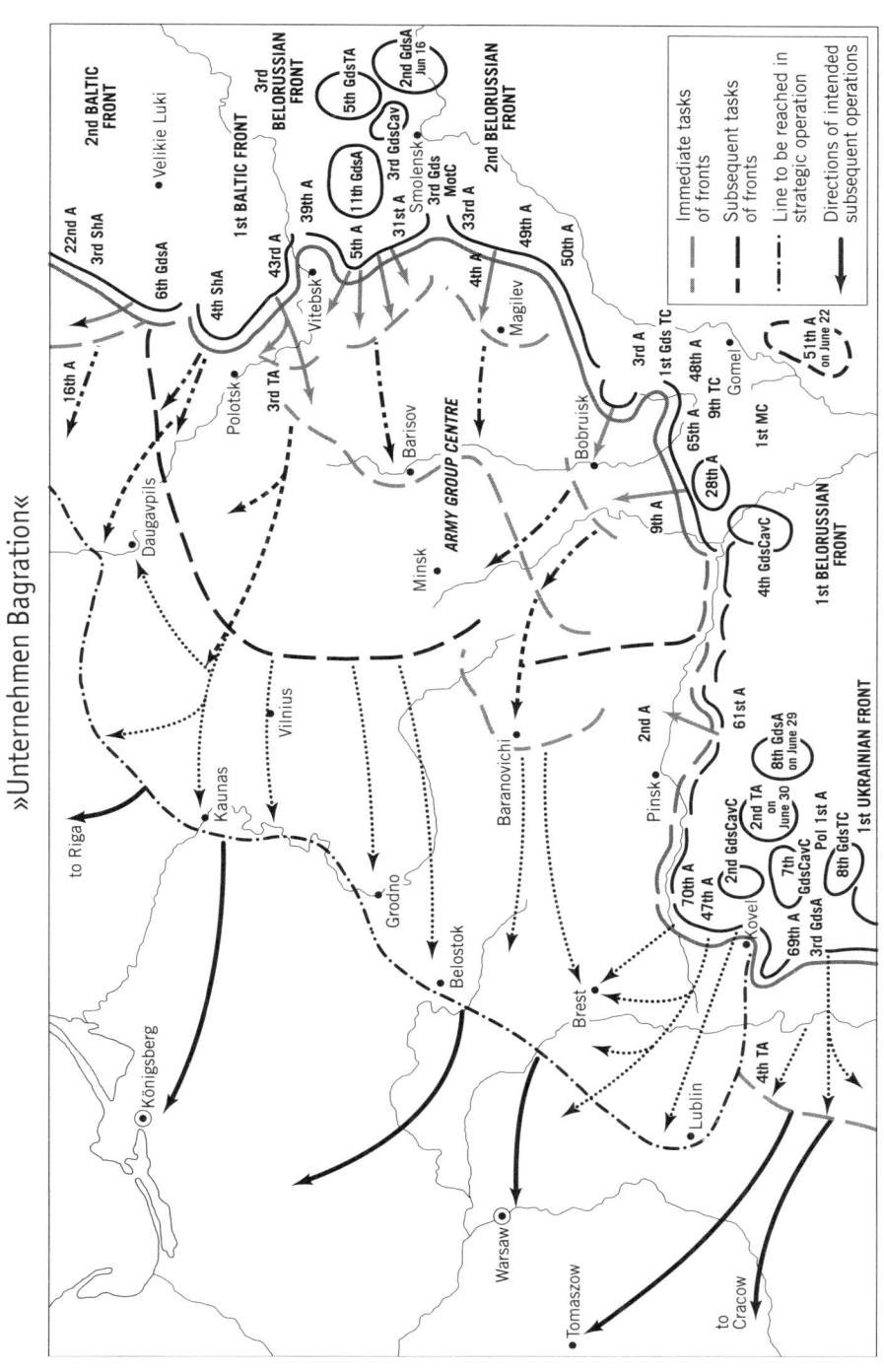

zwischen den Briten und den Sowjets, um den Deutschen eine britisch-russische Landung in Norwegen vorzutäuschen.[18] Dieses Täuschungsmanöver, dessen Codename »Bodyguard« war, war Teil einer ausgefeilten und sehr erfolgreichen sowjetischen *maskirowka*, mit der die Aufmerksamkeit der Deutschen von der geplanten Operation in Weißrussland abgelenkt wurde. Als am 6. Juni die Operation Overlord begann, sprach Stalin per Telegramm Churchill und Roosevelt seine Glückwünsche aus und informierte sie, gemäß den Absprachen von Teheran, dass die sowjetische Sommeroffensive bald an einem »der vitalen Frontabschnitte beginnen wird.«[19] In der Öffentlichkeit war Stalins Reaktion auf die zweite Front überschwänglich. Die Invasion Frankreichs, sagte Stalin der *Prawda* am 13. Juni, war »ein brillanter Erfolg unserer Verbündeten. Man kann nur sagen, dass die Kriegsgeschichte kein vergleichbares Unternehmen in der Größenordnung der Konzeption, der gigantischen Ausführung wie auch in der Meisterleistung seiner Umsetzung kennt ... Die Geschichte wird dieses Ereignis als eine Leistung höchsten Ranges in Erinnerung behalten ...«[20]

Weißrussland war das Hauptzentrum der sowjetischen Partisanenaktionen gegen die Deutschen. Im Sommer 1944 wurden bis zu 140 000 Partisanen in etwa 200 Operationsabteilungen hinter den Wehrmachtslinien dirigiert. Am 19./20. Juni begannen die Partisanen eine Angriffswelle auf die deutschen Kommunikationsverbindungen, die Befehlszentralen und Flugplätze. Sie wirkten auch als Beobachter vor Ort, um massive Bombardements auf die Deutschen am 21. und 22. Juni zu dirigieren. Der sowjetische Hauptangriff auf dem Boden begann am 23. Juni und war ein erstaunlicher Erfolg. Auf einer Frontlänge von 800 Kilometern durchbrach der sowjetische Angriff die Verteidigungsstellungen der Heeresgruppe Mitte und näherte sich Minsk. Die weißrussische Hauptstadt wurde von den Russen Anfang Juli wieder eingenommen, und in einer dramatischen Umkehrung der Katastrophe der Roten Armee bei Minsk im Juni 1941 wurden 100 000 Deutsche östlich der Stadt eingekesselt. Die litauische Hauptstadt Vilnius wurde am 13. Juli zurückerobert, und Mitte Juli begann die von Marschall Konew kommandierte 1. Ukrainische Front ihren Vormarsch zur westukrainischen Hauptstadt Lemberg, die am 27. Juli an die Russen fiel.

Zwischen dem 22. Juni und dem 4. Juli verlor die Heeresgruppe Mitte 25 Divisionen und circa 300 000 Soldaten. Weitere 100 000 gingen in den folgenden Wochen verloren.[21] Ende Juli war die Heeresgruppe keine wirkungsvolle Streitmacht mehr. Jedoch wurde für die Zerschlagung der Heeresgruppe Mitte ein nicht geringer Preis bezahlt. Die drei Hauptfronten, die auf sowjetischer Seite an der Operation Bagration beteiligt waren, erlitten im Laufe der Befreiung Weißrusslands Verluste in Höhe von drei viertel Millionen Mann.[22] Aber die Größe des Sieges war unbeschreiblich: Am Ende der Operation waren Weißrussland und die westliche Ukraine wieder in sowjetischen Händen, Finnland stand kurz vor der Kapitulation, die Rote Armee hatte die baltischen Staaten erreicht und stieß im Süden auf Belgrad, Bukarest und Budapest vor. John Erickson kommentierte dies mit den Worten: »Als die sowjetischen Armeen die Heeresgruppe Mitte zerschlugen, erzielten sie ihren größten einzelnen Erfolg an der Ostfront. Für die deutsche Armee im Osten war es eine Katastrophe unglaublichen Ausmaßes, größer noch als Stalingrad.«[23] In Stalingrad war das Symbol des sowjetischen Erfolges die für die russische Wochenschau gefilmte Kapitulation des Befehlshabers der 6. Armee, Feldmarschall Friedrich Paulus. Bei der Operation Bagration war das Symbol der Kapitulation das Bild von 57 000 deutschen Kriegsgefangenen, die von ihren Generälen geführt am 17. Juli 1944 durch die Straßen Moskaus ziehen mussten.

Die Größenordnung des sowjetischen Sieges erklärte sich hauptsächlich aus dem Schwächezustand, in dem sich die Wehrmacht Mitte 1944 befand, sowie der entscheidenden personellen und materiellen Überlegenheit der Roten Armee, die es den Sowjets erlaubte, Offensiven zu planen, ohne sich vor einer Niederlage oder selbst nur vor einem größeren Gegenangriff der Deutschen fürchten zu müssen. Der Beitrag der westlichen Alliierten zu den sowjetischen Erfolgen an der Ostfront war zudem ein Faktor von zunehmender Bedeutung im Jahre 1944. In seiner Mai-Ansprache lobte Stalin »die Vereinigten Staaten von Amerika und Großbritannien, die in Italien im Kampf gegen die Deutschen stehen und die eine bedeutende Anzahl deutscher Truppen von uns fernhalten, uns mit den wertvollsten Rohstoffen und Rüstungsgütern versorgen und militärische Ziele in Deutschland systematisch aus der Luft angreifen und so der militärischen Kraft Deutschlands die Grundlagen entziehen«. Am 11. Juni veröffentlichte TASS eine Erklärung, in der Einzelheiten der englischen, amerikanischen und kanadischen Lieferungen an Waffen, Rohstoffen, Industriegütern und Nahrungsmitteln an die Sowjetunion genannt wurden.[24] Die Hilfslieferungen der Alliierten an die UdSSR kamen auch in einer Erklärung der Sowinform vor, die zum dritten Jahrestag des deutschen Überfalls auf die Sowjetunion herausgegeben wurde.[25] In seiner Rede zum Jahrestag der Oktoberrevolution 1944 schätzte Stalin, dass die zweite Front in Frankreich 75 deutsche Divisionen festhalten würde und dass ohne eine solche Hilfe die Rote Armee »nicht in so kurzer Zeit den Widerstand der deutschen Armeen hätte brechen und sie vom Gebiet der Sowjetunion hätte vertreiben können«.[26]

Die Operation Bagration war Ausdruck der neu erreichten Meisterschaft der sowjetischen Operationsführung. 1944 hatten die Stawka und Stalin endlich gelernt, dass der Krieg nicht in einem einzelnen Vernichtungsschlag gegen den Feind gewonnen werden kann; stattdessen beschränkten sie sich darauf, ein strategisches Ziel nach dem anderen zu verfolgen. Stalin legte ganz besonderen Wert darauf, der Operation Bagration die oberste Priorität zu geben. Wie Wassilewski bemerkte,

»lenkte Stalin unablässig unsere Aufmerksamkeit auf die Vorbereitung dieser Operation«.[27] 1944 war Stalin realistischer geworden, was seine Armeen erreichen konnten, und er hatte gelernt, dass es sich langfristig am meisten auszahlte, den Truppen bei Offensiven erst einmal bescheidene Ziele zu setzen. Für die Operation Bagration lag das Ziel des Vormarsches bei nicht mehr als 80 Kilometern. Dem lag die Überzeugung zugrunde, dass es am besten sei, die Zurückeroberung eines kleineren Gebietes ganz abzuschließen, wenn man damit die Deutschen hindern könnte, aus einem Kessel auszubrechen.[28] Der Grund für den langsamen Beginn der Operation Bagration lag in der Abstimmung der sowjetischen Frontabschnitte untereinander, ein Problem, mit dessen Lösung Schukow in einer Mission zur 1. und 2. Weißrussischen Front und Wassilewski durch seine Entsendung zur 1. Baltischen und 3. Weißrussischen Front beauftragt wurden. Später wurde Schukow und Wassilewski das Kommando übergeben.[29] Anders als in unruhigeren Zeiten verlief der Planungs- und Vorbereitungsprozess der Operation Bagration in relativer Eintracht und Harmonie zwischen Stalin und seinen Generälen sowie zwischen der Stawka und den Frontkommandeuren. Die gewöhnlichen Meinungsverschiedenheiten über die Strategie und Taktik und die unvermeidlichen Streitigkeiten über die Bereitstellung von Reserven wurden der gemeinsamen Sache untergeordnet. In dieser Hinsicht war Stalins Beteiligung an der Operationsplanung entspannter, als es in der Vergangenheit üblich war. Obwohl sich Stalin bei allen strategischen Entscheidungen das letzte Wort vorbehielt, hatte er gelernt, seinem Oberkommando zu vertrauen, wenn es um die wesentlichen operationellen Fragen ging. Gleichzeitig konzentrierte er seine eigenen Energien auf die Truppenmoral, die Kampfbereitschaft, Fragen des Nachschubs und die Arbeit der politischen Kommissare in der Roten Armee. Dieser fortentwickelte kollektive Ansatz bei der Durchführung von Operationen bedeutete für Stalin, dass er mehr Zeit aufbringen konnte, um sich drängenden politischen Problemen innerhalb des Bündnisses mit den westlichen Staaten zuzuwenden.

Der Aufstand von Warschau[30]

Das Ziel der Operation Bagration war es, Weißrussland zu befreien. Der Zusammenbruch der Heeresgruppe Mitte und der rasche Vormarsch der Roten Armee aber brachten die sowjetischen Streitkräfte bis an die Grenzen Ostpreußens und nach Zentral- und Südpolen. Ende Juli näherte sich die Rote Armee aus mehreren Richtungen der polnischen Hauptstadt Warschau. Nachdem Weißrussland befreit war und die Rote Armee weiter westwärts vorgedrungen war als erwartet, stellte sich nun die Frage nach der zukünftigen Richtung der Offensive. Am 19. Juli schlug Schukow Stalin eine Reihe von Operationen vor, um Ostpreußen zu besetzen oder es zumindest von Deutschland abzutrennen. Zusammen mit anderen Ideen wurden Schukows Vorschläge am 27. Juli bei einem Treffen der Stawka mit Stalin erörtert. Auf der Sitzung wurde entschieden, dass ohne umfangreiche Vorbereitungen die Besetzung Ostpreußens nicht infrage käme. Stattdessen sei Warschau ein aussichtsreicheres Ziel. So wurde die Entscheidung gefällt, die Weichsel an mehreren Stellen zu überqueren und die sowjetische Offensive in Richtung der polnischen Hauptstadt vorzutragen.[31] Einen Ehrenplatz bei der für Anfang August erwarteten Einnahme Warschaus wurde der 1. polnischen Armee eingeräumt. Sie bestand aus polnischen Bürgern, die 1939–1940 nach Russland deportiert worden waren. Ihre Aufstellung begann im Juli 1943. Ihre Führung war prokommunistisch, und viele ihrer Offiziere waren Russen. Im Juli 1944 betrug ihre Gesamtstärke 20 000 Mann, die Teil der 1. Weißrussischen Front Rokossowskis waren. Beim Vormarsch auf die Hauptstadt wurde die 1. polnische Armee damit beauftragt, die Weichsel südlich von Warschau zu überqueren.

Die sowjetische Planung des Feldzuges erlebte unvorhergesehene Schwierigkeiten, als die Angreifer in der Gegend von Warschau auf starke deutsche Abwehrstellungen trafen. Die Wehrmacht hatte eine schwere Niederlage erlitten, war aber immer noch imstande, die Heeresgruppe Mitte durch die Verlagerung von Divisionen aus anderen Abschnitten der Ostfront und aus Westeuropa wieder neu aufzubauen. Warschau blockierte den Weg nach Berlin und war deshalb ein wichtiger strategischer Vorposten, den es für die Deutschen zu verteidigen galt. Als es den Deutschen gelang, ihre Verteidigungsstellungen zu stabilisieren, verlor der Angriff an Schwung. Die sowjetischen Truppen waren ermüdet, die Nachschublinien der Roten Armee zogen sich über mehrere hundert Kilometer hin, und die notwendige Nachführung der sowjetischen Luftwaffe unterbrach zeitweilig die Unterstützung aus der Luft. Dies ermöglichte der deutschen Luftwaffe vorübergehend, wieder die Initiative an sich zu reißen. Dennoch waren die Russen in der Lage, einige Brückenköpfe auf der westlichen Seite der Weichsel einzurichten und bis nach Praga, einem Außenbezirk Warschaus auf der Ostseite der Weichsel, vorzudringen. Aber die Rote Armee hatte große Schwierigkeiten, ihre vorgeschobensten Posten zu halten, und war gezwungen, sich aus Praga wieder zurückzuziehen, nachdem die 2. sowjetische Panzerarmee durch sechs deutsche Divisionen zurückgeschlagen worden war. Hohe Verluste traten auch bei den gescheiterten Versuchen der 1. polnischen Armee auf, die Weichsel zu überschreiten und auf ihrer Westseite einen Brückenkopf zu bilden.

Mit dem Angriff auf Warschau beauftragt waren Schukow, der Stawka-Koordinator der Operationen in diesem Frontsektor, und Rokossowski, der Kommandeur der 1. Weißrussischen Front. Am 6. August meldeten sie Stalin, dass die starken deutschen Abwehrkräfte in der Gegend von Warschau die Hinzuziehung einiger

Sowjetischer Vormarsch auf Warschau, Sommer 1944

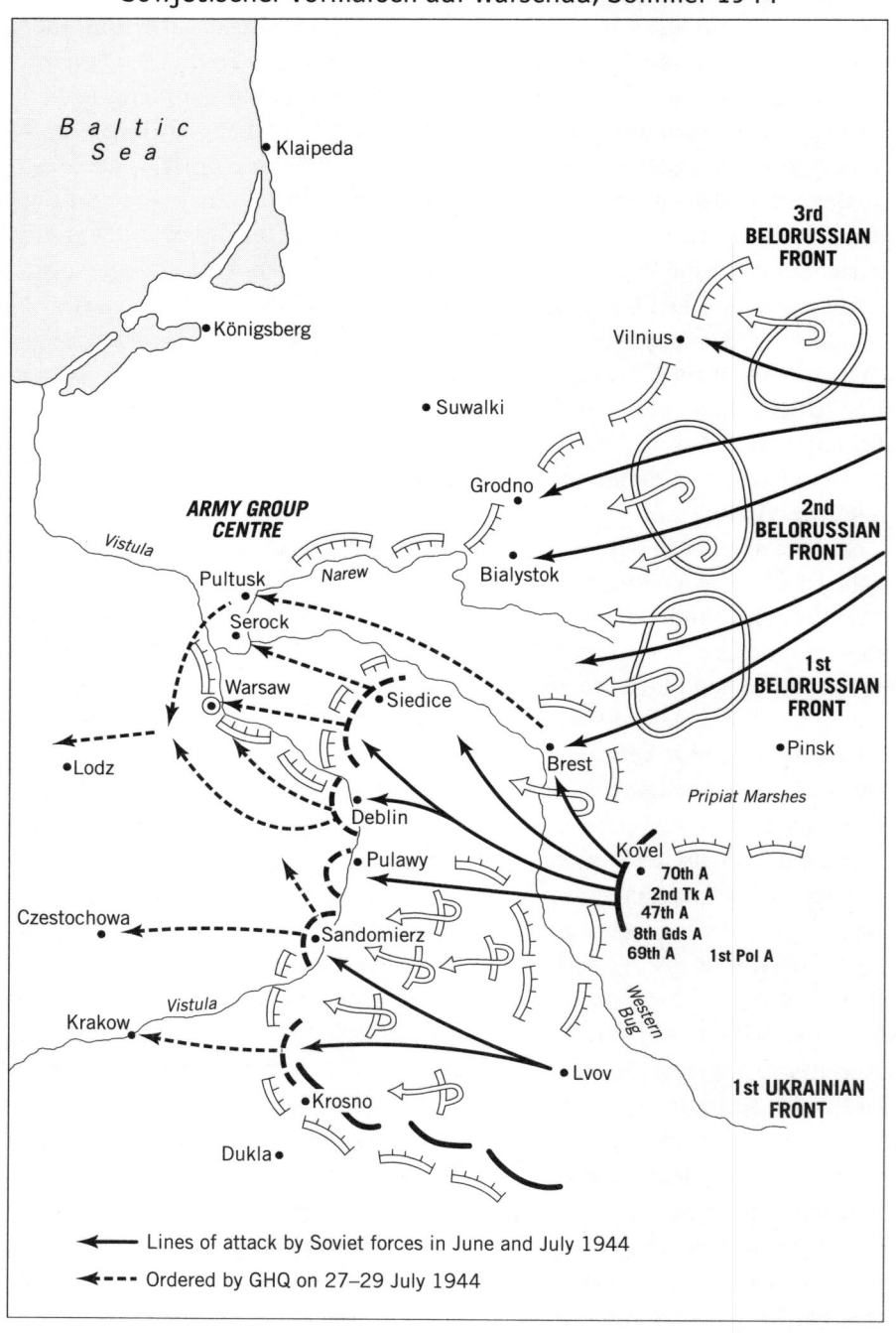

Sechstes Kapitel

Divisionen der Reserve nötig machten.[32] Am 8. August unterbreiteten Schukow und Rokossowski Stalin einen genauen Angriffsplan für die Einnahme Warschaus, der auch einen Schutz der Angriffsflanken vorsah, den Ausbau der Brückenköpfe auf der westlichen Seite der Weichsel und eine Verstärkung der 1. Weißrussischen Front beinhaltete. Sie schätzten, dass die Operation am 25. August beginnen könnte.[33] Der Plan wurde von Stalin gutgeheißen, aber feindliche Gegenangriffe in der Region Warschau hatten zur Folge, dass es Mitte September wurde, bis die Sowjets bereit für einen neuen Ansturm auf die Stadt waren, obgleich sich lokale Offensivaktionen den ganzen August und bis Anfang September fortsetzten.[34] Aber wie zuvor kamen die sowjetischen Versuche, die Weichsel zu überqueren und auf Warschau zu marschieren, angesichts des starken deutschen Widerstandes kaum voran. Anfang Oktober wurde schließlich der sowjetische Angriff eingestellt, und die Rote Armee nahm erst im Januar 1945 ihren Angriff auf Warschau wieder auf.

Die Sowjets hatten erwartet, die polnische Hauptstadt recht schnell und leicht im Sommer 1944 einzunehmen. Als dies nicht gelang, gruppierten sie ihre Truppen um und bereiteten einen neuen Sturm auf die Stadt vor. Erneut waren die Sowjets sich ihres Sieges sicher, aber es dauerte viel länger, den Angriff vorzubereiten und durchzuführen, als vorhergesehen, und als der Angriff schließlich kam, waren die Deutschen in ihren Stellungen auf ihn noch besser vorbereitet. Das Scheitern des Angriffs im September beendete die Hoffnungen der Roten Armee auf eine unmittelbare Einnahme der Stadt.

Diesem Bild beständiger, aber unglücklich verlaufender sowjetischer Bemühungen, im Sommer 1944 Warschau einzunehmen, steht ein gänzlich anderes Szenario entgegen: Danach habe die Rote Armee, als sie die Weichsel erreichte, von sich aus ihre Offensive beendet, um den Deutschen die Möglichkeit zu geben, einen Volksaufstand in der Stadt niederzuschlagen.[35] Dieser Aufstand, der am 1. August begann, wurde von der polnischen Heimatarmee (AK) durchgeführt – dem Partisanenarm der polnischen Exilregierung in London. Wie die Sowjets erwarteten auch die polnischen Partisanen, dass Warschau schnell und leicht in die Hände der Roten Armee fallen würde. Das Ziel des Aufstandes war, die Stadt von den Deutschen zu befreien und die Kontrolle über sie zu erlangen, bevor die Rote Armee eintraf.[36]

Zu den vielen Ungereimtheiten dieses alternativen Szenarios gehört, dass die Rote Armee zu keiner Zeit freiwillig in ihren Bemühungen nachließ, Warschau einzunehmen. Auch berücksichtigt es nicht die Erholung der Wehrmacht nach ihrer Vertreibung aus Weißrussland oder die Schwierigkeiten der Roten Armee bei der Fortsetzung ihres langen Feldzuges. Was die Motive Stalins und sein Kalkül betrifft, ist die Vorstellung, dass er so lange untätig geblieben sein soll, bis die

Sechstes Kapitel

Deutschen mit der polnischen Heimatarmee fertig waren, eher abwegig. Wenn der Aufstand überhaupt Einfluss auf Stalins Entschlossenheit hatte, Warschau so schnell wie möglich einzunehmen, verstärkte er den Entschluss. Als er am 1. August begann, konnte Stalin nicht erwarten, dass er misslingen würde. Tatsächlich deuteten die zusammenbrechenden deutschen Positionen darauf hin, dass er gelingen könnte. Die antisowjetische Ausrichtung des Aufstandes wurde Stalin bald deutlich, was es umso dringlicher machte, dass die Rote Armee so schnell wie möglich die Stadt einnahm. Es wird angenommen, dass Stalin einen Zusammenstoß mit der polnischen Heimatarmee befürchtet habe und er daher zufrieden damit gewesen sei, dass die Deutschen den Aufstand der polnischen Heimatarmee in Warschau niederschlugen. Die Rote Armee hatte immer wieder Berührungspunkte mit der polnischen Heimatarmee, seit sie die Vorkriegsgrenzen Polens Anfang 1944 überschritten hatte – manchmal in kooperativer, oftmals in konflikthafter Weise, aber zu keiner Zeit stellten ein paar Tausend polnische Partisanen eine ernst zu nehmende Bedrohung oder ein Problem vom militärischen Gesichtspunkt aus dar.[37] Dementsprechend hatte Rokossowski gegenüber Alexander Werth in einem Interview Ende August 1944 gesagt: »Und glauben Sie, dass wir nicht Warschau eingenommen hätten, wenn wir in der Lage gewesen wären, es auch zu tun? Die ganze Vorstellung, dass wir in irgendeiner Weise vor der polnischen Heimatarmee Angst hätten, ist idiotisch und absurd.«[38] Dies war eine Sichtweise, die von den lokalen polnischen Führern des Aufstandes selbst geteilt wurde. So merkte Jan M. Ciechanowski an:

»Die Generäle der polnischen Heimatarmee waren fest davon überzeugt, dass die Russen extrem bemüht waren, Warschau aufgrund seiner strategischen und militärischen Bedeutung so schnell wie möglich einzunehmen ... Zudem vermuteten sie, dass die Russen bestrebt waren, Warschau zu erobern, weil sie dies in die Lage versetzt hätte, sich als die wahren Erlöser der polnischen Hauptstadt auszugeben, eine Rolle, die politisch hätte ausgenutzt werden können.«[39]

In seiner Diskussion über die Motive für den Aufstand deutet der polnische Historiker Eugeniusz Duraczynski an, dass der Aufstand nicht so sehr stattfand, um der sowjetischen Einnahme Warschaus zuvorzukommen, sondern um Stalin zu zwingen, die Einnahme der Stadt als oberste Priorität zu sehen und sie nicht zu umgehen.[40] Wenn dies ihr Kalkül gewesen ist, lagen die Führer des Aufstandes nicht so falsch. Der Aufstand steigerte die Neigung Stalins, die Stadt einzunehmen. Das Problem war, dass er es nicht konnte. Stalin hätte natürlich der Roten Armee befehlen können, sämtliche vorhandenen Kräfte zur Eroberung der Stadt zu verwenden. Aber selbst dann ist es zweifelhaft, ob die Stadt schnell gefallen wäre, denn es hätte sicher einige Zeit gedauert, Truppen von anderen Frontabschnitten in die Gegend von Warschau zu verlagern, und dies hätte andere Operationsziele gefährdet, die von Moskau als genauso wichtig angesehen wurden wie der Sturm auf Warschau. Aber wichtiger noch ist, dass die Sowjets keinen Grund sahen, zu solch drastischen Maßnahmen zu greifen. Sie glaubten, dass sie genügend Kräfte in der Gegend von Warschau hätten, die Stadt eher innerhalb von Tagen als von Wochen zu nehmen.

Damit soll nicht die unverhohlene Feindschaft Stalins gegenüber der polnischen Heimatarmee, dem Aufstand und der antikommunistischen und antisowjetischen Politik der polnischen Exilregierung in London bestritten werden, die die Pläne für ein in der Nachkriegszeit der Sowjetunion freundlich zugewandtes Polen bedrohte. Wenn der Aufstand scheiterte und die nationalistische Opposition gegen die Sowjets und den kommunistischen Einfluss in Polen unterminierte, dann war dies aus Stalins Sicht umso besser. Eine genauere Betrachtung von Stalins Politik gegenüber Polen zu dieser Zeit aber zeigt, dass er einer Unterstützung von Teilen der polnischen Heimatarmee und der polnischen Exilregierung nicht abgeneigt war, wenn dies den sowjetischen Interessen nützen würde und der Sowjetunion im Polen der Nachkriegszeit politischen Einfluss eingeräumt hätte. Der Aufstand überzeugte ihn schließlich, dass eine solche Übereinkunft nicht möglich wäre, obwohl er willens war, mit den polnischen Politikern Abkommen zu treffen, die mit der polnischen Heimatarmee und der Exilregierung zu brechen bereit waren.

Ironischerweise war der Premierminister der polnischen Exilregierung Stanislaw Mikolajczyk gerade in Moskau, um mit Stalin ein russisch-polnisches Abkommen abzuschließen, das zur Wiederaufnahme der diplomatischen Beziehungen führen würde, als am 1. August der Aufstand begann. Mikolajczyks Besuch in Moskau war zum Teil das Ergebnis von Druck seitens Churchills und Roosevelts auf die Sowjets, ihre Beziehungen mit den Exilpolen wieder zu verbessern. Die Schlüsselfrage waren die polnischen Nachkriegsgrenzen. Die zwischen Churchill, Roosevelt und Stalin in Teheran erzielte Vereinbarung war, dass die polnische Ostgrenze sich an der Curzon-Linie (die nahe an der von den Nazis und Sowjets im September 1939 vereinbarten Demarkationslinie lag) orientieren sollte. Für die territorialen Verluste sollte das Land durch die Hinzugewinnung deutschen Gebietes im Westen entschädigt werden. In Teheran war aber keine formelle Vereinbarung geschlossen worden, und viele Details des vorgeschlagenen polnisch-sowjetischen Grenzverlaufs mussten noch ausgehandelt werden.

Im Januar 1944 gab die Londoner Exilregierung eine Erklärung heraus, in der erwähnt wurde, dass die Rote Armee nach Polen vorgedrungen war und in den befreiten Gebieten Regierungsaufgaben übernommen habe.[41] Die besagten Gebiete waren das westliche Weißrussland und die westliche Ukraine. Am 11. Januar gab Moskau eine Antwort auf die Londoner Erklärung heraus, in der sie feststellte,

Sechstes Kapitel

dass beide Gebiete 1939 freiwillig der UdSSR beigetreten seien. Die sowjetische Antwort fügte hinzu, dass die UdSSR für ein starkes und unabhängiges Polen eintrete, das von der Curzon-Linie im Osten und im Westen durch »ehemalige polnische Territorien« begrenzt werden solle, die von Deutschland zurückerstattet werden sollten. Außerdem war die Sowjetunion bereit, an Polen alle Gebiete im westlichen Weißrussland und der westlichen Ukraine zurückzugeben, in denen es eine polnische Bevölkerungsmehrheit gebe.[42]

Die Erklärungen der UdSSR, dass sie einen starken und unabhängigen polnischen Staat befürworte, waren nicht neu. Es gab viele derartige öffentliche Bekundungen, auch von Stalin selbst, und die Wiederherstellung eines unabhängigen Polens nach dem Krieg war eine Prämisse der internen sowjetischen Regierungsdiskussion über die Zukunft Polens nach dem Krieg.[43] Auch war das Beharren darauf, dass das westliche Weißrussland und die westliche Ukraine rechtmäßig zur Sowjetunion gehörten, nicht weiter überraschend. Neu aber war die öffentliche Festlegung darauf, dass Polen zulasten Deutschlands entschädigt werden sollte, auch wenn die Sowjets bei vielen nicht öffentlichen Gelegenheiten bereits ihre Unterstützung für eine solche Entwicklung ausgesprochen hatten.[44] Während sich die polnische Exilregierung der Erklärung gegenüber kritisch äußerte, hielt sie die Möglichkeit einer Wiederherstellung der Beziehungen zwischen dieser und der sowjetischen Regierung für möglich. Moskaus Versprechen, die ethnischen Details der Curzon-Linie auszuhandeln, war definitiv eine Geste zur Versöhnung. Aus Sicht der Sowjets war dies eine moderate und positive Erklärung zur polnischen Frage und wurde als solche auch dem amerikanischen und britischen Botschafter präsentiert. Als Molotow Harriman fragte, was er von der Erklärung halte, antwortete der Botschafter, »als eine sowjetische Positionsbestimmung zur polnischen Frage ist sie ungemein freundlich im Ton«.[45]

Am 15. Januar antwortete die polnische Exilregierung den Sowjets. Erneut machte sie ihre Rechte auf das westliche Weißrussland und die westliche Ukraine geltend und wiederholte ihren Wunsch, mit der Sowjetunion im Kampf gegen Deutschland zusammenzuarbeiten. Dies war für die Sowjets nicht akzeptabel, die zwei Tage später entgegneten, dass für sie die Anerkennung der Curzon-Linie als polnische Grenze die Schlüsselfrage sei.[46] Als Molotow dem britischen und amerikanischen Botschafter einen Entwurf der russischen Antwort vorab vorlegte, signalisierte er eine Verhärtung der sowjetischen Position: Moskau war bereit, mit der polnischen Exilregierung zu verhandeln, aber nur wenn die Regierung umgebildet und die antisowjetischen Elemente ausgeschlossen würden.[47] Bei einem weiteren Zusammentreffen mit Harriman und Clark Kerr, dem britischen Botschafter, stellte Molotow am 18. Januar klar, dass die von ihm gewünschte veränderte polnische Exilregierung aus Polen bestehen sollte, die in Großbritannien, den Vereinigten Staaten und in der Sowjetunion leben, wie auch aus solchen, die sich in Polen im Widerstand gegen die Deutschen befinden.[48]

Eine Akzeptierung der Curzon-Linie und die Umbildung der polnischen Exilregierung – dies waren die beständigen Themen in der sowjetischen Haltung zu Polen, die immer wieder von Stalin und Molotow in ihren Treffen mit den zwei westlichen Botschaftern und auch in Stalins Korrespondenz mit Churchill und Roosevelt wiederholt wurden. Stalin unternahm keinerlei Anstrengung, seine Erbitterung zu verheimlichen, dass die polnische Exilregierung Verhandlungen darüber verweigerte. »Wieder einmal die Polen. Ist das die wichtigste Frage?«, wollte Stalin ungeduldig von Harriman wissen, als er ihn am 3. März 1944 in dieser Sache aufsuchte.[49] Churchills Bemühen, eine für beide Seiten akzeptable Abmachung zu vermitteln, tat Stalin als reine Zeitverschwendung ab. Dabei beschuldigte er sogar den britischen Premier, der sowjetischen Seite zu drohen, um sie in der polnischen Frage zu einer für sie ungünstigen Abmachung zu zwingen.[50] Bei einem Treffen mit Clark Kerr am 29. Februar nörgelte Stalin am britischen Kompromissvorschlag herum und wiederholte einmal mehr, dass er eine umgebildete polnische Exilregierung und eine Anerkennung der Curzon-Linie verlangte. »Dieses langweilige und erschöpfende Gespräch dauerte gut eine Stunde. Kein Argument war fruchtbar«, berichtete der britische Botschafter.[51]

Die einzig positive Konstante in Stalins wie Molotows Erklärungen zur polnischen Frage war, dass sie sich bereit zeigten, eine umgebildete polnische Exilregierung mit dem exilierten polnischen Premierminister Mikolajczyk in Erwägung zu ziehen. Als Führer der polnischen Bauernpartei, der größten Partei des Landes in der Vorkriegszeit, wurde Mikolajczyk als wichtige Brücke zur Bildung einer breit angelegten Regierung im befreiten Polen angesehen, mit der die Sowjets zusammenarbeiten könnten. Aus diesem Grund widerstand Stalin dem Druck polnischer Kommunistenkreise, eine provisorische Regierung für Polen einzurichten, die auf einer reinen Linksallianz beruhen sollte.[52] Obwohl höchst wünschenswert, wurde eine Linksregierung als nicht stark genug betrachtet, wirksam eine polnische Bevölkerung zu regieren, die trotz der politischen Erfolge der Kommunisten und ihrer sozialistischen Verbündeten unverbesserlich nationalistisch blieb. Als Stalin schließlich der Bildung eines polnischen Komitees der nationalen Befreiung durch die Kommunisten und ihre Verbündeten am 22. Juli 1944 zustimmte, war ein Beweggrund seiner Entscheidung, dass das Komitee mit der Verwaltung der von der Roten Armee befreiten polnischen Gebiete betraut werden könne. Dies war die Begründung, die Stalin am 23. Juli Churchill und Roosevelt gab. Aber während Stalin erklärte, er halte das Komitee der nationalen Befreiung nicht für eine »polnische Regierung«, bemerkte er, dass es »der Kern einer von demokratischen Kräften gebildeten provisorischen polnischen Regierung werden könne«.

Die Tür für eine umgebildete Regierung mit Mikolajczyk blieb offen, aber die Drohung, sie zu umgehen, blieb ebenfalls bestehen. In derselben Botschaft sagte Stalin, dass er sich nicht weigern würde, den polnischen Führer zu treffen, wenn dieser nach Moskau käme, wie es Churchill und Roosevelt vorgeschlagen hatten.[53]

In seiner Haltung zur polnischen Frage wurde Stalin durch Oskar Lange beeinflusst, einen marxistischen Ökonomen polnisch-amerikanischer Herkunft, der im Januar 1944 den Sowjets empfohlen hatte, eine Umbildung der polnischen Exilregierung anzustreben, die auf prosowjetischen Persönlichkeiten in Moskau, den USA und in Polen selbst begründet sein sollte. Im Frühjahr 1944 reiste Lange mit dem katholischen Priester Stanislaw Orlemanski nach Moskau, der wie Lange polnisch-amerikanischer Herkunft war und gleichfalls den Sowjets positiv gegenüberstand.[54] Stalins Gespräche mit den beiden Abgesandten waren sehr vielsagend im Hinblick auf Stalins strategische Gedanken zu den sowjetisch-polnischen Beziehungen.[55] Stalin wollte ein sowjetfreundliches Polen mit einer Linksregierung, an der auch seine kommunistischen Verbündeten teilhaben sollten. Aber er wollte auch ein geeintes Land, das stark genug war, an einem langfristigen Bündnis slawischer Staaten gegen eine zukünftige deutsche Bedrohung teilzuhaben.

Die Vorstellung, dass der Krieg gegen Hitler ein Kampf aller Slawen gegen den traditionellen deutschen Feind sei, existierte schon lange in der sowjetischen Propaganda. Schon im August 1941 hatten die Sowjets ein panslawisches Komitee gegründet und einen gesamtslawischen Kongress nach Moskau einberufen. Weitere Treffen dieser Art folgten, nicht nur in der Sowjetunion, sondern auch in anderen alliierten Staaten.[56] Diese Taktik einzuschlagen ergab sich für Stalin von ganz allein, da die Hauptopfer der deutschen Aggression vornehmlich slawische Staaten wie die Tschechoslowakei, Polen, Jugoslawien und die Sowjetunion waren. 1943 begann Stalin damit, eine formelle Allianz mit diesen slawischen Staaten zu bilden. Im Dezember 1943 wurde ein sowjetisch-tschechoslowakischer Vertrag für Freundschaft, gegenseitigen Beistand und Kooperation in der Nachkriegszeit mit der tschechischen Exilregierung unter Präsident Eduard Benesch abgeschlossen. Der am 12. Dezember in Moskau unterzeichnete Vertrag enthielt ein Protokoll, das es einem dritten Land ermöglichte, dem Vertragswerk beizutreten, eine Klausel, die ein Bündnis der beiden Länder mit Polen erleichtern sollte. Stalin war noch nicht lange aus Teheran zurück, und seine anhaltende Obsession einer in der Nachkriegszeit wiederkehrenden deutschen Bedrohung wurde in seinen Gesprächen mit Benesch deutlich. In seinem Gespräch am 18. Dezember mit dem tschechischen Präsidenten äußerte Stalin die Ansicht, dass zwei Länder langfristig den Frieden bedrohten: Deutschland und Japan. »Die Deutschen sind ein machtvolles und talentiertes Volk, und sie würden in der Lage sein, sich nach dem Krieg rasch wieder zu erholen. Von der Teherankonferenz hat er den Eindruck mitgebracht, dass diese Ansicht von allen Alliieren geteilt wird.« Beim letzten Gespräch mit Benesch am 22. Dezember sprach Stalin über die Notwendigkeit »einer slawischen Zusammenarbeit nach dem Krieg« und bemerkte, dass »bis jetzt die Deutschen die Slawen teilen, mit einigen Slawen gegen andere zusammenarbeiten und dann diese gegen jene wenden konnten. Von nun an müssen die Slawen vereint sein.«[57]

Stalin kam auf die Frage einer slawischen Einheit selbst in seinen Gesprächen mit Priester Orlemanski am 28. April 1944 zu sprechen:

»Deutschland wird in der Lage sein, sich in etwa 15 Jahren wieder zu erneuern. Deshalb dürfen wir nicht nur daran denken, wie wir diesen Krieg zu einem Ende führen ..., sondern müssen auch berücksichtigen, was in 20 Jahren passieren wird, wenn sich Deutschland erholt hat. Deswegen ist ein Bündnis zwischen der Sowjetunion und Polen absolut notwendig, um die Deutschen nicht wieder zu Aggressoren werden zu lassen ... Das Beispiel der Grunwaldschlacht (Tannenberg),[58] bei der sich die slawischen Völker gegen die Mitglieder des Deutschen Ordens vereint hatten, ist der Beweis. Die geeinten Polen, Russen, Litauer, Ukrainer und Weißrussen schlugen dann die Deutschen ... Wir sollten den Geist von Grunwald auf einer breiten Basis erneuern. Dies ist ein Traum.«[59]

In seiner Unterredung mit Lange am 17. Mai betonte Stalin, dass die UdSSR ein starkes Polen brauche, um mit der deutschen Aggression in Zukunft fertig zu werden. Stalin verdeutlichte zudem seinen Widerstand gegen einen »halbherzigen« Straffrieden wie den Versailler Vertrag. Wenn dies noch einmal geschehen sollte, dann würde es in 15 Jahren erneut einen Krieg geben. Deutschland müsse für 50 Jahre schwach gehalten werden, sagte Stalin zu Lange, und da er zu einem marxistischen Ökonom sprach, ergriff er die Gelegenheit, um deutlich zu machen, dass das kapitalistische England und die USA die Zerstörung der deutschen und japanischen Industrie unterstützen würden, weil dies zwei ihrer Handelskonkurrenten ausschalten würde.[60]

Der dritte Partner in Stalins vorgesehener Allianz war Jugoslawien. Anders als Polen waren die von Marschall Tito geführten Kommunisten die dominierende Macht in der jugoslawischen Partisanenbewegung. Schon 1944 zeichnete sich deutlich ab, dass Titos Kommunisten in der Nachkriegspolitik des Landes als der wichtigste Faktor hervortreten würden. Aber Stalin war pessimistischer als Tito, was die Aussichten der Kommunisten nach dem Krieg anging. »Seien Sie vorsichtig«, soll er zu Tito im September 1944 gesagt haben, »die Bourgeoisie in Serbien ist sehr stark.« »Genosse Stalin, ich teile nicht Ihre Ansicht. Die Bourgeoisie in Serbien ist sehr schwach«, antwortete Tito.[61] Im April 1945 warnte Stalin Tito, dass Deutschland sich nach dem Krieg sehr schnell wieder erholen würde. »Geben Sie ihnen 12 bis 15 Jahre, und sie stehen wieder auf ihren Füßen. Deswegen ist die Einheit der Slawen so wichtig. Der Krieg wird bald zu Ende sein. Wir werden uns in 15 bis 20 Jahren erholt haben, und dann werden wir einen neuen Durchgang erleben.«[62]

In seinen Beziehungen zur Nachkriegsregierung Jugoslawiens war es Stalins Politik, ein Abkommen zwischen Tito und der jugoslawischen Exilregierung zu vermitteln. Dazu zählte für ihn auch eine Festschreibung der Monarchie. In Jugoslawien wie auch in Polen bevorzugte Stalin eine Neubelebung der Exilregierung, in die Stalins Parteigänger eintreten sollten, um eine provisorische Regierung zu bilden, die aus einem breiten Meinungsspektrum bestehen sollte. Im Falle Polens jedoch war Stalin mit seiner Geduld am Ende, als Mikolajczyk Ende Juli 1944 in Moskau eintraf. Stalins erstes Treffen mit Mikolajczyk fand am 3. August statt. Zu Beginn der Begegnung stellte Mikolajczyk drei Fragen zur Diskussion: gemeinsame Aktionen im Kampf gegen die Deutschen; die erzielte Abmachung zwischen den Sowjets und dem polnischen Komitee der nationalen Befreiung (PCNL) über die Verwaltung der befreiten polnischen Gebiete und die Frage der gemeinsamen Grenzen. Mikolajczyk erwähnte, dass ein Aufstand in Warschau ausgebrochen sei und dass er gerne sehr bald in die polnische Hauptstadt fahren möchte, um eine Regierung zu bilden, die aus Mitgliedern der Parteien der in London lebenden Polen und aus polnischen Kommunisten gebildet werden sollte. Stalin antwortete, dass die von seinem Gesprächspartner in den Vordergrund gestellten Themen von großer politischer und praktischer Bedeutung seien. Mikolajczyk aber müsse diese Fragen mit dem polnischen Komitee der nationalen Befreiung verhandeln, um sein Ziel einer vereinten provisorischen Regierung zu erreichen – ein Punkt, auf den Stalin im Lauf des Gesprächs wiederholt zurückkam. Als Mikolajczyk über die Rolle der polnischen Heimatarmee in Polen sprach, wies Stalin darauf hin, dass ihre Einheiten sehr schwach seien und es ihnen an Gewehren fehle, ganz zu schweigen von Artillerie, Panzern und Flugzeugen. Als Mikolajczyk vorschlug, die polnische Heimatarmee durch die Sowjets zu bewaffnen, antwortete Stalin, dass die beste Hilfe für die Sowjets die Bildung einer Einheitsregierung wäre. Als das Gespräch sich der Grenzfrage zuwandte, wiederholte Stalin die sowjetische Position, dass die polnische Grenze im Osten entlang der Curzon-Linie und im Westen entlang der Oder verlaufen sollte. Polen würde Danzig erhalten. Königsberg aber würde an Russland gehen. Auf polnische Forderungen nach Lemberg in der westlichen Ukraine eingehend, sagte Stalin, dass »nach der leninistischen Ideologie alle Völker gleich sind« und dass er »die Litauer, die Ukrainer und die Polen nicht beleidigen wolle«. Er fuhr fort, dass die Sowjetunion die größten territorialen Verluste erleiden und einen Teil an Polen abtreten würde, der einst zum russischen Reich gehört hat. Stalin kam erneut auf das Thema der slawischen Einheit zu sprechen, wobei er den Vergleich mit Grunwald wieder heranzog. »Das erste Mal, dass sich die Polen und Russen zusammenschlossen … Zusammen schlugen sie die

Deutschen. Dann stritten die Russen und die Polen. Im 17. Jahrhundert unter Zar Alexei I. gab es einen Außenminister, Ordin-Nachschekin, der eine Union mit den Polen vorschlug. Deswegen wurde er entlassen. Nun ist eine Umkehr nötig. Der Krieg hält viele Lehren für unsere Völker bereit.« Am Ende des Gesprächs fragte Mikolajczyk, wie er eine Lösung der Grenzfrage einschätze. Stalins Antwort – dass sie mit einer polnischen Einheitsregierung ausgehandelt werden muss – war ein weiteres Signal, dass er bereit war, mit Mikolajczyk zusammenzuarbeiten.[63]

Am nächsten Tag schickte der britische Botschafter in Moskau Anthony Eden einen sehr positiven Bericht des Treffens zwischen Mikolajczyk und Stalin:

»Obwohl das Gespräch von Zeit zu Zeit lebhaft und sehr direkt war, blieb die Atmosphäre freundlich … Es gab keine Beschuldigungen von sowjetischer Seite … Die Polen waren von der großen ›Weisheit‹ und der offenkundigen Bereitschaft Stalins zuzuhören beeindruckt. Sie hatten den Eindruck, dass er seinerseits beeindruckt und sogar überrascht gewesen sei von der Einfachheit und dem Freisinn von Mikolajczyk.«[64]

Mikolajczyks Gespräche mit den Führern des polnischen Komitees der nationalen Befreiung waren weniger erfolgreich. Die strittigen Punkte waren das Beharren des Premiers, dass die Exilregierung die Basis einer neuen provisorischen Regierung darstellen sollte und dass die von den Kommunisten geführten Partisanen in das Komitee aufgenommen werden sollten.[65] Während Mikolajczyk mit dem Komitee sprach, tauschten Churchill und Stalin Botschaften aus, wie den polnischen Aufständischen geholfen werden könne. Am 4. August informierte Churchill die Sowjets, dass die Briten beabsichtigten, 60 Tonnen Waffen und Munition über dem Südwestteil der Stadt abzuwerfen. Allerdings bezweifelte Stalin, dass die polnische Heimatarmee in der Lage wäre, Warschau einzunehmen, da es von vier deutschen Divisionen verteidigt werde.[66]

Am 8. August schrieb Stalin Churchill über sein Gespräch mit Mikolajczyk: »Ich bin nun überzeugt davon, dass er nur unzureichende Informationen über die Situation in Polen hat. Zur selben Zeit hatte ich den Eindruck, dass Mikolajczyk nicht gegen mögliche Einigungsversuche der Polen ist.« Obwohl die Gespräche zwischen dem polnischen Komitee der nationalen Befreiung und Mikolajczyk nicht erfolgreich verliefen, seien sie nützlich gewesen, bekundete Stalin gegenüber Churchill, da sie eine Gelegenheit zum Meinungsaustausch geboten hätten. Dies sei die erste Phase in der Aufnahme von Beziehungen zwischen dem Komitee und Mikolajczyk. »Lassen Sie uns hoffen, dass die Dinge sich verbessern werden!«, schloss Stalin.[67]

Bei Mikolajczyks zweitem Gespräch mit Stalin am 9. August griff der polnische Premier die Frage sowjetischer Hilfe für den Warschauer Aufstand auf. Stalin reagierte darauf mit der Bemerkung, er halte den Aufstand nicht für »eine realistische

Angelegenheit, wenn die Aufständischen keine Waffen haben, während die Deutschen in der Gegend von Praga alleine über drei Panzerdivisionen verfügen, von ihrer Infanterie gar nicht erst zu reden. Die Deutschen werden einfach alle Polen umbringen.« Stalin erklärte, dass sich die Rote Armee bis auf wenige Kilometer Warschau genähert hat, die Deutschen dann aber Verstärkung in die Schlacht geworfen hätten. Die Rote Armee werde ihre Angriffe fortsetzen, um Warschau einzunehmen, sagte Stalin, aber es werde Zeit benötigen. Er war bereit, die Aufständischen mit Munition zu beliefern, sorgte sich aber, dass die Lieferungen in die Hände der Deutschen fallen könnten, und fragte Mikolajczyk, ob es sichere Plätze gäbe, Waffen abzuwerfen. Nachdem ihm versichert wurde, dass derartige Stellen vorhanden seien, versprach Stalin, Rokossowski die nötigen Befehle zu erteilen und alles zu tun, was möglich sei. Gegen Ende des Gesprächs äußerte Stalin nochmals seine Befürchtungen, dass die Deutschen sich nach dem Krieg wieder zu einer Bedrohung entwickeln könnten und dass ein polnisch-sowjetisches Bündnis dies verhindern müsse.[68]

Am folgenden Tag verließ Mikolajczyk Moskau. Nach Harrimans Aussage reiste er aus der sowjetischen Hauptstadt »mit mehr Hoffnung im Hinblick auf eine Einigung ab, als er bei der Ankunft gehabt hatte. Er sei beeindruckt von seiner herzlichen Aufnahme und seinen offenen Gesprächen mit Stalin und Molotow gewesen. Bei seinem Treffen mit Stalin in der letzten Nacht habe dieser zugestimmt, Waffen über der Stadt abzuwerfen... Stalin habe ihm gesagt, dass er erwartet habe, Warschau am 6. August einzunehmen. Weil die deutschen aber vier neue Panzerdivisionen und zwei andere Divisionen in die Schlacht geworfen hätten, um den Brückenkopf (auf der Ostseite der Weichsel) zu halten, sei die Einnahme der Stadt verzögert worden. Aber Stalin sei zuversichtlich, dass die neuen Schwierigkeiten überwunden werden könnten.«[69]

All diese Anzeichen, dass das Verhältnis zwischen den Sowjets und den Polen sich in eine freundschaftliche Richtung entwickeln könnte, wurden durch den Ausbruch bitterer Streitigkeiten unter den Alliierten über die Hilfe für den Warschauer Aufstand überschattet. Die Briten hatten Anfang August damit begonnen, die Aufständischen aus der Luft mit Nachschub zu versorgen. Dabei nutzten sie ihre Flugbasen in Italien. Am 13. August entschieden sich auch die Amerikaner, Nachschub abzuwerfen. Sie benutzten dabei Flugzeuge, die von Großbritannien kamen. Um für den Rückflug wieder auftanken zu können, mussten sie auf sowjetischen Flughäfen landen. Am 14. August übermittelte Harriman die Bitte um Landeerlaubnis und Betankung an Molotow. Die Antwort vom stellvertretenden Außenminister Andrei Wyschinski am folgenden Tag schockierte die Amerikaner und Briten. Die Sowjets würden bei den amerikanischen Hilfsflügen nicht kooperieren, weil »der Aufstand, in den die Warschauer Zivilbevölkerung mit hineingezogen wurde, ganz und gar das Werk von Abenteurern ist, zu dem die sowjetische Regierung ihre Hand nicht reichen kann«.[70] In einem persönlichen Treffen mit Harriman und Clark Kerr später am Tag war Wyschinski weiterhin unerbittlich. Er wies darauf hin, dass die Sowjets einen Verbindungsoffizier zu den Rebellen entsandt hatten, der aber ermordet worden sei.[71] Am nächsten Tag verdeutlichte Wyschinskij die sowjetische Position: Die Sowjets würden nicht bei den amerikanischen Hilfsflügen kooperieren, sie würden sich ihnen aber auch nicht entgegenstellen.[72]

Die negative Wendung der sowjetischen Einstellung zum Warschauer Aufstand scheint durch westliche Presseberichte provoziert worden zu sein, nach denen die Aktionen der polnischen Heimatarmee mit der Roten Armee koordiniert worden seien, diese aber nun die Hilfe an die Aufständischen verweigere. Am 12. August gab TASS ein ärgerliches Dementi heraus. Als die Deutschen im Begriff waren, den Aufstand blutig niederzuschlagen, beschuldigte TASS die in London lebenden Polen, für die Tragödie in Warschau verantwortlich zu sein.[73] Am 16. August schrieb Stalin an Churchill und wies darauf hin, dass er nach dem Treffen mit Mikolajczyk Abwürfe von Hilfsmaterial über Warschau befohlen habe, aber der über Warschau mit einem Fallschirm abgesprungene Verbindungsoffizier sei von den Deutschen gefangen genommen und ermordet worden:

»Nachdem ich mich intensiver mit der Warschauer Sache befasst habe, bin ich zu der Schlussfolgerung gekommen, dass die Angelegenheit ein unbesonnenes und gefährliches Spiel ist, das von der Zivilbevölkerung einen hohen Preis abverlangt. Dies hätte nicht der Fall sein brauchen, wäre das sowjetische Hauptquartier im Voraus von der Warschauer Sache verständigt worden und hätten die Polen mit ihm Kontakt gewahrt. Unter den gegebenen Umständen hätte das sowjetische Hauptquartier entschieden, dass es von dem Warschauer Abenteuer Abstand nehmen sollte.«[74]

Stalin weigerte sich am folgenden Tag, Harriman und Clark Kerr zu treffen. Stattdessen beauftragte er Molotow, seine unnachgiebige Haltung zu übermitteln, dass es keine sowjetischen Lieferungen an die Warschauer Aufständischen geben werde.[75] Harriman war über die Situation verärgert und berichtete nach Washington: »Meine letzten Gespräche mit Wyschinski und besonders mit Molotow heute Abend brachten mich zu der Ansicht, dass alle diese Männer mit Macht aufgeblasen sind und glauben, sie könnten uns und allen anderen Ländern ihren Willen aufzwingen.«[76] Harrimans Stimmung färbte auf die anderen Mitarbeiter der amerikanischen Botschaft ab. Am 17. August notierte R. P. Meiklejohn, Harrimans persönlicher Assistent, in sein Tagebuch:

»Es geht hier um kaltblütigen Mord, aber wir können in dieser Sache nichts machen. Wenn das ganze Ausmaß der Geschichte herauskommt, wird sie sicher als eine der infamsten Taten des Krieges in die Geschichte eingehen. Hinter ihrer kulturellen Fassade sind die hier Regierenden nichts als eine hochintelligente, aber rücksichtslose Bande von Verbrechern und Mördern. Sie haben in der Sache ihre Handschrift zu klar gezeigt, um noch irgendeinen Zweifel an ihrem Charakter übrig zu lassen«.[77]

Der Warschauer Aufstand war auch für die Sowjets eine emotionale Angelegenheit. Sie hatten Millionen von Soldaten verloren, um nach Warschau zu gelangen, und sollten eine weitere halbe Million Verluste bei der Befreiung Polens von den Deutschen erleiden. So reagierten die Sowjets nicht gerade freundlich auf Anspielungen, sie hätten den Aufstand ermutigt, dann aber die Bevölkerung im Stich gelassen. Gleichermaßen bedeutsam war die Tatsache, dass die Rote Armee weitere Angriffe auf die polnische Hauptstadt vorbereitete – und die Erwartung der Sowjets war, dass Warschau innerhalb weniger Tage an sie fallen würde – und so alle weiteren Fragen nach der Versorgung der Aufständischen sich erledigt hätten.

Am 20. August appellierten Churchill und Roosevelt gemeinsam an Stalin, den Aufständischen Hilfslieferungen zukommen zu lassen, wenn auch nur, um die Weltmeinung günstig für sich zu stimmen. Stalin antwortete darauf am 22. August:

»Früher oder später wird die Wahrheit über die Handvoll machtgieriger Krimineller herauskommen, die das Warschauer Abenteuer lanciert haben ... Aus militärischer Sicht ist die Situation ... sowohl für die Rote Armee als auch für die Polen extrem ungünstig. Nichtsdestoweniger versuchen die sowjetischen Truppen alles, um die Ausfälle der Deutschen zurückzuwerfen und zur nächsten Großoffensive überzugehen. Ich kann Ihnen versichern, dass die Rote Armee keine Mühe scheuen wird, die Deutschen in Warschau zu vernichten und die Stadt für die Polen zu befreien. Das wird die beste und wirksamste Hilfe für die gegen Hitler kämpfenden Polen sein.«[78]

Im September begannen sich die Sowjets jedoch Sorgen um ihren Ruf zu machen. So sandte das Volkskommissariat für auswärtige Angelegenheiten am 9. September ein Memorandum an die britische Botschaft, in dem es die Errichtung einer unabhängigen Untersuchungskommission vorschlug, die klären sollte, wer für den Aufruf zum Aufstand verantwortlich ist und warum dieser nicht mit dem sowjetischen Oberkommando abgesprochen wurde. Das Memorandum kündigte auch an, den Aufständischen materielle Hilfe zukommen zu lassen, wobei darauf hingewiesen wurde, dass die Sowjets durch ihre Luftwaffe bereits versucht hatten, den Aufständischen Lebensmittel und Munition zukommen zu lassen, die Abwürfe aber jedes Mal in deutsche Hände gefallen seien. Wenn die Amerikaner und Briten jedoch auf einer Luftbrücke bestehen, würden die Sowjets sich nicht verweigern.[79]

Mitte September begannen die Sowjets regelmäßig Material über Warschau abzuwerfen – eine Änderung der sowjetischen Politik, die einherging mit einem russischen Angriff auf Warschau. Zwischen dem 14. September und dem 1. Oktober warfen die Russen auf 2243 Flügen 156 Mörser, 505 Panzerabwehrwaffen, 2667 Gewehre und halb automatische Waffen, 3 Millionen Patronen, 42 000 Handgranaten, 500 Kilogramm Medizin und 113 Tonnen Lebensmittel ab.[80] Im Vergleich dazu belieferten die Briten die Aufständischen im August und September mit 1344 Pistolen und Revolvern, 3855 Maschinengewehren, 380 leichten Kanonen, 237 Panzerabwehrwaffen, 13 Mörsern, 130 Gewehren, 14 000 Handgranaten, 3000 Panzergranaten, 8,5 Tonnen Plastiksprengstoff, 4,5 Millionen Patronen und 45 Tonnen Lebensmitteln.[81] Die meisten dieser Lieferungen landeten bei den Deutschen, auch wenn die Sowjets behaupteten, dass ihre Abwürfe genauer und effektiver seien als die Abwürfe aus großer Höhe durch die Royal Air Force.

Ende September war die Harmonie unter den Alliierten wiederhergestellt, und Harriman berichtete an Roosevelt, dass er »ein höchst zufriedenstellendes Gespräch mit Stalin gehabt hat ... Zum ersten Mal sprach Stalin mit Sympathie von den Aufständischen.«[82]

Der Warschauer Aufstand war ein Desaster für alle Betroffenen – außer den Deutschen. Für die in Warschau lebenden Polen war er eine Katastrophe. Die polnische Heimatarmee beklagte 20 000 Verluste, einschließlich mehrerer Tausend Verwundeter, während von der im Schussfeld stehenden Zivilbevölkerung zwischen 150 000 und 200 000 Menschen ihr Leben verloren. Der Aufstand fand am 2. Oktober ein Ende, als die Deutschen das gesamte Stadtzentrum ausradiert und die überlebende Warschauer Bevölkerung in Konzentrationslager deportiert hatten. Für die polnische Exilregierung in London bedeutete das Scheitern des Aufstandes eine Schwächung ihrer Möglichkeiten, die Nachkriegspolitik Polens zu beeinflussen. Die polnische Linke war mithilfe Stalins in der Lage, aus der Unterminierung der nationalistischen Machtbasis ihren Nutzen zu ziehen. Gleichwohl lastete auf ihr der Verdacht, dass sie und die Sowjets nicht genug unternommen hätten, um den Aufstand zu unterstützen. Die Rote Armee wurde beschuldigt, dass sie Warschau nicht früher eingenommen hatte, und die Briten und Amerikaner, dass sie eine Strategie des Appeasement gegenüber Stalin betrieben hätten, indem sie ihre Differenzen in dieser Sache mit Stalin nicht öffentlich bekannt gemacht hatten. Innerhalb der Anti-Hitlerkoalition waren die diplomatischen Schäden, die durch diese Differenzen verursacht wurden, begrenzt und temporär. Aus längerer Distanz aber wurde die Kontroverse um den Warschauer Aufstand in den westlich-sowjetischen Beziehungen als wichtiger Wendepunkt zum Negativen gesehen und als ein früher Vorbote des Kalten Krieges. Während des Kalten Krieges wurde die Schuldzuweisung für das Misslingen des Warschauer Aufstands zu einem der Stolpersteine in der ideologischen Auseinandersetzung zwischen Ost und West. Der Westen beschuldigte die Rote Armee, den Aufständischen erst geholfen zu haben, als es zu spät war, während die Sowjets der antikommunistischen polnischen Heimatarmee ein rücksichtsloses Abenteurertum vorwarfen. Keine Seite wandte viel Zeit oder Energie auf, um die Deutschen verantwortlich zu machen, die mit Sicherheit die wahren Schurken dieses Stückes waren. Aber wenn man den Holocaust und den Massenmord an sowjetischen Bürgern dem Aufstand beiseitestellt, dann war die Niederschlagung des Warschauer Aufstandes nur eine weitere deutsche Gräueltat.

Das Prozentabkommen zwischen Churchill und Stalin

Auch wenn der Warschauer Aufstand rückblickend ein großes historisches Interesse gefunden hat, war er zu dieser Zeit nur ein Thema von vielen auf Stalins übervoller militärischer und politischer Agenda. Polen war nicht das einzige Land, in das die Rote Armee im Sommer 1944 eindrang. Am 20. August begann die Rote Armee eine Großoffensive, die sie nach Rumänien führte. Dies löste eine innere Krise im Land und einen Staatsstreich aus, der zur Absetzung der profaschistischen Regierung führte, woraufhin das Land im Krieg auf die Seite der Alliierten trat. Am 31. August erreichte die Rote Armee die rumänische Hauptstadt Bukarest. Kurz darauf kam eine rumänische Delegation nach Moskau, um über die Bedingungen eines Waffenstillstands zu verhandeln. Ein Abkommen zur Waffenruhe wurde am 12. September unterschrieben. Aufgrund von panslawischen und prorussischen Einstellungen in der Öffentlichkeit war Bulgarien im deutsch-russischen Konflikt formell neutral geblieben, obwohl das Land den deutschen Angriff auf Russland materiell unterstützt hatte und seiner Verpflichtung als Mitglied der Achsenmächte nachgekommen war, Großbritannien und den USA den Krieg zu erklären. Am 5. September jedoch erklärte die Sowjetunion Bulgarien den Krieg. Auch hier gab es einen Staatsstreich, diesmal angeführt von der prokommunistischen Vaterlandsfront. Am 9. September beendete Bulgarien seine militärischen Operationen gegen die Rote Armee, und am 26. September endeten auch die Kämpfe mit den Briten und Amerikanern. Der Waffenstillstand mit Bulgarien wurde am 28. Oktober in Moskau unterzeichnet. Wie Rumänien wechselte auch Bulgarien im Krieg die Seiten, was den Sowjets den Weg nach Jugoslawien frei machte. Der größte Teil des Landes war schon durch Titos Partisanen befreit worden, aber die Rote Armee unternahm einen Feldzug, der Ende September zur Einnahme der Hauptstadt Belgrad führte. In der Slowakei brach Ende August ein von Kommunisten geführter Volksaufstand aus. Wie in Warschau baten die Aufständischen die Sowjets um Hilfe, aber leider hatte sich die Offensive der Roten Armee auf der anderen Seite der Karpaten festgefahren, sodass sie nur begrenzte Hilfe leisten konnten. Der Aufstand wurde von den Deutschen niedergeschlagen, und so dauerte es bis Mai 1945, bis die Rote Armee die tschechoslowakische Hauptstadt Prag erreichte. Ungarn ersuchte ebenfalls um Frieden, aber auch hier verhinderte ein deutscher Coup die Einnahme von Budapest bis Januar–Februar 1945.[83]

Diese Ereignisse bildeten den Hintergrund von Churchills zweiter Moskaureise und des berüchtigten Prozentabkommens vom Oktober 1944. Churchill kam in Moskau am 9. Oktober an und fuhr sogleich in den Kreml, wo er Stalin traf, mit dem er zu Abend aß.[84] Churchills berühmter Bericht über das Treffen wurde im letzten Band seiner Kriegserinnerungen veröffentlicht:

»Der Zeitpunkt für das Geschäftliche war gekommen, so sagte ich (zu Stalin): Wir sollten unsere Angelegenheiten auf dem Balkan regeln. Ihre Armeen sind in Rumänien und Bulgarien. Wir haben dort Interessen, Handelsvertretungen und Bevollmächtigte. Wir sollten nicht aneinander vorbeireden. Was halten Sie davon, wenn Sie zu 90 Prozent die Vorherrschaft in Rumänien bekommen, wir zu 90 Prozent das Sagen in Griechenland haben, und wir unseren Einfluss in Jugoslawien 50 zu 50 aufteilen? Während dies übersetzt wurde, schrieb ich es auf einem halben Blatt Papier auf.

	%
Rumänien	
Russland	90
Andere	10
Griechenland	
Großbritannien	90
(zusammen mit USA)	
Russland	10
Jugoslawien	50/50
Ungarn	50/50
Bulgarien	
Russland	75
Andere	25

Ich schob das Papier zu Stalin herüber, der bis dahin die Übersetzung gehört hatte. Es entstand eine kurze Pause. Er nahm seinen blauen Stift, machte einen großen Haken darauf und schob uns das Blatt wieder zurück. Alles war so schnell geregelt, wie es dauerte, es aufzuschreiben ... Darauf gab es eine lange Stille. Das Papierstück lag auf der Mitte des Tisches. Schließlich sagte ich: Erscheint es nicht ein wenig zynisch, dass wir in diesen Fragen so ganz ohne Weiteres über das Schicksal von Millionen Menschen entschieden haben? Wir sollten das Papierstück verbrennen. Nein, Sie behalten es, sagte Stalin.«[85]

Es ist eine schöne Geschichte, aber wie so viele andere von Churchills Erzählungen eine geschönte.[86] Während Churchill das Dramatische des Moments betonte, zeigte der Bericht des britischen Botschafters das Komische auf.

»Churchill hatte eine Liste der Balkanstaaten angefertigt und darauf die Interessenaufteilung der großen Mächte notiert, was er ein ›freches Dokument‹ nannte. Er sagte, die Amerikaner würden schockiert sein, wenn sie sehen würden, wie grob er die Dinge geregelt hat. Marschall Stalin war ein Realist. Churchill selber war aber auch nicht sentimental. Er hatte nicht einmal das Parlament oder sein Kabinett konsultiert.«[87]

Feierlicher war der sowjetische Bericht, in dem es hieß, dass Churchill angekündigt habe, er habe einen Vorschlag vorbereitet. »Der Gedanke, der in seinem Vorschlag steckte, sollte besser in der Diplomatensprache ausgedrückt werden, weil beispielsweise die Amerikaner wie auch ihr Präsident über die Aufteilung Europas in Einflusssphären schockiert sein würden.« Später im Laufe des Gesprächs kehrte Churchill zu diesem Punkt zurück und sagte, er habe »ein ganz einfaches Dokument vorbereitet, das die Teilung des Einflusses der Sowjetunion und Großbritanniens in Rumänien, Griechenland, Jugoslawien und Bulgarien aufzeigt«. In seiner Antwort sagte Stalin, »dass die für England vorgesehenen 25 Prozent in Bulgarien nicht mit den anderen Zahlen des Vorschlages übereinstimmen würden. Er meinte, dass eine Ergänzung nötig sei, die in Bulgarien 90 Prozent für die Sowjetunion und 10 Prozent für Großbritannien vorsehe.« Das Gespräch ging weiter, aber später kam Stalin darauf zurück, dass die Zahlen für Bulgarien geändert werden sollten, und es wurde vereinbart, dass sich Molotow und Eden der Sache annehmen werden.[88]

Eden und Molotow diskutierten das sogenannte Prozentabkommen bei ihren Treffen am 10. und 11. Oktober und stimmten darin überein, den prozentualen Anteil des Einflusses in Bulgarien und Ungarn auf 80 zu 20 für die Sowjets zu ändern.[89] Aus den Aufzeichnungen ihrer Treffen wird deutlich, dass Eden und Molotow wenig oder gar keine Ahnung hatten, was ihre Chefs meinten, als sie in Prozentanteilen über Einflusssphären sprachen. Am Ende liefen ihre Gespräche auf einen Austausch darüber hinaus, welche Rolle ihre jeweiligen Länder in den alliierten Kontrollkommissionen spielen würden, die eingerichtet werden sollten, um die militärische Besetzung Bulgariens, Ungarns und Rumäniens zu überwachen. Tatsächlich kam es dazu, dass die Prozentanteile von Churchill und Stalin den Umfang der Kontrolle widerspiegelten, den jeweils Großbritannien und die Sowjetunion innerhalb der Kommission haben sollten. Dies war aber zum größten Teil eine akademische Frage, da die Sowjets die einzigen militärischen Besatzer Bulgariens, Ungarns und Rumäniens sein würden und die Muster der alliierten Besatzungsherrschaft durch den italienischen Präzedenzfall bereits vorgegeben waren – die Kontrolle würde bei den alliierten Streitkräften liegen, die das Land besetzten, und die alliierte Kontrollkommission würde dabei nur als Beratungsgremium wirken.

Entgegen aller späterer Aufregung wurde das Prozentabkommen in der umfangreichen Korrespondenz zwischen Stalin und Churchill in den folgenden Monaten nicht erwähnt. Auch nicht, mit einer Ausnahme, in ihren direkten Begegnungen in Jalta und Potsdam.[90] In der weitverbreiteten Geschichtsmythologie indes wurde das Prozentabkommen als eine zynische Zerstückelung der Balkanregion durch Briten und Russen dargestellt; von rechten Kommentatoren als Verrat Osteuropas von Churchill an Stalin verdammt, wurde es von ihren linken Kollegen als Verrat Stalins an der Revolution in Griechenland und Jugoslawien charakterisiert. In Wirklichkeit war das Abkommen über Einflusssphären nur für ein Land wichtig – und das war Griechenland. Die britische Handlungsfreiheit in Griechenland zu sichern war bei Weitem Churchills vorrangigstes Ziel bei seinen Gesprächen mit Stalin. Was Churchill fürchtete, war eine Machtübernahme von ELAS-EAM – der kommunistisch geführten Partisanenbewegung, die bereits große Teile des Landes kontrollierte, die sie während ihres Kampfes gegen die Deutschen an sich gebracht hatte. Was Churchill von Stalin einforderte, war die Versicherung, dass sich die Sowjetunion nicht in die Angelegenheiten Griechenlands einmischen und die örtlichen Kommunisten zurückhalten würde. Churchill erreichte seine Absicht mit dem Prozentabkommen, aber selbst bevor er sein »freches Dokument« vorgelegt hatte, hatte Stalin »zugestimmt, dass England das Entscheidungsrecht in Griechenland haben sollte«.[91]

Die Bereitwilligkeit, mit der Stalin Griechenland abgegeben hatte, reflektierte die sowjetische Politik. Die sowjetischen Entscheidungsträger hatten bereits im Sommer 1943 begonnen, Griechenland innerhalb der britischen Interessenssphäre im östlichen Mittelmeer zu verorten. Interne Informationsschreiben, die für die Moskauer Außenministerkonferenz vom Oktober 1943 vorbereitet wurden, vermerkten bereits die Bedeutung der britischen Interessen in Griechenland sowie der starken Bindung zwischen London und der griechischen Exilregierung. Andererseits lagen die sowjetischen Interessen in einer Ausweitung des Einflusses Moskaus auf die slawischen Staaten des Balkans.[92] Beide Themen wurden von Iwan Maiski in einem Memorandum zusammengefasst, das er im Januar 1944 Molotow unterbreitete. Das Memorandum, ein weitreichender Überblick über die Aussichten und Perspektiven der UdSSR in der Nachkriegszeit, vermerkte hinsichtlich Griechenlands:

Sechstes Kapitel

»Die UdSSR ist an Griechenland weniger interessiert als an anderen Balkanstaaten, während England ernsthaft an Griechenland interessiert ist. Im Hinblick auf Griechenland sollte die UdSSR deshalb große Vorsicht walten lassen. Wenn ein demokratisches Griechenland dem Beispiel anderer Balkanstaaten folgend ebenfalls einen gegenseitigen Beistandspakt mit der UdSSR abschließen will, würden wir keinen Grund haben, Griechenland davon abzuhalten. Wenn jedoch der Abschluss eines bilateralen Vertrages zwischen der UdSSR und Griechenland Probleme mit Großbritannien nach sich ziehen würde, könnte man versuchen, mit dem Problem fertig zu werden, indem man einen trilateralen gegenseitigen Beistandspakt zwischen England, Griechenland und der UdSSR (wie im Falle des Iran) abschließt.«[93]

Als im Sommer 1944 eine sowjetische Militärmission zur kommunistisch geführten griechischen Partisanenarmee auf den Weg geschickt wurde, bekamen die sowjetischen Offiziere den Befehl mit auf den Weg, sich nicht in interne griechische Angelegenheiten einzumischen.[94] Als britische Truppen im Dezember 1944 versuchten, die ELAS-EAM zu entwaffnen, und auf diese Weise eine bewaffnete Revolte in Athen auslösten, weigerte sich Stalin, die griechischen Kommunisten zu unterstützen. Dimitrow fragte Molotow, ob die griechischen Kameraden Unterstützung erwarten könnten, »um sich einer bewaffneten Intervention durch England zu widersetzen«. Die Antwort war, dass »unsere griechischen Freunde nicht auf aktive Hilfe von hier (Moskau) werden rechnen können«.[95] Im Januar 1945 äußerte sich Stalin selbst gegenüber Dimitrow über die griechischen Ereignisse:

»Ich rate davon ab, in Griechenland zu kämpfen ... Sie haben sich mehr vorgenommen, als zu schaffen ist. Sie rechnen offenbar damit, dass die Rote Armee in die Ägäis kommen wird. Wir können dies aber nicht machen. Wir können auch unsere Truppen nicht nach Griechenland schicken. Die Griechen haben sich töricht verhalten.«[96]

In der sowjetischen Politik herrschte die Ansicht vor, dass Griechenland sich innerhalb der britischen Einflusssphäre befand und dort auch bleiben werde. Im November 1944 schrieb Litwinow einen Bericht »Über die Aussichten und die Grundlagen der sowjetisch-britischen Kooperation«, der eine britisch-sowjetische Teilung Europas in der Nachkriegszeit in Sicherheitszonen vorsah und in dem Griechenland zusammen mit den Niederlanden, Belgien, Frankreich, Spanien und Portugal der britischen Zone zugeschrieben wurde.[97] Am Vorabend der Konferenz von Jalta schrieb im Februar 1945 Botschafter Gromyko ein Positionspapier, das die jüngsten Ereignisse in Athen Revue passieren ließ, und in dem er bemerkte, dass die Briten und Amerikaner sich einer Regierungsbildung progressiver Kräfte in Griechenland, in Sonderheit der Kommunisten, widersetzen.

Gromyko notierte, dass dies das Thema einer Einmischung in die inneren Angelegenheiten kleinerer Staaten durch die großen Mächte aufwerfe, aber er empfahl, dass die sowjetische Seite im Hinblick auf Griechenland nicht die Initiative ergreifen sollte. Es sollte nur deutlich werden, dass sie mit den progressiven Elementen sympathisiere.[98]

Auf der Konferenz von Jalta griff Stalin während der Plenarsitzung vom 8. Februar 1945 die Griechenlandfrage auf. Während es alliierte Unterstützung für eine Einheitsregierung in Jugoslawien gab, wunderte sich Stalin, was in Griechenland passiere. Der folgende Dialog wird so wiedergegeben:

Er (Stalin) würde unter keinen Umständen die britische Politik in Griechenland kritisieren … Churchill unterbrach ihn und merkte an, dass er ihm sehr dankbar für die Zurückhaltung sei, die die sowjetische Seite bei den Ereignissen in Griechenland an den Tag gelegt habe … Stalin fuhr fort und sagte, dass er Churchill bloß bitten würde, die sowjetische Seite zu informieren, was in Griechenland geschehe. Nachdem er Churchills Ausführungen gehört hatte, antwortete Stalin höflich, dass er nicht beabsichtige, sich in die inneren Angelegenheiten Griechenlands einzumischen. Er habe nur wissen wollen, was dort passiere.[99]

Churchills rückblickende Einschätzung war, dass das Prozentabkommen Griechenland vor dem Kommunismus gerettet habe.[100] Stalin jedoch hatte keine Absicht, den Kommunismus nach Griechenland zu exportieren oder sich in ein politisches Projekt mit dieser Absicht hineinziehen zu lassen. Bei ihrem Treffen am 14. Oktober 1944 hatte er gegenüber Churchill bereits angemerkt, dass »die Sowjetunion nicht die Absicht hat, in Europa die bolschewistische Revolution zu organisieren«.[101] Das bedeutete freilich nicht, dass Stalin einem radikalen politischen Wechsel abgeneigt war, insbesondere wenn er den sowjetischen Interessen diente. Aber in Griechenland, wie in anderen europäischen Ländern, erwartete er einen solchen Wechsel auf friedlichem und demokratischem Wege. In Ländern, wo die Sowjetunion Besatzungsmacht war oder auf die sie direkten politischen Einfluss ausübte, trug Stalin dazu bei. In Ländern wie Griechenland, die in der westlichen Einflusssphäre lagen, war sein Rat an die örtlichen Kommunisten, besonders während des Krieges, mit den Briten und Amerikanern zusammenzuarbeiten, eine langfristige Strategie zu entwickeln und eine allmähliche Veränderung ihrer Gesellschaften zu bewirken.

Trotz der sehr großen Aufmerksamkeit, die auf die Aufteilung der Einflusssphären gerichtet wurde, war dieses Thema keineswegs das strittigste, über das in Moskau verhandelt wurde. Der weitaus größte Teil von Churchills und Stalins Zeit wurde von der polnischen Frage in Anspruch genommen. Dies war das Erste der Themen, das Churchill auf dem Treffen am 9. Oktober aufbrachte. So schlug Churchill vor, dass Mikolajczyk, der sich in Kairo befand, nochmals nach Moskau eingeladen werden sollte. Der polnische Politiker reiste daraufhin nach Moskau, und Stalin und Churchill trafen ihn am 13. Oktober, aber die Gespräche führten zu keinem Ergebnis. Stalin wollte, dass Mikolajczyk mit dem Komitee der nationalen Befreiung zusammenarbeite, um eine veränderte provisorische Regierung zu bilden. Außerdem verlangte er von Mikolajczyk, dass er die Curzon-Linie als polnische Ostgrenze anerkenne. Das Äußerste, was hingegen Mikolajczyk anbieten konnte, war eine Anerkennung der Curzon-Linie, aber ohne Lemberg und dies nur als Demarkationslinie, wobei der endgültige Grenzverlauf in späteren sowjetisch-polnischen Verhandlungen entschieden werden sollte. Das war für Stalin nicht akzeptabel, der betonte, dass er unter keinen Umständen einer Teilung Weißrusslands und der Ukraine zustimmen würde.[102] Mikolajczyk traf dann den Führer des Komitees der nationalen Befreiung (PCNL), Bolesław Bierut, der ihm ein Viertel der Kabinettsposten in einer umgebildeten polnischen Regierung anbot, eine Zahl, die Stalin auf ein Drittel erhöhte, einschließlich der Position des Premierministers.[103] Auch Churchill traf Bierut, und ihm gefiel dessen Intelligenz, aber es ist zweifelhaft, dass er Stalins Einlassungen glaubte, dass dieser kein Kommunist sei.[104] Stalins wachsende Ungeduld mit Mikolajczyk drückte sich am 16. Oktober in seinem Kommentar gegenüber Churchill aus, dass der Pole »kein Wort des Dankes für die Rote Armee übrig hat, die Polen befreit hat ... Er denkt, dass die Russen in seinem Dienst stehen«.[105] In der Zwischenzeit begann Mikolajczyk zu glauben, dass das vorliegende Angebot der Russen das Beste sein würde, auf das die Exilpolen hoffen könnten. Tatsächlich trat er Ende November 1944 als Premier zurück, nachdem es ihm nicht gelungen war, seine Kollegen von den Vorzügen des sowjetischen Angebots zu überzeugen.

Unter den anderen Themen, die Churchill und Stalin diskutierten, befand sich die Frage nach einer Revision der Konvention von Montreux über die Kontrolle der Meerenge zum Schwarzen Meer. Dieses Thema kam auf die Tagesordnung des Treffens am 9. Oktober. Stalin merkte gegenüber Churchill an, dass »durch die Konvention von Montreux die Türkei über alle Rechte verfügt, den Zugang zum Schwarzen Meer zu kontrollieren, während die Sowjetunion kaum ein Recht darauf hat ... Es sei nötig, die Frage einer Revision der Konvention zu erörtern, die nicht mehr im Geringsten mit der gegenwärtigen Situation übereinstimmt.« Churchill wiederholte, dass er den Zugang der Sowjetunion zu eisfreien Häfen unterstütze, fragte aber, was Stalin genau im Sinn habe. Stalin konnte ihm nicht sagen, welche Änderungen der Konvention er wollte. Dennoch drängte er Churchill zuzustimmen, dass eine Revision notwendig sei.[106] Nach den britischen Berichten der Verhandlungen sagte Stalin zudem:

»Es war für Russland ganz unmöglich, von der Türkei abhängig zu bleiben, die die Meerengen schließen und russische Importe und Exporte verhindern und sogar die russische Verteidigung erschweren konnte. Was würde Großbritannien tun, wenn Spanien oder Ägypten das Recht gegeben wäre, den Suezkanal zu schließen, oder was würde die Regierung der Vereinigten Staaten sagen, wenn einige südamerikanische Republiken das Recht hätten, den Panamakanal zu schließen?«[107]

Auf ihrem letzten Treffen am 17. Oktober tauschten Churchill und Stalin ihre Ansichten über die Zukunft Deutschlands aus. Erneut drückte Stalin seine Sorge eines Wiederauflebens der deutschen Macht aus und machte deutlich, dass er eine Aufteilung Deutschlands anstrebt. Auf die Frage Churchills, ob er die Bildung einer Föderation osteuropäischer Staaten unterstütze, um sich gegen eine deutsche Aggression zu schützen, gab Stalin eine interessante Antwort. Die sowjetische Führung gehe davon aus, dass es in den ersten drei oder vier Jahre nach dem Krieg eine nationalistische Atmosphäre in Ungarn, der Tschechoslowakei und Polen geben wird. Das vorrangige Verlangen der Bevölkerung dieser drei Länder werde es sein, ihr nationales Leben zu organisieren. Zu einem gewissen Maß habe das Hitlerregime nationale Gefühle sich entwickeln lassen, wie sich zum Beispiel in Jugoslawien zeige, wo alle ihre Autonomie wollen. In den ersten Jahren nach dem Krieg werde das beherrschende Gefühl das Verlangen danach sein, ein ungestörtes nationales Leben zurückzuerlangen. Nach dem letzten Krieg sei eine Reihe nicht haltbarer Staaten gebildet worden, die kaum eine Existenzgrundlage hätten. Nun bestehe die Gefahr ins andere Extrem zu verfallen und Völker zu zwingen, sich untereinander zusammenzuschließen. Es sei schwierig zu sehen, dass die Tschechen und die Ungarn, sogar die Tschechen und die Polen eine gemeinsame Sprache finden könnten. Deshalb sei es nicht möglich, an solche Verbindungen zu denken, obwohl sie für die Zukunft nicht ausgeschlossen seien.[108]

Stalin war hier ein wenig unaufrichtig. Die sowjetische Opposition gegenüber einer Föderation und Konföderation osteuropäischer Staaten beruhte auf der anhaltenden Furcht, dass solche Zusammenschlüsse einen antibolschewistischen Charakter annehmen könnten, bis hin zu einer Wiederbelebung des Cordon sanitaire, den die Briten und Franzosen nach dem Ersten Weltkrieg um das bolschewistische Russland errichtet hatten.[109] Stalins Bemerkungen spiegelten auch sein in dieser Zeit wachsendes Bewusstsein für ethnische Fragen wider. Wenn möglich, bevorzugte er ethnische Einheitlichkeit. So unterstützte Stalin auch eine Rückgabe Transsilvaniens (Siebenbürgens) an Rumänien, eine Region, die hauptsächlich von Rumänen bewohnt wurde, auch wenn es in ihr eine beträchtliche Anzahl von Ungarn gab.[110] Im Hinblick auf die ethnische Integrität der Sowjetunion bewegte diese Anschauung Stalin 1945 dazu, den Transfer der transkarpatischen Ukraine von der Tschechoslowakei an die UdSSR auszuhandeln, eine spärlich besiedelte Region, die keine größere ökonomische oder strategische Bedeutung hatte. Stalin erläuterte später:

Sechstes Kapitel

»Im 13. Jahrhundert verloren die Russen die transkarpatische Ukraine, und von dieser Zeit an träumten sie stets, sie wiederzugewinnen. Dank unserer richtigen Politik hatten wir dabei Erfolg, alle slawisch-ukrainischen und weißrussischen Gebiete zurückzugewinnen und die jahrhundertealten Träume der russischen, ukrainischen und weißrussischen Völker zu verwirklichen.«[111]

Gegen Ende von Churchills Reise nach Moskau wurde ein Kommuniqué veröffentlicht, das von einem offenen und ehrlichen Meinungsaustausch sprach und in der Behandlung der polnischen Frage und der Bildung einer Regierung der nationalen Einheit in Jugoslawien Fortschritte verkündete.[112] Dies war nicht viel an Vorzeigbarem für einen 11 Tage währenden Besuch des britischen Premierministers. Andererseits waren die Gespräche sehr freundlich verlaufen, und es gab keinen Groll, der die vorherigen Treffen 1942 in Moskau und 1943 in Teheran gestört hatte. Als Churchill am 19. Oktober Moskau verließ, überreichte ihm Stalin zum Abschied eine Vase, auf der ein Bild zu sehen war, das die bezeichnende Überschrift »Mit Pfeil und Bogen gegen den Bären« trug. Stalin war während des Besuches in guter Stimmung und nahm zum ersten Mal eine Einladung in die britische Botschaft zum Abendessen an.[113] Stalin begleitete Churchill auch ins Bolschoi-Ballett. Hier traf Kathleen Harriman, die Tochter des amerikanischen Botschafters, Stalin zum ersten Mal. Am 16. Mai schrieb sie ihrer Freundin Pamela Churchill, die zu dieser Zeit mit Churchills Sohn Randolph verheiratet war:

»Stalin war nicht mehr im Theater gewesen, seit der Krieg begonnen hatte, und mit einem Fremden dorthin zu gehen war für ihn selbst noch merkwürdiger. Zwischen den Akten ging er zu einem Abendessen, das Molotow ausrichtete ... Es gab Trinksprüche auf jeden Anwesenden, und Stalin war sehr amüsiert, als Moly mit seinem Glas aufstand und mit dem sehr konventionellen Satz auf den ›großen Führer‹ anstieß. Nachdem Stalin ausgetrunken hatte, kam er wieder und meinte: ›Ich dachte, er würde etwas Neues über mich sagen.‹ Moly antwortete mürrisch: ›Das ist immer ein guter‹, was mir sehr komisch erschien. Ave(rell) sagte, dass Stalin außergewöhnlich lustig sei. Er ist humorvoll und scheint seine Aufgabe zu genießen, Gastgeber des Premiers zu sein.«[114]

Für die Politik hatte das Prozentabkommen nur eine geringe praktische Bedeutung, aber die Bereitschaft Churchills, solch ein weitreichendes Abkommen auszuhandeln und die vitalen Interessen beider Länder voneinander abzugrenzen, muss psychologisch für Stalin beruhigend gewirkt haben. Für Stalins Überlegungen von Bedeutung waren auch die Spannungen in den anglo-amerikanischen Beziehungen, die aus Roosevelts Reaktion auf den Besuch des britischen Premiers in Moskau deutlich wurden. Kurz bevor Churchill zu seiner Reise aufbrach, schrieb Roosevelt an Stalin und fragte ihn, ob Botschafter Harriman den Besuch beobachten dürfe. Dabei wies Roosevelt darauf hin, dass es »in diesem weltweiten Krieg im wahrsten Sinne des Wortes keine Frage gibt, sei es auf politischem oder militärischem Gebiet, an der die Vereinigten Staaten nicht interessiert sind. Ich bin fest davon überzeugt, dass wir drei, und nur wir drei, die Lösung für die drängenden Fragen unserer Zeit finden werden. In diesem Sinne ziehe ich es vor, das Verlangen Mr Churchills zu Gesprächen mit Ihnen nach Moskau zu kommen, als Vorbereitung für ein Treffen von uns allen dreien zu sehen.« Dies war eine Botschaft, die Stalin klar verstand. Er wusste, wo die Macht in den westlichen Staaten lag, und versicherte Roosevelt in seiner Antwort, dass das Treffen von Churchills Initiative ausging und dass er Roosevelt über die erzielten Fortschritte berichten werde.[115] Stalin war ein wenig verärgert über Roosevelts Intervention oder tat so, als ob er es wäre, und sagte dies Churchill bei ihrem ersten Treffen. Weiter beklagte sich Stalin, dass der amerikanische Präsident zu viele Rechte für sich beanspruche und zu wenige Großbritannien und der Sowjetunion zugestehe, die schließlich durch einen formellen Bündnisvertrag aneinander gebunden seien, was auf die UdSSR und die USA nicht zutreffe. Churchill löste die Situation mit dem Scherz auf, dass sie über die Dumbarton-Oaks-Verhandlungen sprechen und dies Roosevelt nicht erzählen werden![116]

Stalin und de Gaulle

Der nächste wichtige ausländische Besucher Stalins war General de Gaulle, der Anfang Dezember 1944 in Moskau eintraf. In Teheran hatte Stalin noch sehr abschätzig über de Gaulle gesprochen. Auf der Konferenz von Jalta, zwei Monate nach de Gaulles Besuch, war seine Einschätzung weitaus freundlicher. Bei einem Treffen mit Roosevelt am 4. Februar 1945 sagte Stalin:

»De Gaulle versteht nicht ganz die Situation Frankreichs. Die Amerikaner, Engländer und Russen haben ihr Blut vergossen, um Frankreich zu befreien. Die Franzosen haben eine Niederlage erlebt und verfügen nun nur noch über 8 Divisionen. Dennoch verlangt de Gaulle dieselben Rechte wie die USA, England und Russland.«[117]

Auf der Konferenz von Jalta wandte sich Stalin am 5. Februar erneut gegen die Teilnahme Frankreichs an der Kontrolle Deutschlands in der Nachkriegszeit und bemerkte, dass »es unmöglich ist, die Vergangenheit zu vergessen. In diesem Krieg öffnete Frankreich dem Feind alle Tore. Dies verlangte den Alliierten kolossale Opfer in Europa ab. Deswegen können wir Frankreich nicht auf derselben Ebene ansiedeln wie die drei großen Alliierten.«[118]

Aber im Dezember 1944 unter vier Augen mit de Gaulle präsentierte sich Stalin von seiner charmanten Seite und drückte sein volles Verständnis für Frankreichs

Position und Ansprüche aus. Bei seinem ersten Treffen mit dem General am 2. Dezember betonte Stalin, dass er die Wiedereinsetzung Frankreichs als Großmacht unterstützen würde.[119] Dies waren nicht nur schöne Worte. Im April 1944 waren die französischen Kommunisten in de Gaulles Komitee Freies Frankreich eingetreten und stimmten daraufhin zu, sich an der provisorischen Regierung zu beteiligen, die de Gaulle leitete. Die Sowjets waren zudem aufrichtig dankbar für den Beitrag des Luftgeschwaders Normandie, das sich an den erbittertsten Kämpfen gegen die Deutschen an der Ostfront beteiligte. Andererseits vermutete Moskau, dass de Gaulle als Konservativer antikommunistisch und antisowjetisch eingestellt war.[120]

De Gaulles Reise nach Moskau fand auf sein Verlangen statt.[121] Seine Absicht war, das Prestige des befreiten Frankreichs durch den Abschluss eines sowjetisch-französischen Paktes zu steigern, der dem sowjetisch-britischen Bündnisvertrag von 1942 gleichen sollte. Stalin war zufrieden, einen solchen Pakt zu unterzeichnen, allerdings erst, nachdem er sich versichert hatte, dass Churchill und Roosevelt keine Einwände dagegen haben.[122] Stalin versuchte auch in der polnischen Frage, de Gaulle für sich zu nutzen. Molotow schlug seinem französischen Gegenüber Georges Bidault vor, dass Frankreich mit dem polnischen Komitee der nationalen Befreiung (PCNL) Diplomaten austauschen solle. Aus diesem Grund tauchte die polnische Frage in Stalins zweitem Gespräch mit de Gaulle am 6. Dezember auf. Zur Verteidigung der sowjetischen Haltung gegenüber Polen erinnerte Stalin de Gaulle daran, dass die Curzon-Linie nach dem Ersten Weltkrieg vom französischen Premier Clemenceau unterstützt worden war. Außerdem rechtfertigte Stalin das sowjetische Verhalten während des Warschauer Aufstandes. Dazu bemerkte er, dass sich zu dem Zeitpunkt, als die Rote Armee die polnische Hauptstadt erreicht hatte, ihre Offensive bereits über 600 Kilometer erstreckt hatte und Artilleriemunition 400 Kilometer bis zur Front transportiert werden musste.[123]

Bei ihrem dritten und letzten Treffen am 8. Dezember lenkte de Gaulle die Aufmerksamkeit auf die deutsche Frage. Stalin nahm sein Lieblingsthema dankbar auf, bekundete seine Sorge vor einem Wiedererstarken Deutschlands nach dem Krieg und betonte die Notwendigkeit, die Deutschen kleinzuhalten. Die Engländer, so Stalin, wären bereit, eine harte Linie gegenüber Deutschland zu unterstützen. Als de Gaulle mit dem Hinweis auf den Versailler Vertrag meinte, dass Großbritannien nicht lange bei einem Straffrieden bleiben würde, entgegnete Stalin, dass es dieses Mal möglich sei, die deutsche Industrie zu demontieren und die Briten die Bedeutung einer solchen Maßnahme verstehen würden. Auch wurde die Frage nach den französischen Beziehungen zur PCNL erörtert, und Stalin schlug de Gaulle einen Deal vor. Churchill hatte mit Stalin bereits die Möglichkeit eines

Dreierbündnisses zwischen Russland, Frankreich und Großbritannien besprochen, das an die Stelle eines bilateralen russisch-französischen Vertrages treten solle. De Gaulle gefiel diese Idee nicht; er wollte ein bilaterales Abkommen mit Stalin, das dem russisch-britischen Bündnis gleichgestellt war. Stalin meinte nun, dass er bereit sei, einen solchen Bündnisvertrag abzuschließen, wenn de Gaulle offiziell Vertreter mit der PCNL austauschen würde. »Wenn die Franzosen uns einen Gefallen tun, werden wir ihnen ebenfalls einen Gefallen tun«, sagte Stalin zum General. Am Ende des Gesprächs kam de Gaulle auf die polnische Frage zurück und bekundete große Sympathie für die sowjetische Position. Im Hinblick auf die PCNL sagte de Gaulle, dass die Franzosen den Polen bereits einen beiderseitigen Austausch offizieller Vertreter vorgeschlagen hätten.[124]

Am 9. Dezember sagte Bidault zu Molotow, dass de Gaulle als Gegenleistung für ein russisch-französisches Abkommen bereit sei, mit der PCNL offizielle Beziehungen aufzunehmen. Molotow jedoch wollte auch, dass die Franzosen eine diesbezügliche Erklärung in Form eines Briefwechsels zwischen de Gaulle und dem Vorsitzenden der PCNL veröffentlichen. Dies wäre gleichbedeutend mit der diplomatischen Anerkennung der Lubliner Regierung gewesen – ein Schritt, den die Sowjets selbst noch formell zu vollziehen hatten. Bidault antwortete Molotow, dass sein Vorschlag inakzeptabel sei.[125] Scheinbar ging die Diskussion darüber beim Abschiedsessen für die französische Delegation weiter. Um die Verhandlungen zu befördern, schlug Stalin de Gaulle vor, »die Maschinengewehre herauszuholen. Lasst uns diese Diplomaten liquidieren!«[126] Allerdings waren solche drastischen Maßnahmen nicht notwendig. Am nächsten Tag wurde der russisch-französische Vertrag über gegenseitigen Beistand unterzeichnet.[127] Die französische Delegation kam darum herum, eine Erklärung über den Austausch von Vertretern mit der PCNL veröffentlichen zu müssen, und konnte den Austausch von Diplomaten mit der PCNL den Engländern und Franzosen als Kontakt auf unterer Ebene verkaufen.[128] Stalin andererseits konnte der PCNL mitteilen, dass die Vereinbarung eine hart errungene Konzession sei und kritisierte de Gaulle als einen in der Wolle gefärbten Reaktionär.[129]

Wie zu erwarten war, berichtete die sowjetische Presse ausführlich über de Gaulles Besuch und begrüßte den sowjetisch-französischen Pakt überschwänglich als einen Meilenstein in der Entwicklung der beiderseitigen Beziehungen. Von besonderem Interesse für die sowjetische Berichterstattung war seine Bedeutung für den Umgang mit der deutschen Gefahr, nicht nur im Moment, sondern auch in der Zukunft. Ein Kommentator in der *Iswestija* bemerkte: »Der Feind ist nicht nur die gegenwärtige hitleristische Armee, sondern der deutsche Imperialismus, der die Weltherrschaft anstrebt und fortwährend seine Bismarcks, Wilhelms und Hitlers hervorbringt.«[130]

Der Grund für den Druck, den die Sowjets im Blick auf die polnische Frage gegenüber den Franzosen ausübten, wurde am 4. Januar 1945 deutlich, als Molotow die offizielle Anerkennung der PCNL als provisorischer Regierung Polens ankündigte.[131] Diese Ankündigung beendete alle weiteren Verhandlungen mit der polnischen Exilregierung in London über die Bildung einer geeinten polnischen Regierung, obwohl Gespräche mit Leuten wie Mikolajczyk nicht ausgeschlossen wurden. Mit der Roten Armee vor den Toren Warschaus hatte Stalin offenkundig beschlossen, seine politischen Ziele in Polen mithilfe der fügsamen PCNL zu verfolgen.

Siebtes Kapitel
Befreiung, Eroberung, Revolution
Stalins Ziele in Deutschland und Osteuropa

Nachdem de Gaulle Moskau verlassen hatte, war Stalins nächste große diplomatische Aufgabe die Konferenz von Jalta im Februar 1945. Der Vorschlag für ein zweites Treffen der großen drei ging von Roosevelt aus. Ursprünglich hoffte er die Konferenz im September 1944 in Schottland ansetzen zu können, aber Stalin erhob zunächst wegen des Datums Einwände, da er zu dieser Zeit mit militärischen Operationen beschäftigt war. Später dann schlug Stalin einen Hafen am Schwarzen Meer als Austragungsort vor. Stalin hasste es zu fliegen. Zum Schwarzen Meer hingegen konnte er mit dem Zug anreisen. Allerdings kam zu dieser Zeit der Wahlkampf um die Präsidentschaft in den USA einem Treffen in die Quere, sodass vereinbart wurde, die Konferenz bis nach der Wiederwahl Roosevelts zu verschieben. Schließlich einigte man sich auf Jalta als Austragungsort der Konferenz.[1]

Stalins Stimmung und Erwartungen am Vorabend der Konferenz von Jalta – der wichtigsten der großen drei während des Zweiten Weltkrieges – kann aus zwei Quellen erschlossen werden: indirekt durch die Untersuchung der diplomatischen Vorbereitungen für die Konferenz durch die Sowjets und durch die Analyse einiger bemerkenswerter privater Äußerungen Stalins im Januar 1945. Merkwürdigerweise waren die diplomatischen Vorbereitungen der Sowjets für die Konferenz von Jalta nicht so ausgiebig und systematisch wie zuvor für die Moskauer Außenministerkonferenz im Oktober 1943. Dies erklärt sich daraus, dass die diplomatische Position der Sowjets zu vielen Fragen in dieser Zeit bereits festgeschrieben war und Fragen nach der Umsetzung Aufgabe der zahlreichen Kommissionen war, die 1943 eingesetzt wurden. Wie schon in Teheran gab es für Jalta keine vorgegebene, formelle Tagesordnung. Ebenso wie ihr Chef waren die Mitarbeiter des sowjetischen Volkskommissariats für auswärtige Angelegenheiten in der Vorbereitung für Jalta vor allem mit der deutschen Frage beschäftigt. An erster Stelle stand die Arbeit der von Woroschilow geleiteten Waffenstillstandskommission. Wie der

Name bereits andeutet, bestand die Aufgabe der Kommission darin, Bedingungen für eine Kapitulation Deutschlands und anderer Achsenmächte zu erarbeiten. Ihre Arbeit verlief parallel zu den Beratungen der interalliierten europäischen Ratskommission (EAC), die auf der Moskauer Außenministerkonferenz eingerichtet worden war. Die EAC hatte ihren Sitz in London; Moskaus Botschafter in Großbritannien, Fjodor Gusew, war der sowjetische Vertreter in der Kommission. Ende 1944 hatte die Ratskommission Einigkeit über eine bedingungslose Kapitulation Deutschlands erzielt, über die Aufteilung des Landes in eine amerikanische, britische und eine sowjetische militärische Besatzungszone und über die Errichtung einer Alliierten Kontrollkommission zur Koordinierung der Besatzungspolitik der Alliierten. Weiterhin war vereinbart worden, Berlin in separate Sektoren aufzuteilen, obgleich sich die Stadt tief in der vorgeschlagenen sowjetischen Besatzungszone im Osten des Landes befand. Im November 1944 trat Frankreich der EAC bei und erhielt später einen Anteil an der Besatzung des Landes wie auch Berlins. Bemerkenswert an der sowjetischen Vorbereitung für die Besetzung Deutschlands war die Annahme, dass es eine lange Zeit der Besatzung sein werde, die nur in Kooperation mit Großbritannien und den Vereinigten Staaten getragen und erfolgreich gestaltet werden könne.[2]

Der zweite Strang der sowjetischen Deutschlandpolitik war die von Iwan Maiski geleitete Reparationskommission. Dass die Sowjetunion von Deutschland Reparationen erhalten würde, stand für Moskau außerhalb jeder Frage. Bedenkt man das Ausmaß der von den Deutschen verursachten Schäden, konnte es für die Sowjets kaum anders sein. Maiskis Kommission sollte ermitteln, wie viel und in welcher Form Deutschland an die Sowjetunion zu zahlen hat. Das Problem war, dass die Briten und Amerikaner skeptisch gegenüber Reparationszahlungen waren. Sie fürchteten eine Wiederholung der Erfahrung nach dem Ersten Weltkrieg, als das zahlungsunfähige Deutschland ausländische Kredite zur Begleichung seiner Schulden aufnahm und dann die Rückzahlung seiner Kredite nicht mehr schaffte. Um diese Einwände zu umgehen, schlugen die Sowjets Reparationen in Form von Gütern anstatt von Geld vor, so etwa deutsche Industrieanlagen und Maschinen, die konfisziert werden sollten. Was übrig gelassen würde, sollte nach festgelegten Produktionszahlen jährlich Güter für die UdSSR herstellen. Ein Argument, das von Maiski und den Sowjets zur Unterstützung dieses Ansatzes verwendet wurde, war, dass dies die Fähigkeit der Deutschen schwächen würde, wieder aufzurüsten.[3]

Der dritte Strang der sowjetischen Deutschlandpolitik betraf die Aufteilung des Landes, ein Thema, das sich im Aufgabenbereich von Litwinows Kommission zu den Friedensverträgen und der Nachkriegsordnung befand. Die Absicht, Deutschland nach dem Krieg aufzuteilen, war wieder und wieder von Stalin bekundet worden, insbesondere in seinen Gesprächen und in seiner Korrespondenz mit Churchill und Roosevelt. So war es keine große Überraschung mehr, dass Litwinows Kommission einen Großteil ihrer Zeit 1943 und 1944 damit verbrachte, verschiedene Teilungsvarianten zu diskutieren. Zwar war noch nicht genau vereinbart worden, in wie viele Staaten Deutschland aufgeteilt werden sollte. Aber im Januar 1945 schlug Litwinow höchstens sieben vor – Preußen, Hannover, Westfalen, Württemberg, Baden, Bayern und Sachsen – und legte dar, dass dies die Verhandlungsposition der Sowjets in ihren Gesprächen mit den Briten und den Amerikanern sein sollte. Erneut war die zugrunde liegende Annahme, dass eine solch radikale Politik – die im Wesentlichen die Uhr auf das 19. Jahrhundert zurückdrehte, als Deutschland noch kein Einheitsstaat war – nur in Kooperation mit den Briten und den Vereinigten Staaten erreicht werden könnte.[4]

In der Zeit vor Jalta spekulierte Litwinow auch über einige noch weitreichendere Aspekte der Nachkriegspolitik. Im November 1944 schrieb er ein Memorandum für Molotow mit dem Titel »Über die Aussichten und die mögliche Basis einer sowjetisch-britischen Kooperation«.[5] Nach Litwinow würde die grundsätzliche Basis für eine britisch-sowjetische Kooperation die Eindämmung Deutschlands und die Aufrechterhaltung des Friedens in Europa sein. Der Krieg würde jedoch, verursacht durch die Niederlage Deutschlands durch die Sowjetunion und den Niedergang Frankreichs und Italiens, ein gefährliches Machtungleichgewicht hinterlassen. Aber dieses Problem könnte gelöst werden durch die Abgrenzung einer britischen und einer sowjetischen Sicherheitszone in Europa. Insbesondere schlug Litwinow eine sowjetische Sicherheitszone in maximaler Größe vor, zu der Finnland, Schweden, Polen, Ungarn, die Tschechoslowakei, Rumänien, die Länder des Balkans (aber nicht Griechenland) und die Türkei gehören sollten. Die britische Sicherheitszone sollte sich über Westeuropa erstrecken. Norwegen, Dänemark, Deutschland, Österreich und Italien sollten hingegen eine neutrale Zone bilden. Dazu bemerkte Litwinow:

»Diese Begrenzung bedeutet, dass Großbritannien keine besonders engen Beziehungen zu den Staaten in unserer Sphäre aufnehmen oder unterhalten würde oder mit diesen keinerlei Abkommen gegen unseren Willen schließen und dort auch keine militärischen Marine- oder Flugbasen unterhalten würde. Wir könnten dasselbe mit Blick auf die britische Zone zusichern, mit Ausnahme Frankreichs, welches das Recht haben muss, einem gegen Deutschland gerichteten britisch-russischen Vertrag beizutreten.«

Litwinow verband die Aussichten für ein derartiges britisch-russisches Abkommen mit dem Verlust der britischen Weltmachtstellung an die USA, was, so glaubte Litwinow, London darin bestärken würde, seine Position auf dem europäischen Kontinent zu konsolidieren. Litwinow kam am 11. Januar in einer Note an Molotow »Über die Frage von Blöcken und Einflusssphären« noch einmal auf die Frage einer britisch-russischen Kooperation nach dem Krieg zurück.[6] Er wiederholte seinen Vorschlag einer Teilung Europas in eine britische und eine sowjetische Einflusssphäre, indem er darauf hinwies, dass Dreimächteverhandlungen, an denen die Amerikaner beteiligt sein würden, bilaterale Vereinbarungen und Abkommen zwischen den großen Mächten nicht unmöglich machen würden. Litwinow kommentierte auch die von dem amerikanischen Journalisten Walter Lippmann aufgebrachte Idee, dass nicht nur Europa, sondern die ganze Welt in Einflusssphären aufgeteilt werden sollte. Dieser Vorschlag, sagte Litwinow, sei zu fantastisch und unrealistisch, als dass er eine ernsthafte Diskussion verdienen würde. Insbesondere verhöhnte Litwinow Lippmanns Konzept einer allumfassenden westlichen Interessengemeinschaft, zu der Nord- und Südamerika, Großbritannien und das britische Commonwealth und Westeuropa gehören sollten. Litwinow sah keinen Grund, warum die USA in die britisch-sowjetische Diskussion über Sicherheitszonen einbezogen werden sollten, insbesondere wenn man die Abneigung berücksichtigt, die in der amerikanischen Presse und der öffentlichen Meinung gegenüber der Vorstellung von Blöcken und Einflusssphären bestand. Er wies aber auch darauf hin, dass die Amerikaner, wenn sie sich gegen Einflusssphären stellten, die Monroe-Doktrin und die US-Einflusssphäre in Lateinamerika vergessen würden. Litwinow schloss, dass jedes Abkommen über britische und sowjetische Sicherheitszonen in Europa das Ergebnis bilateraler Vereinbarungen sein sollte und nicht von der Einrichtung regionaler Strukturen zukünftiger internationaler Sicherheitsorganisationen abhängig gemacht werden dürfe.

Das Problem von Litwinows Ansatz war, dass die Briten keinen Hinweis gegeben hatten, ob sie bereit wären, weiter als über die vage Abgrenzung von Einflusssphären zu gehen, die in dem Prozentabkommen mit Stalin vereinbart worden war. Weiterhin wurde deutlich, dass der amerikanischen Opposition zu Einflusssphären im Bündnis der großen drei großes Gewicht zukommen würde und dass die Form eines großen Handels, den Litwinow befürwortete, dabei kein praktischer Vorschlag war. Dies schloss jedoch keine stillschweigende Abmachung zwischen dem Westen und der Sowjetunion aus, und genau dies war die Politik, die Stalin und Molotow 1945 verfolgten. Allerdings bestanden einige ernsthafte Missverständnisse und Spannungen zwischen beiden Seiten, weil die Grenzen und der Charakter der sowjetischen und westlichen Einflusssphären nicht genannt wurden. Weiterhin verkompliziert wurden die Dinge durch Stalins politische Ziele im Nachkriegseuropa, die von der kommunistischen Ideologie beeinflusst waren. Stalin sah seine ideologische Politik nicht als unvereinbar mit seiner Sicherheitspolitik an, während die politischen Entscheidungsträger in London und Washington den sowjetisch-kommunistischen Vormarsch in Europa für eine bedrohliche Form »ideologischer Lebensraumpolitik« hielten.[7]

Litwinow war nicht der Einzige, der sich in Spekulationen erging. Bereits im Januar 1944 sandte Maiski ein langes Memorandum an Molotow, in dem er seine Ansichten über den kommenden Frieden und den möglichen Charakter einer neuen Nachkriegsordnung darlegte.[8] Maiskis Ausgangspunkt war das Nachkriegsziel Moskaus einer langen Friedensperiode – zwischen 30 und 50 Jahren –, während der die sowjetische Sicherheit garantiert sein sollte. Um dieses Ziel zu erreichen, habe die Sowjetunion eine Reihe von Maßnahmen zu verfolgen. Die sowjetische Grenze sollte die von 1941 sein, während Finnland und Rumänien mit der Sowjetunion einen gegenseitigen Beistandsvertrag abschließen und den Sowjets auf ihrem Gebiet Militärbasen erlauben sollten. Die französische und polnische Unabhängigkeit sollte wiederhergestellt werden, aber keinem der beiden Länder sollte es ermöglicht werden, zu stark für eine Bedrohung der Sowjetunion zu werden. Die Tschechoslowakei sollte als entscheidender Verbündeter der Sowjetunion gestärkt werden, und gegenseitige Beistandsabkommen sollten mit Jugoslawien und Bulgarien abgeschlossen werden. Deutschland müsse ideologisch und wirtschaftlich entwaffnet und auch militärisch so geschwächt werden, dass es die nächsten 30 bis 50 Jahre keine Gefahr mehr darstelle. Die Sowjetunion wollte die Niederlage Japans, hatte aber kein Interesse, in den Krieg im Fernen Osten hineingezogen zu werden, wenn sie ihre territorialen Ziele (Südsachalin und die Kurileninseln) auf einer Friedenskonferenz durchsetzen könne. Vorausgesetzt, dass es keine proletarische Revolution in Europa geben wird, sah Maiski keine scharfen Auseinandersetzungen mit Großbritannien und den USA nach dem Krieg voraus. Er vermutete, die USA würden sich nach dem Krieg als dynamische und expansionistische Macht verhalten, während Großbritannien als konservative imperiale Macht mehr daran interessiert wäre, den Status quo zu bewahren. Dies bedeutete für Maiski, dass es eine gute Grundlage für eine Kooperation zwischen England und der UdSSR in der Nachkriegszeit geben würde. Beide Länder wären an einer stabilen Nachkriegsordnung interessiert, und die Sowjets benötigten ein starkes Großbritannien als Gegengewicht zur amerikanischen Macht. Auch die sowjetisch-amerikanischen Beziehungen wurden von Maiski rosig beurteilt. Es gäbe keine direkten Konfliktpunkte zwischen den amerikanischen und den sowjetischen Interessen, und im Zusammenhang mit der Rivalität zwischen den USA und England wären die USA daran interessiert, Moskau neutral zu halten. Insgesamt wurde kein Grund gesehen, wieso die Sowjetunion nicht ihre guten Beziehungen zu Großbritannien als auch den USA bewahren könnte.

Die meisten Überlegungen Maiskis waren eine Variante von bereits existierenden sowjetischen Ansichten. Der innovativste Punkt war sein Eintreten für eine langfristige sowjetisch-britische Allianz, die mit Litwinows Ansicht einer Übereinkunft beider Länder zur Abgrenzung ihrer Einflusssphären verwandt war. Beide hatten sehr eng zusammengearbeitet, als Maiski Botschafter in London und Litwinow Volkskommissar für auswärtige Angelegenheiten war, und sie blieben in engem Kontakt während des Krieges. Beide könnten zutreffend als Anglophile bezeichnet werden (Litwinow hatte eine englische Ehefrau), obwohl dies keinen der beiden davon abhielt, eine nüchterne Perspektive gegenüber der britischen Außenpolitik einzunehmen. Maiski unterschied sich gegenüber Litwinow durch seine größere Sensibilität gegenüber der ideologischen Dimension der sowjetischen Außenpolitik und berücksichtigte, wie diese die Beziehungen zu Großbritannien und den USA beeinflusste. Gemeinsam mit anderen sowjetischen Beobachtern erkannte Maiski sowohl die reaktionären als auch progressiven Bestrebungen in der britischen und amerikanischen Innenpolitik. Auch sah er die Komplikationen voraus, die diese Bestrebungen auslösen könnten, wenn Elemente die Oberhand gewinnen sollten, die der neuen demokratischen Ordnung feindlich gegenüberständen, welche die Sowjets in Europa etablieren wollte.

Einer jüngeren Generation im diplomatischen Corps der Sowjets gehörte der zukünftige Außenminister Andrei Gromyko an. Am 14. Juli legte er Molotow ein langes Dokument vor, das den Titel »Zur Frage der sowjetisch-amerikanischen Beziehungen« trug.[9] Es gehörte zu einer Reihe von weiteren Noten und Dokumenten, die Molotow zum Thema des sowjetisch-amerikanischen Bündnisses im Krieg und in der Nachkriegszeit vorgelegt wurden.[10] Gromyko schätzte die Entwicklung des Verhältnisses zu den USA generell positiv ein. Er führte aus, dass Roosevelts Politik der Kooperation mit der Sowjetunion einen starken Rückhalt im Kongress genieße, in beiden Parteien und in der Öffentlichkeit. Was die Opposition zu Roosevelts Politik betrifft, stellte Gromyko die Rolle von reaktionären, antikommunistischen Elementen in der nationalen und in der katholischen Presse heraus. Es gebe 23 Millionen Katholiken in den USA, so Gromyko, einschließlich 5 Millionen polnischstämmiger Amerikaner. Gromyko zeigte zudem die amerikanische Angst vor einer kommunistischen Revolution und der Sowjetisierung insbesondere in Osteuropa auf. Gleichwohl glaube er, dass die Zusammenarbeit beider Länder sich auch nach dem Krieg fortsetzen werde. Die isolationistische Politik der USA sei zugunsten einer Beteiligung an europäischen und internationalen Fragen aufgegeben worden. Die USA habe mit den Sowjets ein gemeinsames Interesse, mit der Bedrohung durch Deutschland auch in der Zukunft fertig zu werden und die Bedingungen für einen lang anhaltenden Frieden zu sichern. Gromyko machte auch bedeutsame wirtschaftliche Gründe dafür aus, dass die Zusammenarbeit beider Staaten in der Nachkriegszeit fortgesetzt werden würde und schloss, dass »trotz der Schwierigkeiten, die wahrscheinlich von Zeit zu Zeit entstehen werden ... zweifellos die Voraussetzungen für eine Fortführung der Zusammenarbeit zwischen beiden Ländern gegeben sind ... Zu einem Großteil werden die Beziehungen zwischen der Sowjetunion und den USA in der Nachkriegszeit denen der Kriegszeit ähneln.«

In einem anderen Brief an Molotow zehn Tage später analysierte Gromyko die Gründe für die Ablösung von US-Vizepräsident Henry Wallace durch Harry Truman als Roosevelts Vertreter im Wahlkampf 1944. Nach Gromykos Verständnis wurde Wallace abgelöst, weil er zu radikal gewesen sei und Wirtschaftskreise verstört habe. Auch rechte, konservative Elemente in der demokratischen Partei und Mitglieder des »southern bloc« demokratischer Senatoren und Kongressabgeordneter wären gegen ihn eingestellt gewesen. Aber soweit es die Außenpolitik angeht, schloss Gromyko, habe Truman »immer Roosevelt unterstützt. Er ist ein Befürworter der Zusammenarbeit zwischen den USA und ihren Verbündeten. Er steht für die Kooperation mit der Sowjetunion. Er spricht positiv über die Konferenz von Teheran und Moskau.«[11]

Als Botschafter in den Vereinigten Staaten war Gromyko damit beauftragt, Moskau darüber zu informieren, welche Themen wahrscheinlich von amerikanischer Seite auf der Konferenz von Jalta vorgebracht würden. In seinen Berichten machte Gromyko eine Reihe von Themen aus, die möglicherweise kontrovers sein könnten – Polen, Griechenland, Jugoslawien, Dumbarton Oaks, die Rolle der interalliierten europäischen Ratskommission (EAC). Er machte Vorschläge zu der Taktik, welche die Sowjets einnehmen sollten, um ihre Interessen in diesen Bereichen zu verteidigen. Aber es gab in Gromykos Analysen keinen Hinweis, dass diese Schwierigkeiten unlösbar sein könnten. In Bezug auf Polen glaubte er, dass Roosevelt schließlich die Lubliner provisorische Regierung anerkennen könnte. In Bezug auf Griechenland empfahl er, dass die Sowjets sich nicht in den Kampf zwischen den Briten und den kommunistischen Partisanen der ELAS-EAM verwickeln lassen sollten, aber ihre Sympathie für die progressiven Elemente deutlich machen sollten. Zu Jugoslawien war er der Ansicht, dass es möglich wäre, unter Briten und Amerikanern mehr Unterstützung für Tito zu mobilisieren. Als Leiter der sowjetischen Delegation bei der Konferenz von Dumbarton Oaks hatte Gromyko ein besonderes Interesse an der Vetokontroverse. Das war das Thema, bei dem er eine harte Linie vertrat – unter keinen Umständen sollten die Sowjets vom Prinzip der Einstimmigkeit abweichen; ohne das Vetorecht könnte die Sowjetunion von Großbritannien und den USA in der interalliierten europäischen Ratskommission und dem zukünftigen UN-Sicherheitsrat überstimmt werden.[12]

Was Gromyko, Litwinow und Maiski meinten und vorschlugen, war nicht notwendigerweise das, was auch Stalin dachte. Aber in Stalins Russland waren die Diskussionsregeln sehr restriktiv und wurden normalerweise vom Diktator selbst bestimmt. Selbst eine so unabhängige Persönlichkeit wie Litwinow musste vorsichtig sein, nicht die Grenze dessen zu überschreiten, was zu sagen erlaubt war.

Siebtes Kapitel

Wie zukünftige Historiker waren die drei Diplomaten und Politiker auf mittlerer Ebene mit der Aufgabe konfrontiert, durch das Studium von Stalins Erklärungen abzuleiten, was er im Sinn hatte, außerdem die sowjetische Presse zu interpretieren und vertrauliche Informationen zu erlangen. Ein Vorteil, den sie gegenüber den ihnen nachfolgenden Historikern hatten, war, dass alle drei persönliche Beziehungen zu Stalin unterhielten, mehr noch mit ihrem direkten Vorgesetzten Molotow, bei dem man sich immer darauf verlassen konnte, dass er die Ansichten des großen Führers teilte. Litwinows Kontakte zu Stalin waren zeitweilig sehr eng gewesen, wurden aber während des Krieges lockerer, seitdem es Molotow, seinem langjährigen persönlichen Rivalen, gelungen war, ihn bei Stalin zu isolieren. Gromykos persönlicher Kontakt zu Stalin war begrenzter, aber er war einer der aufstrebenden Politiker des Außenamtes und stand mit Molotow auf gutem Fuß. Kurzum, es ist denkbar, dass die Spekulationen von Gromyko, Litwinow und Maiski über die Gestalt der Nachkriegswelt nicht nur die eigenen Gedanken wiedergaben, sondern auch die Sprache und Inhalte der internen Debatte reflektierten, die auf den höchsten Ebenen des Entscheidungsprozesses stattfand. Ihre Dokumente geben uns Aufschluss darüber, dass die Sowjets zumindest im diplomatischen Bereich die Zukunft in einer langfristigen Fortsetzung des Bündnisses mit dem Westen sahen.

Direkteren Zugang zu Stalins Überlegungen unmittelbar vor der Konferenz von Jalta erhalten wir durch die Überlieferung von Gesprächen, die er im Januar 1945 mit einer Delegation von Titos Komitee der nationalen Befreiung führte. Die Delegation wurde von Andrija Hebrang, einem Mitglied des Politbüros der jugoslawischen kommunistischen Partei, geführt. Bei seinem ersten Treffen mit Stalin am 9. Januar kreiste das Gespräch hauptsächlich um Angelegenheiten des Balkans. Hebrang legte gegenüber Stalin verschiedene Gebietsforderungen dar. Stalin war zwar aufgeschlossen, meinte aber, dass der Transfer von Territorien auf ethnischen Prinzipien begründet sein sollte und dass es am besten wäre, wenn die Forderung, sich Jugoslawien anzuschließen, von der lokalen Bevölkerung selbst käme. Als Hebrang Ansprüche auf das griechische Makedonien und Saloniki erwähnte, warnte Stalin davor, dass die Jugoslawen ein feindliches Klima gegenüber Rumänien, Ungarn und Griechenland schaffen und den Eindruck erzeugen würden, dass sie sich mit der ganzen Welt anlegen wollten, was nicht sehr sinnvoll sei. Stalin zügelte auch die jugoslawischen Ambitionen, Bulgarien in ihre Föderation inkorporieren zu wollen, da eine Konföderation beider Staaten besser wäre. Angesichts der Krise in Griechenland bemerkte Stalin, dass die Briten einen Einmarsch der Roten Armee nach Griechenland befürchteten. Dies hätte dort eine ganz andere Situation geschaffen, sagte Stalin, aber nichts könnte in Griechenland ohne Marineunterstützung erreicht werden. »Die Briten waren überrascht, als sie sahen, dass die Rote Armee nicht nach Griechenland zog. Sie konnten eine Strategie nicht verstehen, die es der Armee verbietet, sich in auseinanderlaufenden Linien zu bewegen. Die Strategie der Roten Armee aber basiert auf dem Vormarsch zusammenlaufender Linien.« Was die Regierungsbildung in Jugoslawien betraf, meinte Stalin, dass es noch zu früh für Tito wäre, eine provisorische Regierung auszurufen. Die Briten und Amerikaner würden sie nicht anerkennen, und die Sowjets hätten mit derselben Frage in Polen schlechte Erfahrungen gemacht. Stalin gab den Jugoslawen den dringenden Rat, Churchill keinen Vorwand zu liefern, in Jugoslawien das Gleiche zu tun, wie in Griechenland. Er bat darum, dass Moskau konsultiert werde, bevor wichtige Entscheidungen getroffen würden, da sie Moskau in eine »dumme Situation« bringen könnten. Diese Bemerkung führte Stalin zu seinem letzten Beitrag in der Diskussion:

»Im Kontakt zu bourgeoisen Politikern müssen Sie vorsichtig sein. Sie sind … sehr empfindlich und rachsüchtig. Sie müssen auf ihre Gefühle achten. Wenn Sie durch Emotionen geleitet werden, haben Sie schon verloren. Seinerzeit hätte Lenin nicht von der Macht geträumt, die wir in diesem Krieg erreicht haben. Lenin dachte, alle würden uns angreifen … Doch es stellte sich heraus, dass eine Gruppe der Bourgeoisie gegen uns war, aber eine andere mit uns. Lenin glaubte nicht, dass es möglich wäre, sich mit einem Flügel der Bourgeoisie zu verbünden und gegen den anderen zu kämpfen. Aber wir haben es geschafft. Wir lassen uns nicht von den Gefühlen leiten, sondern vom Verstand, der Analyse und der Berechnung.«[13]

Bei seinem Gespräch am nächsten Tag mit Dimitrow über das Treffen bekundete Stalin, dass er die Art nicht möge, wie sich die Jugoslawen verhielten, obwohl Hebrang selbst ein vernünftiger Mann zu sein scheine.[14] In seinem Telegramm an Tito vom 11. Januar fasste Hebrang das Ergebnis des Treffens zusammen. Hebrang hob hervor, dass es Stalin für »nötig erachtet, im Hinblick auf Fragen der Außenpolitik vorsichtig zu sein. Unsere grundlegende Aufgabe ist es, die Ergebnisse unseres Sieges zu stärken. Es ist notwendig, große Forderungen an die Nachbarstaaten zu vermeiden, um keine negativen Reaktionen oder Zusammenstöße zu provozieren.«[15]

Am 28. Januar hatte Hebrang ein weiteres Treffen mit Stalin. Dieses Mal war auch eine bulgarische Delegation anwesend, und eines ihrer Mitglieder, W. Kolarew, machte einige Notizen von Stalins Kommentaren bei dem Treffen. Der Hauptzweck des Gesprächs war es, die Beziehungen zwischen Bulgarien und Jugoslawien zu erörtern, und Stalin wiederholte seine Ansicht, dass die Einheit beider Staaten allmählich und auf gleicher Augenhöhe stattfinden sollte. Ins Allgemeine ausschweifend, bemerkte Stalin ferner:

»Die kapitalistische Welt ist in zwei feindliche Blöcke geteilt – ein demokratischer und ein faschistischer. Die Sowjetunion zieht daraus ihren Vorteil, um gegen das gefährlichste Land für die Slawen zu kämpfen – Deutschland. Aber selbst nach der Niederlage Deutschlands wird die Gefahr eines Krieges oder einer Invasion weiter existieren. Deutschland ist ein großes Land mit einer großen Industrie, starken Organisationen, Beschäftigten und Traditionen. Es wird niemals seine Niederlage anerkennen und wird weiterhin für die slawische Welt gefährlich sein, weil die Deutschen sie als Feind betrachten. Die imperialistische Gefahr könnte von einer anderen Seite kommen.

Die heutige Krise des Kapitalismus ist hauptsächlich vom Niedergang und dem gegenseitigen Ruin beider feindlicher Lager verursacht. Dies ist günstig für den Sieg des Sozialismus in Europa. Aber wir müssen die Idee vergessen, dass der Sieg des Sozialismus sich nur durch die sowjetische Herrschaft verwirklichen lässt. Er könnte sich auch aus einem anderen politischen System ergeben – zum Beispiel aus einer Demokratie, einer parlamentarischen Republik und selbst einer konstitutionellen Monarchie.«[16]

Eine andere Version von Stalins Bemerkungen bei diesem Treffen, das in seiner Datscha stattfand, findet sich in Dimitrows Tagebuch:

»Deutschland wird besiegt werden. Aber die Deutschen sind ein zähes Volk, sie werden sich wieder erheben. Die slawischen Völker sollten das nächste Mal, wenn die Deutschen wieder versuchen anzugreifen, nicht unvorbereitet angetroffen werden, und dieser Angriff wird wahrscheinlich, ja sicher erfolgen. Der alte Panslawismus verbarg das zaristische Ziel, die anderen slawischen Völker zu unterdrücken. Unser Panslawismus ist etwas ganz anderes – die Vereinigung aller slawischen Völker als Gleiche für die gemeinsame Sache ihrer Existenz und Zukunft … Die Krise des Kapitalismus drückt sich in der Teilung der Kapitalisten in zwei Fraktionen aus – eine faschistische und eine demokratische. Das Bündnis zwischen uns und der demokratischen Seite kam zustande, weil Letztere großen Wert darauf legte, Hitlers Vorherrschaft zu verhindern, da dieser brutale Staat die Arbeiterklasse zu extremen Taten und zum Umsturz des Kapitalismus selbst geführt hätte. Wir sind gegenwärtig mit der einen Fraktion gegen die andere verbündet, aber in Zukunft werden wir auch mit der anderen Fraktion der Kapitalisten verbündet sein.

Vielleicht begehen wir einen Fehler, wenn wir annehmen, dass die sowjetische Form die einzige ist, die zum Sozialismus führt. In der Praxis hat sich herausgestellt, dass die sowjetische Form die beste ist, aber bei Weitem nicht die einzige. Es mag andere geben – die demokratische Republik und unter gewissen Umständen auch die konstitutionelle Monarchie.«[17]

Stalins Bemerkung über die beiden Flügel des Kapitalismus ist oft so interpretiert worden, dass er geglaubt habe, ein Konflikt mit der demokratischen Fraktion des Kapitalismus sei unvermeidlich. Aber wie beide Zitate zeigen, befürchtete Stalin eine langfristige Bedrohung durch Deutschland, und deshalb setzte er sich für eine slawische Einheit ein. Stalins Botschaft an seine jugoslawischen und bulgarischen Genossen war, dass die Slawen sich nur auf sich selbst verlassen können, um mit der Bedrohung durch die Deutschen fertig zu werden, und nicht auf ein dauerhaftes Bündnis mit dem demokratischen Kapitalismus. Stalin hoffte, dass das große Bündnis mit Großbritannien und den USA fortbestehen würde, aber es könnte auch ganz anders kommen. In der kommunistischen Begrifflichkeit trat Stalin für einen moderaten Kurs ein, einen, der eher auf allmählichen Wandel denn auf revolutionäre Aufstände nach dem russischen Vorbild von 1917 setzte. Dies blieb seine Strategie für die kommenden zwei bis drei Jahre. Erst als deutlich wurde, dass diese Strategie einer allmählichen kommunistischen Ausbreitung fehlgeschlagen war, schlug er eine militantere Politik ein, bei der er den radikalen Tendenzen der jugoslawischen Kommunisten und anderer kommunistischer Parteien freien Lauf ließ.

Aber als sich die Konferenz von Jalta näherte, waren die Aussichten einer fortwährenden Allianz mit England und den Vereinigten Staaten gut. Weder Stalins diplomatische noch seine politische Strategie sahen größere Konflikte mit seinen westlichen Bündnispartnern voraus, zumindest nicht in unmittelbarer Zukunft. Vielmehr war die Szene für ernsthafte Verhandlungen mit Churchill und Roosevelt bereitet, um aktuelle Kontroversen zu bereinigen und die Basis für ein dauerhaftes Bündnis in der Friedenszeit zu schaffen.

Die Krimkonferenz

Die Krimkonferenz, wie die Sowjets die Konferenz von Jalta nannten, war größer angelegt als das Treffen zuvor in Teheran. Die Delegationen waren zahlenmäßig stärker und umfassten mehr Führungspersonal. Stalin etwa wurde begleitet von Molotow, Antonow, dem stellvertretenden Chef des Generalstabs, vom Marinekommissar Admiral Kuznetsow, dem stellvertretenden Außenminister Wyschinski sowie von Gromyko, Gusew und Maiski. Die behandelten Themen reichten weiter, und es wurden mehr Beschlüsse gefasst als in Teheran. Auf der vorhergehenden Konferenz lag das Hauptaugenmerk auf dem Krieg; in Jalta richteten die drei Staatsmänner ihren Blick fest auf die sich abzeichnende Nachkriegsordnung.

Die Kulisse war ein wenig surreal. Konferenzort war der großartige, 50 Räume umfassende Lavadia-Palast Zar Nikolaus' II. im einst eleganten Kurort Jalta am Schwarzen Meer. Der Palast war während der deutschen Besetzung der Krim auf schlimme Weise zugerichtet worden, aber die Russen setzten ihn so gut wie möglich instand. Ein Problem des Tagungsortes war der akute Mangel an Badezimmern, sehr zum Leidwesen der amerikanischen Delegation.[18] Dieser Mangel betraf auch die drei Staatsmänner selbst. Kathleen Harriman, die ihren Vater zur Konferenz begleitete, schrieb an Pamela Churchill, dass eines Tages während der Konferenz Stalin sehr schnell aus dem Sitzungssaal geeilt kam und auf der Suche nach einer Toilette war.

»U. J. (Uncle Joe) wurde ein Badezimmer gezeigt, aus dem er sehr schnell wieder herauskam – es war ohne eine Toilette. Da der Premierminister gerade die nächste besetzt hielt, nahm einer unserer Jungs von der Botschaft Stalin und zeigte ihm den langen Weg durch die Halle zur nächsten Toilette. Im Geschiebe gingen Stalins NKWD-Generäle verloren. Dies führte zum Chaos. Ich glaube, sie dachten, die Amerikaner hätten eine Entführungsaktion oder so etwas durchgeführt. Ein paar Minuten später erschien ein erleichterter U. J. in der Tür, und die Ordnung war wiederhergestellt!«[19]

Wie in Teheran gab es sowohl bilaterale Treffen als auch Zusammenkünfte aller drei Seiten in großen Plenarsitzungen. Stalins erste Begegnung fand am 4. Februar mit Churchill statt. Sowohl sowjetische als auch westliche Streitkräfte standen nun in Deutschland, und beide führten ein kurzes Gespräch über die Fortschritte an der Front.[20] Als Nächstes traf Stalin mit Roosevelt zusammen und hatte ein ausführlicheres Gespräch mit dem Präsidenten, in dem sich die beiden wie schon in Teheran negativ über de Gaulle ausließen.[21] Die erste Plenarsitzung begann am selben Tag um 17 Uhr. Stalin lud Roosevelt zu einer offenen Diskussion ein, indem er darauf verwies, dass die Teilnehmer sich bereits kennengelernt haben und deshalb offen miteinander reden sollten. Die Sitzung wandte sich dann der Lage an den verschiedenen Fronten zu.[22]

Die erste wirklich politische Diskussion fand in Jalta auf der zweiten Plenarsitzung am 5. Februar statt. Das Thema war die Zukunft Deutschlands, und Stalin drängte entschieden darauf, sich hinsichtlich der Teilung Deutschlands zu einigen. »Offenbar sind wir alle für die Teilung Deutschlands«, sagte er zu Churchill und Roosevelt.[23] Aber es sei notwendig, dies in eine entscheidungsreife Form zu bringen. Stalin schlug vor, eine solche Entscheidung jetzt zu treffen. Stalin bezog sich auf seine Diskussion mit Churchill im Oktober 1944 in Moskau, auf der es aber wegen der Abwesenheit Roosevelts nicht möglich gewesen war, eine Entscheidung über die Aufteilung Deutschlands zu treffen, aber, so bemerkte Stalin, »ist nicht die Zeit für Entscheidungen in dieser Frage gekommen?« Im Laufe der Diskussion darüber unterbrach Stalin Churchill und fragte: »Vielleicht sollte eine Klausel zur Aufteilung Deutschlands in die Kapitulationsbedingungen aufgenommen werden?« Auf Roosevelts Vorschlag, die Sache den drei Außenministern zu übergeben, die damit beauftragt werden sollten, einen Plan für die Studie des Projekts auszuarbeiten, antwortete Stalin: Obwohl man diesen »Kompromissvorschlag« akzeptieren könne, müsse es möglich sein, »direkt zu sagen, dass wir es als nötig betrachten, Deutschland aufzuteilen, und dass wir alle dafür sind«. In dem Bericht über die Sitzung heißt es weiter:

»Der nächste Diskussionspunkt sollte sein, bereits in die Kapitulationsbedingungen die Aufteilung Deutschlands einzufügen, ohne jedoch die Zahl der Teile anzugeben. Er, Genosse Stalin, sprach sich dafür aus, die Entscheidung einer Aufteilung Deutschlands einer Gruppe ausgewählter Personen bekannt zu machen, denen die einzelnen Punkte einer bedingungslosen Kapitulation gezeigt werden sollten. Es ist für die Alliierten wichtig, dass bestimmte Gruppen, seien es Generäle oder andere Personen, wissen, dass Deutschland aufgeteilt werden wird. Für Genosse Stalin erscheint Churchills Plan riskant, führenden Personen in Deutschland nichts über die Aufteilung Deutschlands zu sagen. Es wäre sinnvoll, offen darüber zu sprechen. Es wäre für uns als Alliierte von Vorteil, wenn die Militärs oder die Regierung nicht nur die in London (von der EAC) erstellten Kapitulationsbedingungen unterschreiben würden, sondern auch Bedingungen über die Aufteilung Deutschlands, um die Bevölkerung darauf festzulegen. Dann könnte die Bevölkerung leichter mit einer Aufteilung versöhnt werden.«

Die Diskussion bewegte sich dann dahin, ob Frankreich eine Besatzungszone überlassen werden sollte. Stalin sprach sich dagegen aus, indem er meinte, dass die Franzosen dies nicht verdienten und dass dies zu weiteren Forderungen anderer alliierter Länder nach Aufteilung der Besatzungszonen führen würde. Stalin gab erst nach, als deutlich wurde, dass die französische Zone aus Gebieten gebildet werden sollte, die ursprünglich als Teile der britischen und amerikanischen Besatzungszone vorgesehen waren. Aber er setzte seinen Widerstand dagegen fort, dass Frankreich in den Alliierten Kontrollrat aufgenommen werde, trotz britischer Einwände, dass es unlogisch wäre, Frankreich eine Besatzungszone zu geben, das Land aber nicht in den Kontrollrat aufzunehmen. Stalin war offenbar nicht auf dieses Thema vorbereitet, sodass er zu dem angenehmeren Diskussionsthema der Reparationen wechselte und ankündigte, dass Maiski, der neben ihm saß, eine Präsentation der sowjetischen Perspektive vorbereitet habe. Diese Nachricht war für Maiski allerdings neu, der Stalin zuflüsterte, dass die sowjetischen Forderungen noch nicht beziffert worden seien. Molotow, der auf Stalins anderer Seite saß, schaltete sich in den Wirrwarr ein, und es wurde auf der Stelle vereinbart, 10 Milliarden US-Dollar an Reparationen zu verlangen, anstatt 5 Milliarden, was bis dahin die Summe war, die in den internen Diskussionen auf sowjetischer Seite vor der Konferenz kursierte.[24]

Maiski trug schließlich seinen Bericht über die Grundzüge des sowjetischen Reparationsplans vor. Als Erstes sollten Reparationen von Deutschland als Sachleistungen und nicht in Form von Geldleistungen erbracht werden. Zweitens wurde vorgeschlagen, dass Deutschland nach Ende des Krieges Reparationen in

Form von Fabriken, Maschinen, Fahrzeugen und Apparaten aus dem Nationalvermögen erbringen sollte, die später in Form jährlicher Produktionslieferungen erfolgen sollten. Drittens sollte Deutschland durch die Reparationen wirtschaftlich entwaffnet werden, wobei nur 20 Prozent der Schwerindustrie aus der Vorkriegszeit unangetastet bleiben sollten. Viertens hielt es die sowjetische Seite für angeraten, Reparationen auf einen Zeitraum von zehn Jahren zu beschränken. Um die Einhaltung der Reparationen zu gewährleisten, müsste die deutsche Industrie von Großbritannien, den USA und der Sowjetunion für eine längere Zeit genau kontrolliert werden. Fünftens sollten alle von Deutschland geschädigten Länder Reparationen erhalten, wobei der Grundsatz zur Anwendung kommen sollte, dass die am meisten geschädigten Länder die größten Reparationsleistungen erhalten sollten, obgleich es niemals einen vollständigen Ausgleich würde geben können. Als es um die Höhe der Reparationszahlungen ging, sprach Maiski von *mindestens* 10 Milliarden US-Dollar. Er schloss mit dem Vorschlag, eine interalliierte Reparationskommission einzuberufen, die in Moskau tagen und die Details des Plans ausarbeiten sollte.

In der darauffolgenden Diskussion argumentierten sowohl Churchill als auch Roosevelt, dass die Erfahrung des Ersten Weltkrieges daran zweifeln lässt, ob es tatsächlich ratsam sei, Deutschland Reparationen abzuverlangen. Der Einrichtung einer Reparationskommission aber stimmten sie zu. Am Ende der Sitzung stichelte Churchill, er hätte bislang gemeint, dass die Reparationsforderungen sich nach dem Prinzip orientieren würden, »jeder nach seinen Bedürfnissen und Deutschland nach seinen Fähigkeiten«. Stalin antwortete, dass er »ein anderes Prinzip bevorzuge: Jeder nach seinem Verdienst.«[25] Das Abschlussprotokoll der Konferenz enthielt eine Gesamtauflistung der sowjetischen Reparationsansprüche, aber auf Churchills Insistieren keine genaue Festlegung auf die Summe, wobei als Basis für Verhandlungen in der Reparationskommission als Gesamtsumme aller alliierten Forderungen 20 Milliarden US-Dollar (von denen die Sowjetunion die Hälfte erhalten sollte) erwähnt wurden.

Auf der dritten Plenarsitzung am 6. Februar erörterten die großen drei die Stimmrechte der großen Mächte im vorgeschlagenen Gremium der Vereinten Nationen. Stalin betonte, der Verfahrensablauf müsse so gestaltet werden, dass Divergenzen zwischen den großen Mächten vermieden würden und das Ziel erreicht werde, eine Organisation zu schaffen, die den Frieden zumindest für die nächsten 50 Jahre sichern würde. Die Diskussion blieb zunächst ohne Ergebnis, aber die Frage des Stimmrechts wurde später auf der Konferenz durch die Annahme eines Vetorechts für die großen Mächte gelöst, das im UN-Sicherheitsrat bis heute gilt. Weiterhin wurde ausgemacht, dass zur Gründungskonferenz der UNO in San Francisco all die Staaten eingeladen werden sollten, die bis Ende des Monats

Deutschland den Krieg erklärt haben, ein Regelung, die für Churchill ins Spiel gebracht wurde, um es der Türkei zu ermöglichen, an der Gründungskonferenz teilzunehmen (Ankara erklärte Deutschland am 23. Februar 1945 den Krieg). Zugleich wurden damit neutrale Staaten wie Irland ausgeschlossen, das sich nicht so kooperativ verhalten hatte, wie es Churchill gerne gehabt hätte.[26]

Ein weitaus schwierigeres Problem, das von Churchill auf der Sitzung am 6. Februar angesprochen wurde, war die polnische Frage – insbesondere die Anerkennung der prosowjetischen »Lubliner Polen« als provisorische polnische Regierung (eigentlich eine falsche Bezeichnung, da zu dieser Zeit die PCNL bereits nach Warschau umgezogen war). Sowohl Churchill als auch Roosevelt wollten, dass die sogenannte »Lubliner Regierung« durch eine breit angelegte provisorische Regierung ersetzt wird, welche die öffentliche Meinung im Land wiedergeben würde. Demgegenüber verteidigte Stalin entschieden die sowjetische Polenpolitik, indem er darauf verwies, dass die Wiederherstellung eines starken und unabhängigen, aber der Sowjetunion freundlich gesonnenen Polens eine Angelegenheit vitalen Interesses für die UdSSR darstelle. Er äußerte weiterhin, dass »die neue Warschauer Regierung ... nicht weniger eine demokratische Basis hat, als etwa die Regierung de Gaulles.«[27] Churchill bezweifelte dies und meinte, dass die PCNL die Unterstützung von weniger als einem Drittel der polnischen Bevölkerung habe.[28]

Nach der dritten Plenarsitzung schrieb Roosevelt Stalin eine Mitteilung, in der er deutlich machte, dass die Vereinigten Staaten die Lubliner Regierung nicht anerkennen werden. Stattdessen schlug er die Bildung einer neuen Regierung vor, in der die im Lande und im Ausland lebenden Polen vertreten sein sollten, einschließlich früherer Mitglieder der Londoner Exilregierung wie Mikolajczyk.[29] In ihrer Entgegnung legten die Sowjets auf der vierten Plenarsitzung am 7. Februar einen Vorschlag zu Polen vor, der aus drei Hauptkomponenten bestand: a) die Anerkennung der Curzon-Linie; b) die Festlegung der polnischen Westgrenze entlang der Oder-Neiße-Linie; c) die Erweiterung der Lubliner Regierung durch »demokratische Führer« der im Ausland lebenden Polen.[30] Dieser Vorschlag war im Wesentlichen eine Variante dessen, wofür sich die Sowjets seit Jahren eingesetzt hatten. Er löste einige Diskussionen aus, die sich über mehrere Plenarsitzungen der großen drei und ihrer Außenminister erstreckten – Eden, Molotow und Edward Stettinius, der Hull als amerikanischer Außenminister abgelöst hatte. Schließlich wurde vereinbart, dass die »provisorische Regierung, die in Polen wirkte«, auf einer »breiteren demokratischen Grundlage reorganisiert wird, wobei die demokratischen Führer aus Polen selbst und aus dem Ausland einbezogen werden. Diese neue Regierung sollte dann die polnische provisorische Regierung der nationalen Einheit genannt werden.« Die Curzon-Linie wurde als Polens Ostgrenze angenommen. Die Details der polnischen Westgrenze mit Deutschland wurden

Siebtes Kapitel

aber bis zu einer zukünftigen Friedenskonferenz offengelassen. Vereinbarungen über eine Regierungsbildung im befreiten Jugoslawien konnten weitaus einfacher getroffen werden, und so wurde rasch die Entscheidung gefällt, dass Tito und die jugoslawischen Exilpolitiker eine Einheitsregierung bilden sollten.

Als ebenfalls angenehm stellten sich die Gespräche über die Beteiligung der Sowjetunion am Krieg im Fernen Osten dar, ein Thema, das Stalin und Roosevelt auf einem Treffen unter sich am 8. Februar besprachen.[31] Die getroffene Einigung sah so aus, dass die UdSSR den sowjetisch-japanischen Neutralitätspakt vom April 1941 aufkündigen würde, um zwei oder drei Monate nach dem Sieg über Deutschland in den Krieg im Fernen Osten einzutreten. Im Gegenzug würde die Sowjetunion die Gebiete zurückerlangen, die Russland nach dem Krieg gegen Japan 1904–1905 verloren hatte. Südsachalin würde wieder an Russland gehen, ebenso die Inselgruppe der Kurilen. Port Arthur (chin. Lüschun) auf dem chinesischem Festland würde als Marinebasis von den Sowjets gepachtet werden können, während das nahe gelegene Dairen (Dalian/Lüda) internationalisiert werden sollte. Die sowjetischen Interessen an dem Hafen sollten gewährleistet werden. Eine gemeinsame sowjetisch-chinesische Gesellschaft sollte zur Sicherung der Moskauer Eisenbahntransitrechte durch die Mandschurei begründet werden. Die einzige Bedingung dieses Abkommens war, dass die China betreffenden Konzessionen auch noch mit China ausgehandelt und vereinbart werden mussten. Aber weder Stalin noch Roosevelt sahen größere Schwierigkeiten in dieser Hinsicht voraus und nahmen an, dass die Chinesen sich dem sowjetischen Kriegseintritt gegenüber ausreichend dankbar erweisen würden, sodass der Abschluss eines Abkommens sich als unproblematisch erweisen würde.

Am 11. Februar trafen sich die großen drei ein letztes Mal, um das Abschlusskommuniqué der Konferenz zu verabschieden. Die Annahme des Textes bereitete keine Schwierigkeiten, und noch am selben Tag wurde eine Erklärung im Namen Churchills, Roosevelts und Stalins veröffentlicht. Sie gab die Politik der großen drei hinsichtlich Deutschlands, der Vereinten Nationen, Polens und Jugoslawiens bekannt. Sie beinhaltete auch den Text einer Deklaration über das befreite Europa, in der sich Großbritannien, die Sowjetunion und die Vereinigten Staaten zur Vernichtung des Nationalsozialismus und des Faschismus und zur Errichtung eines demokratischen Europas auf der Grundlage freier Wahlen verpflichteten. Zusammenfassend sprachen sich die drei Staatsmänner dafür aus, ihre Einheit auch nach dem Krieg zu bewahren und die Bedingungen für einen andauernden Frieden zu schaffen. Daneben wurde ein vertrauliches Protokoll aufgesetzt, in dem die großen drei die Ergebnisse der Konferenz festhielten, die sie nicht öffentlich machen wollten, beispielsweise hinsichtlich des Eintritts der UdSSR in den Krieg im Fernen Osten.[32]

Stalin hatte allen Grund, mit den Ergebnissen von Jalta zufrieden zu sein. Auf fast jedem Politikfeld hatten die Sowjets ihre Position behauptet. Die großen drei hatten sich erneut verständigt, und Stalin hatte sich als ein ebenso effektiver Verhandlungsführer erwiesen, wie er es schon in Teheran gewesen war. Die einzige größere Konzession an die Wünsche des Westens war die Deklaration über das befreite Europa. Aber die sowjetische Interpretation dieses Dokuments betonte ihren antifaschistischen Charakter mehr als ihren demokratischen. Außerdem war Stalin zuversichtlich, dass seine kommunistischen Alliierten in ganz Europa an den breiten Koalitionsregierungen teilhaben würden, von der die Deklaration gesprochen hatte, und sich gut in den darauffolgenden Wahlen schlagen würden. Die sowjetische Berichterstattung der Konferenz war wie zu erwarten enthusiastisch.[33] Maiski entwarf für Molotow ein vertrauliches Telegramm, das an die sowjetischen Botschaften versendet werden sollte und in dem es hieß: »Im Allgemeinen hatte die Atmosphäre auf der Konferenz einen freundlichen Charakter, es herrschte das Gefühl eines gemeinsamen Strebens vor, zu umstrittenen Themen Einvernehmen herzustellen. Wir schätzen die Konferenz sehr positiv ein, insbesondere im Verhältnis zur polnischen und zur jugoslawischen Frage sowie auch in Bezug auf Reparationszahlungen.«[34] In einem Privatbrief an Alexandra Kollontai, der sowjetischen Botschafterin in Schweden, schrieb Maiski, dass die »Krimkonferenz sehr interessant war. Besonders beeindruckend war, dass unser Einfluss im Allgemeinen und der von Stalin im Besonderen außerordentlich groß gewesen ist. Die Entschlüsse der Konferenz waren zu 75 Prozent in unserem Sinne … Die Zusammenarbeit der ›Großen Drei‹ ist nun sehr eng, und Deutschland hat nichts mehr zu lachen, weder während des Krieges noch danach.«[35]

Doch gerade einmal sechs Wochen nach der Konferenz war Stalin in düsterer Stimmung, was die Beziehungen zum Westen betraf. Beim Empfang einer tschechoslowakischen Delegation Ende März 1945 sprach er erneut über die Notwendigkeit einer slawischen Einheit angesichts der deutschen Bedrohung. Allerdings war er ausgesprochen pessimistisch, was die Rolle Großbritanniens und der USA bei diesem Projekt anging:

»Wir sind die neuen slawophilen Leninisten, slawophile Bolschewiken, Kommunisten, die sich für die Einheit und das Bündnis der slawischen Völker einsetzen. Wir treten dafür frei von politischen und sozialen Unterschieden ein, frei von sozialen und ethnischen Gegensätzen. Alle Slawen sollten sich gegen den gemeinsamen Feind zusammenschließen – die Deutschen. Die Geschichte der Slawen lehrt, dass ein Bündnis zwischen ihnen nötig ist, um das Slawentum zu verteidigen. Nehmen Sie die letzten beiden Weltkriege. Warum haben sie begonnen? Wegen der Slawen. Die Deutschen wollten die Slawen versklaven. Und wer litt am meisten unter diesen Kriegen? Im Ersten wie auch im Zweiten Weltkrieg litten die slawischen Völker am meisten: die Russen, die Ukrainer, die Weißrussen, die Serben, die Tschechen, die Slowaken, die Polen …

Nun sind wir im Begriff, die Deutschen zu schlagen. Viele glauben, die Deutschen werden nie wieder in der Lage sein, uns zu besiegen. Das ist nicht so. Ich hasse die Deutschen. Aber das sollte nicht unser Urteil vernebeln. Die Deutschen sind ein großes Volk. Sehr gute Techniker und Organisatoren. Gute, natürlich tapfere Soldaten. Es ist unmöglich, die Deutschen loszuwerden. Sie werden immer da sein. Wir bekämpfen die Deutschen und werden es bis zum Schluss tun. Aber wir müssen uns vor Augen halten, dass unsere Alliierten versuchen werden, die Deutschen zu retten und zu einem Arrangement mit ihnen zu kommen. Wir werden den Deutschen gegenüber gnadenlos sein, aber unsere Verbündeten werden sie mit Samthandschuhen anfassen. So müssen wir Slawen darauf vorbereitet sein, dass sich die Deutschen wieder gegen uns erheben werden. Deswegen sind wir, die neuen slawophilen Leninisten, so beharrlich darin, zu einer Union der slawischen Völker aufzurufen. Es wird gesagt, wir wollten den slawischen Völkern das sowjetische System aufzwingen. Das ist leeres Gerede. Wir wollen dies nicht, weil wir wissen, dass das sowjetische System nicht nach Wunsch exportiert werden kann. Gewisse Bedingungen müssen schon erfüllt sein. Wir können das sowjetische System nicht in Bulgarien einführen, wenn man es dort nicht will. Aber wir wollen das auch nicht. In Freundschaft mit den slawischen Völkern wollen wir echte demokratische Regierungen!«[36]

Stalins Verweis auf die »Samthandschuhe« seiner Alliierten spiegelte seine Enttäuschung über Churchills und Roosevelts Widerstand gegen eine Aufteilung Deutschlands. Nach Jalta überprüfte Stalin seine eigene Position und ließ die Idee einer Aufteilung angesichts des westlichen Widerstrebens fallen. Am 24. März telegrafierte Molotow an Gusew, den sowjetischen Vertreter in der Alliierten Kommission in London, und gab ihm bekannt, dass Moskau den Beschluss von Jalta zur Aufteilung Deutschlands für nicht verpflichtend ansieht. Molotows Telegramm wurde als Antwort auf einen Bericht Gusews verfasst, wonach die Briten die Aufteilung Deutschlands zu einer möglichen Option unter vielen möglichen Vorgehensweisen herabstufen wollten. Das war nicht sehr zufriedenstellend, stellte Gusew ganz richtig heraus, weil es die in Jalta getroffene prinzipielle Vereinbarung, Deutschland aufzuteilen, unterminierte. Molotow jedoch instruierte Gusew, keine Einwände gegen den britischen Vorschlag vorzubringen. Zur Begründung führte Molotow an, dass die Briten und Amerikaner die Schuld für die Aufteilung Deutschlands der Sowjetunion auflasten wollten.[37] Stalin habe schließlich entschieden, dass es zu keiner Aufteilung kommen werde, sodass er nicht beschuldigt werden kann, darauf zu drängen. Von nun an sprach Stalin öffentlich und privat nur noch von einem geeinten Deutschland – entwaffnet, demilitarisiert, entnazifiziert und demokratisiert, aber nicht zerstückelt.

Ein anderer Grund für Stalins gedämpfte Stimmung lag in den nach Jalta wieder einsetzenden Zwistigkeiten um Polen. In Jalta wurde entschieden, dass eine Polenkommission, bestehend aus Molotow, Harriman und Clark Kerr, die Beschlüsse umsetzen sollte, die Lubliner Regierung umzuformen und eine neue provisorische Regierung für Polen zu bilden. Die Kommission tagte zum ersten Mal am 23. Februar in Moskau, und die Gespräche verliefen zunächst recht freundschaftlich. In den folgenden Sitzungen aber entwickelten sich langwierige Streitigkeiten um Fragen zur Vorgehensweise.[38] Aus sowjetischer Sicht wurde in Jalta vereinbart, dass die provisorische Regierung durch andere polnische Politiker vergrößert werden sollte. Die Sowjets bestanden zudem darauf, dass nur polnische Politiker, welche die Beschlüsse in Jalta zu Polen akzeptierten, in die Regierung aufgenommen werden sollten. Dies schloss Politiker wie Mikolajczyk aus, der sich weigerte, die Curzon-Linie als sowjetisch-polnische Grenze zu akzeptieren, zumindest nicht ohne weitere Verhandlungen. Die Briten und Amerikaner interpretierten die Erklärung von Jalta zur polnischen Frage so, dass eine komplett neue provisorische Regierung gebildet werden sollte. Anfang April hatten die Gespräche in der Kommission eine Sackgasse erreicht. Roosevelt appellierte an Stalin, den gordischen Knoten zu zerschlagen, aber der Sowjetführer ließ sich dazu nicht bewegen. Er war entschlossen, eine der Sowjetunion freundliche Regierung in Polen durchzusetzen, und machte deutlich, dass die einzige Möglichkeit, einen Fortschritt zu erreichen, die Zustimmung zur sowjetischen Interpretation der Vereinbarung von Jalta sei. Wenn dies akzeptiert würde, so bemerkte Stalin gegenüber Roosevelt, dann »kann die polnische Frage in kurzer Zeit geklärt werden«.[39]

Ein anderes Land, dass zu dieser Zeit eine Regierungskrise erlebte, war Rumänien.[40] Ende 1945 reiste der stellvertretende sowjetische Außenminister Andrej Wyschinskij nach Bukarest, um zu verlangen, dass die bestehende Regierung durch die kommunistisch geführte nationaldemokratische Front ersetzt werde. Diese Forderung führte zu einer Reihe interner Krisen, aus der schließlich die Bildung der vierten Regierung seit der rumänischen Kapitulation im Sommer 1944 hervorging. Die Sowjets glaubten, sie wären in Rumänien mit Zurückhaltung vorgegangen. Sie wollten die innere Situation stabilisieren, die Bedingungen des Waffenstillstandsabkommens sichern und den Beitrag des Landes im Kampf gegen die Deutschen maximieren. In der Verfolgung dieser moderaten Ziele wurden die Sowjets jedoch durch die beständigen Forderungen der rumänischen Kommunisten nach einer entschiedeneren Einflussnahme beeinträchtigt. Hinzu kamen Intrigen rumänischer Politiker, die nach diplomatischer Unterstützung durch die Briten und Amerikaner verlangten. Was die Dinge noch schwieriger machte, waren die britischen und amerikanischen Proteste, dass Wyschinskis Intervention nicht in Übereinstimmung mit der Deklaration eines befreiten Europas stehe. In seiner

Antwort wies Molotow darauf hin, dass die rumänische Regierung es versäumt habe, die Bedingungen des Waffenstillstandsabkommens zu erfüllen, und nichts unternommen habe, um Faschisten und Nazigruppen im Lande zu beseitigen.[41] Stalin war nicht direkt in die Streitigkeiten verwickelt. Allerdings wurde er durch den sowjetischen Geheimdienst genau über die Ereignisse in Rumänien informiert.[42]

Stalins Ziele in Osteuropa

Aber was waren Stalins langfristige Ziele in Polen, Rumänien und den anderen osteuropäischen Staaten, die von der Roten Armee befreit, besetzt und erobert wurden? Wieder und wieder verneinte Stalin während des Krieges, dass sein Ziel die Revolution oder die Einführung des Kommunismus sei. Dieselbe Aussage machte er auch gegenüber seinen kommunistischen Unterstützern. So sandten im April 1944 Stalin und Molotow das folgende Telegramm an Tito und die jugoslawischen Kommunisten:

»Wir betrachten Jugoslawien als einen Verbündeten der Sowjetunion und Bulgarien als einen Verbündeten der Feinde der Sowjetunion. Für die Zukunft möchten wir, dass sich Bulgarien von Deutschland lossagt und ein Verbündeter der Sowjetunion wird. In jedem Fall möchten wir, dass Jugoslawien unsere Hauptstütze in Südosteuropa wird. Wir erachten es als notwendig zu erklären, dass wir nicht die Sowjetisierung Jugoslawiens und Bulgariens planen. Stattdessen bevorzugen wir Kontakte mit einem demokratischen Jugoslawien und Bulgarien, die Verbündete der UdSSR sind.«[43]

Obgleich Stalin Moskau gegenüber freundlich eingestellte Regierungen in Osteuropa anstrebte, sollten diese Länder zugleich auch als geopolitische Pufferzone entlang der Westgrenze der UdSSR dienen, um die territoriale Sicherheit der Sowjetunion zu gewährleisten. Der Charakter dieses politischen Raums war ideologisch definiert durch die Bezeichnung »neue Demokratie«. Ein guter Führer durch das »Neue-Demokratie-Denken« der Sowjets kann in einem weitreichenden Artikel über »Die Entwicklung der Demokratie in den befreiten Ländern Europas« gefunden werden, der im Oktober 1945 in der Ausgabe des *Bolschewik*, des theoretischen Journals der kommunistischen Partei der Sowjetunion, erschien.[44]

Der Ausgangspunkt des Artikels war, dass die kommunistischen Ziele der Sowjets in Europa aus Stalins Definition des Kriegs als Befreiungskampf erwuchsen, der in der Zerschmetterung des Faschismus, der Wiederherstellung der nationalen Unabhängigkeit und Souveränität und der Ablösung der faschistischen »neuen Ordnung« in Europa durch eine demokratische enden würde. Solche Ziele brachten die Kommunisten in die Rolle von Patrioten, welche die »nationale Front« der

Antifaschisten und Demokraten anführten. Sie wollten eine neue demokratische Ordnung in ihren Ländern errichten. Unter diesen neuen demokratischen Volksregierungen würden die alten Eliten, besonders wenn sie faschistische Verbindungen gehabt hatten, von der Macht abgelöst werden. Dagegen sollten die politische Rolle und der Einfluss der Arbeiterklasse und der Bauernschaft gestärkt, das Agrarland neu verteilt und zahlreiche Industrien nationalisiert werden. Der Staat, einschließlich der Armee, sollte demokratisiert werden und unter die Kontrolle der Arbeiterklasse gestellt werden. Ethnische Differenzen sollten in einem System der Freundschaft der Völker nach sowjetischem Vorbild zusammengefasst werden, das Unterschiede respektiert und die nationalen Rechte von Minderheiten schützt. Natürlich sollten diese neuen Demokratien politisch und diplomatisch mit der Sowjetunion verbunden sein.

Der Artikel war sehr freimütig in der Rollenbeschreibung der Sowjetunion im Prozess der sozioökonomischen Transformation und Demokratisierung. Der Autor ging davon aus, dass in Osteuropa, wo die Rote Armee die Kämpfe der von den Kommunisten angeführten nationalen Fronten unterstützte, die neuen Demokratien ihre entwickelste Form erreicht hätten. Andererseits hätten westeuropäische Länder, die vom Faschismus befreit wurden, sich nicht so weit in Richtung der neuer Demokratien entwickelt, weil Großbritannien und die Vereinigten Staaten die Elemente der reaktionären alten Eliten tolerierten, die weiterhin beträchtlichen Einfluss ausübten.

Der Artikel sagte nichts über die Verbindung zwischen »neuer Demokratie« und Sozialismus und Kommunismus oder über den Kampf gegen den Kapitalismus aus, doch dies war auch gar nicht vonnöten. Die kommunistische Bewegung hatte schon in den Dreißigerjahren begonnen, die Idee vorübergehender Regime von Volksdemokratien zu entwickeln. Ein wichtiges Modell war das Spanien der Bürgerkriegszeit, als die Kommunisten an einer linksrepublikanischen Regierung teilgenommen hatten und versuchten, ein radikal antifaschistisches Regime zu errichten, das die soziale und politische Transformation der spanischen Gesellschaft verfolgte, während sie zur selben Zeit mit Franco im Kampf stand. Die radikale Veränderung des von den Republikanern kontrollierten Spaniens durch Verteilung des Landes und staatliche Kontrolle der Industrie wurde von den spanischen Kommunisten und ihren Mentoren der Komintern in Moskau als die Basis für einen weiteren Fortschritt in Richtung Sozialismus angesehen.[45] In der sowjetischen Presse konnten zu dieser Zeit viele ähnliche Analysen wie im *Bolschewik*-Artikel gefunden werden, so in *Woina i Rabochii Klass* (die 1945 in *Nowoe Wremja – Neue Zeit* – umbenannt wurde) und in *Woprosy Wneschnei Politiki* (Fragen zur Außenpolitik), dem vertraulichen Bulletin des Zentralkomitees der kommunistischen Partei der Sowjetunion, das seit Ende 1944 erschien.[46]

Stalin ließ seine Ansichten 1945–1946 in einer Reihe von vertraulichen Gesprächen mit den osteuropäischen kommunistischen Führern deutlich werden. Im März 1945 sagte Stalin zu Tito, dass »heute der Sozialismus selbst unter der englischen Monarchie möglich ist. Nicht überall ist eine Revolution mehr nötig ... Ja, der Sozialismus ist selbst unter dem englischen König möglich.« Als ein Mitglied der jugoslawischen Delegation einwarf, dass es schon eine sowjetische Regierung in Jugoslawien gebe, weil die kommunistische Partei alle Schlüsselpositionen besetzt halte, antwortete Stalin: »Nein, Ihre Regierung ist nicht sowjetisch – Sie haben etwas zwischen de Gaulles Frankreich und der Sowjetunion.«[47] In einem Gespräch mit polnischen Kommunistenführern im Mai 1946 legte Stalin seine Ansichten über die »neue Demokratie« ausführlich dar:

»In Polen gibt es keine Diktatur des Proletariats, und sie brauchen sie dort nicht. Es ist möglich, dass die Diktatur des Proletariats in der Sowjetunion einen anderen Charakter angenommen hätte, wenn es keinen Bürgerkrieg gegeben hätte ... Wir hatten starke Gegner ... den Zaren, die Landbesitzer und eine starke Gegnerschaft von russischen Kapitalisten aus dem Ausland. Um diese Kräfte zu überwinden, war es nötig, Gewalt anzuwenden, sich auf die Bevölkerung zu verlassen, die Diktatur. Sie befinden sich in einer völlig anderen Situation. Ihre Kapitalisten und Landbesitzer sind so kompromittiert durch ihre Verbindungen mit den Deutschen, dass man ohne große Schwierigkeiten mit ihnen fertig werden konnte. Sie konnten keinen Patriotismus zur Schau stellen. Diese ›Sünde‹ konnten sie nicht begehen. Zweifellos wurde die Ablösung der Kapitalisten und Landbesitzer in Polen durch die Rote Armee erleichtert. Deswegen haben Sie keine Grundlage für eine Diktatur des Proletariats in Polen. Das in Polen errichtete System ist eine Demokratie, eine Demokratie neuen Typs. Sie hat keinen Vorläufer ... Ihre Demokratie ist eine besondere. Sie haben keine große Klasse an Kapitalisten. Sie haben eine in 100 Tagen nationalisierte Industrie, während die Briten seit 100 Jahren darum kämpfen. Kopieren Sie nicht die westliche Demokratie. Die Demokratie, die Sie in Polen, in Jugoslawien und teilweise in der Tschechoslowakei etabliert haben, wird Sie näher zum Sozialismus bringen, ohne die Notwendigkeit einer Diktatur des Proletariats oder des Sowjetsystems. Lenin hat nie gesagt, dass es keinen anderen Weg zum Sozialismus gebe als die Diktatur des Proletariats. Er gestand ein, dass es möglich sei, den Weg zum Sozialismus unter Nutzung des bürgerlich demokratischen Systems wie des Parlaments zu beschreiten.«[48]

Clement Gottwald, der tschechoslowakische Kommunistenführer, berichtet, dass ihm Stalin im Juli 1946 Folgendes gesagt habe:

»Die Erfahrung zeigt, und die Klassiker des Marxismus-Leninismus lehren es, dass es nicht nur einen Weg zum Sowjetsystem und zur Diktatur des Proletariats gibt, unter bestimmten Umständen ist auch ein anderer Weg möglich ... Nach der

Niederlage von Hitlerdeutschland, nach dem Zweiten Weltkrieg, der so viel kostete, der aber die herrschenden Klassen in einer Reihe von Ländern zerstörte, wurde das politische Bewusstsein der Massen gefördert. Unter diesen historischen Bedingungen erschienen viele Möglichkeiten und Wege offen für die sozialistische Bewegung.«[49]

Im August 1946 kam Stalin auf das Thema Diktatur des Proletariats in einem anderen Gespräch mit seinen polnischen Verbündeten zurück:

»Muss Polen den Weg einer Einrichtung der Diktatur des Proletariats gehen? Nein, dies muss es nicht. Es ist nicht nötig. Mehr noch: Es wäre schädlich. Für Polen wie für die anderen Länder Osteuropas. Die Ergebnisse des Krieges haben einen leichteren, weniger blutreichen Entwicklungsweg eröffnet – den Weg der sozioökonomischen Reform. Als Ergebnis des Krieges ist in Jugoslawien, Polen, der Tschechoslowakei, Bulgarien und anderen Ländern Osteuropas eine neue Demokratie erwachsen, eine besondere Art der Demokratie … eine komplexere Demokratie. Sie beeinflusst die Wirtschaft wie auch das politische Leben des Landes. Diese Demokratie hat die wirtschaftliche Umwandlung durchgeführt. In Polen zum Beispiel hat die neue demokratische Regierung eine Agrarreform durchgeführt und die Großindustrie verstaatlicht, und dies ist eine ganz ausreichende Basis für die weitere Entwicklung in eine sozialistische Richtung, selbst ohne eine Diktatur des Proletariats. Als Ergebnis des Krieges hat die kommunistische Partei ihr Erscheinungsbild und ihr Programm verändert.«[50]

Im September 1946 riet Stalin den bulgarischen Kommunisten, eine »Arbeitspartei« zu bilden:

»Sie müssen die Arbeiterklasse mit den werktätigen Massen auf der kleinsten programmatischen Basis vereinen. Die Zeit für Maximalprogramme ist noch nicht gekommen … Im Wesentlichen würde die Partei eine kommunistische sein, aber sie würde eine breitere Basis haben und eine bessere Abdeckung für die gegenwärtige Zeit. Dies würde Ihnen helfen, den Sozialismus auf einem anderen Weg zu erreichen. Die Situation hat sich radikal verändert im Vergleich zu unserer Revolution. Es ist nötig, andere Methoden und Formen anzuwenden … Sie sollten keine Angst vor Vorwürfen des Opportunismus haben. Dies ist kein Opportunismus, sondern die Anwendung des Marxismus in der gegenwärtigen Situation.«[51]

Wie diese Bemerkungen zeigen, war Stalin damit beschäftigt, die universelle Gültigkeit des sowjetischen Modells zu überdenken. Daran war nichts Neues oder Überraschendes. Die kommunistische Bewegung tat dies seit ihren Anfängen. Als die Komintern 1919 gegründet wurde, war die Erwartung der Kommunisten, dass bald ganz Europa von einer Welle revolutionärer Aufstände erfasst werden würde, die von der bolschewistischen Oktoberrevolution inspiriert sein sollten. Als die Hoffnung auf eine gesamteuropäische Revolution enttäuscht wurde, wurde die

Strategie und Taktik der kommunistischen Revolution überdacht und auf das Ziel angepasst, die Rolle und den Einfluss der Kommunisten in der kapitalistischen Gesellschaft zu stärken. Anfänglich war dies eine taktische Anpassung, die als Vorbereitung für eine eventuelle Machtübernahme in dem Moment der revolutionären Krise des Kapitalismus betrachtet wurde. Aber je länger die Revolution auf sich warten ließ, desto mehr wurde die Politik, die politische Macht der Kommunisten im kapitalistischen System zu verstärken, zu einem Selbstzweck. Die Notwendigkeit, den Faschismus in den Dreißigerjahren zu bekämpfen, führte die Komintern dazu, die Vorzüge der bürgerlichen Demokratie positiver zu sehen und die Rolle zu überdenken, die antifaschistisch-demokratische Regime im Kampf für den Sozialismus spielen könnten. Von dort aus war es nur noch ein kurzer ideologischer Schritt zur Strategie breit angelegter antifaschistischer Volksfrontbewegungen in der Kriegszeit und dann zur neuen Demokratie und Volksdemokratie der Nachkriegszeit.[52]

Aber in welchem Maß war die neue Demokratie eine Zielvorstellung und Ausgangspunkt zu noch weiterreichenden Zielen? Was sollte nach der neuen Demokratie kommen und wann und wie genau? Welchen Weg wollten die Kommunisten in Richtung auf eine sozialistische Gesellschaft einschlagen, wenn nicht den über eine brutale Diktatur des Proletariats, wie es im sowjetischen Fall geschah? In einem seiner Gespräche mit den Polen legte Stalin Wert darauf festzuhalten, dass die Sowjetunion nicht mehr eine Diktatur sei, sondern die sowjetische Form der Demokratie (wie sie von der neuen sowjetischen Verfassung 1936 ausgerufen wurde). Nach Aussage Rákosis, des ungarischen KP-Chefs, teilte ihm Stalin 1945 mit, dass die Erwartung der Partei, die ganze Macht im Staate zu übernehmen, noch 10 bis 15 Jahre zurückstehen müsse.[53] Was Stalin vorzuschweben schien, war ein langsamer Übergang zum Sozialismus und einer sowjetisch geprägten Form der Demokratie. Dieser Übergang sollte friedlich sein und eher durch demokratische Reformen als durch einen revolutionären Aufstand erreicht werden. Aber es war nicht klar, ob und für wie lange eine Demokratie nach westlicher Art – Parlament, Parteien, überprüfbare Wahlen, oppositionelle Politik – in einem Übergangsregime fortdauern würde. Außerdem sollte berücksichtigt werden, dass gegen Ende des Zweiten Weltkrieges Stalin bereits Mitte sechzig war und deshalb nicht erwarten konnte, die Ergebnisse des volksdemokratischen Experiments noch miterleben zu können. Möglicherweise spielte dies bei der Ungenauigkeit seiner strategischen Perspektive eine Rolle.

Schließlich stellten sich die Volksdemokratien als ein kurzlebiges Experiment heraus, und die von Stalin gestützten Regime behielten nicht lange ihren demokratischen Charakter bei. Der Begriff der »Volksdemokratie« wurde in den Jahren 1947–1948 zu einem Synonym für politische Systeme mit einer großen Ähnlichkeit zum sowjetischen, die unter der völligen Herrschaft der kommunistischen Partei standen. Die breit angelegten Volksfrontregierungen, die zu Ende des Zweiten Weltkrieges in Osteuropa an die Macht gelangt waren, waren bis auf ihren Namen überall abgeschafft worden. Ein Grund für den abrupten Wechsel in Stalins Denken und seiner Zielsetzung ist von Eduard Mark beleuchtet worden. Es war, anders als von der sowjetischen Regierung erwartet, das Scheitern der neuen Demokratien, sich als populäre Herrschaftsform zu etablieren. Wie Mark argumentiert, glaubte Stalin, dass seine »Revolution der kleinen Schritte« in Osteuropa erfolgreich sein würde. Die Grundlage dafür sollte die Unterstützung der breiten Öffentlichkeit bilden. So erwartete Stalin die Zustimmung für die neue Demokratie und meinte fälschlicherweise, dass die Kommunisten die Führungsrolle bei offenen und freien Wahlen gewinnen würden.[54] Dies war auch der Tenor in Stalins Gesprächen mit den Führern der kommunistischen Parteien Osteuropas in der frühen Nachkriegszeit. Es waren Gespräche, die mehr um die augenblickliche Taktik kreisten als um Überlegungen zur Natur der Volksdemokratien. Stalin war offenkundig davon überzeugt, dass sich die Kommunisten bei richtiger Politik, die richtige Taktik und genügend Willenskraft vorausgesetzt, gegen ihre politischen Gegner durchsetzen würden und überwältigende öffentliche Zustimmung für die radikalen Regime der neuen Demokratien erhalten würden. In der Öffentlichkeit fand Stalins Vertrauen in das Projekt einer Volksdemokratie und die politischen Aussichten der kommunistischen Parteien seinen Ausdruck in seiner Antwort auf Churchills »Eiserner-Vorhang«-Rede vom März 1946. Nachdem er Churchill als Kriegstreiber und verbohrten Antikommunisten denunziert hatte, fuhr Stalin fort:

»Herr Churchill kommt der Wahrheit näher, wenn er vom steigenden Einfluss der kommunistischen Parteien in Osteuropa spricht. Es muss jedoch angemerkt werden, dass er nicht ganz genau ist. Der Einfluss der kommunistischen Parteien ist nicht nur in Osteuropa gewachsen, sondern in fast allen Ländern Europas, die früher unter der faschistischen Herrschaft standen … oder die eine Besatzung erlebten … Der gesteigerte Einfluss der Kommunisten ist kein Zufall. Er ist voll und ganz logisch. Der Einfluss der Kommunisten ist angewachsen, weil sie sich in den Jahren der Herrschaft des Faschismus als vertrauenswürdig erwiesen haben, als furchtlos, als aufopferungsbereite Kämpfer gegen das faschistische Regime für die Freiheit der Völker … Die einfachen Leute haben ihre eigenen Ansichten und wissen, wie sie ihre Rechte einfordern. Sie waren es, die Churchill und seine Partei in Großbritannien geschlagen haben … Sie waren es, die die Reaktionäre und Anwälte der Kollaboration mit dem Faschismus in Europa isoliert haben und ihre Präferenz den linksdemokratischen Parteien gegeben haben. Sie waren es, die zu der Schlussfolgerung gelangten, dass die Kommunisten vollkommen das Vertrauen des Volkes verdienen. So kam es, dass der Einfluss der Kommunisten in Europa anstieg.«[55]

Stalins Glaube an die wachsende Stärke des europäischen Kommunismus war keineswegs grundlos, wie diese Tabelle der Mitgliedszahlen der Partei zeigt, die in *Woprosy Wneschnei Politiki* im Mai 1946 veröffentlicht wurde[56]:

Land	Vorkriegsmitgliedschaft	Nachkriegsmitgliedschaft
Albanien	1 000	12 000
Österreich	16 000	132 000
Belgien	10 000	100 000
Großbritannien	15 000	50 000
Bulgarien	8 000	427 000
Tschechoslowakei	80 000	1 292 000
Dänemark	2 000	60 000
Finnland	1 000	25 000
Frankreich	340 000	1 000 000
Deutschland	300 000	805 000
Griechenland	keine Angaben	100 000
Niederlande	10 000	50 000
Ungarn	30 000	608 000
Italien	58 000	1 871 000
Norwegen	5 000	22 000
Polen	20 000	310 000
Rumänien	1 000	379 000
Spanien	250 000	35 000
Schweden	11 000	48 000
Jugoslawien	4 000	250 000

Diese beeindruckende Nachkriegsentwicklung der europäischen Kommunisten bestätigte sich auch in den Wahlergebnissen der Nachkriegsjahre. Um hier nur die osteuropäischen Zahlen zu nennen: In den Wahlen von November 1945 in Rumänien erreichte die kommunistisch geführte Vaterlandsfront 88 Prozent der Stimmen, in der Tschechoslowakei gewannen die Kommunisten im Mai 1946 38 Prozent. Während die Kommunisten in Ungarn im Mai 1946 nur 17 Prozent der Stimmen erreichten, stieg diese Zahl in den Wahlen im August 1947 auf 22 Prozent, und der Linksblock, der von der KP angeführt wurde, erreichte 66 Prozent der Sitze im Parlament. In den Januarwahlen 1947 in Polen erreichte der von den

Kommunisten geführte demokratische Block 80 Prozent; im November 1946 vereinigte in Rumänien der kommunistisch angeführte Block der demokratischen Parteien 80 Prozent der Stimmen auf sich; und in Jugoslawien stimmten 90 Prozent der Wähler für die kommunistische Volksfront, auch wenn es keine alternativen Kandidaten gab, da die Opposition die Wahl boykottierte.[57] Aber das kommunistische Vordringen war nicht tief genug, um Stalins Nachkriegsprojekt eines volksdemokratischen Europas unter sowjetischem Einfluss zu erreichen. Während die kommunistischen Stimmen in der Tschechoslowakei, Jugoslawien und selbst in Ungarn im Großen und Ganzen bei fairen Wahlen gewonnen wurden, wurde in den drei Staaten, welche die größte Bedeutung für die sowjetische Sicherheit hatten – Bulgarien, Polen und Rumänien – die kommunistische Mehrheit nur mithilfe von Wahlmanipulationen, Gewalt und Einschüchterung erreicht. Ein anderes Problem für Stalins politische Strategie in der Nachkriegszeit war, dass die relativ liberalen Volksdemokratien, deren Einführung er wünschte, kaum tief verwurzelte demokratische Traditionen besaßen, auf die sie in Osteuropa gründen konnten. Mit Ausnahme der Tschechoslowakei war die politische Geschichte Osteuropas in der Zwischenkriegszeit von Autoritarismus, demagogischer nationalistischer Politik und antikommunistischer Repression geprägt. Die logische Konsequenz dieser politischen Geschichte war, dass die kommunistischen Parteien Osteuropas, wieder mit Ausnahme der Tschechoslowakei, mit demokratischer Politik wenig Erfahrung hatten und auch wenig geneigt waren, sie sich zu eigen zu machen. Dieser Mangel wurde durch Stalins rüde Auffassung von demokratischer Politik weiter verschärft. Während er den osteuropäischen Kommunisten Vorträge über die Vorzüge der neuen Demokratie hielt, lehrte er sie rücksichtslose Taktiken, um ihre Gegner zu isolieren und zu marginalisieren. Besonders provokativ erschienen Stalin die beständigen Versuche der Gegner des Kommunismus in Osteuropa, die inneren Kämpfe durch die Einschaltung der Briten und Amerikaner zu internationalisieren. Jede »Einmischung« Großbritanniens und der USA war für Stalin inakzeptabel, der Osteuropa als ein Einflussgebiet betrachtete, das mit Ausnahme der Sowjetunion frei von jedweder Beeinflussung durch die Großmächte bleiben sollte. Interessanterweise war das besiegte Finnland ein Land, das dem Schicksal der »Volksdemokratisierung« entging, da sich die regierenden Politiker Finnlands einer Anlehnung an Briten und Amerikaner geflissentlich enthielten. Stattdessen verließen sie sich auf ihre eigenen politischen Mittel, um mit dem sowjetischen Besatzungsregime und den kommunistischen Koalitionspartnern im Lande fertig zu werden. Stalin hatte keinen Grund zu fürchten, dass Finnland ins westliche Lager abdriften könnte, und so erlaubte er dem Land, strikt neutral zu bleiben, als der Kalte Krieg ausbrach.[58]

Stalins Ängste vor westlichen Eingriffen in seine Einflusssphäre in Osteuropa vermischten sich zunehmend mit Befürchtungen, dass die fortschreitende Verschlechterung der Beziehungen zu Großbritannien und den USA 1946–1947 zur Bildung eines antikommunistischen westlichen Blocks führen könnte. Obwohl die Kommunisten die neuen Demokratien in Osteuropa zu unterschiedlichen Zeiten aufgaben und diese Entwicklungen stark von inneren Faktoren in den einzelnen Ländern beeinflusst waren, wurde Stalins Strategiewechsel in der Region schließlich durch den Ausbruch des Kalten Krieges 1947 ausgelöst. Mit dem Zusammenbruch der Kriegsallianz entschied sich Stalin für eine streng kontrollierte Zone in Osteuropa, die er zu einem außenpolitischen Block verschmelzen konnte, der dem westlichen Vordringen in ein politisches und territoriales Gebiet widerstehen würde, das Stalin als absolut lebenswichtig für die sowjetische Sicherheit erachtete.

Als der Zweite Weltkrieg zu Ende ging, hatte Stalin zwei strategisch-politische Ziele: Das Erste bestand darin, das Bündnis mit Großbritannien und den Vereinigten Staaten fortzusetzen, um die Zusammenarbeit der Großmächte zu bewahren, die notwendig war, um der langfristigen Bedrohung eines wiedererstarkten Deutschlands zu begegnen. Zweitens wollte er seine langfristigen ideologischen Ziele in Europa durch vorübergehende Volksdemokratien verfolgen, eine politische Einrichtung, die garantieren sollte, dass die sowjetischen Grenzen durch sowjetfreundliche Staaten abgesichert sein würden. Stalin sah keinen inneren Widerspruch zwischen diesen beiden strategischen Zielen. Er glaubte, dass die westlichen Interessen die Fortsetzung des Kriegsbündnisses begünstigen würden, und er rechnete nicht damit, dass die Volksdemokratien den demokratischen westlichen Kapitalismus in Großbritannien und den Vereinigten Staaten bedrohen würden, die durch den Krieg sozialdemokratischer und staatskapitalistischer geworden waren und so näher an das sowjetische Modell der Volksdemokratien herangerückt waren. Stalin war darüber hinaus bereit, die Vorherrschaft des Westens in seiner Interessensphäre zu akzeptieren und die westeuropäischen Kommunisten zurückzuhalten, indem er sie ermutigte, eine moderate Version des Volksdemokratieprojekts zu verfolgen, eine Politik, die die Bedeutung des Wiederaufbaus nach dem Krieg und die Aufrechterhaltung der nationalen Einheit betonte.

Nicht zum ersten Mal in seiner politischen Karriere projizierte Stalin seine eigenen Kalkulationen fälschlicherweise auf andere. Nach dem Krieg sahen seine westlichen Bündnispartner in Deutschland mehr einen künftigen Verbündeten im Kampf gegen den Kommunismus als eine potenzielle Bedrohung, die es niederzuhalten galt. Auch akzeptierten die Briten und Amerikaner nicht ihren vollständigen Ausschluss aus der sowjetischen Einflusssphäre in Osteuropa, insbesondere wenn sich Stalin offenkundig durch die Hintertür der kommunistischen Parteien im Westen in ihre Interessensphäre hineindrängte. Sie betrachteten außerdem den Vormarsch des Kommunismus und der Sowjetunion nach dem Krieg nicht als eine langfristige, sondern als eine gegenwärtige Bedrohung. Dabei sahen sie in den Volksdemokratien eine List und prognostizierten eine radikale Änderung in Stalins Nachkriegspolitik, die ihre wichtigsten Interessen bedrohen würde. Es war der klassische Fall einer sich selbst erfüllenden Prophezeiung. Die übermäßig defensiven Handlungen und Reaktionen des Westens gegenüber der wahrgenommenen Gefahr provozierten eine Gegenreaktion in Form eines fest kontrollierten sowjetkommunistischen Blocks in Osteuropa und eine militante kommunistische Herausforderung in Westeuropa – und dies war genau das, was London und Washington seit Langem befürchtet hatten.

Ein politischer Kampf mit dem Westen in der Nachkriegszeit war gewiss nicht Stalins erste Wahl, aber er war eine Herausforderung, die er anzunehmen bereit war, wenn die einzige Alternative darin bestand, den Verlust des sowjetischen Einflusses und der Kontrolle in Osteuropa zu akzeptieren. Nachdem er den Kampf gegen Hitler zu einem derart hohen Preis gewonnen hatte, hatte Stalin nicht die Absicht, die Früchte des Sieges zu verspielen, selbst wenn dies bedeutete, einen gefährlichen Kalten Krieg führen zu müssen.

Achtes Kapitel
Letzte Schlachten
Stalin, Truman und das Ende des Zweiten Weltkrieges

Die Rote Armee nahm ihren Vormarsch auf Berlin im Januar 1945 wieder auf. In einer Offensive, die als Weichsel-Oder-Operation bekannt ist, strömten die sowjetischen Armeen durch Polen nach Ostpreußen und Ostdeutschland. Als die Offensive im Februar 1945 auslief, stand die Vorhut der Roten Armee 75 Kilometer vor der deutschen Hauptstadt. Die Weichsel-Oder-Operation war die größte sowjetische Einzeloffensive des Zweiten Weltkrieges. Die zwei an der Operation beteiligten Hauptfronten setzten 2,2 Millionen Mann ein und verfügten über mehr Panzer und Flugzeuge – 4500 bzw. 5500 – als die gesamte Rote Armee im Mai 1942 besaß. Mit einer Überlegenheit in der Infanterie von 11 zu 1, siebenmal mehr an Panzern und zwanzigmal mehr an Luftwaffe und Artillerie war die Rote Armee in der Lage, 25 bis 30 Kilometer am Tag vorzurücken. Dabei nahm die Rote Armee insgesamt 147 000 Deutsche in Kriegsgefangenschaft und zerschlug fast oder vollständig mehr als 50 deutsche Divisionen.[1]

Die Planungen für die Weichsel-Oder-Operation begannen im Herbst 1944 während einer Kampfpause im mittleren Frontabschnitt nach dem Scheitern der Einnahme Warschaus. Das Kalkül des Generalstabs war, dass es besser wäre, eine Umgruppierung der Truppen durchzuführen und sich die Zeit zu nehmen, eine Großoffensive vorzubereiten, als mit erschöpften Truppen und überdehnten Nachschublinien weiter anzugreifen. In der Zwischenzeit sollten Offensivoperationen an den Flanken weitergehen – im Süden nach Ungarn und Österreich und im Norden in Ostpreußen Richtung Königsberg – mit dem Ziel, deutsche Truppen von der Zentralachse Warschau-Berlin abzuziehen. Der Generalstabsplan sah eine Zwei-Phasen-Operation im neuen Jahr vor, die insgesamt 45 Tage dauern und in der Einnahme Berlins ihren Schlusspunkt finden sollte. Obwohl nach dem Plan des Generalstabs ein nahtloser Übergang von der ersten in die zweite Operationsphase vorgesehen war, wurden keine Entscheidungen über einen letzten Stoß auf Berlin getroffen, bis die Fortschritte der Operation überprüft worden waren.[2]

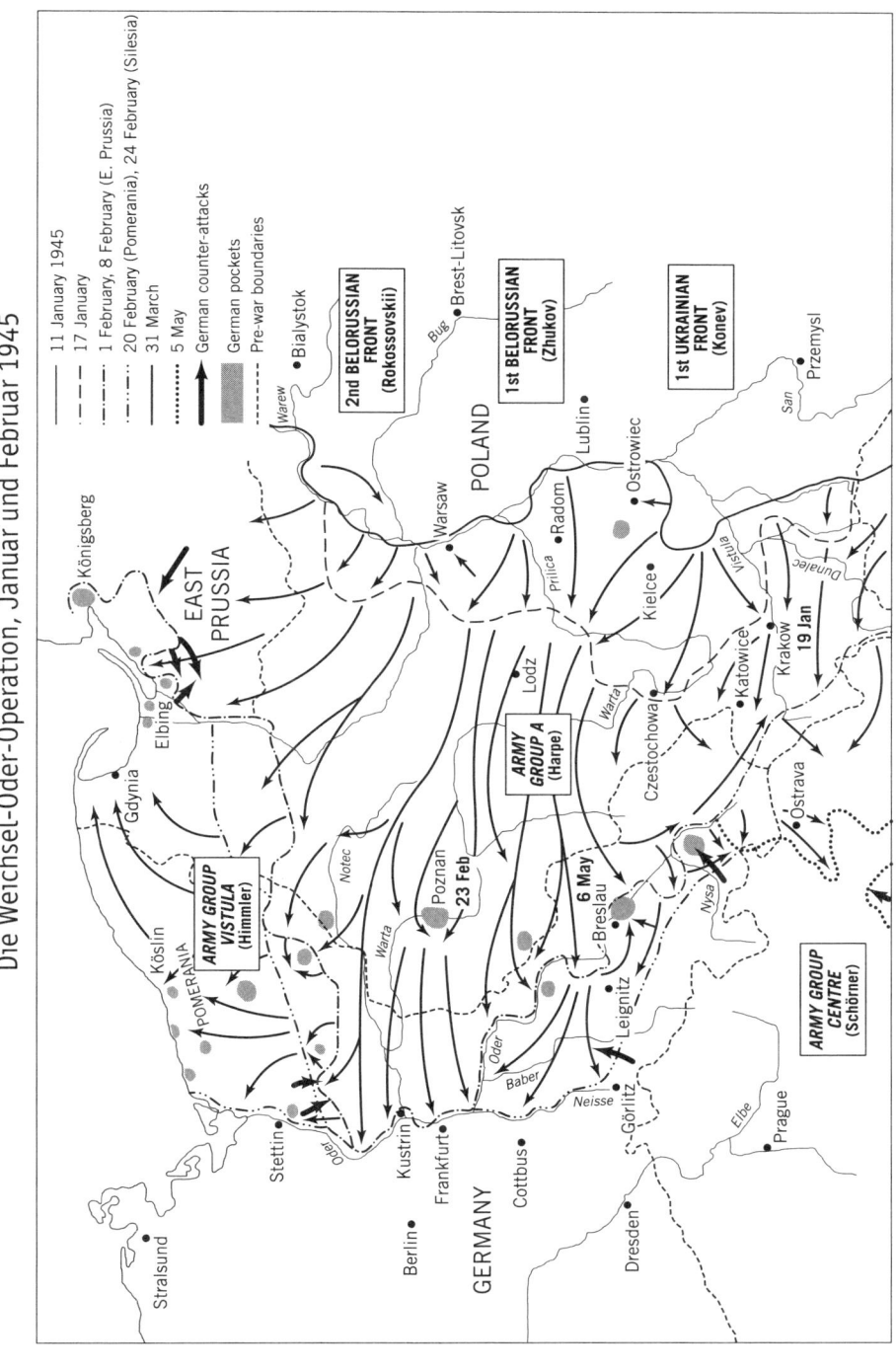

Die Weichsel-Oder-Operation, Januar und Februar 1945

Die Operation wurde von der 1. Weißrussischen Front, der 1. Ukrainischen Front mit Unterstützung der 2. und 3. Weißrussischen Front durchgeführt. An der Spitze der 1. Ukrainischen Front stand Marschall Konew. Die 1. Weißrussische Front wurde von Marschall Rokossowski geführt, der im November 1944 durch Schukow abgelöst wurde. Die Aufgabe der 1. Weißrussischen Front bestand darin, im Zentrum vorzurücken und Berlin einzunehmen – eine Verantwortung und Ehre, von der Stalin meinte, dass sie Schukow, seinem stellvertretenden Oberkommandierenden, zukommen sollte. Rokossowski wurde an die 2. Weißrussische Front versetzt, aber Stalin versicherte ihm, dass dies nicht ein zweitrangiger Frontabschnitt sei, sondern Teil der Hauptoffensive. »Wenn Sie und Konew nicht vorankommen«, sagte ihm Stalin, »wird es Schukow auch nicht«.[3] Die in diesen Planungen für Marschall Wassilewski vorgesehene Rolle war hingegen recht marginal. Er war in der Stawka der Koordinator der 1. und 2. Baltischen Front. Wegen seiner Abwesenheit von Moskau hatte sein Stellvertreter, General Alexei Antonow, seine Aufgabe als Leiter des Generalstabs übernommen. Auch war es Antonow, der Stalin im Februar 1945 zur Konferenz von Jalta begleitete. Dies waren keine Anzeichen, dass Wassilewski in Ungnade gefallen war (auch wenn Stalins Einstellung zu seinen Generälen hin- und herschwankte). Vielmehr schätzte Stalin Wassilewskis organisatorische Fähigkeiten an schwierigen Frontabschnitten. Wichtiger noch: Stalin hatte ihn für die Versetzung an die Front im Fernen Osten vorgesehen, um dort den bevorstehenden Angriff auf die japanischen Truppen in der Mandschurei zu leiten. Stalins Pläne wurden jedoch durch den Tod von General Tschernjachowski, des (jüdischen) Kommandeurs der 3. Weißrussischen Front, im Februar 1945 durchkreuzt. Wassilewski trat an seine Stelle und sollte so eine unvorhergesehene Rolle bei der Eroberung Berlins spielen.

Der grundlegende Plan der Weichsel-Oder-Operation war, das Gebiet zwischen den beiden großen Flüssen zu besetzen, die den Osten Polens bzw. den Osten Deutschlands in zwei Hälften teilten. Rokossowskis Aufgabe war es, im Norden Polens in Richtung Danzig vorzustoßen. Im Süden sollte Konew nach Breslau vordringen, in die wichtigste Industrieregion Schlesiens, die Stalin aus ökonomischen und strategischen Gründen unbedingt einnehmen wollte: Er beschrieb Konew das oberschlesische Montanrevier als »Gold« und wies ihn an, die dortigen Bergbau- und Industrieanlagen nicht zu beschädigen.[4] Schukow sollte Warschau nehmen und dann nach Posen und weiter nach Berlin vorstoßen. Tschernjachowskis Aufgabe war es, die starken deutschen Kräfte in Ostpreußen zu vernichten, Königsberg zu besetzen und sich dann mit Rokossowskis Kräften zum weiteren Vormarsch entlang der Ostseeküste zu vereinen. Während der Abwesenheit von Schukow und Wassilewski von Moskau übernahm Stalin die Koordination dieser komplexen Angriffsoperation – es war das erste Mal, dass er sich einer solchen Aufgabe widmete. Geschickt unterstützt wurde er dabei von Antonow und General S. M. Schtemenko, seinen Operationsleitern.

Der Beginn der Weichsel-Oder-Operation ist in der Forschung umstritten. Am 6. Januar 1945 schrieb Churchill an Stalin und fragte, ob er eine sowjetische Offensive in Polen erwarten könne, die den Druck von der Westfront nehmen würde, der durch die »Ardennenoffensive« der Deutschen im Dezember 1944 entstanden war. Stalin antwortete am nächsten Tag und teilte Churchill mit, dass trotz ungünstiger Wetterbedingungen die sowjetische Offensive früh beginnen würde. Churchill bedankte sich überschwänglich, und in seinem Tagesbefehl im Februar 1945 spielte Stalin genüsslich den Trumpf aus, dass die Weichsel-Oder-Operation den Alliierten im Westen in ihrer gegenwärtig schwierigen Lage helfen würde.[5] Es scheint jedoch, als ob die Operation für den 8.–10. Januar geplant gewesen war, aber wegen des schlechten Wetters verlegt wurde.[6] Es mag deshalb sein, dass Stalin ein Verdienst bei seinen Alliierten beanspruchte, das ihm überhaupt nicht zustand. Andererseits ist Konew ganz genau in seinen Erinnerungen. Danach sollte seine Frontoffensive am 20. Januar beginnen, er wurde aber am 9. Januar von Antonow gebeten, seine Vorbereitungen zu beschleunigen und mit dem Angriff so früh wie möglich zu starten.[7]

Konew eröffnete seine Offensive am 12. Januar, und am 14. gaben Schukow und Rokossowski ihren Truppen das Signal zum Angriff. Schukow und Konew machten rasche Fortschritte. Am 17. Januar wurde Warschau von der 1. Weißrussischen Front eingenommen, während Konew Krakau am 19. Januar besetzte. Gegen Ende des Monats erreichten Schukows und Konews Truppen die Oder, das ursprüngliche Operationsziel. Rokossowskis 2. Weißrussische Front hatte weniger Erfolg. Am 20. Januar wurde ihm befohlen, mit seinem rechten Flügel nach Ostpreußen vorzustoßen, um sich dem Angriff Tschernjachowskis auf Königsberg anzuschließen. Dies führte zu einer Verlangsamung seines eigenen Angriffs nördlich der Oder und öffnete eine Lücke auf seiner linken Flanke zu Schukows rasch vorstoßenden Armeen im zentralen Frontbereich.[8] Diese Lücke setzte Schukows Ansturm auf Berlin der Gefahr eines Gegenangriffs durch die starken Wehrmachtseinheiten in Pommern aus. Anfänglich waren weder Schukow noch die Stawka darüber allzu besorgt. Als Ende Januar Schukow und Konew Vorschläge zur Fortsetzung ihrer Offensive unterbreiteten, um Mitte Februar Berlin einzunehmen, gab Stalin seine Zustimmung und hatte diese Pläne bei sich, als er zur Konferenz von Jalta fuhr. Mitte Februar jedoch wurde es offenkundig, dass die einzige Möglichkeit, mit der Gefahr in Pommern fertig zu werden, darin bestand, große Teile der 1. Weißrussischen Front abzuziehen, um Rokossowski in dieser Gegend zu unterstützen. Dies bedeutete das Ende der Hoffnungen Schukows, am Ende seines Vormarsches Berlin einzunehmen. Währenddessen hatte sich im Süden auch Konews Vormarsch verlangsamt. Anfang Februar kamen seine Truppen westlich der Oder nach Niederschlesien, aber ein weiteres Vorrücken war mühsam, und die 4. Ukrainische Front, die Konews linke Flanke schützen sollte, hatte ebenfalls Schwierigkeiten. Überall an den Fronten traten mit einem Mal die gleichen Probleme dieser gigantischen sowjetischen Offensive auf: übermüdete Truppen, Nachschubprobleme und überdehnte Versorgungslinien.

Ende Februar war die Weichsel-Oder-Operation beendet, obwohl noch heftige Kämpfe in Pommern und in Ostpreußen tobten. Das Vorhaben der Roten Armee, Berlin im Februar 1945 zu erreichen, war gescheitert – der Letzte in einer langen Reihe allzu optimistischer Pläne, die schiefgingen. Frei nach Clausewitz gesprochen, gab es keine strategische Planung der Sowjets, die den direkten Kontakt mit dem Feind überlebt hätte. Aber nicht von allen Betrachtern wird die Meinung geteilt, dass Stalin und die Stawka versuchten, im Februar Berlin zu erobern, dabei aber scheiterten. Eine Theorie besagt, dass Stalin freiwillig auf die Möglichkeit einer frühen Einnahme Berlins aus politischen Gründen verzichtet habe: Er hätte damit weitere Spannungen in der Allianz mit dem Westen zu vermeiden gesucht, insbesondere während der Konferenz von Jalta, die vom 4. bis zum 11. Februar dauerte. Im Übrigen habe er politische Gewinne durch den Vormarsch an den Flanken machen können – nach Ungarn, in die Tschechoslowakei, Österreich und Dänemark, anstatt auf direktem Weg nach Berlin.[9] Freilich sind solche Hypothesen nicht durch Quellen belegt. Erst *nach* der Jaltakonferenz wurde die Idee einer unmittelbaren Einnahme Berlins schließlich aufgegeben. Außerdem gab es zu dieser Zeit keine großen Spannungen im Bündnis der Sowjets mit dem Westen. Eine andere Version wurde von General Tschuikow in seinen 1964 veröffentlichten Memoiren vorgebracht. Tschuikow, der Held von Stalingrad, war der Kommandeur der 8. Gardearmee (die umbenannte 62. Armee) und diente mit Schukow an der 1. Weißrussischen Front während des Vormarsches auf Berlin. Tschuikow behauptet, dass Schukow Berlin schon im Februar habe einnehmen wollen, aber von Stalin abgehalten wurde.

Schukow wies, wie viele andere an den Entscheidungen Beteiligte Tschuikows Behauptungen zurück und beharrte darauf, dass die Verzögerung des Vormarsches auf Berlin sich aus logistischen Problemen und der Bedrohung ergeben hatte, die von den starken deutschen Kräften in Ostpreußen und Pommern ausging.[10] In späteren Ausgaben seiner Erinnerungen nahm Tschuikow die zitierten Passagen heraus und stimmte der offiziellen Linie zu, dass Berlin im Februar 1945 noch nicht habe erobert werden können.[11]

Diese unterschiedlichen Sichtweisen auf die strategische Entscheidungslage Anfang 1945 werfen die Frage nach Stalins Wahrnehmung der militärischen Situation auf. Einige Hinweise darauf ergeben sich durch sein Zusammenspiel mit den politischen und militärischen Führern des Westens zu dieser Zeit. Mitte Dezember 1944 hatte Stalin eine lange Diskussion mit dem amerikanischen Botschafter Harriman über die militärische Lage an der Ost- und Westfront. Harriman informierte Stalin über Offensivpläne der Amerikaner und Briten und fragte, welche Unterstützung sie in Form sowjetischer Angriffe im Osten erwarten könnten. Obwohl die Pläne für die Weichsel-Oder-Operation bereits weit fortgeschritten waren, zeigte sich Stalin in dem Gespräch sehr zurückhaltend und wollte die sowjetischen Absichten nicht enthüllen. Er versicherte Harriman, dass es bald eine Großoffensive geben werde, betonte aber, dass die sowjetische Überlegenheit weniger in ihrer Truppenstärke als im Übergewicht ihrer Artillerie und ihrer Luftwaffe begründet sei und dass gute Wetterverhältnisse notwendig seien, um diese effektiv zur Geltung zu bringen. Solange das Wetter schlecht bleibe, »halten die Sowjets es für unklug, große Operationen zu unternehmen«, sagte Stalin. Die Aussichten in den südlichen Frontbereichen jedoch seien besser, meinte Stalin, und er lud die Amerikaner und Briten ein, sich einer sowjetischen Offensive auf Wien anzuschließen.[12] Das Gespräch fand unmitelbar vor dem Beginn der deutschen Gegenoffensive in den Ardennen statt, ein Ereignis, das die Aussichten der Westalliierten trübte, alsbald den Rhein zu überqueren. Die Schwierigkeiten der Westalliierten hatten wichtige Auswirkungen auf die Planung der bevorstehenden sowjetischen Offensive, die davon ausging, dass starke deutsche Kräfte im Westen gebunden würden. Diese Überlegungen wurden in einem Gespräch offensichtlich, das Stalin mit dem Chef der britischen Royal Air Force, Marschall Tedder, am 15. Januar 1945 führte. Darin erkundigte sich Stalin besorgt über die deutschen Behauptungen, dass die Ardennenoffensive die Offensive der Westalliierten um wenigstens zwei Monate (wenn nicht gar um sechs Monate) aufgehalten habe. Tedder befand sich in Moskau als Abgesandter des alliierten Oberkommandierenden im Westen, General Eisenhower, und sein Auftrag bestand darin, Informationen über die weiteren strategischen Pläne der Sowjets einzuziehen. Stalin berichtete Tedder von der gerade begonnenen sowjetischen Offensive und benannte die Oder als Angriffsziel, obwohl er nicht sicher war, dass man dieses Ziel würde erreichen können. Er bemerkte weiter, dass wegen der Wetterbedingungen (das heißt dem Frühjahrsregen und Schlamm) große Offensiven an der Ostfront von Mitte März bis Ende Mai zu einem völligen Stillstand kommen würden. Trotzdem meinte Stalin, dass der Krieg bis zum Sommer beendet sein könnte, vor allem deswegen, weil sich in Deutschland bis dahin eine Hungersnot ausbreiten würde. Weiter bemerkte Stalin, dass die Deutschen massenhaft Kartoffeln ernten können, aber seiner Meinung nach würden sie Getreide benötigen, das nicht vorhanden ist, um noch für längere Zeit Krieg führen zu können. Wir dürften jedoch nicht vergessen, dass die Deutschen zäh und genügsam sind. Sie haben mehr Verbissenheit als Hirn. In der Tat hätten sie nicht die Ardennenoffensive beginnen dürfen, das war sehr dumm von ihnen. Nach Stalins Meinung müssten die Deutschen Kräfte aus dem Westen abziehen. Wenn sie dies nicht täten, könnten sie ihre Stellungen im Osten nicht halten. Die Stärke der gegenwärtigen sowjetischen Offensive sei so groß, dass die Reserven der Deutschen im Osten dafür nicht ausreichten.[13]

Aus diesen beiden Gesprächen wird deutlich, dass Stalin eine recht seltsame Sicht auf die Aussichten der sowjetischen Offensive hatte. Er ging nicht von einem frühen deutschen Zusammenbruch aus. Auch gab er keinen Hinweis darauf, dass Berlin aus seiner Sicht kurzfristig ein erreichbares Ziel wäre. Hierbei sollte ein von Schtemenko in seinen Erinnerungen gegebener Hinweis beachtet werden. Zu diesem Zeitpunkt des Krieges wurde der Fall von Berlin nämlich nicht mit der deutschen Niederlage gleichgesetzt. Die Deutschen verfügten noch über starke Kräfte in Ungarn, Westeuropa, Ostpreußen und Pommern, und es wurde seinerzeit viel von den Überlegungen Hitlers gesprochen, sich in eine schwer einnehmbare »Alpenfestung« zurückzuziehen.[14] Auf der Konferenz von Jalta wurde den Westalliierten auf der ersten Plenarsitzung ein Bericht von General Antonow über den Fortschritt der sowjetischen Offensive vorgetragen. Antonow ging ausführlich darauf ein, dass die Offensive aufgrund der Bitte der westlichen Alliierten vorgezogen worden sei und betonte, dass eine beträchtliche Verlagerung von deutschen Truppen aus dem Westen in den Osten stattgefunden habe, einschließlich der Verlegung von Verbänden, die damit beauftragt wurden, Berlin von der Oderlinie aus zu schützen. Davon ausgehend, schlussfolgerte Antonow, dass die Westalliierten ihre Offensive Mitte Februar beginnen und Maßnahmen ergreifen sollten, den Abzug weiterer deutscher Truppen an die Ostfront zu verhindern. In seinem Beitrag zur darauffolgenden Diskussion machte Stalin deutlich, dass die Sowjets durch den vorgezogenen Beginn ihrer Großoffensive ihre Verpflichtung von Teheran im Übermaß erfüllt hätten, ihre militärischen Aktionen mit ihren Bündnispartnern zu koordinieren, womit Stalin implizit andeutete, dass er Gleiches auch von Churchill und Roosevelt erwarten würde.[15]

Nach den amerikanischen Aufzeichnungen der ersten Plenarsitzung sagte Stalin, dass »es höchst sinnvoll für die (General-)Stäbe wäre, die Frage einer Sommeroffensive gegen Deutschland zu besprechen, weil er nicht so sicher sei, dass der Krieg vor dem Sommer zu Ende sein wird«. Während seiner Diskussion mit den amerikanischen und britischen Generalstabschefs brachte Antonow deutlich zum Ausdruck, dass er glaubte, die gegenwärtige sowjetische Offensive würde vom Frühjahrswetter gestört werden, wodurch die Straßen unpassierbar wären und größere Offensiven nicht vor dem Sommer wieder aufgenommen werden könnten.[16] Es ist durchaus möglich, dass Antonow mit Stalin unter einer Decke steckte und die beiden versuchten, die westlichen Alliierten über die sowjetischen Absichten im Hinblick auf eine Einnahme Berlins zu täuschen. Aber sinnvoller ist die These, dass die sowjetische Offensive an Schwung verloren hätte und dies auch beide annahmen. So war es schließlich auch 1942, 1943 und 1944: eine Winteroffensive, die erst einmal gut verlief, aber im Frühjahr an Kraft verlor und im Sommer wieder neu aufgenommen werden musste.

Stalins relativer Pessimismus in Bezug auf den Verlauf der militärischen Ereignisse muss durch die Stagnation des Vormarsches der Roten Armee Mitte Februar verstärkt worden sein. In der Öffentlichkeit fand Stalins zurückhaltende Sicht auf die militärische Situation ihren Ausdruck in seinem Tagesbefehl vom 23. Februar, dem 27. Jahrestag der Gründung der Roten Armee. Natürlich pries Stalin die Erfolge des Vormarsches von der Weichsel an die Oder. Er gab jedoch keinen genauen Hinweis auf die Zeit, die bis zum Sieg noch benötigt werde. Er sagte nur, dieser werde bald eintreten. Zudem warnte er, dass es bis zuletzt ein harter Kampf sein werde:

»Der endgültige Sieg über die Deutschen rückt näher. Aber der Sieg kommt nie von allein – er wird nur durch harte Schlachten und beständige Mühen errungen. Der dem Untergang geweihte Feind wirft seine letzten Kräfte in die Schlacht, leistet verzweifelten Widerstand, um der strengen Strafe zu entgehen. Er greift auf die extremsten und widerlichsten Formen des Kampfes zurück und wird dies weiterhin tun. Deshalb müssen wir beachten: Je näher unser Sieg rückt, desto größer muss unsere Wachsamkeit und desto stärker müssen unsere Schläge gegen den Feind sein.«[17]

Während die Rote Armee im März die Deutschen in Ostpreußen und Pommern niederrang, ist es wahrscheinlich, dass Stalin mit dringenden politischen Angelegenheiten beschäftigt war, wie der Auseinandersetzung mit dem Westen über die Umbildung der polnischen Regierung und der Regierungskrise in Rumänien. Ende März erhielt Stalin eine Nachricht von Eisenhower, die ihn über die strategischen Pläne der westlichen Alliierten informierte. Eisenhower teilte Stalin mit, dass es sein unmittelbares Ziel sei, die deutschen Verteidigungskräfte an der Ruhr zu vernichten. Er würde dann weiter nach Erfurt, Dresden und Leipzig vorstoßen, um sich in Mitteldeutschland mit den sowjetischen Truppen zu vereinen. Es könnte sein, dass seine Truppen zudem einen zweiten Vorstoß in Richtung Regensburg und Linz unternehmen würden, um die deutschen Pläne zu vereiteln, sich im Süden des Landes zu verschanzen. Eisenhower schloss, indem er Stalin um Informationen über seine Pläne bat, damit die Aktionen gegen Deutschland im Osten und im Westen koordiniert werden könnten.[18]

Eisenhowers Botschaft wurde Stalin am 31. März in seinem Büro von Harriman, Clark Kerr, dem britischen Botschafter, und General Deane, dem amerikanischen Militärattaché, übergeben. Zwanzig Minuten, nachdem sie gegangen waren, rief Stalin Schukow, Antonow und Schtemenko zu sich, um sich vermutlich mit ihnen über den Inhalt der Botschaft zu beraten.[19] Am nächsten Tag antwortete Stalin. Er teilte dem amerikanischen Oberkommandierenden mit, dass die westlichen und die sowjetischen strategischen Pläne miteinander übereinstimmten. Stalin stimmte zu, dass sich die westlichen und die sowjetischen Truppen in der Gegend von Erfurt, Leipzig und Dresden vereinten, und sagte, dass der Hauptangriff der Roten Armee in diese Richtung ginge. Was Berlin betraf, meinte Stalin, dass »es seine frühere strategische Bedeutung verloren hat. Deswegen denkt das sowjetische Oberkommando darüber nach, für den Angriff auf Berlin nur zweitrangige Kräfte zu verwenden.« Der Hauptstoß, so informierte Stalin Eisenhower, würde in der zweiten Maihälfte erfolgen und, falls sich die Umstände nicht änderten, ein zweiter Stoß in die Gegend von Linz und Wien.[20] Am 2. April traf Stalin erneut Schukow, Antonow und Schtemenko. Das Treffen, an dem auch Konew teilnahm, dauerte zwei Stunden. Die vier Generäle kamen am nächsten Tag zu einem kürzeren Treffen erneut zusammen.[21] Am selben Tag unterzeichnete Stalin Befehle an Schukow und Konew. Schukows Aufgabe war es, eine Offensive zu beginnen, in deren Verlauf er Berlin einnehmen und 10 bis 15 Tage nach Beginn der Operation die Elbe erreichen sollte – die mit den Westmächten vereinbarte Demarkationslinie der Verbündeten in Deutschland. Konews Auftrag bestand darin, die Deutschen südlich von Berlin in die Flucht zu schlagen und innerhalb von 10 bis 12 Tagen nach Dresden zu gelangen, von wo er eventuell einen Vorstoß nach Leipzig unternehmen sollte. Die Trennungslinie zwischen der 1. Weißrussischen und der 1. Ukrainischen Front war bei Lubben, 75 Kilometer südöstlich von Berlin. Sie galt vom 15. April an – ein Anzeichen dafür, dass der Beginn der Doppeloffensive für den 16. April geplant war.[22] Eine unterstützende Rolle sollte Rokossowskis 2. Weißrussische Front übernehmen, die ihre Offensive auf Berlin am 20. April mit dem Ziel beginnen sollte, Schukows rechte Flanke vor einem nördlichen Gegenangriff der Deutschen zu schützen.[23]

Viele Historiker sind der Meinung, dass Eisenhower von Stalin getäuscht wurde und dass Berlin das eigentliche Hauptziel der Sowjets gewesen ist, das Stalin unter allen Umständen vor den Westalliierten einzunehmen suchte. Dies war jedoch nicht zwangsläufig die Art, wie Stalin die Dinge sah. 1948 geriet er in einen Streit mit Walter Bedell Smith, zu dieser Zeit der amerikanische Botschafter in Moskau, der während des Krieges Generalstabschef Eisenhowers gewesen war. Nach Aussage Stalins *war* Berlin ein sekundäres Ziel, weswegen nur Schukows Truppen beauftragt wurden, die deutsche Hauptstadt einzunehmen. Aber Schukows Truppen wurden von den Deutschen aufgehalten, sodass Konew und Rokossowski aushelfen mussten. Dies habe Berlin von einem zweitrangigen zu einem erstrangigen Ziel aufgewertet. Der erzürnte Stalin bot Smith sogar an, mit ihm in die verschiedenen Militärarchive zu gehen, um ihm die Befehle zu zeigen, die er während der Berlin-Operation gegeben hatte. Stalin fügte hinzu, dass Berlin schließlich in der vereinbarten sowjetischen Zone lag, sodass es das moralische und strategische Recht der Roten Armee gewesen sei, die Stadt einzunehmen.[24]

Stalins Version der Ereignisse korrespondiert mit dem Verlauf der Operationen. Der ursprüngliche Plan sah für Schukows Truppen vor, Berlin allein zu erobern. Aber die 1. Ukrainische Front kam schneller voran, und am 17. April entstand eine Gelegenheit, einen Teil von Konews Truppen umzulenken, um Berlin vom Süden her anzugreifen.[25] Als sich die sowjetischen Truppen ihren Weg bis zum Dach des zerstörten Reichstagsgebäudes freikämpften, um dort die rote Flagge zu hissen, beging Hitler in seinem Bunker Selbstmord. Die drei Soldaten, die es am 30. April 1945 schafften, die sowjetische Flagge auf dem Reichstag aufzuziehen, waren, ein glücklicher Umstand für Stalin, ein Georgier, ein Russe und ein Ukrainer. Später stellte der sowjetische Fotograf Jewgeni Chaldei die Szene noch einmal mit zwei anderen Soldaten nach, um ein ebenso ikonenhaftes Bild zu schaffen, wie es die Fotografie von der Aufrichtung der Stars and Stripes einige Monate zuvor auf Iwo Jima war. Der Sieg war teuer. Die Rote Armee verzeichnete Verluste in Höhe von 300 000 Mann, einschließlich der fast 80 000 Toten, die während des letzten Ansturms auf Berlin ihr Leben verloren hatten. Zu den blutigsten Gefechten kam es bei der Annäherung auf Berlin und weniger in der Stadt selbst. So erfolgte keine Wiederholung der erbitterten Häuser- und Straßenkämpfe, wie sie in Stalingrad stattgefunden hatten oder im Februar 1945 in Budapest, als die ungarische Hauptstadt nach einem langen, erbitterten Kampf fiel.[26] Doch außer von den heftigen Verlusten (die deutschen waren noch höher als die sowjetischen) überschatteten den triumphalen Siegeszug der Roten Armee auch die Gräueltaten und Plünderungen einer Minderheit von sowjetischen Soldaten. Schätzungen des Ausmaßes dieser Verbrechen schwanken zwischen einigen zehntausend und einigen Millionen.[27] Die wahre Anzahl liegt wahrscheinlich dazwischen, wobei viele Vergewaltigungen im Großraum von Berlin stattfanden, einer Stadt, die 1945 größtenteils eine Stadt von Frauen war.[28] Die Berlinerinnen waren nicht die Einzigen, die Massenvergewaltigungen erlitten. In Wien hat es etwa 70 000 bis 100 000 solcher Fälle gegeben.[29] In Ungarn gehen die Schätzungen von 50 000 bis zu 200 000 Fällen aus.[30] Frauen wurden auch in Polen, der Tschechoslowakei und in Jugoslawien vergewaltigt, wenn auch in geringerer Anzahl. Es ist schwer zu sagen, ob Stalin über dieses Geschehen in vollem Ausmaß im Bilde war, aber er hatte wohl eine Ahnung davon und entschuldigte sich vorsichtig für das Verhalten der Männer. Im März sagte er einer tschechoslowakischen Besucherdelegation:

»Jeder preist unsere Rote Armee, und sie verdient diese Lobpreisungen auch. Aber ich möchte unsere Gäste bitten, von der Roten Armee nicht enttäuscht zu sein. Es sind nun fast 12 Millionen Personen in der Roten Armee. Diese Menschen sind weit davon entfernt, Engel zu sein. Diese Menschen sind im Kampf 2000 Kilometer marschiert, von Stalingrad bis ins Zentrum der Tschechoslowakei. Auf ihrem Weg haben sie viel Leid und viel Grauen gesehen. Seien Sie deshalb nicht überrascht, wenn sich einige unserer Leute nicht so benehmen, wie sie es sollten. Wir wissen, dass einige Soldaten geringer Intelligenz Mädchen und Frauen belästigen, beleidigen und sich unwürdig verhalten. Lassen Sie unsere tschechoslowakischen Freunde dies nun wissen, dass ihr Lob der Roten Armee sich nicht in Enttäuschung wandele.«[31]

Stalin war sogar noch eindeutiger, als er mit Tito und den jugoslawischen Genossen im April 1945 über diese Angelegenheit sprach:

»Natürlich haben Sie Dostojewski gelesen? Sie sehen, was für eine komplizierte Sache die menschliche Seele, die menschliche Psyche ist? Nun, dann stellen Sie sich einen Mann vor, der auf dem ganzen Weg von Stalingrad bis nach Belgrad gekämpft hat – durch Tausende von Kilometern seines eigenen verwüsteten Landes, über die Leichen seiner Kameraden und Liebsten hinweg. Wie kann solch ein Mann normal reagieren? Und was ist daran so schrecklich, nach all dem Elend Spaß mit einer Frau haben zu wollen? Sie haben sich die Rote Armee vollkommen vorgestellt. Aber sie ist nicht vollkommen und kann es auch nicht sein ... Das Wichtigste ist, dass sie die Deutschen bekämpft ...«[32]

Aber Stalins Nachsicht hatte ihre Grenzen, insbesondere wenn die Zerstörungswut der Roten Armee das wenige schädigte, was von Deutschlands wertvoller ökonomischer Infrastruktur noch übrig geblieben war und was die Sowjets hofften, als Teil ihrer Reparationszahlungen aus dem Lande abziehen zu können. Einen Weg, den Stalin wählte, um die Vergeltung zu beenden, war die Veröffentlichung eines Prawdaartikels am 14. April 1945. In ihm wurde der Schriftsteller Ilja Ehrenburg angegriffen, der während des Krieges für seine mächtige antideutsche Hasspropaganda berühmt geworden war, von der viel in der *Krasnaya Swesda*, der Zeitung der Roten Armee, veröffentlicht wurde. Unter der Überschrift »Genosse Ehrenburg vereinfacht« schrieb der sowjetische Propagandachef Georgi Alexandrow, dass es ein Fehler gewesen sei, alle Deutschen über einen Kamm zu scheren und dass es nötig sei, Hitler und die Nazis vom deutschen Volk zu unterscheiden. Das sowjetische Volk, behauptete Alexandrow, würde den Deutschen nicht feindlich gegenüberstehen und andere Aussagen dazu würden der Nazipropaganda in die Hände spielen, die versuche, das Bündnis der Sowjets mit dem Westen aufzubrechen.[33] Ehrenburg jedoch war reuelos und schrieb privat an Alexandrow:

»Wer Ihren Artikel liest, könnte zu der Schlussfolgerung gelangen, dass ich zur vollständigen Vernichtung des deutschen Volkes aufgerufen hätte, während ich natürlich niemals einen solchen Aufruf ausgegeben habe. Es war die deutsche Propaganda, die mir dies zugeschrieben hat. Ich kann nicht eine weitere Zeile schreiben, bis ich dieses Missverständnis auf dem einen oder anderen Weg geklärt habe … Es ist meine Integrität als Schriftsteller und als Internationalist, dem die rassistische Theorie eine Abscheulichkeit ist, die infrage gestellt worden ist.«[34]

Obgleich die Vergewaltigungen und sonstigen Gewalttaten entsetzlich waren, sollte ihre öffentliche und politische Wirkung nicht übertrieben werden. 1945 wurde die Rote Armee fast überall auf der Welt als Retter Europas von der Nazibarbarei bewundert. Sie hatte einen brutalen Krieg gegen einen grausamen Feind durchgestanden, sodass ihr die meisten Menschen dankbar waren und ihr nicht kritisch gegenüberstanden. Was die öffentliche Aufmerksamkeit gefangen hielt, waren nicht Anklagen von Massenvergewaltigungen durch die Nazipropagandisten, die solche Gewalttaten bereits vorhersagten, bevor die Rote Armee die Grenze zu Deutschland überhaupt überschritten hatte, sondern die Filmaufnahmen der Wochenschau, die die nationalsozialistischen Vernichtungslager und ihre gequälten und halb verhungerten Überlebenden zeigten, die Anfang 1945 von den durch Polen ziehenden Sowjets befreit wurden. Das erste von der Roten Armee überrannte Todeslager der Nazis war Majdanek im Juli 1944. Ende Januar 1945 fiel Auschwitz an die Rote Armee und dann die Lager von Belzec, Chelmno, Sobibor und Treblinka – damit wurde dem sicher grauenvollsten Verbrechen in den Annalen der menschlichen Existenz ein Ende gesetzt. Zweifellos war die Zeit des Sieges über Nazideutschland auch die Zeit des großen persönlichen Triumphs für Stalin, der aber niemals ganz zufrieden war; er erinnerte Harriman, als ihm dieser zur Einnahme Berlins gratulierte, daran, dass »Zar Alexander bis nach Paris kam«.[35] Am 7. Mai schließlich kapitulierten die Deutschen, obwohl Schukow erst am nächsten Tag die Kapitulationsurkunde in Berlin unterzeichnete. Demgemäß wurde der Tag des Sieges in der Sowjetunion einen Tag später als in Großbritannien und den Vereinigten Staaten gefeiert. Alexander Werth erinnerte sich an die Szenerie in Moskau 1945:

»Der 9. Mai war ein unvergesslicher Tag in Moskau. Die spontane Freude der zwei oder drei Millionen Menschen, die an diesem Abend über den Roten Platz strömten … war von einer Tiefe, wie ich sie noch nie zuvor in Moskau gesehen hatte. Die Menschen tanzten und sangen auf den Straßen. Jeder Offizier und Soldat wurde umarmt und geküsst … Sie waren so glücklich, sie brauchten noch nicht einmal getrunken zu haben, und unter den tolerierenden Augen der Miliz urinierten junge Männer selbst gegen die Mauern des Moskwa Hotels, wodurch sie den ganzen Boden unter Wasser setzten. Niemals ist so etwas je in Moskau geschehen. Mit einem Mal wurde in Moskau alle Distanz und Zurückhaltung aufgegeben. Das Feuerwerk an diesem Abend war das spektakulärste, das ich je gesehen habe.«[36]

In seiner Verkündigung des großen Sieges betonte Stalin, dass die Niederlage Hitlers für die Völker Freiheit und Frieden bedeute. Weiter wies er darauf hin, dass es das deutsche Ziel gewesen war, die Sowjetunion durch die Abtrennung des Kaukasus, der Ukraine, Weißrusslands, der baltischen Staaten und anderer Gebiete aufzuteilen.[37] Stalins Bezugnahme auf die Bedrohung, die durch den Krieg auf der Sowjetunion als einem multinationalem Staat gelastet hatte, kann als Kontrast zu seiner nächsten öffentlichen Erklärung zum Krieg gesehen werden, in der er insbesondere die Beteiligung des russischen Volkes am Sieg herausstellte. Auf dem Militärempfang im Kreml am 24. Mai 1945 sprach Stalin einen Toast auf das sowjetische Volk aus, aber »vor allem auf das russische Volk«, ein Ausruf, auf den langer Applaus und Begeisterungsrufe folgten. Stalin fuhr fort:

»Ich trinke auf das Wohl des russischen Volkes, weil es die bedeutendste der Nationen ist, welche die Sowjetunion ausmachen ... Ich trinke auf die Gesundheit des russischen Volkes nicht nur, weil es das führende Volk ist, sondern weil es Vernunft, soziale und politische Vernunft, und Ausdauer besitzt. Unsere Regierung machte nicht wenige Fehler, wir waren 1941–1942 in einer verzweifelten Position ... Andere Völker hätten gesagt: Fahrt zur Hölle, ihr habt unsere Hoffnungen verraten, wir organisieren eine andere Regierung, die mit den Deutschen Frieden schließt und uns Ruhe gewährt ... Aber das russische Volk hat dies nicht getan, hat keinen Kompromiss gesucht, vielmehr zeigte es bedingungsloses Vertauen in seine Regierung. Ich wiederhole, wir haben Fehler gemacht, unsere Armee war gezwungen, sich zurückzuziehen, sie schien die Kontrolle über die Geschehnisse zu verlieren ... Aber das russische Volk glaubte, hielt durch, wartete und hoffte, dass wir die Dinge unter Kontrolle haben. Für diesen vom russischen Volk erbrachten Glauben an unsere Regierung sagen wir herzlichen Dank.«[38]

Im Nachhinein viel diskutiert, zog Stalins Herausstellung des russischen Kriegsbeitrags seinerzeit nur wenige Kommentare auf sich. Es war offensichtlich, dass die Russen das Bollwerk des Sowjetstaates während des Krieges waren. Stalins Anerkennung war Teil einer Rede, in der er die menschlichen und politischen Tugenden der Russen gepriesen hatte. Die Propaganda der Kriegszeit nutzte sowohl russische als auch patriotische Themen der Sowjets. Als die Sowjets im Januar 1944 eine neue Nationalhymne (anstelle der *Internationale*) annahmen, lautete der Schlüsselvers:

Die unzerbrechliche Union freier Republiken
Ist für immer durch Großrussland vereint.
Lang lebe die vereinte und mächtige Sowjetunion
Entstanden durch den Willen der Völker.

Am 24. Juni wurde auf dem Roten Platz eine Siegesparade abgehalten, die von Schukow, auf einem Pferd sitzend, angeführt wurde. Stalin nahm die Parade vom

Dach des Leninmausoleums ab und sah zu, wie Tausende deutscher Militärbanner zu Boden geworfen wurden. Am selben Abend lud Stalin 2500 Generäle und Offiziere zu einem Empfang im Kreml. Die Botschaft aber, die er den Anwesenden übermittelte, war recht unerwartet. In seinem Trinkspruch, der später auch in den Zeitungen veröffentlicht wurde, lobte Stalin nicht seine Generäle, sondern die Millionen kleiner Leute, die winzigen Zahnrädchen in der großen staatlichen Maschinerie, durch die er und seine Marschälle den Krieg gewonnen hatten.[39]

Von Roosevelt zu Truman

Einer der Rufe, die aus der vor der amerikanischen Botschaft am Siegestag versammelten Menge tönten, war »Hurra Roosevelt«. Allerdings war der Präsident bereits einen Monat zuvor verstorben. Harriman rief Molotow mit der Nachricht von Roosevelts Tod in den frühen Morgenstunden des 13. April 1945 an. Molotow fuhr sofort zur amerikanischen Botschaft, um sein Beileid zu bekunden. Nach Aussage Harrimans »schien Molotow tief bewegt und verstört. Er blieb eine Weile und sprach über den Anteil, den Präsident Roosevelt im Krieg und in den Plänen für die Zeit des Friedens gespielt hatte, über den Respekt, den Marschall Stalin und alle Russen für ihn hatten, und wie sehr Marschall Stalin seinen Besuch in Jalta geschätzt hat.« Im Hinblick auf den neuen Präsidenten Harry Truman drückte Molotow sein Vertrauen in ihn aus, da er schließlich von Roosevelt als Vizepräsident ausgewählt worden war. »Ich habe niemals Molotow so ernst reden gehört«, kommentierte Harriman in seinem Telegramm nach Washington.[40]

Harriman sah Stalin später am selben Tag. »Als ich Marschall Stalins Büro betrat, war er offenkundig in tiefer Sorge über die Nachricht vom Tode Präsident Roosevelts. Er grüßte mich still, stand auf und hielt meine Hand über 30 Sekunden, bevor er mich bat, Platz zu nehmen.« Harriman sagte Stalin, dass er gekommen sei, weil er glaube, dass der Sowjetführer vielleicht einige Fragen zur Situation in den Vereinigten Staaten nach dem Tode Roosevelts hätte. Stalin jedoch drückte sein Vertrauen darin aus, dass es keine Änderung der amerikanischen Politik geben werde. »Präsident Roosevelt ist gestorben, aber seine Sache muss fortleben«, sagte Stalin zu Harriman. »Wir sollten Präsident Truman mit all unserer Kraft und all unserem Willen unterstützen.« In seiner Antwort schlug Harriman vor, Molotow nach Washington zu entsenden, damit der den neuen Präsidenten treffe. Um Trumans Aufgabe zu erleichtern und die öffentliche Meinung in den USA zu beruhigen, regte Harriman ferner an, dass Molotow an der Gründungskonferenz der Vereinten Nationen in San Francisco teilnehmen sollte. Dies war ein persönlicher Vorschlag des Botschafters, aber Stalin stimmte auf der Stelle zu, Molotow in die

USA zu schicken, vorausgesetzt, dass er eine offizielle Einladung erhalten würde.[41] Der sowjetische Bericht des Treffens stimmt weitgehend mit dem von Harriman überein, aber er enthält ein wichtiges zusätzliches Detail. Danach erkundigte sich Stalin, ob es eine »Abmilderung« der amerikanischen Haltung gegenüber Japan geben werde. Als Harriman antwortete, dass ein Politikwechsel außer Frage stehe, entgegnete Stalin, dass die sowjetische Politik, basierend auf dem in Jalta erreichten Abkommen, auch so bleiben werde wie bisher.[42] Neben den Beileidsbekundungen an Harriman schrieb Stalin am selben Tag noch an Truman, um seine »tiefe Trauer« über Roosevelts Tod auszudrücken und sein Vertrauen zu bekunden, dass die Zusammenarbeit während des Krieges auch in Zukunft fortgesetzt werde.[43] Schließlich ließ Stalin über Radio Moskau eine persönliche Beileidsbekundung an Elenor Roosevelt ausstrahlen, in welcher der verstorbene Präsident als ein »großer Organisator der friedliebenden Nationen gegen den gemeinsamen Feind und ein Führer, der für die Sicherheit in der ganzen Welt eintrat« gewürdigt wurde.[44] Am 15. April wurde eine Gedenkveranstaltung in Moskau von Molotow und allen seinen Stellvertretern (mit Ausnahme von Litwinow, der krank war) sowie weiteren Vertretern anderer Ministerien und der Streitkräfte besucht.[45]

Am Vorabend von Molotows USA-Reise übermittelte Andrei Gromyko, der sowjetische Botschafter in Washington, seine Einschätzung des neuen Präsidenten. Er berichtete, dass die allgemeine Sicht in den Vereinigten Staaten die sei, dass Truman ein Anhänger von Roosevelts Politik des »New Deal« sei, der die Außen- und Innenpolitik, einschließlich der Zusammenarbeit mit der Sowjetunion, fortsetzen würde. Aber am Ende seiner Einschätzung fügte Gromyko eine Warnung an: »Wie weitgehend er seine Politik der Zusammenarbeit mit der Sowjetunion fortsetzen wird und in welchem Maße er unter den Einfluss isolationistischer antisowjetischer Gruppen kommen wird, ist im Moment schwer zu sagen.« Dies sei eine Frage, schloss Gromyko, die bei Molotows bevorstehenden Gesprächen mit Truman geklärt werden könne.[46]

In den USA hatte Molotow zwei Treffen mit Truman, am 22. und am 23. April. Über diese erste Begegnung zwischen Truman und Molotow existiert eine berühmte Anekdote. Nach den Erinnerungen Trumans, die 1955 veröffentlicht wurden, habe Molotow vermerkt: »In meinem ganzen Leben ist noch nie so mit mir gesprochen worden.« Worauf Truman geantwortet haben soll: »Kommen Sie Ihren Verpflichtungen nach, und man wird nicht mehr so mit Ihnen reden.« Jedoch vermerken weder die amerikanischen noch die sowjetischen Aufzeichnungen des Gespräches irgendeinen Hinweis auf einen solchen scharfen Wortwechsel.[47] Es scheint, als ob Truman seine Erinnerungen seinerzeit ein wenig mit der Rhetorik des Kalten Krieges gewürzt hatte, um zu demonstrieren, dass er direkt von Anbeginn seiner Präsidentschaft hart mit den Russen umgegangen sei. Auch ist es wahrscheinlich, dass die Quelle des berichteten Wortwechsels mit Molotow nicht Trumans Gedächtnis, sondern Pressegerüchte darüber gewesen waren, was sich zwischen den beiden Männern abgespielt habe. Nach Carl Marzanis Buch aus dem Jahre 1952 über die Ursprünge des Kalten Krieges »besagte die Washingtoner Gerüchteküche, dass Molotow aus dem Gespräch mit Truman gekommen sei und aufgebracht gesagt habe: ›Niemand hat jemals so mit mir gesprochen.‹«[48]

In der Tat gab es einige hart diskutierte Themen in den beiden Treffen zwischen Molotow und Truman, wobei sich die Debatte insbesondere um das fortwährende Ringen zwischen den Alliierten um die Nachkriegsregierung in Polen drehte. Auf der einen Seite standen die Sowjets, die an ihrer Interpretation des Abkommens von Jalta festhielten, dass die bestehende prokommunistische Regierung in Warschau verbreitert und umgebildet werden sollte. Auf der anderen Seite standen die Briten und Amerikaner, die darauf bestanden, dass das Abkommen von Jalta vorsehe, dass es eine neue Regierung in Polen geben müsse und dass die Mitglieder der bestehenden Regierung keine Vorteile bei den Verhandlungen zu ihrer Neubildung erwarten könnten. Dieser Streit setzte sich bei der in Moskau tagenden polnischen Kommission fort, die auf der Konferenz von Jalta eingesetzt wurde. Die hart geführten Gespräche gingen in den USA nicht nur anlässlich Trumans Treffen mit Molotow weiter, sondern auch bei Molotows Gesprächen mit dem britischen Außenminister Eden und seinem amerikanischen Kollegen Eduard Stettinius. Molotows persönliche Irritation über diese Diskussionen traten bei einem kleinen Vorfall in San Francisco an den Tag, als er seinem Übersetzer Pawlow verbat, seine Gesprächsnotizen mit seinem britischen Gegenüber zu vergleichen.[49]

Trotz des Streits über Polen war der Eindruck, den Molotow aus seinen beiden Gesprächen mit Truman zog, nicht negativ. Ihr erstes Treffen am 22. April verlief freundlich. Am Ende des Gesprächs brachte Truman einen Trinkspruch aus und bemerkte: Da wir beide uns gut verstehen, würde er gerne Stalin treffen und hoffe, dass der Sowjetführer eines Tages zu einem Besuch in die USA käme. Aus sowjetischer Sicht war der entscheidende Moment dieses ersten Treffens Trumans Antwort auf Molotows Frage, ob der Präsident vom sowjetischen Kriegseintritt im Fernen Osten gemäß des Abkommens von Jalta Bescheid wisse. Truman antwortete, dass er gänzlich zum Abkommen von Jalta stehe, und Molotow dankte ihm für diese klare Antwort und bemerkte dazu, dass er dies Stalin ausrichten werde. Auf ihrem zweiten Treffen nahm Truman – unter dem Einfluss einiger Hardliner unter seinen Beratern[50] – eine härtere Position zur polnischen Frage ein als bei seiner ersten Begegnung mit Molotow. Aber die Bemerkungen des Präsidenten waren bloß eine Wiedergabe der bereits bekannten westlichen Haltung, und er hatte am 18. April auch eine direkte Botschaft in diesem Sinne an Stalin gesandt.[51]

Worauf es für Molotow und Stalin ankam, war nicht der vorhersagbare Versuch Trumans, sie in der Frage zu Polen unter Druck zu setzen, sondern seine feste Zusage, Roosevelts Politik der Kooperation mit der Sowjetunion fortzusetzen und zu den existierenden Vereinbarungen zu stehen.

Trumans härtere Gangart gegenüber Molotow fruchtete nichts. Stalin hielt an der sowjetischen Interpretation der Vereinbarung von Jalta fest und bestand eindeutig darauf, dass Moskau die Bildung einer den Sowjets unfreundlich gesonnenen Regierung nicht zulassen werde. Am 23. April schrieb Stalin an Truman:

»Sie sind offenbar nicht damit einverstanden, dass die Sowjetunion eine Regierung in Polen anstrebt, die ihr freundlich gegenüber eingestellt ist, aber ebenso wenig kann die Sowjetunion der Existenz einer Regierung in Polen zustimmen, die ihr feindlich gegenübersteht ... Ich weiß nicht, ob in Griechenland eine wirklich repräsentative Regierung gebildet worden ist oder in Belgien eine wirklich demokratische. Die Sowjetunion wurde nicht eingeschaltet, als diese Regierungen gebildet wurden, noch hat sie das Recht für sich beansprucht, in diese Dinge einbezogen zu werden, weil sie weiß, wie wichtig Belgien und Griechenland für die Sicherheit Großbritanniens sind. Ich kann daher nicht verstehen, wieso in der Diskussion um Polen keine Versuche unternommen werden, die Sicherheitsinteressen der Sowjetunion gleichermaßen zu berücksichtigen.«[52]

Als der Krieg in Europa beendet war, entschied Truman, dass Harry Hopkins, Roosevelts Vertrauter sowie auch ein vertrauter Freund der Sowjets, nach Moskau reisen sollte, um mit Stalin einen Deal abzuschließen.[53] Hopkins traf am 25. Mai in der sowjetischen Hauptstadt ein und begann am nächsten Tag eine Serie von Gesprächen mit Stalin. Er eröffnete Stalin, dass die amerikanische Öffentlichkeit durch die jüngste Entwicklung in den amerikanisch-sowjetischen Beziehungen irritiert sei, insbesondere über das Scheitern des Abkommens von Jalta in Bezug auf Polen. Aber Hopkins versicherte Stalin, dass Truman eine Fortsetzung der Politik Roosevelts in der Zusammenarbeit mit der Sowjetunion beabsichtige. In seiner Entgegnung wandte Stalin eine seiner liebsten Gesprächstaktiken an, indem er einer dritten Seite die Schuld zuschrieb. Das Problem lag für Stalin bei Großbritannien, das nach seiner Aussage den antibolschewistischen Cordon sanitaire aus der Zeit nach dem Ersten Weltkrieg wiederbeleben wolle, während die Sowjetunion eine Regierung in Polen anstrebe, die ihr freundlich gegenübersteht. Gegen Ende des Gesprächs äußerte Stalin die einigermaßen paranoide Ansicht, dass Hitler nicht tot wäre, sondern sich irgendwo verstecke oder vielleicht mit einem U-Boot nach Japan entkommen wäre. In der Tat hatten zu dieser Zeit die sowjetischen Militärbehörden bereits eine Untersuchung und Autopsien vorgenommen, die zweifelsfrei bewiesen, dass Hitler und Goebbels Selbstmord begangen hatten. Aber Stalin meinte, dass falsche Beweise ausgelegt worden sein könnten, um die Flucht des Nazidiktators aus Berlin zu verdunkeln.[54]

Bei ihrem Treffen am 27. Mai beschwerte sich Stalin über den Stand der sowjetisch-amerikanischen Beziehungen. Ebenso wie den Streit über Polen verübelte Stalin den US-Amerikanern, dass sie Argentinien – ein neutraler Staat, den die Sowjets während des Krieges als Kollaborateur der Deutschen ansahen – in die UNO aufnehmen wollten. Als Nächstes folgte die Beteiligung Frankreichs an der alliierten Diskussion über Reparationen aus Deutschland – der Stalin ablehnend gegenüberstand – und die abrupte Art, mit der die USA die Hilfslieferungen für die Sowjets eingestellt hatten, gleich nachdem Deutschland kapituliert hatte. Stalin war außerdem darauf aus, sich einen Teil der deutschen Marine und Handelsflotte zu sichern und fürchtete, dass die Amerikaner und Briten sich dem widersetzen könnten. Später nahm er in dem Gespräch einen versöhnlicheren Ton an. Er sagte Hopkins, dass die USA eine Weltmacht mit weltweiten Interessen seien, und aus diesem Grund würde er akzeptieren, dass die Amerikaner ein Recht darauf hätten, in die Lösung der polnischen Frage mit einbezogen zu werden. Stalin räumte ein, dass die Sowjetunion in Polen einseitig gehandelt habe, bat aber Hopkins, den Grund zu verstehen. Ferner schlug er vor, dass vier oder fünf Minister einer neu gebildeten polnischen Regierung aus einer Liste favorisierter Politiker ausgewählt werden könnten, die von den Briten und Amerikanern erstellt worden war. Dieser Vorschlag Stalins führte zu einer schnellen Lösung. Im Laufe des Juni 1945 wurde ein Abkommen geschlossen, dass die kommunistisch dominierte provisorische Regierung in Polen umgebildet werden und vier vom Westen bestimmte Kabinettsmitglieder aufgenommen werden sollten. Unter ihnen war auch Mikolajczyk, der zu einem der zwei stellvertretenden Ministerpräsidenten ernannt werden sollte (der andere war der polnische Kommunistenführer Gomulka), die unter dem linkssozialistischen Premierminister Edward Osobka-Morawski amtieren würden. Die umgebildete Regierung wurde am 5. Juli von den Briten und Amerikanern anerkannt.

Ein anderes wichtiges Gesprächsthema zwischen Hopkins und Stalin war der sowjetische Kriegseintritt im Fernen Osten. Hopkins erkundigte sich nach dem Stand der Kriegsvorbereitungen der Roten Armee und wollte das Datum wissen, an dem die Sowjets bereitstehen würden. Bei ihrer dritten Zusammenkunft am 28. April sagte Stalin, dass die Rote Armee am 8. August angriffsbereit wäre, so wie es das Abkommen von Jalta vorsah, in dem es hieß, dass die Sowjetunion zwei oder drei Monate nach Ende des Krieges in Europa Japan den Krieg erklären würde. Die Umsetzung des Abkommens von Jalta war jedoch damit verbunden, dass China die Unabhängigkeit der äußeren Mongolei anerkannte und der Sowjetunion verschiedene Häfen und Eisenbahnanlagen in der Mandschurei überließ. Stalin erklärte Hopkins, dass er erst mit der chinesischen Regierung sprechen wolle, wenn die Verlagerung der sowjetischen Truppen in den Fernen Osten abgeschlossen wäre. Stalin machte Hopkins zudem deutlich, dass Japan, ebenso wie Deutschland, nach dem Krieg gemeinsam besetzt und in eine amerikanische, britische und sowjetische Besatzungszone geteilt werden sollte. Stalins Einstellung zu Japan war ähnlich wie seine Haltung gegenüber Deutschland – er trat für einen Straffrieden ein:

»Marschall Stalin meinte, dass ein Krieg wie der jetzige nur einmal alle hundert Jahre vorkommen könne und es besser sei, dies zu nutzen, um Japan vollständig zu besiegen, den Japanern ihr militärisches Potenzial zu nehmen und so über fünfzig oder sechzig Jahre Frieden herzustellen.«

Hopkins war zwar schwer krank, als er auf seiner letzten Mission nach Moskau reiste (er starb im Januar 1946), aber er machte seine Sache ausgezeichnet. Seine Konsultationen mit Stalin bereiteten den Weg zur Beilegung des Streits über Polen und schufen weiterhin ein Ventil, Missstimmigkeiten zwischen beiden Ländern zu beseitigen. Beide Seiten bekundeten ihre Bereitschaft, ihre Beziehungen in der kooperativen Weise fortzusetzen, wie sie von Roosevelt begründet worden war. So wurde die Szene für die in Potsdam wiederholte triumphale Dreierkonferenz von Jalta bereitet, die zu einer Stärkung der Beziehungen zwischen der Sowjetunion und ihren westlichen Verbündeten führte.

Eine rosige Zeit zwischen der Sowjetunion und den USA nach Jalta und vor Potsdam zu konstatieren ist jedoch eine Einschätzung, die nicht von allen Historikern geteilt wird. Einige ziehen es vor, die Unterschiede und Divergenzen innerhalb der Kriegskoalition zu dieser Zeit hervorzuheben. Eine solche Interpretation neigt dazu, die spätere Wirkung des Kalten Krieges und des Einflusses wichtiger Protagonisten wie Truman und Churchill widerzuspiegeln, die sich schließlich vom Geist der Kooperation von Jalta und Potsdam entfernten. Eine ähnliche Distanzierung fand nach Ausbruch des Kalten Krieges schließlich auch auf sowjetischer Seite statt. Aber noch war Stalin in Bezug auf die Beziehungen zum Westen recht optimistisch. So war die sowjetische Delegation, die nach Potsdam aufbrach, davon überzeugt, dass die Zusammenarbeit unter den drei Kriegsverbündeten die Beste aller möglichen Optionen war, Sicherheit und einen dauerhaften Frieden für die Nachkriegszeit herzustellen.

Die Potsdamer Konferenz

Stalins Armeen kamen nicht bis nach Paris, aber sie hatten Berlin erreicht. Als 1940 Frankreich kapitulierte, unternahm Hitler eine triumphale – und viel fotografierte – Besichtigungstour durch Paris. Sowohl Churchill als auch Truman nahmen sich ebenfalls die Zeit, durch die Ruinen von Berlin zu fahren. Stalin zeigte kein solches Interesse. Er kam mit dem Zug an und befahl selbst Schukow, alle Pläne fallen zu lassen, die er unter Umständen gehabt haben könnte, ihn mit einer Militärkapelle oder Ehrengarde zu begrüßen.[55] Als Tagungsort für die Dreimächtekonferenz war eines der wenigen unversehrten Gebäude im Umkreis von Berlin vorgesehen: Schloss Cecilienhof, das für den Sohn Kaiser Wilhelms II. errichtet und nach dessen Frau benannt worden war. Cecilienhof ist mehr ein Landhaus im Tudorstil als ein klassischer europäischer Palast. Die Residenz mit 176 Zimmern liegt in einer bewaldeten Parkanlage am Jungfern- und Heiligensee. Zu den Dingen, welche die Sowjets in der Vorbereitung auf die Konferenz verbesserten, gehörte ein aus Russland herbeigeschaffter runder Konferenztisch, an dem die Teilnehmer Platz nehmen konnten. Außerdem wurde im zentralen Innenhof ein Blumenbeet arrangiert, das einen roten Stern darstellte.[56] Die Potsdamer Konferenz dauerte zwei Wochen (vom 17. Juli bis zum 2. August) und damit bedeutend länger als die vier Tage von Teheran und die eine Woche, die Churchill, Roosevelt und Stalin in Jalta verbracht hatten. Ein Grund für die Dauer der Konferenz war die Pause, die Ende Juli eingelegt wurde, als Churchill wegen der Parlamentswahlen in Großbritannien nach Hause flog. Er verlor die Wahl auf erdrutschartige Weise und kam nie wieder nach Potsdam zurück. Die Plätze von Churchill und Eden am Konferenztisch wurden durch den neuen Labour-Premierminister Clement Attlee und seinen Außenminister Ernest Bevin eingenommen (wobei Attlee, noch als stellvertretender Premierminister, bereits mit Churchill nach Potsdam angereist war). Ein anderer Grund für die Dauer der Konferenz war die Anzahl und Art der in Potsdam diskutierten Themen. In Teheran war das Hauptthema, im Kampf gegen Deutschland zusammenzuarbeiten, während es in Potsdam um generelle Perspektiven der Nachkriegswelt ging. Potsdam glich mehr der Moskauer Außenministerkonferenz im Oktober 1943, die ebenfalls der Lösung spezieller Fragen diente: die Zukunft Deutschlands, die Friedensverträge mit den feindlichen Staaten, die Revision der Konvention von Montreux über den Zugang zum Schwarzen Meer, die Bildung von territorialen Treuhandschaften für die ehemaligen italienischen Kolonien und Vereinbarungen für die Fortführung der Beziehungen zwischen den Westmächten und der Sowjetunion. Stalin wollte so rasch wie möglich diese Fragen klären, weil er fürchtete, dass der Glanz des gemeinsamen Sieges über Deutschland bald vergehen würde und die Beziehungen zu den westlichen Alliierten nach dem Krieg immer schwieriger werden könnten. Stalin dachte zudem, dass er eine Trumpfkarte in seiner Hand hätte, die er in den Verhandlungen ausspielen könnte: dass die Rote Armee benötigt werden würde, um mit Japan fertig zu werden. In persönlicher Hinsicht erreichten die Beziehungen zwischen Churchill, Stalin und Truman niemals die Vertraulichkeit, wie sie zwischen Churchill, Roosevelt und Stalin in Teheran und Jalta bestanden hatte. Aber

Achtes Kapitel

auch in der neuen Konstellation waren die Teilnehmer der Konferenz freundlich zueinander. Der Premierminister, beklagte sich Eden, »steht wieder unter Stalins Bann. Er wiederholt immerfort: ›Ich mag den Mann.‹«[57] Zu dieser Zeit hielt Truman Stalin noch für »aufrichtig« und meinte, dass »er weiß, was er will, und Kompromisse schließen wird, wenn er es nicht bekommen kann«. Später erinnerte sich Truman, dass er ein »Freund der Russen« gewesen sei und mit Stalin hätte auskommen können. Tatsächlich mochte er den »kleinen Hurensohn«.[58] Laut Charles Bohlen, dem Dolmetscher Trumans, »gab es eine gewisse Reserve auf beiden Seiten, auch wenn alle freundlich zueinander waren, die ein grundsätzliches Misstrauen dem anderen gegenüber bedeutete«.[59] Aber die Konferenzprotokolle waren voller Gelächter, guter Laune und Witze. Es gab vielfache Bemühungen, Konfrontationen und Sackgassen in den Verhandlungen auszuräumen. Stalin war wie gewöhnlich voller Charme auf dem Bankett, bei dem er der Gastgeber war. Nach einem Klavierkonzert führender sowjetischer Pianisten stand Truman auf und spielte Chopin. Nach Aussage des britischen Dolmetschers Major A. H. Birse, »applaudierte Stalin euphorisch und bemerkte, dass er der Einzige der drei sei, der keine Talente habe. Er habe gehört, dass Churchill male, und nun habe der Präsident bewiesen, dass er ein Musiker sei.«[60]

Allerdings gab es in Potsdam auch scharfe politische Differenzen, lange Verhandlungen und ein hartes Ringen um Kompromisse. Überdies hatte Stalin damit zu kämpfen, dass sich die Briten und Amerikaner in den Verhandlungen mehr denn je gegen die Sowjets zusammenschlossen. Aber es gab auch Differenzen zwischen den Briten und den Amerikanern. James F. Byrnes, Trumans Außenminister, scherzte darüber: »Man bekommt den Eindruck, dass, wenn wir mit unseren sowjetischen Freunden übereinstimmen, die britische Delegation ihre Zustimmung zurückhält, und wenn wir mit unseren britischen Freunden übereinstimmen, erhalten wir nicht die Zustimmung der sowjetischen Delegation (Gelächter)«.[61] Stalins erster Termin in Potsdam war ein Treffen mit Truman am 17. Juli. Stalin entschuldigte sich zu Beginn des Gespräches, dass er einen Tag zu spät zur Konferenz angekommen ist. Er sei in Moskau durch Verhandlungen mit den Chinesen aufgehalten worden, und seine Ärzte hätten ihm verboten, nach Berlin zu fliegen. Nach dem Austausch von Nettigkeiten zählte Stalin die Themen auf, die er auf der Konferenz besprochen haben wollte: die Aufteilung der deutschen Flotte, Reparationen, Polen, territoriale Treuhandschaften, das Franco-Regime in Spanien. Truman war froh, diese Themen zu bereden, sagte aber, dass die USA ihre eigenen Themen hätten, auch wenn er nicht genauer spezifizierte, welche es waren. Auf Trumans Aussage, dass es Meinungsdifferenzen und Schwierigkeiten auf der Konferenz geben werde, antwortete Stalin, dass solche Probleme unvermeidlich seien, aber das Wichtigste wäre, eine gemeinsame Sprache zu finden.

Nach Churchill befragt, sagte Truman, der Premierminister sei zuversichtlich, die Wahlen zu gewinnen. Stalin bemerkte, dass die britischen Wähler den Gewinn des Krieges nicht vergessen würden, vorausgesetzt, dass sie annehmen, dass der Krieg bereits zu Ende sei. Dies veranlasste Truman zu der Bemerkung, während es eine aktive britische Beteiligung am Krieg im Fernen Osten gäbe, warte er immer noch auf die Hilfe der Sowjetunion. Stalin antwortete, dass die sowjetischen Truppen bereit seien, die Japaner Mitte August anzugreifen. Dies führte zum Schluss des Gesprächs, und Stalin wies darauf hin, dass er sich an die Vereinbarungen von Jalta hinsichtlich der sowjetischen Beteiligung am Krieg im Fernen Osten halten werde und nicht vorhabe, mehr zu verlangen.[62]

Die Atmosphäre des Gesprächs zwischen Stalin und Truman war sehr freundlich, auch wenn sie nicht die Jovialität erreichte, die seine Begegnungen mit Roosevelt in Teheran und Jalta auszeichneten. Aber Truman war neu im Amt, suchte noch nach seinem Zugang zu Stalin, und anders als sein Vorgänger hatte er während des Krieges keine lange Korrespondenz mit Stalin geführt, bevor er ihn traf.

Wie zu erwarten war, war Stalins Gespräch mit Churchill beim Abendessen am nächsten Tag weitaus behaglicher und reichte, wie gewöhnlich, sehr weit. Stalin vertraute darauf, dass Churchill die Wahlen gewinnen würde und sagte eine parlamentarische Mehrheit von 80 Sitzen für den Premierminister voraus. Der Sowjetführer bekundete auch seine Bewunderung für den König, der das Empire in seiner Person vereinte und meinte »niemand, der ein Freund Großbritanniens ist, würde etwas tun, um den Respekt gegenüber der Monarchie zu mindern«. Churchill war gleichermaßen überschwänglich und bemerkte, dass er »Russland als eine große Seemacht willkommen« heiße. Das Land habe ein Recht auf den Zugang zum Mittelmeer, zum Schwarzen Meer und den Pazifik. Im Hinblick auf Osteuropa wiederholte Stalin seine Versprechen gegenüber Churchill, dass er nicht die Sowjetisierung dieser Länder anstrebe. Allerdings drückte Stalin seine Enttäuschung gegenüber den westlichen Forderungen nach Regierungsveränderungen in Bulgarien und Rumänien aus, insbesondere da er sich selbst einer Einmischung in die Angelegenheiten Griechenlands enthalte. Churchill sprach über Schwierigkeiten im Verhältnis zu Jugoslawien und verwies auf das Arrangement, das er mit Stalin im Oktober 1944 getroffen habe, aber der Sowjetführer protestierte, dass die Einflussverteilung in Jugoslawien 90 Prozent für die Briten, 10 Prozent für die Jugoslawen und null Prozent für die Sowjets betrage. Stalin fuhr fort, dass Tito eine »Partisanenmentalität hat und Verschiedenes getan hat, was er nicht hätte tun dürfen. Die sowjetische Regierung weiß oftmals nicht, was Tito wieder im Begriff ist zu tun.« Der positive Tenor des Gesprächs wurde am Ende des Abendessens durch die Bemerkung Churchills zusammengefasst, dass »die drei Mächte, die um den Tisch versammelt sind, die stärksten sind, die die Welt je gesehen hat und es ihre Aufgabe ist, den Weltfrieden zu bewahren«.[63]

Achtes Kapitel

Die erste Plenarsitzung in Potsdam fand am 17. Juli statt.[64] Auf Stalins Vorschlag wurde Truman für die gesamte Dauer der Konferenz zum Vorsitzenden gewählt. Das Hauptthema war ein erster Austausch, über welche Angelegenheiten sich die drei Staatsmänner auf der Konferenz verständigen wollten. Stalins Liste entsprach derjenigen, die er Truman bei ihrem ersten bilateralen Treffen am Tag zuvor vorgestellt hatte. Erneut stand die Aufteilung der deutschen Marine und Handelsflotte an erster Stelle auf seiner Liste, gefolgt von den Reparationen, der Wiederaufnahme von diplomatischen Beziehungen mit Deutschlands früheren Satellitenstaaten sowie die Stellung des Franco-Regimes in Spanien. Stalins Prioritätensetzung war aus mehreren Gründen interessant. Zuerst spiegelte sie stark seinen Wunsch wider, einen fairen Anteil an der Kriegsbeute zu erhalten. Stalin vermutete, dass insbesondere die Briten ihm seinen Anteil an der deutschen Flotte verweigern würden. Als Nächstes hatte Stalin während des Krieges mehrfach davon gesprochen, dass eines der ausschlaggebenden Kriterien einer Großmacht eine große Flotte sei und dass er eine signifikante Aufstockung der sowjetischen Marine nach dem Krieg plane. Dies erforderte, einen Anteil an der deutschen und auch der italienischen Flotte zu erhalten (wie es schon in Jalta vereinbart worden war) sowie den Zugang zu Häfen in verschiedenen Teilen der Welt.[65] Die Forderung nach einem Anteil an der deutschen Flotte gab Stalins Ansicht wieder, dass die Sowjetunion ihre gerechte Belohnung erhalten müsse, nachdem der Krieg in Europa beendet war. »Wir wollen keine Geschenke«, sagte Stalin gegenüber Truman und Churchill später auf der Konferenz, »sondern möchten wissen, ob der russische Anspruch auf einen Teil der deutschen Flotte als gerechtfertigt angesehen wird oder nicht«.[66] Dieselbe Einstellung kam im Hinblick auf eine Reihe weiterer Fragen zum Ausdruck, die auf der Konferenz behandelt wurden. Zur Rechtfertigung des sowjetischen Anspruchs auf Königsberg sagte er:

»Wir betrachten es als notwendig, auf Kosten Deutschlands über einen eisfreien Hafen zu verfügen. Ich denke, dass dieser Hafen Königsberg sein muss. Es ist nur mehr als gerecht, dass die Russen, die so viel Blut vergossen und so viel Terror erlebt haben, ein Stückchen deutschen Gebiets erhalten sollten, was eine kleine Entschädigung für diesen Krieg bedeuten würde.«[67]

Eine wichtigere Angelegenheit für den Nationalstolz waren die sowjetischen Forderungen gegenüber der Türkei. Im Juni 1945 hatte die Sowjetunion die Rückgabe der türkischen Provinzen Kars und Ardahan an die Sowjetunion verlangt. Diese Provinzen waren Gebiete in der Osttürkei mit einer armenischen und georgischen Bevölkerung und von 1878 bis 1921 Teil des zaristischen Russlands gewesen, bis der sowjetisch-türkische Vertrag die beiden Provinzen an die Türkei überschrieben hatte. Die sowjetischen Gebietsforderungen wurden bestärkt durch einen Vorschlag des türkischen Botschafters, dass die Sowjetunion und die Türkei einen Bündnisvertrag abschließen sollten. Bevor ein solches Abkommen vereinbart werden könne, antwortete Molotow, müssten die Grenzstreitigkeiten über Kars und Ardahan gelöst werden und Verhandlungen über eine Revision der Konvention von Montreux sowie die Errichtung sowjetischer Militärbasen an den Dardanellen aufgenommen werden.[68] In Potsdam legte die Sowjetunion die Forderung nach einer gemeinsamen Kontrolle der Wasserstraßen zum Schwarzen Meer vor und verlangte dortige sowjetische Militärbasen.[69] Auf der Plenarsitzung am 23. Juli verteidigte Stalin die sowjetische Position zu Kars und Ardahan mit ethnischen Gründen. Hinsichtlich der Meerengen sagte er:

»Für eine Großmacht wie Russland hat die Frage der Meerengen eine große Bedeutung. Die Konvention von Montreux war gegen Russland gerichtet, es war ein für Russland feindliches Abkommen. Der Türkei wurde nicht nur das Recht gewährt, die Meerengen im Krieg zu schließen, sondern auch dann schon, wenn es eine Kriegsbedrohung gibt, und was eine Kriegsbedrohung ist, kann von der Türkei definiert werden. Dies ist eine unmögliche Situation. Die Türkei kann immer vorgeben, dass eine solche Bedrohung existiert und die Meerengen schließen. Wir Russen haben dasselbe Recht auf die Meerengen wie die Japaner. Das ist lachhaft, aber es ist eine Tatsache … Stellen Sie sich den Aufstand vor, der in England entstehen würde, wenn es ein solches Abkommen zu Gibraltar gäbe, oder in den USA, wenn ein solches Abkommen im Hinblick auf den Panamakanal existieren würde … Sie meinen, dass eine Marinebasis an den Meerengen inakzeptabel ist. Nun gut, dann geben Sie mir eine andere Basis, an der die sowjetische Marine Reparaturen ausführen und Umladungen vornehmen kann und wo sie zusammen mit ihren Verbündeten in der Lage ist, Russlands Rechte zu verteidigen.«[70]

Stalins Anspielung auf eine andere Marinebasis bezog sich auf ein weiteres Prestigethema, das die Sowjets in Potsdam vorbrachten: die Forderung nach sowjetischer Teilhabe an der Verwaltung der italienischen Kolonien in Nordafrika. Hintergrund des sowjetischen Anspruchs war der lange bekannte amerikanische Vorschlag, dass das Mandatssystem des Völkerbundes für den Übergang früherer Kolonien in die Unabhängigkeit durch ein Treuhandsystem ersetzt werden sollte.[71] Dies war für Moskau sehr ermutigend. In Potsdam schlugen die Sowjets eine Diskussion darüber vor, ob Gebiete, die in Treuhandschaft genommen werden, von den großen drei gemeinsam verwaltet werden sollten oder von einzelnen Ländern, die für spezielle Gebiete verantwortlich sein sollten. Stalin und Molotow drängten auf eine Aussprache in dieser Angelegenheit, aber es wurde vereinbart, die Frage auf die erste Sitzung eines neu geschaffenen Außenministerrats zu verschieben, der sich im September in London treffen sollte.[72] Nach Potsdam verhärtete sich Moskaus Position zur Frage der Treuhandschaft. Die Sowjets forderten, dass Tripolitanien (Westlibyen) unter sowjetische Treuhandschaft kommen sollte, was bedeutete, dass Stalin in der Lage sein würde, über Hafenanlagen am Mittelmeer zu verfügen. Die Sowjets waren recht offen hinsichtlich ihrer eigennützigen Ziele in Tripolitanien und sahen darin nichts Falsches. So betonten sie ihre Absicht, dort Anlagen für eine Handelsflotte zu errichten.[73]

In Potsdam wurde eine Reihe von Fragen aufgeworfen und dann den Außenministern der großen drei für weitere Gespräche übergeben. Aber es gab einige Fragen und Themen, die auf der Konferenz entschieden werden mussten. Zuerst und vordringlich die Zukunft Deutschlands. Dies war eine Angelegenheit, für die mehrere Sitzungen der großen drei, der Außenminister und spezieller Arbeitskommissionen vorgesehen waren. Die schwierigste Frage war die der Reparationen. In Jalta war prinzipiell entschieden worden, dass die Sowjetunion von Deutschland Reparationen erhalten sollte, die grobe Schätzung lag bei 10 Milliarden US-Dollar. Die Reparationen sollten teilweise in Sachleistungen der deutschen Industrie, der Infrastruktur und aus Lieferungen laufender Produktion entnommen werden. Die Schwierigkeit bestand darin, dass die deutsche Industrie überwiegend im Westen des Landes angesiedelt war, der von den Westmächten besetzt war, wie etwa das Ruhrgebiet. Die Briten und Amerikaner, die nicht besonders auf Reparationen erpicht waren, fürchteten, dass sie schließlich den sowjetischen Reparationsforderungen durch Lieferungen aus ihrer Zone nachkommen müssten. Sie zogen es vor, dass die Sowjets Reparationsleistungen ausschließlich aus ihrer eigenen Besatzungszone entnehmen. Und sollte es Reparationen aus dem Westen geben, dann im Austausch für landwirtschaftliche Lieferungen aus dem Osten. Schließlich wurde die Vereinbarung erzielt, dass 10 Prozent der deutschen Industrie aus den westlichen Zonen als Teilzahlung demontiert werden sollte, weitere 15 Prozent sollten abmontiert und im Austausch für Lebensmittel und Rohstoffe nach Osten transportiert werden. Ebenso wichtig war aus Stalins Sicht, dass Deutschland dem Abkommen nach entwaffnet und demilitarisiert und sein Kriegspotenzial eliminiert werden sollte. Stalins Ansicht der langfristigen Gefahr eines Wiedererstarkens der Deutschen war gut bekannt und wurde dem Forum gegenüber erneut am 21. Juli wiederholt. Dabei ging es um die Notwendigkeit, die polnische Westgrenze mit Deutschland so weit wie möglich nach Westen zu verschieben. Die Akten dokumentieren dazu folgenden Dialog:

»Stalin: Natürlich wird der Vorschlag, die Grenze westwärts zu verschieben, Schwierigkeiten für Deutschland schaffen. Ich widerspreche nicht der Behauptung, dass es für Deutschland Schwierigkeiten schaffen wird. Unsere Aufgabe besteht darin, Deutschland mehr Schwierigkeiten zu schaffen …

Truman: Aber es ist nicht gut, auch den Alliierten Schwierigkeiten zu schaffen.

Stalin: Je weniger Industrie Deutschland hat, desto größer sind die Absatzmöglichkeiten unserer Güter. Deutschland wird nicht mit unseren Gütern konkurrieren. Ist das so schlecht? Mir scheint es sehr gut. Wir zwingen den Staat auf die Knie, der den Frieden und den friedlichen Wettbewerb bedroht ... Es gibt hier Schwierigkeiten für Deutschland, aber wir brauchen davor keine Angst zu haben.«[74]

Zusammen mit der deutschen Frage gab das Thema der Westgrenze Polens in Potsdam Anlass zu den langwierigsten Debatten. In Jalta hatte man sich geeinigt, dass Polen für seine Gebietsverluste an die Sowjetunion auf Kosten der Deutschen entschädigt werden sollte. Aber über den genauen Grenzverlauf war keine Übereinkunft getroffen worden, und es gab Differenzen, wie weit westwärts die deutsch-polnische Grenze verschoben werden sollte. Diese Schwierigkeiten ergaben sich aus der Tatsache, dass die Sowjets das gesamte infrage kommende deutsche Gebiet kontrollierten und sie es der polnischen Verwaltung übergeben hatten. Die Polen begannen mit Umsiedlungen in der Annahme, dass das Gebiet Teil des polnischen Territoriums werden würde. So kam es zu einem Massenexodus von Deutschen nach Westen, was den Amerikanern und Briten in ihren Besatzungszonen Probleme bereitete.

Die Diskussion über dieses Thema liefert ein seltenes Beispiel dafür, dass Stalin in diplomatischen Verhandlungen taktisch ausmanövriert wurde. Schon früh auf der Konferenz griffen Churchill und Truman die Frage auf, nach welcher Begrifflichkeit Deutschland definiert werden sollte. Stalin meinte, dass Deutschland entweder nach rein geografischen Begriffen betrachtet werden sollte oder so, »wie es 1945 ist«. Aber der Sowjetführer beging den Fehler zuzustimmen, dass »Deutschland« sich auf den Staat bezieht, der vor 1937 bestand (also bevor Hitler Österreich annektierte und das Sudetenland von der Tschechoslowakei abtrennte). Diese Konzession ermöglichte es später Truman und Churchill zu argumentieren, dass das, was in den an Polen übergebenen Gebieten geschah, eine Sache unter den Alliierten sei und nicht eine bilaterale Angelegenheit der sowjetisch-polnischen Beziehungen, da Deutschland schließlich unter gemeinsamer alliierter Besatzung stand. Stalin konterte, dass dieses Gebiet *de facto* unter polnische Kontrolle gekommen sei, da die Deutschen westwärts geflohen seien, aber er hatte keine wirkliche Antwort auf das Argument, dass die deutsch-polnische Grenze eine Angelegenheit ist, die von einer Friedenskonferenz bestimmt werden sollte. Zum Ende der Konferenz jedoch wurde eine Demarkationslinie zwischen Deutschland und Polen vereinbart, und die polnische Verwaltung der betreffenden deutschen Gebiete wurde von den Briten und Amerikanern anerkannt, »abhängig von einer endgültigen Festlegung von Polens Westgrenze durch eine zukünftige Friedenskonferenz«.

Ein dritter Streitpunkt in Potsdam betraf die Beziehungen der großen drei zu Deutschlands einstigen Verbündeten während des Zweiten Weltkrieges – Italien, Bulgarien, Finnland, Ungarn und Rumänien. Das Thema stellte sich so dar, dass die Briten und Amerikaner nach einer speziellen Behandlung für Italien suchten, während die Sowjets die Interessen derjenigen Staaten verteidigen wollten, die in ihren Einflussbereich in Osteuropa fielen. Der Streit begann mit dem westlichen Vorschlag, dass Italien als Mitglied in die Vereinten Nationen aufgenommen werden sollte. Die Sowjets stellten sich nicht dagegen, aber Stalin sah nicht ein, wieso die anderen vier ehemaligen Feindstaaten nicht in derselben Weise behandelt werden sollten. Die Briten und Amerikaner entgegneten, dass sie zu diesen Staaten keine diplomatischen Beziehungen unterhalten würden und so ihre Aufnahme in die UN nicht bis zum Abschluss eines Friedensvertrages in Betracht ziehen könnten. Der letztlich geschlossene Kompromiss sah vor, dass an erster Stelle Verhandlungen und der Abschluss eines Friedensvertrages zwischen den großen drei und Italien stehen sollte, der die Aufnahme des Landes in die UNO ermöglichen würde. Die sowjetischen Empfindlichkeiten wurden durch die Verpflichtung der Briten und Amerikaner besänftigt, eine Aufnahme diplomatischer Beziehungen zu den Regierungen von Bulgarien, Finnland, Ungarn und Rumänien zu erwägen. Zum Abschluss der Potsdamer Konferenz am 2. August 1945 erklärten die Teilnehmer feierlich, dass die Konferenz »die Bindungen gestärkt ... und den Umfang der Zusammenarbeit und des Verstehens erweitert« sowie das Vertrauen der Teilnehmenden gestärkt habe, »einen gerechten und anhaltenden Frieden« zu schaffen. Das Konferenzkommuniqué kündigte die Schaffung eines Außenministerrates an, der ein ständiges Forum der Zusammenarbeit unter den Alliierten sein sollte. Außerdem wurden die Pläne für Nachkriegsdeutschland zusammen mit den vereinbarten Reparationszahlungen öffentlich gemacht. Es folgte die Bekanntgabe verschiedener anderer Entscheidungen, wie der Übergabe Königsbergs an die Sowjetunion und die Einigung über die Westgrenze Polens. Das Schlusskommuniqué machte auch den Weg für die Aufnahme weiterer Staaten in die Vereinten Nationen frei, darunter auch diejenigen, die während des Krieges neutral geblieben waren. Ausdrücklich ausgenommen wurde Francos Spanien mit der Begründung, dass diese Regierung mit der Unterstützung der Aggressoren gegründet wurde und mit ihnen während des Krieges enge Beziehungen aufrechterhalten habe. Um Francos Regime zu unterminieren, hatte Stalin viel schärfere Aktionen vorgeschlagen, zu denen aber die Briten und Amerikaner nicht bereit waren.[75] Ebenso wie das offizielle Kommuniqué behandelte das unveröffentlichte Konferenzprotokoll Fragen wie die Übergabe der deutschen Marine und Handelsflotte an die Alliierten und die Notwendigkeit, den Zugang zum Schwarzen Meer zu regeln.[76]

Die sowjetische Einschätzung der Potsdamer Konferenz war sehr positiv – und dies nicht nur in der Presse, wo die Konferenz ebenso gefeiert wurde wie zuvor schon die Konferenzen von Teheran und Jalta.[77] Besonders interessant sind die vertraulichen Bemerkungen, die vom jugoslawischen Botschafter in Moskau

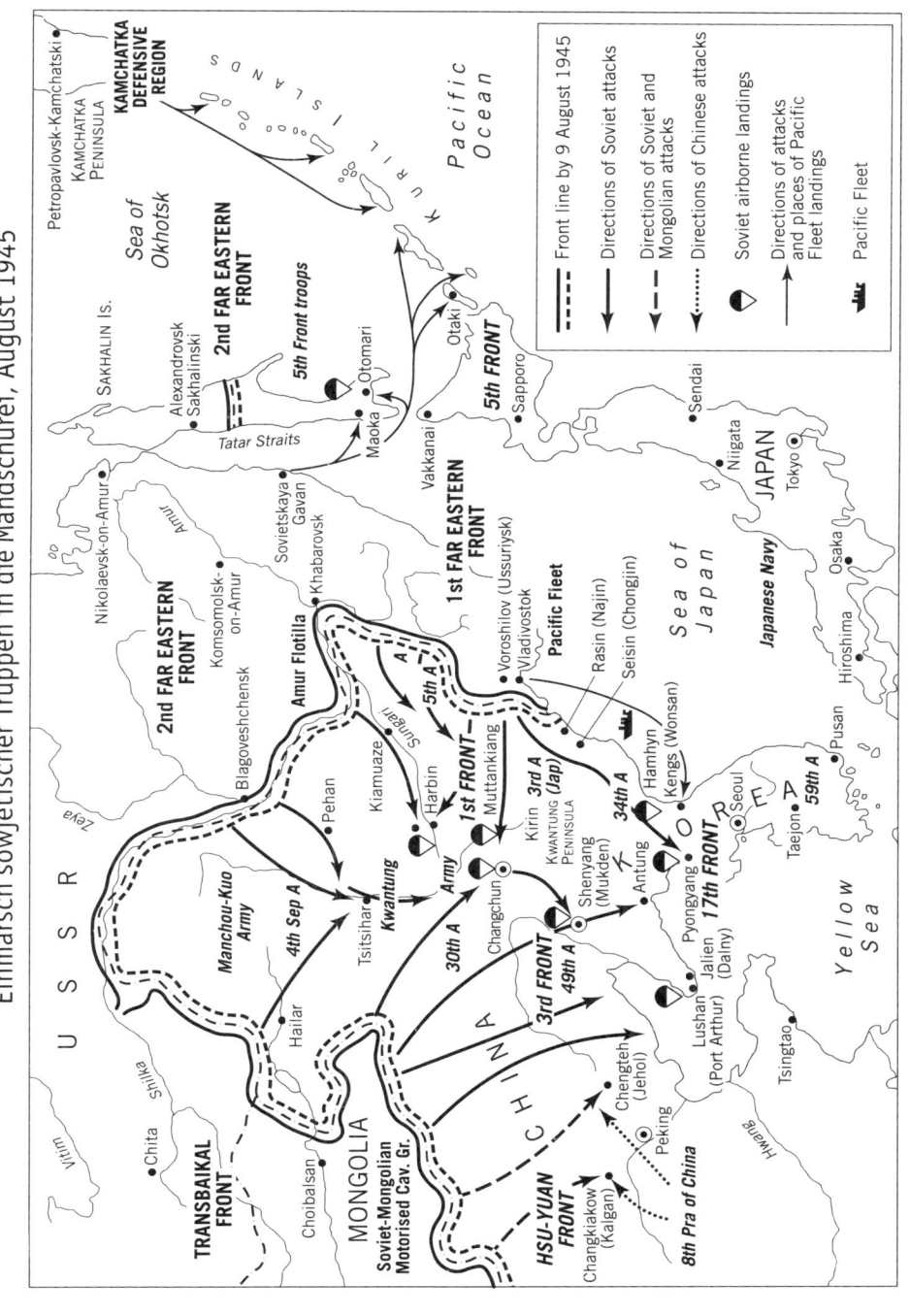

Einmarsch sowjetischer Truppen in die Mandschurei, August 1945

überliefert wurden: »Laut Molotow und Wyschinski wurde während der Konferenz und auch in ihren Resultaten deutlich, dass die Engländer und Amerikaner den Verlust von Osteuropa und des Balkans akzeptiert haben ... Molotow meinte, dass die gesamte Konferenz in einer guten Atmosphäre stattgefunden habe, auch wenn es nicht ohne harsche Polemiken und scharfe Worte gegangen sei. Jeder versuchte jedoch sicherzustellen, dass alle Fragen durch Kompromisse gelöst würden ... Über Truman sagte Molotow, dass er ganz kultiviert sei und einiges an Verständnis den europäischen Problemen gegenüber zeige.«[78] In seinem Tagebuch notierte Georgi Dimitrow Folgendes: »Sprach mit Molotow über die Berlin-Konferenz und insbesondere über die Beschlüsse, die Bulgarien und den Balkan betreffen. Im Wesentlichen sind diese Beschlüsse zu unserem Vorteil. In der Tat ist diese Interessensphäre als unsere anerkannt worden.«[79] In einem Bericht, der an die sowjetischen Botschafter ging, schrieb Molotow, dass »die Konferenz mit ganz zufriedenstellenden Resultaten für die Sowjetunion endete«.[80]

Stalin und der Krieg im Fernen Osten

Nach Potsdam richtete Stalin seine Aufmerksamkeit auf den letzten Feldzug im Zweiten Weltkrieg – den Angriff auf die japanischen Streitkräfte in der Mandschurei im August 1945. Es winkte nicht nur ein weiterer militärischer Sieg, sondern ein bedeutender Anstieg der Macht und des Einflusses der Sowjets im Fernen Osten.[81] Bereits im Dezember 1945 hatten die Amerikaner begonnen, die Sowjets zu umwerben, sich am Krieg im Fernen Osten zu beteiligen, aber Stalin widerstand den amerikanischen Offerten, woraufhin ihn Roosevelt in dieser Angelegenheit nicht weiter bedrängte. Stalins Politik gegenüber Japan bestand darin, an dem sowjetisch-japanischen Neutralitätspakt von April 1941 festzuhalten, in der Hoffnung, dass sich auch Tokio daran halten würde. Der Angriff auf Pearl Harbor signalisierte, dass sich die japanische Expansion in südlicher Richtung vollzog, sodass Stalin nicht ohne Grund erwarten konnte, dass Japan im sowjetisch-deutschen Konflikt neutral bleiben würde, vorausgesetzt, dass die Rote Armee in der Lage sein würde, den deutschen Vormarsch zum Stehen zu bringen und die Deutschen wieder zurückzudrängen. Aber Stalin konnte es sich nicht leisten, die Hände in den Schoss zu legen. Die japanische Militärpräsenz in der Mandschurei und in Korea nahm nach Juni 1941 auf über eine Million Mann zu und blieb auch später auf vergleichbarer Höhe. Um dieser potenziellen Bedrohung beggnen zu können, unterhielt die Rote Armee eine Streitmacht von 700 000 Mann im Fernen Osten. Ein stellvertretender Generalstabschef für den Fernen Osten wurde 1942 eingesetzt, und die Stawka überschüttete ihre Kommandeure im Fernen Osten mit

Befehlen, was sie im Falle eines japanischen Angriffs tun sollten. Nach den Siegen von Stalingrad und Kursk konnte Stalin ziemlich sicher sein, dass die Japaner nicht so töricht sein würden, einen Konflikt mit den Sowjets vom Zaun zu brechen. Allerdings konnte ein Präventivschlag gegen Ziele wie den strategisch wichtigen und verwundbaren Hafen von Wladiwostok nicht ausgeschlossen werden, wenn die Japaner die Sowjets verdächtigten, sich auf einen Krieg gegen sie vorzubereiten. Stalin musste sich deshalb sehr vorsichtig verhalten. Im Unterschied zu Roosevelt gegenüber Großbritannien 1940–1941 machte Stalin seine Solidarität mit dem Kampf seiner westlichen Alliierten im Fernen Osten nicht durch öffentliche Erklärungen deutlich. Die Berichterstattung der sowjetischen Presse zum Krieg in Fernost war freundlich gegenüber ihren westlichen Verbündeten, aber nicht ausgesprochen japanfeindlich. Die einzige wichtige Abweichung von seinem Kurs der öffentlichen Zurückhaltung gegenüber Japan bestand in einer Bemerkung Stalins in seiner Rede zum Jahrestag der Revolution im November 1944, in der er Japan als eine aggressive Macht bezeichnete. Aber diese Bemerkung wurde im Zusammenhang mit einer wirkungsvollen internationalen Sicherheitsorganisation gemacht, die in der Nachkriegszeit den Völkerbund ersetzen sollte, und wurde von den Japanern nicht als Signal einer Richtungsänderung in der sowjetischen Politik verstanden.[82] Als die Sowjets im April 1945 den Neutralitätspakt mit Japan aufkündigten, versicherten sie den Japanern, dass sie damit keine aggressiven Absichten verfolgen würden.

Dennoch konnte nur wenig Zweifel daran bestehen, dass sich die Sowjets in den Krieg gegen Japan einschalten würden, wenn sich die Gelegenheit dazu ergäbe. Aus Stalins Sicht stellte Japan direkt nach Deutschland die größte militärische Bedrohung dar. Hinter Stalins Feindseligkeit gegenüber Japan stand eine lange Tradition. Während des russischen Bürgerkrieges hatte Japan eine große Invasionsarmee nach Sibirien entsandt, und es dauerte mehrere Jahre, um ihren Abzug aus der UdSSR zu erreichen. Japans Invasion der Mandschurei 1931 löste in Moskau intensive Sicherheitsbesorgnisse aus, insbesondere, als sie sich mit dem Aufstieg des Faschismus in Europa verband.[83] Die japanische Expansion in die Mandschurei und dann nach Nordchina führte 1937 zu mehreren großen militärischen Zusammenstößen mit japanischen Truppen an umstrittenen Sektoren der sowjetisch-mongolischen und sowjetisch-chinesischen Grenze.[84] 1936 hatte Japan den Anti-Kominternpakt mit Deutschland unterzeichnet, und Moskau wusste sehr gut, dass es mächtige Gruppen im japanischen Militär und in der japanischen Politik gab, die einen antikommunistischen Krieg einem Zusammenstoß mit den Briten und Amerikanern gegenüber vorzogen. Während des chinesisch-japanischen Krieges widerstand Stalin den Forderungen des chinesischen Nationalistenführers Chiang Kai-shek, dass sich die Sowjetunion direkt in den Konflikt einschalten sollte. Aber seit Ende der Dreißigerjahre wurde die Sowjetunion zu einem der wichtigsten Lieferanten Chinas an Kriegsmaterial, und dies setzte sich auch während des Großen Vaterländischen Krieges fort.[85]

Japans Niederlage gegen die USA war unvermeidlich, aber das Potenzial Japans, als eine bedrohliche Militär- und Industriemacht nach dem Krieg wieder hervorzutreten, war Grund genug für Stalins Beteiligung am Krieg in Fernost. Der sowjetische Kriegseintritt sollte entscheidend zur vernichtenden japanischen Niederlage beitragen, er würde Stalins Beziehung zu seinen westlichen Alliierten festigen und die Tür zu einer Beteiligung der Sowjets an der Friedensregelung im Fernen Osten öffnen. Was die sowjetischen Kriegsziele im Fernen Osten anging, stellten sich Stalins Bestrebungen als Mischung aus patriotischen Empfindlichkeiten und strategischen Interessen dar. Im Krieg mit Japan 1904–1905 hatte das zaristische Russland eine demütigende Niederlage hinnehmen müssen und war im Vertrag von Portsmouth gezwungen worden, China Hafenanlagen und territoriale Zugeständnisse zu machen und Japan die südliche Hälfte der Insel Sachalin zu überlassen. In sowjetischen Zeiten verlor Moskau die Kontrolle über die östliche chinesische Eisenbahn, die durch die Mandschurei nach Wladiwostok verlief. Zudem verstrickte sich Moskau mit Japan in einen lang anhaltenden Streit über Fischereirechte und japanische Bergbaukonzessionen in Nordsachalin. Obgleich ein Krieg mit Japan die Möglichkeit bot, die entstandenen Verluste wieder auszugleichen, sprach Stalin über seine Forderungen bis zum letzten Moment nicht. Wie so oft bei Stalin tauchten seine politischen Forderungen in der Entgegnung auf die Initiative anderer auf und entwickelten sich daran. Stalins Weg zum Krieg mit Japan begann im Oktober 1943 auf der Moskauer Außenministerkonferenz, als er Cordell Hull, dem amerikanischen Außenminister, und Harriman, dem gerade in Moskau eingetroffenen amerikanischen Botschafter, sagte, dass die Sowjetunion in den Krieg im Fernen Osten eintreten werde, sobald Deutschland geschlagen sei. Stalins Verbindung zwischen dem Kriegseintritt gegen Japan und der Beendigung der Kämpfe in Europa mag ein taktischer Schachzug gewesen sein, um die Briten und Amerikaner zu ermutigen, ihr Versprechen der Eröffnung einer zweiten Front in Europa auszuführen. Aber es mag auch nur eine bloße Reaktion auf die militärische Realität gewesen sein, die Zeit verlangte, einen großen Feldzug in Fernost zu planen, vorzubereiten und in Gang zu setzen. Stalins Versprechen, sich am Krieg gegen Japan zu beteiligen, wurde in seinen Gesprächen mit Churchill und Roosevelt in Teheran bestätigt. Nach Teheran griff Harriman das Thema auch bei anderen Gelegenheiten wieder auf. Im Februar 1944 besprach er mit Stalin Fragen der sowjetischen Zusammenarbeit bei der amerikanischen Bombardierung Japans. Dabei ging es auch um die Errichtung amerikanischer Luftwaffenstützpunkte in der Sowjetunion. Stalin antwortete, dass die Sowjetunion nicht in der Lage sei, sich an solchen Operationen gegen Japan zu beteiligen, da ihre Kräfte im Fernen Osten zu schwach wären. Deren Verstärkung würde zwei oder drei Monate in Anspruch nehmen, was außer Frage stände, solange die Rote Armee im Westen beschäftigt sei. Wenn der deutsche Widerstand jedoch nachlasse, könnten Divisionen in den Fernen Osten entsandt werden. »Sobald diese Truppen eingetroffen sind, wird die Sowjetregierung aufhören, die japanischen Provokationen zu fürchten und könnte die Japaner dann sogar selbst provozieren.« Stalin war nicht abgeneigt, amerikanische Luftwaffenstützpunkte auf sowjetischem Gebiet zuzulassen. Doch sollte Japan dazu provoziert werden, zuerst anzugreifen, könnte dies zum Verlust von küstennahen Gegenden und damit von Regionen führen, die für die amerikanischen Basen infrage kämen, betonte Stalin.[86] Im Juni 1944 ergriff Harriman die Gelegenheit, die sich aus der in Moskau höchst willkommenen Landung der Alliierten in der Normandie ergab, und sprach noch einmal das Thema amerikanischer Luftwaffenbasen im Fernen Osten der Sowjetunion an. Wie schon zuvor war Stalin für diesen Wunsch im Allgemeinen zugänglich, aber Harriman konnte ihn nicht auf einen konkreten Termin für den Beginn der Gespräche festlegen.[87] Im September 1944 suchten Harriman und Clark Kerr Stalin auf, um ihm über die Ergebnisse des Treffens zwischen Churchill und Roosevelt in Quebec zu berichten. Harriman nutzte die Gelegenheit, um die Frage gemeinsamer militärischer Operationen auf dem Kriegsschauplatz in Fernost anzusprechen. Stalin fragte Harriman, was ihm vorschwebe, die Ausarbeitung von Plänen oder die Festlegung auf ein Angriffsdatum. Harriman antwortete, dass er an Pläne denke. Der Termin für einen sowjetischen Kriegseintritt könne erst nach dem Ende des Krieges in Europa festgelegt werden. Als er das Thema der Bombardierungen wieder erwähnte, schien es Stalin zu verärgern, der sagte, wenn Churchill und Roosevelt eine sowjetische Kriegsbeteiligung wünschten, müssten sie berücksichtigen, dass 25 bis 30 Divisionen in den Fernen Osten verlegt werden müssten. Stalin wollte wissen, ob es eine Änderung in den Plänen Roosevelts hinsichtlich der sowjetischen Kriegsbeteiligung gegeben habe, und fragte, ob die sowjetische Rolle auf die Bereitstellung von Luftwaffenbasen beschränkt werden sollte. »In Teheran bat Roosevelt oder besser forderte Roosevelt eine sowjetische Kriegsbeteiligung gegenüber Japan«, sagte Stalin zu Harriman. »Die Russen gaben ihre Zustimmung. Die Position der Russen ist dieselbe geblieben.« Das weitere Gespräch drehte sich um die Pläne der Westalliierten bezüglich Japan: Stalin wollte wissen, ob es die Absicht der Briten und Amerikaner sei, Japan ohne die Hilfe der Sowjetunion in die Knie zu zwingen. Sowohl Harriman als auch Clark Kerr versicherten Stalin, dass dies nicht der Fall sei, aber der Sowjetführer verwies darauf, dass er die anglo-amerikanischen Pläne kennen müsse, wenn er seine Vorbereitung fortsetzen soll.[88]

Das nächste Gespräch zwischen Stalin und Harriman über die sowjetische Beteiligung am Krieg gegen Japan fand im Oktober 1944 statt. Die Gelegenheit war Churchills Reise nach Moskau. Am 14. Oktober besprachen beide Führer militärische Fragen. Harriman wartete in Begleitung von General Deane, der einen Vortrag über den Krieg im Pazifik hielt. Deane antwortete Stalin auf die Fragen, die er Harriman in den vergangenen Monaten gestellt hatte und skizzierte das Konzept des amerikanischen Generalstabs, wie die sowjetische Beteiligung am Krieg im Fernen Osten aussehen solle. Die Ziele einer solchen Beteiligung wären, sagte Deane, die Transsibirische Eisenbahnlinie und den Hafen von Wladiwostok zu sichern, strategische Luftwaffenstellungen für amerikanische und sowjetische Operationen gegen Japan einzurichten, die Verbindung Japans zum asiatischen Festland abzubrechen, die japanischen Kräfte in der Mandschurei zu vernichten und schließlich die Nachschublinien im Pazifik zu sichern. Am Ende seines Vortrags stellte Deane den Sowjets einige Fragen: Wie rasch nach dem Sieg über Deutschland könnten sie in den Krieg eintreten? Wie lange würde es dauern, bis die Sowjets ihre Truppen im Fernen Osten zusammengezogen hätten, wie viele Güter könnte die Transsibirische Eisenbahnlinie zu den Luftwaffenbasen transportieren und wie schnell könnten die Sowjets solche Basen einrichten?[89] General Antonow antwortete auf Deans Fragen am nächsten Tag. Es würde zwei bis drei Monate dauern, um die benötigten sowjetischen Truppen in der Region zu konzentrieren, sagte Antonow. Stalin warf ein, dass es nicht nur eine Frage der Transportkapazitäten in den Fernen Osten sei, sondern dass auch genügend Nachschub benötigt werde, um die Truppen angriffsbereit zu machen, und hinsichtlich des Nachschubs würden die Sowjets die amerikanische Hilfe benötigen. Auf die Frage Harrimans, wann die Sowjets in den Krieg gegen Japan eintreten könnten, antwortete Stalin: »Drei Monate nach der Niederlage Deutschlands.«[90]

Am 16. Oktober traf Stalin Harriman und Deane wieder und übergab dem Botschafter eine Liste mit Nachschubgütern, die von den Sowjets benötigt würden, wenn sie in den Krieg im Fernen Osten eintreten sollten. Deane wiederholte in zusammenfassender Form, was er auf den vorhergehenden Treffen gesagt hatte, und Stalin bemerkte, dass die wichtigste Aufgabe der Roten Armee die Vernichtung der japanischen Kräfte in der Mandschurei sei.[91] Laut Harriman machte Stalin deutlich, dass er mit der sowjetischen Kriegsbeteiligung politische Forderungen verbinden müsse, da das sowjetische Volk wissen wolle, wofür es kämpfe.[92] Aber erst als der Botschafter auf der folgenden Sitzung am 14. Dezember fragte, welche Forderungen Stalin habe, ließ er sich in die Karten schauen. Grundsätzlich verlangte Stalin nach einer Revision des Vertrages von Portsmouth: Der Süden Sachalins sollte an Russland restituiert werden, Port Arthur (Lüshun) und Dairen (Dalian) auf der Halbinsel Liaotung in der Mandschurei sollten an die UdSSR verliehen werden, ebenso wie die Eisenbahnlinie, die beide Häfen verband. Stalin wollte weiterhin, dass der Status quo im Hinblick auf die äußere Mongolei erhalten bleiben sollte, was *de facto* die Anerkennung der Unabhängigkeit der Mongolischen Volksrepublik durch die Chinesen bedeutete – die seit den Zwanzigerjahren ein sowjetischer Satellitenstaat war. Schließlich wollte Stalin die Kurileninseln annektieren.[93] Dies ist eine Inselkette, die sich von der sowjetischen Halbinsel Kamtschatka bis zur nördlichsten Spitze der japanischen Hauptinsel Hokkaido erstreckt. Größtenteils unbewohnt, war ihr Status ungeklärt, bis sie Russland in einem Vertrag 1875 Japan übereignete. Aus prinzipiellen Überlegungen jedoch wollte die UdSSR nicht akzeptieren, dass sie an Verträge aus zaristischer Zeit gebunden wäre. Wenn man rechtliche Streitigkeiten außer Acht lässt, war für Stalin der strategische Grund, die Kurilen für die Sowjetunion zu beanspruchen, dass sie das Ochotskische Meer kontrollierten und den Zugang zum Pazifischen Ozean von Wladiwostok aus behinderten. Entsprechend äußerte sich Stalin dem chinesischen Botschafter gegenüber: »Wenn die Kurileninseln sowjetisch wären und Formosa und andere Gebiete an China zurückgegeben würden, werden wir immer in der Lage sein, Japan vom Osten, Süden und Westen zu kontrollieren.«[94] Man könnte auch sagen, dass die Kurileninseln Stalins Gegenstück für Königsberg im Fernen Osten waren – ein »Stückchen« japanischen Gebietes als Ausgleich für das sowjetische Blut, das im Krieg im Fernen Osten vergossen wird.

Eines von Stalins immer wiederkehrenden Themen in seinen Gesprächen mit Harriman war es, darauf zu verweisen, dass es unbedingt notwendig sei, die sowjetischen Pläne gegenüber Japan mit äußerster Geheimhaltung zu behandeln. So wurde dieses Thema in Moskau nur auf den höchsten Ebenen der politischen und militärischen Hierarchie diskutiert. Stalin bewahrte die Geheimhaltung sogar gegenüber seinen Chefdiplomaten, wie Jakow Malik, dem sowjetischen Botschafter in Tokio, und S. A. Losowski, dem stellvertretenden Außenminister mit besonderer Funktion für den Fernen Osten. Sowohl Malik als auch Losowski handelten unter der Annahme, dass die UdSSR versuchen würde, sich aus dem Krieg mit Japan herauszuhalten, und argumentierten in ihren politischen Äußerungen, dass die sowjetischen Ziele im Fernen Osten, einschließlich der Revision des Vertrages von Portsmouth, auf dem Verhandlungswege auf einer Friedenkonferenz nach dem Krieg erreicht werden könnten. Stalin wusste jedoch, dass seine politischen und territorialen Forderungen an China gegenüber Japan nicht ernst genommen würden, wenn die UdSSR nicht eine aktive Rolle im Krieg im Fernen Osten spielen würde.[95]

Auf der Konferenz von Jalta im Februar 1945 erhielt Stalin im Hinblick auf den Fernen Osten was er wollte. In einer geheimen Vereinbarung, die auf besonderen Wunsch Stalins von den großen drei unterzeichnet wurde, stimmten Roosevelt und Churchill unter zwei Bedingungen den Forderungen Stalins zu, die er Harriman im Dezember bekannt gegeben hatte. Dairen sollte als Handelshafen internationalisiert werden, anstatt als Marinebasis an die UdSSR verliehen zu werden, und alle sowjetischen Forderungen gegenüber der Mandschurei bedürften der chinesischen Zustimmung. Stalin versprach zudem, dass die UdSSR einen Bündnisvertrag mit den Chinesen abschließen würde.[96]

Nach Jalta begannen die sowjetischen Vorbereitungen auf die Teilnahme am Krieg im Fernen Osten.[97] Es wurden militärische Pläne entwickelt, wichtige Personalentscheidungen getroffen, und die Verlegung sowjetischer Truppen in den Fernen Osten begann. Mit dem Feldzug wurde Marschall Wassilewski beauftragt, der Ende April 1945 begann, die operationellen Pläne auszuarbeiten. Aus Sicherheitsgründen wurde seine Bestellung geheim gehalten. Tatsächlich wurde ihm deshalb auch nicht bis Ende Juli formell der Rang des sowjetischen Oberkommandierenden im Fernen Osten gegeben. Wassilewski kam in der Gegend unter falschem Namen einige Wochen früher an; auch trug er nicht seine Marschallsuniform. Eine Reihe weiterer erfahrener Kommandeure vom europäischen Kriegsschauplatz wurde zusammen mit Wassilewski abkommandiert, darunter auch Marschall R. Y. Malinowski, der zum Kommandanten der Transbaikalfront in der äußeren Mongolei – der Hauptfront der Sowjets im Fernen Osten – ernannt wurde, sowie Marschall Merezkow, der Held des Krieges gegen Finnland, der die 1. Fernöstliche Front kommandieren sollte.

Neben den Planungen der Operation war die Hauptaufgabe, die sowjetischen Truppen im Fernen Osten zu konzentrieren. Dies erforderte eine Verdopplung der sowjetischen Kräfte im Fernen Osten. Zwischen April und August 1945 wurden drei Infanteriearmeen und eine Panzerarmee, insgesamt 39 Divisionen, aus den westlichen Militärbezirken der UdSSR einige 10 000 Kilometer weit in den Osten verlegt. Zur Zeit des sowjetischen Angriffs verfügten die Sowjets im Fernen Osten über 1,5 Millionen Mann, 26 000 Artilleriegeschütze und Mörser, 5500 Panzer und 3900 Flugzeuge.

Die ersten Stawka-Befehle zur Vorbereitung des Feldzuges wurden Ende März 1945 erlassen.[98] Interessanterweise waren dies Instruktionen, was im Falle eines japanischen Angriffs getan werden sollte. Dies war zum Teil eine Aktualisierung vorhergehender Befehle und teilweise eine Vorsichtsmaßnahme für den Fall eines japanischen Präventivschlages, der möglicherweise der Auflösung des sowjetisch-japanischen Neutralitätspaktes hätte folgen können. Aber diese Befehle zeigten auch, dass der sowjetische Generalstab aus der Erfahrung des 22. Juni 1941 gelernt hatte und nicht noch einmal bei der Vorbereitung einer Offensive auf dem falschen Fuß erwischt werden wollte. Nach den Erinnerungen General Schtemenkos sah die Überlegung so aus, dass »jeder Plan für einen Krieg im Fernen Osten einen Schutz gegen einen Überraschungsangriff beinhalten sollte ... Das Element der Defensive war in den Plan integriert, Vorkehrungen für die Verteidigung waren getroffen worden, und die dokumentarischen Aufzeichnungen geben die Besonderheit des Generalstabsdenkens in unserer Haupttaktik und Strategie wieder.«[99]

Am 28. Juni gab Stalin Befehle an die Transbaikal- und die 1. Fernöstliche Front, die zum Angriff am 25. Juli bereit sein sollten, während die 2. Fernöstliche Front zum 1. August einsatzbereit sein musste.[100] Der Hauptplan des Feldzuges war, die japanische Kwantung-Armee in der Mandschurei zu vernichten, die Hauptschläge sollten dabei von der Transbaikalfront kommen. Unterstützend würden die 1. und die 2. Fernöstliche Front sowie die sowjetische Pazifikflotte eingreifen, welche die japanischen Kräfte in der Mandschurei aufspalten und isolieren sollten.

Parallel zu den militärischen Vorbereitungen gab es diplomatische Aktivitäten, um den sowjetischen Kriegseintritt im Fernen Osten abzusichern. Die wichtigste Aufgabe war, die Japaner zu überzeugen, dass sie von der Sowjetunion nichts zu befürchten hätten, zumindest nicht kurzfristig. Dies wurde eine besonders dringliche Aufgabe, nachdem Molotow am 5. April ankündigte, dass der sowjetisch-japanische Neutralitätspakt nicht verlängert werden wird, wenn er nach fünfjähriger Dauer ausläuft.[101] Nur wenige der japanischen Entscheidungsträger dachten, dass die Sowjetunion in naher Zukunft angreifen könnte. Sie wandten sich weiter an Moskau mit dem Vorschlag, eine Verhandlungslösung zu vermitteln, um den Krieg zu beenden. Wie David Holloway feststellte, »machten die Sowjets keine Anzeichen, den japanischen Vorschlägen zu folgen. Sie zeigten nicht die geringste Neigung, Japan dabei zu helfen, ein Friedensabkommen mit den USA auszuhandeln. Auch waren sie nicht daran interessiert, sich dem Krieg fernzuhalten, um im Gegenzug von der japanischen Seite einen größeren Einfluss in Asien angeboten zu bekommen ... Stalin unterstützte beständig das Ziel einer bedingungslosen Kapitulation, die er zu den härtesten Bedingungen interpretiert wissen wollte.«[102]

Die andere Aufgabe der sowjetischen Diplomatie zu dieser Zeit war es, einen Bündnisvertrag mit China auszuhandeln, wie es bereits in Jalta vereinbart worden war. Stalin war jedoch zögerlich, zu rasch mit China in Verhandlungen einzutreten, weil er den Chinesen nicht zutraute, Geheimnisse bei sich zu behalten, und er befürchtete, dass sie das Wissen um einen baldigen sowjetischen Angriff auf Japan preisgeben könnten. Deswegen begannen die Gespräche nicht vor Ende Juni. Als sie aufgenommen wurden, nahm Stalin jedoch eine aktive Rolle in ihnen ein. Zwischen dem 30. Juni und dem 12. Juli traf er den chinesischen Vertreter T. V. Soong sechsmal.[103] Die Chinesen waren glücklich, einen Bündnisvertrag mit der UdSSR abschließen zu können und erwarteten begierig, dass die Rote Armee die Japaner angreift. Zugleich waren sie zögerlich, der Unabhängigkeit der Äußeren Mongolei zuzustimmen oder einer sowjetischen Kontrolle über Dairen und Port Arthur.[104] Zu der Zeit, als Stalin Mitte Juli nach Potsdam aufbrach, war zu diesen Punkten noch keine Einigkeit erreicht worden.

Achtes Kapitel

Stalins Gespräche mit Soong waren anstrengend und sicher sehr frustrierend für den sowjetischen Führer. So klagte Stalin gegenüber Harriman nach einem Treffen, »er könne nicht genau erkennen, was Soong eigentlich will. Soong habe viel geredet und eine Menge Zeit mit Anmerkungen verschwendet, aber sie hätten nicht genau verstanden, was er vorschlägt. Sie hätten ihn gebeten, seine Vorschläge schriftlich zu fixieren, sowohl in Russisch als auch in Englisch. Von Soong hätten sie (bisher) nur viele Worte.«[105]

Dennoch lieferten die Gespräche zwischen Stalin und Soong einen faszinierenden Einblick in das globale Denken des sowjetischen Diktators zu Ende des Zweiten Weltkrieges. Stalins Hauptthema war die Parallele zwischen der langfristigen japanischen Bedrohung und der Gefahr, die für ihn von Deutschland ausging. Am 2. Juli sagte er Soong:

»Japan wird nicht untergehen, selbst wenn es gezwungen wird, bedingungslos zu kapitulieren. Die Geschichte zeigt, dass die Japaner eine mächtige Nation sind. Nach dem Vertrag von Versailles dachte jeder, dass sich Deutschland nicht mehr erheben werde. Aber nach 15 bis 17 Jahren hatte es seine Kraft wiederhergestellt. Wenn Japan in die Knie gezwungen wird, dann wird es nach einiger Zeit in der Lage sein, das zu wiederholen, was Deutschland getan hat.«

Stalin erklärte Soong darüber hinaus, dass es sein Hauptziel im Fernen Osten gewesen sei, die strategische Position der Sowjets zu stärken, um in Zukunft einen Krieg mit Japan zu führen, als er den Vertrag von Jalta unterschrieb.[106] Am 7. Juli sagte Stalin zu Soong, dass »die Sowjetunion an die Zukunft denkt, auf langfristige Weise, nicht auf sechs Monate oder ein Jahr hinaus. Japan wird sich in etwa 20 Jahren wieder erholt haben, nachdem es den Krieg verloren hat. Die sowjetische Regierung möchte gute chinesisch-sowjetische Beziehungen herstellen, nicht für den Moment, sondern für die Zukunft, auf langfristige Sicht.«[107] Am 11. Juli kam Stalin wieder auf die Analogie zu Deutschland zurück, indem er Soong bedeutete, wenn die deutsche Schwerindustrie nicht demontiert werden würde, könnte das Land sich leicht wieder bewaffnen. In Bezug auf Japan war es seine Befürchtung, dass die Briten und Amerikaner »die Leiden durch den gegenwärtigen Krieg vergessen würden und beginnen würden, Japan zahlreiche Privilegien zu gewähren, wie es mit Deutschland nach dem Ersten Weltkrieg geschah … In Amerika und England gebe es Kräfte, die Japan helfen würden. Soong würde nicht wissen, … wie hart die sowjetischen Vertreter in Teheran und in Jalta darum gekämpft hätten, von Deutschland eine bedingungslose Kapitulation zu fordern … Sie (die Briten und Amerikaner) wollen Deutschland für das politische Spiel erhalten, um eine Balance aufrechtzuerhalten. Zweifellos wird es auch in den USA und in England Fürsprecher für Japan geben.«[108]

David Holloway führte dazu aus:

»Stalins Vorstellung der Nachkriegswelt war sehr geprägt vom Wiedererstarken Deutschlands nach dem Ersten Weltkrieg und in den Dreißigerjahren durch die doppelte Bedrohung durch Deutschland im Westen und durch Japan im Osten. Er sah letzten Endes eine Wiederkehr der deutschen und japanischen Macht nach dem Zweiten Weltkrieg voraus, aber wollte sie so lange wie möglich hinauszögern. Er fürchtete, dass Großbritannien und die USA versuchen würden, die Macht dieser Länder wiederherzustellen, um ein Gegengewicht zur Sowjetunion zu schaffen. Deswegen war es wichtig, eine Position einzunehmen, die es ermöglichen würde, die Wiederherstellung der deutschen und japanischen Macht zu verhindern, sie aufzuhalten oder auf sie zu antworten und so eine starke Stellung der Sowjets in Europa und in Asien zu sichern.«[109]

In Europa war Stalins Antwort auf das Dilemma, das die Macht Deutschlands und Stalins Sorgen vor ihrer Wiederbelebung darstellte, ein langfristiges Bündnis mit den slawischen Staaten. Im Fernen Osten war seine Lösung eine starke sowjetisch-chinesische Allianz. Eine andere Parallele zu Europa stellte die Rolle der chinesischen Kommunisten in Stalins Plänen für den Fernen Osten dar. In China wie in Europa wurden die Kommunisten von Stalin dazu gezwungen, eine Einheitsfront gegen den gemeinsamen Feind – in diesem Fall die Japaner – zu bilden. Für Mao und die kommunistische Partei Chinas war diese Linie eine sehr schwer zu schluckende Kröte, da sie sich mit Chiang Kai-sheks nationalistischer Regierung seit fast 20 Jahren in einem ununterbrochenen Bürgerkrieg befand. Aber alles deutet darauf hin, dass Mao die strategische Direktive Stalins akzeptierte, wenn auch nicht alle seine taktischen Ratschläge. Wie die Kommunisten in Osteuropa sah er zahlreiche Vorteile in der militärischen Intervention der Roten Armee im Krieg gegen Japan.[110] Naturgemäß besorgte diese Aussicht Chiang, aber er wurde von Stalins Zusage beruhigt, seine Herrschaft als die einzig legitime Regierung Chinas anzuerkennen. In einem Gespräch mit Harriman bezog sich Stalin im Scherz auf Mao und seine Kameraden als »Margarine-Kommunisten«, was der Botschafter so verstand, dass sie keine wirklichen Kommunisten, sondern Patrioten wären, deren Hauptinteresse die nationalen Belange ihres Landes seien. In Asien wie in Europa war Stalins beständige Botschaft an seine westlichen Alliierten, dass eine »Sowjetisierung« nicht länger auf der politischen Agenda der Kommunisten vorkam.

In Potsdam sagte Stalin zu Truman, dass er bereit sei, Japan Mitte August anzugreifen. Dies gefiel Truman. »Ich habe das erhalten, wofür ich hierher gekommen bin«, vertraute er am 18. Juli seiner Frau an. »Stalin zieht am 15. August ohne weitere Bedingungen in den Krieg … Ich kann sagen, dass wir jetzt den Krieg ein Jahr früher beenden werden, und denke an die Jungs, die dabei nicht getötet werden. Das ist am wichtigsten.«[111] Nach den britischen Aufzeichnungen von Stalins Gespräch mit Churchill am 18. Juli »ist es offenkundig, dass Russland beabsichtigt, Japan bald nach dem 8. August anzugreifen (der Marschall – d. h. Stalin – meint, dass es zwei Wochen später sein wird)«.[112] In seiner Diskussion mit den britischen und amerikanischen Generalstabschefs am 24. Juli bemerkte Antonow, dass die sowjetischen Truppen »bereit sind, die Operation in der zweiten Augusthälfte zu beginnen«.[113] Diese Hinweise stimmten mit den Verpflichtungen überein, die die Sowjets in Jalta eingegangen waren, zwei oder drei Monate nach der Niederlage Deutschlands in den Krieg einzutreten, ebenso mit Stalins und Antonows Schätzungen gegenüber ihren westlichen Aliiierten, wann die Rote Armee zu Offensivaktionen übergehen könnte. Sie berücksichtigten sowohl Sicherheitsgründe als auch Unvorhersehbarkeiten, wie etwa das Wetter, um unnötige Schwierigkeiten zu vermeiden.

Während Antonow in Potsdam einige recht detaillierte Gespräche mit seinen westlichen Kollegen über die sowjetische Beteiligung am Krieg im Fernen Osten führte, kam dieses Thema insgesamt in den Unterredungen auf der Konferenz so gut wie gar nicht vor. Stalin hatte dazu nur noch wenig zu sagen: Das politische Geschäft war abgeschlossen, und die Räder der militärischen Planungen und Vorbereitungen griffen ineinander und bereiteten den Weg zum Krieg vor. Wohl hätte Stalin nochmals die Frage nach der Besetzung Japans nach dem Krieg aufgreifen können. Aber es war offensichtlich, dass die Amerikaner eine sowjetische Besatzungszone für ihre Kriegsbeteiligung nicht zulassen würden. In Potsdam blieben sowohl Stalin als auch Antonow bei der Linie, dass ein sowjetischer Kriegsbeitritt durch ein Bündnis mit China bedingt wird, das das Abkommen von Jalta unterzeichnen würde. Aber dies war keine unabdingbare Voraussetzung. Wenn die Chinesen Stalins Forderung im Hinblick auf Port Arthur und Dairen nicht entgegenkommen wollten, würde die Rote Armee sie einfach einnehmen. Für Truman verkomplizierte sich die Situation allerdings, weil das amerikanische Interesse an einer sowjetischen Kriegsbeteiligung zur Zeit der Potsdamer Konferenz allmählich nachließ. Militärisch wurde sie nicht mehr als so wünschenswert angesehen wie noch zuvor. Diese Sicht wurde durch den erfolgreichen Test einer Atombombe am 17. Juli verstärkt. Hinzu kamen die wachsenden Anzeichen, dass die Japaner kurz davor stünden, um Frieden nachzusuchen. Die sich verändernde amerikanische Einstellung zur Kriegsbeteiligung der Sowjets im Fernen Osten deutete sich durch Trumans Behandlung der Potsdamer Proklamation am 26. Juli 1945 bereits an. Dies war eine öffentliche Erklärung seitens Großbritanniens, Chinas und der Vereinigten Staaten, in der Japan zur bedingungslosen Kapitulation aufgerufen wurde, andernfalls würde das Land die »sofortige und äußerste Zerstörung« erleben. In dem ursprünglichen amerikanischen Entwurf der Deklaration war die Sowjetunion unter den Unterzeichnern, und es gab einen Bezug auf »die gewaltige militärische Macht der Sowjetunion«, die dem militärischen Arsenal

Großbritanniens, Chinas und der USA hinzugefügt worden war.[114] Am 26. Juli aber sandte Byrnes Molotow eine Kopie des neuen Deklarationstextes, der diese Bezugnahme wegließ.[115] Die Sowjets machten sich sogleich daran, ihren eigenen Deklarationsentwurf auszuarbeiten, der wie folgt lautete:

»Die Zeit ist reif, dass die Regierungen der alliierten demokratischen Länder, der USA, Chinas, Großbritanniens und der Sowjetunion, die Notwendigkeit erkannt haben, ihre Haltung gegenüber Japan darzulegen.

Vor acht Jahren griff Japan China an und führt seitdem einen blutigen Krieg gegen das chinesische Volk. Danach griff Japan hinterhältig die Vereinigten Staaten und Großbritannien an und begann seinen räuberischen Krieg im Pazifik. Zu dieser Zeit benutzte Japan dieselbe Methode perfider Überraschungsangriffe wie 40 Jahre zuvor, als es Russland überfiel.

Indem Japan in den Krieg zog, versuchte das Land, die Situation auszunutzen, die durch Hitlers Aggression in Europa entstanden war. Der hartnäckige Widerstand des chinesischen Volkes und der mutige Kampf der britischen und amerikanischen Streitkräfte aber erschütterte die räuberischen Pläne der japanischen Militaristen.

Wie Hitlerdeutschland im Westen hat das kriegerische Japan den friedliebenden Völkern unfassbares Leid zugefügt. Trotz der Niederlage Deutschlands und des Kriegsendes in Europa setzt Japan seinen blutigen Krieg im Fernen Osten fort. Das Elend der Völker und die Opfer des Krieges steigen an, obwohl es nutzlos ist, den Krieg noch weiter zu verlängern. Es ist unmöglich, diese Situation weiter hinzunehmen.

In der ganzen Welt sind die Völker vom Wunsch beseelt, dem Krieg ein Ende zu bereiten, der schon so lange dauert. Die USA, China, Großbritannien und die Sowjetunion betrachten es als ihre Pflicht, durch gemeinsame entschiedene Maßnahmen diesen Krieg zu einem Ende zu führen.

Japan sollte verstehen, dass weiterer Widerstand zwecklos ist und die größte Gefahr für das japanische Volk selbst darstellt. Japan muss den Krieg beenden, die Waffen niederlegen und bedingungslos kapitulieren.«[116]

Kurz vor Mitternacht riefen die Sowjets die amerikanische Delegation an und baten, die Veröffentlichung ihrer Erklärung noch um drei Tage zu verschieben. Fünfzehn Minuten später jedoch wurden sie darüber informiert, dass die britisch-amerikanische Deklaration bereits an die Presse gegeben worden war.[117] Die nachträgliche amerikanische Erklärung für die fehlende Konsultation war, dass man gemeint habe, die Sowjets wollten in einem solchen Statement nicht auftauchen, da sie schließlich immer noch neutral seien. Dies war eine recht schwache Entschuldigung, und Stalin verbarg nicht seine Verärgerung darüber, indem er auf der Plenarsitzung am 28. Juli spitz darauf Bezug nahm, dass »er vom Aufruf zur Kapitulation, die von der britischen und amerikanischen Regierung veröffentlicht wurde, nicht im Voraus in Kenntnis gesetzt wurde.«[118] Trotzdem gab Stalin nicht die Idee eines gemeinsamen öffentlichen Auftretens der Alliierten gegenüber Japan vor dem russischen Angriff auf. So schlug er Truman vor, dass Großbritannien und die Vereinigten Staaten eine Erklärung veröffentlichen könnten, in der Moskau eingeladen werden sollte, in den Krieg im Fernen Osten einzutreten. Truman entgegnete jedoch, dass schon die Moskauer Deklaration zur internationalen Sicherheit, die im Oktober 1943 herausgegeben wurde, und die noch nicht ratifizierte Charta der Vereinten Nationen eine ausreichende formelle Grundlage dafür abgeben würden, dass die Sowjets in den Krieg eintreten.[119] Dies war aus Sicht Stalins wenig zufriedenstellend. So nutzten die Sowjets den Vorwand, dass Japan der Potsdamer Erklärung nicht nachgekommen war, um ihre Entscheidung zu rechtfertigen, als sie am 8. August Japan den Krieg erklärten.[120] Für eine Einschätzung der Politik Stalins gegenüber dem Krieg im Fernen Osten ist diese Abfolge der Ereignisse recht aufschlussreich und wurde von David Holloway so zusammengefasst:

»Ein auffallender Aspekt der Politik Stalins ist, dass er großen Wert darauf legte, die Zustimmung der westlichen Alliierten für das zu erhalten, was er tun wollte. Stalin war sehr erfreut, als Roosevelt in Jalta seinen politischen Bedingungen zustimmte, in den Krieg einzutreten. Auch war es ihm bedeutsam, dass Roosevelt und Churchill das Abkommen von Jalta unterzeichneten. Er versuchte einen Bündnisvertrag mit China abzuschließen, um als dessen Verbündeter in den Krieg zu ziehen. Er bereitete eine Alternative zu der Deklaration von Potsdam vor, die von ihm und seinen Verbündeten unterzeichnet werden sollte. Er fragte Truman nach einer öffentlichen Aufforderung, in den Krieg einzutreten; als ihm dies abgeschlagen wurde, stellte er dennoch den sowjetischen Eintritt in den Krieg als Antwort auf die alliierte Bitte dar zu helfen.«[121]

Als Stalin von Potsdam nach Moskau zurückkehrte, erhielt er einen Bericht von Wassilewski vom 3. August, der ihn darüber informierte, dass die Streitkräfte im Fernen Osten einsatzbereit sind. Wassilewski schlug vor, dass der Angriff nicht später als am 9. oder 10. August beginnen sollte, und wies Stalin darauf hin, dass die Wetterbedingungen zwischen dem 6. und 10. günstig sein würden. Am 7. August gaben Stalin und Antonow Wassilewski den Befehl, am 8./9. August anzugreifen.[122] Dieser Befehl wurde erteilt, obwohl das Bündnis mit China noch ausstand. In der Tat störte es Stalin nicht, Soong wiederzusehen, bevor er den Angriffsbefehl erteilte. Stalin hatte sich schließlich entschieden, zuerst Japan anzugreifen und dann den Bündnisvertrag mit China abzuschließen. Es wurde vermutet, dass der entscheidende Faktor für Stalin der Abwurf der Atombombe über Hiroshima am 6. August gewesen war und die Sorge, dass Japan kapitulieren könnte, bevor die UdSSR in den Krieg eingetreten war und ihre Ziele in der Mandschurei, Südsachalin und mit den Kurilen anvisieren konnte. Jedoch war Stalin über das Atomwaffenprogramm der Amerikaner voll im Bilde, da er einen umfangreichen Geheimdienstapparat in den USA unterhielt, dem es gelungen war, auf höchster Ebene in das »Manhattan Project« einzudringen.[123] Er dürfte daher nicht sonderlich überrascht gewesen sein, als ihn Truman am 24. Juli in Potsdam vom ersten erfolgreichen Test einer Atombombe informierte. Wie Truman später berichtete, bekundete Stalin kein großes Interesse an der Nachricht, und die Erinnerungen anderer westlicher Konferenzteilnehmer bestätigen dies. Andererseits geben die sowjetischen Quellen zu erkennen, dass Stalin sehr heftig reagierte und dies als den Beginn einer nuklearen Erpressungsstrategie der Amerikaner betrachtete, die er durch eine dramatische Beschleunigung des eigenen sowjetischen Atombombenprogramms zu kontern suchte.[124]

Es ist höchst unwahrscheinlich, dass Stalin vor dem Einsatz der Atombombe gegen Japan ihre Bedeutung als eine neue Waffe vollständig erkannte. Es mag in der Tat so sein, dass er durch die in Hiroshima ausgespielte atomare Gewalt beeindruckt war und sich entschied, so schnell wie möglich in den Krieg einzutreten. Genauso wahrscheinlich aber ist es, dass er die endlosen nervtötenden Verhandlungen mit den Chinesen leid war und sich daher entschloss, durch einen Schock Chiang Kai-shek zu einem Vertrag zu zwingen. Dies gelang durch den sowjetischen Kriegseintritt. Die Chinesen stimmten sogleich den Vertragsbedingungen zu und schlossen mit Moskau ein Bündnis. Dies geschah am 14. August, es war der Tag, an dem die Japaner ankündigten, bedingungslos zu kapitulieren. Das bemerkenswerteste Kennzeichen des sowjetisch-chinesischen Bündnisses war sein gegen Japan gerichteter Charakter. Unter diesen Voraussetzungen erreichte Stalin fast alles, was er in der Mandschurei erreichen wollte, außer der vollständigen Kontrolle von Dairen.[125]

An dem Tag, an dem die Sowjetunion Japan den Krieg erklärte, hatte Stalin ein Treffen mit Harriman. Während des Gesprächs fragte ihn der Botschafter, welche Wirkung der Atombombenabwurf über Hiroshima wohl haben würde. Stalin antwortete, dass er der japanischen Regierung einen Vorwand geben würde, ihre Regierung durch eine andere auszutauschen, die zur Kapitulation bereit sein würde. Später sagte Stalin in dem Gespräch, dass die Atombombe »das Ende des Krieges und der Aggressoren bedeutet. Aber das Geheimnis muss gut bewahrt werden.« Weiterhin ließ Stalin Harriman wissen, dass russische Wissenschaftler ebenfalls an einem solchen Projekt arbeiten, aber noch keine Ergebnisse erzielt hätten. Auch ist dies den Deutschen nicht gelungen, deren Arbeitsstätten die Sowjets eingenommen hatten. Als Harriman meinte, dass die Amerikaner und Briten ihre Kenntnisse in dem Projekt vereinigt hatten, bemerkte Stalin, dass dies sehr kostspielig gewesen sein müsse. Harriman stimmte zu und sagte, dass die Kosten über 2 Milliarden US-Dollar betragen hätten und dass Churchill bei dem Projekt eine wichtige Rolle gespielt habe. »Churchill war ein großer Innovator, hartnäckig und mutig«, antwortete Stalin.[126]

Wie diese Unterredung mit Harriman zeigt, hatte Stalin gegenüber der unmittelbaren Auswirkung der Bombardierung Hiroshimas nur mäßige Erwartungen. Allerdings begriff er schnell das langfristige Potenzial der neuen Waffe. Schon am 20. August, nicht lange nach diesem Treffen, unterzeichnete Stalin einen Befehl, mit dem er ein gewaltiges Programm in Auftrag gab, eine sowjetische Atombombe zu bauen. Damit beauftragt wurde Lawrenti Beria, dem alle Mittel unterstellt wurden, die er nur benötigte, die Forschung und Entwicklung in möglichst kurzer Zeit zu vollbringen.[127]

Obwohl Stalin von der Atombombe beeindruckt war, unterschätzte er nicht die Wirkung der sowjetischen Militärintervention, die das Kriegsende im Fernen Osten beschleunigte. Am 10. August sagte er Soong, dass Japan seine Kapitulation angekündigt habe: »Als Resultat der gemeinsamen Anstrengungen aller Alliierten bereitet sich Japan darauf vor zu kapitulieren. Japan möchte noch Bedingungen stellen, aber für uns ist es notwendig, dass es bedingungslos kapituliert.«[128] Später, in einem anderen Zusammenhang, sagte Stalin zu Gomulka, dem polnischen KP-Chef: »Nicht Atombomben, sondern Armeen entscheiden über den Krieg.«[129] Diese Einschätzung wurde von vielen Historikern geteilt, und so herrscht gemeinhin Konsens darüber, dass die Atombomben Japan alleine nicht zu einer schnellen Kapitulation gebracht haben. Der zusätzliche Schock des sowjetischen Angriffs war genauso wichtig – und vielleicht sogar noch wichtiger. Eine entscheidende Rolle dabei spielte, dass der sowjetische Angriff nicht nur ein gewaltiger militärischer Schlag war. Er zerstörte auch die letzten japanischen Hoffnungen auf ein durch Verhandlungen erreichbares Kriegsende statt einer bedingungslosen Kapitulation.[130]

Der Feldzug in der Mandschurei stellte in vielfacher Hinsicht den Höhepunkt der operationellen Kriegskunst der Sowjets während des Zweiten Weltkrieges dar. Bei einem Angriff, der Panzerkräfte, Infanterie, ihre unmittelbare Unterstützung durch die Luftwaffe und den Einsatz von Luftlandetruppen miteinander kombinierte, war es die Aufgabe der Roten Armee, an einer 5000 Kilometer langen Frontlinie anzugreifen, in eine Tiefe von 300 bis 800 Kilometer vorzustoßen und Operationen in einem Gebiet vorzunehmen, das 1,5 Millionen Quadratkilometer umfasste. Für Malinowskis Transbaikal-Front bedeutete dies, unwirtliche Wüstengebiete zu durchqueren, hohe Berge zu bezwingen und gewaltige Flüsse zu überwinden. Zu der Zeit, als Japan seine bedingungslose Kapitulation ankündigte, waren die Sowjets bis in das Zentrum der Mandschurei vorgedrungen und hatten die Kwantung-Armee in mehrere Teile zerschlagen. Die Kämpfe setzten sich mehrere Tage fort, sowohl in der Mandschurei als auch auf Sachalin und den Kurilen, wo die Kämpfe bis Ende August anhielten. Anfänglich waren die sowjetischen Verluste sehr hoch – 36 500 Ausfälle, darunter 12 000 Tote. Die japanischen Verluste waren noch höher. Sie betrugen 80 000 Tote und 500 000 Kriegsgefangene.

Aus politischer Sicht war die interessanteste Episode des sowjetischen Krieges im Fernen Osten Stalins Versuch, die Besatzungsrechte für den Norden der japanischen Hauptinsel Hokkaido zu erlangen.[131] Am 16. August schrieb er an Truman und schlug vor, dass die Rote Armee die japanische Kapitulation im Norden Hokkaidos annehmen sollte. Dabei bemerkte er, dass dies ein Akt »von besonderer Bedeutung für die öffentliche Meinung in Russland ist. Wie allgemein bekannt, besetzten die Japaner 1919–1921 den gesamten sowjetischen Fernen Osten. Die Öffentlichkeit Russlands würde es daher nicht verstehen, wenn die russischen Truppen kein eigenes Besatzungsgebiet irgendwo in Japan hätten.« Während die Amerikaner früher überlegt hatten, den Sowjets eine Besatzungszone in Japan anzubieten, hatten sie nun keine derartige Absicht mehr. Am 18. August antwortete Truman und stellte fest, dass die Amerikaner die japanische Kapitulation auf allen Hauptinseln Japans annehmen würden. Truman streute noch weiter Salz in die Wunde, als er nach amerikanischen Luftwaffen- und Marinebasen auf den Kurilen fragte. Stalin hüllte sich vier Tage lang in Schweigen. Während dieser Zeit musste er die schwerwiegende Entscheidung treffen, ob er den bereits erteilten Befehl für die sowjetische Invasion Hokkaidos zurücknehmen sollte. Am 22. August antwortete Stalin und fügte sich in die amerikanische Weigerung, dem sowjetischen Ersuchen nach einer eigenen Besatzungszone nachzukommen. Allerdings merkte er an: »Ich und meine Kollegen hätten nicht erwartet, dass Ihre Antwort so ausfallen würde.« Daraufhin lehnte Stalin das amerikanische Ansinnen nach amerikanischen Militärbasen auf den Kurilen ab und beklagte sich, dass eine solche Forderung »entweder einem besiegtem Land vorgelegt würde oder einem Verbündeten, der unfähig ist, sich selbst zu verteidigen … Ich muss Ihnen in aller Offenheit sagen, dass weder ich noch meine Kollegen die Umstände verstehen, unter denen diese Forderung an die Sowjetunion gerichtet werden konnte.« In seiner Antwort auf dieses letzte Sendschreiben leitete Truman einen raschen diplomatischen Rückzug ein und gab an, dass er nur die Landerechte auf einer der Kurileninseln hätte haben wollen, um die amerikanische Besetzung Japans zu erleichtern. Dies schien Stalin wieder zufriedenzustellen. So stimmte er Trumans Bitte zu und bemerkte, froh zu sein, dass »die Missverständnisse, die sich in unsere Korrespondenz eingeschlichen haben, aus dem Weg geräumt sind«.[132]

Obwohl Stalin über Trumans Weigerung, der Sowjetunion in Japan Besatzungsrecht einzuräumen, verärgert war, entschloss er sich letztlich, einer Konfrontation mit den USA über Hokkaido aus dem Weg zu gehen. Ein Grund dafür mag

Achtes Kapitel 331

gewesen sein, dass die Operationen auf Sachalin und den Kurilen gezeigt hatten, dass die Japaner verbissen kämpfen können und ihr Äußerstes unternehmen würden, um zu verhindern, dass die Rote Flagge über Hokkaido weht. Aber die Bedeutung guter Beziehungen mit den Vereinigten Staaten wird wahrscheinlich in Stalins Überlegungen doch vorrangig gewesen sein. Stalin strebte immer noch ein Bündnis in Friedenszeiten mit seinen westlichen Verbündeten an, und in diesem Zusammenhang hoffte er, dass es möglich sein würde, eine substanzielle Rolle der Sowjets in der Besatzung Japans nach dem Krieg aushandeln zu können.

Am 2. September 1945 kapitulierte Japan offiziell, und Stalin beglückwünschte Truman zum brillanten Sieg der Vereinigten Staaten und seines Volkes. Am selben Tag wandte sich Stalin an seine eigene Bevölkerung und suchte die sowjetische Beteiligung am Krieg in Fernost zu rechtfertigen. Japan sei nicht nur ein Teil des aggressiven faschistischen Blocks gewesen, sagte Stalin, sondern habe Russland mehrmals in der Vergangenheit angegriffen und im Fernen Osten zu blockieren versucht. Nun habe die Sowjetunion freien Zugang zum Pazifik, da Nordsachalin und die Kurilen zurückgewonnen wurden. Zudem habe die Sowjetunion durch den Besitz dortiger Stützpunkte die Möglichkeit, einer zukünftigen japanischen Aggression entgegenzuwirken. »Unsere Generation hat auf diesen Tag seit vierzig Jahren gewartet«, bekundete Stalin.[133]

Dennoch hinterließ Stalins doppelter Appell an das vaterländische Gefühl und das strategische Eigeninteresse der Russen, so erinnerte sich Alexander Werth, »an diesem Tag bei der Bevölkerung einen merkwürdig negativen Eindruck«.[134] Es gab Feuerwerke und Paraden, aber die allgemeine Begeisterung und Erleichterung, die das Kriegsende in Europa ausgelöst hatte, blieb diesmal aus. Der Krieg der Sowjets gegen Japan war Stalins Krieg und nicht derjenige der sowjetischen Bevölkerung, die es wahrscheinlich vorgezogen hätte, den Dingen im Fernen Osten ihren Lauf zu lassen und den westlichen Alliierten die Lasten und die Verluste des Krieges zu überlassen. Während des Großen Vaterländischen Krieges hatte die sowjetische Bevölkerung alles für den Sieg gegeben und dabei ein nie zuvor erlebtes Leid ertragen müssen. Die Erwartungen der Menschen, was der Frieden bringen würde, waren genauso Teil der schwierigen politischen Realität, der Stalin in der Nachkriegsepoche gegenüberstand, wie die diplomatischen und ideologischen Spannungen des sich abzeichnenden Kalten Krieges.

Neuntes Kapitel
Der verlorene Frieden
Stalin und die Ursprünge des Kalten Krieges

Als der Zweite Weltkrieg sich seinem Ende näherte, sah Stalin für das Bündnis der großen drei eine große Zukunft voraus. Der Erfolg von Potsdam schuf günstige Voraussetzungen für das erste Treffen des Außenministerrates, der von den drei Alliierten eingerichtet wurde, um noch offene Fragen der Nachkriegsordnung zu klären. Seine erste Aufgabe war es, die Friedensverträge der kleineren Achsenstaaten – Bulgarien, Finnland, Ungarn, Italien und Rumänien – zu entwerfen. Die Sowjets waren zuversichtlich, dass im Außenministerrat der Geist der Zusammenarbeit erhalten bliebe und dass Verhandlungen mit ihren westlichen Verbündeten zu weiteren diplomatischen Erfolgen der UdSSR führen würden.[1]

Doch schon im Sommer 1945 gab es bedenkliche Zeichen von Spannungen und Streitigkeiten, die das große Bündnis auseinanderzureißen drohten. Das umstrittenste Thema war die diplomatische Anerkennung der prosowjetischen Regierungen von Bulgarien und Rumänien. Stalin begann im Mai 1945 bei Churchill und Truman für die westliche Anerkennung von Bulgarien und Rumänien zu werben, hatte aber keinen Erfolg.[2] London und Washington betrachteten die kommunistisch dominierten Koalitionsregierungen in Bulgarien und Rumänien weder als demokratisch noch günstig für die westlichen Interessen. In Potsdam wurde das Problem durch das Versprechen der Briten und Amerikaner übertüncht, die Anerkennung als Teil eines Paketes zu sehen, das zur Mitgliedschaft der kleineren Achsenstaaten in den Vereinten Nationen führen könnte. Nach Potsdam jedoch gab es ein scharfes Auseinanderdriften der sowjetischen und der westlichen Politik.[3] Am 8. August erkannte Moskau die rumänische Regierung von Petru Grosza an. Ein paar Tage später kündigte Moskau an, dass man die bulgarische Regierung nach den Wahlen vom 26. August ebenfalls anerkennen werde. Die Briten und Amerikaner antworteten, indem sie klarmachten, dass sie die Grosza-Regierung nicht anerkennen würden, bis freie Wahlen stattgefunden hätten. Dies veranlasste den rumänischen König Michael, den Regierungschef zum Rücktritt aufzufordern.

Zur Begründung führte er an, dass das Land nicht in der Lage sei, einen Friedensvertrag mit den alliierten Mächten abzuschließen. Mit starker Unterstützung Moskaus weigerte sich Grosza, den wiederholten Aufforderungen des Königs zu folgen. Stalin plante ein militärisches Bündnis mit Rumänien und war fest entschlossen, das Land in der sowjetischen Einflusssphäre zu halten. In Bulgarien entwickelten sich die Dinge in eine etwas andere Richtung, als die britischen und amerikanischen Forderungen nach einer Verschiebung der Wahlen mit Drohungen der Opposition kombiniert wurden, die Wahlen zu boykottieren. Moskau wich unter dem doppelten Druck zurück und verschob die Wahlen. Vieles deutet darauf hin, dass diese Entscheidung spontan getroffen wurde und selbst die bulgarischen Kommunisten überraschte.[4] In seinem Tagebucheintrag vom 24. August beschrieb Dimitrow das Ansinnen des bulgarischen Außenministers, die Wahlen zu verschieben, als »empörend«, »skandalös« und als »Kapitulation«.[5] Einige Tage später erläuterte Stalin einer bulgarischen Delegation, dass die Entscheidung, die Wahlen zu verschieben, eine geringfügige Konzession gewesen sei, und es weiterhin das Wichtigste sei, standhaft gegenüber Forderungen zu bleiben, die Regierung umzubilden. Stalin belehrte die Bulgaren weiter, dass es nun darauf ankommen würde, ein Wahlsystem zu gestalten, das die Existenz einer unabhängigen Opposition ermöglichen würde, und bestand darauf, dass die Bulgaren ihre Beziehungen zu den Briten und Amerikanern normalisieren sollten.[6]

In diesem Gespräch erschien Stalin unbeeindruckt von den Entwicklungen in Bulgarien und Rumänien. Aber es muss ihn schon verärgert haben, dass die Briten und Amerikaner sich in seine Einflusssphäre einmischten. Dies hat sicherlich seine Wahrnehmung der Ereignisse im Außenministerrat geprägt, der am 11. September 1945 in London seine Arbeit aufnahm. Die Gespräche begannen in einer freundlichen Atmosphäre, gerieten indes bald in eine problematische Situation. Ein Stein des Anstoßes war Stalins Unterstützung für Tito im italienisch-jugoslawischen Konflikt über die Gegend von Triest – ein ethnisch-territorialer Streit, der im Mai 1945 zu einer militärischen Konfrontation zwischen Titos Partisanen und den westlichen Streitkräften führte, die in diese Gegend einrückten, um sie zu besetzen.[7] Hinzu kam die Weigerung der Briten und Amerikaner, der Sowjetunion die Treuhandschaft über die frühere italienische Kolonie Tripolitanien (das westliche Libyen) zu überlassen. Molotow wurde von Stalin angehalten, alles zu unternehmen, um das Mandat über Tripolitanien zu erhalten. Auf der Sitzung des Außenministerrates vom 15. September hielt Molotow dann auch in dieser Sache ein leidenschaftliches Plädoyer:

»Die sowjetische Regierung betrachtet die Zukunft Tripolitaniens als von elementarer Bedeutung für das sowjetische Volk und richtet ihr dringliches Ersuchen darauf, die Treuhandschaft über dieses Gebiet zu übernehmen. Die sowjetische

Regierung tritt für ihr Recht auf aktive Teilnahme an der Verteilung der italienischen Kolonien ein, da Italien die Sowjetunion angegriffen und gewaltige Schäden angerichtet hat … Das Gebiet der Sowjetunion ist riesig, es reicht vom äußersten Fernen Osten bis in den Westen. Die Sowjetunion hat einen Zugang zum Meer im Norden, sie braucht aber auch Häfen im Süden, insbesondere seit sie nun das Recht hat, Dairen und Port Arthur im Fernen Osten anzulaufen … Großbritannien sollte für sich kein Monopol der Verkehrsverbindungen im Mittelmeer beanspruchen. Russland ist bestrebt, über Basen im Mittelmeer für seine Handelsflotte zu verfügen. Der Welthandel wird sich weiter entwickeln und die Sowjetunion wünscht, daran beteiligt zu sein … Die sowjetische Regierung verfügt über große Erfahrung, freundschaftliche Beziehungen zwischen verschiedenen Nationalitäten herzustellen, und ist bestrebt, diese Erfahrung in Tripolitanien zu nutzen. Sie hat nicht die Absicht, das sowjetische System in Tripolitanien einzuführen. Auch wird sie die erforderlichen Maßnahmen unternehmen, eine demokratische Regierung zu befördern.«[8]

Im Juni 1945 wurde den Sowjets von den Amerikanern auf der Gründungskonferenz der Vereinten Nationen in San Francisco ein Anteil an den italienischen Kolonien versprochen. Die konkrete Umsetzung dieses Versprechens allerdings musste noch ausgehandelt werden. Im Außenministerrat jedoch gab es keine Anzeichen dafür, dass die Amerikaner oder die Briten bereit wären, weder Tripolitanien noch eine andere italienische Kolonie der sowjetischen Kontrolle zu übertragen.

Als es um Bulgarien und Rumänien ging, waren Stalins westliche Alliierte sogar noch halsstarriger, indem sie darauf bestanden, die zwei Regierungen erst nach freien und fairen Wahlen, die unter der Aufsicht westlicher Beobachter stattfinden sollten, anzuerkennen. In ihren Vorbereitungen auf die Konferenz hatten sich die Sowjets auf dieses Problem eingestellt und sich entschieden, in diesem Fall zwei Taktiken zu verfolgen. Zuerst sollte die Situation in Griechenland angesprochen werden, ein Land, das unter britischer Kontrolle im Begriff war, in einen Bürgerkrieg zwischen den kommunistisch geführten Partisanen und den von London unterstützten Monarchisten und Konservativen zu stürzen, zwischen denen es bereits zu ersten Zusammenstößen gekommen war. Zweitens sollte die Zustimmung zu einem Friedensvertrag mit Italien mit dem gleichzeitigen Abschluss von Friedensverträgen mit Bulgarien, Rumänien, Finnland und Ungarn verbunden werden – was die diplomatische Anerkennung dieser Staaten durch den Westen unabdingbar machen würde. Die sowjetische Überlegung war, dass der Wunsch des Westens, den Friedensvertrag mit ihrem italienischen Verbündeten unter Dach und Fach zu bringen, die Briten und Amerikaner dazu bewegen würde, im Hinblick auf Bulgarien und Rumänien einen Kompromiss zu suchen. Wenn dies nicht der Fall

Neuntes Kapitel   335

sein sollte, war Stalin darauf vorbereitet, den Zusammenbruch des multinationalen Ansatzes bei den Verhandlungen mit den kleineren Achsenstaaten in Kauf zu nehmen. »Es mag sein, dass die Alliierten einen Friedensvertrag ohne uns mit Italien abschließen«, schrieb Stalin an Molotow in London. »Nun, wenn schon. Dann hätten wir einen Präzedenzfall. Wir würden die Möglichkeit bekommen, unsererseits Friedensverträge mit unseren Satelliten abzuschließen, ohne den Westen dabei zu haben. Wenn eine solche Entwicklung bedeuten würde, dass die gegenwärtige Sitzung des Außenministerrates ohne Beschlüsse zu den wichtigen Themen enden würde, sollten wir auch ein solches Ergebnis nicht fürchten.«[9]

Stalins Spekulationen, dass der Außenministerrat scheitern könnte, wurden zu einer sich selbst erfüllenden Prophezeiung, als Stalin am 21. September einen abrupten Wechsel der Verhandlungstaktik anordnete. Stalin hatte den Eindruck, dass sich Molotow in den Verhandlungen allzu nachgiebig verhielt, insbesondere in Verfahrensfragen wie der, wer das Recht hat, an Diskussionen im Außenministerrat teilzunehmen. Als der Rat in Potsdam begründet wurde, sollte er den Außenministern der großen drei als Forum dienen, in das bei Bedarf auch der französische oder chinesische Außenminister in Fragen einbezogen werden sollte, die sein Land direkt betreffen. Beispielsweise war Frankreich im Krieg mit Italien gewesen und hatte daher das Recht, in die Vertragsverhandlungen mit Italien über einen Friedensschluss einbezogen zu werden. Derartige Rechte aber hatte es nicht gegenüber Bulgarien und Rumänien. Auf der ersten Sitzung des Außenministerrats jedoch stimmte Molotow im einvernehmlichen Geist, der damals noch herrschte, zu, dass die Franzosen und Chinesen an allen Diskussionen des Außenministerrates teilnehmen könnten.[10] Wie zu erwarten war, nahmen die Chinesen und insbesondere die Franzosen aktiv an den Überlegungen des Rates Anteil, wobei sie generell auf einer Linie mit den Briten und Amerikanern lagen – sehr zu Stalins und Molotows Ärgernis. Stalin wies Molotow an, seine generelle Zustimmung zur französischen und chinesischen Teilnahme an den Ratssitzungen zurückzuziehen und auf die in Potsdam vereinbarte Formel eines Rates der Außenminister der großen drei zurückzukehren.[11]

Am 22. September wurde Stalins Entscheidung durch Molotow an Ernest Bevin, den britischen Außenminister, und an James F. Byrnes, den amerikanischen Außenminister, weitergeleitet.[12] Molotow gab eindeutig zu verstehen, dass er auf Anordnung Stalins handele, aber die Briten und Amerikaner entschlossen sich, über den Kopf ihres sowjetischen Kollegen hinweg sich direkt an den sowjetischen Diktator zu wenden. Sowohl Truman als auch Attlee appellierten an Stalin, die Sackgasse zu überwinden. Aber dieser bestand darauf, dass die Potsdamer Entscheidung über den Außenministerrat in Kraft bleiben müsse. »Ich glaube, dass wir die Entscheidungen der Potsdamer Konferenz ablehnen würden, wenn wir dem Außenministerrat auch nur für einen Moment das Recht geben würden, sie rückgängig zu machen«, meinte Stalin zu Attlee.[13] Da die Briten und Amerikaner nicht bereit waren, zum Potsdamer Modus zurückzukehren, waren die Treffen des Außenministerrates tatsächlich faktisch beendet, obwohl die Diskussionen noch zu einigen Themen weitergingen. So wurde weiterhin diskutiert, ob die Franzosen und Chinesen berechtigt wären, sich auf den Sitzungen zu äußern. Hinter Stalins Obstruktionstaktik stand seine tiefe Unzufriedenheit darüber, dass die Westmächte sich weigerten, seine Satellitenstaaten Bulgarien und Rumänien anzuerkennen. Dies umso mehr, als er selbst an seinem Churchill im Oktober 1944 gegebenen Versprechen festhielt, sich nicht in griechische Angelegenheiten einzumischen. Im Außenministerrat legten die Sowjets eine milde Protestresolution über die Ereignisse in Griechenland vor, in der sie vorbrachten, dass sie keine »moralische Verantwortung für die politische Situation im Lande« übernehmen könnten.[14] Im Allgemeinen aber bewahrten sie ihre Politik der Nichteinmischung und erwarteten von den Briten und Amerikanern dasselbe auch gegenüber Osteuropa. »Warum will die amerikanische Regierung«, fragte ein verärgerter Molotow Byrnes, »nur die Regierung in Rumänien vor den Wahlen reformieren und nicht auch die Regierung in Griechenland? Es scheint, als ob die Amerikaner sich bei den Briten in Griechenland nicht einmischen wollen, wohl aber bei den Russen in Rumänien.«[15]

Eigentlich waren Bevin und Byrnes bereit, den Sowjets zu gestatten, sich in Osteuropa auszudehnen, aber sie waren nicht gewillt, zuzulassen, dass der Westen in Bulgarien und Rumänien komplett ausgeschlossen würde. Aus ihrer Sicht wurde der Status einer Großmacht danach bemessen, dass sie geopolitische Interessen und Rechte hat und nicht bloß Macht in ihrer eigenen speziellen Sphäre ausübt.[16] Wenn es ihm passte, war dies auch genau der Maßstab, den Stalin für die Sowjetunion in Anspruch nahm, insbesondere in seiner Einstellung zu der Frage, wie die Friedensregelung in Fernost aussehen sollte.

Die UdSSR war im August 1945 in den Krieg im Fernen Osten für eine Reihe territorialer Konzessionen eingetreten. Aber Stalin erwartete auch, an der Besetzung Japans nach dem Krieg beteiligt zu werden. Am 21. August gründete die USA eine Fernöstliche Ratskommission (Far Eastern Advisory Commission), die der amerikanischen Besatzungsmacht in Japan beistehen sollte. Die Sowjets nahmen die Einladung an, der Ratskommission beizutreten, wollten aber die Einrichtung eines Alliierten Kontrollrates für Japan, so wie er in Europa existierte. Im Außenministerrat legten die Sowjets einen Antrag vor, der die sofortige Einrichtung eines Alliierten Kontrollrates für Japan verlangte.[17] Obwohl die Resolution einen Alliierten Kontrollrat mit weitreichenden Befugnissen (ähnlich dem in Deutschland) verlangte, war Stalin bereit, eine Besatzungsherrschaft wie in Italien zu akzeptieren, bei der die Rolle des Rates darauf beschränkt sein würde, dem amerikanischen Oberbefehlshaber in Japan, General Douglas MacArthur, beratend zur Seite zu stehen. Die Resolution trat zwar für einen sowjetischen Anteil an der Besetzung Tokios ein, aber Stalin glaubte nicht, dass die Amerikaner zu einer solchen Konzession bereit wären.[18]

Obwohl Stalins Ziele im Hinblick auf die Besetzung Japans in der Nachkriegszeit mehr symbolisch als substanziell waren, maß er ihnen doch eine große Bedeutung bei. Dies wurde offensichtlich in seiner Antwort auf einen Vorschlag Byrnes für einen 25 Jahre währenden Pakt zur Entwaffnung und Demilitarisierung Deutschlands. Molotow war an Byrnes Vorschlag interessiert;[19] aber Stalins Antwort war abschlägig. Das Ziel von Byrnes Vorschlag, schrieb Stalin an Molotow, »ist erstens, unsere Aufmerksamkeit vom Fernen Osten abzulenken, wo sich die USA zum zukünftigen Freund Japans entwickeln wird und dabei den Eindruck schaffen will, dass dort alles in Ordnung ist. Zweitens bezweckt er, von der UdSSR eine formelle Billigung dafür zu erhalten, dass die USA dieselbe Bedeutung in europäischen Angelegenheiten einnehmen wie die UdSSR, sodass die USA später im Zusammenwirken mit England die Zukunft Europas in ihre Hände nehmen. Drittens sollen die Bündnisverträge entwertet werden, die von der Sowjetunion mit europäischen Staaten geschlossen wurden; zukünftigen Bündnisverträgen zwischen der UdSSR und Rumänien, Finnland und anderen soll der Boden unter den Füßen weggezogen werden.«[20] Trotz seiner Litanei lehnte Stalin die Vorschläge Byrnes nicht rundweg ab, sondern gab Molotow die Anweisung, gleichzeitig den Abschluss eines antijapanischen Paktes zwischen der Sowjetunion und den USA als Vorbedingung für einen gegen Deutschland gerichteten Vertrag vorzuschlagen.

Eines der im Außenministerrat behandelten Themen war die Annahme der UdSSR, dass ihre Rechte als Großmacht und als eine der wichtigsten Siegermächte des Zweiten Weltkrieges von den Briten und Amerikanern geleugnet und blockiert würden. Die Entrüstung, die dies auslöste, wurde von Molotow in einer Stellungnahme gegenüber Bevin am 23. September 1945 deutlich, wie britische Dokumente überliefern:

»Hitler hatte auf die UdSSR als ein minderwertiges Land herabgeblickt, auf nicht mehr als ein geografisches Gebilde. Die Russen nahmen eine andere Perspektive ein. Sie hielten sich für so gut wie alle anderen auch. Sie wünschten nicht, als eine minderwertige Rasse betrachtet zu werden. Molotow bat den Außenminister, sich daran zu erinnern, dass die Beziehungen zur Sowjetunion auf dem Prinzip der Gleichwertigkeit begründet sein müssen. Aus Molotows Sicht gab es den Krieg. Während des Krieges hatten wir Streit, aber wir haben es geschafft, während die Sowjetunion immense Verluste erlitt, uns zu einigen. Zu dieser Zeit wurde die Sowjetunion gebraucht. Als der Krieg aber beendet war, scheint die

Regierung Ihrer Majestät ihre Einstellung geändert zu haben. Weil die Sowjetunion nicht mehr länger gebraucht wurde? Wenn das so sein sollte, wäre es für Molotow offensichtlich, dass eine solche Politik uns trennen und ernsthafte Zerwürfnisse zeitigen würde.«[21]

Stalins besonderer Albtraum war, dass der Kriegsbeitrag der Sowjetunion im Fernen Osten von den Vereinigten Staaten nicht genügend anerkannt werden könnte. »Die Sowjetunion hat ihre Selbstachtung als ein souveräner Staat«, sagte er Botschafter Harriman bei einem Treffen am 25. Oktober. »Tatsächlich ist die Sowjetunion im Fernen Osten aber ein amerikanischer Satellit. Dies ist eine Position, die sie nicht akzeptieren kann. Sie wird nicht wie ein Verbündeter behandelt. Die Sowjetunion wird weder ein Satellit der USA im Fernen Osten noch in einem anderen Weltteil sein.«[22]

Die Gespräche im Außenministerrat scheiterten schließlich, und die Konferenz wurde am 2. Oktober ohne Ergebnis beendet. Auf seiner Pressekonferenz versuchte Molotow, sie so positiv wie möglich darzustellen. Es sei zwar keine Einigung hergestellt, aber viel Arbeit erledigt worden, sagte Molotow. Ja, es habe einen Verfahrensstreit gegeben, aber dieser habe durch die Rückkehr zu den Beschlüssen von Potsdam gelöst werden können, durch die auch der Außenministerrat begründet wurde. Zusammenfassend sagte Molotow, »die Sowjetunion ist als Sieger aus dem letzten Weltkrieg hervorgegangen und nimmt einen dementsprechenden Platz in den internationalen Beziehungen ein. Dies ist das Ergebnis der enormen Leistungen der Roten Armee und des ganzen sowjetischen Volkes ... Es ist auch das Ergebnis der Tatsache, dass in diesen Jahren die Sowjetunion und die westlichen Alliierten Seite an Seite gegangen sind und erfolgreich zusammengearbeitet haben. Die sowjetische Delegation schaut zuversichtlich in die Zukunft und hofft, dass alle bemüht sind, die Zusammenarbeit der Alliierten auf eine dauerhafte Grundlage zu stellen.«[23] Nach seiner Rückkehr nach Moskau tauschte Molotow eine öffentliche Botschaft mit Bevin aus, in der er ihm für die Gastfreundschaft der Briten in London dankte und die Hoffnung ausdrückte, dass die Zusammenarbeit zwischen beiden Seiten ungeachtet der zuletzt entstandenen Schwierigkeiten fortgesetzt werden würde.[24] Abseits der Öffentlichkeit jedoch waren die Sowjets ziemlich verstört über die Erfahrungen im Außenministerrat. In einer internen Unterrichtung durch das Außenministerium wurden die westlichen Versuche vermerkt, unterstützt von einer sowjetfeindlichen westlichen Presse, die Beschlüsse von Jalta und Potsdam zu unterlaufen. Die Regierung des demokratischen Präsidenten Truman wurde weiterhin beschuldigt, dass reaktionären Elementen der Republikaner erlaubt würde, die amerikanische Außenpolitik in antisowjetischer Richtung zu beeinflussen, während den Mitgliedern der britischen Labourregierung vorgeworfen wurde, in ihrer Verteidigung imperialer

Interessen konservativer als die britischen Konservativen zu sein. Das Dokument schloss, dass der Außenministerrat das »Scheitern des ersten diplomatischen Angriffs in der Nachkriegszeit erlebt hat, der von amerikanischen und britischen Kreisen auf den von der Sowjetunion während des Krieges gemachten außenpolitischen Gewinn gerichtet war. Weiterer Druck von Briten und Amerikanern auf die UdSSR ist nicht ausgeschlossen, aber wir haben jede Möglichkeit, die Positionen der sowjetischen Außenpolitik zu verteidigen und zu konsolidieren. Wir müssen in dem Maße Geschicklichkeit, Einfallsreichtum, Unerschütterlichkeit und Hartnäckigkeit beweisen, wie es die Interessen der UdSSR von uns verlangen.«[25]

Stalin ließ seine Verstimmung über die Beziehungen zu den Briten und Amerikanern in einem Gespräch mit Władysław Gomulka, dem polnischen KP-Chef, deutlich werden, das er am 14. November führte:

»Glauben Sie nicht an Divergenzen zwischen den Briten und den Amerikanern. Sie sind eng miteinander verbunden. Ihre Geheimdienste führen Operationen gegen uns in der ganzen Welt aus ... Überall verbreiten ihre Agenten Informationen, dass der Krieg gegen uns jederzeit ausbrechen kann. Ich bin ganz sicher, dass es keinen Krieg geben wird, das ist Unsinn. Sie sind nicht in der Lage, gegen uns Krieg zu führen. Ihre Armeen sind durch die Agitation für den Frieden entwaffnet worden ... Nicht Atombomben, sondern Armeen entscheiden über den Ausgang eines Krieges. Die Ziele ihrer Geheimdienstaktivitäten sehen so aus: Zuallererst versuchen sie uns einzuschüchtern, um uns zu zwingen, in strittigen Fragen in Bezug auf Japan, den Balkan und bei den Reparationen nachzugeben. Zweitens wollen sie uns von unseren Verbündeten entfernen – Polen, Rumänien, Jugoslawien und Bulgarien ... Ob sie in vielleicht 30 Jahren einen neuen Krieg wollen, das ist eine andere Frage. Dies würde ihnen großen Profit einbringen, insbesondere Amerika, das jenseits des Atlantiks liegt und sich weniger über die Folgen eines Krieges sorgen müsste. Ihre Politik, Deutschland zu schonen, belegt dies. Wer den Aggressor schont, strebt einen neuen Krieg an.«[26]

Die private Stimmung der Feindseligkeit gegenüber den Briten und Amerikanern auszutarieren war der öffentlich bekundete Glaube an die Zukunft des Bündnisses der großen drei. Als Molotow zum 28. Jahrestag der bolschewistischen Oktoberrevolution am 6. November eine Rede hielt, betonte er, obwohl das Scheitern der Außenministerkonferenz Sorgen bereite, habe es auch in der Vergangenheit immer wieder Differenzen im Bündnis der großen drei gegeben, die aber schließlich überwunden wurden.[27] Selbst Stalin wies Gomulka darauf hin, dass es am Ende ein sowjetisch-amerikanisches Übereinkommen geben werde. Als Ende November Byrnes ein Treffen der großen drei vorschlug, um die entstandenen Probleme zu lösen, stimmte Stalin ohne Zögern zu. Die Schlussfolgerung, die Stalin aus dieser Entwicklung zog, war, dass seine unnachgiebige Verhandlungsführung sich durchgesetzt habe. Am 9. Dezember schrieb er an seinen engsten Kreis und wertete die seit dem Streit um den Außenministerrat vorgefallenen außenpolitischen Ereignisse aus. Standhaftigkeit, merkte Stalin an, habe sich im Kampf um die Beteiligung Frankreichs und Chinas an Diskussionen im Außenministerrat, die sie nicht betreffen, durchgesetzt. Eine gleichartige Politik habe sich auch auf dem Balkan als erfolgreich erwiesen, wie der kommunistische Erfolg bei den verschobenen Wahlen in Bulgarien zeigt, ebenso in Jugoslawien, wo im November 1945 Wahlen stattfanden. Im Kontakt mit den Briten und Amerikanern, so schlussfolgerte Stalin, dürfe man gegenüber Versuchen, sich einschüchtern zu lassen, nicht nachgeben. Vielmehr sollte eine entschlossene und standfeste Politik alle weiteren Verhandlungen mit ihnen leiten.[28] Freilich sollte nicht unbeachtet bleiben, dass Stalin nicht immer die Standfestigkeit in den Verhandlungen mit dem Westen bewies, die er von seinen Untergebenen verlangte. Als Harriman ihn Ende Oktober in den Ferien am Schwarzen Meer aufsuchte, war Stalin in der Diskussion mit dem Botschafter über Japan und im Ringen um die Verfahrensfragen im Außenministerrat sehr wohl zu einem Geben und Nehmen bereit.[29]

Stalin nahm eine ähnliche Einstellung an, als Bevin und Byrnes für die Konferenz der drei Außenminister nach Moskau kamen. Die Konferenz fand vom 16. bis zum 26. Dezember im Spiridonowka-Palast im Kreml statt, dem üblichen Ort für derartige Treffen. Trotz Stalins Predigt an seine Genossen über die Tugenden unnachgiebiger Verhandlungstaktiken verlief die Konferenz sehr konstruktiv und erwies sich als Durchbruch in den sowjetisch-westlichen Diskussionen über die Gestaltung der Nachkriegsordnung. In der Tat sahen die Sowjets die Konferenz als Gelegenheit, zu den Tagen der großen drei zurückzukehren, und waren in einer ganzen Reihe von Themen kompromissbereit. Hinsichtlich der Teilnahme Frankreichs und Chinas am Außenministerrat setzte sich die Auffassung der Sowjets durch. Im Gegenzug aber stimmten sie zu, eine größere Friedenkonferenz einzuberufen, auf der über Friedensverträge mit den kleineren Achsenmächten beraten werden sollte. Aus der Sackgasse über Bulgarien und Rumänien wurde durch ein Abkommen herausgefunden, das die Aufnahme von Oppositionspolitikern in die Regierung vorsah. Den sowjetischen Forderungen gegenüber Japan wurde durch die Abschaffung der Fernöstlichen Ratskommission Rechnung getragen. Sie wurde durch eine Fernöstliche Kommission und einen Alliierten Kontrollrat für Japan ersetzt, obgleich die Besatzungsherrschaft unter amerikanischer Kontrolle blieb.[30] Stalin traf auf der Konferenz zweimal mit Bevin und Byrnes zusammen. Byrnes bemerkte bald nach der Zusammenkunft, dass »meine Gespräche mit dem Generalissimo an diesem Abend, wie schon während der zwei vorherigen Gespräche, von einer ermutigenden Kombination aus Offenheit und Herzlichkeit gekennzeichnet waren«.[31] Bei seinem Zusammentreffen mit Stalin am 24. Dezember ergriff Byrnes die Gelegenheit, seinen Vorschlag hinsichtlich eines Paktes zur Entwaffnung Deutschlands zu erwähnen. Stalin antwortete, dass ein solcher Pakt abgeschlossen werden sollte, aber ein derartiges Abkommen auch gegenüber Japan benötigt werde.[32] Bei seinem Treffen mit Bevin am selben Tag wollte Stalin unbedingt über die sowjetische Treuhandschaft für Tripolitanien sprechen und klagte, dass der Außenministerrat dieser Forderung zugestimmt habe. »Großbritannien wird dabei nichts verlieren, es hat schon so viele Stützpunkte überall auf der Welt, mehr noch als selbst die USA. Können nicht auch die Interessen der Sowjetunion berücksichtigt werden?« Im Laufe des Gesprächs klagte Stalin weiter, »so wie ich die Situation sehe, hat Großbritannien seine Besitztümer im Indischen Ozean und seine Interessensphäre. Die USA haben China und Japan, aber die Sowjetunion hat nichts.«[33]

In einer Botschaft an Truman vom 23. Dezember erklärte Stalin, dass er mit dem Fortschritt der Konferenz zufrieden und im Hinblick auf die zukünftige Entwicklung der Beziehungen mit den USA optimistisch sei.[34] Gegenüber seinen kommunistischen Verbündeten, Bulgarien und Rumänien bestand er jedoch darauf, dass er dem Westen gegenüber nur wenig eingeräumt habe und dass die Übereinkunft von Moskau eine Gelegenheit bedeutete, die Opposition zu untergraben. »Die Hauptsache ist es, die Opposition zu demoralisieren«, sagte Stalin einer bulgarischen Besucherdelegation am 7. Januar. »Die Beschlüsse der Moskauer Konferenz zu Bulgarien und Rumänien unterminieren bereits die Opposition in beiden Ländern.«[35] Andererseits arbeiteten die Sowjets an der Umsetzung der Konferenzbeschlüsse, die auf eine Art und Weise Veränderungen in der Zusammensetzung der Regierungen in Bulgarien und Rumänien vorsahen, die zumindest die amerikanischen Empfindlichkeiten besänftigen sollten.[36] Molotows generelle Einschätzung der Konferenz war, dass »wir es geschafft haben, in einer Reihe von wichtigen europäischen und fernöstlichen Fragen zu Entschlüssen zu kommen und die Kooperation zwischen den großen drei fortzusetzen, die durch den Krieg entstanden ist.«[37]

Auf der Moskauer Konferenz signalisierten Stalin und die Sowjets ihre Bereitschaft, den Außenministerrat wiederzubeleben und die Bedingungen einer gesamteuropäischen Friedensregelung innerhalb des Rahmens der großen drei auszuhandeln. So war es in den kommenden Monaten Molotows Hauptaufgabe, die Bedingungen eines Friedensvertrages mit Bulgarien, Finnland, Ungarn, Italien und Rumänien zu verhandeln. Fortschritte indes wurden nur sehr langsam erzielt. Der Außenministerrat traf für 18 Sitzungstage im April und Mai 1946 erneut in Paris zusammen und später für 24 Sitzungstage im Juni und Juli desselben Jahres. Darauf folgte von Juli bis Oktober 1946 die Pariser Friedenskonferenz, auf der die 21 Staaten, die in Europa gegen die Achsenmächte gekämpft hatten, den vom

Außenministerrat erarbeiteten Entwurf eines Friedensvertrages erörterten. Wie vorhergesehen, war es unmöglich, in Paris einen Konsens zwischen dem sowjetisch geführten Länderblock und dem westlichen Bündnis herzustellen. Im November und Dezember kam der Außenministerrat zu einer weiteren sechswöchigen Sitzungsperiode in New York zusammen, um über die noch bestehenden Differenzen zu verhandeln. Erst im Februar 1947 wurden die Friedensverträge mit Bulgarien, Finnland, Ungarn, Italien und Rumänien schließlich unterzeichnet.[38]

Nach strikter Anweisung von Stalin hatte Molotow eine kompromisslose Verhandlungsstrategie angenommen, bei der er jeden Kompromiss zu Themen verweigerte, die für die sowjetischen Interessen als vital angesehen wurden.[39] Es gab endlose Verfahrensstreitigkeiten, als Molotow darauf bestand, dass alles durch einstimmige Resolutionen der großen drei gebilligt werden müsse. Die geführten Debatten waren erbittert, was bis an die Öffentlichkeit drang, zumal es eine intensive Medienaufmerksamkeit gegenüber der Pariser Friedenskonferenz gab. Die Streitigkeiten drehten sich vor allem um den Friedensvertrag mit Italien, dessen Umfang dreimal so groß war, wie der Friedensvertrag mit anderen Ländern. Die Sowjets forderten Reparationen, eine gerechte Teilung der Kriegsbeute und eine Lösung des Grenzstreits um Triest, der Jugoslawien begünstigte. Molotow bestand auch auf der Forderung nach einer sowjetischen Treuhandschaft Tripolitaniens. Eine andere wichtige Frage für Moskau war der Rückzug der britischen und amerikanischen Streitkräfte aus Italien, eine Forderung, die 1945 und 1946 Teil der sowjetischen Beschwerden war, dass die USA überall auf der Welt Militärbasen anlegten. Im Mai 1946 beklagte sich Molotow bitter gegenüber Byrnes:

»Es gibt keinen Winkel der Welt, in dem die USA nicht zu sehen sind. Die Vereinigten Staaten haben überall Luftwaffenstützpunkte: in Island, in Griechenland, in Italien, in der Türkei, in China, in Indonesien und an anderen Orten und eine noch größere Anzahl an Luftwaffen- und Marinebasen im Pazifischen Ozean. Die Vereinigten Staaten unterhalten Truppenstützpunkte in Island trotz der Proteste der isländischen Regierung, ebenso in China, während die sowjetischen Truppen aus China und anderen ausländischen Gebieten zurückgezogen wurden. Dies ist der Beweis eines wirklichen Expansionismus und drückt das Bestreben gewisser amerikanischer Kreise nach einer imperialistischen Politik aus.«[40]

Molotow machte diese Bemerkung gegenüber Byrnes auf Anweisung Stalins, der seinen Außenminister über die Bedeutung symbolischer Dinge belehrte. Während der Pariser Friedenskonferenz fand eine Militärparade statt, an der Molotow teilnahm, sie aber abrupt wieder verließ, als er seinen Sitz in der zweiten Reihe zwischen Vertretern kleinerer Länder vorfand. »Sie haben sich vollkommen korrekt verhalten«, sagte ihm Stalin später. »Die Würde der Sowjetunion muss nicht nur in großen Fragen verteidigt werden, sondern auch in Details.« Wie der russische

Historiker Wladimir Pechatnow bemerkte, war dieser Zwischenfall »ein lebhaftes Beispiel dafür, wie eifrig Stalin das neu gewonnene Image der Sowjetunion als einer Großmacht verteidigte und förderte«.[41]

Stalin war der Meinung, dass sich Molotow in den Verhandlungen des Außenministerrates gut verhalten hatte und lobte ihn für seine Leistung auf der Pariser Friedenskonferenz. Als die Friedensverträge unterzeichnet waren, wurden sie von der sowjetischen Presse zwar begrüßt, aber als Ergebnis eines langen Kampfes mit den reaktionären Kräften in Großbritannien und den USA dargestellt, die zum Ziel hätten, den demokratischen Frieden der Nachkriegszeit zu untergraben.[42] Die Vorstellung, dass reaktionäre Kräfte im Westen auf dem Vormarsch seien, war wie ein roter Faden, der sich durch den öffentlichen und internen Diskurs der Sowjets seit dem Scheitern des Londoner Treffens des Außenministerrates zog. Diese Entwicklung wurde noch durch Stalins Antwort auf Churchills »Eiserner-Vorhang-Rede« im März 1946 verstärkt. Stalin stellte darin eine Verbindung her zwischen Churchills Rede, dem Anwachsen der antisowjetischen Kräfte im Westen und der Bedrohung durch einen neuen Krieg. Dieses Thema wurde in einem Memorandum im September 1946 weiter ausgeführt, das von Nikolai Nowikow, dem sowjetischen Botschafter in den USA, stammte (sein Vorgänger Gromyko war zur UNO entsandt worden). Nowikow war Mitglied der sowjetischen Delegation auf der Pariser Friedenskonferenz, und Molotow bat ihn, eine breite Übersicht der Haupttrends in der amerikanischen Außenpolitik zu erstellen. Nowikows zentrale Behauptung war, dass unter dem Einfluss reaktionärer Kräfte die USA politisch, wirtschaftlich und militärisch nach der Weltherrschaft streben würden. Die Politik Roosevelts der Zusammenarbeit unter den großen drei sei aufgegeben worden, sagte Nowikow, und die Amerikaner würden nun versuchen, die Stellung der Sowjetunion zu unterminieren, weil die Sowjets das hauptsächliche Hindernis ihrer Weltherrschaftspläne seien. In den USA würde eine bösartige Kampagne gegen die Sowjetunion mit der Perspektive eines möglichen Krieges gegen die UdSSR geführt.[43]

Nowikows Memorandum wurde oft mit einem noch berühmteren Bericht von George Kennan verglichen, dem amerikanischen Gesandten unter Averell Harriman in Moskau. Kennan erstellte den Bericht im Februar 1946. Der Ruhm dieses Dokumentes ergab sich aus seiner Publikation in der einflussreichen Zeitschrift *Foreign Affairs* unter dem Titel »The Sources of Soviet Conduct« (Die Grundzüge des sowjetischen Verhaltens) und seiner mysteriösen Zuschreibung zu einem Autor namens »X«. Geradezu spiegelbildlich zu Nowikows Analyse zeichnete Kennan darin das Bild eines messianisch expansionistischen Sowjetstaates, der nur durch ein starkes Gegengewicht im Zaum gehalten werden könnte.[44] Kennans Analyse gilt gemeinhin als wegweisend für den Kurs, den die amerikanische Außenpolitik in den Jahren 1946–1947 einschlug. Nowikows Memorandum hatte auf sowjetischer Seite nicht den gleichen Einfluss, dies aus dem schlichten Grund, weil an ihm nichts originell war. Seine Bestandteile konnten schon in der sowjetischen Presse sowie in anderen vertraulichen Berichten für die sowjetische Führung zu dieser Zeit gefunden werden. Was Nowikows Dokument indes davon unterschied, war sein Pessimismus in Bezug auf die zukünftigen sowjetisch-amerikanischen Beziehungen, der nicht nur die persönlichen Anschauungen des Verfassers, sondern auch den Tiefpunkt widerspiegelt, den die Verhandlungen des Außenministerrates nach Monaten ergebnisloser Rangelei auf der Pariser Friedenskonferenz erreicht hatten. Als Molotow im November 1946 zur nächsten Sitzung des Außenministerrates in New York eintraf, hatte sich die Atmosphäre jedoch schon wieder etwas verbessert. So hatte Molotow einige recht freundliche Gespräche mit Truman und Byrnes, die vielleicht durch Molotows Pilgerreise zu Roosevelts Haus im Hyde Park inspiriert wurden. In seinem Gespräch mit Truman griff Molotow auf die geschäftsmäßige Stimmung in Jalta und Potsdam zurück, die bei den Verhandlungen in der Kriegszeit so gute Resultate erbracht hatte.[45] Während der Gespräche im Außenministerrat in New York wies Stalin Molotow an, einen Kompromiss abzuschließen: »Ich rate Ihnen, Byrnes soweit wie möglich entgegenzukommen, sodass wir endlich die Friedensverträge durchkriegen.«[46]

In Kennans anonym veröffentlichtem Artikel tauchte noch nicht der Begriff »Kalter Krieg« auf. Der Journalist Walter Lippmann aber schrieb als Antwort eine Serie von Zeitungsartikeln, die später in Buchform unter dem Titel »Der Kalte Krieg« veröffentlicht wurden. Es waren Lippmanns Publikationen, mit denen die Vorstellung eines »Kalten Krieges« verbreitet wurde – die Kurzform für die wachsenden Spannungen in den Beziehungen des Westens zur Sowjetunion, die, wie Lippmann es sah, mehr das Ergebnis der militärischen Machterweiterung Stalins waren als einer ideologisch begründeten Politik.[47]

Kriegsängste 1946

Churchill benutzte in seiner »Eisernen-Vorhang-Rede« am 5. März 1946 in Fulton, Missouri, nicht den Begriff »kalter Krieg«. Auch war seine Rede keineswegs der Sowjetunion gegenüber feindlich geprägt. Churchills Vorlesung war eigentlich überschrieben mit »Das Sehnen nach Frieden«. Churchill sprach darin über den britisch-sowjetischen Bündnisvertrag von 1942, der von 20 auf 50 Jahre verlängert wurde (ein Vorschlag, den Bevin im Dezember 1945 Stalin gegenüber machte). »Wir streben nichts als gegenseitige Unterstützung und Zusammenarbeit mit Russland an«, sagte Churchill. Später erklärte er seine »tiefe Bewunderung für das tapfere russische Volk und meinen Kriegskameraden Marschall Stalin. Es gibt eine starke Sympathie in Großbritannien für alle Völker in Russland und eine große Entschlossenheit, trotz vieler Unterschiede und Zurückweisungen eine langwierige Freundschaft mit ihnen aufzubauen. Wir verstehen das russische Bedürfnis, seine westliche Grenze durch die Ausschaltung jeder Möglichkeit einer deutschen Aggression abzusichern. Wir begrüßen Russland auf seinem rechtmäßigen Platz unter den führenden Nationen der Welt. Wir heißen seine Flagge auf den Weltmeeren willkommen.« Aber die Passage, welche die Schlagzeilen bestimmte – sowohl die zeitgenössischen als auch die historischen – war die folgende:

»Von Stettin an der Ostsee bis nach Triest an der Adria ist ein *Eiserner Vorhang* über dem Kontinent niedergegangen. Jenseits dieser Linie liegen die alten Hauptstädte Mittel- und Osteuropas: Warschau, Berlin, Prag, Wien, Budapest, Belgrad, Bukarest und Sofia, all diese berühmten Städte ... liegen in dem, was ich nun die sowjetische Hemisphäre bezeichnen muss. Sie alle sind in der einen oder anderen Form nicht nur dem sowjetischen Einfluss unterworfen, sondern zu einem sehr hohen und in einigen Fällen weiter steigendem Maße der Kontrolle aus Moskau ... Den kommunistischen Parteien ist weit über ihre Größe hinaus die Vorherrschaft und Macht übertragen worden, und sie suchen überall eine totalitäre Machtfülle zu erlangen.«

Weiter sprach Churchill über die kommunistische Bedrohung Westeuropas und hob die Ängste hervor, die von der sowjetischen Politik gegenüber der Türkei, dem Iran und dem Fernen Osten ausgelöst würden. Die Schlussfolgerung, die Churchill daraus zog, war, dass die westlichen Demokratien zusammenhalten und ihre Werte entschieden verteidigen müssten. Die Russen würden Schwäche verachten, erklärte Churchill seinen Zuhörern und zog eine Parallele zur Appeasementpolitik, die es Hitler ermöglicht hatte, den Krieg zu entfesseln. Um dies zu verhindern, müsse erneut gegenüber Russland »ein gutes Verständnis« hergestellt werden.[48]

Zwar war Churchill nicht mehr britischer Premierminister, aber sein Rang als einer der führenden westlichen Politiker stand außer Frage. In der Tat war der ehemalige Premier von Truman nach Fulton eingeladen worden (Missouri war der Heimatstaat des Präsidenten), wo Churchill seine Rede hielt. Auch war Truman im Westminster College anwesend, als Churchill die Ehrendoktorwürde erhielt. Die erste sowjetische Antwort kam am 11. März in Form eines feindseligen Leitartikels in der *Prawda* und eines gleichermaßen feindlichen Beitrags am nächsten Tag in der *Iswestija*, der von Jewgeni Tarle stammte, einem führenden sowjetischen Historiker. Beide Zeitungen brachten lange Auszüge aus Churchills Rede, einschließlich seiner beleidigenden Bemerkungen über den »Eisernen Vorhang«, eine Begrifflichkeit, die, wie Tarle bemerkte, von Goebbels stammte, womit dieser während des Krieges die Befreiung Osteuropas von der deutschen Besatzung diskreditiert hatte.[49] Am 14. März betrat Stalin die Bühne mit der Publikation eines langen »Interviews« mit der *Prawda*. Wie in allen derartigen Texten waren sowohl die Fragen als auch die Antworten von Stalin genauestens vorbereitet worden. Nach Stalins Worten hatte Churchill die Absicht, einen neuen Krieg zu provozieren. Überdies sei er ein Anwalt der anglo-amerikanischen Weltherrschaft. Stalin erwähnte nicht den »Eisernen Vorhang«, bekräftigte aber das Recht der Sowjets auf freundlich gesonnene Staaten in Osteuropa, wobei er an ihre Rolle erinnerte, die sie bei der deutschen Aggression gegen die Sowjetunion gespielt hatten. Schließlich spielte Stalin auf Churchills Beteiligung an der antibolschewistischen Koalition an, die viele Jahre zuvor im russischen Bürgerkrieg interveniert hatte, und versprach, wenn es »Churchill und seinen Freunden« gelingen sollte, »einen neuen Marsch nach ›Osteuropa‹« zu organisieren, würden »sie erneut geschlagen werden, wie sie schon in der Vergangenheit geschlagen wurden.«[50]

Inmitten des Aufruhrs über die Fulton-Rede kam Alexander Werth, der Korrespondent der *Sunday Times* in Moskau, von einer Finnlandreise nach Russland zurück und fand »die Bevölkerung schwer erschüttert über die Möglichkeit eines ›neuen Krieges‹«.[51] Wie Werth bemerkte, verursachte die Episode von Fulton echte Alarmstimmung in der Sowjetunion und wurde zu einem wichtigen psychologischen Wendepunkt in der Entwicklung zum Kalten Krieg. Die Krisenatmosphäre wurde noch gesteigert durch eine Reihe weiterer Konfrontationen im Jahre 1946 mit dem Westen, darunter die Krise über den Rückzug sowjetischer Truppen aus dem Iran im Frühjahr und die Konfrontation mit der Türkei über die Zufahrtswege zum Schwarzen Meer im Sommer desselben Jahres.

Die Iran-Krise entwickelte sich aufgrund der sowjetisch-britischen Besatzung des Landes während des Zweiten Weltkrieges.[52] Die Briten und Sowjets hatten das Land im August 1941 mit dem Ziel okkupiert, die deutschlandfreundliche Regierung in Teheran zu stürzen sowie die Ölversorgung und die Nachschubwege in die UdSSR zu sichern. In einem Abkommen mit dem Iran sicherten die Briten und die Sowjets zu, ihre Truppen sechs Monate nach dem Ende des Krieges mit Deutschland abzuziehen. Auf Molotows Wunsch wurde das Abkommen später umdatiert auf: »nach Ende des Krieges mit Japan«, wodurch der Rückzugstermin auf den 2. März 1946 fiel. Es gibt keinen Hinweis darauf, dass Stalin davon abrücken wollte. Allerdings verzögerte sich die vollständige Umsetzung des Abkommens durch zwei Faktoren. Der Erste war der Wunsch Moskaus, mit Teheran ein Abkommen über die Ausbeutung der Ölfelder im nördlichen Iran abzuschließen. Der Zweite war die Entstehung einer kommunistisch angeführten Bewegung im aserbaidschanischen Teil des Irans, die regionale Autonomie und die Aufnahme von Beziehungen mit ihren Landsleuten in der Sowjetrepublik Aserbaidschan ver-

Neuntes Kapitel

langte. Dies kam nicht nur Stalins Neigung entgegen, Forderungen nach ethnischer Unabhängigkeit oder auch Einheit für seine politischen Zwecke zu instrumentalisieren. Die Unabhängigkeitsbewegung versprach überdies auch die Ausweitung des sowjetischen Einflusses innerhalb des Irans. Als der Abzugstermin im März 1946 näherrückte, kündigte Moskau an, dass es wegen der instabilen Lage in Teilen des Landes nur einen Teilabzug seiner Truppen einleiten werde. Abseits der Öffentlichkeit setzten die Sowjets ihre Verhandlungen mit den Iranern über die Ölförderung im Norden des Landes fort. In der Zwischenzeit indes brachten die Iraner das Thema des sowjetischen Truppenabzuges vor die Vereinten Nationen und wiederholten diesen Vorgang, als der Termin im März 1946 abgelaufen war. Moskaus Antwort darauf war, Gromyko anzuweisen, die Debatte in der UNO zu verlassen mit der Begründung, dass es sich hier um eine rein bilaterale Frage von Verhandlungen zwischen der Sowjetunion und dem Iran handele. Tatsächlich wurden Anfang April die Differenzen geklärt, woraufhin alle sowjetischen Truppen Anfang Mai abgezogen wurden. Die Sowjets erhielten ihre Ölkonzession, obwohl die Iraner später das Abkommen nicht einhielten, als das Parlament in Teheran sich weigerte, den Vertrag zu ratifizieren. Genau genommen war die Iran-Krise daher eher eine unbedeutende Affäre, die allerdings von der Presseberichterstattung zu dieser Zeit über alle Maßen überhöht und von westlichen Historikern des Kalten Krieges als ein Beweis für einen sowjetischen Expansionismus ausgelegt wurde.

Im Mai 1946 schrieb Stalin einen aufschlussreichen Brief an den kommunistischen Führer der aserbaidschanischen Unabhängigkeitsbewegung, in dem er erläuterte, weshalb er sich gezwungen sah, die sowjetischen Truppen aus dem Iran zurückzuziehen.

»Wir konnten sie nicht länger im Iran halten, vor allem deswegen, weil die Präsenz sowjetischer Truppen im Iran die Grundlagen unserer Befreiungspolitik in Europa und in Asien unterlief. Die Briten und Amerikaner sagten uns, wenn sowjetische Truppen im Iran blieben, wäre es nicht einzusehen, weshalb nicht auch britische Truppen in Ägypten, Syrien, Indonesien oder Griechenland verbleiben sollten und amerikanische Truppen in China, Island und in Dänemark. Deswegen entschlossen wir uns, unsere Truppen aus dem Iran und China abzuziehen, um den Briten und Amerikanern dieses Argument aus der Hand zu nehmen, um die Unabhängigkeitsbewegungen in den Kolonien zu entfesseln und unsere Befreiungspolitik auf diese Weise rechtmäßiger und wirksamer zu machen. Sie als Revolutionär werden sicher verstehen, dass wir nicht anders hätten handeln können.«[53]

Stalins Kombination aus geopolitischem Kalkül und ideologischem Antrieb war typisch für sein Denken zu dieser Zeit, obwohl es selten vorkam, dass beide Elemente in einer Aussage so eng zusammengefügt wurden.

Auch in der sowjetisch-türkischen Krise gab es einen ethno-nationalistischen Bestandteil, aber der Hauptstreitpunkt war Stalins langjährige strategische Forderung nach einer Kontrolle der Zugangswege zum Schwarzen Meer. Die sowjetische Ablehnung des 1936 geschlossenen Abkommens von Montreux, das der Türkei die vollständige Verfügung über die Meerenge zusprach, war während des Krieges einige Male an die Oberfläche getreten, und Stalin benutzte in diesem Zusammenhang gerne die Parallele der amerikanischen und britischen Kontrolle des Panama- wie des Suezkanals. Im Sommer 1945 begannen die Sowjets Druck auf die Türkei auszuüben und verlangten dabei auch die Rückgabe der Provinzen Kars und Ardahan an Armenien und Georgien. Als die Angelegenheit im Londoner Außenministerrat zur Sprache kam, wies Molotow darauf hin, dass Großbritannien während des Ersten Weltkrieges nicht nur bereit gewesen war, den Russen die Kontrolle über die Meerengen zu überlassen, sondern ihnen sogar ganz Konstantinopel zugestehen wollte.[54] Im Dezember 1945 wiederholte Stalin die sowjetischen Forderungen gegenüber Bevin, fügte aber hinzu, dass »alles Gerede über Krieg gegen die Türkei Unsinn ist.«[55] Im April 1946 sagte Stalin dem neuen amerikanischen Botschafter in Moskau, Walter Bedell Smith: »Ich habe Präsident Truman versichert und habe öffentlich erklärt, dass die Sowjetunion keine Absicht hat, die Türkei anzugreifen, … aber die Türkei ist schwach, und die Sowjetunion ist sich sehr der Gefahr einer fremden Kontrolle der Meerengen bewusst, zu deren Schutz die Türkei alleine nicht stark genug ist. Die türkische Regierung ist uns gegenüber feindlich eingestellt. Deshalb hat die Sowjetunion einen Stützpunkt an den Dardanellen verlangt. Es ist eine Frage unserer eigenen Sicherheit.«[56]

Die »Krise« hinsichtlich der Meerenge begann am 7. August 1946, als die UdSSR der türkischen Regierung eine diplomatische Note zusandte, in der verlangt wurde, die Konvention von Montreux zu revidieren. Ausgehend von einer Kritik an der Handhabung der türkischen Rechte während des Krieges, schlug die Note erstens vor, dass die Wasserstraße für die Handelsschifffahrt immer passierbar sein sollte. Sie sollte zweitens auch jederzeit für die Kriegsschiffe der Anrainer des Schwarzen Meeres geöffnet sein. Drittens sollten Kriegsschiffe von fremden Mächten ausgeschlossen werden, außer unter speziellen Umständen. Viertens sollte die Meerenge unter der Kontrolle der Türkei und anderer Mächte im Bereich des Schwarzen Meeres stehen. Und fünftens wurde verlangt, dass sie von der Türkei und der Sowjetunion gemeinsam verteidigt werden sollte. Bemerkenswerterweise wird in der Note nicht weiter erwähnt, dass Kars und Ardahan von der Sowjetunion beansprucht werden.[57]

Die diplomatische Note vom August 1946 basierte auf amerikanischen, britischen und sowjetischen Vorschlägen für eine Revision von Montreux – ein Punkt, auf den in einem moderaten und versöhnlichen Artikel zu diesem Thema in der

Iswestija hingewiesen wurde.⁵⁸ Und in der Tat hatten die ersten drei Punkte der Note große Ähnlichkeit mit einer diplomatischen Erklärung der USA zur Revision von Montreux, die vom November 1945 stammte.⁵⁹ Am 19. August 1946 jedoch zogen die USA Moskaus Aussage in Zweifel, dass die Kontrolle der Meerenge eine alleinige Angelegenheit der Anrainer des Schwarzen Meeres sei, und forderten vielmehr eine multilaterale Konferenz, um den Vertrag von Montreux zu verändern. Die Briten übermittelten Moskau zwei Tage später eine ähnliche Auffassung. Am 22. August antwortete die Türkei und wiederholte ihrerseits dabei die britische und amerikanische Haltung. Zusätzlich wurde von der Türkei darauf verwiesen, dass die sowjetische Forderung nach einer gemeinsamen Verteidigung der Seestraße unvereinbar sei mit der Aufrechterhaltung der türkischen Souveränität und Sicherheit.⁶⁰

Moskau antwortete darauf am 24. September mit einem Memorandum, in dem die spezifischen Rechte der Anrainer im Hinblick auf die Meerenge betont und zugleich bestritten wurde, dass die sowjetischen Vorschläge die türkische Souveränität oder Sicherheit beeinträchtigten.⁶¹ Am 9. Oktober wiederholen die Briten und Amerikaner wiederum ihre Position, worauf ihnen am 18. Oktober die Türkei zustimmte.⁶² Damit kam es zu einer klassischen Blockadesituation. Der einzige diplomatische Ausweg war eine internationale Konferenz in Montreux, was für Moskau aber unannehmbar war. Sowohl öffentlich als auch intern blieb die Sowjetführung dabei, dass die Kontrolle über den Seeweg vorrangig eine Sache der direkten Anrainerstaaten sei und dass vor jeder internationalen Konferenz erst direkte Verhandlungen zwischen der Türkei und der UdSSR stattfinden sollten.⁶³

Es gab Spekulationen darüber, wie weit Stalin zu gehen bereit war, um sich in dieser Frage durchzusetzen. Dabei wurde auch gemutmaßt, dass nur ein starker westlicher Rückhalt für die Türkei die Sowjets von einem Angriff abhalten könnte. Aber die Vorstellung, dass Stalin äußerstenfalls einen Krieg gegen die Türkei ins Auge gefasst habe, scheint übertrieben zu sein, obwohl es gut möglich ist, dass ein Säbelrasseln an der Grenze zur Türkei zu seiner Taktik vermehrten Drucks gegenüber Ankara gehörte.⁶⁴ Schließlich antwortete Moskau nicht mehr auf die letzte türkische Note, und die diplomatische Krise zerrann im Nichts.

Wie die Ereignisse rund um den Iran und die Türkei zeigten, war Stalin zweifellos bereit, eine harte Gangart einzulegen, um wichtige strategische Zielsetzungen zu erreichen – dies aber nicht um den Preis eines Bruchs seiner Beziehungen zu den USA und Großbritannien. Vielmehr war er ängstlich darum bemüht, einen Bruch in der großen Allianz mit dem Westen zu vermeiden und einen solchen auch nicht durch Konfrontationen an der Peripherie zu provozieren. Zwar lagen Stalin als Georgier sowjetische Marinebasen am Schwarzen Meer sehr am Herzen. Auch legte er wie immer großen Wert auf die Kontrolle vitaler wirtschaftlicher

Ressourcen wie die Ölversorgung. Aber wichtiger noch war für ihn die Gesamtsituation in Europa. So hatte er weiterhin das Gefühl, dass Verhandlungen innerhalb des Bündnisses mit den Westmächten der beste Weg waren, seine Einflusssphäre in Osteuropa zu schützen und das Risiko zu vermeiden, dass sich ein der Sowjetunion feindlicher Block in Westeuropa bildet. Abgesehen von unmäßigen Angriffen auf Churchill nach dessen Rede in Fulton, lautete die beständige Botschaft Stalins in seinen öffentlichen Äußerungen, dass Spannungen in den Ost-West-Beziehungen vermindert, Probleme innerhalb des Bündnisses durch Verhandlungen gelöst und Frieden und Sicherheit erhalten werden könnten.

Im März 1946 wurde Stalin von Eddie Gilmore im Auftrag von *Associated Press* nach der »Kriegsgefahr« befragt. Er antwortete, dass weder Nationen noch ihre Armeen nach einem neuen Krieg streben würden. Die »Kriegsgefahr« sei nichts als herausfordernde Propaganda, die vonseiten einiger politischer Gruppierungen betrieben werde. Im September 1946 stellte Alexander Werth Stalin dieselbe Frage und erfuhr, dass er nicht an die Gefahr eines neuen Krieges glaubte. Im selben Interview bestritt Stalin, dass die USA und England an einer kapitalistischen Einkreisung der UdSSR arbeiten würden und bekräftigte seine Überzeugung, dass eine friedliche Koexistenz mit dem Westen weiterhin möglich sei. Werth fragte Stalin auch danach, ob er meinte, dass das amerikanische Atomwaffenmonopol eine Bedrohung für den Frieden darstellen würde, worauf er antwortete: »Ich halte die Atombombe nicht für eine ernsthafte Waffe, wie einige Politiker sie sehen. Atombomben sind zur Einschüchterung da, aber sie können einen Krieg nicht entscheiden, da solche Bomben dazu keineswegs geeignet sind.« Im Oktober durfte Hugh Bailey von *United Press* schriftlich den sowjetischen Führer befragen. Auf seine Frage, ob er mit der letzten Rede Byrnes' übereinstimme, dass die Spannungen im Verhältnis zwischen den Sowjets und den Amerikanern steigen würden, antwortete Stalin mit einem entschiedenen Nein. Danach befragt, ob die Verhandlungen über einen Friedensvertrag erfolgreich sein würden, sagte Stalin, er würde dies hoffen. Zur Kriegsgefahr wiederholte er seine Sicht, dass »Churchill und seine Freunde« für die gegenwärtigen Ängste verantwortlich seien und dass ihren Bemühungen, einen neuen Krieg anzuzetteln, entgegengetreten werden müsse. Alle diese Antworten gab Stalin auf schriftlichem Wege auf schriftlich eingereichte Fragen. Im Dezember 1946 jedoch gewährte er Elliot Roosevelt ein Live-Interview. Naturgemäß wollte Roosevelt wissen, ob Stalin meinte, dass es eine Abschwächung in der Freundschaft und Kooperation zwischen der Sowjetunion und den USA gegeben habe, seitdem sein Vater gestorben war. Stalin antwortete, dass, während die Beziehungen zwischen dem sowjetischen und dem amerikanischen Volk sich weiterhin verbesserten, einige Missverständnisse zwischen den Regierungen entstanden seien. Aber Stalin meinte, dass es keine weitere Verschlechterung in den Beziehungen geben werde und schloss einen militärischen Konflikt aus, für den keine Ursache vorhanden sei. »Ich glaube, dass die Bedrohung durch einen neuen Krieg nicht real ist«, sagte Stalin.[65]

Im April 1947 gab er ein weiteres persönliches Interview, dieses Mal dem republikanischen Senator Harold Stassen. Erneut war Stalins Stimmung optimistisch. Er wies gegenüber Stassen darauf hin, dass trotz der Unterschiede in ihren wirtschaftlichen Systemen die Sowjetunion und die Vereinigten Staaten während des Krieges zusammengearbeitet hätten und es keinen Grund gäbe, wieso sie dies im Frieden nicht weiter tun sollten. In seinem Glauben an die Möglichkeit eines friedlichen Zusammenlebens zwischen dem sozialistischen und dem kapitalistischen System berief sich Stalin auf die Lehre Lenins. Als Stassen darauf hinwies, dass Stalin vor dem Krieg von einer »kapitalistischen Einkreisung« gesprochen habe, antwortete der Sowjetführer, dass er niemals die Möglichkeit einer Zusammenarbeit mit anderen Staaten bezweifelt, sondern nur auf die Existenz aktueller Bedrohungen von Staaten wie Deutschland verwiesen habe. Jede Seite unterstütze ihr eigenes Sozialsystem, sagte Stalin zu Stassen. Welches das Bessere sei, darüber werde die Geschichte entscheiden. Bis dahin sollten beide Seiten aufhören, sich gegenseitig zu beschimpfen. Roosevelt und er hätten einander niemals als »Totalitarist« oder »Monopolkapitalist« bezeichnet. »Ich bin kein Propagandist«, sagte Stalin. »Ich bin ein Geschäftsmann.«[66] Nachdem der Text von beiden Männern abgesegnet worden war, wurde das Interview in der *Prawda* am 8. Mai veröffentlicht – auf den Tag genau zwei Jahre nach Ende des Krieges in Europa. Im Zusammenhang betrachtet, war es ein entschiedener Versuch Stalins, zum Geist des Kriegsbündnisses mit dem Westen zurückzukehren. Zu dieser Zeit aber senkte sich ein immer tieferer Schatten über die Beziehungen der Sowjetunion zum Westen, der von der berühmten Rede Präsident Trumans vor dem amerikanischen Kongress im März 1947 ausging.

Die Truman-Doktrin und der Marshallplan

Im Nachhinein wurde die Rede des Präsidenten als Truman-Doktrin bekannt. Ihr vordergründiger Zweck war es, den Kongress zu bewegen, Griechenland und der Türkei finanzielle Hilfe zukommen zu lassen. Truman erwähnte weder die Sowjets noch die Kommunisten, aber es konnte kein Zweifel über das Ziel seiner Rede bestehen.

»Die Völker einer Reihe von Ländern haben zuletzt erlebt, dass ihnen totalitäre Regime aufgezwungen wurden ... Die Regierung der Vereinigten Staaten hat häufig gegen Zwang und Einschüchterung Protest eingelegt ... In der gegenwärtigen

Epoche der Weltgeschichte muss fast jede Nation zwischen alternativen Lebensstilen wählen ... Der eine Lebensstil gründet sich auf dem Willen der Mehrheit und unterscheidet sich durch freie Institutionen, repräsentative Regierungen, freie Wahlen, Garantien individueller Freiheit, freie Meinungsäußerung und freie Religionsausübung frei von politischer Unterdrückung. Der zweite Lebensstil gründet sich auf dem Willen einer Minderheit, der einer Mehrheit aufgezwängt wird. Er stützt sich auf Terror und Schikanen, die Kontrolle von Presse und Radio, unfreie Wahlen und die Unterdrückung persönlicher Freiheiten. *Ich denke, es muss die Politik der Vereinigten Staaten sein, die freien Völker zu unterstützen, die sich dem Versuch bewaffneter Minderheiten oder auswärtigen Drucks, sie zu unterwerfen, nicht beugen wollen.* Ich glaube, wir müssen den freien Völkern beistehen, ihrem eigenen Schicksal auf die von ihnen gewählte Weise zu folgen.«[67]

Trumans Rede war für die Sowjets noch provokativer als Churchills »Eiserne-Vorhang-Rede«. Denn im Unterschied zu Churchill war Truman im Amt und schlug vor, in Griechenland einer Regierung zu helfen, die gegen einen kommunistischen Aufstand kämpfte, sowie der Türkei, einem Land, das sich in direkter Konfrontation mit der Sowjetunion befand. Gleichwohl war die sowjetische Reaktion darauf erstaunlich gedämpft. Am 14. März brachte die *Prawda* einen TASS-Bericht über die Rede Trumans, der sich mehr auf den Vorschlag konzentrierte, der Türkei und Griechenland Hilfe zukommen zu lassen, als genauer auf die Darstellung der amerikanischen Außenpolitik im Allgemeinen einzugehen. Der Kommentar der Zeitung griff am nächsten Tag Truman scharf an und warf ihm vor, die Behauptung, die Freiheit zu verteidigen, als Vorwand für den amerikanischen Expansionismus zu gebrauchen. Eine Woche später kritisierte die *Nowoe Wremja* (*Neue Zeit*), dass Trumans Rede eine Außenpolitik auf der Grundlage von Macht und Gewalt angekündigt habe.[68] Aber von Stalin selbst gab es keine Entgegnung. Vielleicht hielt er es für unklug, sich in eine Polemik mit dem amtierenden US-Präsidenten einzulassen. Auch gab es in Trumans Rede keinen direkten Bezug auf die Sowjetunion. Wichtiger noch war, dass Stalins Aufmerksamkeit in eine andere Richtung ging. Zwei Tage vor der Rede Trumans begann in Moskau eine Sitzung des Außenministerrates. Nachdem sich der Rat mit den kleineren Achsenstaaten beschäftigt hatte, kamen die Friedensverträge mit Deutschland und Österreich auf die Tagesordnung. Die Sitzung des Außenministerrates dauerte sechs Wochen und endete mit nur wenigen wahrnehmbaren Resultaten. Öffentlich aber schätzten die Sowjets die Arbeit sehr hoch ein und widersprachen Wertungen, dass keinerlei Fortschritte erreicht worden seien.[69] In einer weiteren versöhnlichen Geste nahmen die Sowjets den britischen Vorschlag auf, den 1942 geschlossenen Bündnisvertrag beider Länder von zwanzig auf fünfzig Jahre zu verlängern. Diese von Bevin im Dezember 1945 geäußerte Idee wurde zwischen Stalin und Marschall

Bernard Montgomery weiter diskutiert, als dieser im Januar 1947 Moskau besuchte. Als Nebenprodukt des Treffens des Außenministerrates präsentierten die Sowjets der britischen Delegation einen neuen Entwurf des sowjetisch-britischen Bündnisvertrages.[70]

Am 15. April traf Stalin mit George Marshall, dem Nachfolger Bevins als amerikanischer Außenminister, zusammen. Indem er eine Analogie wählte, die General Marshall als früherer Generalstabschef vielleicht schätzen würde, beschrieb Stalin das Treffen des Außenministerrates als »erste Schlacht«, als ein erstes Abtasten des Gegners. Wenn sich die beiden Partner erschöpft haben, wird die Zeit für Kompromisse kommen. Es ist möglich, dass die gegenwärtige Sitzungsrunde keine bedeutenden Erfolge verzeichnen kann. Dies ist aber kein Grund zum Verzweifeln. Ergebnisse können immer noch in der nächsten Sitzungsrunde erzielt werden. In allen wichtigen Fragen – Demokratisierung, politische Organisation, wirtschaftliche Einheit und Reparationen – ist es möglich, Kompromisse zu erreichen. Sie müssen nur Geduld haben und nicht verzweifeln.[71]

Stalins Gespräche mit Marshall und Stassen fanden innerhalb weniger Tage statt und zeigten an, dass sich Stalin in einer optimistischen Stimmung befand. Die Friedensverträge mit den kleineren Achsenstaaten waren im Februar abgeschlossen worden, und nun waren Fortschritte gegenüber Deutschland und Österreich erreicht worden. Zwar hatte sich die Aufrechterhaltung des von Stalin gewünschten Kriegsbündnisses mit dem Westen in Friedenszeiten als schwieriger erwiesen als angenommen, aber auch zwei Jahre nach Ende des Krieges war das Bündnis noch immer intakt, wenn auch ein wenig ramponiert. Innerhalb sehr kurzer Zeit jedoch sollte Stalin den aktiv unternommenen Versuch einer Entspannung mit dem Westen beenden und eine Politik und Rhetorik des Kalten Krieges annehmen, die fast das Gegenbild zur Truman-Doktrin darstellte. Das Schlüsselereignis dabei war die sowjetische Antwort auf den Marshallplan.[72]

Der sogenannte »Marshallplan« wurde vom amerikanischen Außenminister am 5. Juni 1947 in einer Rede vor der Harvard University publik.[73] Grundsätzlich kündigte Marshall ein groß angelegtes amerikanisches Hilfsprogramm für das kriegszerstörte Europa an, bei dem die US-Hilfsgelder auf koordinierter Basis von den Europäern selbst verteilt werden sollten. Marshalls Vorschlag wurde sogleich von den Briten und Franzosen aufgegriffen. Der britische und der französische Außenminister trafen sich in Paris und luden am 19. Juni in einer gemeinsamen Erklärung ebenfalls die Sowjetunion ein, um die Möglichkeiten eines durch die USA finanzierten Programms zum Wiederaufbau Europas zu erörtern.

Die sowjetische Entgegnung auf die Entwicklung war gemischt. Die ursprüngliche Reaktion in Form von Presseartikeln, in denen der Marshallplan in Verbindung mit der Truman-Doktrin als ein Instrument der amerikanischen Einmischung in europäische Angelegenheiten gesehen wurde, war negativ.[74] Am 21. Juni jedoch übermittelte das Politbüro eine positive Antwort auf den britisch-französischen Vorschlag, sich für Gespräche über den Marshallplan zu treffen.

In der Zwischenzeit beriet die sowjetische Führung hinter verschlossenen Türen über die Stellungnahmen und Ratschläge, die sie im Hinblick auf den Marshallplan erhielt. Einer der ersten Beiträge dazu war am 9. Juni die Stellungnahme des Botschafters Nowikow in Washington, der nach Moskau telegrafierte, dass »sich in diesem amerikanischen Vorschlag die klaren Umrisse eines gegen uns gerichteten westeuropäischen Blocks abzeichnen«.[75] In einer weiteren Depesche vom 24. Juni bekräftigte Nowikow, dass »eine sorgfältige Analyse des Marshallplans zeigt, dass er letztlich zur Schaffung eines westeuropäischen Blocks als Instrument der US-amerikanischen Politik führt ... Anstelle der früheren unkoordinierten Versuche, die darauf gerichtet waren, die wirtschaftliche und politische Unterwerfung der europäischen Staaten durch das amerikanische Kapital zu erreichen und einen westeuropäischen Block zu formieren, sieht der Marshallplan umfangreichere Maßnahmen vor, um das Problem in wirkungsvollerer Weise zu lösen.«[76] Ein anderslautender politischer Rat kam aus einer anderen Ecke. Eugen Varga, ein bekannter sowjetischer Wirtschaftswissenschaftler, der lange am Rande von Stalins innerem Kreis gewirkt hatte, wurde gebeten, den Marshallplan zu analysieren. Vargas Ansicht war, dass der Plan vornehmlich eine Antwort auf die wirtschaftlichen Probleme der USA in der Nachkriegszeit darstellte, insbesondere die Nachfrageschwäche für amerikanische Produkte in Europa. Für Varga war der Zweck des Plans, den Europäern Dollars zur Verfügung zu stellen, damit sie es sich leisten könnten, amerikanische Waren und Dienstleistungen zu kaufen. Varga wies auch auf die Nachteile für die Sowjetunion hin, wenn sie an dem Plan nicht teilhaben wollte. Dies würde die amerikanische Dominanz über Europa erleichtern, den Einfluss der USA im Hinblick auf die wirtschaftliche Zukunft Deutschlands stärken und es Reaktionären erlauben, die Sowjetunion verantwortlich zu machen, wenn der Plan scheitern sollte.[77]

Die Schlussfolgerung von Vargas Analyse war, dass es den Amerikanern zupass kommen würde, den Ländern des Ostblocks Kredite und Kapitalbeihilfen zu gewähren. Moskau hatte lange Zeit auf einen großen amerikanischen Kredit gehofft, mit dem der Wiederaufbau bewältigt werden sollte[78] – und der Marshallplan könnte der Rahmen dafür sein. Andererseits gab es die politischen Nachteile, vor denen Nowikow und andere gewarnt hatten. War der Marshallplan nun eine Bedrohung oder eine Gelegenheit? Stalins Antwort auf dieses Rätsel war, abzuwarten und sich nicht vorschnell festzulegen. Daher wurde die sowjetische Delegation für die Gespräche mit den Briten und Amerikanern instruiert, als Erstes herauszufinden, wie hoch die angebotene amerikanische Hilfe sein sollte, dann jedwedem Versuch der Einmischung in die inneren Angelegenheiten der Empfängerländer ent-

Neuntes Kapitel 355

gegenzutreten und schließlich sicherzustellen, dass Festlegungen über die Zukunft Deutschlands dem Außenministerrat vorbehalten bleiben sollten.[79]

Die europäische Dreimächtekonferenz zur Erörterung des Marshallplans wurde von Ende Juni bis Anfang Juli 1947 in Paris abgehalten.[80] Molotow traf mit einem großen Gefolge von Beratern in Paris ein, was ein deutlicher Hinweis darauf war, dass Moskau die Verhandlungen ernst nahm. Der genau instruierte Molotow machte unmissverständlich deutlich, dass Moskau gegen ein Hilfsprogramm war, das zentral von einer Seite koordiniert würde. Stattdessen sollte jedes Land eine Liste seiner Bedürfnisse erstellen, die von mehreren Komitees entgegengenommen und den Amerikanern übermittelt werden sollte. Die Briten und Franzosen jedoch bestanden auf einem zentralisierten Programm, das, wie sie meinten, mit Marshalls eigenen Wünschen übereinstimmte. Die Verhandlungen gerieten schnell in eine Sackgasse. Am 2. Juli äußerte sich Molotow zum letzten Mal vor der Konferenz:

»Die Frage amerikanischer Wirtschaftshilfe hat der britischen und französischen Regierung als Vorwand gedient, auf der Einrichtung einer neuen Organisation zu bestehen, die über den europäischen Ländern stehen und sich in ihre inneren Angelegenheiten einmischen soll ... Es gibt zwei Wege zu internationaler Zusammenarbeit. Der eine gründet auf der Entwicklung politischer und wirtschaftlicher Beziehungen zwischen Staaten gleichen Rechtes ... Der andere basiert auf der dominierenden Stellung einer oder mehrerer starker Mächte gegenüber anderen Ländern, die dadurch in den Status untergeordneter Staaten geraten, die ihrer Unabhängigkeit beraubt sind.«

Nach dem Zusammenbruch der Unterredungen mit den Sowjets sprachen die Briten und Franzosen eine Einladung an die europäischen Staaten zu einer Konferenz in Paris aus, auf der eine Organisation zur Überwachung der Marshallplanhilfe begründet werden sollte. Die Sowjets antworteten auf diese Initiative am 5. Juli, indem sie eine diplomatische Note an die europäischen Regierungen sandten, in der sie ihre Differenzen mit den Briten und Franzosen darlegten.[81] Am selben Tag sandten sie auch eine Botschaft an ihre kommunistischen Verbündeten in Osteuropa. Darin wurden sie von den Sowjets darüber informiert, dass sie aus taktischen Gründen nicht gegen die Teilnahme anderer Länder an der von den Briten und Franzosen organisierten Konferenz wären:

»Einige der Sowjetunion freundlich gesonnene Länder überlegen sich, die Teilnahme an der Konferenz abzusagen mit der Begründung, dass die UdSSR selbst entschieden hat, nicht daran teilzunehmen. Wir meinen, dass es besser wäre, die Teilnahme nicht zu verweigern, sondern Delegationen zu entsenden, um auf der Konferenz selbst die Unannehmbarkeit des britisch-französischen Plans aufzuzeigen und sich dann vom Treffen zurückzuziehen und dabei so viele Delegierte wie möglich aus anderen Ländern mit sich zu ziehen.«[82]

Zwei Tage darauf freilich änderte Moskau seine Meinung und entsandte eine weitere Botschaft, in der von der Teilnahme an der Konferenz abgeraten wurde, da sich in einigen osteuropäischen Ländern »Freunde« (d. h. die örtlichen Kommunisten) gegen die Konferenz erklärt hatten. Das Problem war, dass die Tschechoslowakei – die sehr stark darauf aus war, Gelder aus dem Marshallplan zu erhalten – bereits ihre Teilnahme zugesagt hatte. Stalin selbst übernahm die Aufgabe, die Tschechoslowakei zu »überzeugen«, ihre Ansicht zu ändern. Auf dem Treffen mit einer tschechoslowakischen Regierungsdelegation am 9. Juli erklärte er, dass die Kredite des Marshallplans sehr unsicher seien und als Vorwand dazu genutzt würden, einen westlichen Block zu schaffen und die UdSSR zu isolieren. Die Entscheidung der Tschechoslowakei, an der bevorstehenden Pariser Konferenz teilzunehmen, wäre eine Angelegenheit von fundamentaler Bedeutung für die Sowjetunion: »Wenn Sie nach Paris fahren, demonstrieren Sie, dass Sie an einer Aktion teilnehmen wollen, die darauf gerichtet ist, die Sowjetunion zu isolieren. Alle slawischen Staaten lehnten die Teilnahme ab, selbst Albanien, und deswegen glauben wir, dass Sie ihre Zusage zurückziehen sollten.«[83] Es versteht sich von selbst, dass die Tschechoslowakei darauf zusammen mit den anderen Staaten des Ostblocks die Diskussion um den Marshallplan boykottierte.

Zusammen mit dem Boykott starteten die Sowjets eine große Propagandakampagne gegen den Marshallplan. Im September 1947 prangerte der stellvertretende Außenminister Andrei Gromyko den Marshallplan in einer Rede vor der UNO an:

»Der Marshallplan stellt im Wesentlichen eine Variante der Truman-Doktrin dar … Die Umsetzung des Marshallplans würde bedeuten, die europäischen Länder unter die wirtschaftliche und politische Kontrolle der Vereinigten Staaten zu stellen und eine direkte Einmischung in die inneren Angelegenheiten dieser Länder zuzulassen … Dieser Plan ist ein Versuch, Europa in zwei Lager zu teilen … die Bildung eines Blocks mehrerer europäischer Staaten zu vollenden, die den demokratischen Interessen Osteuropas und vor allem den Interessen der Sowjetunion feindlich gegenüberstehen.«[84]

Für Stalin war der Marshallplan die Bruchstelle in den Nachkriegsbeziehungen zu den Vereinigten Staaten. Dies bedeutete, dass eine weitere Zusammenarbeit mit den Amerikanern nicht mehr möglich war, ohne die sowjetische Einflusssphäre in Osteuropa zu gefährden. Der Marshallplan und die Truman-Doktrin leiteten die Bildung eines antisowjetischen Westblocks ein, dem Stalin durch die Konsolidierung der sowjetischen und kommunistischen Position in Osteuropa entgegenzuwirken suchte. Den sowjetischen Block von subversiven äußeren Einflüssen abzuschirmen stand auf Stalins Prioritätenliste nunmehr höher, als das große Kriegsbündnis mit dem Westen aufrechtzuerhalten.

Die Kominform und der Kalte Krieg

Stalins neuer Ansatz wurde in der Gründungskonferenz des Kommunistischen Informationsbüros (Kominform) im September 1947 deutlich.[85] Die Idee, einen Nachfolger der Komintern zu schaffen, lag schon seit geraumer Zeit in der Luft. Der Auslöser für die Gründung der Kominform waren nicht so sehr die Truman-Doktrin und der Marshallplan, sondern vielmehr der Wunsch Moskaus, eine direktere Kontrolle über die kommunistischen Parteien in Europa auszuüben.[86] Insbesondere gab das Verhalten der französischen und italienischen Kommunisten Grund zur Besorgnis, die Moskau nicht einmal über ihren Ausschluss aus ihren nationalen Regierungen im Mai 1947 unterrichtet hatten.[87] Dies erklärt auch die merkwürdige Zusammensetzung der Kominform, die aus den regierenden kommunistischen Parteien Osteuropas plus den französischen und italienischen Kommunisten bestand. Ein Großteil der Gründungskonferenz, die einem privaten Treffen in Polen gleichkam, war der Kritik an der »reformistischen« Politik und den »parlamentarischen Illusionen« der kommunistischen Parteien Italiens und Frankreichs gewidmet. An der Spitze der Kritiker stand Eduard Kardelj, der Vertreter Titos auf der Konferenz. Die Jugoslawen hatten sich lange für eine militantere linke Richtung der kommunistischen Bewegung eingesetzt. Die besondere Rolle Jugoslawiens spiegelte sich auch in der Wahl des Hauptquartiers der Kominform in Belgrad wider.[88]

Die Gründungskonferenz der Kominform bot Stalin nicht nur die Chance, eine politische Linksstrategie der Opposition zum Kapitalismus und zu den bürgerlichen Institutionen einzuschlagen. Sie bot ihm auch die Gelegenheit, eine wichtige Stellungnahme zur Außenpolitik und zu den internationalen Beziehungen abzugeben. Sein Wortführer auf der Konferenz war A. A. Schdanow, der ehemalige Leningrader Parteichef, der nunmehr Stalins Chefideologe war. Während des Sommers arbeitete Schdanow an seiner Rede, für die er einige Entwürfe aufsetzte und in den darauffolgenden Beratungen mit Stalin abänderte. Der entscheidende Moment in diesem Prozess aber kam, als Schdanow in seinem Entwurf den Gedanken einfügte, dass die Nachkriegswelt in »zwei Lager« aufgeteilt sei.[89] Bis dahin hatten die Sowjets von zwei Trends oder zwei verschiedenen Linien in der Weltpolitik nach dem Krieg gesprochen. So bezog sich Schdanow beispielsweise in seiner Rede zum 29. Geburtstag der Oktoberrevolution im November 1946 auf die Pariser Friedenskonferenz, bei der sich »zwei Tendenzen in der Nachkriegspolitik abzeichnen … Die eine von der Sowjetunion geführte Politik soll … den Frieden festigen und Aggression verhindern … Die andere bereitet den Kräften der Expansion und der Aggression den Weg.«[90] Ein Jahr später auf der Kominform-Konferenz verkündete Schdanow, was als die Zwei-Lager-Theorie bekannt werden sollte:

»Je weiter wir uns vom Ende des Krieges entfernen, desto deutlicher treten die zwei grundsätzlichen Orientierungen in der internationalen Politik der Nachkriegszeit hervor, die übereinstimmend mit der Teilung ... sich in zwei Lager scheiden: Das imperialistische und antidemokratische Lager ... und das antiimperialistische und demokratische Lager. Die Führungsrolle im imperialistischen Lager hat die USA ... Das wesentliche Ziel des imperialistischen Lagers ist es, den Kapitalismus zu stärken, einen neuen imperialistischen Krieg vorzubereiten, gegen den Sozialismus und die Demokratie zu kämpfen und reaktionäre, antidemokratische, profaschistische Regime und Bewegungen allseitige Unterstützung zukommen zu lassen. Zur Erfüllung dieser Aufgaben ist das reaktionäre Lager bereit, sich auf reaktionäre und antidemokratische Elemente in allen Ländern zu stützen und den einstigen Kriegsfeinden gegen die ehemaligen Kriegsverbündeten beizustehen. Die antiimperialistischen und antifaschistischen Kräfte bilden das andere Lager, mit der UdSSR als Hauptstütze und den Ländern der neuen Demokratie ... Das Ziel dieses Lagers ist es, gegen die Bedrohung neuer Kriege und imperialistischer Expansion zu kämpfen, die Demokratie zu festigen und auszurotten, was vom Faschismus übrig geblieben ist.«[91]

Schdanows Rede war ein Signal an die kommunistische Bewegung in Europa, in ihrer Strategie und Politik eine scharfe »Linkswendung« vorzunehmen. Die Kommunisten in Westeuropa gaben daraufhin die bis dahin verfolgte Politik der nationalen Einheit und der Mitwirkung am Wiederaufbau ihrer Länder auf. Die reformistische Strategie, die Stalin nach dem Ende des Zweiten Weltkrieges befürwortet hatte, wurde durch eine rhetorische, wenn nicht gar reale Hinwendung zur revolutionären Perspektive der kommunistischen Bewegung früherer Tage ersetzt.[92] In Osteuropa war der Wandel in der kommunistischen Politik gleichermaßen radikal und weitreichend. Nach der Gründung der Kominform begann sich der Prozess der »Vereinheitlichung« zu beschleunigen. Die Einrichtung einer kommunistischen Einparteienherrschaft vollzog sich auf allen Ebenen: in der staatlichen Kontrolle der Presse, der Auflösung und Unterdrückung der oppositionellen Parteien und dem Ende unabhängiger Linksparteien durch erzwungene Fusionen zwischen sozialistischen und kommunistischen Parteien. Die Ausweitung der kommunistischen Macht schuf die Voraussetzungen zur »Sowjetisierung« Osteuropas. Dies bedeutete, dass den osteuropäischen Parteien das sowjetische Modell des Sozialismus aufgezwungen wurde. Eine im Staatsbesitz befindliche und von ihm kontrollierte Wirtschaft, staatliche Wirtschaftsplanung, eine kollektivierte Landwirtschaft und eine totalitäre Durchdringung der Zivilgesellschaft durch die kommunistische Partei. Dazu kam ein Element der »Stalinisierung« in Form eines Personenkultes um den örtlichen Parteiführer. Selbst der politische Terrorismus der stalinistischen Herrschaft vor dem Krieg wurde in

Neuntes Kapitel

Form von Säuberungen, Verhaftungen, Schauprozessen und Hinrichtungen wieder ins Leben gerufen.

Die kommunistische Vereinheitlichung, Sowjetisierung und Stalinisierung Osteuropas erfolgte jedoch nicht nach einem vorgegebenen Fahrplan. Schon vor der Kominform-Konferenz war der Prozess der Umwandlung von Volksdemokratien in rein kommunistische Regime nach sowjetischem Modell in einigen Ländern weit fortgeschritten (Bulgarien, Rumänien und Jugoslawien), während es in anderen (Ungarn, Polen und Ostdeutschland) erst deutliche Tendenzen in diese Richtung gab. Am wenigsten war dieser Prozess bis dahin in der Tschechoslowakei vorangeschritten, das einzige osteuropäische Land mit einer langjährigen Tradition parlamentarischer Demokratie, in dem die Kommunisten und ihre sozialistischen Verbündeten bei den Wahlen 1946 die Mehrheit errungen hatten. Durch die Prager Regierungskrise im Februar 1948 jedoch wurden liberale und bürgerliche Parteien der Mitte von der Macht verdrängt. Dies war das Ende des tschechoslowakischen Experiments einer koalitionsgeführten volksdemokratischen Regierung.[93]

Schdanows Verkündung der Zwei-Lager-Theorie signalisierte das Ende des Kriegsbündnisses mit dem Westen und den Beginn des Kalten Krieges. Wie Truman entschied sich auch Stalin, dass die Zeit der Diplomatie und Kompromisse vorbei sei und beschloss, seine Machtmittel zu benutzen, um das zu verteidigen, was die UdSSR als Ergebnis des Krieges gewonnen hatte.

Die politische Reise, die Stalin seit Kriegsende unternommen hatte, wurde in einer Begegnung mit dem französischen Kommunistenführer Maurice Thorez deutlich, die im November 1947 stattfand. Das letzte Mal hatte Stalin mit Thorez gesprochen, kurz bevor dieser aus seinem Kriegsexil in Moskau nach Frankreich zurückgekehrt war. Bei dieser Gelegenheit hatte Stalin den Franzosen noch dazu gedrängt, mit de Gaulle beim wirtschaftlichen und politischen Wiederaufbau des Landes zusammenzuarbeiten. Demgegenüber stellte Stalin im November 1947 Spekulationen darüber an, ob die französischen Kommunisten mit Kriegsende die Macht hätten erringen können, obwohl er mit Thorez darin übereinstimmte, dass die Präsenz amerikanischer und britischer Truppen dies praktisch unmöglich gemacht habe. Natürlich wäre die Situation eine gänzlich andere gewesen, wenn die Rote Armee Paris erreicht hätte, sagte Stalin, worin ihm Thorez enthusiastisch zustimmte. Auch fragte sich Stalin, ob die französischen Kommunisten Waffen hätten, und bot an, diese wenn nötig aus sowjetischen Beständen zu liefern. »Man muss Waffen und eine Organisation haben, wenn man nicht vor dem Feind mit leeren Händen dastehen will. Kommunisten könnten angegriffen werden und dann sollten sie zurückschlagen können. Es können alle möglichen Situationen eintreten.«[94] Dies war kein ernst gemeinter Vorschlag, und Stalin spielte den militanten Bolschewiken. Aber seine Äußerung macht deutlich, dass er nunmehr meinte, in einen politischen Kampf mit dem Westen verstrickt zu sein. Dieser Kampf, dies sollte betont werden, war nicht als ein kommender Krieg angelegt. Wie G. M. Malenkow, Stalins zweiter Sprecher bei der Gründung der Kominform, sagte, war der Wunsch der Imperialisten, einen Krieg zu entfesseln, eine Sache. Die Möglichkeit dies zu tun, jedoch eine andere.[95] In der Tat war für Stalin der Grund, den Kalten Krieg zu führen, nicht nur darin zu suchen, dass er die sowjetischen Interessen verteidigte, sondern auch darin, den Kriegstreibern im Westen eine politische und ideologische Niederlage zu bereiten. Selbst auf dem Höhepunkt des Kalten Krieges in den späten Vierziger- und frühen Fünfzigerjahren – als Europa polarisiert war und sich bewaffnete Lager bildeten – fuhr Stalin fort, für einen dauerhaften Frieden einzutreten, den er als sein Vermächtnis betrachtete.

Zehntes Kapitel

Der Generalissimus in seinem Umfeld
Der innenpolitische Hintergrund
von Stalins Außenpolitik nach dem Krieg

»Wir haben gewonnen, weil wir von unserem großen genialen Oberkommandierenden zum Sieg geführt wurden – dem Marschall der Sowjetunion – Stalin!«. Dies erklärte Schukow auf der Siegesparade auf dem Roten Platz am 24. Juni 1945.[1] Vier Tage später wurde ein Dekret veröffentlicht, in dem es hieß, dass Stalin zum Generalissimus befördert wurde. Damit war er der erste Russe seit Alexander Suworow, dem großen General des Zaren in den Napoleonischen Kriegen, der diesen Rang innehatte. Auf der Potsdamer Konferenz jedoch sagte Stalin zu Churchill, dass er hoffe, er würde ihn weiter Marschall nennen. Auch mochte Stalin nicht die Generalissimusuniform, und so trug er weiter die Uniform eines Marschalls, wenn er sich in der Öffentlichkeit zeigte. Aber der Titel »Generalissimus« haftete ihm an. »Wenn wir den Hitlerismus besiegt haben«, sagte G. F. Alexandrow, der sowjetische Propagandachef, auf dem Lenin-Erinnerungstreffen im Januar 1946, »dann weil das sowjetische Volk als seinen Anführer den größten Oberkommandierenden, Generalissimus Stalin, hatte«.[2]

Stalin bewahrte gegenüber den Auswüchsen des Personenkultes gewöhnlich eine gewisse Zurückhaltung. Zwar sah er einen politischen Nutzen darin, sich vergöttern zu lassen. Anders als andere Diktatoren aber lebte er nicht in dem Wahn, dass die Propaganda eigentlich recht hätte. Dies wurde deutlich, als er seinen Sohn Wassili schalt, als dieser den Familiennamen für sich ausnutzen wollte: »Du bist nicht Stalin. Ich bin nicht Stalin. Stalin ist Sowjetmacht. Stalin ist, was er in den Zeitungen und auf den Porträts ist, nicht Du und nicht einmal ich!«[3] Aber nach dem großen Sieg über Nazideutschland war Stalin versucht, seiner eigenen Propaganda zu glauben. Im März 1947 erlaubte er, dass sein Briefwechsel mit Oberst Razin, einem Ausbilder an der Frunze-Militärakademie veröffentlicht wurde, der ihn schriftlich gefragt hatte, ob Lenins Lobpreisung von Clausewitz, dem großen deutschen Militärstrategen des 19. Jahrhunderts, weiterhin aktuell wäre. Stalin antwortete, dass Lenin kein Militärexperte war (anders als sein Nachfolger natürlich) und Clausewitz' Ansichten zur Strategie von den Entwicklungen in der modernen Militärtechnik überholt worden sind. Stalin scheute zwar den kultartigen Charakter der Razin-Briefe und sagte, dass die auf ihn gemünzten Lobeshymnen ihm Schmerzen bereiten würden, schloss aber seine Antwort mit einem impliziten Vergleich zwischen sich und den großen Militärbefehlshabern der Vergangenheit, die die Bedeutung der »Gegenoffensive« im Krieg verstanden hätten.[4]

Das Konzept der »Gegenoffensive« bezog sich auf die Vorstellung, einem Angriff des Feindes den Schwung zu nehmen und dann einen massiven Gegenangriff zu beginnen, um so einen wichtigen Sieg zu erringen. Dies war eine der zentralen Ideen in der frühen Nachkriegsdiskussion über die Lehren aus dem Großen Vaterländischen Krieg. Sie diente dazu, die Niederlagen und Rückschläge der Roten Armee in den ersten Jahren des Krieges wegzudiskutieren. Nach der Veröffentlichung von Stalins Briefwechsel mit Razin wurde das Konzept der Gegenoffensive sogar noch enger mit der sowjetischen Kriegsgeschichte verbunden, eine Sichtweise, die die militärischen Katastrophen von 1941–1942 vertuschte, und die Niederlagen und Rückzüge der Roten Armee als Teil einer sorgfältig kalkulierten Strategie darstellte, den Gegner niederzuringen.[5]

Den Höhepunkt des Kultes um Stalin als militärisches Genie markierte das Erscheinen eines Buches 1951 über »Stalin und die Streitkräfte der UdSSR« von Stalins langjährigem Gefährten, Marschall Kliment Woroschilow. Im Abschnitt über den Großen Vaterländischen Krieg wurden die sowjetischen Militärerfolge allesamt Stalin zugeschrieben. Der Sieg der Roten Armee schlussfolgerte Woroschilow, bedeutete einen Triumph für die stalinistische Militärwissenschaft und den Genius des großen Stalin.[6]

Loyal wie immer akzeptierten Stalins Generäle ihre reduzierte Rolle im Rampenlicht. Eine Ausnahme war Schukow, der bereitwillig in die Lobpreisungen Stalins einstimmte, aber auch keineswegs sein Licht als stellvertretender Oberkommandierender unter den Scheffel stellte. Direkt nach dem Krieg schien Schukows Stern noch hell zu leuchten, und 1945–1946 diente er als Kommandant der sowjetischen Truppen im besetzten Deutschland. Im März 1946 wurde er nach Moskau zurückbeordert und zum Kommandanten der sowjetischen Landstreitkräfte ernannt. Aber kurz nach seiner Heimkehr fiel er einer Intrige zum Opfer, die um Anschuldigungen kreiste, dass Schukow seine eigene Führungsrolle im Krieg übermäßig herausgestellt habe und die Erfolge von Großoffensiven für sich in Anspruch nahm, die nichts mit ihm zu tun gehabt hätten.[7] Schukows Position wurde zusätzlich durch den Umstand geschwächt, dass sein neues Kommando durch Konkurrenzkämpfe mit anderen Generälen eingeschränkt war, die um Positionen in der Nachkriegshierarchie der Roten Armee rangelten. Noch schädigender war im April 1946 die Verhaftung von General A. A. Nowikow, dem ehemaligen Oberkommandierenden der sowjetischen Luftwaffe und engen Freund Schukows.[8] Nowikow wurde im Zuge der sogenannten »Flieger-Affäre« verhaftet – einer Säuberung der sowjetischen Luftfahrtindustrie, die auf Anschuldigungen zurückging, dass während des Krieges die Kampfflugzeuge von geringer Qualität gewesen seien. Schukow war in die Affäre nicht direkt verwickelt, und sein großes Prestige und seine in Kriegszeiten geleisteten Dienste konnten ihn kaum in die Gefahr bringen, Nowikows Schicksal einer Verhaftung teilen zu müssen. Dennoch wurde Schukow im Juni 1946 zum Leiter des Militärbezirks von Odessa degradiert, und im Februar 1947 wurde ihm seine Kandidatur als Mitglied des Zentralkomitees der Partei mit der Begründung entzogen, er habe parteischädigendes Verhalten gezeigt.[9] Dies brachte ihn dazu, Stalin zu schreiben und ihn um ein Treffen zu bitten, um die gegen ihn verbreitete üble Nachrede aufzuklären. Einige Tage später schrieb Schukow einen unterwürfigen Brief der »Selbstkritik« an Stalin, in dem er zugab, während des Krieges geltungsbedürftig, takt- und respektlos im Umgang mit seinen Kollegen im Oberkommando, einschließlich Stalin selbst, gewesen zu sein. Obgleich Schukows Brief mit der Bitte schloss, ihm wieder Vertrauen zu schenken[10], dachte Stalin noch nicht einmal daran zu antworten. Schukow blieb dem Zentrum der Macht fern und wurde 1948 auf den noch unbedeutenderen Posten des Leiters des Militärdistrikts Ural versetzt. In einem 1949 angefertigten Propagandafoto, das Stalin im Kreise seiner Generäle bei der Vorbereitung der Gegenoffensive von Stalingrad zeigte, war Schukow nicht zu sehen. Andererseits erhielt er den Rang des Marschalls zurück, und in den frühen Fünfzigerjahren gab es Anzeichen, dass er rehabilitiert werden könnte. Im Juni 1951 begleitete Schukow Molotow bei einer Gesandtschaftsreise nach Polen. Schukow hielt in Warschau eine Rede über die polnisch-sowjetische Einheit, bei der Stalins Tugenden als militärischer und politischer Führer an hervorgehobener Stelle immer wieder erwähnt wurden.[11] 1952 wurde Schukows Kandidatur als Mitglied des Zentralkomitees wieder zugelassen. Andere sowjetische Generäle hatten weniger Glück. Im Dezember 1946 wurde ein Gespräch zwischen General Gordow (der die Stalingradfront 1942 kommandiert hatte) und General Rybalchenko, dem Oberbefehlshaber des Militärdistrikts Wolga, abgehört, in dem sie regimekritische Meinungen über Stalin austauschten. Beide Männer wurden verhaftet und später erschossen.[12]

Stalins Behandlung von Schukow war typisch für seine brutale Verachtung für jedes Anzeichen von Illoyalität. Dabei sollte sicherlich zur allgemeinen Abschreckung auch ein Exempel statuiert werden: Wenn selbst Stalins stellvertretender Oberkommandierender – der Retter von Leningrad und Moskau, der Befreier Polens, der Eroberer Berlins und der Anführer auf der Siegesparade in Moskau 1945 – in Ungnade fallen konnte, weil er die Regeln des Personenkults um den Diktator verletzte, könnte es auch jeden anderen treffen. Aber es ging nicht nur darum, die Generäle zurückzuhalten. Stalin musste auch die Rolle des Militärs in der Nachkriegszeit definieren, in der es weiterhin eine wichtige Institution sein, aber zugleich die Dominanz der Partei in der sowjetischen Gesellschaft nicht gefährden sollte. Diesen Weg beschritt er mit einem im Februar 1946 veröffentlichten Erlass zum 28. Jahrestag der Gründung der Roten Armee. Auch wenn Stalin die Siege und Opfer der Roten Armee pries, wies er darauf hin, dass der Krieg nicht ohne die vollständige Unterstützung der Bevölkerung oder die Führung der kommunistischen Partei hätte gewonnen werden können. Die vorrangige Aufgabe der Roten Armee in Friedenszeiten, sagte Stalin, ist es, den friedlichen Wiederaufbau des Landes zu sichern und den Umbau der sowjetischen Wirtschafts- und Militärmacht zu erleichtern. Er schloss zwar mit dem üblichen Ausspruch: »Lang lebe die siegreiche Rote Armee.« Aber seine Botschaft insgesamt war unmissverständlich: Für das Militär wird es keine Schonung durch den Glanz des Krieges oder Ansprüche auf einen speziellen Status in der sowjetischen Gesellschaft geben.[13] In einer weiteren Bekundung seiner Absicht, die zivile Kontrolle über die Streitkräfte vollständig aufrechtzuerhalten, besetzte Stalin wieder das Amt des Verteidigungsministers und bestellte einen politischen Kommissar, General Nikolai Bulganin, zu seinem Stellvertreter. 1947 wurde Bulganin Verteidigungsminister und wurde zum Marschall befördert. 1949 übernahm Marschall Wassilewski das Amt, aber Bulganin kontrollierte in beherrschender Stellung die Rüstungsindustrie.[14]

Stalins militärische Identität während und nach dem Krieg war ein Aspekt seiner sich wandelnden öffentlichen Rolle. Ein anderer war der Aufbau seines Images als internationaler Staatsmann. Nach dem Krieg nahm Stalin an keiner internationalen Konferenz teil, sondern er empfing weiterhin ausländische Diplomaten und Politiker, mit denen er verhandelte. Während der ersten Nachkriegsjahre nahm Stalin eine prominente Stellung bei diplomatischen Empfängen und Zeremonien bei Vertragsunterzeichnungen ein und gab zu Fragen der Außenpolitik eine Reihe von Interviews. Am auffälligsten an Stalins diplomatischer Rolle in der Nachkriegszeit war seine Identifizierung mit den Führern der Volksdemokratien in Osteuropa. Während er oftmals von seinem aufrichtigen Wunsch nach einer fortwährenden Zusammenarbeit mit Großbritannien und den USA sprach, erzählte die anhaltende Abfolge von Treffen, Bildern und Kommuniqués mit seinen kommunistischen Verbündeten eine andere Geschichte: die nämlich, dass das Kriegsbündnis mit dem Westen gegenüber dem sich ausbildenden sowjetischen Block an Bedeutung verlor.

Nach dem Krieg war Stalin vornehmlich mit Entscheidungen in der Außenpolitik beschäftigt und zufrieden, die Alltagsdinge der Wirtschaft anderen zu überlassen. Stalins Fortsetzung der Praxis in der Kriegszeit, sich in wirtschaftliche Angelegenheiten nicht einzumischen, führte zu einem geregelteren und strukturierteren Gang der Wirtschaft nach dem Krieg. Stalin hatte die Möglichkeit einzuschreiten, entschloss sich aber zumeist zur Zurückhaltung. Anstelle seines Willens und seiner Laune entwickelten sich Verwaltungsstrukturen und ein hohes Maß an technokratischer Rationalität. Die kommunistische Partei und die staatlichen Institutionen gewannen viel durch Stalins Nichteinmischung, da die Vorkriegsmuster konstanter Krisen, Notsituationen und Umbrüche, die durch die Säuberungen und den Terror noch verstärkt worden waren, nun durch Routine, Professionalismus und eine wachsende Bürokratie abgelöst wurden. In dieser neuen Wirtschaftsordnung wuchsen die mittleren Schichten der Techniker, Verwaltungsleiter und Beamten und banden sich fest an das sowjetische System, wodurch die Stabilität der stalinistischen Nachkriegsordnung eine vitale Stütze erhielt.[15]

Während Stalin sich in seiner persönlichen Prioritätensetzung auf das Militär und diplomatische Angelegenheiten konzentrierte, lagen die Prioritäten des Landes im Wiederaufbau und im Übergang zu sozialen und wirtschaftlichen Friedensstrukturen. Diese inneren Prozesse in der Nachkriegszeit waren bedeutsam, um ein hohes Maß an Normalität im sozialen und wirtschaftlichen Leben zu erreichen – eine lebenswichtige Aufgabe in einem Land, das nicht nur durch den Krieg verwüstet und traumatisiert worden war, sondern auch jahrzehntelang an Umbrüchen und aufeinanderfolgenden nationalen Notlagen in den Zwanziger- und Dreißigerjahren gelitten hatte.

Im Oktober 1945 fuhr Stalin ans Schwarze Meer in die Ferien – es war der Erste in einer Reihe verlängerter Urlaubsaufenthalte, die ihn zu Ende eines jeden Jahres für bis zu fünf Monate von Moskau wegführten.[16] Der Krieg hatte Stalin erschöpft, der nun 66 Jahre alt war. Er arbeitete weiterhin hart, selbst in den Ferien, aber niemals mehr mit der Intensität wie während des Krieges. Stalins neue Arbeitsweise bedeutete, dass er mehr Aufgaben an Untergebene delegierte, aber er schuf sich damit auch mehr Zeit und Freiräume, auf ihre Fehler zu lauern. In der Tat ist das auffallendste Merkmal von Stalins Beziehungen zu seinen Kollegen im Politbüro nach dem Krieg sein despektierlicher Umgangston. In der bolschewistischen Tradition unter Kollegen war Stalin immer rau und grobschlächtig gewesen, aber nun beschimpfte er seine Genossen in der herabwürdigenden Weise eines älteren Managers, dessen junge Angestellte nicht die Leistungen erbracht haben, die von ihnen erwartet wurden. Wie Alexander Werth bemerkte, hatte Stalin in den späten Vierzigerjahren den Ruf eines »bösen alten Mannes« – eine Wahrnehmung, die durch seine Korrespondenz mit den Politbüromitgliedern bestätigt wird, die voll von kleinlichen Hieben auf die Genossen ist.[17]

Wiederaufbau[18]

Stalins Abwesenheit von Moskau im Herbst 1945 bedeutete, dass die Aufgabe, zum 28. Jahrestag der bolschewistischen Oktoberrevolution zu sprechen, an Molotow fiel. Eines der Hauptthemen seiner Rede waren die Kriegsfolgen. Nach Molotow hatten die »deutsch-faschistischen Invasoren« 1710 Städte und 70 000 Dörfer zerstört, 6 Millionen Gebäude vernichtet, 31 850 Fabriken beschädigt oder zerstört, 98 000 Kolchosen verwüstet und 25 Millionen Menschen obdachlos gemacht.[19] So grauenvoll diese Zahlen auch waren, drückten sie noch recht ungenau die Kriegsschäden und Lasten des Landes aus, die durch den Wiederaufbau beseitigt werden sollten. Nach Berechnungen von Mark Harrison kostete der Krieg die Sowjetunion rund 25 Prozent ihres gesamten volkswirtschaftlichen Vermögens und etwa 14 Prozent ihrer Vorkriegsbevölkerung.[20] Molotow nannte in seiner Rede keine Zahlen zu den Kriegstoten, aber die offiziellen Zahlen lagen bei 7 Millionen Todesopfern. In Wahrheit waren allein die militärischen Verluste schon höher, und es gab weitere 15 bis 16 Millionen zivile Kriegsopfer. Zählt man die Verletzten und Traumatisierten mit, kommen weitere Millionen hinzu.

Die Herausforderung des Wiederaufbaus nach dem Krieg wurde noch durch den Umstand erschwert, dass die Behörden in den westlichen Grenzgebieten Weißrusslands, der Ukraine und der baltischen Staaten – Gebiete, die erst 1939–1940 zur Sowjetunion hinzukamen – nicht nur vor der Aufgabe standen, den Prozess der Sowjetisierung abzuschließen, der durch den Krieg unterbrochen worden war, sondern auch noch einen Feldzug gegen eine Bewegung von einigen Tausenden nationalistischer Partisanen führen mussten. In der westlichen Ukraine beispielsweise wird geschätzt, dass antikommunistische Partisanen zwischen 1945 und 1951 35 000 Militärangehörige und Parteikader ermordeten, während in Litauen bis zu 100 000 Personen am Kampf gegen die Wiederherstellung der Parteimacht teilnahmen.[21]

Zur Vergeltung verhafteten, deportierten und ermordeten die sowjetischen Behörden Zehntausende Widerstandskämpfer. In anderen Teilen des Landes wurden ethnische Gruppen, deren Loyalität in Zweifel gezogen wurde, weiterhin verfolgt und deportiert. Schon während des Krieges hatte der NKWD zwei Millionen Wolgadeutsche, Krimtataren, Kosaken, Tschetschenen und andere türkischstämmige Gruppen in die inneren Teile der Sowjetunion deportiert. Die Begründung dafür war, dass diese ethnischen Gruppen kollektiv mit dem Feind kollaboriert hätten. Die Deportationen aber hörten nach dem Sieg nicht auf. Unter den Hunderttausenden von Opfern der Verschleppungen nach Ende des Krieges befanden sich Balten, Finnen, Griechen, Moldawier, Ukrainer und Weißrussen.[22] Ein anderer Strom erzwungener ethnischer Migration ergab sich aus der Grenzverschiebung zwischen Polen und der UdSSR, durch die zwei Millionen Polen, die die westlichen Teile Weißrusslands und der Ukraine verließen, während eine halbe Million Ukrainer, Russen, Weißrussen und Litauer sich in die andere Richtung bewegten.[23]

Eine der wichtigsten Aufgaben, denen die Sowjets nach dem Krieg gegenüberstanden, war die Wiedereingliederung von Millionen heimkehrender Kriegsveteranen in die sowjetische Gesellschaft. Zwischen 1945 und 1948 wurden 8 Millionen sowjetische Soldaten demobilisiert. Sie alle brauchten Wohnungen, Unterkünfte und Arbeitsplätze und mussten in das soziale, kulturelle und politische Leben reintegriert werden. Viele der sogenannten *frontowiki* waren Mitglieder der kommunistischen Partei, da während des Krieges 6 Millionen Angehörige der Roten Armee der Partei beigetreten waren; zu Ende des Konflikts waren gar zwei Drittel der Parteimitglieder Soldaten. Die nach dem Krieg der Partei beitretenden Mitglieder waren jünger, besser ausgebildet und mehr als zuvor in Verwaltungsberufen tätig. Dabei blieb die Parteistruktur von Männern dominiert, denn der Prozentsatz weiblicher Mitglieder stieg nur von 14,5 auf 18,3 Prozent. Nach dem Krieg übernahmen die jungen, gut ausgebildeten und überwiegend männlichen *frontowiki* eine wichtige Rolle in der Organisation und im Leben der Partei.[24] Eine Folge dieses Generationenwechsels war eine weniger zu politischem und ideologischem Aktivismus geneigte Partei. Stattdessen war sie mehr der technischen Intelligenz und der Verwaltungserfahrung von Bürokraten gewogen. Ihre eigene Rolle sah diese Parteigeneration darin, mehr den Staat und die Wirtschaftsfachleute zu überwachen, als Kampagnen zur Beschränkung der Bürokratie durchzuführen, wie es in den Dreißigerjahren der Fall war. Diese »Depolitisierung« der Kommunisten wurde von der sowjetischen Parteiführung nicht willkommen geheißen; es wurden Maßnahmen ergriffen, um ihr mit verschiedenen ideologischen Erziehungskampagnen zu begegnen. Freilich passte sie mit Stalins neuem Führungsstil nach dem Krieg überein: In beiden Fällen – des Anführers wie der Geführten – spiegelte die Umstellung die Kriegserfahrung wider, die Einzelnen wie Gruppen mehr Autonomie ließ, bestimmte Lösungen für örtliche Probleme zu finden und unterschiedliche Wege zu suchen, um genau definierte Ziele zu erreichen.[25]

Die Demobilisierung begann im Juni 1945 mit der Entlassung der ältesten Jahrgänge unter den Eingezogenen. Gegen Ende 1945 waren fast 5 Millionen Angehörige der Streitkräfte entlassen worden. Den ehemaligen Soldaten wurde neue Kleidung bereitgestellt, Verpflegung und der kostenlose Rücktransport in ihre Heimatorte. Außerdem gab es ein Entlassungsgeld. Die Heimkehrer hatten ein Anrecht darauf, in ihr einstiges Beschäftigungsverhältnis zurückzukehren, aber viele Hunderttausende ließen sich an neuen Orten nieder, darunter auch viele Bauern, die in die Städte zogen, wodurch sie die dortige Knappheit an Unterkünften und Arbeitsstellen noch verschärften. Im September 1945 wurde der militärische Notstand offiziell für beendet erklärt und zahlreiche Befugnisse wurden der Zivilverwaltung und den zivilen Gerichten zurückgegeben. Am 4. September wurde das staatliche Verteidigungskomitee (GKO) aufgelöst und seine Befugnisse im Bereich der Wirtschaft wurden dem Rat der Volkskommissare übergeben. Innerhalb des Rates kam es zu zahlreichen strukturellen Änderungen und Reorganisationen. Sie erlebten ihren Höhepunkt in der Schaffung verschiedener sektoraler Verwaltungsstellen, die für einzelne Bereiche der Wirtschaft verantwortlich waren.[26] Im März 1946 wurden die Kommissariate in Ministerien umbenannt, und die Volkskommissare wurden Minister. Diese Veränderung wurde durch das Plenum des Zentralkomitees der Partei im März 1946 gebilligt – das erste Mal, dass diese Versammlung seit Januar 1944 zusammentrat. Die Vollversammlung wurde von Stalin geleitet, der die Veränderungen wie folgt erklärte:

»Der Name Volkskommissar spiegelt die Zeit der Instabilität wider, die Zeit des Bürgerkrieges, die Zeit des revolutionären Bruchs ... Diese Zeit ist vorbei. Der Krieg hat gezeigt, dass unsere soziale Ordnung sehr stabil ist und ihr ein solcher Name nicht länger gerecht wird, der sich auf eine Periode instabiler sozialer Ordnung bezieht, der es noch an Normalität fehlte ... Es ist Zeit, den Namen Volkskommissar in Minister zu ändern. Die Menschen werden es sehr gut verstehen, weil es Kommissare hier und da und überall gibt. Das verwirrt sie. Nur Gott weiß, wer höher steht (Gelächter im Saal).«[27]

Im Oktober 1945 wurde ein Erlass über Wahlen zum Obersten Sowjet herausgegeben. Die Wahl fand im Februar 1946 statt, und einen Monat später trat der neu gewählte Oberste Sowjet zusammen und nahm einen Fünf-Jahres-Plan an. Das ausgegebene Ziel, die Wirtschaft wieder auf das Niveau der Vorkriegszeit zu bringen, wurde Ende der Vierzigerjahre erreicht, auch wenn es nur unter einer fortgesetzten Absenkung des Lebensstandards und der Aufrechterhaltung einer strikten Arbeitsdisziplin in den Fabriken möglich war. Die Rationierung von Lebensmitteln der Kriegszeit endete nicht vor Dezember 1947. Zur gleichen Zeit wurde eine Währungsreform durchgeführt, die radikal den Wert des Rubels verminderte und Währungsüberschüsse abschöpfte, bevor eine übersteigerte Nachfrage eine Inflation auslösen konnte.

Die vielleicht größte Herausforderung, mit der die Sowjets in der Nachkriegszeit konfrontiert waren, war die Hungersnot in den Jahren 1946–1947. Im Sommer 1946 gab es eine Dürre, die Ernte fiel aus und der folgende Winter war einer der schlimmsten der Geschichte. Die amerikanischen Hilfslieferungen an Lebensmitteln, die während des Krieges dazu beigetragen hatten, ein Drittel der russischen Bevölkerung zu versorgen, waren 1945 eingestellt worden. Weiterhin benötigte Hilfe aber kam nur noch in geringem Maße durch ein Hilfsprogramm der Vereinten Nationen ins Land. Deutschland und andere Feindstaaten sollten zwar

Zehntes Kapitel

Reparationsleistungen erbringen, aber Lebensmittellieferungen waren nicht darunter. Dies führte dazu, dass schätzungsweise eine bis anderthalb Millionen sowjetischer Bürger (überwiegend Bauern) verhungerten oder durch Folgeerkrankungen der Unterernährung ums Leben kamen.

Wie Donald Filtzer ausgeführt hat, hatten die Entbehrungen der unmittelbaren Nachkriegszeit paradoxerweise den Effekt, dass sie die Stabilität von Stalins Regime noch stärkten. Einerseits war die Bevölkerung so erschöpft vom täglichen Überlebenskampf, dass sie nur wenig Zeit und Energie für einen organisierten sozialen Protest hatte und dazu neigte, die enttäuschten Hoffnungen auf zukünftigen Wohlstand, Gesundheit und Freiheit passiv hinzunehmen. Andererseits wurden der Regierung die Verbesserung der Verhältnisse in den späten Vierziger- und frühen Fünfzigerjahren zugutegehalten, und es entwickelte sich ein weitverbreiteter Glaube, dass eine Annäherung an die Normalität bald erreicht sein würde.[28]

Die Wahlen von 1946

Der wichtigste Akt der politischen »Normalisierung« war die Abhaltung von Wahlen zum Obersten Sowjet, eine Gelegenheit, die die kommunistische Partei wieder in den Mittelpunkt rückte und der Bevölkerung die Möglichkeit gab, ein Urteil über die Leistungen der Regierung während des Krieges abzugeben. Auch wenn es Wahlen in einem Einparteiensystem waren und jeweils nur ein Kandidat zur Wahl stand, war die »Atmosphäre der Wahl«, nach Elena Subkowa, »ein wenig wie ein Nationalfeiertag« und »demonstrierte, dass der Glaube der Bevölkerung an die Staatsmacht real war und nicht imaginär«.[29] Von den 101 717 686 nach offiziellen Statistiken registrierten Wählern gingen 99,7 Prozent zur Urne. Von diesen strichen 818 955 den Namen des auf dem Wahlzettel angegebenen Kandidaten durch und gaben somit ein negatives Votum ab. In den baltischen Staaten war die Kombination aus Stimmenthaltung und Neinstimmen viel höher, sie lag etwa in Litauen bei bis zu 10 Prozent der Stimmen. Zweifellos wäre der Anteil an abweichenden Stimmen bei jeder frei abgehaltenen Wahl viel höher gewesen, aber die erwähnten Zahlen lassen doch deutlich werden, dass die öffentliche Unterstützung für die Herrschaft Stalins unmittelbar nach dem Krieg recht groß war. Stalin hatte das Land zu einem großen Sieg geführt, und die sowjetische Bevölkerung blickte trotz der schweren Aufgabe, das Land wieder aufzubauen, hoffnungsfroh in die Zukunft. Unter der Intelligenzija gab es eine weitverbreitete Hoffnung, dass die kulturelle Entspannung des stalinistischen Systems weiter andauern würde. Der stalinistische Personenkult war zwar absurd, aber seine Verbreitung über so viele Jahre hatte seine Wirkung auf das öffentliche Bewusstsein nicht ganz verfehlt.

Unter der breiten Bevölkerung wurde Stalin allgemein wie ein Gott verehrt oder zumindest als eine freundlich autoritäre Gestalt gesehen.[30]

Die Kampagne zur Wahl des Obersten Sowjets erreichte am 9. Februar 1946 ihren Höhepunkt in einer Ansprache Stalins an die Wähler seines Moskauer Wahlkreises, die aufwändig im Bolschoitheater stattfand. Um die Bedeutung der kommunistischen Partei zu festigen, begann Stalin seine Rede ideologisch ganz orthodox damit, dass der Zweite Weltkrieg durch die wirtschaftlichen Widersprüche des Kapitalismus und Imperialismus ausgelöst worden sei. Da der Krieg jedoch faschistische und friedliebende Staaten wie Großbritannien und die USA voneinander getrennt habe, habe er von Anfang an eine antifaschistische, befreiende Wendung angenommen, die durch den Eintritt der UdSSR und ihres Kriegsbündnisses mit dem Westen sich noch weiter verstärkte habe. Stalin legte großen Wert darauf, dass der Krieg ein Test für das sowjetische Sozialsystem gewesen sei, indem er ausführte, der Krieg habe bewiesen, dass »das sowjetische Sozialsystem ein wirklich beliebtes System ist, das aus den Tiefen des Volkes kommt und dessen mächtige Unterstützung genießt«. Der Krieg, sagte Stalin weiter, habe auch den Erfolg des sowjetischen Systems als eines Vielvölkerstaates demonstriert, in dem Freundschaft und Zusammenarbeit zwischen den Völkern herrsche. Zur Rolle der kommunistischen Partei hob Stalin hervor, dass sie vor 1941 das Land auf den Krieg vorbereitet hat, indem der Schwer- und Rüstungsindustrie oberste Priorität gegeben wurde. Was die Zukunft anging, ging Stalin auf die Ziele des Fünf-Jahres-Plans ein und betonte die Anstrengungen, die unternommen würden, um den Lebensstandard und den Massenkonsum zu steigern. Seine Rede beendete Stalin mit dem Verhältnis der kommunistischen Partei zu Nichtparteimitgliedern. In der Vergangenheit war die Partei gegenüber Nichtmitgliedern misstrauisch gewesen, sagte Stalin, weil sie bürgerliche Einflüsse gefürchtet habe. Nun jedoch seien Kommunisten und Nichtmitglieder der Partei Teil eines starken sowjetischen Sozialsystems: »In einem gemeinsamen Kollektiv lebend, haben sie zusammen für die Stärkung der Macht unseres Landes gekämpft. Sie haben zusammen gekämpft und sie haben zusammen ihr Blut für die Sache der Freiheit und der Größe ihres Vaterlandes vergossen. Der einzige Unterschied zwischen ihnen ist, dass der eine in der Partei ist und der andere nicht. Aber das ist nur ein formaler Unterschied. Das Wichtigste ist, dass sie ein gemeinsames Ziel haben.«[31]

Die Kampagne gegen den Westen

In Stalins Wahlrede wurde wie gewöhnlich sein Vertrauen in die Stärke und Zukunftsfähigkeit des sowjetischen Systems ausgedrückt; nicht anders auch die Wahlreden seiner engen Mitarbeiter.[32] Ein vielfach angesprochenes Thema der frühen Nachkriegszeit aber ließ weniger Gutes für die Zukunft erwarten. Dies war die Einschätzung, dass der Beitrag der Sowjetunion zur Niederringung des Faschismus im Ausland nicht genügend anerkannt werde und dass internationale Bestrebungen im Gange seien, die UdSSR gar um die Früchte ihres Sieges zu bringen. Am deutlichsten äußerte sich dahingehend Georgi Malenkow, Stalins Stellvertreter im Parteiapparat: »Es gibt Fälle in der Geschichte, da sind die Früchte des Sieges den Siegern durch die Hände geronnen. Dies darf uns nicht passieren. Wir müssen an erster Stelle unsere sozialistischen Staaten weiter konsolidieren und stärken ... Und wir müssen uns daran erinnern, dass unsere Freunde uns nur so lange respektieren, so lange wir stark sind.« In seiner Wahlkampfrede warnte Andrei Schdanow, Stalins Chefideologe, dass »es selbst unter den friedliebenden Nationen reaktionäre Elemente gibt, die der Sowjetunion gegenüber feindlich sind ... Sie sollten wissen, dass unsere Politik des Friedens und der Sicherheit nicht allen gefällt. Nein, wir können nicht allen gefallen, aber wir müssen äußerst wachsam sein.«[33] Schdanow kam im November 1946 auf dieses Thema in seiner Ansprache zum Jahrestag der Revolution nochmals zurück. Darin kommentierte er mit bitteren Worten, wie die westliche Presse die Sowjetunion und das russische Volk behandelt.

»Man liest und wundert sich, wie schnell die Russen sich geändert haben. Als unser Blut auf die Schlachtfelder strömte, wurde unser Mut, unsere Tapferkeit, unsere große Moral und unser grenzenloser Patriotismus bewundert. Nun, wo wir uns wünschen, in Zusammenarbeit mit anderen Nationen ebenso wie diese Gebrauch von unseren Rechten zu machen, um an den internationalen Beziehungen teilzuhaben, beginnt man uns mit Beschimpfungen und übler Nachrede zu überhäufen, uns zu beleidigen und zu verteufeln ...«[34]

Was Schdanow öffentlich sagte, wurde gleichermaßen auch in internen Diskussionen bekundet. Zu Ende des Krieges berichtete Sowinform, der Propagandaarm der Regierung, über ihre Aktivitäten und die ihrer westlichen Gegenüber. Darin hieß es, dass nach Ende des Krieges die sowjetische Propaganda vor einer weitaus schwierigeren Aufgabe stände, da reaktionäre Zirkel im Westen eine massive antikommunistische Verleumdungskampagne führten. Eine besonders schändliche Rolle in dieser Verleumdungskampagne, die von Großbritannien und den USA unterstützt und finanziert würde, spielten die sozialdemokratischen Elemente der Labourregierung.[35] Ähnliche Aussagen wurden in dem vertraulichen Organ des Zentralkomitees zur Außenpolitik *Woprosy Wneschnei Politiki* (Fragen zur Außenpolitik) getroffen, das seit Ende 1944 erschien. Zahlreiche Artikel beschäftigten sich darin mit dem Wiederauftauchen reaktionärer Kreise in den westlichen Ländern und dem Kampf zwischen pro- und antikommunistischen Kräften insbesondere in der europäischen Arbeiterbewegung. Ähnliche Analysen erschienen in der

Nowoe Wremja (*Neue Zeit* – Nachfolgeorgan von *Krieg und die Arbeiterklasse*) und in anderen sowjetischen Zeitschriften. Im März 1946 schaltete sich Stalin selbst ein, als er eine längere Antwort auf Churchills »Eiserne-Vorhang-Rede« veröffentlichte, indem er den ehemaligen britischen Premier als einen antibolschewistischen Reaktionär darstellte, der sich für einen Krieg gegen die UdSSR eingesetzt habe.[36] Es brauchte nicht viel, damit die sowjetische Bevölkerung zugunsten ihrer Regierung in diese Polemik einstimmte. So erinnerte sich der tschechoslowakische Kommunist Zdenek Mlynar an seine Studienzeit in der Sowjetunion nach dem Krieg:

»Die Überzeugung war, dass die Sowjetunion während des Krieges unter enormen Opfern das Schicksal der Menschheit entschieden habe und dass ihr dies das Recht gab, von Seiten aller anderen Nationen mit besonderem Respekt behandelt zu werden. Die Menschen betrachteten jede Kritik als eine Beleidigung des Andenkens ihrer Toten. In dieser Hinsicht standen sie zu ihrer Regierung, wie kritisch sie auch immer ihr in anderen Fragen gegenüberstanden.«[37]

Die kulturelle und politische Kehrseite zur wachsenden Abneigung gegen die Sowjetunion im Westen stellte eine ultrapatriotische und nationalistische Kampagne im Lande dar, um die einzigartigen Werte der UdSSR in der Heimat zu verbreiten. Hinter dieser Kampagne stand Stalins Hybris hinsichtlich des Platzes, der der Sowjetunion in der Nachkriegswelt aufgrund ihres Sieges zukommen sollte. Denn Stalin erwartete weitaus mehr Anerkennung und Zugeständnisse von seinen Verbündeten, als er erhielt. Besonders ärgerlich war für Stalin dabei der Ausschluss der Sowjetunion von der Besatzung Japans und die vermehrten Anzeichen, dass die USA und Großbritannien die in Jalta und Potsdam akzeptierte Einflusssphäre der Sowjetunion nicht respektieren würden. Stalin antwortete darauf mit einer verhärteten Verhandlungstaktik gegenüber den Westmächten. Außerdem reagierte er immer gereizter auf jedwedes tendenzielle Nachgeben seiner engen Verbündeten gegenüber den westlichen Forderungen. Im Zentrum von Stalins Ermahnungen zur Standhaftigkeit stand der im Verhältnis zu seinem Vorgesetzten seit Langem leidgeprüfte Molotow, der als Außenminister naturgemäß die meisten Kontakte zu Ausländern hatte und folglich auch die meisten Gelegenheiten, dabei Fehler zu begehen. Im November 1945 etwa kritisierte er Molotow, dass eine Churchill-Rede in der UdSSR publiziert wurde.

»Ich glaube, dass die Veröffentlichung von Churchills Russland und Stalin verherrlichender Rede ein Fehler gewesen ist. Churchill braucht solche Lobreden, um sein schlechtes Gewissen zu beruhigen und seine feindliche Einstellung gegenüber der UdSSR zu verbergen. Insbesondere aber braucht er sie, um die Tatsache zu vertuschen, dass er und seine Schüler von der Labour Party die Drahtzieher des britisch-amerikanisch-französischen Blocks gegen die UdSSR sind. Wir helfen diesen

Herren nur durch die Veröffentlichung dieser Art von Reden. Wir haben nunmehr eine Menge hochrangige Beamte, die vor Stolz platzen, wenn sie von den Churchills, Trumans, Byrnes gelobt werden ... Ich betrachte derartige Vorgänge für gefährlich, da sie fremde Persönlichkeiten in diesem Land etablieren. Die Unterwürfigkeit gegenüber Fremden muss hart bekämpft werden. Aber wenn wir derartige Reden veröffentlichen, kultivieren wir Untertänigkeit und kriecherisches Naturell.«[38]

Es mag sein, wie einige meinten, dass derartige Ausbrüche von Stalin kalkuliert waren, um die Mitglieder des Politbüros zu disziplinieren und seine Herrschaft über sie nach dem Krieg wieder zu festigen. Es scheint aber, dass Stalins Empörung echt war, und es ist eher zweifelhaft, dass sich Stalin von Molotow bedroht gefühlt hat. Der Krieg hatte Stalins diktatorische Macht innerhalb des Politbüros weiter gestärkt, und sein Anteil am Sieg der Sowjetunion im Krieg brachte ihm eine unanfechtbare Situation. Wenn es ein Element des Kalküls in Stalins Kampagne gegen Unterwürfigkeit dem Westen gegenüber gab, dann richtete es sich auf die Wirkung von Kontakten der sowjetischen Gesellschaft mit dem kapitalistischen Westen. Der Krieg und das Bündnis mit dem Westen hatten die Sowjetunion ausländischen Einflüssen auf politischem, kulturellem und wirtschaftlichem Gebiet geöffnet. Es gab große Erwartungen, dass die Sowjetunion sich nach dem Krieg weiter öffnen würde. Im Sommer 1944 zeichnete der russische Schriftsteller Wsewolod Wischnewski ein begeistertes Porträt der kulturellen Zusammenarbeit nach dem Krieg.

»Wenn der Krieg vorbei ist, wird das Leben angenehm werden. Große Literatur wird aus unseren Erlebnissen entspringen. Es werden viele kommen und gehen, und es wird eine Menge Kontakte zum Westen geben. Jeder wird das lesen können, was ihm gefällt. Es wird Studentenaustausch geben, und Reisen ins Ausland werden für sowjetische Bürger einfach sein.«[39]

Bei Kriegsende war Stalin zuversichtlich, sowohl in Bezug auf das sowjetische System als auch hinsichtlich seiner eigenen Macht. Dies bedeutete aber nicht, dass er seine vor dem Krieg gehegten Überzeugungen aufgegeben hätte, etwa die, dass der Klassenkampf im Sozialismus weitergeht, oder seine Furcht vor dem negativen Einfluss des Kapitalismus auf die sowjetische Bevölkerung. Eine Folge dieser Befürchtungen war die strenge Behandlung von sowjetischen Bürgern und Kriegsgefangenen aus den von den Nazis besetzten Gebieten. Alle Heimkehrer mussten sich in Transitlagern vom NKWD befragen lassen. Von den schätzungsweise 4 Millionen Heimkehrern waren 2,5 Millionen Zivilisten und 1,5 Millionen ehemalige Kriegsgefangene. Von den 4 Millionen wurden 2,6 Millionen nach Hause entlassen, 800 000 wieder in die Armee eingezogen, 600 000 in Arbeitsbataillone des Verteidigungsministeriums gesteckt, 270 000 eines Fehlverhaltens oder Verbrechens für schuldig befunden und zur Bestrafung dem NKWD übergeben. 89 000 blieben als Personal in den Transitlagern, bis in den frühen Fünfzigerjahren das Verfahren aufgegeben wurde.[40]

Das Durchleuchtungsverfahren war darauf angelegt, Verräter und Spione zu entlarven – eine nicht unbegründete Sorge, da während des Krieges eine Million sowjetischer Staatsbürger in den Armeen der Achsenmächte gedient hatte, zur einen Hälfte als Soldaten, zur anderen als zivile Hilfskräfte. Dabei sollte sichergestellt werden, dass die als Zwangsarbeiter herangezogenen Sowjetbürger sich nicht allzu bereitwillig dem Feind zur Verfügung gestellt hatten. Was höhere Offiziere betraf, galt als einziger akzeptabler Umstand einer Gefangennahme, dass der Betreffende aufgrund einer Kriegsverletzung gefangen genommen wurde und so nicht mehr in der Lage war weiterzukämpfen.[41] Aber der Hauptzweck der Transitlager war nicht, Verräter zu bestrafen, sondern die Loyalität der aus fremden Ländern zurückkommenden Bürger zu überprüfen.

Schdanowschtschina

Im Sommer 1946 nahm Stalins Kampagne gegen kapitalistische Einflüsse des Westens eine neue radikale Wendung, als das Zentralkomitee der Partei einen Erlass gegen die Leningrader Monatszeitschriften *Swesda* und *Leningrad* herausgab, »die einen Geist förderten, der dem sowjetischen Volk fremd ist, einen Geist der Unterwürfigkeit vor der modernen bürgerlichen Kultur des Westens«. Zwei Tage später, am 16. August, hielt Schdanow eine Rede vor der Leningrader Vertretung der sowjetischen Schriftstellervereinigung, in der er den Satiriker Michail Soschtschenko und die Dichterin Anna Achmatowa verdammte. Soschtschenko wurde an den Pranger gestellt, weil er den sowjetischen Menschen als »Faulenzer und moralisches Monster und im Allgemeinen als dumm und primitiv dargestellt« habe. Achmatowa wurde von den Behörden als Individualistin beschuldigt, die eine »Mischung aus Nonne und Hure« darstelle. Selbstverständlich wurden die beiden Schriftsteller sofort aus der Berufsvereinigung ausgeschlossen, während die Chefredaktion von *Swesda* umstrukturiert wurde und die Zeitschrift *Leningrad* gleich ganz eingestellt wurde. Im September 1946 gab das Zentralkomitee einen Erlass über ideologisch inkorrekte Filme heraus, in dem auch Sergei Eisensteins *Iwan der Schreckliche. 2. Teil* genannt war, dem vorgeworfen wurde, die fortschrittliche Bedeutung des furchterregenden Zaren in der russischen Geschichte falsch wiedergegeben zu haben. Im weiteren Verlauf der Ereignisse wurde die Säuberung auch auf den Bereich des Theaters und der Musik ausgeweitet. Im Februar 1948 wurde Schostakowitsch für den unsowjetischen Formalismus seiner Kompositionen kritisiert. Ein Jahr später wurden die sowjetischen Theaterkritiker kollektiv als unpatriotisch angegriffen. Eines der Hauptforen dieser Angriffe war eine neue, von Schdanows Abteilung im Zentralkomitee herausgegebene Zeitschrift: *Kultura i Schizn* (Kultur und Leben).[42]

Obwohl diese kulturelle Wendung als Schdanowschtschina bekannt wurde, stand hinter ihr Stalin, der die Kampagne begründete und auch alle wichtigen Äußerungen zu diesem Thema persönlich prüfte und mit verfasste. Stalins Motive wurden in einer Version von Schdanows Rede im August 1946 deutlich:

»Einige unserer Literaten sehen sich nicht als Lehrer, sondern als Schüler und sind in einen servilen Ton und eine unterwürfige Kriecherei vor der spießbürgerlichen ausländischen Literatur verfallen. Ist eine solche Unterwürfigkeit bei sowjetischen Bürgern angemessen, die ein Sowjetsystem aufbauen, das hundertmal besser ist als jedes bourgeoise? Soll unsere avantgardistische sowjetische Literatur auch vor der beschränkten und kulturlosen bürgerlichen Kultur des Westens auf die Knie fallen?«[43]

In seinen Memoiren erinnerte sich Konstantin Simonow an eine Episode aus dem Mai 1947, als er und einige Funktionäre des sowjetischen Schriftstellerverbandes Stalin trafen. Statt sich wie erwartet umschmeicheln zu lassen, war Stalin besorgt über den fehlenden patriotischen Sinn der sowjetischen Intelligenzija. »Nehmen Sie unsere mittlere Intelligenzija – die technische Intelligenz, die Professoren und Ärzte – sie haben kein wahres Gefühl für einen sowjetischen Patriotismus ausgebildet. Sie sind in eine ungerechtfertigte Bewunderung ausländischer Kultur verfallen ... Diese rückwärts gerichtete Tradition begann mit Peter (dem Großen) ... Es gab eine kriecherische Unterwürfigkeit gegenüber Fremden, gegenüber jedem Scheißdreck!«[44]

Nicht nur Künstler gerieten wegen angeblicher Untertänigkeit dem Westen gegenüber ins Kreuzfeuer. 1947 gab es eine öffentliche Diskussion über das Buch des Propagandachefs Alexandrow, ein Beitrag zur Geschichte der westlichen Philosophie. Er wurde angeklagt, den russischen Beitrag zur Philosophiegeschichte zu gering zu bewerten und den Bruch des Marxismus mit der westlichen Tradition nicht genügend herausgestellt zu haben. In seinem Diskussionsbeitrag bemerkte Schdanow, dass ihn Stalin selbst auf die Fehler des Buches hingewiesen habe. (Allerdings erklärte Schdanow nicht, wieso das Buch bei seinem Erscheinen 1946 den Stalinpreis erhalten konnte.) Ein anderer Intellektueller, der 1947 angegriffen wurde, war der Wirtschaftswissenschaftler Eugen Varga. Sein Vergehen war, dass er ein Buch veröffentlicht hatte, in dem es hieß, dass sich der Kapitalismus in der Folge des Krieges gewandelt habe, insbesondere in der Rolle des Staates gegenüber wirtschaftlichen Eingriffen. Dabei vertrat Varga weiter die These, dass dies eine allmähliche Veränderung der Gesellschaft in eine sozialistische Richtung einleiten würde. Als das Buch 1946 erschien, stimmten Vargas Ansichten gänzlich mit Stalins Konzept eines volksdemokratischen Nachkriegseuropas überein, das durch sozioökonomische Reformen und einen friedlichen politischen Wandel errichtet werden könnte. Die Atmosphäre des zunehmenden Kalten Krieges aber begünstigte Vargas Gegner in der kommunistischen Partei und der sowjetischen Akademie. Schließlich wurde er gezwungen, seine Ansichten zu widerrufen, während sein Forschungsinstitut geschlossen und die von ihm herausgegebene Zeitschrift eingestellt wurden.[45]

In den Naturwissenschaften nahm die Kampagne gegen schädliche westliche Einflüsse eine besondere Form an, unter anderem die des »Ehrengerichts«. Die ersten Opfer dieses Prozesses waren die Medizinerin Nina Kliuewa und ihr Ehemann Grigori Roskin. Im Sommer 1946 wurde ihr Labor vom neuen amerikanischen Botschafter in Moskau, Walter Bedell Smith, besucht. Dabei trafen sie Vorkehrungen, dass ein Exemplar ihres Buches über die Behandlung bösartiger Krebsformen an amerikanische Kollegen weitergegeben werden konnte. Anfang 1947 kam dies Stalin zu Ohren. Auf seine Initiative verabschiedete die Regierung den Vorsatz, ein Ehrengericht einrichten zu wollen, das Fälle von mangelndem Patriotismus, antistaatlicher Haltung und unsozialen Aktionen von Beamten und Angestellten untersuchen sollte. Die im Falle von Kliuewa und Roskin zu untersuchende Frage war, ob sie korrekt gehandelt hatten, mit Fremden die Geheimnisse der sowjetischen Medizin zu teilen. In seiner Eingabe an das Gericht betonte Schdanow, dass die beiden Wissenschaftler individualistisch gehandelt hätten, ohne die zuständigen Stellen zu konsultieren.[46]

Nina Kliuewa und ihr Ehemann Grigori Roskin wurden nicht bestraft. Das Entscheidende der sogenannten Ehrengerichte war, die Öffentlichkeit politisch und ideologisch vor den Gefahren des Umgangs mit Fremden zu warnen (das »Verfahren« gegen sie wurde von 800 Personen besucht). Um dies zu unterstreichen, gab das Zentralkomitee ein Rundschreiben »Über Kliuewa und Roskin« an Parteimitglieder heraus. Das Schreiben kritisierte »sklavisches Verhalten und Kriecherei vor ausländischen Angelegenheiten«, forderte »die Erziehung der sowjetischen Intelligenzija im Geist des sowjetischen Patriotismus« und warnte vor »Kotaus und Dienstbarkeit gegenüber der bürgerlich-westlichen Kultur.«[47]

Der vaterländische Imperativ war ebenso offensichtlich in der sogenannten Lysenko-Affäre.[48] Trofim Lysenko, ein sowjetischer Biologe, glaubte, dass erworbene Eigenschaften vererbt werden und folglich durch Umweltveränderungen beeinflusst werden könnten. Diese Ansicht brachte ihm den Widerspruch sowjetischer Genetiker ein, die behaupteten, dass Vererbung eine Funktion der Gene sei und nicht durch den Einfluss der Umwelt oder wissenschaftlicher Manipulationen der Natur zustande komme. Die lang anhaltende Debatte zwischen den beiden

Fraktionen innerhalb der sowjetischen Biologie nahm eine neue Wendung an, als im April 1948 Juri Schdanow, der Sohn von Andrej, der mit Naturwissenschaften im Zentralkomitee beauftragt war, einen Vortrag hielt, in dem er Lysenkos Ansicht kritisierte. Lysenko schrieb Stalin, um sich zu beschweren. Das Ergebnis war eine offizielle Bestätigung der Position Lysenkos in Form eines Artikels in der *Prawda*, der über eine Konferenz im Juli–August 1948 berichtete, bei der Lysenkos Thesen dargelegt und die seiner Kritiker verurteilt wurden. Lysenko mag ein schlechter Naturwissenschaftler gewesen sein, aber er war politisch gerissen. So legte er Wert darauf, seine Position mit Begriffen wie »sowjetischer« im Gegensatz zu »westlicher Wissenschaft« und »materialistischer, fortschrittlicher vaterländischer« versus »reaktionärer, scholastischer und ausländischer Biologie« zu belegen.

Lysenko triumphierte, weil Stalin seine Meinung stützte und Juri Schdanow dafür tadelte, dass er seine persönliche Meinung in der Debatte ins Spiel gebracht hatte. »In der Partei haben wir keine persönlichen Meinungen oder Standpunkte«, sagte Stalin zu ihm. »Es gibt nur die Ansichten der Partei.«[49] Stalin unterstützte Lysenko wegen seiner Berufung auf den sowjetischen Patriotismus und weil er mit seiner voluntaristischen marxistischen Philosophie übereinstimmte, wonach die Welt durch menschliche Eingriffe radikal verändert werden kann. In diesem modernistischen Sinne kündigte die sowjetische Presse im Oktober 1948 den »großen Plan Stalins« an, die »Natur umzugestalten«, ein Projekt zur groß angelegten Anpflanzung von Bäumen und Grasflächen und die Anlegung von 44 000 neuen Teichen und Stauseen. »Der Kapitalismus«, kommentierte die *Prawda*, »ist nicht nur unfähig zur planvollen Umgestaltung der Natur, sondern kann auch nicht verhindern, dass ihre Reichtümer ausgeplündert und dem Raubbau unterliegen werden.«

In seiner Wahlkampfrede 1946 sagte Stalin, er sei »zuversichtlich, dass wir unseren Wissenschaftlern die nötige Hilfe zukommen lassen, damit sie schon bald mit den ausländischen Ergebnissen in der Wissenschaft gleichziehen oder sie gar übertreffen werden«. Zwei Jahre später war er zur triumphalistischen Ankündigung übergegangen, dass die sowjetischen und vor allem die russischen Errungenschaften in der Wissenschaft bereits die des Westens überholt hätten. »Während seiner Geschichte hat das große sowjetische Volk die Technologie der Nation und der Welt mit außerordentlichen Entdeckungen und Erfindungen bereichert«, behauptete ein Kolumnist der *Prawda* im Januar 1949. Der Anlass zu diesem Kommentar war eine Tagung der sowjetischen Akademie der Wissenschaften, die der Geschichte der russischen Wissenschaft gewidmet war. Im selben Monat brachte die *Komsomol Prawda* (die Zeitung der kommunistischen Jugend) die Überschrift »Das Flugzeug ist eine sowjetische Erfindung«. Der Autor dieses Artikels behauptete:

»Es ist unmöglich ein Gebiet zu finden, in dem die russischen Menschen nicht neue Wege gebahnt haben. A. S. Popow erfand das Radio, A. N. Lodygin schuf die Glühbirne, I. I. Posunow baute die erste Dampfmaschine der Welt. Die erste Lokomotive, von den Cherepanows erfunden, bewegte sich auf russischem Gebiet. Der Leibeigene Fjodor Blinow flog in einem Flugzeug, das schwerer war als Luft und das von dem genialen Alexander Fjodorowitsch Moschaiski, 21 Jahre vor den Gebrüdern Wright erfunden wurde.«[50]

Wie dieses Zitat zeigt, gab es auch ein starkes Element der Russifizierung in der sowjetischen Patriotismuskampagne. Dabei wurden selbst in den offiziellen Porträts von Stalin alle Züge eliminiert, die daran erinnern könnten, dass er georgischer Herkunft war. Das klassische Porträt Stalins in der Nachkriegszeit wurde nach dem Bild eines berühmten russischen Forschungsreisenden und Geografen gestaltet.[51] Auch in den darauffolgenden Jahren setzte Stalin sein spezifisches Interesse für das russische Volk und seine Kultur als Bollwerk gegen den Westen fort. 1947 wurde der 110. Todestag von Puschkin mit großem Aufwand begangen. Im September 1947 hielt Stalin dann eine Ansprache zum 800. Jahrestag der Gründung Moskaus. Darin führte er aus: »Die Größe Moskaus besteht nicht nur darin, dass es unser Land dreimal von ausländischer Unterdrückung befreit hat – vom mongolischen Joch, von der polnisch-litauischen Invasion und von der französischen Belagerung. Die Größe Moskaus besteht vor allem darin, dass es die Voraussetzung für die Einigung des geteilten Russlands zu einem Gesamtstaat mit einer Regierung und einer geeinten Führung war.«[52] 1952 schließlich veröffentlichte Stalin eine Serie von Artikeln in der *Prawda* zum Marxismus und zur Linguistik, in denen er die Besonderheit der russischen Sprache herausstellte.[53]

Die Rückkehr der Unterdrückung

Mit der Verschlechterung der Beziehungen zum Westen nahm die Schdanowschtschina an Intensität zu. Der ursprüngliche Auslöser lag in Stalins Unzufriedenheit über die Beziehungen zu Großbritannien und den USA und seinen Sorgen vor einer Durchdringung der sowjetischen Gesellschaft mit westlichen Einflüssen. Die kulturelle Säuberung der Jahre 1946–1947 ging einher mit Sorgen in Moskau, dass die Zukunft des Bündnisses mit dem Westen durch den zunehmenden Einfluss antisowjetischer Kreise im Westen bedroht sein könnte. Das Aufkommen des russischen und sowjetischen Ultrapatriotismus überschnitt sich mit dem Ausbruch des Kalten Krieges in den Jahren 1947–1948 und dem Beginn des ideologischen Wettstreits mit dem Westen. Als schließlich in den späten Vierziger- und frühen Fünfzigerjahren der Kalte Krieg seinen Höhepunkt erreichte, durchlief die sowjetische Innenpolitik eine ausgesprochen fremdenfeindliche Phase. Bürgern wurde der Kontakt zu Fremden untersagt, westliche Journalisten, die in Moskau arbeiteten, wurden einer strengen Zensur unterzogen, Auslandsreisen waren selbst für sowjetische Offizielle kaum möglich, und für den Verrat von Staatsgeheimnissen wurden drakonische Strafen eingeführt. In der Tat kam es zu einer Wiederholung des Isolationismus und einer Belagerungsmentalität wie schon in den Dreißigerjahren. In diesem Zusammenhang löste Stalin auch eine neue Welle von Repression, Verhaftungen und Gerichtsverfahren aus. Das Ausmaß von Stalins Terror in der Nachkriegszeit hält zwar keinem Vergleich mit den großen Säuberungen der Jahre 1937–1938 stand. Dennoch war er ein schwerer Schlag für die Hoffnungen der Intelligenzija auf eine Liberalisierung nach dem Krieg.

Auf Ebene der Führungsschicht war das bemerkenswerteste Ereignis 1949 die sogenannte Leningrad-Affäre.[54] Dieser Begriff bezieht sich auf die Säuberung der Leningrader Parteileitung nach Vorwürfen, dass sie sich vom Zentralkomitee distanziert hätte und ihr eigenes Patronagenetzwerk betreiben würde. In die Affäre verstrickt war Nikolai Wosnesenski, der Leiter der staatlichen Planungskommission Gosplan. Er hatte persönliche Verbindungen zu den Leningrader Parteiführern und kam ins Kreuzfeuer, weil er dem Ministerrat falsche Informationen vorgelegt und geheime Staatsdokumente verschlampt haben soll. Die Vorwürfe eskalierten sehr schnell dahingehend, dass die Beschuldigten in Spionageaktivitäten verwickelt seien. Die Leningrader Parteileitung wurde im August 1949 verhaftet und Wosnesenski im Oktober. In einem geheimen Verfahren wurden alle für schuldig befunden und dann hingerichtet. Die Repression weitete sich auch auf die mittlere Führungsebene aus. Mehr als 200 Personen wurden schließlich zum Tode, zu Gefängnisstrafen oder zum Exil verurteilt.

Stalins genaue Motive für diese Säuberung liegen im Dunkeln, aber es scheint, dass ihn die Unabhängigkeit verärgerte, die von der Leningrader Parteiführung demonstriert wurde. So ließ er sie als abschreckendes Beispiel für andere Parteiführer verurteilen, die versucht sein könnten, unautorisiert zu handeln. Auch mag es sein, dass Stalin beunruhigt von Vorschlägen und Plänen war, die von den Leningrader Parteiführern stammten und die vorsahen, eine kommunistische Partei Russland zusammen mit nationalen kommunistischen Parteien anderer Sowjetrepubliken zu gründen. Derartige Absichten waren in der kommunistischen Partei der Sowjetunion immer auf Widerstand gestoßen, da ein großrussischer Chauvinismus befürchtet wurde. Stalin war zwar russischem Patriotismus und Nationalismus zugeneigt, aber nur solange er unter seiner strikten Kontrolle stand.[55]

Im Falle von Wosnesenski scheint es eine Laune Stalins gewesen zu sein, die ihn dazu führte, Wosnesenski dem Henker zu übergeben. In wirtschaftlichen Dingen hatte sich Wosnesenski zu Stalins wichtigstem Fachmann entwickelt. Als sich Stalin entschied, dass Wosnesenski sein Vertrauen missbraucht habe, wurde er aus der Partei ausgeschlossen und dem Geheimdienst übergeben, ungeachtet von Wosnesenskis Beteuerungen ewiger Treue.[56]

Es ist höchst unwahrscheinlich, dass Stalin annahm, Wosnesenski wäre tatsächlich ein Spion oder Verräter gewesen. Vielmehr dürfte er wie in den Zwanzigerjahren davon ausgegangen sein, dass der Delinquent ins gegnerische Lager überlaufen könnte, wenn man dem nicht zuvorkommen würde. Was derartige Fantasien anheizte, waren der Kalte Krieg mit dem Westen und die Aktionen westlicher Geheimdienste, die in der Sowjetunion Spionage- und Sabotageaktionen durchführten. In der westlichen Ukraine und in den baltischen Staaten vermengten sich solche Aktivitäten mit Aktionen eines bewaffneten Widerstandes gegen die Sowjetherrschaft.[57]

Die Furcht vor einer westlichen Durchdringung der sowjetischen Gesellschaft war noch stärker im Falle der Säuberung des Jüdischen Antifaschistischen Komitees (JAFK). Es war eine von zahlreichen antifaschistischen Organisationen, die von den Sowjets während des Großen Vaterländischen Krieges gegründet wurden.[58] Ihre Aufgabe bestand darin, Unterstützung für die Sowjetunion bei den sowjetischen und ausländischen Juden zu sammeln. Dem Komitee stand Solomon Michoels vor, ein berühmter Schauspieler und Regisseur. Viele prominente, in der Sowjetunion lebende jüdische Künstler, Intellektuelle und Wissenschaftler waren aktiv. Das Komitee organisierte öffentliche Kundgebungen in Moskau, finanzierte jiddische Publikationen, sammelte Gelder im Ausland und suchte auf die Bedrängnis der Juden wegen der Verfolgung durch die Nazis aufmerksam zu machen. Innerhalb der Sowjetunion strebte es an, die jüdische Kultur und Identität zu fördern, veröffentlichte Erkenntnisse über die Massaker der Nazis an Juden und setzte sich für die Einrichtung einer jüdischen Sowjetrepublik auf der Krim ein. Infolge seiner ausländischen Aktivitäten knüpfte das Komitee intensive Beziehungen zu jüdischen Organisationen an, darunter auch zu Zionisten, die einen israelischen Staat anstrebten. Nach dem Krieg trat Michoels für die Weiterentwicklung des Komitees in eine fortschrittliche jüdische Organisation ein, die im Ausland für die Sowjetunion werben sollte. Innerhalb des kommunistischen Parteiapparates jedoch wurden eine Reihe von Resolutionen vorgelegt, das Komitee aufzulösen. Der Vorwurf der Apparatschiks war, dass das Komitee im Gegensatz zur Kriegszeit, in der es eine wichtige Rolle übernommen hatte, zu nationalistisch und zionistisch geworden sei. Das Komitee, so meinten seine Kritiker, stellte das jüdische Leben in der UdSSR heraus, aber nicht die Kultur anderer Nationalitäten wie die der Russen. Auch würde es nicht das notwendige Maß an sowjetischem Patriotismus zeigen. Das Komitee wies die Anschuldigungen entschieden zurück und betonte seine Loyalität zur Sowjetunion. Im Januar 1948 indes kam Michoels in Minsk bei einem Autounfall ums Leben, der vermutlich das Ergebnis einer sowjetischen Geheimdienstoperation war.[59] Im März 1948 nahmen die Dinge eine weitere merkwürdige Wendung, als W. S. Abakumow, der sowjetische Sicherheitschef, Stalin einen Bericht vorlegte, in dem es hieß, dass »die Anführer des Jüdischen Antifaschistischen Komitees, aktive Nationalisten mit proamerikanischer Neigung, eine nationalistische antisowjetische Kampagne führen«. Daraufhin zählte Abakumow ausführliche Details zur angeblichen Kampagne auf und schloss mit der Feststellung, dass sein Ministerium eine Reihe amerikanischer und englischer Spione aufgedeckt habe, die sich unter den zuletzt verhafteten jüdischen Nationalisten befanden.[60]

Trotz der eindringlichen Warnung seines Sicherheitschefs machte Stalin keine unmittelbaren Anstalten, das Komitee aufzulösen. Einige Beobachter schlossen daraus, dass Schdanow es bis zu seinem Tod im August 1948 geschützt haben könnte, während andere auf die hinderliche Wirkung von Stalins Bündnis mit dem Zionismus in der Nachkriegszeit verwiesen haben.[61] Nach dem Krieg entwickelte sich de facto eine Allianz zwischen der Sowjetunion und dem entstehenden israelischen Staat. Auch wenn es aufseiten der Sowjets einige Sympathien für die Nöte der europäischen Juden gab, die durch die Naziherrschaft ausgelöst worden waren, war das Hauptmotiv der Sowjets eher eigennütziger Natur. Die Sowjets trauten dem arabischen Nationalismus nicht über den Weg, den sie von den Briten und Amerikanern als übermäßig beeinflusst ansahen. Außerdem sahen sie den jüdischen Zionismus als ein nützliches Gegengewicht zum westlichen Einfluss im Mittleren Osten an. Die Option, die Moskau zur Lösung des Palästinaproblems vorzog, war die Einrichtung eines unabhängigen multinationalen Staates, der sowohl die Interessen der Juden als auch die der Araber respektieren würde. Als sich die Situation zuspitzte, waren die Sowjets bereit, einer Teilung Palästinas in einen jüdischen und einen arabischen Staat zuzustimmen. Die Rede Andrei Gromykos vor den Vereinten Nationen, in der er im Mai 1947 die sowjetische Position darlegte, war fast ein Lehrstück zionistischer Propaganda:

»Während des letzten Krieges erlitt das jüdische Volk außergewöhnliches Leid … In den Gebieten, in denen Hitler die Macht hatte, waren die Juden fast der kompletten physischen Vernichtung ausgesetzt … Viele der überlebenden Juden Europas verloren ihre Heimat und ihre Lebensgrundlage … Die Vergangenheit hat gezeigt, dass kein europäischer Staat den Juden hat ausreichend Hilfe zukommen lassen, um ihre Rechte oder auch nur ihre bloße Existenz zu verteidigen. Diese unerfreuliche Tatsache erklärt das jüdische Bestreben, einen eigenen Staat zu begründen. Es wäre ungerecht, dies nicht in die Betrachtung mit einzubeziehen und das Recht des jüdischen Volkes zu leugnen, diese Pläne zu verwirklichen.«[62]

Der Gründung Israels im Mai 1948 folgte alsbald die Aufnahme diplomatischer Beziehungen mit der Sowjetunion. Im September kam der erste Botschafter Tel Avivs in Moskau an. Golda Meyersohn (besser bekannt als Golda Meir und spätere Premierministerin Israels) berichtete am 12. September nach Israel, dass 20 000 Personen die Deklaration des israelischen Staates vor der Moskauer Synagoge gefeiert haben. Am 6. Oktober berichtete Meyersohn, dass zu Rosh ha-Schana (dem jüdischen Neujahrsfest) sich eine riesige Menge in die große Synagoge in Moskau gedrängt habe und dass man sie auf der Straße mit begeisterten Rufen auf Hebräisch begrüßt habe. In ihren anderen Berichten legte sie Zeugnis von den sich entwickelnden Kontakten zwischen der israelischen Botschaft und dem Jüdischen Antifaschistischen Komitee ab.[63] Aller Wahrscheinlichkeit nach war es dieser Umstand, der Stalin schließlich gegen das Jüdische Antifaschistische Komitee aufbrachte. Denn unter keinen Umständen duldete er unabhängige politische Aktivitäten. Die einzigen erlaubten Bekundungen von Patriotismus und Nationalismus waren die vom sowjetischen Staat genehmigten und unterstützten. Im November 1948 entschloss sich das Politbüro, das Jüdische Antifaschistische Komitee mit der Begründung aufzulösen, dass es ein Zentrum antisowjetischer Propaganda und ausländischer Geheimdienste sei.[64] Auch wenn der Beschluss feststellte, dass »noch niemand verhaftet werden soll«, dauerte es nicht lange, bis die führenden Mitglieder des Komitees ins Gefängnis kamen. Im Frühjahr und Sommer 1952 wurde 15 seiner Funktionäre und Aktivisten in einem Geheimprozess vor Gericht gestellt. Unter denjenigen, die des jüdischen Nationalismus, des Zionismus und der Spionage angeklagt wurden, war S. A. Losowski, ein früherer stellvertretender Volkskommissar für auswärtige Angelegenheiten, der das Pech hatte, dass man ihm die Verantwortung für das Komitee nach dem Krieg zuschob, obwohl er persönlich für dessen Auflösung war. Während des Prozesses widerrief Losowski, der es in seiner politischen Karriere als Bolschewik bis zum Vorsitzenden des Gewerkschaftsausschusses der Komintern gebracht hatte, seine Überzeugung und widerlegte standhaft die gegen ihn erhobenen Beschuldigungen. Losowski Auftreten und seine Eloquenz beeindruckten den Richter Alexander Cheptsow, der eine neue Beweisaufnahme zum Fall beantragte. Selbst nachdem er gezwungen worden war, Losowski und zwölf andere Angeklagte zum Tode zu verurteilen (einer der Angeklagten war bereits im Gefängnis gestorben, während ein anderer für schuldig befunden und zu einer dreieinhalbjährigen Strafe in einem Arbeitslager verurteilt wurde, auf die eine fünfjährige Verbannung folgte), ließ Cheptsow Gnadenersuche zu – was für einen Richter in den Dreißigerjahren undenkbar gewesen wäre.[65]

Eine der jüdischen Komiteeaktivistinnen, Polina Schemchuchina, Molotows Ehefrau, kam leichter davon. Sie wurde zwar im Januar 1949 mit allen anderen verhaftet, aber die Ermittler beschlossen, ihren Fall vom Hauptverfahren zu trennen. Ihre Strafe war die Verbannung nach Kasachstan. Als der Ausschluss seiner Frau aus der Partei im Politbüro auf die Tagesordnung gesetzt wurde, enthielt sich Molotow der Stimme. Auf Stalins Verlangen aber beantragte er bald die Scheidung.[66] Erst nach Stalins Tod kam Molotow wieder mit seiner Frau zusammen. Molotows Strafe war seine Abberufung als Außenminister im März 1949. Dennoch spielte er weiterhin eine zentrale Rolle in der Formulierung außenpolitischer Fragen: So wurde er mit der Leitung einer Kommission des Politbüros zur Außenpolitik beauftragt. Andrej Wyschinski, Molotows Nachfolger im Amt, holte sich häufig Rat bei seinem Vorgänger. Zu den Aufgaben, die Molotow in dieser Zeit übernahm, gehörten auch die Vorbereitungen zur Veröffentlichung von Stalins Kriegskorrespondenz mit Churchill, Roosevelt, Truman und Attlee.[67]

Die Säuberung des Jüdischen Antifaschistischen Komitees ging einher mit dem Beginn einer innenpolitischen Kampagne gegen einen »wurzellosen Kosmopolitismus«, dessen Hauptthema war, den proletarischen Internationalismus mit sowjetischem Patriotismus und Respekt für die russische Kultur zu verbinden. Auch wenn die Kampagne nicht spezifisch gegen Juden zielte, hatte sie doch antisemitische Konnotationen und fand im Kontext einer virulenten antizionistischen Propaganda statt, die ihren Höhepunkt 1952 im Abbruch der diplomatischen Beziehungen zu Israel erlebte. Die Kampagne gegen den Zionismus und seine angeblichen Verbindungen zu Sabotage- und Spionageaktionen des imperialistischen Westens in der UdSSR breitete sich bald auf den gesamten Ostblock aus. Im November 1952 wurden 14 frühere Führer der kommunistischen Partei der Tschechoslowakei, darunter ihr Generalsekretär Rudolph Slansky, als Mitglieder einer Verschwörung gegen den Staat mit zionistischen Verbindungen öffentlich in Prag vor Gericht gestellt. Elf der vierzehn Angeklagten, darunter auch Slansky, waren Juden. Drei der Angeklagten wurden zu lebenslänglicher Haft, der Rest, unter ihnen auch Slansky, wurde zum Tode verurteilt.[68]

Stalins persönliche Einstellung Juden gegenüber ist ein fortwährender Gegenstand von Kontroversen. Die vorhandenen Erkenntnisse aber stützen die Auffassung Medwedews, dass er weniger ein Antisemit war, jedoch gegenüber dem jüdischen Nationalismus und Zionismus politisch feindlich eingestellt war, denn beides betrachtete er als eine Bedrohung seiner Macht.[69] Offiziell war der Sowjetstaat gegen alle Formen des Rassismus, einschließlich des Antisemitismus, und Stalin äußerte sich in der Öffentlichkeit dementsprechend. In seiner georgischen Heimat gab es kein jüdisches Ghetto und die Juden waren überwiegend assimiliert, eine Politik, die Stalin befürwortete, als er in der UdSSR an die Macht kam. Stalin war von jüdischen Funktionären oder solchen mit jüdischen Ehefrauen umgeben. Selbst auf dem Höhepunkt der antizionistischen Kampagne in den frühen Fünfzigerjahren feierte er weiterhin jüdische Schriftsteller und Künstler. Im

Dezember 1952 machte Stalin die folgende aufschlussreiche Bemerkung vor dem Plenum des Zentralkomitees:

»Je erfolgreicher wir sind, desto mehr werden unsere Feinde versuchen, uns zu schädigen. Aufgrund unseres großen Erfolges haben unsere Leute dies vergessen und sind selbstzufrieden, gedankenlos und eingebildet geworden.

Jeder jüdische Nationalist ist ein Agent des amerikanischen Geheimdienstes. Jüdische Nationalisten glauben, das ihre Nation durch die USA gerettet wurde (dort können sie reich werden, können sie bourgeois werden etc.). Sie fühlen sich den Amerikanern verpflichtet. Unter den Ärzten gibt es viele jüdische Nationalisten.«[70]

Wie dieses Zitat zeigt, neigte die politische Feindschaft Stalins gegenüber dem Zionismus und jüdischem Nationalismus dazu, ethnische Dimensionen anzunehmen. Einige Juden wurden wegen ihrer Politik als Feinde angesehen, aber alle Juden waren schon aufgrund ihrer ethnischen Herkunft politisch verdächtig – es sei denn, das Gegenteil war erwiesen. Dies war der Fall in der »Ärzteaffäre«, der letzten von seiner Geheimpolizei aufgedeckten mysteriösen Verschwörung.

Die sogenannte »Ärzteverschwörung« – einige nannten sie ein Komplott[71] – begann im Juli 1951, als ein Ermittler des Ministeriums für Staatssicherheit, Oberstleutnant M. D. Rjumin, in einer Mitteilung an Stalin Dr. Jakow Etinger, »einen bekannten jüdischen Nationalisten«, beschuldigte, zugegeben zu haben, dass er 1945 eine medizinische Behandlung als Deckmantel benutzt habe, um A. A. Scherbakow, ein beliebtes Mitglied des Politbüros, zu ermorden. Rjumin behauptete weiter, dass Etinger mit anderen Ärzten in eine breite terroristische Verschwörung verstrickt sei. Wichtig war ferner, dass Rjumin von seinem Vorgesetzten Abakumow behauptete, dass er sich in die Ermittlungen zum Fall Etinger eingeschaltet und die Schließung der Akte angeordnet habe. Doch während des Verhörs durch Rjumin war Etinger gestorben, und wahrscheinlich wollte Rjumin durch die Vorwürfe an die Adresse von Abakumow von sich selbst ablenken.

Stalin reagierte auf die Anschuldigungen mit der Einsetzung einer Untersuchungskommission. Damit beauftragt wurde Georgi Malenkow, Stalins Stellvertreter im Parteiapparat. Zu ihren Mitgliedern gehörte auch Beria, Abakumows Vorgänger als Minister für Staatssicherheit. Die Kommission kam bald zu dem Ergebnis, dass Abakumow schuldig sei. Am 13. Juli 1951 gab das Zentralkomitee eine Mitteilung heraus, in der es hieß, dass Abakumow von seinem Amt entfernt und aus der Partei ausgestoßen wurde, da er bei dem Geständnis Etingers versagt habe. Weiter hieß es, dass im Januar 1951 die Mitglieder einer antisowjetischen jüdischen Jugendorganisation verhaftet wurden, aber Abakumow ihre terroristischen Pläne vor der Regierung verheimlicht habe. Abakumow wurde daraufhin verhaftet und sein Ministerium gesäubert, wobei mehr als 40 000 Personen entlassen wurden.

Im November 1951 legte das Ministerium für Staatssicherheit dem Zentralkomitee weitere Berichte zur Ärzteaffäre vor, in denen behauptet wurde, dass Schdanow, der 1948 an einem Herzversagen gestorben war, und andere führende Kommunisten Opfer einer mörderischen Ärzteverschwörung geworden seien. Ein Jahr später hatte sich die Angelegenheit zu einer groß angelegten Verschwörung ausgewachsen. Am 4. Dezember 1952 gab das Zentralkomitee eine Erklärung heraus, dass eine Gruppe von Ärzten, die für den britischen und den amerikanischen Geheimdienst arbeiten würde, sich verschworen hätte, mit medizinischen Methoden das Leben führender Partei- und Regierungsangehöriger zu verkürzen. Nur einige der angeklagten Ärzte wurden als Juden identifiziert. Dafür wurde die vom Zentralkomitee aufgedeckte Verschwörung mehr und mehr als eine Verschwörung mit kapitalistischen und imperialistischen Zielen beschrieben. Als die Verschwörung im Januar 1953 in der *Prawda* der sowjetischen Öffentlichkeit enthüllt wurde, bekam die Sache doch noch ein ausgesprochen antijüdisches Moment. Der Prawdaartikel, der von Stalin vor der Veröffentlichung persönlich redigiert wurde, behauptete, dass die Ärzte über eine bürgerlich-jüdisch-nationalistische Organisation vom amerikanischen Geheimdienst rekrutiert worden seien und ihre Anweisung, Sowjetführer zu ermorden, von Michoels, »dem bekannten bürgerlich-jüdischen Nationalisten«, erhalten hätten.[72]

Hunderte sowjetische Ärzte wurden 1952–1953 verhaftet. Unter ihnen war ein Kern von 37 Ärzten und ihren Ehefrauen, darunter 17 Juden, die in die Hauptverschwörung gegen die Führungsspitze der Sowjetführung verwickelt gewesen sein sollten. Glücklicherweise überlebten alle und wurden nach Stalins Tod freigesprochen. Die hingerichteten Mitglieder des Jüdischen Antifaschistischen Komitees wurden ebenfalls nach ihrem Tode rehabilitiert, genauso wie diejenigen, die in der »Leningradaffäre« angeklagt wurden.

Jonathan Brent und Wladimir Naumow zeichnen in *The Doctors Plot: Stalin's Last Crime*[73] das Bild eines großen Komplotts mit dem vorherbestimmten Ziel, die Voraussetzungen für eine letzte Konfrontation zu schaffen, in der alle Feinde des sowjetischen Diktators vernichtet werden sollten. Mit anderen Worten: Stalin habe eine Wiederholung des großen Terrors der Dreißigerjahre im Sinn gehabt. Nur diesmal würde er alle erledigen. Brent und Naumow schwärmen von Stalins Fähigkeiten als großer Verschwörer: »Stalin ist wie Godot. Wir warten, wir vermuten, wir schreiben Motive zu, erhalten unverständliche Nachrichten, aber am Ende werden wir ihn nicht enthüllen, und es gibt keinen direkten Weg, ihn als ›Person‹ zu verstehen.«[74] Damit wird Stalin eine Raffinesse und Voraussicht zugeschrieben, die er nie besessen hat. Was eigentlich durch die Affären der Parteileitung in Leningrad, des Jüdischen Antifaschistischen Komitees und des Ärztekomplotts enthüllt wurde, ist das Ausmaß, in welchem Stalin an die Möglichkeit krimineller

Verschwörungen gegen seine Macht glaubte, und welch eine dysfunktionale Wirkung seine Paranoia auf sein Herrschaftssystem hatte. Die Repressionen drängten die Menschen in Passivität und Unterwürfigkeit, verursachten zugleich aber die Ermordung und Gefangenschaft der talentiertesten und loyalsten Diener des Systems. Im Dezember 1952 etwa entließ Stalin seinen langjährigen Privatsekretär A. N. Poskrebyschew, weil er »geheime Dokumente ausgeliefert« habe, und ließ seinen eigenen Leibwächter verhaften. Eines von Stalins letzten Opfern war Iwan Maiski, der unter dem Vorwurf, ein ausländischer Spion zu sein, am 19. Februar 1953 verhaftet und erst zwei Jahre später aus dem Gefängnis entlassen wurde.

Zusammenfassend gesehen blieb das Ausmaß der Unterdrückung nach dem Krieg hoch, wenn man die ethnischen Deportationen, den Feldzug zur Bekämpfung des Aufstandes in den Grenzregionen und die Behandlung der heimkehrenden Kriegsgefangenen und Zwangsarbeiter berücksichtigt. Das sowjetische Herrschaftssystem neigte noch immer dazu, eine große Anzahl von Bürgern wegen angeblicher krimineller Verfehlungen zu internieren, auch wenn Stalin 1945 eine Million gewöhnlicher Krimineller anlässlich der Siegesfeiern amnestierte.[75] Politische Gefangene wurden von dieser Amnestie ausgeschlossen, doch nach dem Krieg wurde eine Verringerung von Verhaftungen für angebliche konterrevolutionäre Verbrechen verzeichnet. 1946 betrug die Zahl der für politische Vergehen verhafteten Personen 123 294; 1952 waren es nur noch 28 800. 1946 gab es 2896 politische Hinrichtungen; 1952 waren es 1612.[76] Diesen Zahlen stehen die Millionen von Verhaftungen und Hunderttausende von politisch motivierten Hinrichtungen in den Dreißigerjahren gegenüber. Trotz der Affären um Leningrad, das Jüdische Antifaschistische Komitee und das Ärztekomplott befand sich die Sowjetherrschaft nach dem Krieg auf dem Wege in ein System, das nicht mehr in so großem Maße auf Säuberungen und Terror gründete. Diese Analyse wird durch die Tatsache gestärkt, dass auf dem Höhepunkt der Hysterie um ausländische Spione in den frühen Fünfzigerjahren »nur« ein paar Hundert Personen verhaftet wurden. Mehr noch: Zusammen mit der gemessen an früheren Verfolgungen begrenzten Repression kam es zur Rücknahme einiger extremer Aspekte des Schdanowschtschina: Die sogenannte »Huren-Nonne« Anna Achmatowa wurde rehabilitiert und durfte wieder publizieren. In der Literatur und im Theater gab es eine Gegenbewegung zur Überpolitisierung. Dabei gerieten wieder die Werte der Darstellung des menschlichen Lebens in den Vordergrund. Wie Timothy Dunmore ausführt, begann das viel gelobte kulturelle Tauwetter nach Stalins Tod eigentlich, wenn auch zögerlich, schon in den frühen Fünfzigerjahren.[77] Dasselbe galt für den Gulag, das riesige System der Arbeitslager, das von Berias Innenministerium beherrscht wurde. In den letzten Jahren von Stalins Herrschaft gab es den deutlichen Trend, die Tätigkeit von Arbeitssklaven durch zivile Beschäftigte zu ersetzen, die durch wirtschaftliche Anreize angespornt wurden. Als Stalin starb, wurden schließlich die Tore des Gulags aufgebrochen und das ganze System bald aufgelöst. Die ersten Schritte dazu aber wurden schon unternommen, als Stalin noch am Leben war.[78]

Der 19. Parteikongress

Symptomatisch für den Prozess des Übergangs von der späten Ära Stalins zur nachstalinistischen Zeit war der 19. Parteikongress im Oktober 1952 – die erste derartige Versammlung seit 1939 und die letzte unter Stalins Herrschaft.[79] Nach den Regeln der Partei sollten Parteikongresse eigentlich alle drei Jahre stattfinden. Während des Krieges aber war es nicht möglich, einen Parteikongress einzuberufen, sodass für 1947 oder 1948 eine Versammlung mit dem Hauptthema eines neuen Parteiprogramms und Änderungen der Parteistatuten geplant wurde. Jedoch wurde der Kongress verschoben, vermutlich weil Schdanow, der die Aufgabe hatte, ein neues Parteiprogramm zu entwerfen, erkrankte und verstarb. Nach Schdanows Tod hatte Stalin dringlichere Angelegenheiten im Sinn – wie die Leningradaffäre und die sich verschlechternde internationale Situation –, und die Einberufung eines Parteikongresses ließ weiter auf sich warten. Erst im Dezember 1951 verabschiedete das Politbüro auf Stalins Geheiß einen Beschluss, einen Parteikongress im folgenden Jahr einzuberufen. Eine Debatte über die Statuten der Partei blieb auf der Tagesordnung, aber die Idee, das Parteiprogramm zu verändern, wurde fallen gelassen. Stattdessen trat an ihre Stelle eine Diskussion über den Fünf-Jahres-Plan für 1951–1955. Bezeichnenderweise sollte das politische Hauptreferat von Malenkow und nicht von Stalin gehalten werden. Die Aufgabe, den Fünf-Jahres-Plan vorzustellen, wurde M. Z. Saburow übertragen, dem Nachfolger Wosnesenskis bei Gosplan. Mit dem Thema einer Überarbeitung der Parteigrundsätze wurde Nikita Chruschtschow beauftragt, der 1949 Sekretär des Zentralkomitees geworden war.

Das Fehlen Stalins auf der Rednerliste stand vermutlich im Zusammenhang mit seiner sich verschlechternden Gesundheit – Stalin war zurzeit des Kongresses fast 73 Jahre alt und nur noch sechs Monate von dem Schlaganfall entfernt, der sein Leben beenden sollte. Sein Erscheinen auf dem Kongress wurde von stürmischem Applaus begleitet, aber er formulierte nur einen kurzen Beitrag zur Diskussion in Form eines Grußwortes an die befreundeten Delegierten ausländischer kommunistischer Parteien.[80] Gleichwohl war Stalin an den Vorbereitungen zum Kongress nicht unbeteiligt. Am Vorabend des Kongresses veröffentlichte er eine Broschüre mit dem Titel *Wirtschaftliche Probleme des Sozialismus in der UdSSR*. Auch wenn sie im Großen und Ganzen eine obskure Behandlung der Funktionsweise ökonomischer Gesetze in einer sozialistischen Gesellschaft darstellte, wurden Stalins Äußerungen auf dem Kongress viel diskutiert. Alle großen Reden wurden von Stalin zuvor geprüft und bearbeitet. Besondere Beachtung widmete er Malenkows Bericht, der vielfach verändert und vom sowjetischen Diktator genauestens korrigiert wurde. Hervorzuheben ist auch der Umstand, dass Malenkows Bericht allen Mitgliedern des Politbüros zur Begutachtung vorgelegt wurde. Natürlich hatte Stalin das letzte Wort, aber zu einem Großteil war Malenkows Bericht das Ergebnis gemeinsamer Abwägungen der sowjetischen Führung. In seiner Rede gab es keine Überraschungen. Ein bedeutsamer Teil behandelte die internationale wirtschaftliche und politische Entwicklung seit Ende des Krieges, insbesondere die fortdauernde Krise in den kapitalistischen Ländern und die sowjetischen Anstrengungen für einen dauerhaften Frieden.

In praktischer Hinsicht war das wichtigste Ergebnis des Kongresses eine Änderung der Parteistatuten. Der Name der Partei wurde von Kommunistische Allunions Partei (Bolschewiki) in Kommunistische Partei der Sowjetunion geändert. Die Position des Generalsekretärs wurde abgeschafft, und Stalin wurde einer von mehreren ersten Sekretären der Partei (ein anderer war Chruschtschow). Das Politbüro wurde durch das Präsidium ersetzt, das ein größeres Gremium mit 25 Vollmitgliedern und 11 Mitgliederkandidaten war, obwohl nach dem Kongress auch ein kleineres Büro des Präsidiums eingesetzt wurde. Zusammenkünfte von Parteistrukturen auf unteren Ebenen wurden regelmäßig mit dem Ziel festgeschrieben, der Partei mehr Demokratie zu verleihen und eine stärkere Kontrolle der Führungsebene durch die unteren Instanzen zu ermöglichen.[81]

Es ist nicht ganz klar, was sich Stalin von diesen Veränderungen erhoffte, aber auf dem Plenum des Zentralkomitees 1952, das unmittelbar nach dem Parteikongress abgehalten wurde, erläuterte er sie als eine Maßnahme, junges und frisches Blut in die Spitze der Partei zu leiten. Stalin nahm auch zur komplizierten internationalen Situation Stellung und griff Molotow und Anastas Mikojan, seinen langjährigen Handelsminister, persönlich als Feiglinge und Defätisten an. Auch wenn beide Männer weiterhin wichtige Regierungspositionen innehatten, wurden sie politisch demontiert und während der letzten Wochen im Leben des sowjetischen Diktators aus dem inneren Zirkel Stalins ausgeschlossen.[82]

Stalins Angriff auf Molotow und Mikojan kann mit der viel zitierten Bemerkung über seine Genossen im Politbüro in Verbindung gebracht werden, die in Chruschtschows Erinnerungen überliefert wird: »Sie sind blind wie Kätzchen, ohne mich werden die Imperialisten sie erdrosseln.«[83] Sollte Stalin dies gesagt und geglaubt haben, musste er sich dafür selbst die Schuld geben. Denn er hatte einen kraftlosen Führungszirkel geschaffen, in dem es keinen offenkundigen Nachfolger gab. Auch setzte er wenig Vertrauen in die Fähigkeit seiner Kollegen, den Personenkult um seine Person durch ihre kollektive Führung zu ersetzen. Es stellte sich jedoch heraus, dass der Stalinismus auch ohne Stalin machbar war und seine umgebaute Herrschaft in der Nachkriegszeit noch fast 40 Jahre nach seinem Tod andauern sollte.

Die Situation innerhalb der Sowjetunion war von entscheidender Bedeutung für die Formulierung von Stalins Außenpolitik. Die Sowjetunion ging aus dem Krieg siegreich hervor, sie nahm eine beherrschende Stellung in Europa ein; in der Weltpolitik war sie ein bedeutsamer Akteur bei der Gestaltung des Friedens in der Nachkriegszeit. Aber der Krieg hatte der UdSSR schwer zugesetzt und eine traumatische Wirkung hinterlassen. Ihre westlichen Grenzbezirke rebellierten gegen die Wiedereinsetzung der sowjetischen Herrschaft. Und das Anwachsen sowohl des Patriotismus als auch des Nationalismus war für die kommunistische Identität des Landes nicht unproblematisch. Unter diesen schwierigen Umständen war es für Stalin eine große Enttäuschung, dass seine ehemaligen westlichen Bündnispartner nicht bereit waren, den sowjetischen Sicherheitsbedürfnissen entgegenzukommen, noch der UdSSR das zuzugestehen, was Stalin als gerechte Belohnung für die Erringung des Sieges ansah.

Stalin war misstrauisch, was die Zukunft anging, und seine Antwort auf die Entwicklungen nach Kriegsende war, das Land vor fremden Einflüssen zu verschließen und eine schärfere Haltung in der Außenpolitik anzunehmen. Der Ausbruch des Kalten Krieges 1947 bestätigte Stalins schlimmste Befürchtungen, und er antwortete darauf, indem er die sowjetische Kampagne gegen den Westen in der Sowjetunion und auch auf internationaler Ebene intensivierte. Aber das Auseinanderbrechen der Kriegsallianz mit dem Westen und die Polarisierung der internationalen Politik brachten andere Gefahren mit sich, und Ende der Vierzigerjahre begann Stalin, sich aus der Konfrontation mit dem Westen zurückzuziehen und eine neue Phase der Entspannung zu suchen. Doch die internationale Lage blieb gespannt, und auch in der sowjetischen Innenpolitik gab es keine Entspannung. Stalins Unterdrückung der Partei und ihrer Funktionäre erreichte nach dem Krieg ihren Höhepunkt in den frühen Fünfzigerjahren. Sie wurde von der Überzeugung geleitet, dass mit steigender Macht des Sowjetsystems auch der Kampf seiner Feinde intensiviert werde.

Stalins Auffassung, dass sich der Klassenkampf im Sozialismus intensivierte, wurde vom Rest der sowjetischen Führung nicht geteilt, und sie ließ diesen ideologischen Grundsatz fallen, sobald Stalin gestorben war. Aber solange Stalin lebte, waren es seine Einschätzungen und Überzeugungen, die vorherrschten. In der Innen- wie in der Außenpolitik war er der Generalissimus. Diejenigen in der sowjetischen Führung, die unter ihm dienten, rangelten um Positionen, verfolgten ihre persönlichen Rivalitäten und schützten ihre institutionellen Interessen, aber die Hauptlinien der Politik wurden von Stalin festgelegt, der auch alle wesentlichen Entscheidungen traf.[84]

Der Krieg hatte Stalins Machtstellung wesentlich verstärkt, und er blieb in der Sowjetunion unangefochten und unanfechtbar. Im Ausland lagen die Dinge freilich anders. Auf außenpolitischem Gebiet stand ihm ein mächtiger amerikanischer Rivale gegenüber, und ein antisowjetischer Block bildete sich vor seinen Augen. Dies waren Herausforderungen, die sich durch die komplizierte innere Lage nach seiner Ansicht noch vergrößerten. Stalin setzte sich dennoch weiterhin für einen Modus Vivendi mit dem Westen ein, der den Kalten Krieg beschränken und einen dauerhaften Frieden mit seinen einstigen Bündnispartnern herstellen sollte.

Elftes Kapitel
Konfrontation im Kalten Krieg
Der belagerte Stalin

Die sowjetische Außenpolitik war in den letzten fünf Jahren von Stalins Herrschaft ein Kaleidoskop von scheinbar widersprüchlichen Elementen. Der Zusammenbruch des Bündnisses mit dem Westen 1947 löste verbreitete Sorgen aus, dass der Kalte Krieg sich bald in einen »heißen Krieg« wandeln könnte. In seinen öffentlichen Äußerungen warnte Stalin vor den ruchlosen Umtrieben von Kriegstreibern, insbesondere vor »Churchill und seinen Freunden«. Zugleich aber spielte er die Kriegsgefahr herunter und insistierte auf der Möglichkeit einer friedlichen Koexistenz von Kommunismus und Kapitalismus. Als der Kalte Krieg an Schärfe zunahm, formte Stalin die sowjetische Einflusssphäre in einen streng kontrollierten Block. Aber seine Autorität wurde 1948 durch das Ausscheren von Titos Jugoslawien herausgefordert. Als Europa in den späten Vierzigerjahren sich in zwei Lager spaltete, die den Kontinent für die nächsten vierzig Jahre teilen sollten, suchte Stalin weiterhin nach Wegen, die Polarisierung abzumildern und eine einvernehmliche Lösung für die deutsche Frage zu finden. 1949 testete die Sowjetunion ihre erste Atombombe, und in den frühen Fünfzigerjahren begann sie mit der Entwicklung der noch wirksameren Wasserstoffbombe – ein Programm, das sich mit einer von den Sowjets betriebenen intensiven Friedenskampagne überschnitt und das Abrüstung und die Abschaffung von Nuklearwaffen forderte. 1950 griff Nordkorea mit dem Ziel, das Land unter der kommunistischen Herrschaft von Kim Il-Sung zu vereinen, Südkorea an. Die Invasion hatte Stalins Segen und seine Unterstützung. Als die Vereinigten Staaten aber aufseiten Südkoreas intervenierten, schreckte Stalin vor einer direkten Konfrontation mit den Amerikanern zurück.

Das verbindende Element dieser ganz verschiedenen Ereignisse liegt in Stalins Bemühen, die Folgen des Kalten Krieges im Griff zu behalten. Stalin sah die Auseinandersetzung im Kalten Krieg als notwendig an, um die sowjetische Sicherheit und die territorialen Gewinne der Sowjets nach dem Zweiten Weltkrieg zu schützen, aber er fürchtete, dass eine Eskalation des Konflikts zu einer noch größeren

Gefahr führen könnte: nämlich einem Wiederaufleben des deutschen Militarismus und dessen Verbindung mit dem von Amerika geführten Block. Es kann deshalb gar nicht stark genug betont werden, dass die Lösung der deutschen Frage – das Problem, wie man die deutsche Macht und Aggression in Europa begrenzen oder zähmen könne – für Stalin der Schlüssel zur Sicherheit der Sowjetunion darstellte. Dies war ein Thema, zu dem er in der Nachkriegszeit immer wieder zurückkehrte. Dazu gehörte auch sein letzter Versuch 1952, Deutschland zu befrieden und zu neutralisieren – selbst um den Preis, das von den Kommunisten kontrollierte Ostdeutschland aufzugeben.

Der Bruch zwischen Stalin und Tito

Auf den ersten Blick betrachtet, hatte der Bruch zwischen Stalin und Tito 1948 mit dem Anspruch Moskaus zu tun, die Volksdemokratien in Osteuropa zu führen und zu kontrollieren – ein Anspruch, den die Jugoslawen herausforderten, indem sie ihre eigenen nationalen Interessen über die sowjetischen stellten. Dies ist sicherlich das Bild des Streites, das von Titos Anhängern in den Fünfzigerjahren gezeichnet wurde. Sie stellten Jugoslawien dar als eine Nation, die für ihre eigenen Rechte gegen den großen russischen Bären aufstand. Doch bei näherem Hinsehen wird ein durchaus komplexeres Bild deutlich, das die Behandlung Titos durch Stalin weitgehend mit seiner Furcht vor einer Intensivierung des Kalten Krieges mit dem Westen wie auch mit den internen Beziehungen innerhalb des sowjetischen Einflussgebiets erklärt.

Es waren vor allem zwei Ereignisse, durch die der Bruch beschleunigt wurde. Als Erstes waren es die Schritte, eine Föderation zwischen Jugoslawien und Bulgarien herzustellen, ein Projekt, das mit einem erweiterten Konzept einer Föderation der Balkanstaaten zu tun hatte, und in das auch die provisorische Regierung einbezogen werden sollte, die von den kommunistischen Partisanen Griechenlands im Dezember 1947 ausgerufen wurde. Daneben war Jugoslawiens Drang, Albanien zu beherrschen (das ebenfalls ein Mitglied des sowjetischen Blocks war) von großer Bedeutung. Dies beinhaltete auch die Absicht, dort einen Militärstützpunkt einzurichten, um den Kampf der kommunistischen Partisanen im Bürgerkrieg zu unterstützen.[1] Stalin hatte grundsätzlich nichts gegen solche Pläne einzuwenden, aber er erwartete, dass man ihn bei ihrer Ausarbeitung und Umsetzung zurate ziehen würde. Verärgert war er insbesondere über die nicht abgesprochene öffentliche Äußerung des früheren Kominternführers Georgi Dimitrow im Januar 1948 – der nunmehr in seine bulgarische Heimat zurückgekehrt war – über das Projekt einer bulgarisch-griechisch-jugoslawischen Föderation. Am 10. Februar

1948 traf Stalin mit einer bulgarisch-jugoslawischen Delegation zusammen, die von Dimitrow und Edvard Kardelj, Titos Vertreter, geleitet wurde. Aus unterschiedlichen Quellen über dieses Treffen wird deutlich, dass Stalin sich darüber sorgte, dass eine zu frühzeitige Errichtung einer kommunistischen Föderation auf dem Balkan von reaktionären Elementen im Westen ausgenutzt werden könnte. Dies könnte ihnen dabei zugutekommen, einen antisowjetischen Block zu festigen. Stalin legte den Bulgaren und Jugoslawen dar, dass in den USA Wahlen bevorstanden (er bezog sich auf die Präsidentschafts- und Kongresswahlen) und dass ihre Handlungen zum Sieg einer noch reaktionäreren Regierung beitragen könnten, als es die bereits bestehende war. Im Hinblick auf Griechenland meinte Stalin, dass der Partisanenkampf bis auf Weiteres hoffnungslos sei und dass die Briten und Amerikaner ihn als Vorwand dazu benutzen könnten, Militärstützpunkte im Land zu errichten. Aus denselben Gründen widersetzte er sich der Stationierung von jugoslawischen Truppen in Albanien. Stalins Botschaft an Dimitrow und Kardelj war: Haltet euch zurück, holt in jeder Phase den Rat Moskaus ein, und bedenkt die Komplikationen auf internationaler Ebene.[2]

Die Sowjets erwarteten von den Jugoslawen und Bulgaren, dass sie sich nach dem Treffen mit ihrem »Boss« der Parteilinie unterwerfen würden. Während der stets loyale Dimitrow dies auch tat, rebellierte Tito. Am 1. März 1948 beschloss das jugoslawische Politbüro, die Sowjets herauszufordern und, wie sie es sahen, gemäß den jugoslawischen Nationalinteressen zu handeln. Tito hatte nicht die Absicht, einen offenen Bruch mit Stalin vorzunehmen, aber unglücklicherweise für ihn berichteten die Anhänger der Sowjets im jugoslawischen Politbüro Moskau, was geschah. Stalin übte Vergeltung, indem er eine politische und ideologische Kritik an der jugoslawischen Partei in Auftrag gab und sowjetische Militärberater und zivile Techniker aus Jugoslawien zurückbeorderte. Am 27. März sandten Stalin und Molotow einen Brief an Tito, in dem sie Jugoslawien beschuldigten, einen antisowjetischen Kurs eingeschlagen zu haben. Den jugoslawischen Kommunisten wurde Nationalismus und Opportunismus vorgeworfen, und es wurden Parallelen gezogen zwischen ihrer Politik und derjenigen von Stalins Erzfeind Trotzki. Den Jugoslawen wurde weiter vorgeworfen, dass sie einen englischen Spion in ihrem Außenministerium aufgenommen hätten.[3]

Der Brief Stalins und Molotows wurde an andere kommunistische Führer in Europa weitergeleitet, und es entwickelte sich ungeachtet der jugoslawischen Dementis der sowjetischen Vorwürfe und der jugoslawischen Treuebekundungen zum Kommunismus eine zunehmend erbitterte Korrespondenz zwischen Moskau und Belgrad. Infolgedessen waren die Weichen für einen Ausschluss der jugoslawischen Partei aus dem kommunistischen Informationsbüro auf seiner zweiten Konferenz im Juni 1948 gestellt. Der folgende Beschluss der Kominform, Titos

Partei auszuschließen, gab zwar noch der Hoffnung Ausdruck, dass sie in den Schoß der Gemeinschaft zurückkehren werde, sobald in Jugoslawien eine neue Führung installiert wäre.[4] Aber der Streit eskalierte weiter. Auf dem Höhepunkt der ideologischen Spaltung wurden die »Titoisten« von den Anhängern Stalins angeklagt, imperialistische Spione zu sein, die eine Wiedereinführung des Kapitalismus in Jugoslawien vornehmen wollen. Überall in der kommunistischen Bewegung Europas gab es nun eine Jagd auf titoistische Häretiker.[5] In den Volksdemokratien wurden vorgebliche »Nationalisten«, »Spione« und »Rechtsabweichler« in den oberen Rängen der kommunistischen Führung enttarnt. Unter den Opfern befand sich auch Gomulka, der polnische Kommunistenführer, der 1948 seine Stellung in der Parteihierarchie als »nationalistischer Abweichler« verlor. Später wurde er verhaftet und zu Gefängnishaft verurteilt. Ein noch drastischeres Schicksal ereilte eine Reihe tschechoslowakischer Parteiführer, die 1952 einen unwürdigen Schauprozess gegen sich erdulden mussten und daraufhin als Verräter hingerichtet wurden.

Als sich die Spaltung mit Tito entwickelte, wurden die Politik und Führungsebenen aller herrschenden Parteien in Osteuropa einer genauen Prüfung durch die Sowjets unterzogen. So erstellte die internationale Abteilung der kommunistischen Partei der Sowjetunion 1948 eine Reihe von Berichten für Stalin, in denen sie die ideologischen und politischen Fehler der osteuropäischen Parteien kritisierte, wobei das Hauptthema die kritische Abhandlung nationalistischer Abweichungen von der kommunistischen Ideologie und dem sowjetischen Modell des Sozialismus darstellte.[6]

Das Ziel der Kampagne gegen Tito war nicht nur, in einer Zeit wachsender internationaler Spannungen den kommunistischen Block zu vereinheitlichen und zu disziplinieren, sondern Stalins Führung oberste Geltung zu verschaffen. Eine Wiederholung der Rebellion der Jugoslawen konnte in der gefährlichen und schwierigen internationalen Situation, die durch den Kalten Krieg entstanden war, nicht mehr zugelassen werden.

Die deutsche Frage

Die Konsolidierung der sowjetischen und kommunistischen Position in Osteuropa war nur ein Element von Stalins Strategie im Kalten Krieg. Ein anderes war eine aggressivere Vorgehensweise in der deutschen Frage. Stalins dramatischste Aktion dabei war im Juni 1948 die Verhängung einer Landblockade über Westberlin. Im Gegenzug antworteten die Briten und Amerikaner mit ihrer gefeierten Luftbrücke zur Versorgung der westlichen Teile der deutschen Hauptstadt, deren

Verbindungswege von den Sowjets abgeschnitten worden waren. Trotz des Dramas dieser ersten großen Krise des Kalten Krieges war das Ziel, das Stalin verfolgte, ziemlich banal: Er wollte die Westmächte dazu zwingen, die Verhandlungen mit den Sowjets über die Zukunft Deutschlands wieder aufzunehmen.

Während des Krieges hatten sich die Bündnispartner darauf verständigt, Deutschland in verschiedene Besatzungszonen aufzuteilen, einschließlich – aus symbolischen und politischen Gründen – der Hauptstadt Berlin, obwohl sie tief in der Besatzungszone im Osten Deutschlands lag, die der Sowjetunion zugeteilt worden war. Jedes Land sollte seine eigene Besatzungszone und einen Sektor von Berlin erhalten, wobei einem Alliierten Kontrollrat die Koordinierung der gemeinsamen Ziele – die Demilitarisierung, die Entwaffnung, die Entnazifizierung und die Demokratisierung – zukam. Während des Krieges war Stalin ein starker Befürworter eines weiteren Ziels: der Aufteilung Deutschlands. Er ließ es aber fallen, als die Briten und Amerikaner begannen, sich dagegen auszusprechen. Stattdessen trat er für eine alternative Vision ein: ein geeintes, aber dem Frieden verpflichtetes und demokratisches Deutschland.

Stalins politische Strategie für das Deutschland der Nachkriegszeit war eine Variante seines Projektes für ein volksdemokratisches Europa. Die Hoffnung war, dass sich Deutschland in einen linken, demokratischen, antifaschistischen Staat entwickeln könnte, der von einer Koalition regiert würde, an der auch Stalins kommunistische Verbündete beteiligt wären. Während Stalin optimistisch war, dass das volksdemokratische Projekt in Deutschland erfolgreich sein würde, konnte er jedoch nicht garantieren, dass die Politik eines zukünftigen deutschen Staates nach seinem Geschmack sein würde. Aber er konnte zumindest die Dinge in seiner eigenen Zone kontrollieren, wo die sowjetischen Besatzungsbehörden zusammen mit den ostdeutschen Kommunisten eine Volksdemokratie mit dem Ziel verfolgten, dieses Modell auf den Rest Deutschlands zu übertragen, wenn eine Wiedervereinigung Deutschlands stattfinden würde.[7] Stalins wirtschaftliches Ziel gegenüber Deutschland war die Umsetzung der Beschlüsse von Jalta und Potsdam zur Zahlung von 10 Milliarden Dollar in Form von Reparationsleistungen an die Sowjetunion, die für den Wiederaufbau Russlands nach dem Krieg lebensnotwendig waren.

Stalins politische und ökonomische Ziele in Deutschland brachten ihn in Konflikt mit den Briten und den Amerikanern. Diese lehnten Reparationen ab – die Stalin von den westlichen Zonen ebenso erwartete wie von seiner eigenen. Aus westlicher Sicht wurde argumentiert, dass Reparationen die wirtschaftliche Erholung Deutschlands verhindern würden, die als zentral für eine allgemeine Erholung der europäischen Wirtschaft nach dem Krieg angesehen wurde. Außerdem mochten die Briten und Amerikaner nicht die Vorstellung eines geeinten Deutschlands, das unter kommunistischen und sowjetischen Einfluss geraten könnte.

Während Stalin die deutsche Einheit befürwortete – wenn auch in einer Form und unter Bedingungen, die den sowjetischen Interessen entsprachen – zogen es deshalb die Briten und Amerikaner mehr und mehr vor, Deutschland politisch und wirtschaftlich aufzuteilen und die Kontrolle über das Schicksal der westlichen Besatzungszonen zu übernehmen. Als die sowjetische und die westliche Deutschlandpolitik zunehmend auseinanderliefen, wuchs das Misstrauen auf beiden Seiten. Das Misstrauen auf sowjetischer Seite wurde in der Antwort Moskaus auf den amerikanischen Vorschlag deutlich, ein Abkommen über eine langfristige Entwaffnung und Demilitarisierung Deutschlands abzuschließen, eine Überlegung, die Stalin eigentlich hätte gefallen müssen, wenn man seine vielfach geäußerte Überzeugung bedenkt, dass ein Wiederaufleben der deutschen Bedrohung in weiterer Zukunft unvermeidlich sein würde. Dieser Vorschlag wurde zuerst von James F. Byrnes, dem amerikanischen Außenminister, im September 1945 auf dem Londoner Treffen des Außenministerrates aufgebracht. Byrnes wiederholte ihn, als er im Dezember 1945 Stalin traf. Auf dem Pariser Treffen des Außenministerrates legte er formell den Vorschlag über einen »Fünfundzwanzig Jahre währenden Vertrag über die Entwaffnung und Demilitarisierung Deutschlands« vor.[8] Als Molotow nach Moskau zurückkehrte, gab es im sowjetischen Außenministerium eine ausführliche Diskussion über den sogenannten Byrnes-Plan. Der Hauptenor dieser Diskussion – der in der sowjetischen Presse wiederholt wurde – war, dass der Plan auf ein vorzeitiges Ende der Besatzungspolitik in Deutschland hindeute und ein Ersatz für die Umsetzung der bisherigen gemeinsamen Ziele sei.[9] Als Molotow im Juli zur Pariser Sitzung des Außenministerrates zurückkehrte, sagte er Byrnes, dass der vorgeschlagene Vertrag nicht »mit den Interessen der Friedenssicherung und der Sicherheit der Nationen übereinstimme«; stattdessen bestand er auf der vollständigen Umsetzung der Beschlüsse von Jalta und Potsdam zur deutschen Frage.[10] Diese Antwort empörte Byrnes, der darauf beharrte, dass sein Plan ein echter Versuch sei, den sowjetischen Sorgen über die Sicherheit nach dem Krieg entgegenzukommen. Aber Molotow blieb ungerührt und nahm in den darauffolgenden Diskussionen über den Byrnes-Plan weiterhin eine unnachgiebige Position ein.

Abgesehen von diesem Austausch über den Byrnes-Plan gab es im Außenministerrat keine substanzielle Diskussion über die deutsche Frage bis zum Moskauer Treffen im März–April 1947. In Moskau drängten die Sowjets auf ein Übereinkommen über die Errichtung einer gemeinsamen deutschen Regierung, was für sie sowohl in der Öffentlichkeit als auch intern die erste Wahl war. Dies belegen die sowjetischen Dokumente, die zur Vorbereitung der Konferenz angefertigt wurden. Außerdem geht dies aus Stalins Äußerungen gegenüber deutschen Kommunistenführern im Januar 1947 deutlich hervor. Stalin sagte ihnen, dass es schwierig sein werde, Einigkeit über die deutsche Frage zu erzielen, da die Briten und Amerikaner ein schwaches Deutschland wünschten, ein Land, das sie wirtschaftlich dominieren und von den Weltmärkten ausschließen könnten. Andererseits war Stalin optimistisch in Bezug auf die politischen Aussichten in Deutschland. In der sowjetischen Besatzungszone hatten sich die kommunistische und die sozialdemokratische Partei soeben zur Sozialistischen Einheitspartei zusammengeschlossen. Stalin erwartete ihre Ausweitung auf Westdeutschland und zog den Vergleich mit den Bolschewiken von 1917 heran, um zu zeigen, wie schnell eine Minderheit Zuspruch gewinnen und die Macht erringen könne.[11]

Auf der Moskauer Außenministerkonferenz drehten sich die Diskussionen stark um die Frage der Reparationen und darum, wie die Beschlüsse von Jalta und Potsdam zu den deutschen Zahlungen an die Sowjetunion verstanden und neu verhandelt werden sollten. Naturgemäß versuchten die Sowjets ihre Forderungen zu maximieren, während der Westen ein Ende der Reparationslieferungen aus seinen Besatzungszonen anstrebte. Die andere Hauptfrage war die einer deutschen Zentralregierung. Die westlichen Vertreter argumentierten, dass erst zahlreiche wirtschaftliche Angelegenheiten in Ordnung gebracht werden müssten, bevor es eine politische Einheit geben könne. Die Westmächte traten ebenfalls für eine einheitliche deutsche Regierung mit relativ geringen Machtbefugnissen ein, wobei die wichtigsten Entscheidungen von den deutschen Ländern getroffen werden sollten – eine Politik, durch die der sowjetische und kommunistische Einfluss so weit wie möglich von Deutschland ferngehalten werden sollte. Als Stalin und George Marshall, der Byrnes als Außenminister ablöste, sich am 15. April 1947 trafen, vertrat der Sowjetführer die Auffassung, dass die politische Einheit Deutschlands der wirtschaftlichen vorausgehen sollte, und er erklärte, weshalb er einen geeinten deutschen Staat gegenüber einer wie auch immer gearteten föderalen Lösung bevorzugte:

»Die Alliierten sollten nicht denselben Fehler machen wie Napoleon, als er eine große Anzahl von Staaten in Deutschland schuf ... Das Ergebnis dieser Aufteilung war, dass die Idee einer deutschen Einheit zu einer Waffe in den Händen der deutschen Chauvinisten und Revanchisten wurde, die Bismarck, den deutsch-französischen Krieg etc. hervorbrachte«[12]

Aus westlicher Sicht war die Moskauer Außenministerkonferenz recht problematisch und die wochenlangen Diskussionen gänzlich unproduktiv. Einer von Marshalls Beratern drückte es nach der Konferenz so aus: »Es ist ein Fehler, das Ausmaß und die Bedeutung des Scheiterns von Moskau zu unterschätzen. Hinsichtlich Deutschlands endete die Konferenz damit, dass sich die Teilnehmer weiter voneinander entfernten, als sie es in Potsdam gewesen waren.«[13] Aus sowjetischer Sicht jedoch hatte es einige Fortschritte in den Verhandlungen gegeben. Dies war der allgemeine Tenor der Bemerkungen, die der stellvertretende Außenminister Wyschinski auf einer Pressekonferenz am 12. April machte und denen Molotow bei der Beendigung der Konferenz am 24. April zustimmte. Molotow sprach dabei von der umfangreichen Vorarbeit, die geleistet worden sei, und bekundete, dass er zuversichtlich der nächsten Runde der Verhandlungen entgegensehe. Der Kommentar der *Prawda* zu den Ergebnissen der Konferenz gab diese Ansicht wieder und wiederholte, dass es gegenüber Deutschland die grundsätzliche Aufgabe bleiben müsse, die Übereinkünfte von Jalta und von Potsdam umzusetzen.[14]

Sechs Monate später, im November–Dezember 1947, trat der Außenministerrat wieder in London zusammen, um über die Voraussetzungen eines Friedensvertrages mit Deutschland zu beraten. Zu dieser Zeit aber hatte sich die internationale Atmosphäre merklich verschlechtert. Im Juli hatten die Sowjets abgelehnt, am Marshallplan teilzunehmen, und im September hatten sie die Kominform gegründet und die Zwei-Lager-Theorie verkündet – eine direkte Antwort auf Trumans Doktrin eines weltweiten amerikanischen Feldzugs zur Verteidigung der freien Welt. Zwei Wochen bevor Molotow nach London aufbrach, hielt er die Rede zum 30. Jahrestag der Oktoberrevolution. Sie war geprägt von Feindschaft gegenüber den westlichen Mächten. Großbritannien und die USA wurden beschuldigt, die Sowjetunion mit einem weltweiten Netz an Luftwaffen- und Marinestützpunkten umzingelt zu haben. »Es ist offensichtlich«, sagte Molotow, »dass die Schaffung von Militärstützpunkten in den verschiedensten Teilen der Welt nicht zu Verteidigungszwecken geschehen ist, sondern zur Vorbereitung einer Aggression.«[15] Molotow setzte diesen Tonfall auch auf der Londoner Konferenz fort, wobei er in seiner Eröffnungserklärung bemerkte, dass die Welt nach Ende des Krieges wählen könne zwischen einem demokratischen Frieden und einem imperialistischen Krieg.[16] Es war keine Überraschung mehr, dass es dem Außenministerrat nicht gelang, eine Übereinkunft herzustellen. Den sowjetischen Vorschlägen, eine gesamtdeutsche Regierung einzurichten, wurde vom Westen mit der Forderung begegnet, dass man sich erst über die wirtschaftlichen Grundlagen Deutschlands einigen müsse. Dies bedeutete, dass grundsätzliche Änderungen an der in Potsdam erzielten Übereinkunft zu den Reparationen vorgenommen werden sollten, eine Forderung, der Moskau unter keinen Umständen bereit war zuzustimmen. Als das Treffen des Außenministerrats am 15. Dezember endete, gab es keine Absprachen, wann das Gremium wieder zusammentreten sollte.[17]

Dessen ungeachtet hoffte Stalin weiterhin darauf, mit dem Westen eine Übereinkunft zur Einheit Deutschlands treffen zu können. Bei einem Treffen im März 1948 mit kommunistischen Parteiführern aus Ostdeutschland drängte Stalin darauf, eine gesamtdeutsche Verfassung zu entwerfen und ihre Diskussion auch im Westteil Deutschlands anzuregen. Damit sollte den Versuchen der Briten und Amerikaner, die westdeutsche Bevölkerung auf wirtschaftlichem Wege für sich einzunehmen, begegnet und die Grundlagen für die deutsche Einheit geschaffen werden. »Das ganze Volk muss in die Diskussion über die Verfassung mit einbezogen werden. Dies wird der Verwirklichung eines geeinten Deutschlands die psychologische Grundlage bereiten.«[18]

1948 begannen die westlichen Staaten die Teilung Deutschlands in Ost und West zu erzwingen. Am 7. Juni gaben Großbritannien, Frankreich und die Vereinigten Staaten in London ein Kommuniqué heraus, in dem sie ihre Absicht ankündigten, in ihren westlichen Besatzungszonen einen föderativ gegliederten deutschen Staat zu begründen.[19] Einige Tage später wurde in den westlichen Zonen eine neue Währung ausgegeben, eine Initiative, die drohte, die viel schwächere, von den Sowjets gestützte Währung in Ostdeutschland zu unterminieren. Diese Ereignisse schlugen sich in der sowjetischen Blockade Westberlins Ende Juni nieder. Zwar war es der Westen, der den Begriff der »Blockade« gebrauchte, die Aktion der Sowjets bestand allerdings darin, den Zugang zu den westlichen Sektoren Berlins auf dem Landwege von Westdeutschland mit einer Reihe von begrenzten Maßnahmen zu verhindern. Dies machte sämtliche Versorgungslieferungen nach Westberlin von der sowjetischen Besatzungszone aus keineswegs unmöglich – die weiterhin verfügbar waren –, auch war der Zugang auf dem Luftweg nicht unterbunden: Dies gab den Anlass zur Luftbrücke.[20] Der Druck Stalins zielte darauf, die Westmächte zu zwingen, ihr Londoner Kommuniqué rückgängig zu machen und zu den Verhandlungen im Rahmen des Außenministerrates zurückzukehren. Stalin äußerte sich zu seiner Zielsetzung ganz unbefangen in zwei Gesprächen mit dem britischen, französischen und amerikanischen Botschafter im August 1948.[21] Im Januar 1949 machte er seine Position öffentlich, als er einem westlichen Korrespondenten zustimmte, dass die Blockade aufgehoben würde, wenn der Westen sich zu einer weiteren Sitzung des Außenministerrates zur deutschen Frage bereiterklären würde.[22]

Im Mai 1949 wurde die Blockade aufgehoben, nachdem man sich verständigt hatte, den Außenministerrat Ende des Monats in Paris einzuberufen. Der sowjetische Vertreter bei der Zusammenkunft in Paris war Wyschinski, der im März 1949 Molotow als Außenminister abgelöst hatte. Wyschinskis Auftrag war, zu den in Jalta und Potsdam vereinbarten Beschlüssen zurückzukehren, darunter auch die Wiederherstellung der Viermächtekontrolle über Deutschland. Wie es scheint, waren die Sowjets verhalten optimistisch, Fortschritte zu erreichen. Doch auch dieses Treffen ging am 20. Juni ohne eine Vereinbarung zu Ende.[23] Mit dem Zusammentritt eines westdeutschen Parlaments wurde im September 1949 die Bundesrepublik Deutschland gegründet. Stalin antwortete im Oktober im Osten damit, dass die Deutsche Demokratische Republik (DDR) gegründet wurde, eine problematische Entscheidung, wenn man bedenkt, dass Stalin eigentlich für ein geeintes Deutschland eintrat. Doch nun hatte er es mit einer noch begrenzteren kommunistischen Regierung in Ostdeutschland zu tun und außerdem mit der Schwierigkeit, über die Zukunft Deutschlands nicht nur mit den westlichen Mächten, sondern auch noch mit zwei deutschen Regierungen verhandeln zu müssen.

Schließlich erwies sich die Berlinblockade für Stalin als ein Rückschlag. Denn sie ermöglichte antisowjetischen Kritikern im Westen, ihn als Aggressor darzustellen, und wurde in der deutschen Öffentlichkeit, welche die Sowjets und ihre ostdeutschen Verbündeten eigentlich für ihren Standpunkt gewinnen wollten, als aggressive Bedrohung empfunden. Was Stalin entschieden unterschätzt hatte, war sowohl die Möglichkeit, Westberlin auf dem Luftweg zu versorgen, als auch die westliche Entschlossenheit, sich in ihren Plänen, einen westdeutschen Staat zu errichten, unter keinen Umständen aufhalten zu lassen.

Als im April 1949 die Nordatlantische Vertragsorganisation (NATO) errichtet wurde, hatte der westliche Block, vor dem Stalin lange Angst gehabt hatte, eine definitivere Form erreicht. Als die Amerikaner im Januar 1949 die bevorstehende Gründung der NATO ankündigten, gab Moskau eine Erklärung heraus, die den vorgeschlagenen Nordatlantikpakt und den Marshallplan miteinander in Zusammenhang brachte – und zwar dahingehend, dass die Amerikaner und Briten die Absicht verfolgten, nicht nur Europa, sondern die ganze Welt zu beherrschen. Das sowjetische Außenministerium veröffentlichte im März 1949 eine weitere Stellungnahme, als der Text des NATO-Vertrages publiziert wurde, in der die Organisation als ein gegen die UdSSR und die Volksdemokratien gerichtetes aggressives Bündnis verurteilt wurde. Die Gründung der NATO, so wurde weiter argumentiert, sei unvereinbar mit den Bündnisverträgen der Sowjets mit England und mit Frankreich, die den Unterzeichnern verbot, sich an Bündnissen zu beteiligen, die direkt gegen den Vertragspartner gerichtet sind. Auf die Entgegnung, dass die gegenseitigen Verteidigungsbündnisse der Sowjets mit Rumänien, Ungarn, Bulgarien und Finnland (die alle 1949 abgeschlossen wurden) genauso bedrohlich für den Westen seien wie die NATO für den Osten, wies Moskau darauf hin, dass diese Verträge sich ausdrücklich gegen ein Wiederaufleben der deutschen Aggression richteten. Im Juli 1949 protestierten die Sowjets energisch gegen die Aufnahme Italiens in die NATO mit dem Argument, dass die Italiener damit ihre friedensvertraglichen Verpflichtungen verletzen würden, sich nicht an Bündnissen zu beteiligen, die andere Signatarmächte des Vertrages bedrohen (wie die UdSSR).[24] Trotz dieser verschiedenen Proteste sah Moskau die NATO nicht als eine unmittelbare militärische Bedrohung. So soll Stalin einem führenden chinesischen Kommunisten Mitte 1949 gesagt haben:

»Ein Dritter Weltkrieg ist unwahrscheinlich, wenn auch nur, weil niemand die Kraft hat, ihn zu beginnen. Die revolutionären Kräfte nehmen zu. Wenn die Imperialisten einen neuen Weltkrieg beginnen wollten, würden sie dazu mindestens 20 Jahre an Vorbereitungszeit benötigen. Wenn die Völker keinen Krieg wollen, wird es keinen Krieg geben. Wie lange der Frieden anhalten wird, hängt davon ab, wie sehr wir uns für ihn einsetzen und wie sich die Ereignisse entwickeln ... Man muss den Frieden so lange wie möglich erhalten. Aber wer kann schon sicher sein, dass kein Verrückter die Bühne betritt?«[25]

Von Verrückten einmal abgesehen, war es der militärische Zusammenschluss des westlichen Blocks, der Stalin Sorgen bereitete, und weniger eine unmittelbare Kriegsbedrohung durch das Bündnissystem der NATO.[26] In den frühen Fünfzigerjahren jedoch kam eine noch verstörendere Aussicht in Sichtweite: Die Wiederbewaffnung Westdeutschlands und die Integration in die westlichen Verteidigungsstrukturen. Stalins Antwort auf diese bedrohliche Entwicklung waren neuerliche Aufrufe zur Demilitarisierung Deutschlands und die Aufforderung, dass der Außenministerrat sich zusammensetzen und einen Friedensvertrag verhandeln solle. Im März 1952 lancierte Moskau eine neue Initiative zur deutschen Frage, als den Westmächten eine diplomatische Note übergeben wurde, die die Grundsätze für einen Friedensvertrag mit Deutschland enthielt. Zumeist als »Stalinnote« bezeichnet, war dieses Dokument ursprünglich im Namen der sowjetischen Regierung verfasst worden, doch ihr hauptsächlicher Verfasser war Molotow, der eng mit Wyschinski bei der Formulierung der Note zusammenarbeitete, die Stalin vorgelegt wurde. Die wichtigste Formulierung war, dass ein Friedensvertrag mit Deutschland nur mit den Vertretern einer gesamtdeutschen Regierung ausgehandelt werden könne, »die den Willen des deutschen Volkes verkörpert«. Dies öffnete die Tür für Verhandlungen über die Abhaltung einer gesamtdeutschen Wahl – die westliche Schlüsselforderung zur Lösung der deutschen Frage. Aber die sowjetische Note ging noch weiter und machte deutlich, dass Verhandlungen mit einer gesamtdeutschen Regierung – wie immer sie auch aussehen mochte – zu einem »demokratischen und friedliebenden Deutschland« führen müssten. Dies bedeutete, dass die deutsche Neutralität und Nichtteilnahme an militärischen Bündnissen garantiert sein müsse.[27] Während Moskau darauf hoffte, dass die Kommunisten und ihre Verbündeten bei gesamtdeutschen Wahlen gut abschneiden würden, kann es wenig Zweifel darüber geben, dass sie von prowestlichen Parteien gewonnen worden wären. Es scheint, als ob es Teil der angebotenen Offerte Moskaus gewesen wäre, die Macht in Ostdeutschland abzugeben, vorausgesetzt, Deutschland bliebe neutral und für die absehbare Zukunft keine Bedrohung. Meinte es Stalin mit seinem Angebot ernst, oder war es nur ein Propagandacoup, der leichtgläubige Deutsche beeindrucken sollte, dass er die Einheit Deutschlands aufrichtig wollte? Das war die Frage, die sich die Menschen seinerzeit stellten und über die Historiker seitdem debattieren. Einige Historiker meinen, dass die sowjetische Note vom März 1952 bloß Stalins Verpflichtung zur deutschen Einheit unter akzeptablen Bedingungen bekräftigte. Andere haben die Aufmerksamkeit auf Funde aus sowjetischen Archiven gelenkt, die darauf hindeuten, dass Moskaus Hauptaugenmerk auf dem Propagandawert einer solchen Initiative gelegen habe.[28]

Eines der wichtigsten Beweisstücke in dieser Debatte ist das Gesprächsprotokoll von Stalins Treffen mit einer DDR-Delegation im April 1952. Dieses Gespräch fand unter dem Eindruck der westlichen Ablehnung der sowjetischen Note vom 25. März statt. Der westliche Gegenvorschlag sah gesamtdeutsche Wahlen vor, denen Verhandlungen über einen Friedensvertrag mit einer demokratisch gewählten deutschen Regierung folgen sollten, die ihre eigenen Entscheidungen über die Zugehörigkeit ihres Landes in der Außenpolitik treffen sollte, wozu auch die Mitgliedschaft in der NATO gehören könnte. Ein solcher Vorschlag war für Moskau selbstredend inakzeptabel, da das Ziel der sowjetischen Politik darin bestand, die deutsche Wiederbewaffnung und die Mitgliedschaft Deutschlands in der NATO zu verhindern.

Wenn die Märznote ein Propagandacoup gewesen sein sollte, wären die DDR-Führer in die Sache nicht eingeweiht worden. Bei ihrem ersten Treffen mit Stalin am 1. April wollten sie wissen, wie die Aussichten für einen Friedensvertrag wären, wenn der Außenministerrat zusammentreffen würde, und wie sie gesamtdeutsche Wahlen vorbereiten sollten. Stalin antwortete nicht direkt, aber am nächsten Tag publizierte die *Prawda* ein Interview mit ihm, in dem er sagte, dass die Gelegenheit für eine Wiedervereinigung Deutschlands gegenwärtig günstig sei.[29] Am 7. April traf Stalin die Ostdeutschen wieder und antwortete auf ihre Frage nach den Perspektiven für Deutschland. Dabei sagte er:

»Was für Vorschläge wir auch immer zur deutschen Frage machen, die Westmächte werden sie nicht annehmen, und sie werden sich auch nicht aus Westdeutschland zurückziehen. Zu glauben, die Amerikaner würden einem Kompromiss zustimmen oder den Entwurf eines Friedensvertrages annehmen, wäre ein Fehler. Die Amerikaner brauchen eine Armee in Westdeutschland, um Westeuropa zu kontrollieren. Sie sagen, die Armee ist gegen uns gerichtet. In Wahrheit steht die Armee da, um Europa zu kontrollieren. Die Amerikaner ziehen Westeuropa in den (NATO-)Pakt. Sie werden eine westdeutsche Armee aufstellen … In Westdeutschland wird ein unabhängiger Staat aufgebaut. Und Sie müssen ihren eigenen Staat organisieren. Die Demarkationslinie zwischen Westdeutschland und Ostdeutschland sollte als eine Grenze angesehen werden. Und zwar nicht als irgendeine Grenze, sondern als eine gefährliche Grenze. Es ist nötig, die Sicherheit dieser Grenze zu festigen. Zu ihrer Sicherung werden an vorderster Stelle Deutsche stehen, dahinter die russischen Kräfte.«

Auf dieser Grundlage ist die Schlussfolgerung möglich, dass Stalin zwar seinen Vorschlag in der Märznote ernst meinte, aber ihre Erfolgsaussichten nicht sehr hoch einschätzte, eine Annahme, die durch die rasche westliche Ablehnung seines Vorschlags bestätigt wurde. Dies bedeutete jedoch noch nicht, dass die sowjetische Kampagne für ein vereintes Deutschland ein Ende fand. Als die Unterredung zwischen Stalin und seinen ostdeutschen Besuchern sich am 7. April ihrem Ende näherte und die DDR-Delegation ihn fragte, ob sie ihre Politik zur deutschen Einheit ändern solle, antwortete Stalin in negativer Form: »Es ist nötig, die deutsche Einheit stets weiter zu propagieren. Dies hat eine große Bedeutung für die Erziehung der westdeutschen Bevölkerung. Gegenwärtig ist dies eine Waffe in unseren Händen, und es ist notwenig, dass sie für immer in unseren Händen bleibt. Wir werden auch weiterhin Vorschläge zur deutschen Einheit machen, um die Amerikaner bloßzustellen.«[30]

Am 9. April veröffentlichte Moskau eine weitere Note, in der es hieß, dass gesamtdeutsche Wahlen in nächster Zeit stattfinden könnten, sofern die notwendigen Bedingungen dafür erfüllt seien.[31] Dieser Bekundung folgten verschiedene öffentliche Notenwechsel mit den Westmächten, die die Schwierigkeit ergaben, dass die Sowjets nur dann gesamtdeutschen Wahlen zuzustimmen bereit waren, wenn sich mit ihnen die Neutralität Deutschlands im Kalten Krieg vereinbaren ließe. Stalin mag wohl bereit gewesen sein, Ostdeutschland aufzugeben. Dafür aber verlangte er einen hohen Preis und wollte alles unternehmen, um die sowjetische Position in Deutschland insgesamt zu stärken. Im September 1952 beklagte er sich gegenüber Tschou En-lai, dem Premierminister des kommunistischen Chinas, dass »Amerika die deutsche Einheit nicht unterstützen wird. Sie plündern Deutschland. Wenn sich West- und Ostdeutschland vereinen, wird es nicht mehr möglich sein, Deutschland noch länger auszuplündern. Deswegen will Amerika nicht die deutsche Einheit.«[32]

Es ist schwierig zu sagen, was geschehen wäre, wenn der Westen positiv auf Stalins letzte Initiative zur deutschen Frage reagiert hätte. Möglicherweise hätte sie irgendwann in den Fünfzigerjahren zur deutschen Wiedervereinigung führen können, was im Kalten Krieg für Europa eine beträchtliche Abschwächung der Spannungen bedeutet hätte. Andererseits hätte eine Wiedervereinigung langfristig zu einer größeren Unsicherheit und Instabilität beigetragen, da es auf Dauer keine Garantie dafür hätte geben können, dass Deutschland neutral und unbewaffnet geblieben wäre. Wie westliche Diplomaten und Politiker in den Fünfzigerjahren den Sowjets oftmals bedeuteten, habe die Mitgliedschaft der Westdeutschen in der NATO auch Vorteile für sie. So besagte eine Redewendung, dass die NATO gegründet wurde, um die Amerikaner drinnen, die Russen draußen und die Deutschen am Boden zu halten (»NATO was established to keep the Americans in, the

Russians out, and the Germans down«). Allerdings wurde diese eher humoristische Perspektive weder von Stalin noch von seinen Nachfolgern geteilt, deren Sichtweise der deutschen Einheit von der Erfahrung des Großen Vaterländischen Krieges geprägt war. Doch damit nicht genug: Hinzu kam die fortdauernde Furcht vor der Wiederkehr eines mächtigen und aggressiven Deutschlands.

Stalins Friedenskampagne

Selbst als der Kalte Krieg schon ausgebrochen war, hatte die Vorstellung einer Wiederbelebung des Bündnisses mit dem Westen, um Deutschland in Schach zu halten, für Moskau noch immer seinen Reiz, nicht zuletzt für Stalin, der nur sehr unwillig das Projekt einer Zusammenarbeit mit dem Westen nach dem Krieg aufgegeben hatte. So bejahte Stalin im Januar 1949 die Frage eines amerikanischen Journalisten, ob er bereit wäre, Truman zu treffen, um ein »Friedensbündnis« – einen amerikanisch-sowjetischen Nichtangriffspakt – abzuschließen.[33] Ein paar Monate später schlug Wyschinski bei einer Sitzung der Vereinten Nationen im September 1949 vor, dass die fünf Großmächte – England, China, Frankreich, die Sowjetunion und die Vereinigten Staaten – einen Vertrag zur Festigung des Friedens abschließen sollten.[34] Wyschinskis Vorschlag wurde indes untergraben, weil er zugleich die Verurteilung Großbritanniens und der USA durch die Vereinten Nationen als Kriegstreiber verlangte. Aber das Friedensbündnis war eine von zahlreichen sowjetischen Initiativen bei der UNO in den frühen Nachkriegsjahren. 1946 schlug die UdSSR vor, dass sämtliche Atomwaffen verboten werden sollten. 1947 unterstützten die Sowjets eine UN-Resolution zum Verbot von Kriegspropaganda. 1948 rief sie dazu auf, dass die konventionellen Streitkräfte der fünf Großmächte um ein Drittel reduziert werden sollten.[35] Auf dem 19. Parteikongress im Oktober 1952 fasste Malenkow die Ansätze dieser Initiativen zusammen. So sprach er vom »Verbot von Kriegspropaganda … Verbot nuklearer und bakteriologischer Waffen, der allmählichen Reduzierung der Streitkräfte der Großmächte, einem Friedensbündnis zwischen den Mächten, dem Anwachsen des Handels zwischen den Ländern, der Wiederherstellung eines gemeinsamen internationalen Marktes und anderen Maßnahmen im Sinne der Festigung des Friedens«.[36]

Die verschiedenen sowjetischen Friedensvorschläge standen im weiteren Zusammenhang mit einer massiven Friedenskampagne im Westen, die von den Kommunisten betrieben wurde. Das Eintreten der Sowjets und Kommunisten für den Frieden reichte bis in die frühen Nachkriegsjahre zurück, als Molotow sich um den Einfluss von Churchill und anderen »Kriegstreibern« zu sorgen begann. Aber die Kampagne nahm in den späten Vierziger- und frühen Fünfzigerjahren mit der

Einberufung einer Reihe von Friedenskongressen konkretere Formen an, an denen sich zahlreiche prominente westliche Künstler und Intellektuelle beteiligten. Die Friedenskampagne fand mit dem Erfolg des Appells von Stockholm ihren Höhepunkt, einer in der schwedischen Hauptstadt im März 1950 verkündeten Petition, die zum Bann des Einsatzes von Atomwaffen aufrief. Etwa 560 Millionen Unterzeichner schlossen sich dem Appell an. Die Mehrzahl der Unterzeichner stammten aus dem Ostblock, auch aus dem kommunistischen China, aber auch in Westeuropa und in Nordamerika gab es Millionen Unterstützer.

Wie ernst meinte es Stalin mit seinen »Friedensvorschlägen«? Hielt er es wirklich für möglich, eine Wiederbelebung des Bündnisses mit dem Westen herzustellen, oder war dies nichts als Schaulaufen für die Öffentlichkeit? In seiner Studie über die sowjetische Außenpolitik in der späten Stalinära[37] meinte Marshall Shulman, dass es wie in allen kommunistischen Kampagnen Ziele machtpolitischer, propagandistischer und ideologischer (doktrinärer) Art gab. Auf machtpolitischem Gebiet war das Ziel der Friedenskampagne, die westlichen Staaten unter Druck zu setzen, um die Pläne zur Formierung eines US-geführten Blocks gegen die Sowjetunion zu stören. Insbesondere zielte diese Strategie auf Frankreich und Italien, wo die kommunistische Partei eine Massenbewegung war. In Großbritannien war sie viel kleiner, aber nicht ohne Einfluss in der Arbeiterbewegung. Selbst in den USA war die Situation nicht hoffnungslos. Im Mai 1948 gab es einen offenen Briefwechsel zwischen Stalin und Henry Wallace, Roosevelts Vizepräsident zwischen 1940 und 1945, der als Kandidat der Fortschrittspartei (Progressive Party) bei den Präsidentschaftswahlen gegen Truman antrat. Stalin begrüßte die Vorschläge von Wallace als eine gute Grundlage für Gespräche, wie die Probleme in den amerikanisch-sowjetischen Beziehungen überwunden werden könnten, und vertrat weiter die Ansicht, dass wirtschaftliche und ideologische Differenzen zwischen beiden Ländern einer friedlichen Lösung ihrer Meinungsverschiedenheiten nicht im Wege stehen sollten.[38]

Das Hauptthema der sowjetischen Friedenskampagne war die Identität der UdSSR als friedliebender Staat. Dieses Selbstbild ging bis in die Zwanzigerjahre zurück, als die sowjetische Führung zum ersten Mal von einer friedlichen Koexistenz mit dem Kapitalismus zu sprechen begann. Die Propaganda hatte ihre zynischen und manipulierenden Seiten, aber es gibt keinen Grund anzunehmen, dass Stalin und die sowjetische Führung ihrer eigenen Propaganda über die Sowjetunion nicht Glauben schenkten. Die sowjetische Selbstwahrnehmung wurde durch die Rückwirkung der Friedenskampagne weiter verstärkt. In der sowjetischen Ideologie gab es einen starken Glauben, dass die ökonomischen Widersprüche und Rivalitäten des Kapitalismus und des Imperialismus unweigerlich zum Krieg führen würden.[39] Stalin selbst ließ sich zu diesem Thema in seinem letzten größeren theoretischen Werk *Wirtschaftliche Probleme des Sozialismus in der UdSSR* aus, das 1952 erschien. In einem Kapitel des Heftes mit der Überschrift »Die Unvermeidlichkeit des Krieges zwischen kapitalistischen Staaten« bekräftigte er die grundsätzliche sowjetische Lehrmeinung, dass Kriege innerhalb des kapitalistischen Lagers unvermeidlich seien. Er konstatierte die wirtschaftliche Herrschaft der USA über die kapitalistische Welt, war aber zuversichtlich, dass die US-Position von Großbritannien und Frankreich sowie durch ein wieder erstarktes Deutschland und Japan herausgefordert werden würde. Im Hinblick auf die kommunistisch-kapitalistischen Beziehungen bestritt Stalin, dass die Widersprüche zwischen der UdSSR und der kapitalistischen Welt notwendigerweise stärker oder schärfer seien als zwischen den kapitalistischen Ländern. Erneut bezog sich Stalin dabei auf die traditionell sowjetische Überzeugung, dass ein Krieg mit der UdSSR von kapitalistischen Staaten (zumindest den klugen) für gefährlicher angesehen wird, weil ein derartiger Krieg den Kapitalismus selbst gefährden könnte. Die Rolle der Friedensbewegung in diesem Szenario war es, eine breit angelegte Kampagne zu führen, um den Frieden zu bewahren und solche spezifischen Kriege zu verhindern. Freilich könnte der Krieg allgemein nicht gebannt werden, solange es neben sozialistischen Ländern kapitalistische gab, aber Friedensbewegung könnte spezifische Kriege unter besonderen Umständen verhindern und einen besonderen Frieden erhalten, sagte Stalin.[40]

Stalin ging es in seinen gewundenen Ausführungen um Folgendes: um die traditionelle sowjetische Doktrin der Unvermeidbarkeit von Kriegen zwischen kapitalistischen Staaten, die politischen Aktivisten sollten ermutigt werden, die hinter der Friedensbewegung standen sollten ermutigt werden, die Dauerhaftigkeit der amerikanischen Hegemonie in der kapitalistischen Welt sollte infrage gestellt und die Annahme bestritten werden, dass trotz der großen Spannungen im Kalten Krieg ein militärischer Konflikt zwischen Kommunismus und Kapitalismus unvermeidlich wäre. Für Stalin war daher der Einsatz zur Erhaltung des Friedens eine ernste Angelegenheit. Er war unabdingbar, um auf die kriegerischen Tendenzen in den kapitalistischen Staaten Einfluss zu nehmen, nicht zuletzt zum Schutz der UdSSR vor extremistischen Antikommunisten im westlichen Lager, die auf den Gedanken kommen könnten, die internen Widersprüche des Imperialismus auf sowjetische Kosten lösen zu wollen. Doch Stalin hat sich nicht allein auf die Friedensbewegung verlassen, um die Sowjetunion zu schützen. Zu diesem Zweck hatte er weitaus konventionellere Mittel.

Stalins Kriegsmaschinerie

Als der Kalte Krieg an Intensität zunahm, beendete Stalin die Demobilisierung der sowjetischen Streitkräfte. Gegen Ende der Vierzigerjahre hatte sich die Größe der Streitkräfte auf knapp unter drei Millionen Mann stabilisiert (von 11 Millionen 1945), die in 175 Divisionen aufgestellt waren (gegenüber 500 während des Großen Vaterländischen Krieges). Zwischen 1948 und 1955 indes verdoppelte sich die Größe der sowjetischen Streitkräfte. Hinzu kam, dass die Stärke der verbündeten Armeen im Osten erhöht wurde, die über eine Million Soldaten verfügten. Alleine Polen stellte 400 000 Mann bereit, die von dem in Polen geborenen Marschall K. K. Rokossowski geführt wurden, der im Oktober 1949 zum polnischen Verteidigungsminister ernannt wurde. Die sowjetischen Streitkräfte in der DDR wurden verstärkt und Pläne erstellt, eine ostdeutsche Armee aufzustellen. Im Januar 1951 berief Stalin eine Geheimsitzung der Ostblockstaaten in Moskau ein, auf der über Maßnahmen beraten wurde, der steigenden Bedrohung durch die NATO und die westdeutsche Wiederbewaffnung entgegenzuwirken. Der sowjetische Verteidigungshaushalt nahm um 20 Prozent zu, und im Fünf-Jahres-Plan für die Zeit von 1951–1955 war eine Steigerung der Rüstungswirtschaft um das Zweieinhalbfache vorgesehen. Anfang 1951 begründete der Ministerrat ein neues Amt zur Überwachung des militärisch-industriellen Komplexes. Ihm stand Stalins neuester Protegé, Marschall Nikolai Bulganin, vor. Zwei Jahre später wurden ehrgeizige Pläne entworfen, um eine deutliche Zunahme in der Größe und in den Fähigkeiten der sowjetischen Luftstreitkräfte und der Marine zu erreichen.[41]

Der Zweck dieser Maßnahmen bestand nicht darin, sich kurzfristig – oder selbst mittelfristig – auf einen Krieg vorzubereiten. Stattdessen waren sie eher eine Vorsichtsmaßnahme gegenüber einer sich abzeichnenden langfristigen Bedrohung durch den westlichen Block (insbesondere in Form der westdeutschen Wiederbewaffnung) und ein Mittel, um jedwedem Versuch der Amerikaner zu begegnen, durch eine militärische Bedrohung politische Konzessionen oder diplomatische Vorteile zu erlangen.

Höchste Priorität für die sowjetische Rüstungswirtschaft hatte das Programm zur Entwicklung einer Atombombe, das von Stalin im August 1945 in Auftrag gegeben wurde und das von seinem Innenminister Beria geleitet wurde. Die erste sowjetische Bombe wurde dann vier Jahre später am 29. August 1949 getestet. Zu Lebzeiten Stalins gab es zwei weitere Tests, beide fanden 1951 statt. Zur Zeit von Stalins Tod 1953 besaßen die Sowjets ungefähr 50 bis 100 Atombomben (gegenüber fast 1000 auf amerikanischer Seite). Nach Stalins Tod gab es weitere Nukleartests. Tausende Atombomben wurden produziert, und Moskau kannte keine Scheu, seine technologischen Errungenschaften auf diesem Gebiet bekannt zu machen und sich damit zu brüsten. Seltsamerweise aber verharrte Moskau beim ersten Test in Schweigen, der die Welt überraschte und ein Grund zum Feiern in der UdSSR hätte sein können. Ungeachtet des Umstandes, dass die Sowjets dem Westen nukleare Geheimnisse gestohlen hatten, bestand im Westen die Erwartung, dass die Russen noch viele Jahre brauchen würden, um eine Atombombe zu entwickeln. So war es in der Tat der amerikanische Präsident Truman, der am 23. September 1949 der Welt die Nachricht überbrachte. Am nächsten Tag gab die sowjetische Nachrichtenagentur TASS eine Erklärung heraus, in der behauptet wurde, dass die Sowjets seit 1947 die Bombe besessen hätten und die zuletzt vorgenommene Zündung dazu nötig gewesen wäre, Infrastrukturarbeiten wie den Bau von Minen, Kanälen und Straßen durchzuführen.[42] Eine derartige Zurückhaltung mag mit der sowjetischen Obsession zur Geheimhaltung im Zusammenhang gestanden haben, oder sie war dazu bestimmt, die Amerikaner nicht zu sehr zu provozieren. Sie konnte aber auch mit der bevorstehenden Rede Wyschinskis vor der UNO verbunden werden, in der die Sowjets Abrüstungsvorschläge machten sowie das Verbot nuklearer Waffen und die Kontrolle der Kernenergie forderten. Tatsächlich behauptete Wyschinski am 23. November vor der UNO, dass im Gegensatz zu den aggressiven US-amerikanischen Nukleartests diejenigen der Sowjetunion friedlichen Charakter hätten, da sie dafür genutzt würden, Berge abzutragen und Flüsse umzuleiten – eine Behauptung, die von einem ungläubigen amerikanischen Journalisten als »eine der unsinnigsten Behauptungen, die jemals vor einer internationalen Organisation erhoben wurde«, kommentiert wurde.[43]

So stellt sich die Frage, welchen Rang die Atombombe bei Stalins militärischen und politischen Zielen in der Nachkriegszeit besaß. Die Schwierigkeit dabei ist, wie David Holloway bemerkte, dass »Stalin zwischen 1946 und 1953 wenig über die Bombe gesagt hat und das, was er sagte, alleine mit der Absicht äußerte, einen bestimmten Eindruck zu erzielen«.[44] Stalin wollte vermitteln, dass die Bombe nicht so wichtig sei, wie manche glauben machen wollten. Stalin begann die Bedeutung der Bombe im November 1945 herunterzuspielen, als er Gomulka sagte, dass »nicht Atombomben, sondern Armeen Kriege entscheiden«. Er blieb bei dieser Aussage bis ans Ende seines Lebens. Beispielsweise bemerkte er gegenüber dem italienischen Kommunistenführer Pietro Nenni, dass die USA die technologischen Mittel hätten, einen Dritten Weltkrieg zu führen, aber nicht die menschlichen. »Es ist nicht genug für Amerika, Moskau zu zerstören, wie es für uns nicht genug ist, New York zu zerstören. Wir brauchen Armeen, um Moskau zu besetzen und New York zu besetzen.«[45]

Es gibt keinen Grund anzunehmen, dass Stalin nicht das meinte, was er sagte, und es war keine unrealistische Ansicht. Vor der Entwicklung der Wasserstoffbombe in den frühen Fünfzigerjahren hatten die USA nicht die Möglichkeit, die

Sowjetunion mit Atomwaffen zu vernichten. Äußerstenfalls wären die Amerikaner in der Lage gewesen, die Sowjetunion derart zu schädigen, wie es die Deutschen bei ihrem Angriff 1941 getan hatten. Dies bedeutet, dass die Sowjets die Fähigkeit zu einer substanziellen Gegenwehr gehabt hätten, da in den Vierzigerjahren die Atomwaffen zwar gegen Städte eingesetzt werden konnten, aber nicht gegen zerstreute Armeen. Andererseits bedeutet die Tatsache, dass Stalin die Bombe nicht als hinreichende Bedingung ansah, um Kriege zu gewinnen, nicht, dass er die Bedeutung unterschätzte, im Besitz dieser Waffe zu sein. Er war beeindruckt von der Wirkung der alliierten Luftangriffe auf Deutschland und Japan während des Krieges und erkannte den qualitativen Unterschied, den Nuklearwaffen bei solchen Angriffen in Zukunft ausmachen könnten. In seinem Verteidigungsprogramm nach dem Krieg legte Stalin großen Wert auf eine Stärkung der sowjetischen Luftwaffe. Im Juli 1948 wurde die Luftwaffe als selbstständiger Teil der Streitkräfte der Roten Armee auf die gleiche Ebene mit dem Heer und der Marine gestellt, und Stalin setzte sich sehr für eine Verbesserung ihrer Fähigkeiten ein, namentlich bei der Entwicklung von weitreichenden strategischen Bombern und Raketen. So soll Stalin bei einem Zusammentreffen mit Militärführern und Raketenspezialisten im April 1947 gesagt haben: »Verstehen Sie die enorme strategische Bedeutung von Maschinen dieser Art? Sie können eine wirksame Zwangsjacke für diesen lärmenden Kleinkrämer Harry Truman sein. Wir müssen damit vorankommen, Genossen. Die Entwicklung transatlantischer Raketen ist für uns von äußerster Bedeutung.«[46] Vermutlich ist dies nur eine weitere posthum in Umlauf gebrachte Anekdote, aber es fällt nicht schwer, sich vorzustellen, dass Stalin genau dies auch sagte. David Holloway, Autor des Standardwerkes *Stalin and the Bomb*, fasst die Situation wie folgt zusammen:

»Die Atombombe nahm einen zentralen Platz in der Militärpolitik nach dem Krieg ein. Stalin räumte der Verteidigung vor atomaren Angriffen hohe Bedeutung ein, ebenso wie der Entwicklung von Trägersystemen für sowjetische Nuklearwaffen. Dennoch betrachtete er die Bombe nicht als eine alles entscheidende Waffe … Er sah die Bombe als eine strategische Waffe an, die gegen Ziele im Hinterland verwendet werden könnte und betrachtete sie nicht als wirkungsvolles Gegengewicht gegen Bodentruppen oder Seestreitkräfte … Stalin war nicht der Ansicht, dass die Atombombe in der Militärtechnologie eine Revolution ausgelöst hätte. Die sowjetische Militärstrategie orientierte sich stark an den Erfahrungen des Krieges mit Deutschland. In der sowjetischen Kriegssicht gab es keine radikale Wendung.«[47]

Stalins ausgewogene Sichtweise auf den Nutzen nuklearer Waffen hatte zwei weitere Konsequenzen. Er gestand dem amerikanischen Monopol auf die Bombe keine Wirkung auf seine Außenpolitik und Diplomatie zu. Eine Furcht vor der

Atombombe hatte keine Auswirkung auf seine Behandlung der Krisen mit dem Iran und der Türkei 1946, noch hielt sie ihn ab, 1947 in den Kalten Krieg einzutreten oder 1948 die Krise um die Berlinblockade zu provozieren. Andererseits waren alle sowjetischen Vorschläge zur Abschaffung nuklearer Waffen keine bloße Propaganda. Stalin war sehr wohl darauf eingestellt, ernsthafte Verhandlungen zur Kontrolle und zur Begrenzung von Nuklearwaffen aufzunehmen – selbst nachdem die UdSSR ihre eigene Bombe entwickelt hatte. Für Stalin war die Bombe eine bedeutsame Ergänzung seines eigenen militärischen Arsenals, aber sie definierte nicht die Verteidigungsstruktur der Sowjetunion nach dem Krieg, die auf der Fähigkeit des Landes gründete, einen Angriff der NATO aufzufangen und dann in Form einer Gegenoffensive auf Westeuropa zurückzuschlagen.

Der Koreakrieg

In Europa strebte Stalin Frieden und eine Lösung der deutschen Frage an. Im militärischen Wettlauf mit den Vereinigten Staaten war seine Politik abwartend und zurückhaltend. Nur gelegentlich rasselte er mit dem Säbel, stattdessen sprach er immer wieder von einer friedlichen Koexistenz mit dem Kapitalismus. Die einzige Ausnahme von dieser Zurückhaltung war der Koreakrieg 1950–1953.

Der Krieg begann mit einem Angriff Nordkoreas gegen Südkorea im Juni 1950. Gegen Ende des Sommers war ein Großteil des Landes in kommunistischen Händen. Den Südkoreanern jedoch gelang es, sich im südöstlichen Zipfel ihres Landes um die Hafenstadt Pusan zu halten. Dies gab den USA Zeit, um auf ihrer Seite einzugreifen und eine Reihe von Gegenoffensiven zu beginnen, die den nordkoreanischen Vormarsch zum Stehen brachten und den Gegner dann zurückdrängten. Im September führte General MacArthur eine Landungsoperation bei Inchon durch, wodurch die nordkoreanische Armee umfasst wurde, was zur Wiedereinnahme von Seoul führte. Die Truppen MacArthurs rückten nördlich über den 38. Breitengrad vor, der die Grenze zwischen beiden Ländern darstellte, sodass sich nun die Nordkoreaner auf dem Rückzug befanden. Im November näherte sich MacArthur der koreanisch-chinesischen Grenze, und es war nur dem Eingreifen einer großen Anzahl von kommunistischen »Freiwilligen« aus China zu verdanken, dass das nordkoreanische Regime vor der totalen Niederlage bewahrt wurde. Im Juli 1951 war der Krieg entlang des 38. Breitengrades festgefahren, und es begannen Friedensverhandlungen. Zwei Jahre später wurde ein Waffenstillstandsabkommen unterzeichnet, das den Krieg beendete, obwohl die zwei Länder theoretisch im Kriegszustand für die kommenden Jahrzehnte verblieben.

Die Wurzeln des Koreakrieges lagen in der Teilung des Landes nach dem Krieg.[48]

Elftes Kapitel

Der Koreakrieg, 1950–1953

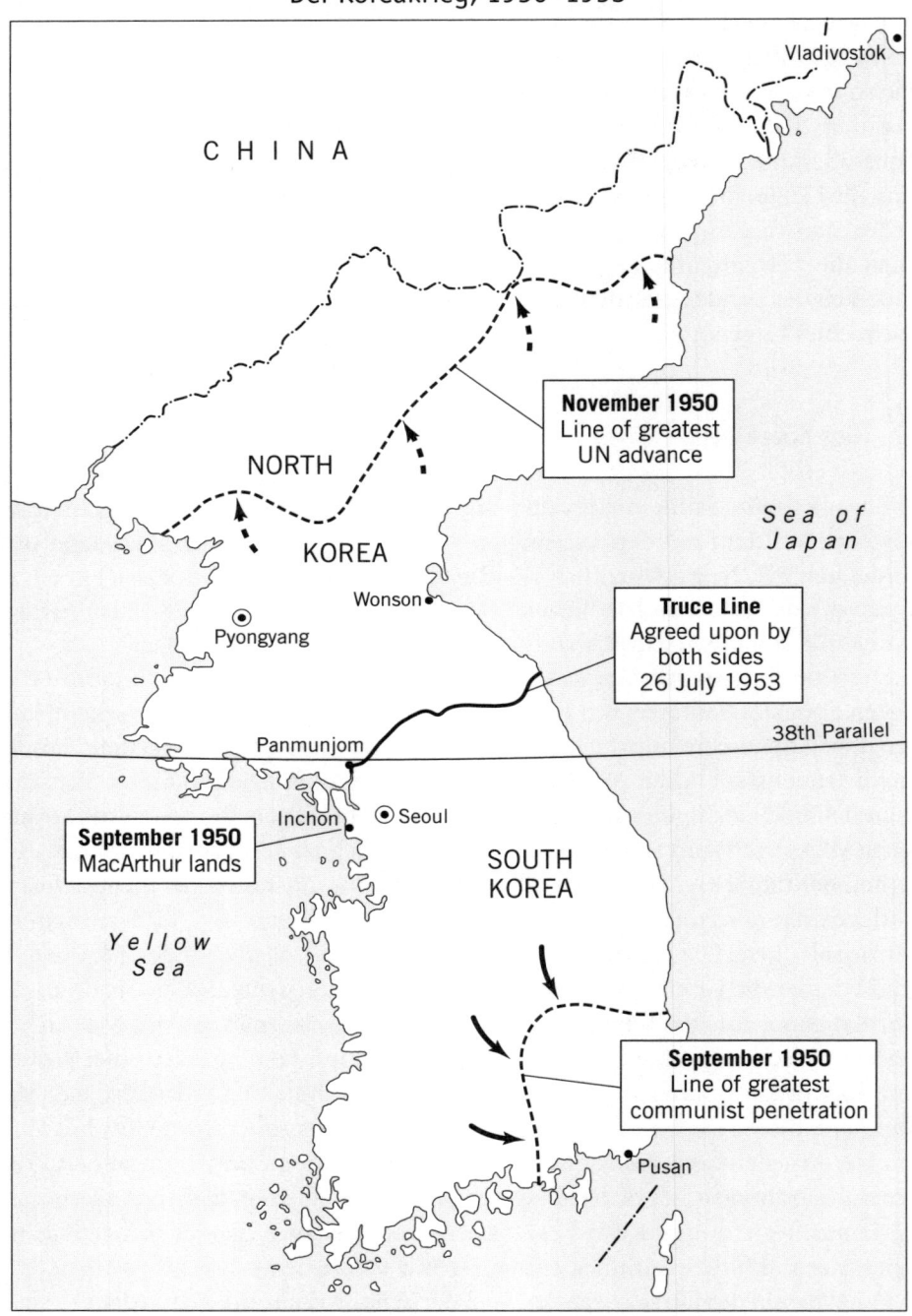

412 Elftes Kapitel

Bis 1915 war Korea japanische Kolonie. Als Japan im August 1945 kapitulierte, wurde das Land entlang des 38. Breitengrades zwischen der UdSSR und den USA geteilt. Wie im Falle Deutschlands war die ursprüngliche Absicht, Wahlen abzuhalten und das Land wiederzuvereinen. Als aber die sowjetischen und die amerikanischen Truppen Korea 1948–1949 verließen, ließen sie zwei verschiedene Regierungssysteme zurück: ein autoritäres kommunistisches Regime im Norden, das von Kim Il-Sung geführt wurde, und ein autoritäres kapitalistisches Regime im Süden, an dessen Spitze Syngman Rhee stand. Beide hatten den Ehrgeiz, das Land unter ihrer Herrschaft wiederzuvereinen, wenn nötig auch mit Gewalt. Beide Seiten bedrohten die andere mit einer Invasion, und es gab zahlreiche kleinere militärische Zusammenstöße an der Grenze. 1950 war es Kim, der als Erster angriff, nachdem er Stalin dazu gebracht hatte, seine Invasionspläne zu unterstützen.

Für Stalin war der Koreakrieg eine sehr kostspielige Fehlkalkulation: Nur mithilfe Chinas gelang es, Kims Herrschaft zu retten. Als der Krieg ausbrach, boykottierten die Sowjets die UNO aus Protest gegen den Ausschluss des kommunistischen Chinas aus der Organisation. Dies eröffnete den Amerikanern die Gelegenheit, eine Resolution durchzusetzen, die eine Intervention in Korea unter der Flagge der UNO erlaubte. So kam es, dass eine Reihe weiterer Staaten zusammen mit den Amerikanern und Südkoreanern kämpfte. Im Westen wurde Stalin als Anstifter zum Krieg angesehen, wobei der nordkoreanische Angriff als Teil des sowjetischen Expansionismus im Fernen Osten dargestellt wurde. Der Krieg unterminierte Stalins Bemühungen, zu einer Lösung der Probleme in Europa zu kommen, und verstärkte die Aufrüstungsprogramme der USA und ihrer Verbündeten. Er war für Stalin teuer und störend. Zwar wurde er als entschlossene Zurückweisung der imperialistischen Einkreisung des Sozialismus verkauft, aber diese Behauptung klang selbst in kommunistischen Kreisen hohl. Vor allem führte der Koreakrieg zu einem vollständigen Zusammenbruch all dessen, was die Russen in den Ost-West-Beziehungen *dowerie* nannten – Ehrlichkeit, Vertrauen und gute Zusammenarbeit.

Um Stalins Fehlschlag in Korea zu verstehen, ist es notwendig, aus seiner strategischen und ideologischen Sicht auf die Situation zu schauen. Strategisch war für Stalin ein geeintes Korea als Vorposten gegen eine erneute japanische Bedrohung attraktiv. Stalin erwartete, dass Japan wie auch Deutschland sich wieder erholen und dann ihre aggressive Politik wieder aufnehmen würden. Die Unterzeichnung des Freundschaftsvertrages zwischen China und der Sowjetunion im August 1945 war daher zur Abwehr einer erneuten japanischen Aggression vorgesehen. Weiterhin lag die Hauptaufgabe des sowjetischen Vertreters im Alliierten Kontrollrat für Japan darin, die Abrüstung des Landes und die Zerstörung seines militärisch-industriellen Potenzials sicherzustellen.[49] Auch als der sowjetisch-chinesische

Freundschaftsvertrag mit der kommunistischen Regierung 1950 neuverhandelt wurde, blieb er gegen ein Wiedererstarken des japanischen Imperialismus gerichtet.[50]

Stalins Befürchtungen wurden durch den Zusammenbruch der Verhandlungen zwischen Washington und Moskau über einen Friedensvertrag für Japan weiter verstärkt. Im Juni 1946 schlugen die Amerikaner einen Vertrag zur Demilitarisierung und Demokratisierung Japans vor, – eine Art Byrnes-Plan für den Fernen Osten. Wie sein deutsches Gegenstück wurde der Vorschlag von den Sowjets abgelehnt, da er für sie keine langfristige Garantien beinhaltete, dass Japan in Zukunft friedfertig bleibt. Ihrerseits umgingen die Amerikaner zunehmend den Alliierten Kontrollrat und handelten einen Separatfrieden mit Tokio aus. Im Januar 1950 erklärte Dean Acheson, der amerikanische Außenminister, dass Japan eine Bastion des Antikommunismus im Fernen Osten werden wird.[51] Diese Entwicklungen ähnelten der deutschen Frage, und in Stalins Wahrnehmung war der vorbereitete japanische Wiederaufbau mit dem Wiedererstarken Deutschlands verknüpft. In diesem Zusammenhang hatte die Einverleibung ganz Koreas in den sowjetischen Block ihren Reiz, insbesondere da es schien, dass Acheson eine strategische Grenze gezogen hatte, die Japan in den westlichen Block ein-, Korea aber ausschloss.

Im ideologischen Sinne wurde die Situation auf der koreanischen Halbinsel von Stalin als Teil der generellen kommunistischen Ausbreitung nach dem Zweiten Weltkrieg angesehen. Der Sieg der Kommunisten im chinesischen Bürgerkrieg beeinflusste dabei insbesondere Stalins ideologische Sicht auf Korea. Anfänglich war er skeptisch gegenüber den Aussichten von Maos Kommunisten in ihrem Kampf gegen Chiang Kai-sheks Nationalisten, und zeitweilig befürwortete er nach dem Zweiten Weltkrieg die Bildung einer nationalen Einheitsregierung in China. Aber unter der Wirkung der kommunistischen Erfolge einerseits und der Parteinahme der Nationalisten aufseiten der USA im Kalten Krieg andererseits änderte Stalin seine Meinung und begann, Mao aktiver zu unterstützen. Im Juni 1947 lud er Mao zu Gesprächen nach Moskau ein. Mao konnte nicht kommen, angeblich wegen der sich rasch ändernden militärischen Situation in China – eine Ausrede, die Stalin möglicherweise hätte vorwarnen können, der oftmals das Gleiche zu Churchill und Roosevelt gesagt hatte, wenn es ihm nicht passte, sie zu treffen. Aber es entwickelte sich eine ausgiebige Korrespondenz zwischen beiden Männern, und im Januar 1949 sandte Stalin das Politbüromitglied Anastas Mikojan zu ausführlichen Gesprächen mit Mao und der kommunistischen Führung nach China.[52] Mao kam schließlich im Dezember 1949 nach Moskau – zwei Monate nachdem er in Peking die Volksrepublik China ausgerufen hatte –, um die Bedingungen eines neuen chinesisch-sowjetischen Bündnisvertrages auszuhandeln. Bei ihrem ersten

Treffen am 16. Dezember erklärte Stalin Mao, dass China keiner unmittelbaren Kriegsgefahr gegenüberstände: »Japan muss erst wieder auf die Füße kommen und ist daher für einen Krieg nicht bereit. Obwohl Amerika nach Krieg schreit, hat es im Grunde vor nichts so viel Angst wie vor einem Krieg; Europa hat ebenfalls Angst vor einem Krieg. So gesehen gibt es niemanden, der China angreifen könnte, außer Kim Il-Sung entscheidet sich, in China einzufallen!«[53] Stalin riet Mao außerdem unnötige Konflikte mit den Briten und den Amerikanern zu vermeiden und sich Zeit zu lassen, die Stellung der kommunistischen Partei im Lande zu konsolidieren.

Trotz seines vorsichtigen Rats an Mao zog Stalin aus den Entwicklungen in China zwei radikale Schlussfolgerungen: Als Erstes habe sich, wie er schon einem anderen chinesischen Parteiführer im Sommer 1949 in Moskau sagte, »das Zentrum der Revolution ... nach China und nach Ostasien verlagert«.[54] Zweitens seien die USA entweder unfähig oder unwillig, den weiteren kommunistischen Vormarsch zu verhindern. Trotzdem zögerte Stalin, wie Kathryn Weathersby nachgewiesen hat, einen militärischen Konflikt in Korea zu provozieren. Als der Krieg ausbrach, schreckte er vor jedwedem Schritt zurück, der zu einem sowjetischen Zusammenstoß mit den USA hätte führen können.[55]

Kim Il-Sung drängte Stalin, ihm die Zustimmung zu geben, im März 1949 Südkorea anzugreifen. Dabei versuchte er, Stalin zu überzeugen, dass ein Angriff von der südkoreanischen Bevölkerung begrüßt und von einer kommunistischen Guerillaarmee unterstützt würde, die schon mit dem Kampf begonnen habe. Stalin meinte dazu:

»Sie sollten nicht in den Süden vordringen. Zuerst hat die koreanische Volksarmee keine überwältigende Truppenüberlegenheit ... Zweitens gibt es immer noch amerikanische Truppen im Süden ... Drittens sollte man nicht vergessen, dass die Vereinbarung zwischen der Sowjetunion und den USA über den 38. Breitengrad immer noch gilt. Wenn das Abkommen von unserer Seite gebrochen wird, muss man damit rechnen, dass die Amerikaner intervenieren werden ... Wenn der Gegner aggressive Absichten hat, dann wird er früher oder später mit der Aggression beginnen. In der Reaktion auf den Angriff haben Sie eine gute Gelegenheit, einen Gegenschlag zu führen. Dann wird ihr Vordringen von jedem verstanden und unterstützt werden.«

Im Juni 1949 zogen sich die letzten amerikanischen Truppen aus Korea zurück, und im September schlug Kim eine begrenzte Offensive gegen den Süden vor, um Nordkoreas Verteidigungsposition entlang der Grenze zu verbessern. Stalin zog diesen Vorschlag ernstlich in Betracht, lehnte aber letztlich mit der Begründung ab, dass es schwierig wäre, einen solchen Angriff auf einen Grenzbereich zu beschränken. Zudem könne das Ganze in ernstlichen internationalen Schwierigkeiten enden. Im Januar 1950 jedoch änderte Stalin seine Meinung über die Durchführbarkeit eines solchen Angriffs, und als er Kim im März erneut traf, war er bereit, seine Zustimmung zur Invasion zu geben, wenn die Sache von den Chinesen unterstützt würde. Stalin erläuterte seinen Meinungswandel als Ergebnis hauptsächlich zweier Überlegungen: Zuerst bedeutete der kommunistische Sieg in China, dass Mao wenn nötig die Koreaner unterstützen könnte. Zweitens wäre es aufgrund des chinesisch-sowjetischen Bündnisses unwahrscheinlicher, dass sich die Amerikaner einmischten. Die Stimmung in den USA sei auf jeden Fall gegen eine Intervention – eine Stimmungslage, die vom sowjetischen Besitz von Atomwaffen verstärkt würde. Aber Stalin machte Kim deutlich, dass er »nicht auf eine direkte sowjetische Beteiligung am Krieg rechnen soll, weil die Sowjetunion es mit ernsten Herausforderungen an anderer Stelle zu tun hat, insbesondere im Westen … Die UdSSR ist nicht darauf vorbereitet, direkt in die koreanischen Angelegenheiten verwickelt zu werden, vor allem wenn die Amerikaner es wagen, Truppen nach Korea zu entsenden.«

Nach seiner Unterredung mit Stalin reiste Kim im Mai nach Peking, um sich Maos Zustimmung zu seinem Feldzug zu sichern. Zu diesem Zeitpunkt, dies sollte genau festgehalten werden, sah Kims Plan noch eine begrenzte Offensivoperation vor, die sich später zu einer größeren Offensive entwickeln sollte. Der Plan wurde jedoch verändert, und mit Stalins Segen starteten die Nordkoreaner eine groß angelegte Offensive entlang des 38. Breitengrades. Nachdem der Krieg begonnen hatte, war Stalin besorgt, ob es gelänge, den Süden zu »befreien«, bevor die Amerikaner die Gelegenheit hätten zu intervenieren. Stalins düstere Vorahnungen erwiesen sich als berechtigt, als die Amerikaner ihre erfolgreiche Gegenoffensive im September begannen. Im Oktober bat Stalin Mao, chinesische Truppen nach Korea zu schicken, um Kim zu unterstützen. Zuerst weigerte sich Mao, woraufhin ihm Stalin eine lange Mitteilung schrieb, in der er die Gründe für eine chinesische Intervention darlegte. Stalin hob dabei hervor, dass die chinesischen Genossen wiederholt versprochen hatten, wenn nötig zu intervenieren. Weiterhin gab Stalin der Besorgnis, ein solches Eingreifen würde zu einem größeren Konflikt mit den Amerikanern führen, wenig Gewicht. Die USA, so teilte er Mao mit, sind »gegenwärtig nicht für einen größeren Krieg vorbereitet«. Stalin räumte ein, dass die USA sich möglicherweise aus Prestigegründen in einen größeren Krieg ziehen lassen könnten, meinte aber, dass China und die Sowjetunion dies nicht fürchten müssten, denn »zusammen sind wir stärker als die USA und Großbritannien, während die anderen kapitalistischen Staaten Europas … über keine bedeutsamen Streitkräfte verfügen. Wenn ein Krieg unvermeidlich ist, dann sollten wir ihn jetzt führen und nicht in ein paar Jahren, wenn der japanische Militarismus als Verbündeter der USA wiederhergestellt ist und die USA und Japan einen fertiggestellten

Brückenkopf in Form eines ganz von Syngman Rhee geführten Koreas haben werden.« Als die Chinesen sich weiterhin nicht rührten, gab Stalin Kim Order, sich darauf vorzubereiten, das Land zu verlassen. Die Chinesen intervenierten dann doch und nahmen eine Offensive auf, die MacArthurs Truppen wieder über den 38. Breitengrad zurückdrängte. Stalin unterstützte Nordkorea und China mit Militärmaterial, aber scheute vor einer direkten Verwicklung in den Krieg zurück, auch wenn sowjetische Piloten an Luftkämpfen über dem 38. Breitengrad teilnahmen. Solange es immer noch eine Chance gab, einen militärischen Erfolg zu erringen, befürwortete Stalin die Fortsetzung des Krieges. Mitte 1951 aber akzeptierte er, dass Waffenstillstandsverhandlungen unumgänglich geworden waren.[56]

Im August 1952 reiste Tschou En-lai nach Moskau, um mit Stalin zusammenzutreffen. In seinen Gesprächen mit dem chinesischen Premierminister gab Stalin dem Krieg eine positive Wendung. »Der Krieg zehrt an Amerikas Nerven«, sagte er ihm. »Der Krieg in Korea hat Amerikas Schwäche gezeigt. Die Armeen von 24 Ländern können den Krieg in Korea nicht länger fortsetzen, da sie ihre Ziele nicht erreicht haben und auf einen Erfolg in dieser Sache nicht weiter rechnen können.« Dies war die für Stalin typische bombastische Diktion im Angesicht des Versagens, und er fuhr gleichermaßen fort:

»Die Amerikaner sind nicht im Geringsten in der Lage, einen groß angelegten Krieg zu führen, insbesondere nach dem Koreakrieg. Ihre einzige Stärke liegt in der Luftwaffe und der Atombombe … Amerika kann nicht einmal das kleine Korea besiegen. Man muss standhaft sein, wenn man es mit Amerika zu tun hat. Selbst nach zwei Jahren ist es den Amerikanern nicht gelungen, das kleine Korea zu unterwerfen … Sie wollen sich die ganze Welt untertänig machen und können noch nicht einmal das kleine Korea unterwerfen. Nein, die Amerikaner wissen nicht, wie man kämpft. Insbesondere nach dem Koreakrieg haben sie die Fähigkeit verloren, einen großen Krieg zu führen. Sie heften all ihre Hoffnungen auf die Atombombe und ihre Luftwaffe. Aber damit allein kann man keinen Krieg gewinnen. Man braucht Infanterie, und sie haben keine Infanterie. Die Infanterie, die sie haben, ist schwach. Sie kämpfen gegen das kleine Korea, und schon heulen die Menschen in den USA. Was wird erst los sein, wenn sie einen großen Krieg beginnen? Dann werden wohl alle weinen.«[57]

Vielleicht glaubte Stalin seiner Rhetorik, aber es ist leicht zu erkennen, dass die Amerikaner nicht die Einzigen waren, die sich als unfähig erwiesen hatten, in Korea zu gewinnen. Auch wenn Stalin die Bedeutung der atomaren Überlegenheit der USA leugnete, muss dieser Umstand ihn doch zur Vorsicht gegenüber einer direkten Verwicklung in den Koreakonflikt geführt haben. Andererseits hatte das amerikanische Prestige eine große Bedeutung, da die Amerikaner die Führung der UN-Intervention in Korea übernommen hatten. So waren es die Sowjets, die Chinesen und die Nordkoreaner, die international unter Druck standen, ihr militärisches Abenteuer zu beenden und einen Kompromissfrieden zu akzeptieren. Als der Krieg 1953 endete, lagen die Verluste bei 10 Millionen Mann. Die Nordkoreaner standen wieder an der Stelle, wo sie begonnen hatten, als sie ihren Angriff starteten, die Unabhängigkeit Südkoreas wurde durch eine massive amerikanische Militärpräsenz garantiert, und Japan hatte sich als die Hauptstütze der US-Militärstrategie im Fernen Osten erwiesen. Stalins Differenzen mit den Chinesen über die Führung des Krieges nährten die Ressentiments, die in den späten Fünfzigerjahren zum Bruch in den sowjetisch-chinesischen Beziehungen führten.[58] Stalins letzter Krieg war einer seiner größten Fehlschläge.

Die letzten Tage

Stalin starb im März 1953 im Alter von 73 Jahren. Es gibt viele Verschwörungstheorien über seinen Tod, aber in Wahrheit hatte er am 2. März eine Gehirnblutung und starb daran drei Tage später.[59] Bis in die letzten Tage seines Lebens blieb er sehr aktiv und hatte die Zügel fest in seiner Hand. Sein Terminkalender in den drei Monaten vor seinem Tod verzeichnet viele Begegnungen. Im Dezember 1952 erschienen in der Öffentlichkeit seine letzten Bemerkungen auf die Fragen eines amerikanischen Zeitungskorrespondenten über die neue Regierung Eisenhowers in den USA. Stalin sagte dem Journalisten, dass Krieg zwischen der Sowjetunion und den Vereinigten Staaten nicht unvermeidlich sei und dass die beiden Länder in Frieden leben könnten. Er lehnte den Kalten Krieg ab und begrüßte die Möglichkeit diplomatischer Verhandlungen mit Eisenhower, zu deren Themen auch gehöre, den Koreakrieg zu beenden.[60]

Einer der allerletzten ausländischen Besucher, die Stalin trafen, war K. P. S. Mennon, der indische Botschafter, der am Abend des 17. Februar 1953 in den Kreml gerufen wurde. Das Treffen dauerte nur eine halbe Stunde, aber es blieb auf den Botschafter nicht ohne Wirkung. Am nächsten Tag schrieb er einen langen Eintrag in sein Tagebuch, in dem er über das Treffen mit dem großen Mann sinnierte. Er erinnerte sich an das, was andere über Stalin gesagt hatten – so etwa Joseph E. Davies, der amerikanische Botschafter in Moskau vor dem Krieg: »Sein Benehmen ist freundlich, sein Auftreten fast entwaffnend einfach ... Er vermittelte mir den Eindruck aufrichtiger Bescheidenheit.« Und Winston Churchill: »Premier Stalin hinterließ bei mir den Eindruck von tiefer, abgeklärter Weisheit bei völliger Abwesenheit von Illusionen ... ein direkter Mensch, sogar unverblümt in seiner Rede ... mit einem Sinn für Humor, was von großer Wichtigkeit ist.« Für Mennon war es Stalins Einfachheit, Schläue und Schonungslosigkeit, die ihn beeindruckten:

»Alles an ihm ist einfach – seine Kleidung, sein Zimmer, sein Verhalten, seine Sprechweise ... Das ist der Mann, dessen Willen ... den Kommunismus in Russland und in der Welt gerettet hat; ohne ihn wären weder Russland noch der Kommunismus in der Lage gewesen, dem Ansturm Hitlers standzuhalten. Das ist der Mann, der nicht nur in seinem Land, sondern von Millionen überall auf der Welt für den ›Führer und Lehrer der ganzen fortschrittlichen Menschheit‹ gehalten wird; der Mann, dessen Porträt in jedem russischen Haus den Platz geheiligter Ikonen eingenommen hat. Und wenn sein Name erwähnt wird, steht jedes Publikum in Russland zu langem Applaus auf, der sich zu Ovationen ausweitet. Dennoch hinterlässt die Schmeichelei bei ihm nicht mehr Spuren als Wasser auf dem Rücken einer Ente; es gibt bei ihm keine Anzeichen von Prahlerei oder von Affektiertheit. Als Voltaire nach Jahren des Exils nach Paris zurückkehrte, wurde er von vielen Bewunderern begrüßt. Als er von einem Freund gefragt wurde, ob es ihm gefallen würde, das Idol des Volkes zu sein, antwortete er: ›Ja, aber eine gleich große Menge wäre auch zusammengekommen, wenn mein Kopf auf einem Schafott präsentiert worden wäre.‹ Das ist eine Antwort, die auch von Stalin hätte stammen können. Dies führt mich zu seiner zweiten Eigenart: zu seiner Schläue, die sich gleichermaßen in seiner Rede wie in seinem Schweigen zeigt. Er lehnte es ab, über unsere Korea-Resolution oder auch nur über das Koreaproblem allgemein zu sprechen ... Vielleicht meint er, dass er auf der Stufe angelangt sei, nur noch über Grundsätzliches zu sprechen und Details Handlangern zu überlassen ... Ich war auch betroffen über seine Schonungslosigkeit ... Zweimal sprach er von der Nutzlosigkeit, einem bösen Menschen Sittlichkeit zu predigen. Gandhis Wendung von der ›Veränderung des Herzens‹ würde Stalin nichts bedeuten. Vielleicht bezog sich Stalin auf Gandhis Beschäftigung mit moralischen Überlegungen, als er die Metapher eines Bauern heranzog, der sich weigert, mit dem Wolf über Moral zu diskutieren. Ich telegrafierte meiner Regierung, dass dies den Wesenskern von Stalins Philosophie ausmacht.«[61]

Charmant und entwaffnend, offen und mysteriös, reizend und verstörend – bis zuletzt bot Stalin der Welt viele Gesichter.

Zusammenfassung
Stalin vor dem Gericht der Geschichte

In der Sowjetunion begann eine Neubewertung von Stalins Führung, bald nachdem im März 1953 sein Leichnam im Leninmausoleum beigesetzt worden war. Im Mai 1954 veröffentlichte Marschall W. Sokolowski, Chef des sowjetischen Generalstabes, einen Artikel in der *Prawda* zum 9. Jahrestag des Sieges im Großen Vaterländischen Krieg. Er erwähnte darin Stalin nicht ein einziges Mal, außer in einer Passage, in der er sich auf das »Banner Lenins und Stalins« bezog.[1] Im Dezember 1954 publizierte die *Neue Zeit*, die sowjetische Zeitschrift zur Außenpolitik, einen Artikel zum 75. Geburtstag Stalins, in dem betont wurde, in welchem Ausmaß er ein Schüler Lenins gewesen sei. Ein Jahr später war der Artikel zum 76. Geburtstag Stalins größtenteils Lenin gewidmet. Stalin wurde nicht direkt kritisiert, aber seine Bedeutung wurde merklich herabgestuft, während Lenins prägender Einfluss auf die kommunistische Partei herausgehoben wurde.[2] Dann kam Chruschtschows Geheimrede auf dem 20. Parteikongress im Februar 1956, und die Schleusen der Kritik an Stalin wurden weit geöffnet. Dies führte schließlich zur Flutwelle der Verdammungen in den Achtziger- und Neunzigerjahren.

Was den Krieg anbetraf, war es Chruschtschows Sicht, dass der Sieg von der kollektiven Leistung der kommunistischen Partei und ihrer Führung errungen worden war, nicht aber von Stalin, der im Wesentlichen eine unheilvolle Rolle gespielt habe. Nach den Memoiren der Generäle und Berichten der Historiker, die sich der Schelte Chruschtschows anschlossen, wurde der Krieg trotz Stalin von der sowjetischen Armee und ihren Generälen gewonnen. Später, unter dem Einfluss einer positiveren Bewertung Stalins als Oberkommandierender durch Schukow, Wassilewski und Schtemenko, geriet der Große Vaterländische Krieg zu einem Sieg Stalins *und* seiner Generäle. Für viele unter der Intelligenzija jedoch war der Große Vaterländische Krieg ein Sieg für das sowjetische Volk, dessen riesige Opfer von Stalin nach dem Krieg verraten worden waren, als er seine und die Diktatur der Partei wiederherstellte.

Im Westen wurde Stalins Ruf als Kriegsführer schon revidiert, als er noch lebte. Zuerst waren es die Polemiker des Kalten Krieges, die ihn und sein Regime heftig anprangerten; er wurde in moralischer Hinsicht oft mit Hitler und den Nazis auf eine Stufe gestellt. Nach ihrer Einschätzung war Stalins Sieg über Hitler eher als Niederlage derjenigen Völker Europas zu sehen, die Stalins Herrschaft unterworfen wurden. Dann kam die subtilere Herabstufung von Stalins Bedeutung durch Winston Churchill und andere westliche Memoirenschreiber und Historiker, welche die strategische Bedeutung des Krieges zwischen Deutschland und der Sowjetunion an den Rand drängten und seine Relevanz in der historischen Darstellung des Zweiten Weltkrieges reduzierten.[3] Schließlich kamen die Memoiren von Hitlers überlebenden Generälen, die die Geschichte eines sicheren Sieges erzählten, der durch die Fehler des deutschen Diktators verspielt worden sei. Der Zweite Weltkrieg, so legten sie dar, wurde von Hitler verloren und nicht von Stalin gewonnen.[4]

In den folgenden Jahrzehnten wurden von einigen Historikern in der Sowjetunion und im Westen ausgewogenere und umfassendere Bewertungen von Stalins Kriegsleistungen vorgelegt. Zu einem gewissen Maß bedeuteten diese Arbeiten eine Rückkehr zu einer differenzierteren Würdigung von Stalins Führung, die an den zeitgenössischen Bedingungen gemessen wurde. Zu dieser Zeit erschien es den meisten Menschen offensichtlich, dass Stalin als sowjetische Führerpersönlichkeit ausschlaggebend für den Kriegserfolg der UdSSR war. Ohne ihn wären die Leistungen der Partei, des Volkes, der Streitkräfte und ihrer Generäle weit weniger effektiv gewesen. Er war ein großer Kriegsführer, nicht weil er den Krieg gewonnen hatte, sondern weil er so viel dafür getan hatte, den Sieg zu erringen. Selbst ein Hitler würdigte auf seine Weise Stalins Bedeutung für den Ausgang des Krieges. »Verglichen mit Churchill ist Stalin eine gigantische Figur«, vertraute Hitler am Vorabend der Schlacht von Stalingrad Goebbels an. »Churchill hat an Lebensleistung nichts zu bieten außer ein paar Büchern und klugen Reden vor dem Parlament. Stalin andererseits hat zweifellos – wenn man einmal die Frage beiseitelässt, welchem Prinzip er dient – einen Staat von 170 Millionen Menschen umgebaut und auf einen großen Krieg vorbereitet. Wenn mir Stalin je in meine Hände fallen würde, würde ich ihn wahrscheinlich verschonen und ihn in einen Kurort ins Exil schicken. Churchill und Roosevelt würden gehängt werden.«[5]

Stalins Beurteilung Hitlers war weniger nachsichtig, und er machte bei unzähligen Gelegenheiten deutlich, dass er den »Führer« und die anderen Nazigrößen an die Wand gestellt sehen wollte. Gegenüber Churchill und Roosevelt hegte Stalin große persönliche Zuneigung und Respekt für ihre Leistung im Kriege. Stalin trauerte um Roosevelt, als er starb, und bewahrte Churchill gegenüber selbst dann noch eine hohe Wertschätzung, als ihr politisches Verhältnis nach dem Krieg zerbrach. Im Januar 1947 sagte Stalin Marschall Montgomery, der ihn in Moskau besuchte, »dass er immer die glücklichsten Erinnerungen an seine Zusammenarbeit (mit Churchill) als einem großen Kriegsführer Großbritanniens« habe und dass er »mit der größten Bewunderung und Respekt dem gegenüberstehe, was (Churchill) in den Kriegsjahren geleistet hat«. Churchill war gleichermaßen überschwänglich, als er Stalin in einem Brief antwortete, dass »Ihr Leben nicht nur wertvoll für Ihr Land ist, das Sie gerettet haben, sondern auch für die Freundschaft zwischen Sowjetrussland und der englischsprachigen Welt.«[6]

Dieses Buch hat aufzuzeigen versucht, dass die zeitgenössische Wahrnehmung von Stalins Kriegsleistungen näher an der Wahrheit lag als die vielen Schichten der historischen Interpretation, die darauf folgten. Das Licht aus einer bestimmten historischen Perspektive wirft allerdings ein Problem auf: Seine Strahlen, die von einem ideologischen Winkel ausgehen, können ebenso blenden wie erhellen. Um sich in Bezug auf die Führerschaft Stalins im Krieg der Wahrheit anzunähern, ist es nötig, über die Polemik des Kalten Krieges im Westen und die Aufrechnungen während der Entstalinisierung in der UdSSR hinauszuschauen. Das Buch hat weiter versucht zu zeigen, dass die weitreichenden Fähigkeiten Stalins, den unvorhergesehenen Notfall von 1941–1942 zu bewältigen, durch den Personenkult verstellt wurden; dieser feierte ihn als ein militärisches Genie, das nichts habe falsch machen können. Tatsächlich beging Stalin viele Fehler, doch aus der Tiefe einer solchen Niederlage herauszukommen und den größten militärischen Sieg der Geschichte zu erringen, war ein Triumph, der sich jedem Vergleich entzog.

Dass Stalin aus demokratischer Sichtweise daran scheiterte, mehr aus dem Sieg zu machen, war zweifellos bedingt durch die politischen Grenzen seiner diktatorischen Herrschaft. Eine andere Ursache war aber auch, dass westliche Politiker wie Churchill und Truman nicht fähig waren zu erkennen, dass es jenseits der angeblichen kommunistischen Bedrohung nach dem Krieg die Gelegenheit gab, zu einer Einigung zu kommen, die den Kalten Krieg vermieden und die ideologische Kriegsführung verhindert hätte, welche die paradoxe Wahrheit verdunkelte, dass Stalin der Diktator war, der Hitler besiegte, und der dabei half, die Welt für die Demokratie zu retten.

Die Geschichte kann ein Gericht sein. Die Vertreter der Anklage wollen, dass wir Stalin für seine Verbrechen und seine unzulängliche Führung verurteilen. Als Geschworene aber ist es unsere Pflicht, die Beweise genau zu prüfen – auch die der Verteidigung – und uns ein zusammenhängendes Bild zu verschaffen. Auf diese Weise mag es nicht einfach sein, zu einem Urteil zu kommen, aber sie wird unser historisches Verständnis fördern und uns zu dem Wissen verhelfen, das uns befähigt, in der Zukunft besser zu handeln. Die Geschichte *kann* uns klüger machen, wenn wir es ihr erlauben.

Anmerkungen

Vorwort
1. G. Roberts, *Victory at Stalingrad: The Battle That Changed History*, Longman: London 2002.
2. M. Harrison, ›Stalin and Our Times‹, in: G. Roberts (Hg.), *Stalin – His Times and Ours*, IAREES: Dublin 2005.
3. R. H. McNeal, *Stalin: Man and Ruler*, Macmillan: London 1998, S. 312.

Einleitung
1. C. Merridale, *Night of Stone: Death and Memory in Twentieth Century Russia*, Penguin Books: London 2002, S. 257–63.
2. Zitiert nach J. Brent und W. Naumow, *Stalin's Last Crime: The Plot against the Jewish Doctors, 1948–1953*, HarperCollins: New York 2003, S. 328. In der Literatur existiert die weitverbreitete Annahme, dass die Beisetzungsfeierlichkeiten für Stalin nicht übertrieben waren und dass zu diesem Zeitpunkt seine engsten Gefolgsleute sich schon von ihm abkehrten. Diese Interpretation jedoch wird nicht durch die Nachrufe gestützt, die in der sowjetischen Presse erschienen, oder durch die Filmaufnahmen der Beisetzung und der dabei gehaltenen Reden.
3. Vgl. die herausragende Biografie Stalins, in der die Bedeutung des Personenkultes hervorgehoben wird, von R. H. McNeal, *Stalin: Man and Ruler*, Macmillan Press: London 1998.
4. Die Rede wurde in einer Reihe von Veröffentlichungen wiedergegeben, darunter auch der ersten Version von Chruschtschows Memoiren: *Khrushchev Remembers*, Sphere Books: London 1971, S. 503–562.
5. Die Erklärung bedeutete eine Distanzierung von der radikalen Kritik an Stalin durch Chruschtschow. Sie war ein Versuch, die Kontrolle über die Diskussion wiederzuerlangen, die innerhalb der Partei nach der Geheimrede Chruschtschows ausgebrochen war. Zwar wurde Chruschtschows Rede nicht veröffentlicht. Sie wurde aber auf Parteiversammlungen in der ganzen Sowjetunion verlesen. Vgl. P. Jones, ›From Stalinism to Post-Stalinism: Demythologising Stalin, 1953–1956‹, in: H. Shukman (Hg.), *Redefining Stalinism*, Frank Cass: London 2003.
6. Zitiert nach J. Brooks, *Thank You, Comrade Stalin! Soviet Public Culture from Revolution to Cold War*, Princeton University Press: Princeton, NJ 2000, S. 241.
7. Zur Entwicklung der Diskussion über Stalin nach 1956 in der Sowjetunion siehe S. F. Cohen, ›The Stalin Question since Stalin‹, in: Ders., *Rethinking the Soviet Experience: Politics and History since 1917*, Oxford University Press: Oxford 1985.
8. Vgl. R. W. Davies, *Soviet History in the Glasnost Revolution*, Macmillan: London 1989; A. Nove, *Glasnost' in Action*, Unwin Hyman: London 1989, ferner W. Laqueur, *Stalin: The Glasnost Revelations*, Scribner: New York 1990.

9 Eine sehr kritische Anschauung des Übergangs in den 1990er-Jahren in Russland bietet S. F. Cohen, *Failed Crusade: America and the Tragedy of Post-Communist Russia,* Norton: New York 2000.
10 Beispielsweise F. Chuew, *Sto sorok besed s Molotovym,* Moskau 1991 (in der englischen Ausgabe: *Molotov Remembers,* hrsg. v. A. Resis, Ivan R. Dee: Chicago 1993); L. Kaganowich, *Pamyatnyye Zapiski,* Moskau 1996; A. Mikoyan, *Tak Bylo,* Moskau 1999; A. Malenkow, O *Moyom Ottse Georgii Malenkove,* Moskau 1992; S. Beria, *Beria, My Father: Inside Stalin's Kremlin,* Duckworth: London 2001.
11 ›More Than Half of All Russians Positive About Stalin‹, Radio Free Europe/Radio Liberty *Newsline,* 5/3/03. Zitiert nach M. Harrison, ›Stalin and Our Times‹, in: G. Roberts (Hg.), *Stalin – His Times and Ours,* IAREES: Dublin 2005, S. 67.
12 Siehe A. J. P. Taylor, ›Is Stalin a Statesman?‹ wieder veröffentlicht in: *Europe: Grandeur and Decline,* Penguin Books: London 1967.
13 I. Deutscher, *Russia after Stalin,* pb edition, Jonathan Cape: London 1969, S. 55.
14 Obwohl die Rede nicht veröffentlicht war, wurde sie auf Parteiversammlungen überall in der UdSSR verlesen. Im Juni 1956 gab das US-Außenministerium den Text der Rede heraus. Siehe *The Anti-Stalin Campaign and International Communism,* Columbia University Press: New York 1956, S. 1–2.
15 Eines der bezeichnendsten Beispiele des berüchtigten Personenkultes um Chruschtschow war der Mythos, dass er wesentlich an der Planung der großen Gegenoffensive der Roten Armee auf Stalingrad im November 1942 beteiligt gewesen sei, die weithin als der wichtigste Wendepunkt des Zweiten Weltkrieges angesehen wurde. Bis dahin wurde der Plan, die 6. Armee einzukreisen, dem militärischen Genie Stalins zugeschrieben. Nun ging der Lorbeer an Chruschtschow, der während der Schlacht in Stalingrad Politkommissar war, sowie an Marschall A. I. Jeremenko, einem der Frontkommandeure in dem Gebiet. Obgleich die Planung der Gegenoffensive zahlreiche geistige Väter hatte, zählten Chruschtschow und Jeremenko nicht an erster Stelle zu ihnen. Die unzutreffende Darstellung der Rolle beider wurde 1957 in Umlauf gebracht und in den 1961 veröffentlichten Memoiren Jeremenkows weiter verbreitet. Vgl. A. I. Jeremenko, *Stalingrad,* Moskau 1961, S. 325–337. Ursprünglich reagierten die anderen an der Planung der Gegenoffensive Beteiligten auf diese Behauptung mit Schweigen. Nach Chruschtschows Sturz 1964 wurden Jeremenkos Behauptungen jedoch kritisiert und von zahlreichen Seiten in Zweifel gezogen. Vgl. etwa die Erinnerungen in *Stalingradskaya Epopeya,* Moskau 1968.
16 Eine ausführliche Sammlung von Auszügen der Erinnerungen sowjetischer Militärs, die in den Sechzigerjahren veröffentlicht wurde, findet sich bei: S. Bialer (Hg.), *Stalin and his Generals: Soviet Military Memoirs of World War II,* Souvenir Press: New York 1969. Darauf basiert A. Seaton, *Stalin as a Military Commander,* Combined Publishing: Pennsylvania 1998; H. Shukman (Hg.), *Stalin's Generals,* Phoenix Press: London 1997. Sowie A. Axell, *Stalin's War through the Eyes of his Commanders,* Arms and Armour Press: London 1997.
17 *Khrushchev Remembers,* S. 537. Siehe auch die Kommentare von Stalins Stellvertreter, Marschall Schukow (»das weitverbreitete Märchen, dass der Oberkommandierende die Situation genau studierte und beim Spiel mit dem Globus Entscheidungen traf, ist unwahr«). Zitiert nach Axell, *Stalin's War,* S. 167.
18 Der Begriff »Der Große Vaterländische Krieg« wurde zuerst in einem Artikel in der *Prawda* am 23. Juni 1941 verwendet. Im Juli 1943 wurde die erste Ausgabe von Stalins Kriegsreden veröffentlicht unter dem Titel O *Velikoi Otechestvennoi Voine Sovetskogo Souza* (Über den großen Vaterländischen Krieg).
19 J. Stalin, *Sochineniya,* Bd. 16 (1946–1952), Moskau 1997, S. 6–7.
20 Siehe G. Roberts, *The Soviet Union in World Politics: Revolution, Coexistence and the Cold War, 1945–1991,* Routledge: London 1998.

21 N. Wosnesenski, *War Economy of the USSR in the Period of the Great Patriotic War*, Foreign Languages Publishing House: Moskau 1948, S. 126–133.
22 Vgl. J. Erickson, ›Soviet War Losses‹, in: J. Erickson and D. Dilks (Hg.), *Barbarossa: The Axis and the Allies*, Edinburgh University Press: Edinburgh 1994.
23 Ich habe diese Interpretation des Nichtangriffspaktes ausführlich erläutert. Vgl. dazu auch G. Roberts, *The Unholy Alliance: Stalin's Pact with Hitler*, IB. Tauris: London 1989 sowie *The Soviet Union and the Origins of the Second World War*, Macmillan: London 1995.
24 Die erste Phase dieser Debatte begann mit der Veröffentlichung von Viktor Suworows *Icebreaker: Who Started the Second World War*, Hamish Hamilton: London 1990. ›Suworow‹ war das Pseudonym von V. B. Rezun, einem Mitglied des sowjetischen Geheimdienstes, das sich 1978 in den Westen absetzte. Eine russische Ausgabe seines Buches erschien 1992, und seine Argumente wurden daraufhin von einer Reihe russischer Historiker aufgenommen und weiterentwickelt. Eine Zusammenfassung der Debatte findet sich in T. J. Uldricks, ›The Icebreaker Controversy: Did Stalin Plan to Attack Hitler?‹, *Slavic Review*, Bd. 58, Nr. 3, 1999.
25 Zur Verbindung von Krieg und Revolution siehe M. J. Carley, *1939: The Alliance That Never Was and the Coming of World War II*, Ivan R. Dee: Chicago 1999.
26 Siehe *The Tehran, Yalta and Potsdam Conferences: Documents*, Progress Publishers: Moskau 1969.
27 *Stalin's Correspondence with Churchill, Attlee, Roosevelt and Truman, 1941–1945*, Lawrence Wishart: London 1958. Vgl. auch G. Roberts, ›Stalin, the Pact with Nazi Germany and the Origins of Postwar Soviet Diplomatic Historiography‹, *Journal of Cold War Studies*, Bd. 4, Nr. 3, 2002.
28 Siehe J. Barber, ›The Image of Stalin in Soviet Propaganda and Public Opinion during World War 2‹, in: J. and C. Garrard (Hg.), *World War 2 and the Soviet People*, St Martin's Press: New York 1993.
29 I. Deutscher, *Stalin: A Political Biography*, Pelican: London 1966, S. 456, 457.
30 ›Posetiteli Kremlevskogo Kabineta I. V. Stalina‹, *Istoricheskii Arkhiv*, Nr. 6, 1994; Nr. 2, 3, 4, 5–6, 1995; Nr. 2, 3, 4, 5–6, 1996 und Nr. 1, 1997.
31 Die wichtigste Quelle für Stalins private Überlegungen ist das Tagebuch des Führers der Kommunistischen Internationale, Georgi Dimitrow: I. Banac (Hg.), *The Diary of Georgi Dimitrov, 1933–1949*, Yale University Press: New Haven 2003. Wichtig ist auch Stalins Korrespondenz mit Molotow, seinem Außenminister, wenn dieser sich im Ausland befand. Siehe O. A. Rchechewski (Hg.), *War and Diplomacy: The Making of the Grand Alliance (Documents from Stalin's Archive)*, Harwood Academic Publishers: Amsterdam 1996; W. Pechatnow, ›The Allies are Pressing on You to Break Your Will‹: Foreign Policy Correspondence between Stalin and Molotov and other Politburo Members, September 1945-December 1946, Cold War International History Project, Working Paper Nr. 26, September 1999. Siehe außerdem das Tagebuch von Stalins Beauftragten für die Panzerproduktion, W. A. Malyschew, das veröffentlicht wurde in *Istochnik* Nr. 5, 1997. Ein Teil der Korrespondenz zwischen Stalin und seinem inneren Kreis wurde in der Zeit nach dem Krieg veröffentlicht in: *Politburo TsK VKP(b) i Sovet Ministrov SSSR, 1945–1953*, Moskau 2002. Die Korrespondenz ist teilweise übersetzt in: A. O. Chubaryan und V. O. Pechatnow (Hg.), ›Molotov »the Liberal«: Stalin's 1945 Criticism of his Deputy‹, *Cold War History*, Bd. 1, Nr. 1, August 2000.
32 W. Averell Harriman, ›Stalin at War‹, in: G. R. Urban (Hg.), *Stalinism: Its Impact on Russia and the World*, Wildwood House: Aldershot 1982, S. 41 f. In seinen Erinnerungen beschrieb Harriman Stalin als »besser informiert als Roosevelt, realistischer als Churchill, in gewisser Weise der wirkungsvollste Kriegsführer«. W. Averell Harriman und E. Abel, *Special Envoy to Churchill and Stalin, 1941–1946*, Random House: New York 1975, S. 536.
33 Ebd., S. 43.
34 R. Overy, *Why the Allies Won*, Jonathan Cape: London 1995, S. 259.
35 Eine statistische Auswertung von Stalins Terminkalender ergab, dass er während des Krieges am

häufigsten mit seinem Sicherheitschef Lavrenti Beria, seinem Außenminister Molotow und dem Sekretär des Zentralkomitees der Partei Georgi Malenkow zusammentraf, der auch im staatlichen Verteidigungskomitee und als Stalins persönlicher politischer Emissär an der Front diente. Siehe ›Posetiteli Kremlevskogo Kabineta I. V. Stalina: Alfavitnyi Ukazatel‹, *Istoricheskii Arkhiv,* Nr. 4, 1998.

36 Das detaillierteste Bild von Stalins Arbeitsalltag während des Krieges zeichnet General S. M. Schtemenko, *The Soviet General Staff at War, 1941–1945,* 2 Bde, Progress Publishers: Moskau 1970, 1973.
37 Bialer, *Stalin and his Generals,* S. 33–36.
38 J. Erickson, *The Road to Berlin,* Weidenfeld & Nicolson: London 1983, S. IX.
39 Vgl. Erickson, ›Soviet War Losses‹, siehe auch die Diskussion dazu in: Laqueur, *Stalin,* S. 216–219.
40 *Marshal Zhukov comments on the Soviet High Command at War,* Soviet Weekly Booklet, London 1970, S. 18.
41 J. Stalin, *On the Great Patriotic War of the Soviet Union,* Hutchinson: London 1943 S. 17.
42 Malyschew Tagebuch, S. 128.
43 Kopien vieler Archivdokumente, die von Wolkogonow gesammelt wurden, finden sich in seinen Unterlagen in der Handschriftenabteilung der Library of Congress.
44 D. Wolkogonow, *Stalin: Triumph and Tragedy,* Phoenix Press: London 2000, S. 451.
45 Gegensätzliche Ansichten finden sich in: M. A. Gareew, *Polkovodtsy Pobedy i ikh Voennoe Naslediye,* Moskau 2004 und L. Mlechin, *Iosif Stalin, Ego Marshaly i Generaly,* Moskau 2004.
46 Über Stalins Wirken während des Bürgerkrieges siehe Seaton, *Stalin,* Kap. 1–3. Darüber hinaus war Stalin auch Zeuge des für die Sowjetunion ungünstigen Friedens von Brest-Litowsk.
47 Wolkogonow, *Stalin,* S. 474.
48 A. M. Wassilewski, *A Lifelong Cause,* Progress Publishers: Moskau 1981, S. 447–450. Im russischen Original als *Delo vsei zhizni,* Moskau 1974.
49 Siehe H. E. Salisbury (Hg.), *Marshal Zhukov's Greatest Battles,* Sphere Books: London 1969.
50 *The Memoirs of Marshal Zhukov,* Jonathan Cape: London 1971, S. 284–285.
51 Siehe N. Abramow, ›The New Version of the Tukhachevsky Affair‹, *New Times,* Nr. 13, 1989; D. C. Watt, ›Who Plotted Against Whom? Stalin's Purge of the Soviet High Command Revisisted‹, *Journal of Soviet Military Studies,* Bd. 3, Nr. 1, 1990; I. Lukes, ›The Tukhachevsky Affair and President Edvard Benes‹, *Diplomacy & Statecraft,* Bd. 7, Nr. 3, 1996; S. J. Main, ›The Arrest and »Testimony« of Marshal of the Soviet Union M. N. Tukhachevsky‹, *Journal of Slavic Military Studies,* Bd. 10, Nr. 1, 1997; S. Naveh, ›Tukhachevsky‹, in: Shukman, (Hg.), *Stalin's Generals.*
52 W. J. Spahr, *Stalin's Lieutenants: A Study of Command under Stress,* Presidio Press: Novato, Calif. 1997, S. 174.
53 Zu Statistiken der Säuberungen siehe R. R. Rees, ›The Impact of the Great Purge on the Red Army‹, *Soviet and Post-Soviet Review,* Bd. 19, Nr. 1–3, 1992; ›The Red Army and the Great Purges‹, in: J. A. Getty und R. T. Manning (Hg.), *Stalinist Terror: New Perspectives,* Cambridge University Press, Cambridge 1993; R. Reese, *Stalin's Reluctant Soldiers,* University Press of Kansas: Lawrence, Kansas 1996, Kap. 5.
54 O. F. Suwenirow, *Tragediya RKKA, 1937–1938,* Moskau 1998, S. 373–485. Meine Zahlen beinhalten nur die 1937–1938 Inhaftierten. Eine weitere wichtige Studie, die auf sowjetischen Militärarchiven gründet, die inzwischen für die Forschung geschlossen sind, ist die des polnischen Historikers P. P. Wieczorkiewicz, *Lancuch Smierci: Czystka w Armii Czerwonej, 1937–1939,* Warschau 2001.
55 Suwenirow, *Tragediya,* basiert auf seinen Forschungen in den Unterlagen der Rehabilitations Kommission Mitte der Fünfzigerjahre.
56 Stalin befahl während des Krieges die Hinrichtung von 20 seiner Generäle, die meisten davon im

Juli 1941, als General Dimitri Pawlow, der Kommandant der Westfront, und verschiedene Mitglieder seines Generalstabes erschossen wurden, denen der Verlust von Tausenden Flugzeugen in den ersten Kriegstagen vorgeworfen wurde. Zwischen 1941 und 1945 starben 421 sowjetische Generäle und Admiräle im Einsatz. Siehe dazu auch R. Woff, ›Stalin's Ghosts‹, in: Shukman, (Hg.) *Stalin's Generals.*

57 M. Harrison und R. W. Davies, ›The Soviet Military-Economic Effort during the Second Five-Year Plan (1933–1937)‹, *Europe-Asia Studies*, Bd. 49, Nr. 3, 1997. Ferner R. W. Davies (et al.), *The Economic Transformation of the Soviet Union, 1913–1945*, Cambridge University Press, Cambridge 1994, S. 143–147.

58 Es gibt eine lang anhaltende Debatte, ob Stalin mitschuldig war an der Ermordung Kirows. Eine Zusammenfassung dieser Diskussion findet sich bei N. Baron, ›The Historiography of the Kirov Murder‹, *Slovo*, Bd. 11, 1999.

59 M. Reiman, ›Political Show Trials of the Stalinist Era‹, *Telos*, 1982–1983, Nr. 54.

60 Nach O. V. Khlewnuk wurden zwischen 1930–1940 mindestens 726 000 Personen erschossen, die meisten davon 1937–1938 *(The History of the Gulag: From Collectivisation to the Great Terror*, Yale University Press: New Haven 2004, S. 306). Es gibt eine heftige Debatte über die Ursprünge und den Charakter des großen Terrors sowie über die Zahl der Getöteten und der Verhafteten. Khlewnuks Zahlenangaben gehören dabei zu den geringsten, aber sie gründen auf einer ausführlichen Recherche in den wichtigsten sowjetischen Archiven. Eine wichtige Sammlung der Primärquellen über die Periode des großen Terrors bieten auch J. Arch Getty und W. Naumow (Hg.), *The Road to Terror: Stalin and the Self-destruction of the Bolsheviks, 1932–1939*, Yale University Press: New Haven 1999.

61 Eine Zusammenfassung findet sich in: G. Roberts, ›The Fascist War Threat and Soviet Politics in the 1930s‹, in: S. Pons und A. Romano, *Russia in the Age of Wars, 1914–1945*, Feltrinelli: Mailand 2000. Siehe auch S. Davies, *Popular Opinion in Stalin's Russia: Terror, Propaganda and Dissent, 1934–1941*, Cambridge University Press: Cambridge 1997 sowie S. Fitzpatrick, *Everyday Stalinism: Ordinary Life in Extraordinary Times*, Oxford University Press: Oxford 1999.

62 R. V. Daniels, *A Documentary History of Communism*, Bd. 1, IB. Tauris: London 1985, S. 258–261.

63 *Molotov Remembers*, S. 254. Molotows Ansicht wurde von vielen Historikern bestätigt. So O. Khlevnuk, ›The Objectives of the Great Terror, 1937–1938‹, in: J. Cooper et al. (Hg.), *Soviet History, 1917–1953*, Macmillan: London 1993; ders., ›The Reasons for the »Great Terror«: the Foreign-Political Aspect‹, in: Pons und Romano (Hg.), *Russia.*

64 Siehe S. W. Stoecker, *Forging Stalin's Army, Marshal Tukhachevsky and the Politics of Military Innovation*, Westview Press: Oxford 1998; D. R. Stone, ›Tukhachevsky in Leningrad: Military Politics and Exile, 1928–31‹, *Europe-Asia Studies*, Bd. 48, Nr. 8, 1996; L. Samuelson, ›Mikhail Tukhachevsky and War-Economic Planning‹, *Journal of Slavic Military Studies*, Bd. 9, Nr. 4, December 1996; R. R. Reese, ›Red Army Opposition to Forced Collectivisation, 1929–1930: The Army Wavers‹, *Slavic Review*, Bd. 55, Nr. 1, 1996; S. J. Main, ›The Red Army and the Soviet Military and Political Leadership in the Late 1920s‹, *Europe-Asia Studies*, Bd. 47, Nr. 2, 1995.

65 T. Martin, ›The Origins of Soviet Ethnic Cleansing‹, *Journal of Modern History*, December 1998.

66 G. Roberts, ›Stalin and the Katyn Massacre‹, in: Roberts (Hg.), *Stalin: His Times and Ours.*

67 R. Overy, *The Dictators: Hitler's Germany and Stalin's Russia*, Allen Lane: London 2004, Kap. 13. Zahlreiche Dokumente der stalinistischen Deportationen finden sich in *Stalinskiye Deportatsii 1928–1953*, Moskau 2005.

68 D. Brandenberger, *National Bolshevism: Stalinist Mass Culture and the Formation of Modern Russian National Identity, 1931–1956*, Harvard University Press: Cambridge, Mass. 2002.

69 E. van Ree, *The Political Thought of Joseph Stalin: A Study in Twentieth Century Revolutionary Patriotism*, Routledge: London 2002.

70 Siehe A. J. Rieber, ›Stalin: Man of the Borderlands‹, *American Historical Review,* Nr. 5, 2001.
71 Zitiert nach R. Service, *Stalin: A Biography,* Macmillan: London 2004, S. 272–273.
72 Eine Zusammenfassung der Politik Lenins und Stalins zur nationalen Frage findet sich in T. Martin, ›An Affirmative Action Empire: The Soviet Union as the Highest Form of Imperialism‹, in: R. G. Suny und T. Martin (Hg.), *A State of Nations: Empire and Nation-Making in the Age of Lenin and Stalin,* Oxford University Press: Oxford 2001.
73 J. V. Stalin, ›Marxism and the National Question‹, in: J.V. Stalin, *Works,* Bd. 2, Foreign Languages Publishing House: Moskau 1953.
74 S. Blank, *The Sorcerer as Apprentice: Stalin as Commissar of Nationalities, 1917–1924,* Greenwood Press: London 1994.
75 T. Martin, *The Affirmative Action Empire: Nations and Nationalism in the Soviet Union, 1929–1939,* Cornell University Press: Ithaca, NY 2001, Kap. 10–11.
76 Brandenberger, *National Bolshevism,* S. 55.
77 Zitiert nach A. I. Wdowin, ›Natsional'nyi Vopros i Natsional'naya Politika v SSSR v gody Velikoi Otechestvennoi Voiny'‹, *Vestnik Moskovskogo Universiteta: Seriya 8: Istoriya,* Nr. 5, 2003.
78 Ebd., G. Hosking, ›The Second World War and Russian National Consciousness‹, *Past & Present,* Nr. 175, 2002; T. K. Blauvelt, ›Military Mobilisation and National Identity in the Soviet Union‹, *War & Society,* Bd. 21, Nr. 1, Mai 2003.
79 *Documents on British Policy Overseas,* Reihe 1, Bd. 2, HMSO: London 1985, S. 317.
80 Y. Gorlizki and O. Khlewniuk, *Cold Peace: Stalin and the Soviet Ruling Circle, 1945–1953,* Oxford University Press: Oxford 2004, S. 31–38.
81 Vgl. Chubaryan und Pechatnow, ›Molotov‹.
82 Brandenberger, *National Bolshevism,* S. 191.
83 V. Pechatnow, ›Exercise in Frustration: Soviet Foreign Propaganda in the Early Cold War, 1945–47‹, *Cold War History,* Bd. 1, Nr. 2, Januar 2001.
84 ›Otvet Korrespondentu »Pravdy«‹, in: Stalin, *Sochineniya,* Bd. 16, Moskau 1997, S. 25–30. Eine englische Übersetzung dieses Interviews ist abgedruckt in: W. LaFeber (Hg.), *The Origins of the Cold War, 1941–1947,* John Wiley: New York 1971, Dok. 37.
85 Stalin, *Sochineniya,* S. 57.
86 A. Resis, ›Stalin, the Politburo, and the Onset of the Cold War, 1945–1946‹, *The Carl Beck Papers in Russian and East European Studies,* Nr. 701, April 1998, S. 27.
87 V. O. Pechatnow, *The Big Three after World War II: New Documents on Soviet Thinking about Postwar Relations with the United States and Great Britain,* Cold War International History Project, Working Paper Nr. 13, 1995; G. Roberts, ›Ideology, Calculation and Improvisation: Spheres of Influence in Soviet Foreign Policy, 1939–1945‹, *Review of International Studies,* Bd. 25, Oktober 1999; S. Pons, ›In the Aftermath of the Age of Wars: the Impact of World War II on Soviet Foreign Policy‹, in: Pons und Romano (Hg.) *Russia;* E. Mark, *Revolution by Degrees: Stalin's National-Front Strategy for Europe, 1941–1947,* Cold War International History Projec,t Working Paper Nr. 31, 2001; N. M. Naimark, ›Stalin and Europe in the Postwar Period, 1945–53‹, *Journal of Modern European History,* Bd. 2, Nr. 1, 2004.
88 *Cold War International History Project Bulletin,* Nr. 11, Winter 1998, S. 136.
89 G. Roberts, ›Moscow and the Marshall Plan: Politics, Ideology and the Onset of Cold War, 1947‹, *Europe-Asia Studies,* Bd. 46, Nr. 8, 1994. Vgl. auch G. Procacci (Hg.), *The Cominform: Minutes of the Three Conferences 1947/1948/1949,* Mailand 1994.
90 E. Subkowa, ›The Soviet Regime and Soviet Society in the Postwar Years: Innovations and Conservatism, 1945–1953‹, *Journal of Modern European History,* Bd. 2, Nr. 1, 2004.
91 *Politburo TsK VKP(b) i Sovet Ministrov SSSR, 1945–1953,* Moskau 2002, Dok. 299.
92 Y. Gorlizki, ›Ordinary Stalinism: The Council of Ministers and the Soviet Neopatrimonial State, 1945–1953‹, *Journal of Modern History,* Bd. 74, Nr. 4, 2002.

93 Aber Malenkows Rede vor dem Parteikongress wurde von Stalin stark verändert. Vgl. dazu: Rossiiskii Gosudarstvennyi Arkhiv Sotsial'no-Politicheskoi Istorii (RGASPI), F.592, Op.l, D.6.
94 Stalin, *Sochineniya*, S. 229.
95 Zitiert nach E. Mawdsley, ›Stalin: Victors Are Not Judged‹, *Historically Speaking: The Bulletin of the Historical Society*, 2006.

Erstes Kapitel
1 W. S. Churchill, *The Gathering Storm*, Cassell: London 1964, S. 346; *Ciano's Diary 1939–1943*, Heinemann: London 1947, S. 131, 132; W.L. Shirer, *The Nightmare Years, 1930–1940*, Bantam Books: New York 1984, S. 425, 430.
2 G. Roberts, ›The Alliance that Failed: Moscow and the Triple Alliance Negotiations, 1939‹, *European History Quarterly*, Bd. 26, Nr. 3, 1996; A. Resis, ›The Fall of Litvinov: Harbinger of the German-Soviet Non-Aggression Pact‹, *Europe-Asia Studies*, Bd. 52, Nr. 1, 2000; D. Watson, ›Molotov's Apprenticeship in Foreign Policy: The Triple Alliance Negotiations in 1939‹, *Europe-Asia Studies*, Bd. 52, Nr. 4, 2000.
3 Das ist die Version der Bemerkungen Stalins gemäß den Aufzeichnungen von Churchills Dolmetscher A. H. Birse beim Treffen in Moskau in der Nacht vom 15. auf den 16. August 1942 (Harriman Papers, Container 162, Chronological Files 14–15 August 1942). Eine leicht abweichende Version wird zitiert in W. S. Churchill, *The Second World War*, Bd. 1, Cassell: London 1948 S. 344: »We formed the impression that the British and French Governments were not resolved to go to war if Poland were attacked, but that they hoped the diplomatic lineup of Britain, France and Russia would deter Hitler. We were sure it would not.«
4 ›Captain H. H. Balfour Moscow Diary 1941‹, Library of Congress Manuscript, Division Harriman Papers, Container 164.
5 *Nazi-Soviet Relations, 1939–1941*, Didier: New York 1948 (im Folgenden: NSR), S. 38. Siehe auch *Dokumenty Vneshnei Politiki 1939 god* (im Folgenden: DVP 1939), Moskau 1992, Bd. 22, Bd. 1, Dok. 445.
6 NSR, S. 68–69.
7 NSR, S. 72–76.
8 NSR, S. 76–78.
9 J. Degras (Hg.), *Soviet Documents on Foreign Policy*, Bd. 3 (1933–1941), Oxford University Press: London 1953, S. 363–371.
10 J. Stalin, *Leninism*, Allen & Unwin: London 1942 S. 526.
11 Vgl. z. B. A. L. Weeks, *Stalins Other War: Soviet Grand Strategy, 1939–1941*, Rowman & Littlefield: Oxford 2002.
12 S. Z. Sluch, ›Rech' Stahna, Kotoroi ne Bylo‹, *Otechestvennaya Istoriya*, Nr. 1, 2004.
13 Degras, *Soviet* , S. 406. Die Veröffentlichung der ›Rede‹ in der französischen Presse wurde durch den sowjetischen Botschafter in Paris, Jacob Suritz, am 28. November 1939 nach Moskau gemeldet. *DVP 1939*, Bd. 22, Buch 2, Dok. 813.
14 NSR, S. 86.
15 Ebd., S. 87.
16 I. Banac (Hg.) *The Diary of Georgi Dimitrov*, Yale University Press: New Haven 2003, S. 115–116.
17 Degras, *Soviet*, S. 374–376; A. Werth, *Russia at War, 1941–1945*, Pan Books: London 1964, S. 73–77.
18 Churchill, *Second World War*, S. 353. Churchills Auffassung wurde von Neville Chamberlain geteilt: »Ich bin der gleichen Ansicht wie Winston«, schrieb er seiner Schwester, ›dessen hervorragende Radioansprache wir gerade gehört haben. Ich glaube, dass Russland immer so handeln

wird, wie es meint, dass es seine Interessen verlangen, und ich kann nicht glauben, dass es einen deutschen Sieg und eine Beherrschung Europas durch Deutschland im Sinne seiner Interessen ansehen könnte.« Zitiert nach M. Gilbert, *Winston S. Churchill,* Bd. 6, Heinemann: London 1983, S. 51.
19 Banac, *Diary of Dimitrov,* S. 120–121.
20 Der Bericht über Stalins Gespräch mit Ribbentrop am 27.-28. September 1939 wurde veröffentlicht durch I. Fleischhauer, ›The Molotov-Ribbentrop Pact: The German Version‹, *International Affairs,* August 1991.
21 NSR, S. 105–107.
22 Degras, *Soviet,* S. 379–380.
23 Ebd., S. 388–400.
24 Vgl. M. J. Carley, ›A Situation of Delicacy and Danger: Anglo-Soviet Relations, August 1939–March 1940‹, *Contemporary European History,* Bd. 8, Nr. 2, 1999; Dzh. Roberts, ›Cherchil' i Stalin: Epizody Anglo-Sovetskikh Otnoshenii (Sentyabr' 1939-Iun' 1941 goda)‹, in: A. O. Chubaryan (Hg.), *Voina i Politika, 1939–1941,* Moskau 1999.
25 Zu den sowjetisch-deutschen Beziehungen in den Dreißigerjahren siehe: G. Roberts, *The Soviet Union and the Origins of the Second World War: Russo-German Relations and the Road to War, 1939–1941,* Macmillan: London 1995.
26 DVP 1939, Bd. 22, Buch 2, S. 609.
27 G. Roberts, ›The Fascist War Threat in Soviet Politics in the 1930s‹, in: S. Pons und A. Romano (Hg.), *Russia in the Age of Wars, 1914–1945,* Feltrinelli: Mailand 2000.
28 Vgl. auch E. E. Ericson, *Feeding the German Eagle: Soviet Economic Aid to Nazi Germany, 1933–1941,* Praeger: Westport, Conn. 1999. Außerdem A. A. Schewjakow, ›Sovetsko-Germanskiye Ekonomicheskiye Otnosheniya v 1939–1941 godakh‹, *Voprosy Istorii,* Nr. 4–5, 1991; V.Ya. Sipols, ›Torgovo-Ekonomicheskiye Otnosheniya mezhdu SSSR i Germaniei v 1939–1941 gg v Svete Novykh Arkhivnykh Dokumentov‹, *Novaya i Noveishaya Istoriya,* Nr. 2, 1997; Kh. P. Shtrandman, ›Obostryaushchiesya Paradoksy: Hitler, Stalin i Germano-Sovetskiye Ekonomicheskiye Svyazi, 1939–1941‹, in: Chubaryan (Hg.), *Voina i Politika.*
29 Werth, *Russia at War,* S. 125.
30 *Vneshnyaya Torgovlya SSSR za 1918–1940,* Moskau 1960, S. 558–562.
31 Ericson, *German Eagle,* S. 182.
32 Über die sowjetisch-deutsche Militärkooperation: G. Weinberg, *Germany and the Soviet Union, 1939–1941,* Leiden 1954, S. 76–85; B. Newman, *The Captured Archives,* Latimer House: London 1948, S. 135–136.
33 *Report of the Select Committee to Investigate Communist Aggression and the Forced Incorporation of the Baltic States into the USSR: Third Interim Report of the Select Committee on Communist Aggression (House of Representatives),* Washington, DC 1954, S. 225–226.
34 ›The Baltic Countries Join the Soviet Union: Documents on the USSR's Relations with the Baltic Countries in 1939 and 1940‹, *International Affairs,* März 1990, S. 141–142.
35 *Polpredy Soobshchayut: Sbornik Dokumentov ob Otnosheniyakh SSSR s Latviei, Litvoi i Estoniei, Avgust 1939g–Avgust 1940g,* Moskau 1990, Dok. 58.
36 Ebd., Dok. 59.
37 *Report ... Committee on Communist Aggression,* S. 316.
38 J. Urbsys, ›Lithuania and the Soviet Union, 1939–1940‹, *Litaunus,* Bd. 35, Nr. 2, 1989, S. 4.
39 Die relevanten Dokumente finden sich in: *Polpredy Soobshchayut* und ›The Baltic Countries Join ...‹; siehe auch G. Roberts, ›Soviet Policy and the Baltic States, 1939–1940: A Reappraisal‹, *Diplomacy & Statecraft,* Bd. 6, Nr. 3, 1995.
40 Banac, *Diary of Dimitrov,* S. 120.
41 DVP 1939, Bd. 22, Buch 2, Dok. 536.

42 J. T. Gross, *Revolution from Abroad: The Soviet Conquest of Poland's Western Ukraine and Western Belorussia,* Princeton University Press: Princeton, NJ 1988.
43 Vgl. G. Roberts, ›Stalin and the Katyn Massacre‹, in: G. Roberts (Hg.), *Stalin: His Times and Ours,* IAREES: Dublin 2005.
44 V. N. Semskow, ›Prinuditelnye Migratsii iz Pribaltiki v 1940–1950-kh godakh‹, *Otechestvennyi Arkhiv,* Nr. 1, 1993 S. 4.
45 DVP 1939, Bd. 22, Buch 2, Dok. 769, 783; *Sovetsko-Bolgarskiye Otnosheniya i Svyezi, 1917–1944,* Moskau 1976, Dok. 504–506, 510.
46 DVP 1939, Bd. 22, Buch 2, Dok. 654.
47 O. Manninen und N. I. Baryschnikow, ›Peregovory Osen'u 1939 goda‹, in: O. A. Rchechewski und O. Vekhvilyainen (Hg.), *Zimnyaya Voina 1939–1940,* Bd. 1, Moskau 1999, S. 119–121.
48 Vgl. auch *The Development of Soviet-Finnish Relations,* London 1940 und ›The Winter War (Documents on Soviet-Finnish Relations in 1939–1940)‹, *International Affairs,* Dok. 8, 9, 1989; C. van Dyke, *The Soviet Invasion of Finland, 1939–1940,* Frank Cass: London 1997.
49 K. Rentola, ›The Finnish Communists and the Winter War‹, *Journal of Contemporary History,* Bd. 33, Nr. 4, 1998, S. 596. Die meisten wurden nach kurzer Haft wieder entlassen.
50 N. I. Baryschnikow, ›Sovetsko-Finlyandskaya Voina 1939–1940gg‹, *Novaya i Noveishaya Istoriya,* Nr. 4, 1991, S. 33.
51 V. Mitenew, ›Archives Reopen Debate on the Winter War‹, *Soviet Weekly,* 3, 6, 89.
52 Baryschnikow ›Sovetsko...‹, S. 34.
53 Degras, *Soviet,* S. 401–403.
54 ›Posetiteli Kremlevskogo Kabineta I. V. Stahna‹, *Istoricheskii Arkhiv,* Nr. 5–6, 1995, S. 60.
55 *Khrushchev Remembers,* Sphere Books: London 1971, S. 135–136.
56 DVP 1939, Bd. 22, Buch 2 Dok. 821.
57 Degras, *Soviet,* S. 407–410. Vgl. auch *Zimnyaya Voina,* S. 181.
58 Vgl. T. Vihavainen, ›The Soviet Decision for War against Finland, 30 November 1939: A Comment‹, *Soviet Studies,* April 1987; M. I. Meltukow, ›»Narodny Front« dlya Finlyandii? (K Voprosy o Tselyakh Sovetskogo Rukovodstva v Voine s Finlyandiei 1939–1940gg‹, *Otechestvennaya Istoriya,* Nr. 3, 1993.
59 Banac, *Diary of Dimitrov,* S. 124.
60 Ebd.
61 Über den sowjetisch-finnischen Krieg: Van Dyke, *The Soviet;* D. M. Glantz und J. House, *When Titans Clashed: How the Red Army Stopped Hitler,* University Press of Kansas: Lawrence, Kansas 1995, S. 18–23; W. J. Spahr, *Stalin's Lieutenants,* Presido Press: Novate, Calif. 1997, S. 216–226; A. F. Upton, ›The Winter War‹, in: Purnell: *History of the Second World War,* 1966, S. 122–140. *Sovetsko-Finlyandskaya Voina, 1939–1940,* 2 Bde., St. Petersburg 2003.
62 Degras, *Soviet,* S. 421–423.
63 I. Maiski, *Memoirs of a Soviet Ambassador,* Hutchinson: London 1967, S. 40.
64 Zitiert nach Carley, ›Situation‹, S. 195–196.
65 *Sotsialisticheskiye Revolutsii v Estonii 1917–1940 i yeyo Vkhozhdeniye v Sostav SSSR: Dokumenty i Materialy,* Tallin 1987, Dok. 94.
66 Ein finnischer Historiker äußert sich entsprechend in: *Helsingin Sanomat,* internationale Ausgabe vom 15. 10. 2002.
67 L. Woodward, *British Foreign Policy in the Second World War,* Bd. 1, HMSO: London 1970, Kap. 2–4; Churchill, *Second World War,* Kap. 30; siehe auch Gilbert, *Churchill,* Kap. 6.
68 A. J. P. Taylor, *English History, 1914–1945,* Penguin: London 1975, S. 571–572.
69 DVP 1939, Bd. 22, Buch 2, Dok. 886.
70 Degras, *Soviet,* S. 436–449. Zu den sowjetischen Verlusten, die möglicherweise viel höher waren, siehe P. A. Altekar, ›Opravdany li Zhertvy? (O Poteryakh v Sovetsko-Finlyandskoi Voine)‹, in:

A. E. Taras (Hg.), *Sovetsko-Finskaya Voina, 1939–1940gg,* Minsk 1999; *Zimnyaya Voina,* S. 324–325.
71 Banac, *Diary of Dimitrov,* S. 127–129.
72 *Zimnyaya Voina,* Bd. 2, S. 272–282. Siehe auch: A. O. Chubaryan und H. Shukman (Hg.), *Stalin and the Soviet-Finnish War, 1939–1940,* Frank Cass: London 2002.
73 *Zimnyaya Voina: Rabota nad Oshibkami Aprel'-Mai 1940g (Materialy Komissii Glavnogo Voennogo Soveta Krasnoi Armii po Obobshcheniu Opyta Finskoi Kampanii),* Moskau 2004.
74 *Istoriya Velikoi Otechestvennoi Voiny Sovetskogo Souza 1941–1945,* Bd. 1, Moskau 1960, S. 463–468; J. Erickson, *The Road to Stalingrad,* Harper & Row: New York 1975, S. 16–24; D. M. Glantz und J. House, *Titans,* S. 23–24.
75 D. M. Glantz, *Colossus Reborn: The Red Army at War, 1941–1943,* University Press of Kansas: Lawrence, Kansas 2005, S. 216–219.
76 Vgl. S. Bialer (Hg.), *Stalin and his Generals,* Souvenir Press: New York 1969, S. 152–175; Erickson, *Road to Stalingrad,* S. 31–37.
77 Stalins Bemerkung wurde überliefert durch General M.I. Kazakow, in: Bialer (Hg.), *Stalin and his Generals,* S. 145.
78 Degras, *Soviet,* S. 457–458.
79 G. Gorodetsky, *Grand Delusion: Stalin and the German Invasion of Russia,* Yale University Press: New Haven 1999, S. 31 ff.
80 Vgl. Roberts, ›Soviet Policy and the Baltic States‹.
81 DVP 1940–1941, Bd. 23, Buch 1, Moskau 1995, Dok. 240.
82 NSR, S. 166–168.
83 Degras, *Soviet,* S. 463.
84 M.Yu. Myagkow (Hg.), *Mirovye Voiny XX Veka: Vtoraya Mirovaya Voina (Dokumenty i Materialy),* Bd. 4, Moskau 2002, Dok. 91; siehe auch: S. Berthon und J. Potts, *Warlords,* Politico's Publishing: London 2005.
85 G. T. Waddington, ›Ribbentrop and the Soviet Union, 1937–1941‹, in: J. Erickson und D. Dilks (Hg.), *Barbarossa,* Edinburgh University Press: Edinburgh 1994.
86 NSR, S. 255–258.
87 Ebd., S. 213.
88 Ebd., S. 216.
89 Vgl. ›Direktivy I. V. Stahna V. M. Molotovu pered Poezdkoi v Berlin v Noyabre 1940g‹, *Novaya i Noveishaya Istoriya,* Nr. 4, 1995; siehe auch: L. A. Besymenski, ›Vizit B. M. Molotova v Berlin v Noyabre 1940g. v Svete Novykh Dokumentov‹, *Novaya i Noveishaya Istoriya,* Nr. 6, 1995; G. Roberts, ›From Non-Aggression Treaty to War: Documenting Nazi-Soviet Relations, 1939–1941‹, *History Review,* December 2001.
90 NSR, S. 252–254.
91 Vgl. das Interview mit Chadajew, in: G. A. Kumanew, *Ryadom so Stalinym,* Moskau 1999, S. 376–441.
92 NSR, S. 258–259.
93 J. Erickson, ›Threat Identification and Strategic Appraisal by the Soviet Union, 1930–1941‹, in: E. R. May (Hg.), *Knowing One's Enemies,* Princeton University Press: Princeton, N J 1984, S. 414.
94 DVP 1940–1941, Bd. 23 Buch 2, Teil 1, Moskau 1998, Dok. 599.
95 NSR, S. 260–264.
96 Werth, *Russia at War,* S. 89.

Zweites Kapitel
1 I. Banac (Hg.) *The Diary of Georgi Dimitrow,* Yale University Press: New Haven 2003, S. 137.
2 G. Gorodetsky, *Grand Delusion: Stalin and the German Invasion of Russia,* Yale University Press:

New Haven 1999, S. 65–66; *Dokumenty Vneshnei Politiki 1940–1941* (im Folgenden: DVP), Bd. 23, Buch 2, Teil 1, Moskau 1998, Dok. 549.
3 DVP 1940–1941, Bd. 23, 2. Buch, Teil 1, Dok. 564.
4 *Sovetsko-Ugoslavskiye Otnosheniya, 1917–1941,* Moskau 1992, Dok. 303, 304.
5 Ebd., Dok. 305, 307.
6 DVP 1940–1941, Bd. 23, Buch 2, Teil 2, Dok. 745.
7 Ebd., Dok. 746.
8 *Sovetsko-Ugoslavskiye Otnosheniya,* Dok. 320.
9 N. N. Novikow, *Vospominaniya Diplomata,* Moskau 1989, S. 78–79.
10 Die Bemerkungen des jugoslawischen Botschafters finden sich in: *Foreign Relations of the United States 1941,* Bd. 1, S. 301–302 sowie S. 312–315.
11 Gorodetsky, *Grand Delusion,* S. 204.
12 *Nazi-Soviet Relations, 1939–1941,* Didier: New York 1948 (im Folgenden: NSR), S. 324; siehe auch H. C. Cassidy, *Moskau Dateline, 1941–1943,* Riverside Press: Cambridge, Mass. 1943; Gorodetsky, *Grand Delusion,* S. 198–199.
13 *Rossiiskii Gosudarstvennyi Arkhiv Noveishei Istorii* (RGANI), F.2, Op. 1, D. 1.
14 NSR, S. 336.
15 NSR, S. 344.
16 J. Degras (Hg.), *Soviet Documents on Foreign Policy,* Bd. 3 (1933–1941), Oxford University Press: London 1953, S. 489.
17 DVP 1940–1941, Bd. 23, Buch 2, Teil 2, Dok. 772.
18 NSR, S. 330–332.
19 DVP 1940–1941, Bd. 23, Buch 2, Teil 2, Dok. 814, 823, 828. Die oft wiedergegebene Episode, dass Schulenburg Dakanozow vor einem Angriff Hitlers gewarnt haben soll, entbehrt jeder Grundlage. Vgl. Gorodetsky, *Grand Illusion,* S. 181–186.
20 ›Posetiteli Kremlevskogo Kabineta I. V. Stahna‹, *Istoricheskii Arkhiv,* Nr. 2, 1996, S. 47.
21 Gorodetsky, *Grand Delusion,* S. 181–186.
22 Ebd., Kap. 12.
23 *Vestnik Ministerstva Incstrannykh Del SSSR,* 30/4/90, S. 77–78.
24 *1941 god,* Bd. 1, Moskau 1998, Dok. 327.
25 *1941 god,* Bd. 2, Dok. 393, 413, 472, 525, 528.
26 *Organy Gosudarstvennoi Bezopasnosti SSSR v Velikoi Otechestvennoi Voine,* Bd. 1, Buch 2, Moskau 1995, Dok. 201.
27 Ebd., Dok. 273.
28 *Lubyanka: Stalin i NKVD-NKGB-GUKR ›Smersh‹, 1939–1946,* Moskau 2006, Dok. 173.
29 Gorodetsky, *Grand Delusion,* S. 296–297.
30 *1941 god,* Bd. 2, Dok. 488, 513, 514, 566, 567, 590 sowie *Sovetsko-Yaponskaya Voina 1945 goda: Istoriya Voenno-Politicheskogo Protivoborstva Dvukh Derzhav v 30–40-e gody,* Moskau 1997, Dok. 14, 148, 150, 151, 152, 154.
31 DVP 1940–1941 Bd. 23, Buch 2, Teil 2, Dok. 853.
32 *Vestnik Ministerstva Inostrannykh,* S. 76–77.
33 B. Whaley, *Codeword Barbarossa,* MIT Press: Cambridge, Mass. 1973, Kap. 7; siehe auch D. Murphy, *What Stalin Knew: The Enigma of Barbarossa,* Yale University Press: New Haven 2005, Kap. 17.
34 Zitiert nach A. Seaton, *Stalin as Military Commander,* Combined Publishing: Conshohocken, PA 1998, S. 154.
35 L. Rotundo, ›Stalin and the Outbreak of War in 1941‹, *Journal of Contemporary History,* Bd. 24, 1989, S. 283.
36 *1941 god,* Bd. 2, Dok. 550.

37 Ebd., Dok. 605.
38 E. Mawdsley, *Thunder in the East: The Nazi-Soviet War, 1941–1945,* Hodder Arnold: London 2005, S. 34.
39 Dieser Abschnitt schuldet viel den Arbeiten von J. Erickson, ›Barbarossa: June 1941: Who Attacked Whom‹, *History Today,* Juli 2001; C. A. Roberts, ›Planning for War: The Red Army and the Catastrophe of 1941‹, *Europe-Asia Studies,* Bd. 8, Nr. 47, 1995; E. Mawdsley, ›Crossing the Rubicon: Soviet Plans for Offensive War in 1940–1941‹, *International History Review,* Dezember 2003; Gorodetsky, *Grand Delusion* und Rotundo, ›Stalin‹.
40 ›Zakluchitel'naya Rech' Narodnogo Komissara Oborony Souza SSR Geroya i Marshala Sovetskogo Souza S.K. Timoshenko na Voennom Soveshchanii 31 Dekabrya 1940g‹, S. 12. Siehe auch die Archivdokumente Wolkogonows (vgl. Einleitung, Anm. 44).
41 G.K. Schukow, ›Kharakter Sovremennoi Nastupatel'noi Operatsii‹, in: *Nakanune Voiny: Materialy Soveshchaniya Vysshego Rukovodyashchego Sostava RKKA 23–31 Dekabrya,* Moskau 1993, S. 129–151.
42 Mawdsley,›Crossing the Rubicon‹, S. 826–827.
43 J. Stalin, *Works,* Bd. 12, Foreign Languages Publishing House: Moskau 1955, S. 269.
44 Vgl. auch Degras, *Soviet,* S. 166.
45 M. Djilas, *Wartime,* Seker & Warburg: London 1977, S. 437. Siehe auch Albert Resis, *Stalin, the Politburo, and the Onset of the Cold War, 1945–1946.*
46 Vgl. M. von Hägen, ›Soviet Soldiers and Officers on the Eve of the German Invasion‹, in: J. L. Wieczynski (Hg.), *Operation Barbarossa,* Charles, Schlacks: Salt Lake City 1993.
47 *1941 god,* Bd. 2, S. 557–571.
48 Ebd., Bd. 1, Dok. 95.
49 Ebd., Dok. 117.
50 Ebd., Dok. 134.
51 Ebd., Dok. 315.
52 Gorodetsky, *Grand Delusion,* S. 121–124.
53 M. V. Schakarow, *General'nyi Shtab v Predvoennye Gody,* Moskau 1989, S. 220–224.
54 *1941 god,* Bd. 1, Dok. 224.
55 Mawdsley, ›Crossing the Rubicon‹.
56 *1941 god,* Bd. 2, Dok. 473.
57 Das Dokument wurde zuerst in Dimitri Wolkogonows Stalinbiografie in der Sowjetunion 1989 publiziert. Wolkogonows Quelle war ein dreiseitiges Manuskript, das er im sowjetischen Militärarchiv fand. Eine Kopie davon befindet sich in den Wolkogonow-Dokumenten in der Library of Congress Manuscripts Division. Der Text wurde veröffentlicht in der Zeitung *Voenno-Istoricheskii Zhurnal* (›Upryamye Fakty Nachala Voiny‹, Nr. 2, 1992). Es war aber nur ein Ausschnitt eines längeren, handgeschriebenen Dokuments (L. A. Besymenski, ›O »Plane Zhukova« ot 15 May 1941g‹, *Novaya i Noveishaya Istoriya,* Nr. 3, 2000). Über die Verwendung dieses Dokuments seitens derjenigen, die der Ansicht sind, dass Stalin für 1941 einen Angriffskrieg plante, siehe T. J. Uldricks, ›The Icebreaker Controversy: Did Stalin Plan to Attack Hitler?‹, *Slavic Review,* Bd. 58, Nr. 3, Herbst 1999.
58 Es gibt verschiedene Berichte von dritter Seite, nach denen Stalin das Dokument gezeigt wurde. Diese Quellen finden sich im Detail bei Mawdsley, ›Rubicon‹, wo ihr kontroverser Charakter diskutiert wird.
59 Roberts, ›Planning for War‹, S. 1320.
60 A. Werth, *Russia at War, 1941–1945,* Pan Books: London 1964, S. 132.
61 Vgl. die Diskussion bei Mawdsley, ›Rubicon‹.
62 ›Posetiteli Kremlevskogo Kabineta I. V. Stahna‹, *Istoricheskii Arkhiv,* Nr. 2, 1996, S. 48–49.
63 A. M. Wassilewski, *A Lifelong Cause,* Progress Publishers: Moskau 1981, S. 84.

64 G. A. Kumanev, *Ryadom so Stalinym,* Moskau 1999, S. 233, siehe auch Mawdsley, ›Rubicon‹, S. 864–865.
65 Gorodetsky, *Grand Delusion,* S. 240.
66 K. K. Rokossowski, *Soldatskii Dolg,* Moskau 2002, S. 50–54. Diese Passage wurde zusammen mit anderen in der 1968 veröffentlichten Ausgabe der Memoiren zensiert.
67 G. K. Schukow, *Vospominaniya i Razmyshleniya,* 10. Ausgabe, Bd. 1, Moskau 1990, S. 289. Diese Bemerkung wurde in Schukows Memoiren in der Periode vor Glasnost zensiert.
68 Mawdsley, *Thunder,* S. 86–87.

Drittes Kapitel
1 D. M. Glantz und J. House, *When Titans Clashed: How the Red Army Stopped Hitler,* University Press of Kansas: Lawrence, Kansas 1995, S. 31.
2 D. Glantz, *Barbarossa: Hitler's Invasion of Russia 1941,* Tempus Publishing: Stroud 2001, S. 234.
3 *1941 god,* Bd. 2, Moskau 1998, Dok. 612.
4 Zu den genauen deutschen Angriffsvorbereitungen siehe H. Boog et al., *Germany and the Second World War: The Attack on the Soviet Union,* Clarendon Press: Oxford 1998. Wenn nicht anders vermerkt, stammen die Angaben dieses Kapitels aus diesem Band.
5 J. Keegan, *The Second World War,* Arrow Books: London 1989, S. 186.
6 A. Clark, *Barbarossa: The Russian-German Conflict, 1941–1945,* Phoenix: London 1996, S. 43.
7 Ye. N. Kulkow, ›Napadeniye Germanii na SSSR‹, in: *Mirovye Voiny XX Veka,* Bd. 3, Moskau 2002, S. 138.
8 M. U. Myagkow (Hg.), *Mirovye Voiny XX Veka,* Bd. 4, Moskau 2002, Dok. 199.
9 Glantz, *Barbarossa,* S. 53.
10 L. Dobroszycki und J. S. Gurock (Hg.), *The Holocaust in the Soviet Union,* M. E. Sharpe: New York 1993.
11 Vgl. J. Matthaus, ›Operation Barbarossa and the Onset of the Holocaust‹, in: C. Browning, *The Origins of the Final Solution,* University of Nebraska Press: Lincoln 2004; vgl. auch die Beiträge von J. Förster, C. Streit, O. Bartow und C. Browning in D. Cesarini (Hg.), *The Final Solution,* Routledge: London 1994.
12 C. Streit, ›Partisans-Resistance-Prisoners of War‹, in: J. L. Wieczynski (Hg.), *Operation Barbarossa,* Charles, Schlacks: Salt Lake City 1993.
13 Konstantin Simonows Roman, *The Living and the Dead,* Raduga Publishers: Moskau 1989 beschreibt anschaulich, wie sich sowjetische Soldaten aus der Umzinglung lösten.
14 Myagkow, *Mirovye.*
15 G. A. Kumanew, ›The USSR's Degree of Defense Readiness and the Suddenness of the Nazi Attack‹, in: Wieczynski (Hg.), *Barbarossa;* M. N. Ramanichew, ›Nevidannoye Ispytaniye‹, in: G. N. Sevostjanow (Hg.), *Voina i Obshchestvo, 1941–1945,* Bd. 1, Moskau 2004.
16 A. Werth, *Russia at War,* Pan Books: London 1964, S. 249.
17 W. E. D. Allen und P. Muratoff, *The Russian Campaigns of 1941–1943,* Penguin Books: London 1944, S. 53.
18 *Khrushchev Remembers,* Sphere Books: London 1971, S. 535–536.
19 R. und Z. Medwedew, *The Unknown Stalin,* Overlook Press: Woodstock und New York, S. 242.
20 A. Mikoyan, *Tak Bylo,* Moskau 1999, S. 390–391.
21 R. und Z. Medwedew, *Unknown Stalin,* S. 244.
22 Chadajews Memoiren sind unveröffentlicht. Auszüge finden sich in E. Radzinsky, *Stalin,* Hodder & Stoughton: London 1997, S. 445–455; S. Berthon und J. Potts, *Warlords,* Politico's Publishing: London 2005.
23 G. A. Kumanew, *Ryadom so Stalinym,* Moskau 1999, S. 413.
24 A. Resis (Hg.), *Molotov Remembers,* Ivan R. Dee: Chicago 1993, S. 39.

25 *The Memoirs of Marshal Zhukov,* Jonathan Cape: London 1971, S. 268.
26 *Organy Gosudarstvennoi Bezopasnosti SSSR v Velikoi Otechestvennoi Voine,* Bd. 2, Buch 1, Moskau 2000, S. 107.
27 ›Posetiteli Kremlevskogo Kabineta I. V. Stahna: 1940–1941‹, *Istoricheskii Arkhiv,* Nr. 2, 1996, S. 51–54.
28 R. und Z. Medwedew, *Unknown Stalin,* S. 243.
29 *Organy Gosudarstvennoi,* Dok. 293, 306.
30 Ebd., Dok. 337.
31 *1941 god,* Bd. 2, Moskau 1998, Dok. 608.
32 A. Resis (Hg.), *Molotov Remembers,* S. 38.
33 ›»Nashe Delo Pravoe«: Kak Gotovilos Vystupleniye V. M. Molotova po Radio 22 Iunya 1941 goda‹, *Istoricheskii Arkhiv,* Nr. 2, 1995. Vgl. auch J. Degras (Hg.), *Soviet Documents on Foreign Policy,* Bd. 3, Oxford University Press: London 1953, S. 490–491, wo sich die Rede teilweise in englischer Übersetzung befindet.
34 I. Banac (Hg.), *The Diary of Georgi Dimitrov, 1933–1949,* Yale University Press: New Haven 2003, S. 166–167.
35 *Dokumenty Vneshnei Politiki 1941–1942,* Bd. 24, Moskau 2000, Dok. 2 (im Folgenden: DVP).
36 W. S. Churchill, *War Speeches, 1940–1945,* Cassell: London 1946, S. 67–69.
37 *Sovetsko-Amerikanskiye Otnosheniya 1939–1945,* Moskau 2004, S. 134. Über die Politik Roosevelts gegenüber der Sowjetunion während des Krieges gibt Auskunft: M. E. Glantz, *FDR and the Soviet Union: The President's Battles over Foreign Policy,* University Press of Kansas: Lawrence, Kansas 2005.
38 *Sovetsko-Amerikanskiye,* Dok. 102.
39 Ebd., Dok. 135, 16–17, S. 576–583.
40 Ebd., Dok. 145.
41 Ebd., Dok. 227–230.
42 *1941 god,* Bd. 2, Dok. 605, 607, 617; Glantz, *Barbarossa,* S. 242–243.
43 Vgl. auch B. V. Sokolow, *Georgii Zhukov,* Moskau 2004, S. 220.
44 S. M. Schtemenko, *The Soviet General Staff at War, 1941–1945,* Bd. 1, Progress Publishers: Moskau 1970, S. 32.
45 J. Barber, ›Popular Reactions in Moscow to the German Invasion of June 22, 1941‹, in: Wieczynski (Hg.), *Barbarossa,* vgl. auch M. M. Gorinow, ›Muscovites' Moods, 22 June 1941 to May 1942‹, in: R. W. Thurston und B. Bonwetsch (Hg.), *The People's War: Responses to World War II in the Soviet Union,* University of Illinois Press: Urbana und Chicago 2000.
46 Schukow, *Memoirs,* S. 250.
47 G. K. Schukow, *Vospominaniya i Razmyshleniya,* Bd. 2, Moskau 1990, S. 38.
48 Glantz, *Barbarossa,* S. 40.
49 *Organy Gosudarstvennoi,* Dok. 340.
50 J. Stalin, *On the Great Patriotic War of the Soviet Union,* Hutchinson: London 1944, S. 5–9; E. Mawdsley, ›Explaining Military Failure: Stalin, the Red Army, and the First Period of the Patriotic War, 1941–1942‹, in: G. Roberts (Hg.), *Stalin: His Times and Ours,* IAREES: Dublin 2005.
51 *Moskva Voennaya, 1941–1945,* Moskau 1995, Dok. 19–20.
52 Ramanichew ›Nevidannoye‹, S. 62.
53 Yu. Gorkow, *Gosudarstvennyi Komitet Oborony Postanovlyaet (1941–1945),* Moskau 2002, S. 20.
54 *Organy Gosudarstvennoi,* Dok. 423.
55 D. M. Glantz, *Colossus Reborn: The Red Army at War, 1941–1943,* University Press of Kansas: Lawrence, Kansas 2005, Kap. 11.
56 *Organy Gosudarstvennoi,* Dok. 384.
57 *1941 god,* Bd. 2, Dok. 634, zitiert nach der Direktive v. 29. Juni.

58 *Stawka VGK: Dokumenty i Materialy 1941 god,* Moskau 1996 (Serie Russkii Arkhiv), Dok. 106.
59 *Glavnye Politicheskiye Organy Vooruzhennykh Sil SSSR v Velikoi Otechestvennoi Voine 1941-l945gg,* Moskau 1996 (Serie Russkii Arkhiv), Dok. 42.
60 *Organy Gosudarstvennoi,* Dok. 413.
61 Ebd., Dok. 490.
62 Ebd., Dok. 550.
63 *1941 god,* Bd. 2, Dok. 635.
64 *Organy Gosudarstvennoi,* Dok. 379, 436, 437, 438; siehe auch E. Mawdsley, *Thunder in the East: The Nazi-Soviet War 1941–1945,* Hodder Arnold: London 2005, S. 60–62.
65 O. F. Suwenirow, *Tragediya RKKA, 1937–1939,* Moskau 1998, S. 381.
66 G. Jukes, ›Meretskow‹, in: H. Shukman (Hg.), *Stalin's Generals,* Phoenix Press: London 1997.
67 *Organy Gosudarstvennoi,* Dok. 424.
68 Ebd., Dok. 454.
69 Schukow, *Vospominaniya,* Bd. 2, S. 132.
70 Glantz, *Barbarossa,* S. 86–90.
71 Werth, *Russia at War,* S. 188–195.
72 Glantz, *Barbarossa,* S. 90.
73 Ramanichew, ›Nevidannoye‹, S. 67.
74 Glantz, *Barbarossa,* S. 96.
75 A. J. P. Taylor, *The War Lords,* Penguin Books: London 1978, S. 107.
76 A. M. Wassilewski, *A Lifelong Cause,* Progress Publishers: Moskau 1981, S. 97–104.
77 *Stawka VGK: Dokumenty i Materialy 1941 god,* Dok. 168.
78 A. M. Wassilewski, *Delo Vsei Zhizni,* Moskau 1974, S. 145.
79 Ebd., S. 146.
80 Wassilewski, *A Lifelong Cause,* S. 106–107.
81 Ebd., S. 107.
82 Schukow, *Vospominaniya,* Bd. 2, S. 132–133.
83 I. Kh. Bagramyan, *Tak Shli My k Pobede,* Moskau 1998, S. 180.
84 *Stawka VGK: Dokumenty i Materialy 1941 god,* Dok. 255.
85 Ebd., Dok. 254.
86 Wassilewski, *A Lifelong Cause,* S. 110.
87 *Stawka VGK: Dokumenty i Materialy 1941 god,* Dok. 280.
88 Glantz, *Barbarossa,* S. 132.
89 Bagramyan, *Tak Shli,* S. 188.
90 DVP, Bd. 24, Nr. 17, S. 577–583.
91 *Stalin's Correspondence with Churchill, Attlee, Roosevelt and Truman, 1941–1945,* Lawrence & Wishart: London 1958, Dok. 3, 10, 12.
92 Wassilewski, *A Lifelong Cause,* S. 108.
93 Mawdsley, *Thunder,* S. 74.
94 Ebd., S. 110.
95 Der militärische Überblick in diesem Kapitel beruht auf D. M. Glantz, *The Battle for Leningrad, 1941–1944,* University Press of Kansas: Lawrence, Kansas 2002.
96 Ebd., S. 54–55.
97 Ebd., S. 85–86.
98 Siehe hierzu auch H. E. Salisbury, *The 900 Days: The Siege of Leningrad,* Avon Books: New York 1970.
99 N. A. Lomagin, *Neizvestnaya Blokada,* Bd. 1, St. Petersburg 2002, S. 58–61.
100 N. Ya Komarow und G. A. Kumanew, *Blokada Leningrada: 900 Geroicheskikh Dnei, 1941–1944,* Moskau 2004, S. 72–76.

101 Zitiert nach D. Watson, ›Molotov, the War and Soviet Government‹ (unveröffentlichte Arbeit). Vgl. auch Lomagin, *Blokada*, S. 63.
102 Vgl. dazu auch Wolkogonows Beitrag in: Shukman (Hg.), *Stalin's Generals*, S. 318.
103 Glantz, *Battle for Leningrad*, S. 81–82; siehe auch Komarow und Kumanew, *Blokada*, S. 113.
104 Mawdsley, *Thunder*, S. 136.
105 Glantz, *Battle for Leningrad*, S. 468.
106 *Stawka VGK: Dokumenty i Materialy 1941 god*, Dok. 504.
107 Mawdsley, *Thunder*, S. 95.
108 Glantz, *Barbarossa*, S. 157.
109 Wassilewski, *A Lifelong Cause*, S. 112.
110 Vgl. Mawdsley, *Thunder*, S. 97–100.
111 *G. K. Zhukov v Bitve pod Moskvoi: Sbornik Dokumentov*, Moskau 1994, Dok. 1, 3, 5, 7.
112 Wassilewski, *A Lifelong Cause*, S. 119.
113 V. Gawrilow und E. Gorbunow, *Operatsiya ›Ramzai‹*, Moskau 2004, Kap. 9.
114 *Organy Gosudarstvennoi Bezopasnosti SSSR v Velikoi Otechestvennoi Voine*, Bd. 2, Buch 2, Moskau 2000, Dok. 611; Mawdsley, *Thunder*, S. 96–97.
115 *Moskva Voennaya*, Dok. 56 und 63.
116 Werth, *Russia at War*, S. 224–233, liefert eine gute Beschreibung der Panik. *Moskva Voennaya* enthält eine Reihe wichtiger Dokumente.
117 Vgl. Gorinow, ›Muscovite Moods‹.
118 *Marshal Zhukov s Greatest Battles*, Sphere Books: London 1971, S. 53–54.
119 Ebd., S. 63.
120 Stalin, *Great Patriotic War*, S. 10–21.
121 Ebd., S. 21–23.
122 *Moskva Voennaya*, Dok. 7.
123 Gorinow, ›Muscovite Moods‹, S. 126.
124 Lomagin, *Neizvestnaya Blokada*, Bd. 2, Dok. 1, S. 359.
125 DVP, Bd. 24, Dok. 305, S. 473.
126 Mawdsley, *Thunder*, S. 121.
127 J. Erickson, *The Road to Stalingrad*, Harper & Row: New York 1975, S. 277–342; Glantz, *Colossus Reborn*, S. 17–24; Glantz, *Battle for Leningrad*, S. 149–156.
128 In seinen Erinnerungen berichtet Schukow, dass er versucht habe, Stalin zu einem Verzicht auf Offensivoperationen zu dieser Zeit zu überreden. Freilich gibt es dafür keinerlei Beweis und zahlreiche Gründe, dem zu misstrauen. Wahrscheinlich war Schukow vielmehr ein Befürworter der Winteroffensive von 1941–1942.
129 O. A. Rchechewski (Hg.), *War and Diplomacy*, Harwood Academic Publishers: Amsterdam 1996, Dok. 4.
130 Ebd., Dok. 7.
131 Ebd., Dok. 5–6. Vgl. ebenfalls V. V. Sokolow, ›I. M. Maiskii Mezhdu I. V. Stalinym i U. Cherchillem v Pervye Mesyatsy Voiny‹, *Novaya i Noveishaya Istoriya*, Nr. 6, 2001.
132 *Stalin's Correspondence*, Dok. 40.
133 Rchechewski, *War and Diplomacy*, Dok. 37–38.
134 Wassilewski, *A Lifelong Cause*, S. 152.
135 Stalin, *Great Patriotic War*, S. 23–28.

Viertes Kapitel

1 Vgl. das grundlegende Werk von B. Wegner, ›The War against the Soviet Union, 1942–1942‹, in: H. Boog et al. (Hg.), *Germany and the Second World War*, Bd. 6, Clarendon Press: Oxford 2001.

Ders., ›The Road to Defeat: The German Campaigns in Russia, 1941–1943‹, *Journal of Strategic Studies,* Bd. 13, Nr. 1, März 1990.
2 J. S. A. Hayward, *Stopped at Stalingrad: The Luftwaffe and Hitler's Defeat in the East, 1942–1943,* University Press of Kansas: Lawrence, Kansas 1998, S. 4.
3 J. Hayward, ›Hitler's Quest for Oil: The Impact of Economic Considerations on Military Strategy, 1941–1942‹, *Journal of Strategic Studies,* Bd. 18, Nr. 4, Dezember 1995.
4 H. R. Trevor-Roper, *Hitler's War Directives, 1939–1945,* Sidgwick & Jackson: London 1964, S. 117.
5 Ebd., S. 119.
6 G. Jukes, *Stalingrad: The Turning Point,* Ballantine Books: New York 1968.
7 E. Mawdsley, *Thunder in the East: The Nazi-Soviet War, 1941–1945,* Hodder Arnold: London 2005, S. 136–141.
8 A. M. Wassilewski, *A Lifelong Cause,* Progress Publishers: Moskau 1981, S. 159.
9 P. P. Chewela, ›Novye Ispytaniya‹, in: V. A. Zolotarew et al. (Hg.), *Velikaya Otechestvennaya Voina 1941–1945,* Bd. 1, Moskau 1998, S. 332.
10 Wassilewski, *A Lifelong Cause,* S. 161. Der gesamte Text des Stawka-Dokuments vom 4. Juni findet sich in den Dokumenten Wolkogonows.
11 A. Werth, *Russia at War,* Pan Books: London 1964, S. 363–369.
12 D. M. Glantz, *Kharkov 1942: Anatomy of a Military Disaster through Soviet Eyes,* Ian Allan Publishing: Shepperton, Surrey 1998.
13 *Khrushchev Remembers,* Sphere Books: London 1971, S. 536–537.
14 Glantz, *Kharkov 1942,* S. 240.
15 *The Memoirs of Marshal Zhukov,* Jonathan Cape: London 1971, S. 368.
16 K. S. Moskalenkow, *Na Ugo-Zapadnom Napravlenii,* Bd. 1, 2. Auflage, Moskau 1975, S. 168–213.
17 Glantz, *Kharkov 1942,* S. 241.
18 Wassilewski, *A Lifelong Cause,* S. 163–164.
19 I. Kh. Bagramyan, *Tak Shli My k Pobede,* Moskau 1998, S. 305–353.
20 Glantz, *Kharkov 1942,* S. 224–225.
21 Ebd., S. 275–279.
22 Ebd., S. 252–272.
23 Vgl. M. N. Ramanichew, ›Nevidannoe Ispytaniye‹, in: G. N. Sewostjanow (Hg.), *Voina i Obshchestvo, 1941–1945,* Bd. 1, Moskau 2004, S. 88.
24 D. Glantz, *Colossus Reborn: The Red Army at War, 1941–1943,* University Press of Kansas: Lawrence, Kansas 2005, S. 30 ff.
25 Timoschenko starb 1970 kurz nach der Publikation von Schukows Memoiren und drei Jahre vor dem Erscheinen von Wassilewskis Memoiren.
26 Schukow, *Memoirs,* S. 366.
27 Ebd., S. 275.
28 Wassilewski, *A Lifelong Cause,* S. 157.
29 Chewela, ›Novye Ispytaniya‹, S. 325–327. Vgl. auch Ramanichew, ›Nevidannoe Ispytaniye‹.
30 *Stalin's Correspondence with Churchill, Attlee, Roosevelt and Truman, 1941–45,* Lawrence & Wishart: London 1958, Dok. 36, S. 41.
31 J. Stalin, *On the Great Patriotic War of the Soviet Union,* Hutchinson: London 1943, S. 32, 34.
32 A. M. Samsonow, *Stalingradskaya Bitva,* 4. Auflage, Moskau 1989, S. 52.
33 Vgl. E. F. Ziemke und M. E. Bauer, *Moscow to Stalingrad: Decision in the East,* Center of Military History, US Army: Washington DC 1987, S. 328–330.
34 Stalin, *On the Great Patriotic War,* S. 38.
35 Der Name der Operation wurde geändert in ›Braunschweig‹, nachdem Pläne für ›Blau‹ bei einem Flugzeugabsturz über feindlichem Territorium verloren gingen.
36 Gewöhnlich wird die Eroberung des Elbrus als die maximale Ausdehnung des deutschen Vor-

marsches im Kaukasus angesehen. Im Oktober 2003 jedoch wurde berichtet, dass die Gräber einer Reihe deutscher Soldaten gefunden wurden, die weiter südlich bei Digara beerdigt wurden. Vgl. T. Parfitt, ›Graves Mark Peak of Nazis' Reach‹, *The Times,* 6/10/03.
37 Ziemke und Bauer, *Moscow to Stalingrad,* S. 343–344, S. 510–512.
38 *Stawka VGK: Dokumenty i Materialy 1942,* Moskau 1996, Dok. 379.
39 Trevor-Roper, *War Directives,* S. 129–130. Siehe auch G. Jukes, *Hitler's Stalingrad Decisions,* University of California Press: Berkeley 1985, S. 36–46.
40 *Stalingradskaya Bitva,* Bd. 1, Moskau 2002, S. 160, 169.
41 *Stawka VGK: Dokumenty i Materialy 1942,* Dok. 359, 423; V. V. Beshanow, *God 1942 – Vchebnyi',* Minsk 2002, S. 300 ff.
42 Ausführliche Auszüge des täglichen Lageberichts des sowjetischen Generalstabs finden sich in *Stalingradskaya Bitva.* Die Bände enthalten ferner Nachdrucke aus der sowjetischen Presse wie auch Stawkabefehle, Frontberichte und weitere wichtige Dokumente.
43 Ziemke und Bauer, *Moscow to Stalingrad,* S. 343.
44 *Stalingradskaya Bitva,* Bd. 1, S. 184.
45 *Stalingrad, 1942–1943: Stalingradskaya Bitva v Dokumenakh,* Moskau 1995, Dok. 67, 68, 72.
46 Beshanow, *God 1942,* S. 473.
47 Wolkogonow-Dokumente.
48 Wassilewski, *A Lifelong Cause,* S. 177.
49 *Khronika Ognennykh Dnei, 17 Iulya 1942–2 Fevralya 1943,* Wolgograd 2002; L. Rotundo (Hg.), *Battle for Stalingrad: The 1943 Soviet General Staff Study,* Pergamon-Brassey's: London 1989, S. 12–13.
50 *Stalingrad, 1942–1943,* Dok. 95.
51 Werth, *Russia at War,* S. 375–376.
52 G. Roberts, *Victory at Stalingrad: The Battle That Changed History,* Pearson/Longman: London 2002.
53 Glantz, *Colossus Reborn,* S. 570–579.
54 *Stalingradskaya Epopeya,* Moskau 2000, Dok. 50.
55 Ebd., Dok. 28–29, 31–33.
56 Zur Frage der Disziplin an der Ostfront siehe auch J. Barber und M. Harrison, ›Patriotic War, 1941–1945‹, in: R. G. Suny (Hg.), *The Cambridge History of Russia,* Bd. 3, Cambridge University Press: Cambridge 2006.
57 A. Werth, *The Year of Stalingrad,* Hamish Hamilton: London 1946, S. 97–98.
58 ›Na Uge‹, *Krasnaya Swesda,* 19/7/42.
59 Werth, *Year of Stalingrad,* S. 80–81, S. 130–133, S. 170–171.
60 Beispielsweise der Kommentar von ›»Stoiko Zashchishchat« Rodnuyu Zemlu‹, *Krasnaya Swesda,* 30/7/42.
61 ›Postoyat za Rodinu kak Suvorov, Kutuzov, Alexand Nevskii‹, *Krasnaya Swesda* 31/7/42.
62 Werth, *Russia at War,* S. 382–394.
63 ›Ob Ustanovlenii Polnogo Edinonachaliya I Uprazdnenii Instituta Voennykh Komissarov v Krasnoi Armii‹, *Krasnaya Swesda,* 10/10/42.
64 *Stalingradskaya Epopeya,* Dok. 49, 51, 53.
65 Werth, *Year of Stalingrad,* S. 82.
66 *Stalingrad, 1942–1943,* Dok. 109–110.
67 Ebd., Dok. 120.
68 *Sovetsko-Angliiskiye Otnosheniya vo Vremya Velikoi Otechestvinnoi Voiny 1941–1945,* Bd. 1, Moskau 1983, Dok. 114.
69 *Sovetsko-Amerikanskiye Otnosheniya vo Vremya Velikoi Otechestvennoi Voiny, 1941–1945,* Bd. 1, Moskau 1984, Dok. 109.

70 Ebd., Dok. 102.
71 ›Krepnushchaya Moshch' Antigitlerovskoi Koalitsii‹, *Pravda*, 13/6/42.
72 *Vneshnyaya Politika Sovetskogo Souza v period Otechestvennoi Voiny*, Bd. 1, Moskau 1944, S. 260.
73 O. A. Rchechewski (Hg.), *War and Diplomacy: The Making of the Grand Alliance*, Harwood Academic Publishers: Amsterdam 1996, Dok. 112,119.
74 I. N. Semskow, *Diplomaticheskaya Istoriya Vtorogo Fronta v Evrope*, Moskau 1982, S. 110–120.
75 *Stalin's Correspondence* Dok. 57, S. 56.
76 Ebd., Dok. 58, 60, S. 57–58.
77 *Organy Gosudarstvennoi Bezopasnosti SSSR v Velikoi Otechestvennoi Voine*, Bd. 3, Buch 2, Moskau 2003, Dok.1005, 1022, 1024, 1031, 1037,1041.
78 *Sovetsko-Amerikanskiye Otnosheniya*, Dok. 113,123, 124, 125.
79 ›New Documents about Winston Churchill from Russian Archives‹, *International Affairs*, Bd. 47, Nr. 5, 2001, S. 131–134.
80 Die Zusammenfassung stammt von dem Bericht des amerikanischen Dolmetschers in den Harriman Papers, Library of Congress Manuscript Division, Container 162, Chronological File 16–23/8/42. Der sowjetische Bericht des Treffens findet sich in *Sovetsko-Angliiskiye Otnosheniya*, Dok. 130.
81 Harriman Papers, C.162, CF. 14–15/8/42.
82 Harriman Papers, C.162, CF. 16–23/8/42. Der sowjetische Bericht des Treffens findet sich in *Sovetsko-Angliiskiye Otnosheniya*, Dok. 131.
83 *Sovetsko-Amerikanskiye Otnosheniya*, Dok. 132.
84 Die Zusammenfassung beruht auf dem Report des britischen Dolmetschers Major A. H. Birse, in: Harriman Papers, C.162, CF. 14–15/8/42. Der sowjetische Bericht des Treffens, aber nicht des Gesprächs beim Abendessen, findet sich in *Sovetsko-Angliiskiye Otnosheniya*, Dok. 137.
85 Die Idee einer solchen Operation wurde zuerst von Stalin in einer Nachricht an Churchill am 18. Juli 1941 aufgebracht. Siehe *Stalin's Correspondence*, Dok. 3, S. 12.
86 Die Überlegungen zur Bombardierung Deutschlands und Berlins finden sich in den Aufzeichnungen von Stalins Dolmetscher V. Pawlow. Siehe O. A. Rchechewski, *Stalin i Cherchill'*, Moskau 2004, Dok. 152.
87 ›New Documents about Winston Churchill from Russian Archives‹, S. 137–138.
88 Harriman Papers, C.162, CF. 14–15/8/42.
89 Stalin, *On the Great Patriotic War*, S. 34–35. Siehe auch H. C. Cassidy, *Moskau Dateline*, The Riverside Press: Cambridge, Mass. 1943, Kap. 16.
90 R. Iwanow, *Stalin i Souzniki, 1941–1945 gg*, Smolensk 2000, S. 240–241.
91 Zum Beispiel Stalins Gespräch mit Wendell Willkie, Roosevelts republikanischem Gegenkandidaten bei den Präsidentschaftswahlen 1940, vom 23. September 1942. *Sovetsko-Amerikanskiye Otnosheniya*, Dok. 93.
92 Stalin, *On the Great Patriotic War*, S. 39–41.
93 *Stalingradskaya Epopeya*, Dok. 46 und 55; N.A. Lomagin (Hg.), *Neizvestnaya Blokada*, Moskau 2002, S. 380–382, 389–391.
94 *Vneshnyaya Politika Sovetskogo Souza v period Otechestvennoi Voiny*, S. 273–277. Auf diese Episode wurde ich hingewiesen durch Cassidy, *Moskau Dateline*, Kap. 17. Siehe auch Lomagin (Hg.), *Neizvestnaya Blokada*, S. 386–388.
95 Zitiert nach J. Haslam, ›Stalin's Fears of a Separate Peace, 1942‹, *Intelligence and National Security*, Bd. 8, Nr. 4, Oktober 1993, S. 98. Außerdem Cassidy, *Moskau Dateline*, S. 286 sowie A. J. Kochawi, ›Anglo-Soviet Differences over a Policy towards War Criminals‹, *SIEHER*, Bd. 69, Nr. 3, Juli 1991.
96 *Sovetsko-Angliiskiye Otnosheniya*, Dok. 147.
97 O. A. Rchechewski, *Stalin i Cherchai'*, Dok. 157.

98 Ebd., Dok. 158. Siehe auch ›New Documents about Winston Churchill from Russian Archives‹, S. 138.
99 Hayward, *Stopped at Stalingrad*, S. 189.
100 Samsonow, *Stalingradskaya*, S. 178.
101 Mawdsley, *Thunder*, S. 170.
102 *Stalingrad, 1942–1943*, Dok. 146.
103 Ebd., Dok. 147.
104 *Stawka VGK: Dokumenty i Materialy 1942*, Dok. 527.
105 Ebd., Dok. 529.
106 Ebd., Dok. 552. Vgl. J.Erickson, *The Road to Stalingrad*, Harper & Row: New York 1975, S. 384.
107 *Stawka VGK: Dokumenty i Materialy 1942*, Dok. 559.
108 Zu Stalingrad siehe auch G. Roberts, *Victory at Stalingrad*.
109 *Stalingrad, 1942–1943*, Dok. 220.
110 *Stalingradskaya Epopeya*, Dok. 40.
111 W. Tschuikow, *The Beginning of the Road*, MacGibbon & Kee: London 1963, S. 205.
112 *Organy Gosudarstvennoi Bezopasnosti SSSR v Velikoi Otechestvennoi Voine*, Dok. 1116.
113 Ebd., Dok. 1233.
114 Die Zahlen stammen aus *Stalingradskaya Epopeya*, Dok. 50.
115 *Organy Gosudarstvennoi Bezopasnosti SSSR v Velikoi Otechestvennoi Voine*, Dok. 1199 und 1233. Siehe ferner zur Rolle des NKWD im Krieg Glantz, *Colossus Reborn*, S. 446–449.
116 *Stalingradskaya Bitva*, S. 635, 782–83.
117 D. M. Glantz, *Soviet Military Deception in the Second World War*, Frank Cass: London 1989, Kap. 5.
118 *Stalingradskaya Bitva*, S. 742–743.
119 Beschanow, *God 1942*, S. 570.
120 *Stawka VGK: Dokumenty i Materialy 1942*, Dok. 564, 577.
121 M. Fenyo, ›The Allied Axis Armies and Stalingrad‹, *Military Affairs*, Bd. 29, Nr. 2, 1965.
122 Schukow, *Memoirs*, S. 381–384; Wassilewski, *A Lifelong Cause*, S. 189.
123 ›Posetiteli Kremlevskogo Kabineta I. V. Stahna‹, *Istoricheskii Arkhiv*, Nr. 2, 1996, S. 35–38.
124 Vgl. *Stalingrad, 1942–1943*, Dok. 221, 225, 227, 228, 229, 231, 258.
125 Schukow, *Memoirs*, S. 413–416.
126 D. M. Glantz, *Zhukov s Greatest Defeat: The Red Army's Epic Disaster in Operation Mars, 1942*, University Press of Kansas, Lawrence, Kansas 1999. Zur weiteren Diskussion von Mars: Mawdsley, *Thunder*, S. 152–155.
127 S. Walsh, *Stalingrad, 1942–1943*, St Martin's Press: New York 2000, S. 111.
128 D. M. Glantz und J. M. House, *When Titans Clashed: How the Red Army Stopped Hitler*, University Press of Kansas: Lawrence Kansas 1995, S. 143.
129 Zahlreiche Artikel, Kommentare und Statements Sowinform wurden in *Iswestija*, *Prawda* und *Krasnaya Swesda* vom 29. November 1942 an veröffentlicht.
130 M. Myagkov, ›Operatsiya »Mars« i ee Znachenie v Khode Stalingradskoi Bitvy‹, Arbeitspapier, vorgestellt auf der Konferenz zum 60. Jahrestag der Operation Uranus, Wolgograd, November 2002.
131 Hayward, *Stopped at Stalingrad*, Kap. 8–9.
132 *Stalingradskaya Bitva*, Bd. 2, S. 204–205.
133 Stalin, *Great Patriotic War*, S. 50–55.
134 J. Förster, *Stalingrad: Risse im Bündnis 1942/3*, Freiburg 1975.
135 P. M. H. Bell, *John Bull and the Bear: British Public Opinion, Foreign Policy and the Soviet Union 1941–1945*, Edward Arnold: London 1990.
136 So etwa M. Bragin, ›Velikoe Spazheniye pod Stalingradom‹, *Pravda*, 5/2/43.

137 S. Schtemenko, *The Soviet General Staff at War*, Bd. 1, Progerss Publishers: Moskau 1970, S. 151.
138 Schukow, *Memoirs*, S. 433–34.
139 Schtemenko, *Soviet General Staff*, S. 153.
140 Stalin, *Great Patriotic War*, S. 56–60.
141 V. V. Korowin, *Sovetskaya Razvedka i Kontrrrazvedka v gody Velikoi Otechestvennoi Voiny*, Moskau 2003, S. 113–122.
142 Wassilewski, *A Lifelong Cause*, S. 272.
143 *Stalin's Correspondence*, Dok. 90, 92, 97, S. 67–76.
144 Über die Schlacht von Kursk siehe J. M. House und D. M. Glantz, *The Battle of Kursk*, University Press of Kansas: Lawrence, Kansas 1999; Mawdsley, *Thunder* S. 262–270.
145 Stalin, *Great Patriotic War*, S. 63.
146 Werth, *Russia at War*, S. 619.
147 Schtemenko, *Soviet General Staff*, S. 156.
148 S. Sebag Montefiore, *Stalin: The Court of the Red Star*, Weidenfeld & Nicolson: London 2003.
149 K. Rokossowski, *A Soldier's Duty*, Progres Publishers: Moskau 1970, S. 86.
150 Schtemenko, *Soviet General Staff*, S. 174–176.
151 Glantz, *Colossus Reborn*, S. 534–535.
152 Vgl. meine Hauptquelle, die Arbeiten von Mark Harrison: *Soviet Planning in Peace and War 1938–1945*, Cambridge University Press: Cambridge 1985; *The Economics of World War II: Six Great Powers in International Comparison*, Cambridge University Press: Cambridge 1998; *Accounting for War: Soviet Production, Employment, and the Defence Burden, 1940–1945*, Cambridge University Press: Cambridge 1996.
153 Etwa ›Dva goda Sovetsko-Amerikanskogo Soglasheniya‹, *Prawda*, 11/6/44.
154 M. Harrison, ›The USSR and the Total War: Why Didn't the Soviet Economy Collapse in 1942?‹, in: R. Chickering et al. (Hg.), *A World at Total War: Global Conflict and the Politics of Destruction, 1939–1945*, Cambridge University Press: Cambridge 2005.

Fünftes Kapitel

1 J. Stalin, *On the Great Patriotic War of the Soviet Union*, Hutchinson: London 1943, S. 12.
2 ›Politicheskiye i Voennye Itogi Goda Otechestvennoi Voiny‹, *Iswestija*, 23/6/42.
3 D. Wolkogonow, *Stalin: Triumph and Tragedy*, Phoenix Press: London 2000, S. 412–413.
4 P. Sudoplatow, *Special Tasks*, Warner Books: London 1995, S. 145–147. Siehe auch das Interview mit Sudoplatow: ›Stalin Had No Intention of Surrendering‹, *New Times*, Nr. 15, 1992.
5 Bei einem Interview mit dem sowjetischen Schriftsteller Konstantin Simonow 1965 erinnerte sich Marschall I. S. Konew, dass während der Schlacht von Moskau Stalin so nervös gewesen sei, dass er während eines Telefonats von sich in der dritten Person sprach und sagte: ›Genosse Stalin ist kein Verräter. Genosse Stalin ist aufrichtig. Genosse Stalin wird alles unternehmen, um die entstandene Situation zu korrigieren‹. K. Simonow, *Glazami Cheloveka Moego Pokoleniya: Razmyshleniya o I. V. Staline*, Moskau 1990, S. 351.
6 Sudoplatow, *Special Tasks*, S. 147–148.
7 W. Karpow, *Generalissimus*, Bd. 1, Moskau 2003, S. 458–462.
8 V. Mastny, *Russia's Road to the Cold War*, Columbia University Press: New York 1979, S. 73–85. Siehe auch ›Stalin and the Prospects of a Separate Peace in World War II‹, *American Historical Review*, Bd. 77, 1972.
9 *Vneshnyaya Politika Sovetskogo Souza v period Otechestvennoi Voiny*, Bd. 1, Moskau 1944, S. 395–396.
10 Harriman Papers, Library of Congress Manuscripts Division, Container 170, Chronological File 29–31/10/43.
11 Ebd., CF. 8–17/11/43.

12 W. H. McNeill, *America, Britain and Russia: Their Co-operation and Conflict, 1941–1946,* Oxford University Press: London 1953, S. 324.
13 G. P. Kynin und I. Laufer (Hg.), *SSSR i Germanskii Vopros,* Bd. 1, Moskau 1996, Dok. 15, 18, 38.
14 Siehe W.F. Kimball, ›Stalingrad: A Chance for Choices‹, *Journal of Military History,* Nr. 60, Januar 1996.
15 I. Banac (Hg.) *The Diary of Georgi Dimitrov,* Yale University Press: New Haven 2003, S. 155–156.
16 Ebd., S. 270.
17 *Komintern i Vtoraya Mirovaya Voina,* Bd. 2, Moskau 1998, Dok. 134, 136, 137. Eine englische Übersetzung dieser Dokumente findet sich in A. Dallin und F. I. Firsow (Hg.), *Dimitrov & Stalin, 1934–1943,* Yale University Press: New Haven 2000, Dok. 51, 52, 53. Siehe ferner Rossiiskii Gosadarstvennyi Arkhi Sotsial'no-Politiches-Koi Istorii (im Folgenden: RGASPI), F. 495, Op. 18, D 1340, Ll. 105–81.
18 J. Degras (Hg.), *The Communist International, 1919–1943,* Bd. 3, Frank Cass: London 1971, S. 476–479.
19 Ebd., S. 48–481; *Komintern i Vtoraya Mirovaya Voina,* Dok. 143.
20 Banac, *The Diary of Dimitrov,* S. 271–277.
21 RGASPI, F.17, Op.3, D.1042 L. 58.
22 Banac, *The Diary of Dimitrov,* S. 275–276.
23 Zu Stalins Verhältnis zur Kirche während des Krieges siehe S. Merritt Miner, *Stalin's Holy War: Religion, Nationalism and Alliance Politics, 1941–1945,* University of North Carolina Press: Chapel Hill, NC 2003.
24 Stalin, *Great Patriotic War,* S. 61–62.
25 ›Otvet SSSR Pol'skim Posobnikam Gitlera‹, *Iswestija* 27/4/43; ›Protiv Pol'skikh Soobshchnikov Gitlera‹, *Prawda,* 28/4/43.
26 *Stalin's Correspondence with Churchill, Atlee, Roosevelt and Truman, 1941–1945,* Lawrence &. Wishart: London 1958, Dok. 150, S. 120–121.
27 Die Affäre von Katyn wurde von mir im Detail untersucht in ›Stalin and the Katyn Massacre‹, in: G. Roberts (Hg.), *Stalin: His Times and Ours,* IAREES: Dublin 2005. Vgl. auch G. Sanford, ›The Katyn Massacre and Polish-Soviet Relations, 1941–1943‹, *Journal of Contemporary History,* Bd. 21, Nr. 1, 2006.
28 Die Dokumentation ist in einer englischen Übersetzung im Internet zu finden unter: http://www.katyn.org.
29 Harriman Papers, C. 171, CF.22–31/1/44.
30 A. Polonsky und B. Drukier, *The Beginnings of Communist Rule in Poland,* Routledge & Kegan Paul: London 1980, S. 7–8.
31 ›Posetiteli Kremlevskogo Kabineta I. V. Stahna: 1942–1943‹, *Istoricheskii Arkhiv,* Nr. 3, 1996, S. 66.
32 N. Lebedewa und M. Narinksi, ›Dissolution of the Comintern in 1943‹, *International Affairs,* Nr. 8, 1994.
33 P. Spriano, *Stalin and the European Communists,* Verso: London 1985, Kap. 16.
34 G. M. Adibekow, E. N. Shakhnazarow und K. K. Shirinya, *Organizatsionnaya Struktura Kominterna, 1919–1943,* Moskau 1997, S. 233–241.
35 RGASPI, F.17, Op.3, D.1047, Ll.63–64.
36 *SSSR i Germanskii Vopros,* S. 665.
37 Vgl. auch G. Roberts, ›Litvinov's Lost Peace, 1941–1946‹, *Journal of Cold War Studies,* Bd. 4, Nr. 2, Frühling 2002.
38 Arkhiv Vneshnei Politiki Rossiiskoi Federatsii (im Folgenden: AVPRF) F.06, Op.5, Pap.28, D.327, Ll.5–28. Dies ist die Archivkopie von Litwinows Dokument. Das Dokument (ohne die Anmerkungen Molotows) erschien in *Vestnik Ministerstva Inostrannykh Del SSSR,* Nr. 7, 1990 S. 55–63.

Eine englische Übersetzung findet sich in A. Perlmutter, *FDR and Stalin: A Note To Grand Alliance, 1943–1945,* University of Missouri Press: Columbia, 1993, S. 230–246.
39 *Stalin's Correspondence,* Dok. 174, S. 149.
40 M. Gat, ›The Soviet Factor in British Policy towards Italy, 1943–1945‹, *The Historian,* Bd. 1, Nr. 4, August 1988.
41 ›Ital'yanskii Vopros‹, *Prawda,* 30/3/44.
42 Ironischerweise, so vermerkt Gat in ›Soviet Factor‹, waren es die Sowjets und die kommunistische Herausforderung in Italien, welche die Briten dazu bewegte, ihr Ziel einer Hegemonie über das Land aufzugeben und stattdessen seine Unabhängigkeit zu unterstützen.
43 Banac, *The Diary of Dimitrov,* S. 304.
44 Zur sowjetischen Politik gegenüber Italien siehe O.V Serowa, *Italiya i Antigitlerovskaya Koalitsiya, 1943–1945,* Moskau 1973; S. Pons, ›Stalin, Togliatti, and the Origins of the Cold War in Europe‹, *Journal of Cold War Studies,* Bd. 3, Nr. 2, Frühjahr 2001.
45 Banac, *The Diary of Dimitrov,* S. 305.
46 ›Anglichane i Amerikantsy khotyat vezde sozdat' reaktsionnye pravitel'stva‹, *Istochnik,* Nr. 4, 1995. Eine englische Übersetzung findet sich in *Stalin and the Cold War, 1945–1953: A Cold War International History Project Documentary Reader,* 1999, S. 81–86.
47 E. Kimball MacLean, ›Joseph E. Davies and Soviet-American Relations, 1941–1943‹, *Diplomatic History,* Bd. 4, Nr. 1, 1980.
48 K. Sainsbury, *The Turning Point,* Oxford University Press: Oxford 1986; V. Mastny, ›Soviet War Aims at the Moscow and Tehran Conferences of 1943‹, *Journal of Modern History,* Nr. 47, September 1975; D. Watson, ›Molotov et La Conférence du Moscou Octobre 1943‹, *Communisme,* Nr. 74/75, 2003.
49 *Moskovskaya Konferentsiya Ministrov Inostrannykh Del SSSR, SShA i Velikobritanii,* Moskau 1984, Dok. 10, 11, 14.
50 ›K Predstoyashchemu Soveshchaniu v Moskve Trekh Ministrov‹, AVPRF, F.6, Op.5b, Pap.39, D.6, Ll.52–58.
51 AVPRF, wie Anm. 50, F.6, Op.5b, Pap.39, D.l-2,4–6 und Pap.40, D. l 1. Einige dieser Dokumente sind veröffentlicht in *SSSR i Germanskii Vopros.*
52 ›Posetiteli Kremlevskogo Kabineta I. V. Stahna: 1942–1943‹, S. 82–84.
53 AVPRF F.6, Op.5b, Pap.39, D.6, Ll. 16–27.
54 *Sovetsko-Angliiskiye Otnosheniya vo Vremya Velikoi Otechestvennoi Voiny 1941–1945,* Bd. 1, Moskau 1983, Dok. 295.
55 *Moskovskaya Konferentsiya* (vgl. Anm. 49) enthält die sowjetischen Akten der Konferenz. Die amerikanischen befinden sich in *Foreign Relations of the United States 1943,* Bd. 1 und die britischen in PRO F0371/37031.
56 *Foreign Relations of the United States 1943,* Bd. 1, S. 742–744.
57 ›Znacheniye Moskovskoi Konferentsii‹, *Iswestija,* 2/11/43; ›Vazhnyi Vklad v Obshchee Delo Souznikov‹, *Prawda,* 2/11/43; ›K Itogam Moskovskoi Konferentsii‹, *Woina i Rabochii Klass,* Nr. 11, 1943.
58 AVPRF, wie Anm. 50, F.0511, Op.l, D.l, L.72.
59 H. Feis, *Churchill-Roosevelt-Stalin,* Princeton University Press: Princeton, NJ 1957, S. 237.
60 Zitiert nach Watson, ›Molotov‹.
61 Feis, *Churchill,* S. 238.
62 Harriman Papers, C.170, Cf. 8–17/11/1943.
63 J. Stalin, O *Velikoi Otechestvennoi Voine Sovetskogo Souza,* Moskau 1946, S. 108–109.
64 *International Affairs,* Nr. 2, 2004, S. 149.
65 S. M. Schtemenko, *The Soviet General Staff at Work, 1941–1945,* 2 Bde., Progress Publishers: Moskau 1970, Kap. 9.
66 L. Havas, *Hitler's Plot to Kill the Big Three,* Corgi Books: London 1971.

67 V. Bereschkow, *History in the Making: Memoirs of World War II Diplomacy,* Progress Publishers: Moskau 1983, S. 254.
68 *Tegeranskaya Konferentsiya Rukovoditelei Trekh Souznykh Derzhav – SSSR, SShA i Velikobritanii,* Moskau 1984, Dok. 52. Der Band enthält die sowjetischen Akten zur Konferenz. Die amerikanischen finden sich in *Foreign Relations of the United States: The Conferences of Cairo and Tehran 1943,* Washington, DC 1961, S. 483–486.
69 Zu Churchills Sicht auf Overlord und die alternative Mittelmeerstrategie siehe auch D. Reynolds, *In Command of History: Churchill Fighting and Writing the Second World War,* Penguin Books: London 2005, besonders Kap. 24.
70 *Tegeranskaya Konferentsiya,* Dok. 53. Vgl. auch *The Tehran, Yalta & Potsdam Conferences,* Progress Publishers: Moskau 1969.
71 *The White House Papers of Harry L. Hopkins,* Eyre & Spottiswoode: London 1949, S. 777; *Tegeranskaya Konferentsiya,* Dok. 54.
72 PRO Prem 3/136/11/75892.
73 O. A. Rchechewski (Hg.), *War and Diplomacy: The Making of the Grand Alliance,* Harwood Academic Publishers: Amsterdam 1996, Dok. 82.
74 *Tegeranskaya Konferentsiya,* Dok. 56.
75 *SSSR i Germanskii Vopros,* Dok. 58, 59, 63, 64, 65
76 *Tegeranskaya Konferentsiya,* Dok. 57.
77 Ebd., Dok. 58; PRO Prem 3/136/11/75892.
78 *Tegranskaya Konferentsiya,* Dok. 59. Vgl. *Foreign Relations of the United States: The Conferences of Cairo and Tehran 1943,* S. 565–681.
79 *Tegeranskaya Konferentsiya,* Dok. 62; PRO Prem 3/136/11/75892; *Foreign Relations of the United States: The Conferences of Cairo and Tehran 1943,* S. 596–604; vgl. auch AVPRF F.0555, Op. l, Pap.12, D.24, Ll.50–101.
80 *The Tehran, Yalta & Potsdam Conferences,* S. 51–52.
81 ›Znamenatel'naya Vstrecha Rukovoditelei Trekh Souznykh Dezhav‹, *Iswestija,* 7/12/43; ›Istoricheskoe Resheniye‹, *Prawda,* 7/12/43.
82 *Mezhdunarodnaya Zhizri,* Nr. 2, 2004, S. 121 enthält eine handschriftliche Korrektur Stalins.
83 *Tegeranskaya Konferentsiya,* Dok. 63.
84 ›Izlozheniye Otdel'nykh Voprosov Obsuzhdavshikhsya na Konferentsii v Tegerane‹, RGASPI, F.558, Op. l 1, D.234, Ll.99–104.
85 Zitiert nach R. Edmonds, *The Big Three,* Penguin Books: London 1991, S. 341.
86 Zitiert nach R. Nisbet, *Roosevelt and Stalin: The Failed Courtship,* Regnery Gatway: Washington, DC 1988, S. 50.
87 Ebd.
88 D. J. Dunn, *Caught between Roosevelt and Stalin: America's Ambassadors to Moscow,* University Press of Kentucky: Lexington 1998, S. 221.
89 Zitiert nach D. Carlton, *Churchill and the Soviet Union,* Manchester University Press: Manchester 2000, S. 109.
90 ›Gespräch mit dem deutschen Autor Emil Ludwig, 13. Dezember, 1931‹, in: J. Stalin, *Works,* Bd. 13, Foreign Languages Publishing House: Moskau 1955, S. 106–125.
91 Zitiert nach Mastny, *Russia's Road,* S. 132.

Sechstes Kapitel
1 *Soviet Foreign Policy during the Patriotic War: Documents and Materials,* Bd. 2, Hutchinson: London 1945, S. 25–33.
2 Arkhiv Vneshnei Politiki Rossiiskoi Federatsii (AVPRF) F.06, Op. 6, Pap. 3, D. 133–134. Siehe

auch G. Roberts, ›Litvinov's Lost Peace, 1941–1946‹, *Journal of Cold War Studies,* Bd. 4, Nr. 2, Frühjahr 2002.

3 ›Sovetskii Souz i OON: Direktivy Politburo TsK VKP (b) Sovetskoi Delegatsii na Konferentsii v Dumbarton-Okse 1944g‹, *Istoricheskii Arkhiv,* Nr. 4, 1995, S. 52–58.

4 AVPRF F.06, Op.6, Pap.3, D.134, Ll.44–50.

5 Ebd., D. 135.

6 Ebd., L.33. Zur internen sowjetischen Debatte über die Rolle Frankreichs in der Nachkriegszeit: S. Pons, ›In the Aftermath of the Age of Wars: The Impact of World War II on Soviet Security Policy‹, in: S. Pons und A. Romano (Hg.), *Russia in the Age of War, 1914–1945,* Feltrinelli: Mailand 2000.

7 Vgl. auch W. H. McNeill, *America, Britain and Russia: Their Co-operation and Conflict, 1941–1946,* Oxford University Press: London 1953, S. 501–511. Siehe auch die sowjetischen Akten in: *Konferentsiya Predstavitelei SSSR, SSha i Velikobritanii v Dumbarton-Okse,* Moskau 1984.

8 Der Name ›Vereinte Nationen‹ leitet sich aus der Deklaration der Alliierten vom Januar 1942 her.

9 AVPRF F.6, Op.6, Pap.12, D.125, Ll.27,69.

10 *Stalin's Correspondence with Churchill, Atlee, Roosevelt and Truman, 1941–1945,* Lawrence & Wishart: London 1958, Dok. 227, S. 160. Die Botschaft von Stalin an Roosevelt datiert vom 14. September 1944.

11 *Soviet Foreign Policy,* S. 30.

12 A. Polonsky und B. Drukier, *The Beginnings of Communist Rule in Poland,* Routledge & Kegan Paul: London 1980, S. 297.

13 A. Werth, *Russia at War, 1941–1945,* Pan Books: London 1964, S. 688.

14 Vgl. zu diesem Abschnitt auch J. Erickson, *The Road to Berlin,* Weidenfeld & Nicolson: London 1983, S. 191–247; D. M. Glantz und J. House, *When Titans Clashed: How the Red Army Stopped Hitler,* University Press of Kansas: Lawrence, Kansas 1995, Kap. 13; R. Overy, *Russia's War,* Allen Lane: London 1997, S. 237–246; S. M. Schtemenko, *The Soviet General Staff at War, 1941–1945,* Progress Publishers: Moskau 1970, Kap. 11; A. M. Wassilewski, *A Lifelong Cause,* Progress Publishers: Moskau 1981, S. 356–388; I. V. Timokhowich, ›Operatsiya »Bagration«‹, in: *Velikaya Otechestvennaya Voina, 1941–1945,* Bd. 3, Moskau 1999.

15 *Soviet Foreign Policy,* S. 24.

16 Timokhowich, ›Bagration‹, S. 58.

17 *Stalin's Correspondence,* Dok. 260, S. 215.

18 B. F. Smith, *Sharing Secrets with Stalin: How the Allies Traded Intelligence, 1941–1945,* University Press of Kansas: Lawrence, Kansas 1996, insbesonders Kap. 9.

19 *Stalin's Correspondence,* Dok. 274, S. 224.

20 *Soviet Foreign Policy,* S. 25.

21 Glantz und House, *Titans,* S. 209.

22 Timokhowich, ›Bagration‹, S. 77.

23 Erickson, *Road to Berlin,* S. 228.

24 *Soviet War News,* 12/6/44.

25 Ebd., 27/6/44.

26 *Soviet Foreign Policy during the Patriotic War,* Bd. 2, S. 23, 28.

27 Wassilewski, *A Lifelong Cause,* S. 360.

28 Schtemenko, *Soviet General Staff,* S. 253.

29 *SSSR i Pol'sha, 1941–1945: K Istorii Voennnogo Souza,* Terra: Moskau 1994 (Serie Russkii Arkhiv) Dok. 9, S. 202.

30 Vgl. hierzu Erickson, *Road to Berlin, S.* 247–290; Werth, *Russia at War,* Teil 7, Kap. 8; Overy, *Russia's War,* S. 246–249; Timokhowich, ›Bagration‹; S. M. Schtemenko, *The Soviet General Staff at War, 1941–1945,* Bd. 2, Progress Publishers: Moskau 1986, Kap. 2, 3; K. Rokossowski, *A Soldier's*

Duty, Progress Publishers: Moskau 1970, S. 254–263; M.I. Meltukhow, ›Operatsiya »Bagration« i Varshavskoe Vosstaniye 1944 goda‹, *Voprosii Istorii,* Nr. 11, 2004.
31 Schtemenko, *Soviet General Staff,* Bd. 2, S. 71–81; *Stawka VGK, 1944–1945,* Moskau 1999, Dok. 160.
32 Ebd., S. 92.
33 *SSSR i Pol'sha, 1941–1945,* Dok. 29, S. 218–219.
34 Vgl. die Lageberichte in *Operatsiya ›Bagration‹.*
35 Siehe auch N. Davies, *Rising '44: The Battle for Warsaw,* Pan Books: London 2004.
36 Zu den Motiven des Aufstandes siehe J. M. Ciechanowski, *The Warsaw Rising of 1944,* Cambridge University Press: Cambridge 1974, besonders Kap. 9.
37 Vgl. hierzu die Dokumente in *NKVD i Pol'skoe Podpol'e, 1944–1945,* Moskau 1994.
38 Werth, *Russia at War,* S. 786.
39 Ciechanowski, *Warsaw Rising,* S. 244–245.
40 E. Duraczynski, ›The Warsaw Rising: Research and Disputes Continue‹, *Acta Poloniae Historica,* Nr. 75, 1997.
41 A. Polonsky (Hg.), *The Great Powers and the Polish Question, 1941–1945,* Orbis Books: London 1976, Dok. 82
42 *Vneshnyaya Politika Sovetskogo Souza v Period Otechestvennoi Voiny,* Bd. 2, Moskau 1946, S. 59–61. Eine englische Übersetzung findet sich in *Soviet War News* 12/1/44.
43 Vgl. J. Stalin, *On the Great Patriotic War of the Soviet Union,* Hutchinson: London 1943/44 S. 60–61, ferner: AVPRF, F.6, Op.5b, Pap. 41, Dok. 20, Ll 31–33.
44 Schon im Dezember 1941 sagte Stalin zu Eden, »dass alles Land östlich der Oder« gegeben werden solle. Siehe auch O. A. Rchechewski (Hg.), *War and Diplomacy,* Harwood Academic Publishers: Amsterdam 1996, Dok. 4–6; W. Wanger, *The Genesis of the Oder-Neisse Line,* Brentano-Verlag: Stuttgart 1957.
45 Harriman Papers, Library of Congress, Manuscript Division, Container 171, Chronological File 1–15/1/44.
46 *Vneshnyaya Politika Sovetskogo Souza v Period Otechestvennoi Voiny,* Bd. 2, S. 339–340.
47 Harriman Papers, C. 171, CF. 16–21/1/44.
48 Ebd.
49 Ebd. CF 1–8/3/44.
50 *Stalin's Correspondence,* Dok. 257, S. 212–213.
51 Harriman Papers, C.175, CF. 22–29/2/44.
52 A. Polonsky und B. Drukier, *The Beginnings of Communist Rule in Poland,* S. 14–23.
53 *Stalin's Correspondence,* Dok. 310, S. 241–242.
54 Über Lange: A. M. Cienciala, ›New Light on Oskar Lange as an Intermediary between Roosevelt and Stalin in Attempts to Create a New Polish Government‹, *Acta Poloniae Historica,* Nr. 73, 1996.
55 *Prawda,* 11/8/41 und 12/8/41 (Kommentar zu ›Vse Slavyane na bor'bu protiv obshchego vraga‹); H. Kohn, ›Pan-Slavism and World War II‹, *American Political Science Review,* Bd. 46, Nr. 3, September 1952.
56 *Vneshnyaya Politika Sovetskogo Souza v Period Otechestvennoi Voiny,* Bd. 1, Moskau 1944, S. 372–376.
57 ›Peregovory E. Benesha v Moskve (Dekabr' 1943g.)‹, *Voprosy Istorii,* Nr. 1, 3, 2001. Vgl. auch V. Mastny, ›The Benes-Stalin-Molotov Conversations in December 1943‹, *Jahrbücher für Geschichte Osteuropas,* Bd. 20, 1972.
58 *Soviet War News,* 19/6/43.
59 *Stalin and the Cold War, 1945–1953: A Cold War International History Project Dokumentary Reader,* 1999, S. 3.

60 Ebd., S. 9, 15–16.
61 V. Deijer, *Tito Speaks*, Weidenfeld & Nicolson: London 1953, S. 234.
62 M. Djilas, *Wartime*, London: Secker & Warburg 1977, S. 438.
63 *Sovetskii Faktor v Vostochnoi Evrope, 1944–1953*, Bd. 1, Moskau 1999, Dok. 9.
64 *The Great Powers and the Polish Question, 1941–1945*, Dok. 102.
65 Ebd.; *Sovetskii Faktor v Vostochnoi Evrope*, Dok. 10; Polonsky und Drukier, *The Beginnings of Communist Rule in Poland*, Dok. 27.
66 *Stalin's Correspondence*, Dok. 311, 313, S. 248–249.
67 Ebd., Dok. 315, S. 250–251.
68 *Sovetskii Faktor v Vostochnoi Evrope*, Dok. 11.
69 *The Great Powers and the Polish Question, 1941–1945*, Dok. 102, S. 211; S. Mikolajczyk, *The Pattern of Soviet Domination*, Sampson, Low & Marston: London 1948, Kap. 6.
70 Ebd., Dok. 106.
71 Harriman Papers, C.173, CF. 13–15/8/44. Zu Wyschinskijs Aufzeichnungen vgl. *Sovetsko-Amerikanskie Otnosheniya, 1939–1945*, Moskau 2004, Dok. 251.
72 Harriman Papers, CF.16–18/8/44; *Sovetsko-Amerikanskie Otnosheniya, 1939–1945*, Dok. 252.
73 Ebd., Dok. 103.
74 *Stalin's Correspondence*, Dok. 321, S. 254.
75 Harriman Papers, C. 173, CF. 16–18/8/44; *Sovetsko-Amerikanskie Otnosheniya, 1939–1945*, Dok. 253.
76 *The Great Powers and the Polish Question, 1941–1945*, Dok. 107.
77 Meiklejohns Tagebuch, S. 543 in Harriman Papers, C.165.
78 *Stalin's Correspondence*, Dok. 322–323, S. 254–255.
79 Harriman Papers, C. l74, CF. 1–5/9/44.
80 *The Soviet General Staff at War, 1941–1945*, Bd. 2, S. 102–104; Timokhowich, ›Bagration‹, S. 75.
81 A. Chmielarz, ›Warsaw Fought Alone: Reflections on Aid to and the Fall of the 1944 Uprising‹, *Polish Review*, Bd. 39, Nr. 4, 1994, S. 421; R. C. Lukas, ›The Big Three and the Warsaw Uprising‹, *Military Affairs*, Bd. 39, Nr. 3, 1975.
82 Zitiert nach S. Berthon und J. Potts, *Warlords*, Politico's Publishing: London 2005, S. 265.
83 Zur Befreiung Osteuropas durch die Rote Armee siehe Erickson, *Road to Berlin*, Kap. 6; Mawdsley *Thunder in the East*, Kap. 12.
84 Siehe ›Posetiteli Kremlevskogo Kabineta I. V. Stahna‹, *Istoricheskii Arkhiv*, Nr. 4, 1996, S. 87.
85 W. S. Churchill, *The Second World War*, Bd. 6, Cassell: London 1954, S. 194–195.
86 Eine faszinierende Analyse von Churchills Geschichte des Zweiten Weltkrieges bietet D. Reynolds, *In Command of History: Churchill Fighting and Writing the Second World War*, Penguin Books: London 2005. Details zu diesem Abkommen: K. G. M. Ross, ›The Moscow Conference of October 1944 (Tolstoy)‹, in: W. Deakin, E. Barker und I. Chadwick (Hg.), *British Political and Military Strategy in Central, Eastern and Southern Europe in 1944*, London: Macmillan 1988; A. Resis, ›The Churchill-Stalin Secret »Percentages« Agreement on the Balkans, Moscow, October 1944‹, *American Historical Review*, April 1978; P. Tsakaloyannis, ›The Moscow Puzzle‹, *Journal of Contemporary History*, Bd. 21, 1986; P.G.H. Holdich, ›A Policy of Percentages? British Policy and the Balkans after the Moscow Conference of October 1944‹, *International History Review*, Februar 1987; G. Roberts, ›Beware Greek Gifts: The Churchill-Stalin »Percentages Agreement« of October 1944‹, *Mir Istorii*, www/historia.ru/2003/01/roberts.htm.
87 G. Ross (Hg.), *The Foreign Office and the Kremlin: British Documents on Anglo-Soviet Relations 1941–1945*, Cambridge University Press: Cambridge 1984, Dok. 30.
88 ›Zapis Besedy Tov. I. V. Stahna s Cherchillem 9 Oktyabrya 1944 g. v 22 chasa', Rossiiskii Gosudarstvennyi Arkhiv Sotsial'no-Politicheskoi Istorii (RGASPI), F.558, Op.ll, D.283, Ll.6–9,13.

Siehe auch die Übersetzung in O. A. Rchechewski, ›Soviet Policy in Eastern Europe 1944–1945: Liberation or Occupation‹, in: G. Bennett (Hg.), *The End of the War in Europe, 1945,* HMSO: London 1996, S. 162–168. Dies war die erste Publikation der sowjetischen Aufzeichnungen der »Prozentdiskussion«.

89 Die britischen Akten dieser beiden Treffen sind veröffentlicht in J. M. Siracusa, ›The Meaning of Tolstoy: Churchill, Stalin and the Balkans, Moskau, October 1944‹, *Diplomatic History,* Herbst 1979. Die sowjetischen Akten des Treffens vom 10. Oktober finden sich in Rchechewski, *Stalin i Cherchill,* Dok. 162.

90 Die Ausnahme war ein Treffen auf der Konferenz von Potsdam im Juli 1945, bei dem sich Churchill darüber beklagte, dass er nicht seinen 50-prozentigen Einfluss in Jugoslawien erhalten habe. Stalin entgegnete, dass die Sowjetunion keinen Einfluss habe und dass Tito unabhängig sei.

91 RGASPI F.558, Op.ll, D.283, L.6.
92 AVPRF F.6, Op.5b, Pap.39, Dl.
93 G. P. Kynin und J. Laufer (Hg.), *SSSR i Germanskii Vopros,* Bd. 1, Moskau 1996, Dok. 79.
94 P. J. Stawrakis, *Moskau and Greek Communism, 1944–1949,* Cornell University Press: New York 1989, S. 28–29.
95 *The Diary of Georgi Dimitrov 1933–1949,* Yale University Press 2003, S. 345 (Einträge vom 8. und 9. Dezember 1944).
96 Ebd., S. 352–353.
97 Zitiert nach W. Pechatnow, *The Big Three after World War II: New Documents on Soviet Thinking about Postwar Relations with the United States and Great Britain,* Cold War International History Project, 1995, Arbeitspapier Nr. 13.
98 AVPRF F.06, Op.7a, D.5, Ll. 11–12.
99 *Krymskaya Konferentsiya Rukovoditelei Trekh Souznykh Derzhav – SSSR, SShA i Velikobritanii,* Moskau 1984, S. 145 und AVPRF F.06, Op.7a, D.7, L.105.
100 D. Carlton, *Churchill and the Soviet Union,* Manchester University Press: Manchester 2000, S. 120.
101 RGASPI F.558, Op.l 1, D 283, L.21.
102 Rchechewski, *Stalin i Cherchill',* Dok. 164.
103 Polonsky und B. Drukier, *The Beginnings of Communist Rule in Poland,* Dok. 56.
104 Rchechewski, *Stalin i Cherchill',* Dok. 165; RGASPI F.558, Op. 11, D.283, L.20.
105 RGASPI F.558, Op. 11, D.283, L.64.
106 RGASPI F.558, Op. 11, D.283, Ll. 10–11.
107 Siracusa, ›The Meaning of Tolstoy‹, S. 449.
108 RGASPI F.558, Op.l 1, D.283, L.84.
109 Vgl. Molotows Gespräch mit Eden am 21. Mai 1942 in O. A. Rchechewski (Hg.), *War and Diplomacy,* Harwood Academic Publishers: Amsterdam 1996, Dok. 16.
110 Transsilvanien wurde in den Zwanzigerjahren von Rumänien vom besiegten Ungarn annektiert. 1940 wurde unter der Schirmherrschaft Deutschlands und Italiens ein großer Teil wieder Ungarn zugesprochen, Nach dem Zweiten Weltkrieg kam es an Rumänien zurück. Vgl. Y. Lahav, *Soviet Policy and the Transylvanian Question (1940–1946),* Forschungsbericht Nr. 27, The Hebrew University of Jerusalem, Juli 1977. Eine Reihe sowjetischer Dokumente findet sich in *Transil'vanskii Vopros Vengero-Rumynskii Territorial'nyi Spor i SSSR 1940–1946,* Moskau 2000.
111 Zitiert nach E. van Ree, *The Political Thought of Joseph Stalin,* Routledge: London 2002, S. 232. Vgl. auch V. Marina, *Zakarpatskaya Ukraina (Podkarpatskaya Rus') v Politike Benesha i Stahna,* Moskau 2003.
112 Rechechevski, *Stalin i Cherchill,'* Dok. 173.

113 A. H. Birse, *Memoirs of an Interpreter*, Michael Joseph: London 1967, S. 173.
114 Harriman Papers, C.174, CF.15–16/10/44.
115 *Stalin's Correspondence*, Dok. 230–231, S. 162–163.
116 RGASPI F.558, Op. 11, D.283, Ll.7–8.
117 AVPRF F.06, Op.7a, D.7, L. 18.
118 Ebd., L.30. Dieses und das vorhergehende Zitat wurde aus den veröffentlichten sowjetischen Akten der Jalta-Konferenz gestrichen, wie sie in *Krymskaya Konferentsiya Rukovoditelei Trekh Souznykh Derzhav – SSSR, SShA i Velikobritanii*, Moskau 1979, erschienen. Als die Akten nämlich 1961 öffentlich gemacht wurden, suchten die Sowjets eine *détente* mit der Regierung de Gaulle, sodass solche Bemerkungen zensiert wurden.
119 *Sovetsko-Frantsuzskie Otnosheniya vo Vremya Velikoi Otechestvennoi Voiny, 1941–1945*, Moskau 1959, Dok. 197.
120 Vgl. G.-H. Soutou, ›Le General de Gaulle et L'URSS, 1943–1945‹, *Revue d'histoire diplomatique*, Nr. 4, 1994; N. Narinski, ›Moscou et le Gouvernement provisoire du général de Gaulle‹, *Relations internationales*, Nr. 108, 2001; M. Ts. Arsakanyan, ›Pochemu Sharl' de Goll' stal »bol'shim drugom SSSR«‹, *Voenno-Istoricheskii Zhurnal*, Nr. 2, 1995; I. Chelyshev, ›Marshal Stalin vsegda mozhet rasschityvat' na de Gollya‹, *Istochnik*, Nr. 2, 2002.
121 *Sovetsko-Frantsuzskiye Otnosheniya vo Vremya Velikoi Otechestvennoi Voiny, 1941–1945*, Bd. 2, Moskau 1983, Dok. 69, 75, 76.
122 *Stalin's Correspondence*, Dok. 360, 364, 365, 366, 370, S. 227–284; Dok. 243, 244, 245, 246, S. 170–172.
123 *Sovetsko-Frantsuzskiye Otnosheniya* (Ausgabe 1959), Dok. 202.
124 Ebd., Dok. 209
125 *Sovetsko-Frantsuzskiye Otnosheniya* (Ausgabe 1983), Dok. 101.
126 Harriman Papers, C.175, CF.8–14/12/44.
127 *Sovetsko-Frantsuzskiye Otnosheniya* (Ausgabe 1983), Dok. 102.
128 Harriman Paper, C. 175, CF. 8–14/12/44.
129 *Stalin and the Cold War, 1945–1953: A Cold War International History Project Dokumentary Reader*, S. 103.
130 ›Resurgent France‹, *Soviet War News*, 20/12/44.
131 *Vneshnyaya Politika Sovetskogo Souza v Period Otechestvennoi Voiny*, Bd. 3, Moskau 1947, S. 61–62.

Siebtes Kapitel
1 D. S. Clemens, *Yalta*, Oxford University Press: Oxford 1970, S. 63–73.
2 Sowjetische Aufzeichnungen der Waffenstillstanskommission sind zu finden in: Arkhiv Vneshnei Politiki Rossiiskoi Federatsii (AVPRF) F.0511, Op.l, D.l-4. Für die EAC: AVPRF F.0425, Op.l, Bd. .l–5, 11–12. Eine Reihe von Dokumenten aus diesen Quellen wurden veröffentlicht in G. Kynin und J. Laufer (Hg.), *SSSR i Germanskii Vopros*, Bd. 1, Moskau 1996. Eine Analyse der Arbeit der EAC, die auf westlichen Quellen basiert, findet sich in: T. Sharp, *The Wartime Alliance and the Zonal Division of Germany*, Clarendon Press: Oxford 1975; D. J. Nelson, *Wartime Origins of the Berlin Dilemma*, University of Alabama Press: Tuscaloosa 1978; P. E. Mosley, *The Kremlin in World Politics*, Vintage Books: New York 1960, Kap. 5–6.
3 Zur Arbeit der Maiski-Kommission siehe: *SSSR i Germanskii Vopros*, Dok. 114. 129,136, 137, 138, 142.
4 Ebd., Dok. 64, 65, 91, 92, 141.
5 Zitiert nach der Zusammenfassung dieses Dokuments bei S. Pons, ›In the Aftermath of the Age of Wars: The Impact of World War II on Soviet Foreign Policy‹, in: S. Pons und A. Romano (Hg.), *Russia in the Age of Wars, 1914–1945*, Feltrinelli: Mailand 2000; A. M. Filitow, ›Problems

of Post-War Construction in Soviet Foreign Policy Conceptions during World War II‹, in: F. Gori und S. Pons (Hg.), *The Soviet Union and Europe in the Cold War, 1943–1953,* London: Macmillan 1996; W. Pechatnow, *The Big Three after World War II: New Documents on Soviet Thinking about Post-War Relations with the United States and Great Britain,* Cold War International History Project, Arbeitspapier Nr. 13, 1995; A. M. Filitow, ›V Kommissiyakh Narkomindela‹, in: O. A. Rchechewski (Hg.), *Vtoraya Mirovaya Voina,* Moskau 1995.

6 *SSSR i Germanskii Vopros,* Dok. 140.
7 K. Hamilton, ›The Quest for a Modus Vivendi: The Daubian Satellites in Anglo-Soviet Relations 1945–6‹, *FCO Historical Branch Occasional Papers,* Nr. 4, April 1992, S. 6.
8 *SSSR i Germanskii Vopros,* Dok.79.
9 *Sovetsko-Amerikanskie Otnosheniya, 1939–1945,* Moskau 2004, Dok. 244. Vgl. auch Pechatnow, *Big Three,* S. 6–9.
10 Ebd, Dok. 81 und *Sovetsko-Amerikanskiye Otnoshenia vo Vremya Velikoi Otechestvennoi Voiny, 1941–1945,* Bd. 1, Moskau 1984, Dok. 131. Die Archivkopie dieses Dokuments findet sich in AVPRF F.06, Op.4, Pap.22, D.232, Ll.1–11. Außerdem AVPRF F.06, Pap.22, D.235, Ll. 118–120.
11 *Sovetsko-Amerikanskie Otnosheniya* (2004), Dok. 246.
12 AVPRF F.06, Op.7a, D.5, Ll.7–22; Sokolow diskutiert die Rolle des sowjetischen Botschafters in England, Fjodov Gusew: V. V. Sokolow, ›Posol SSSR FT. Gusev v Londone v 1943–1946 godax‹, *Novaya i Noveishaya Istoriya,* Nr. 4, 2005.
13 *Vostochnaya Evropa v Dokumentakh Rossiiskikh Arkhivov, 1944–1953,* Bd. 1, Moskau 1997, Dok. 37. Eine englische Übersetzung findet sich in G. P. Murashko und A. F. Noskowa, ›Stalin and the National-Territorial Controversies in Eastern Europe, 1945–1947 (Part 1)‹, *Cold War History,* Bd. 1, Nr. 3, 2001.
14 I. Banac (Hg.) *The Diary of Georgi Dimitrov, 1933–1949,* Yale University Press: New Haven 2003, S. 352–353.
15 *Otnosheniya Rossii (SSSR) s Yugoslaviei, 1941–1945gg,* Moskau 1998, Dok. 517.
16 *Stalin and the Cold War, 1945–1953: A Cold War International History Project Dokumentary Reader,* 1999, S. 130.
17 Banac, *Diary of Dimitrov,* S. 357–358.
18 Clemens, *Yalta,* S. 114.
19 Der Brief von Kathleen Harriman an Pamela Churchill ist vom 7. 2. 1945 und findet sich in den Pamela Harriman Papers, Library of Congress Manuscript Division.
20 *Krymskaya Konferentsiya,* Dok. 3.
21 Ebd., Dok. 4. Vgl. auch die kritischen Kommentare Stalins über de Gaulle, die in den veröffentlichten Akten weggelassen wurden, sich aber im Archiv finden: AVPRF F.06, Op.7a, D.7, L.30.
22 Ebd., Dok. 5. Am Ende der Sitzung kam Churchill auf die Frage der Zukunft Deutschlands zu sprechen, ›wenn es denn eine habe‹. Stalin antwortete, dass Deutschland ›einiges an Zukunft habe‹. Die Wertung ›einige‹ *(kakoe-libo)* findet sich im Archiv, aber nicht in den veröffentlichten Dokumenten (AVPRF F.06, Op.7a, D.7, L.12). Siehe auch *The Tehran, Yalta and Potsdam Conferences,* Progress Publishers: Moskau 1969.
23 AVPRF F.06, Op.7a, D.7, Ll.21–26. Es folgt ein zusammenfassender Bericht der Diskussion um die Teilung Deutschlands. Die zitierten Äußerungen Stalins wurden in den publizierten sowjetischen Akten weggelassen (ebd. Dok. 6). Zu den britischen und amerikanischen Akten der Aufteilung Deutschlands siehe PRO CAB 99/31, S. 119–120 und FRUS: Yalta, S. 611–615, 624–627.
24 Die Begebenheit wurde in einem Tagebucheintrag Maiskis vom 5. Februar 1945 festgehalten, wiedergegeben in O. A. Rchechewski (Hg.), *Stalin i Churchill',* Moskau 2004, Dok. 175. In Maiskis Erinnerungen an Jalta wird die Begebenheit nicht erwähnt und seine eigene Rolle eher heruntergespielt. Vgl. I. M. Maiski, *Vospominaniya Sovetskogo Diplomata,* Moskau 1987, S. 747–764.
25 *Krymskaya Konferentsiya,* Dok.6.

26 Vgl. zur irischen Neutralität im Zweiten Weltkrieg B. Girvin, *The Emergency: Neutral Ireland, 1939–1945*, Macmillan: London 2005.
27 AVPRF F.06, Op.7a, D.7, L.33. Die zitierte Äußerung Stalins wurde in den publizierten sowjetischen Akten weggelassen.
28 *Krymskaya Konferentsiya*, Dok. 8.
29 *Stalins Correspondence with Churchill, Attlee, Roosevelt and Truman, 1941–1945*, Lawrence & Wishart: London 1958, Dok. 266, S. 187–189.
30 *Krymskaya Konferentsiya*, Dok.10.
31 Ebd., Dok. 12.
32 Ebd., Dok. 25, 28.
33 ›Istoricheskie Resheniya Krymskoi Konferentsii‹, *Prawda*, 13/2/45; ›Krymskaya Konferentsiya Rukovoditelei Trekh Souznykh Derzhav‹, *Izwestij*, 13/2/45.
34 *SSSR i Germanskii Vopros*, Dok. 144.
35 *Ivan Mikhailovich Maiskii: Izbrannaya Perepiska s Rossiiskimi Korrespondentami*, Bd. 2, Moskau 2005, Dok. 550.
36 Das Tagebuch von V. A. Malyshew wurde veröffentlicht in *Istochnik*, Nr. 5, 1997, S. 128.
37 *SSSR i Germanskii Vopros*, Dok.146–154.
38 Harriman Papers, C. 177–178, CF. 2–3/45. Die sowjetischen Akten des ersten Treffens vom 23. Februar wurden veröffentlicht in *Sovetsko-Amerikanskie Otnosheniya* (2004), Dok. 274.
39 *Stalin's Correspondence*, Dok. 284, 289, S. 201–213.
40 Vgl. zur rumänischen Regierungskrise A. J. Rieber, ›The Crack in the Plaster: Crisis in Romania and the Origins of the Cold War‹, *Journal of Modern History*, Nr. 76, März 2004; *Tri Vizita A. Ya Vyshinskogo v Bukharest, 1944–1946*, Moskau 1998.
41 *Sovetsko-Amerikanskiye Otnoshenia, 1939–1945* (2004), Dok. 275, 276, 278, 279, 280, 283, 284.
42 Gosudarstvennyi Arkhiv Rossiiskoi Federatsii, F. 9401, Op.2, D.93–97.
43 Zitiert nach V. Wolkow, ›The Soviet Leadership and Southeastern Europe‹, in: N. Naimark und L. Gibianski (Hg.), *The Establishment of the Communist Regimes in Eastern Europe, 1944–1949*, Westview Press: Boulder, Col. 1997, S. 56.
44 F. Oleschchuk, ›Razvitiye Demokratii v Osvobozhdyonnykh Stranakh Evropy‹, *Bolschewik*, Nr. 19–20, October 1945.
45 Vgl. G. Roberts, ›Soviet Foreign Policy and the Spanish Civil War, 1936–1939‹, in: C. Leitz (Hg.), *Spain in an International Context*, Berghahn Books: Oxford 1999.
46 *Woprosy Wneschnei Politiki:* ›O Polozhenii v Bolgarii‹, Nr. 10, 15/5/45; ›O Vnutripoliticheskom Polozhenii Vengrii‹, Nr. 19, 1/10/45; ›O Vnutripoliticheskom Polozhenia Finlyandii‹, Nr. 20, 15/10/45; ›K Sovremennomu Vnutripoliticheskomu Polozheniu Rumynii‹, Nr. 22, 15/11/45. Alle in Rossiiskii Gosudarstvennyi Arkhiv Sotsial'no-Politicheskoi Istorii (RGASPI), F.17, Op.128, D.12.
47 M. Djilas, *Wartime*, Secker & Warburg: London 1980, S. 437.
48 *Vostochnaya Evropa v Dokumentakh Rossiiskikh Arkhivov, 1944–1953*, Dok. 151.
49 Ebd., S. 579, Nr. 3.
50 Ebd., Dok. 169.
51 Zitiert nach V. Dimitrow, ›Revolution Released: Stalin, the Bulgarian Communist Party and the Establishment of Cominform‹, in: Gori und Pons (Hg.), *Soviet Union and Europe*, S. 284.
52 Über die Strategie der Volksfront in den Dreißigerjahren: K. McDermott und J. Agnew, *The Comintern*, Macmillan: London 1996, Kap. 4.
53 W.O. McCagg, *Stalin Embattled, 1943–1948*, Wayne State University Press: Detroit 1978, S. 26.
54 E. Mark, *Revolution by Degrees: Stalin's National-Front Strategy for Europe, 1941–1947*, Cold War International History Project, Arbeitspapier Nr. 31, 2001. Siehe auch N. M. Naimark, ›Post-Soviet Russian Historiography on the Emergence of the Soviet Bloc‹, *Kritika*, Bd. 5, Nr. 3, Sommer 2004. Meine eigene Sicht auf Stalins politische Strategie in Osteuropa nach dem Krieg, die die Authenti-

zität des Projektes Volksdemokratie in der kurzen Zeit seines Bestehens unterstreicht, stimmt überein mit den Ansichten von T.V. Volokitina und ihren Kollegen am Institut für Slawische Studien der Russischen Akademie der Wissenschaften. Ihre Gruppe ediert auch die Akten in *Vostochnaya Evropa v Dokumentakh Rossiiskikh Arkhivov* und *Sovetskii Faktor v Vostochnoi Evrope*. Ein weiterer von dieser Gruppe herausgegebener Band ist: *Moskva i Vostochnaya Evropa*, 1949–1953, Moskau 2002.

55 W. Lafeber, *The Origins of the Cold War, 1941–1947,* John Wiley: New York 1971, Dok. 37.
56 RGASPI F.17, Op.128, D.94; *Voprosy Vneshnei Politiki,* Nr. 10(34), 15. 5. 1946. Ich habe die Tabelle etwas vereinfacht. Beispielsweise stammt die Zahl der Parteimitglieder vor dem Krieg in Deutschland aus dem Jahre 1933, während die Angabe aus Ungarn vom März 1945 datiert. Die Tabelle führt auch Mitgliederzahlen nach dem Krieg für Japan (20 000), Korea (60 000), den USA (80 000) und China (1,21 Millionen) auf.
57 Zahlenangaben nach J. Tomaszewski, *The Socialist Regimes of Eastern Europe: Their Establishment and Consolidation, 1944–1967,* Routledge: London 1989, *passim.*
58 Vgl. A. J. Rieber, *Zhdanov in Finland,* The Carl Beck Papers in Russian and East European Studies, Nr. 1107, University of Pittsburgh, Februar 1995.

Achtes Kapitel
1 S. Bialer (Hg.), *Stalin and his Generals: Soviet Military Memoirs of World War II,* Souvenir Press: London 1970, S. 617. Die anderen Angaben über die Weichsel-Oder-Operation stammen von A. Werth, *Russia at War, 1941–1945,* Pan Books: London 1964, Teil 8, Kap. 1; J. Erickson, *The Road to Berlin,* Weidenfeld &. Nicolson: London 1983, Kap. 7; D. M. Glantz und J. House, *When Titans Clashed: How the Red Army Stopped Hitler,* University Press of Kansas: Lawrence, Kansas 1995, S. 241–250; E. Mawdsley, *Thunder in the East: The Nazi-Soviet War, 1941–1945,* Hodder Arnold: London 2005, Kap. 13.
2 S. M. Schtemenko, ›In the General Staff‹, in: Bialer, *Stalin,* S. 472, S. 472–480 und Schtemenko, *The Soviet General Staff at War, 1941–1945,* Progress Publishers: Moskau 1970, Kap. 13.
3 K. Rokossowski, *A Soldier's Duty,* Progress Publishers: Moskau 1970, S. 267.
4 I. Konew, *Year of Victory,* Progress Publishers: Moskau 1969, S. 5, S. 67–68.
5 Werth, *Russia at War,* S. 849–850.
6 Der Hauptvertreter dieser Sicht ist der russische Militärhistoriker V. N. Kisilew, so in seinem Artikel ›Padeniye Berlina‹ (S. 256), in: G. N. Sewostjanow, *Voina i Obshchestvo, 1941–1945,* Bd. 1, Moskau 2004.
7 Konew, *Year of Victory,* S. 14.
8 Rokossowski, *Soldier's Duty,* S. 281–282.
9 V. Mastny, *Russia's Road to the Cold War,* Columbia University Press: New York 1979, S. 242–243.
10 Siehe dazu auch Bialer, *Stalin,* S. 500–515.
11 W. I. Tschuikow, *Konets Tret'ego Reikha,* Moskau 1973 und ders., *ot Stalingrada do Berlina,* Moskau 1980.
12 Harriman Papers, Library of Congress Manuscripts Division, Container 175, Chronological File 15–20/12/44. Die sowjetische Version ist zu finden in *Sovetsko-Amerikanskie Otnosheniya vo Vremya Velikoi Otechistvennoi Voiny, 1941–1945,* Bd. 2, Moskau 1984, Dok. 164.
13 Ebd., C176, CF. 11–16/1/45.
14 Schtemenko, *Soviet General Staff,* S. 307.
15 *The Tehran, Yalta and Potsdam Conferences,* Progress Publishers: Moskau 1969, S. 54–65.
16 *Foreign Relations of the United States: The Conferences at Malta and Yalta 1945,* Government Printing Office: Washington 1955, S. 580, 597, 645–646.
17 J. Stalin, O *Velikoi Otechestvennoi Voine Sovetskogo Souza,* Moskau 1946, S. 158.
18 Zitiert nach C. Ryan, *The Last Battle,* New English Library: London 1968, S. 142.

19 ›Posetiteli Kremlevskogo Kabineta I. V. Stahna: 1944–1946‹, *Istoricheskii Arkhiv,* Nr. 4, 1996, S. 96.
20 Der Text von Stalins Botschaft ist veröffentlicht in O. A. Rchechewski, ›Poslednii Shturm: Zhukov ili Konev‹, *Mir Istorii http://gpw.tellur.ru.*
21 ›Posetiteli Kremlevskogo Kabineta I. V. Stahna‹, 1996, S. 96.
22 Konew, *Year of Victory,* S. 87–88.
23 Rokossowski, *Soldier's Duty,* S. 316.
24 *Sovetsko-Amerikanskie Otnosheniya, 1945–1948,* Moskau 2004, Dok. 287.
25 Konew, *Year of Victory,* S. 104–108. In seinen Memoiren schreibt Schtemenko, dass es zwischen Schukow und Konew einen Wettkampf gegeben habe, wer Berlin zuerst erreiche. Er zitiert Stalin mit den Worten:»Wer zuerst da ist, soll Berlin einnehmen.« Dieses Zitat hat vielerseits Eingang in die Literatur gefunden – aber weder Schukow noch Konew können sich daran erinnern.
26 Siehe auch A. Read und D. Fisher, *The Fall of Berlin,* Pimlico: London 1993, 2002; A. Beevor, *Berlin: The Downfall 1945,* Viking: London 2002 und J. Erickson, ›*Poslednii Shturm:* The Soviet Drive to Berlin, 1945‹, in: G. Bennett (Hg.), *The End of the War in Europe 1945,* HMSO: London 1996.
27 Die ausgewogenste und abgesichertste Behandlung des Themas der Vergewaltigungen der Roten Armee in Deutschland findet sich in N. M. Naimark, *The Russians in Germany: A History of the Soviet Zone of Occupation, 1945–1949,* Harvard University Press: Cambridge, Mass 1995.
28 Ryan, *Last Battle,* S. 23.
29 G. Bischof, *Austria in the First Cold War, 1945–1955,* Macmillan: London 1995, S. 30–34.
30 M. Mevius, *Agents of Moskau: The Hungarian Communist Party and the Origins of Socialist Patriotism, 1941–1953,* Oxford University Press: Oxford 2005, S. 60–63.
31 Tagebucheintrag V. A. Malyschew vom 28. 3. 1945, *Istochnik,* Nr. 5, 1995, S. 127–128.
32 Zitiert nach R. Overy, *Russia's War,* Penguin Books: London 1998, S. 261–262.
33 G. Aleksandrow, ›Tovarishch Ehrenburg Uproshchaet‹, *Prawda,* 14/4/1945.
34 I. Ehrenburg, *The War, 1941–1945,* MacGibbon & Kee: London 1964, S. 177.
35 W. Averell Harriman, *America and Russia in a Changing World,* Doubleday: New York 1971, S. 44.
36 Werth, *Russia at War,* S. 867–868.
37 I. Stalin, O *Velikoi Otechestvennoi Voine Sovetskogo Souza,* Moskau 1946, S. 170–171.
38 Das Zitat entstammt einer stenografischen Aufzeichnung von Stalins Trinkspruch. Es ist erschienen in: V. A. Neweschin, *Zastol'nye Rechi Stahna,* Moskau-St. Petersburg 2003, Dok. 107. Der stenografische Text wurde von Stalin selbst ediert und korrigiert, bevor sein Toast in der sowjetischen Presse veröffentlicht wurde (siehe Dok. 108).
39 Ebd., Dok. 111.
40 Harriman Papers, C.178, Cf. 10–13/4/45.
41 Ebd.
42 *Sovetsko-Amerikanskie Otnosheniya* (1984), Bd. 2, Dok. 219.
43 *Stalin's Correspondence with Churchill, Attlee, Roosevelt and Truman, 1941–1945,* Lawrence & Wishart: London 1958, Dok. 291, S. 214.
44 Zitiert nach W. Pechatnow, ›Stalin i Ruzvel't‹, in: G.N. Sevostyanow, *Voina i Obshchestvo, 1941–1945,* Bd. 1, Moskau 2004, S. 418.
45 Harriman Papers, C. 178, Cf. 14–16/4/45.
46 *Sovetsko-Amerikanskie Otnosheniya* (1984), Bd. 2, Dok. 224.
47 Arkhiv Vneshnei Politiki Rossiiskoi Federatsii (AVPRF) F.6, Op.7b, Pap. 60, D.l, Ll.6–8, 11–13; *Foreign Relations of the United States 1945,* Bd. 5, Government Printing Office: Washington, DC 1967, S. 237–241.1ch habe die ganze Episode im Detail behandelt in G. Roberts, ›Sexing up the Cold War: New Evidence on the Molotow-Truman Talks of April 1945‹, *Cold War History,* Bd. 4, Nr. 3, April 2004.
48 C. Marzani, *We Can Be Friends: Origins of the Cold War,* Topical Book Publishers: New York 1952, S. 187.

49 A. H. Birse, *Memoirs of an Interpreter,* Michael Joseph: London 1967, S. 200.
50 D. S. Clemens, ›Averell Harriman, John Deane, the Joint Chiefs of Staff, and the »Reversal of Cooperation« with the Soviet Union in April 1945‹, *International History Review,* Bd. 14, Nr. 2, 1992; W. D. Miscamble, ›Anthony Eden and the Truman-Molotov Conversations, April 1945‹, *Diplomatic History,* Frühjahr 1978.
51 *Stalin's Correspondence with Churchill, Attlee, Roosevelt and Truman, 1941–1945,* Lawrence & Wishart: London 1958, Dok. 293, S. 215–217.
52 Ebd., Dok. 298, S. 220.
53 Diese Darstellung der Mission Hopkins basiert auf seinen Gesprächen mit Stalin, veröffentlicht in *Foreign Relations of the United States: The Conference of Berlin 1945,* Bd. 1, US Government Printing Office: Washington 1960, S. 21–63. Aufzeichnungen des Treffens von Hopkins mit Stalin vom 6. Juni finden sich in R. E. Sherwood, *The White House Papers of Harry L. Hopkins,* Bd. 2, Eyre & Spottiswoode: London 1949, S. 900–902. Die sowjetischen Akten unterscheiden sich nicht davon. Siehe *Sovetsko-Amerikanskie Otnosheniya* (1984), Bd. 2, Dok. 258, 260.
54 Siehe L. Bezymenski, *The Death of Adolf Hitler: Unknown Documents from the Soviet Archives,* Michael Joseph: London 1968; S. M. Schtemenko, *The Soviet General Staff at War,* Bd. 2, Progress Publishers: Moskau 1986, S. 424–426. Die Bemerkung Stalins, dass Hitler noch lebe, wurde in den veröffentlichten sowjetischen Akten seines Gesprächs mit Hopkins weggelassen (siehe *Sovetsko-Amerikanskie Otnosheniya* (1984), Dok. 258).
55 *The Memoirs of Marshal Zhukov,* Jonathan Cape: London 1971, S. 668.
56 C. L. Mee, *Meeting at Potsdam,* André Deutsch: London 1975, S. 40, 283.
57 Zitiert nach Mastny, *Russia's Road to the Cold War,* S. 293.
58 Zitiert nach M. Trachtenberg, *A Constructed Peace: The Making of the European Settlement, 1945–1963,* Princeton University Press: Princeton, NJ 1999, S. 37.
59 Zitiert nach V. Bereschkow, *History in the Making: Memoirs of World War II Diplomacy,* Progress Publishers: Moskau 1983, S. 458.
60 Birse, *Memoirs of an Interpreter,* S. 208.
61 *The Tehran, Yalta and Potsdam Conference,* Progress Publishers: Moskau 1969, S. 265.
62 *Berlinskaya (Potsdamskaya) Konferentsiya Rukovoditelei Trekh Souznykh Derzhav – SSSR, SShA i Velikobritanii,* Moskau 1984, Dok. 2. Eine unvollständige englische Übersetzung der sowjetischen Akten der Sitzungen in Potsdam findet sich in *The Tehran, Yalta and Potsdam Conference.* Siehe auch *Foreign Relations of the United States: The Conference of Berlin 1945,* Bd. 1, S. 43.
63 *Documents on British Policy Overseas,* Reihe 1, Bd. 1, HMSO: London 1984, S. 386–390.
64 *Berlinskaya (Potsdamskaya) Konferentsiya,* Dok. 3.
65 N. G. Kuznetsov, ›Ot Yalty do Postdama‹, in: A. M. Samsonow (Hg.), 9 *Maya 1945 goda,* Moskau 1970.
66 *The Tehran, Yalta and Potsdam Conference* , S. 173.
67 AVPRF F.07, Op. 10–12, Pap.49, D.2, L.20. Diese Bemerkung Stalins fehlt in den veröffentlichten sowjetischen Akten. *Berlinskaya (Potsdamskaya) Konferentsiya,* S. 152.
68 N. V. Kochkin, ›SSSR, Angliya, SShA i »Turetskii Krizis« 1945–1947gg‹, *Novaya i Noveishaya Istoriya,* Nr. 3, 2002.
69 *Berlinskaya (Potsdamskaya) Konferentsiya,* Dok. 63.
70 Ebd., S. 149.
71 Siehe auch *Sovetsko-Amerikanskie Otnosheniya* (2004), Doks. 324, 326 und 342.
72 *Berlinskaya (Potsdamskaya) Konferentsiya,* S. 131–134, 442, 461; Doks. 50, 107, 155.
73 AVPRF F.0431/1, Op.l, Pap.5, D.33, Ll.1–30; AVPRF F.0431/1, Op.l, D.l, Ll. 1–16. Siehe auch S. Mazow, ›The USSR and the Former Italian Colonies, 1945–1950‹, *Cold War History,* Bd. 3, Nr. 3, April 2003.

74 AVPRF F.07, Op.10–12, Pap.49, D.2, LI. 16–17. Die Bemerkung Stalins fehlt in den veröffentlichten sowjetischen Akten *Berlinskaya (Potsdamskaya) Konferentsiya*, S. 152.
75 Vgl. E. Moradiellos, ›The Potsdam Conference and the Spanish Problem‹, *Contemporary European History*, Bd. 10, Nr. 1, 2001; G. Swain, ›Stalin and Spain, 1944–1948‹, in: C. Leitz und D. I. Dunthorn (Hg.), *Spain in an International Context, 1936–1959*, Berghahn Books: Oxford 1999.
76 *The Tehran, Yalta and Potsdam Conference*, S. 317–341.
77 Die Kommentare der *Prawda* und *Iswestija* vom 3. August 1945 erschienen beide mit dem Titel ›Berlinskaya Konferentsiya Trekh Derzhav‹.
78 Zitiert nach L. Ya. Gibianski, ›Doneseniya Ugoslavskogo Posla v Moskve o Otsenkak Rukovodstvom SSSR Potsdamskoi Konferentsii i Polozheniya v Vostochnoi Evrope‹, *Slavyanovedeniye*, Nr. 1, 1994.
79 I. Banac (Hg.) *The Diary of Georgi Dimitrov, 1933–1949*, Yale University Press: New Haven 2003, S. 377.
80 Zitiert nach R. B. Levering, W. Pechatnow et al., *Debating the Origins of the Cold War: American and Russian Perspectives*, Rowman & Littlefield: Lanham, Maryland 2002, S. 105.
81 Dieser Themenkomplex verdankt viel der Arbeit von T. Hasegawa, *Racing the Enemy: Stalin, Truman, and the Surrender of Japan*, Harvard University Press: Cambridge, Mass. 2005 und D. Holloway, ›Jockeying for Position in the Postwar World: Soviet Entry into the War with Japan in August 1945‹, in: T. Hasegawa (Hg.), *Reinterpreting the End of the Pacific War: Atomic Bombs and the Soviet Entry into the War*, Stanford University Press. Ich bin Prof. Holloway dankbar, dass er mir eine Kopie des Artikels vor dem Erscheinen zukommen ließ.
82 Stalin, O *Velikoi Otechestvennoi Voine Sovetskogo Souza*, S. 147. Zur japanischen Reaktion auf Stalins Rede vgl. B. N. Slavinskii, *Yaltinskaya Kenterentsiya i Problem »Severnykh Territorii«*, Moskau 1966.
83 Zu den sowjetisch-japanischen Beziehungen vor dem Zweiten Weltkrieg siehe J. Haslam, *The Soviet Union and the Threat from the East, 1933–1941*, London: Macmillan 1992.
84 O. E. Clubb, ›Armed Conflicts in the Chinese Borderlands, 1917–1950‹, in: R. L. Garthoff (Hg.), *Sino-Soviet Military Relations*, Praeger: New York 1966.
85 Vgl. J. W. Garver, ›Chiang Kai-shek's Quest for Soviet Entry into the Sino-Japanese War‹, *Political Science Quarterly*, Bd. 102, Nr. 2, 1987.
86 *Foreign Relations of the United States 1944*, Bd. 4, Government Printing Office: Washington, DC, 1966, S. 942–944. Vgl. auch die sowjetischen Aufzeichnungen *Sovetsko-Amerikanskie Otnosheniya* (1984), Dok. 9. Darin wird auch erwähnt, dass Verhandlungen über japanische Bergbaukonzessionen in Nordsachalin kurz vor dem Abschluss standen; auch wollte der Chef des japanischen Generalstabs Moskau besuchen.
87 *Foreign Relations of the United States 1944*, ebd., S. 965–966.
88 *Sovetsko-Amerikanskie Otnosheniya* (1984), Dok. 119.
89 O. A. Rchechewski, *Stalin i Cherchill'*, Moskau 2004, Dok. 167.
90 Ebd., Dok. 168.
91 Ebd., Dok. 170.
92 Hasegawa, *Racing the Enemy*, S. 31.
93 *Sovetsko-Amerikanskie Otnosheniya* (1984), Dok. 164.
94 *Russko-Kitaiskiye Otnosheniya v XX Veke*, Bd. 4, Teil 2, Moskau 2000, Dok. 657, S. 77. Vgl auch B. N. Slawinski, *Yaltinskaya Konferentsiya i Problems ›Severnykh Territori‹*, Moskau 1996; A. Koshkin, *Yaponskii Front Marshala Stahna*, Moskau 2004. Die erste Erwähnung des Anspruchs der Sowjets auf die Kureileninseln findet sich in Maiskis Memorandum an Molotow im Januar 1944. Der Disput zwischen Russland und Japan über diese Inseln dauert bis heute an.
95 Siehe Holloway, ›Jockeying for Postion‹.
96 *The Tehran, Yalta and Potsdam Conference*, S. 145–146.

97 Zu den sowjetischen Kriegsvorbereitungen siehe Schtemenko, *Soviet General Staff,* Kap. 14; Wassilewski, *A Lifelong Cause,* S. 453–482; M. Sacharow, *Final: Istoriko-Memuarnyi Ocherk o Razgrome Imperialisticheskoi Yaponii v 1945 gody,* Moskau 1969.
98 *Sovetsko-Yaponskaya Voina 1945 goda,* Moskau 1997 (Reihe Russkii Arkhiv), Moskau 1997, Dok. 312–313.
99 Schtemenko, *Soviet General Staff,* S. 328.
100 *Sovetsko-Yaponskaya Voina 1945 goda,* Dok. 314–316.
101 *Vneshnyaya Politika Sovetskogo Souza v Period Otechestvennoi Voiny,* Bd. 3, Moskau 1947, S. 166–167.
102 Holloway, ›Jockeying for Position‹.
103 Zu Stalins Gespräch mit Soong im Sommer 1945 siehe *Russko-Kitaiskiye Otnosheniya v XXV eke.* Eine englische Übersetzung der chinesischen Akten findet sich in *Stalin and the Cold War, 1945–1953, Cold War International History Project Dokumentary Reader,* Washington, DC 1999.
104 A. M. Ledowski, *SSSR i Stalin v Sud'bakh Kitaya,* Moskau 1999, S. 295–320. Dieser Teil des Buches ist in englischer Sprache verfasst.
105 *Stalin and the Cold War, 1945–1953,* S. 217.
106 *Russko-Kitaiskiye Otnosheniya v XX Veke,* Dok. 657.
107 Ebd., Dok. 660.
108 Ebd., Dok. 674.
109 Holloway, ›Jockeying for Position‹.
110 Über das Verhältnis Stalins zu Mao zu dieser Zeit siehe Nui Jun, ›The Origins of the Sino-Soviet Alliance‹, in: O. A. Westad, *Brothers in Arms: The Rise and Fall of the Sino-Soviet Alliance, 1945–1963,* Stanford University Press: Stanford 1998.
111 Zitiert nach M. Leffler, *For the Soul of Mankind: The United States, the Soviet Union and the Cold War,* Farrar, Straus and Giroux (Hill and Wang): New York 2007.
112 *Documents on British Policy Overseas,* HMSO: London 1985, Dok. 185.
113 *Foreign Relations of the United States: The Conference of Berlin 1945,* Bd. 2, Government Printing Office: Washington, DC 1960, S. 345.
114 *Documents on British Policy Overseas,* Dok. 231.
115 *Berlinskaya (Potsdamskaya) Konferentsiya,* Dok. 97.
116 Zitiert nach Holloway, ›Jockeying for Position‹.
117 *Russko-Kitaiskiye Otnosheniya v XX Veke,* Dok. 685.
118 *Documents on British Policy Overseas,* S. 959.
119 *Stalin's Correspondence,* Dok. 358, S. 258–259.
120 *Vneshnyaya Politika Sovetskogo,* Band 3, S. 362–363.
121 Holloway, ›Jockeying for Position‹.
122 *Sovetsko-Yaponskaya Voina 1945 goda,* Dok. 324.
123 Siehe D. Holloway, *Stalin & the Bomb,* Yale University Press: New Haven 1994.
124 Vgl. ›Truman Tells Stalin, July 24, 1945‹, www.dannen.com/decision/potsdam.html.
125 Der englische Text des sino-sowjetischen Vertrages von 1945 findet sich in Garthoff, *Sino-Soviet,* Appendix A.
126 *Stalin and the Cold War, 1945–1953,* S. 221–222.
127 Siehe auch M. Kramer, ›Documenting the Early Soviet Nuclear Program‹, *Cold War International History Project Bulletin,* Nr. 6–7, Winter 1995/1996.
128 *Russko-Kitaiskiye Otnosheniya v XX Veke,* Dok. 699.
129 Ebd., S. 272.
130 Vgl. die Diskussion bei Hasegawa, *Racing the Enemy,* S. 290–330.
131 Ebd., S. 267–274.
132 *Stalin's Correspondence,* S. 266–269.

133 Stalin, *O Velikoi Otechestvennoi Voine Sovetskogo Souza*, S. 180–183.
134 Werth, *Russia at War*, S. 928.

Neuntes Kapitel
1 Arkhiv Vneshnei Politiki Rossiiskoi Federatsii (AVPRF) F.0431/1,Op.l, Dd 1–4. Siehe auch G. A. Agafonowa, ›Diplomaticheskii Krizis na Londonskoi Sessii SMID‹, in: I. V. Gaiduk und N. I. Egorowa (Hg.), *Stalin i Kholodnaya Voina*, Moskau 1997. Weiterhin J. Knight, ›Russia's Search for Peace: The London Council of Foreign Ministers, 1945‹, *Journal of Contemporary History*, Bd. 13, 1978.
2 *Stalin's Correspondence with Churchill, Attlee, Roosevelt and Truman, 1941–1945*, Lawrence & Wishart: London 1958, Dok. 476, S. 361.
3 Vgl. L. E. Davis, *The Cold War Begins: Soviet-American Conflict over Eastern Europe*, Princeton University Press: Princeton NJ 1974, Kap. 9.
4 *Vostochnaya Evropa v Dokumentakh Rossiiskikh Arkhivov, 1944–1953*, Bd. 1, Moskau 1997, Dok. 85, 87, 90, 91, 92. Vgl. auch M. Mackintosh, *Eastern Europe 1945–1946: The Allied Control Commission in Bulgaria*, FCO Historical Branch Occasional Papers, Nr. 4, 1992; S. S. Birusow, *Sovetskii Soldat na Balkanakh*, Moskau 1963. Nach den Erinnerungen von General Birusow habe Stalin persönlich in Bulgarien angerufen und ihm befohlen, die Wahlen zu verschieben. Doch die bulgarische Bevölkerung habe gejubelt und geglaubt, der Druck der Westmächte habe die Sowjetunion zum Nachgeben gezwungen.
5 I. Banac (Hg.), *The Diary of Georgi Dimitrov, 1933–1949*, Yale University Press: London 1993, S. 379–380.
6 Ebd., S. 381 und ders., *Stalin and the Cold War, 1945–1953: A Cold War International History Project Dokumentary Reader*, 1999, S. 247–249.
7 Zur Triestkrise: R. S. Dinardo, ›Glimpse of an Old War Order: Reconsidering the Trieste Crisis of 1945‹, *Diplomatic History*, Bd. 21, Nr. 3, 1997; L.Ya Gibianski, ›Stalin i Triestskoe Protivostoyanie 1945g, in: Gaiduk und Egorowa, *Stalin*; G. Valdevit, ›The Search for Symmetry: A Tentative View of Trieste, the Soviet Union and the Cold War‹, in: F. Gori und Silvio Pons (Hg.), *The Soviet Union and Europe in the Cold War, 1943–1953*, Macmillan: London 1996.
8 *Documents on British Policy Overseas* (im Folgenden: DBPO), Reihe 1, Bd. 2, HMSO: London 1985, S. 177; S. Mazow, ›The USSR and the Former Italian Colonies, 1945–1950‹, *Cold War History*, Bd. 3, Nr. 3, April 2003; S. Kelly, *Cold War in the Desert: Britain, the United States and the Italian Colonies, 1945–1950*, Macmillan: London 2000.
9 Zitiert nach W. Pechatnow, ›»*The Allies are Pressing on You to Break Your Will* ...«: Foreign Policy Correspondence between Stalin and Molotov and Other Politburo Members, September 1945–December 1946‹, Cold War International History Project, Arbeitspapier Nr. 26, 1999, S. 2. Die russische Version dieses sehr wichtigen Artikels findet sich in *Istochnik*, Nr. 6, 2 u. 3, 1999.
10 *Sessiya Soveta Ministrov Inostrannykh Del v Londone 11 Sentyabrya-2 Oktyabrya 1945 goda: Stenograficheskiye Zapisi Zasedanii*, AVPRF F.0431/1, Op.l, D.5, L.3.
11 Pechatnow, ›Allies‹, S. 4.; *Stenograficheskiye Zapisi Zasedanii*, L.41.
12 AVPRF F.0431/1, Op.II, D.18, Ll.32–39. Die Dokumente sind publiziert in *Sovetsko-Amerikanskie Otnosheniya, 1945–1948*, Moskau 2004, Dok. 13–14.
13 *Stalin's Correspondence*, Dok. 512, S. 378.
14 *Stenograficheskiye Zapisi Zasedanii*, L.8.
15 AVPRF F.0431/1, Op.ll, D.18, L.24. Das Dokument ist veröffentlicht in *Sovetsko-Amerikanskie Otnosheniya, 1945–1948*, Dok. 9.
16 Vgl. K. Hamilton, ›The Quest for a Modus Vivendi: The Danubian Satellites in Anglo-Soviet Relations 1945–1946‹, *FCO Historical Branch Occasional Papers*, Nr. 4, 1992; E. Mark, ›American Policy towards Eastern Europe and the Origins of the Cold War, 1941–1946‹, *Journal of*

American History, Bd. 68, Nr. 2, September 1981; E. Mark, ›Charles E. Bohlen and the Acceptable Limits of Soviet Hegemony in Eastern Europe‹, *Diplomatic History,* Bd. 3, Nr. 3, Sommer 1979.
17 *Stenograficheskiye Zapisi Zasedanii,* L.57.
18 AVPRF F.0431/1, Op.l, D.l, Ll.6–7, 15.
19 Ebd., Op.ll. D.18, Ll.25–27; *Sovetsko-Amerikanskie Otnosheniya, 1945–1948,* Dok. 10.
20 Pechatnow, ›Allies‹, S. 5.
21 DBPO, Dok. 108, S. 317.
22 *Stalin and the Cold War, 1945–1953,* S. 264–265.
23 ›V. M. Molotov's Press Conference‹, *Soviet News,* 5/10/45.
24 *Vneshnyaya Politika Sovetskogo Souza, 1945 god,* Moskau 1949, S. 81.
25 AVPRF F.0431/1, Op.l, D.26, Ll.22–24.
26 *Stalin and the Cold War, 1945–1953,* S. 272.
27 ›Report by V. M. Molotov‹, *Soviet News,* 8/11/45.
28 *Politburo TsK VKP (b) i Sovet Ministrov SSSR, 1945–1953,* Moskau 2002, Dok. 177. Eine Übersetzung dieses Dokuments findet sich in R.B. Levering et al., *Debating the Origins of the Cold War,* Rowman & Littlefield: Lanham, Maryland 2002, S. 155–156.
29 *Stalin and the Cold War, 1945–1953,* S. 254–269.
30 Der Text der Entscheidungen der Moskauer Konferenz findet sich unter www.yale.edu/lawweb/avalon/decade/decadel9.htm.
31 I. F. Byrnes, *Speaking Frankly,* Harper & Brothers: New York 1947, S. 118.
32 CP. Kynin und J. Laufer (Hg.), *SSSR i Germanskii Vopros,* Bd. 2, Moskau 2000, Dok. 71.
33 DBPO, Dok. 340, S. 868.
34 *Stalin's Correspondence,* Dok. 384, S. 280–281.
35 *Vostochnaya Evropa v Dokumentakh Rossiiskikh Arkhivov,* Dok. 127. Eine englische Übersetzung findet sich in *Stalin and the Cold War, 1945–1953,* S. 281–286.
36 Siehe die Dokumente der Umsetzung des Moskauer Abkommens in Rumänien in *Tri Vizita A.Ya. Vyshinskogo v Bukharest, 1944–1946,* Moskau 1998.
37 Zitiert nach Levering, *Debating,* S. 114.
38 Die sowjetischen Akten der Pariser Sitzung des Außenministerrates finden sich in AVPRF F.431/II, Op.2, Dd.1–2. Die sowjetischen Akten der Pariser Friedenskonferenz, die mehr als 1200 Seiten umfassen, finden sich in AVPRF F.432, Op.l, Dd.1–4. Die russischen Texte der Friedensverträge sind publiziert in *Vneshnyaya Politika Sovetskogo Souza, 1947 god,* Moskau 1952, S. 64–360.
39 Zu Stalins Korrespondenz mit Molotow während der Verhandlungen siehe Pechatnow, ›Allies‹; D. Watson, *Molotov: A Biography,* Palgrave Macmillan: London 2005, Kap. 13.
40 *SSSR i Germanskii Vopros,* Dok. 114. Zur sowjetischen Kampagne gegen ausländische Militärbasen 1945–1946 siehe C. Kennedy-Pipe, *Stalin's Cold War: Soviet Strategies in Europe, 1943–1956,* Manchester University Press: Manchester 1995, S. 101–109.
41 Pechatnow, ›Allies‹, S. 20.
42 ›Mirnye Dogovory s Byvshimi Souznikami Germanii‹, *Prawda,* 16/2/47; ›Vazhnyi Shag na Puti Ukrepleniya Mira i Bezopasnosti'‹, *Iswestija,* 16/2/47; ›K Podpisanniu Mirnykh Dogovorov s Byvshimi Souznikami Germanii‹, *Novoe Wremja,* Nr. 7, 14/2/47.
43 *Sovetsko-Amerikanskie Otnosheniya, 1945–1948,* Dok. 138. Dieses Dokument wurde übersetzt und kommentiert in *Diplomatic History,* Bd. 15, Nr. 4, Herbst 1991. Siehe auch: K.M. Jensen (Hg.), *Origins of the Cold War: The Novikov, Kennan and Roberts ›Long Telegrams‹ of 1946,* Washington, DC 1991.
44 Der Artikel ist neu veröffentlicht worden in: C. Gati (Hg.), *Caging the Bear: Containment and the Cold War,* Bobbs-Merrill: Indianapolis 1974.
45 Ebd, Dok. 144, 145, 148, 151, 152.

46 Pechatnow, ›Allies‹, S. 21.
47 W. Lippmann, *The Cold War: A Study in US Foreign Policy,* Hamish Hamilton: London 1947.
48 Der vollständige Text von Churchills Rede ist abzurufen unter: www.historyguide.org/europe/churchill.html.
49 *Prawda* 11/3/46; E. Tarle, ›Po Povodu Rechi Cherchilliya‹, *Iswestija* 12/3/41 (mit einem Bericht über Churchills Rede auf Seite 4).
50 J. Stalin, *Sochineniya,* Bd. 16, Moskau 1997, S. 26–30. Übersetzt in: W. LaFeber (Hg.), *The Origins of the Cold War, 1941–1947,* John Wiley & Sons: New York 1971, Dok. 37.
51 A. Werth, *Russia: The Postwar Years,* Robert Hale: London 1971, S. 112.
52 Über die Irankrise B. R. Kuniholm, *The Origins of the Cold War in the Near East,* Princeton University Press, Princeton, NJ 1980; F. S. Raine, ›Stalin and the Creation of the Azerbaijan Democratic Party in Iran, 1945‹, *Cold War History,* Bd. 2, Nr. 2, Oktober 2001; N. I. Jegorowa, ›*The »Iran Crisis« of 1945–1946: A View from the Russian Archives*‹, Cold War International History Project, Arbeitspaper Nr. 15, Mai 1996; S. Sawrankaya und V. Subok, ›Cold War in the Caucasus: Notes and Documents from a Conference‹, *Cold War International History Project Bulletin,* Nr. 14–15; ferner: ›From the Baku Archives‹, idem. Nr. 12–13; R. K. Ramazani, ›The Autonomous Republic of Azerbaijan and the Kurdish People's Republic: Their Rise and Fall‹, in: T. T. Hammond (Hg.), *The Anatomy of Communist Takeovers,* Yale University Press: New Haven 1975; S. L. McFarland, ›A Peripheral View of the Origins of the Cold War: The Crises in Iran, 1941–1947‹, *Diplomatic History,* Bd. 4, Nr. 4, Herbst 1980.
53 Der Text von Stalins Brief findet sich in Yegorowa, ›Iran Crisis‹.
54 DBPO, S. 317–318.
55 Ebd., S. 781.
56 W. Bedell Smith, *Moskau Mission, 1946–1949,* Heinemann: London 1950, S. 41–42.
57 *Vneshnyaya Politika Sovetskogo Souza, 1946 god,* Moskau 1952, S. 167–170.
58 ›The Problem of the Black Sea Straits‹, Artikel der *Iswestija,* übersetzt und publiziert in *Soviet News,* 22/8/46.
59 Kuniholm, *Origins,* S. 266.
60 A. R. De Luca, ›Soviet-American Politics and the Turkish Straits‹, *Political Science Quarterly,* Bd. 92, Nr. 3, Herbst 1977, S. 519.
61 *Vneshnyaya Politika Sovetskogo Souza,* 1946, S. 193–202.
62 Kuniholm, *Origins,,* S. 372–373.
63 N. V. Kochkin, ›SSSR, Angliya, SShA i »Turetskii Krizis« 1945–1947gg‹, *Novaya i Noveishaya Istoriya,* Nr. 3, 2002.
64 Siehe E. Mark, ›The War Scare of 1946 and its Consequences‹, *Diplomatic History,* Bd. 21, Nr. 3, Sommer 1997.
65 J. Stalin, *Sochineniya,* S. 32–33, S. 37–43, S. 45–48. Die Interviews von Bailey, Werth und Roosevelt sind übersetzt in: *Stalin and the Cold War, 1945–1953.*
66 Ebd., S. 57–67. Eine englische Übersetzung des Stassen Interviews findet sich in *Stalin and the Cold War, 1945–1953.*
67 LaFeber, *Origins,* Dok. 40. Hervorhebung vom Autor beigefügt.
68 ›Vystuplenie Trumena …‹, *Prawda,* 14/3/47; ›Poslanie Trumena Kongressu‹, *Prawda,* 13/3/47; ›O Vneshnei Politike Soedinennykh Shtatov‹, *Novoe Wremja,* No. 12, 21/3/47.
69 Vgl. die Kommentare von *Prawda* und *Iswestija,* Kommentare veröffentlicht in *Soviet News* 29/4/47, 1/5/47 und 7/5/47.
70 N. V. Kochkin, ›Anglo-Sovetskii Souznyi Dogovor 1942 goda I Nachalo »Kholodnoi Voiny«‹, *Voprosy Istorii,* Nr. 1, 2006.
71 *Sovetsko-Amerikanskie Otnosheniya, 1945–1948,* Dok. 185.
72 Informationen über die sowjetische Antwort auf den Marschallplan finden sich in: S. D. Parrish

und M. M. Narinski, *New Evidence on the Soviet Rejection of the Marshall Plan, 1947*, Cold War International History Project, Arbeitspapier Nr. 9, März 1994; G. Roberts, ›Moscow and the Marshall Plan: Politics, Ideology and the Onset of Cold War, 1947‹, *Europe-Asia Studies*, Bd. 46, Nr. 8, 1994; M. Cox und C. Kennedy-Pipe, ›The Tragedy of American Diplomacy: Rethinking the Marshall Plan‹, *Journal of Cold War Studies,* Frühlingg 2005.
73 LaFeber, *Origins,* Dok. 41.
74 ›Novoe Izdanie »Doktriny Trumana«‹, *Prawda* 16/6/47; K. Gofman, ›Mr. Marshall's »New Plan« for Relief to European Countries‹, *New Times,* 17/6/47.
75 *Sovetsko-Amerikanskie Otnosheniya, 1945–1948*, Dok. 198.
76 G. Takhnenko, ›Anatomy of the Political Decision: Notes on the Marshall Plan‹, *International Affairs,* July 1992.
77 *Sovetsko-Amerikanskie Otnosheniya, 1945–1948*, Dok. 200.
78 Vgl. dazu T. G. Paterson, *Soviet-American Confrontation: Postwar Reconstruction and the Origins of the Cold War,* Johns Hopkins University Press: Baltimore 1973. Patersons Forschung gründete hauptsächlich auf amerikanischen Quellen. Seine Erkenntnis aber, dass die Sowjets bereit waren, amerikanische Kredite anzunehmen, wenn sie den Bedingungen zustimmen könnten, wurde durch neue Funde in russischen Archiven bestätigt.
79 Direktive an die sowjetische Delegation auf der Pariser Konferenz, veröffentlicht in Takhnenko, ›Anatomy‹.
80 Die veröffentlichten Dokumente der Konferenz, einschließlich der Reden Molotows, finden sich in *French Yellow Book.: Documents of the Conference of Foreign Ministers of France, the United Kingdom and the USSR held in Paris from 27 June to 3rd July 1947.*
81 *Sovetsko-Amerikanskie Otnosheniya, 1945–1948*, Dok. 203.
82 Das Dokument findet sich in Takhnenko, ›Anatomy‹ und in Levering et al., *Debating,* S. 167–169.
83 Das Zitat stammt aus den tschechoslowakischen Akten der Begegnung und ist veröffentlicht in ›Stalin, Czechoslovakia, and the Marshall Plan: New Documentation from Czechoslovak Archives‹, *Bohemia*, Band Nr. 32, 1991. Die sowjetischen Akten wurden veröffentlicht in *Vostochnaya Evropa v Dokumentakh Rossiiskikh Arkhivov,* Dok. 227.
84 M. McCauley, *The Origins of the Cold War,* Longman: London 2003, Dok. 27.
85 Der Schlüsseltext der Kominform findet sich in G. Procacci (Hg.), *The Cominform: Minutes of the Three Conferences, 1947/1948/1949,* Feltrinelli: Mailand 2004. Das Buch enthält auch wertvolle Analysen der Geschichte des Komikers. Die russische Ausgabe dieses Buches enthält eine Reihe von Berichten über die Konferenz, die an Stalin gesendet wurden: *Soveshchaniya Kominforma, 1947, 1948, 1949: Dokumenty i Materialy,* Moskau 1998.
86 Siehe A. D. Biagio, ›The Cominform as the Soviet Response to the Marshall Plan‹, in: A. Varsori und E. Calandri (Hg.), *The Failure of Peace in Europe, 1943–48,* Palgrave: London 2002.
87 Rossiiskii Gosudarstvennyi Arkhiv Sotsial'no-Politicheskoi Istorii (RGASPI) F.77, Op.3, D.89, L1.7–13.
88 Siehe G. Swain, ›The Cominform: Tito's International?‹, *Historical Journal,* Bd. 35, Nr. 3 1992.
89 RGASPI F.77, Op.3, D.91, L1.13, 84–85.
90 Die Rede wurde veröffentlicht in *Iswestija,* 7/11/46. Eine englische Übersetzung findet sich in *Soviet News,* 8/11/46.
91 Procacci, *Cominform,* S. 225–227.
92 D. Sassoon, ›The Rise and Fall of West European Communism, 1939–1948‹, *Contemporary European History,* Bd. 1, Nr. 2, 1992.
93 Zur kommunistischen Machtübernahme in Osteuropa nach dem Krieg siehe N. Naimark und L. Gibianski (Hg.), *The Establishment of Communist Regimes in Eastern Europe, 1944–1949,* Westview Press: Boulder, Col. 1997. Eine detaillierte Analyse der späteren Stufen dieses Prozesses unternimmt TV. Wolokitina et al. (Hg.), *Moskva i Vostochnaya Evropa: Stanovlenie Politicheskikh Rezhimov Sovetskogo Tipa,* 1949–1953, Moskau 2002. Über die Ereignisse in Prag im Februar

1948 berichtet G. P. Murashko, ›Fevral'skii Krizis 1948g v Chekhoslovakii I Sovetskoe Rukovodstvo‹, *Novaya i Noveishaya Istoria*, Nr. 3, 1998.
94 Stalins Gespräche mit Thorez sind wiedergegeben in *Stalin and the Cold War, 1945–1953*, S. 81–86, S. 403–407.
95 Procacci, *Cominform*, S. 91.

Zehntes Kapitel
1 *Moskva Poslevoennaya, 1945–1947*, Moskau 2000, Dok. 18.
2 Zitiert nach A. Werth, *Russia: The Postwar Years*, Robert Hale: London 1971, S. 81.
3 Zitiert nach S. Sebag Montefiore, *Stalin: The Court of the Red Tsar*, Weidenfeld & Nicolson: London 2003, S. 4.
4 Razins Brief und Stalins Antwort finden sich in P.M. Kober, ›Clausewitz and the Communist Party Line: A Pronouncement by Stalin‹, *Military Affairs*, Bd. 13, Nr. 2, Sommer 1949. Wegen seiner Lobpreisung von Clausewitz wurde Razin in Haft genommen. Später wurde er von Stalin rehabilitiert. Siehe: R. Medwedew, ›Generalissimo Stalin, General Clausewitz and Colonel Razin‹, in: R. und Z. Medwedew, *The Unknown Stalin*, The Overlook Press: Woodstock, NY 2004.
5 M. P. Gallagher, *The Soviet History of World War II*, Frederick A. Praeger: New York 1963, insb. Kap. 3.
6 K. E. Woroschilow, *Stalin i Vooruzhennye Sily SSSR*, Moskau 1951, S. 129. Ich bin Herrn Prof. Evan Mawdsley dankbar, dass er meine Aufmerksamkeit auf diesen Text gerichtet hat.
7 *Georgii Schukow*, Moskau 2001, Dok. 3.
8 Siehe B. V. Sokolow, *Georgii Zhukov*, Moskau 2004, S. 478 ff.; O. P. Chaney, *Zhukov*, University of Oklahoma Press: London 1996, Kap. 13.
9 Rossiiskii Gosudarstvennyi Arkhiv Noveishei Istorii (im Folgenden: RGANI) F.2, Op.l, D.ll, Ll.2–3.
10 *Georgii Zhukov*, Dok. 6, 8.
11 Ebd., Dok. 11–12.
12 E. Radzinsky, *Stalin*, Hodder & Stoughton: London 1997, S. 502–503. Die Gespräche der politischen und militärischen Führung wurden immer wieder abgehört.
13 I. V. Stalin, *Sochineniya*, Bd. 16, Moskau 1997, S. 17–20.
14 *Politburo TsK VKP (b) i Sovet Ministrov SSSR, 1945–1953*, Moskau 2002, Dok. 58.
15 Siehe J. Eric Duskin, *Stalinist Reconstruction and the Confirmation of a New Elite, 1945–1953*, Palgrave: London 2001; Y. Gorlizki und O. Khlewniuk, *Cold Peace: Stalin and the Soviet Ruling Circle, 1945–1953*, Oxford University Press: Oxford 2004.
16 Genauere Angaben zu Stalins Ferienaufenthalt finden sich in *Politburo TsK VKP (b) i Sovet Ministrov SSSR*, Dok. 299.
17 Werth, *Russia*, S. 283. Zu Stalins Beziehungen zu seinem Politbüro siehe N. M. Naimark, ›Cold War Studies and New Archival Materials on Stalin‹, *Russian Review*, Nr. 61, Januar 2002.
18 Überblickswissen zum Thema Wiederaufbau: J. N. Hazard, ›The Soviet Government Organizes for Reconstruction‹, *Journal of Politics*, Bd. 8, Nr. 3, August 1946; S. Fitzpatrick, ›Postwar Soviet Society: The »Return to Normalcy«, 1945–1953‹, in: S. J. Linz (Hg.), *The Impact of World War II on the Soviet Union*, Rowman & Allanheld 1985; E. Subkowa, ›The Soviet Regime and Soviet Society in the Postwar Years‹, *Journal of Modern European History*, Bd. 2, Nr. 1, 2004.
19 Eine englische Übersetzung von Molotows Rede im November 1945 findet sich in *Soviet News*, 8/11/45.
20 M. Harrison, *Accounting for War: Soviet Production, Employment and the Defence Burden, 1940–1945*, Cambridge University Press: Cambridge 1996, S. 141, S. 159–161.
21 J. Burds, *The Early Cold War in Soviet West Ukraine*, The Carl Beck Papers in Russian and East European Studies, Nr. 1505, Januar 2001, S. 8. A. J. Rieber, ›Civil Wars in the Soviet Union‹,

Kritika, Bd. 4, Nr. 1, Winter 2003, S. 160. Eine Reihe von Dokumenten über die Tätigkeit des NKVD finden sich in *Lubyanka: Stalin i NKWD-NKGB-GUKR'Smersh,* 1939–1946, Moskau 2006.

22 *Stalinskie Deportatsii, 1928–1953: Dokumenty,* Moskau 2005, S. 789–798.
23 Siehe T. Snyder, ›»To Resolve the Ukrainian Problem Once and for All«: The Ethnic Cleansing of Ukrainians in Poland, 1943–1947‹, *Journal of Cold War Studies,* Bd. 1, Nr. 2. Frühling 1999.
24 Siehe auch A. Weiner, *Making Sense of War: The Second World War and the Fate of the Bolshevik Revolution,* Princeton University Press: Princeton, NJ 2001; M. Edele, ›Soviet Veterans as an Entitlement Group, 1945–1955‹, *Slavic Review,* Bd. 65, Nr. 1, 2006.
25 Über die Partei während und nach dem Krieg siehe C.S. Kaplan, ›The Impact of World War II on the Party‹, in: Linz, *Impact*; and S. Pons, ›Stalinism und Party Organization (1933–1948)‹, in: J. Channon (Hg.), *Politics, Society and Stalinism in the USSR,* Macmillan: London 1998.
26 Gorlizki und Khlewniuk, *Cold Peace,* S. 52–57.
27 RGANI F.2, Op.l, D.28, Ll.23–24.
28 D. Filtzer, *Soviet Workers and Late Stalinism,* Cambridge University Press: Cambridge 2002, S. 13.
29 E. Subkowa, *Russia after the War,* M. E. Sharpe: New York 1998, S. 74.
30 Ebd., besonders Kap. 8. Zur öffentlichen Meinung in der UdSSR nach dem Krieg siehe *Sovetskaya Zhizn 1945–1953,* Moskau 2003; *Moskva Poslevoennaya, 1945–1947*.
31 Stalin, *Sochineniya,* S. 5–16. Die englische Fassung der Rede findet sich in J. P. Morray, *From Yalta to Disarmament,* Monthly Review Press: New York 1961, Appendix B.
32 A. Resis, *Stalin, the Politburo and the Onset of the Cold War, 1945–1946,* The Carl Beck Papers in Russian and East European Studies, Nr. 701, April 1988; D. Allen, ›The International Situation, 1945–1946: The View from Moskau‹, SIPS Paper, University of Birmingham 1986.
33 Werth, *Russia,* S. 84, S. 88.
34 Die Rede ist abgedruckt in *Soviet News,* 9/11/46.
35 RGASPI F.17, Op. 125, D.296, 315, 386, 387, 388. Siehe auch W. Pechatnow, ›Exercise in Frustration: Soviet Foreign Propaganda in the Early Cold War, 1945–1947‹, *Cold War History,* Bd. 1, Nr. 2, Januar 2001.
36 Stalin, *Sochineniya,* S. 25–30. Die englische Übersetzung der Antwort Stalins an Churchill findet sich in W. LaFeber (Hg.), *The Origins of the Cold War, 1941–1947,* Dok. 37.
37 Zitiert nach Subkowa, *Russia,* S. 84.
38 Das Zitat stammt aus einem Dokument, das sich übersetzt findet in A. O. Chubaryan und W. Pechatnow, ›Molotov »the Liberal«: Stalin's 1945 Criticism of his Deputy‹, *Cold War History,* Bd. 1, Nr. 1, August 2000.
39 Werth, *Russia,* S. 99.
40 V. N. Semskow, ›Repatriatsiya Peremeshchennykh Sovetskikh Grazhdan‹, in: G. N. Sewestjanow (Hg.), *Voina i Obshchestvo, 1941–1945,* Bd. 2, Moskau 2004, S. 341–342. Siehe auch M. Dyczok, *The Grand Alliance and the Ukrainian Refugees,* Macmillan: London 2000, S. 166–167.
41 Siehe A. A. Maslow, ›Forgiven by Stalin – Soviet Generals Who Returned from German Prisons in 1941–45 and Who Were Rehabilitated‹, *Journal of Slavic Military Studies,* Bd. 12, Nr. 2, Juni 1999.
42 Werth, *Russia,* Kap. 11 und 16; T. Dunmore, *Soviet Politics, 1945–53,* Macmillan: London 1984, Kap. 6.
43 Zitiert nach Gorlizki und Khlewniuk, *Cold Peace,* S. 34-35.
44 *Moskva Poslevoennaya, 1945–1947,* Dok. 124; R. Service, *Stalin: A Biography,* Macmillan: London 2004, S. 561–562.
45 Zur Varga-Diskussion: G. D. Ra'anan, *International Policy Formation in the USSR: Factional ›Debates‹ during the Zhdanovshchina,* Archon Books: Hamden, Conn. 1983, Kap. 6; J. Hough,

›Debates about the Postwar World‹, in: Linz (Hg.), *Impact*; R.B. Day, *Cold War Capitalism: The View from Moskau, 1945–1975*, M. E. Sharpe: London 1995.
46 *Politburo TsK VKP (b) i Sovet Ministrov SSSR* n. 1, S. 229–230 und Dok. 201; Gorlizki und Khlewniuk, *Cold Peace*, S. 36–38.
47 Ebd.
48 Gorlizki und Khlewniuk, *Cold Peace*, S. 38–42; Z. Medwedew, ›Stalin and Lysenko‹, in: Medwedews, *The Unknown Stalin*.
49 Tagebuch von Malyschew, in: *Istochnik*, Nr. 5, 1997, S. 135.
50 Das Zitat und die folgenden aus der Prawda sind zitiert nach J. Brooks, *Thank You, Comrade Stalin! Soviet Public Culture from Revolution to Cold War*, Princeton University Press: Princeton, NJ 2000, S. 213–214.
51 Z. Medwedew, ›Stalin as a Russian Nationalist‹, in: Medwedews, *The Unknown Stalin*.
52 Stalin, *Sochineniya*, S. 68.
53 J. V. Stalin, *Concerning Marxism in Linguistics*, Soviet News Booklet, London 1950.
54 Ich folge hier der Einschätzung von Gorlizki und Khlewniuk, *Cold Peace*, S. 79–89. Eine Dokumentation zum Fall Woznesenskis findet sich in *Politburo TsK VKP (b) i Sovet Ministrov SSSR*, Dok. 238–253. Zu den Säuberungen der Leningrader Partei siehe *TsK VKP (b) i Regional'nye Partiinye Komitety 1949–1953*, Moskau 2004, Dok. 84–104.
55 Siehe D. Brandenberger, ›Stalin, the Leningrad Affair and the Limit of Postwar Russocentrism‹, *Russian Review*, Nr. 63, April 2004. Vgl. auch die Antwort auf Brandenbergers Artikel durch Richard Bidlack in der Januar-Ausgabe 2005 der *Russian Review*.
56 Gorlizki und Khlewniuk, *Cold Peace*, S. 83.
57 Siehe J. Burds, *Early Cold War*.
58 Vgl. dazu auch S. Redlich (Hg.), *War, Holocaust and Stalinism: A Documentary History of the Jewish Anti-Fascist Committee in the USSR*, Harwood Academic Publishers: Luxemburg 1995. N. K. Petrowka, *Antifashistskiye Komitety v SSSR: 1941–1945gg*, Moskau 1999.
59 Über die mögliche Beteiligung Stalins am Tode Michoels berichtet G.V Kostyrchenko, *Tainaya Politika Stahna*, Moskau 2001.
60 Redlich, *War*, Dok. 180.
61 Vgl. G. Govodetsky, ›The Soviet Union and the Creation of the State of Israel‹, *The Journal of Israeli History*, Bd. 22, Nr. 1, 2003; L. Rucker, *Moscow's Surprise: The Soviet-Israeli Alliance of 1947–1949*, Cold War International History Project, Arbeitspapier Nr. 46. Zu den sowjetisch-israelischen Beziehungen siehe: *Sovetsko-Izrail'skiye Otnosheniya*, Bd. 1 (1941–1953), Moskau 2000 und *Documents on Israeli-Soviet Relations, 1941–1953*, Frank Cass: London 2000.
62 Zitiert nach Rucker, *Moscow's Surprise*, S. 17.
63 *Documents on Israeli-Soviet Relations*, Dok. 160, 173, 180, 195.
64 Redlich, *War*, Dok. 181.
65 J. Rubenstein und W. Naumow (Hg.), *Stalin's Secret Pogrom: The Postwar Inquisition of the Jewish Anti-Fascist Committee*, Yale University Press: New Haven 2001.
66 *Politburo TsK VKP (b) i Sovet Ministrov SSSR*, Dok. 254–255.
67 RGASPI F.82, Op.2, Dd.1091–1112. Siehe G. Roberts, ›Stalin, the Pact with Nazi Germany, and the Origins of Postwar Soviet Diplomatic Historiography‹, *Journal of Cold War Studies*, Bd. 4, Nr. 3, 2002.
68 J. Pelikan (Hg.), *The Czechoslovak Political Trials, 1950–1954*, Macdonald: London 1970.
69 Z. Medwedew, *Stalin i Evreiskaya Problema*, Moskau 2003; G. Kostyrchenko, *Out of the Shadows: Anti-Semitism in Stalin's Russia*, Prometheus Book: New Yotk 1995.
70 Tagebuch von Malyschew, S. 140–141.
71 Meine Darstellung stützt sich auf J. Brent und W. Naumow, *Stalin's Last Crime: The Plot against*

the Jewish Doktors, 1948–1953, HarperCollins: New York 2003. Eine Reihe dort zitierter Dokumente findet sich in *Politburo TsK VKP (b) i Sovet Ministrov SSSR*.
72 *Politburo TsK VKP (b) i Sovet Ministrov SSSR*, Dok. 297.
73 Brent und Naumow, *Stalin's Last Crime*, S. 10.
74 Ebd., S. 58.
75 G. Alexopoulos, ›Amnesty 1945: The Revolving Door of Stalin's Gulag‹, *Slavic Review*, Bd. 64, Nr. 2, Sommer 2005.
76 Siehe die Tabelle in J. Keep, *Last of the Empires: A History of the Soviet Union, 1945–1991*, Oxford University Press: Oxford 1995, S. 15.
77 Dunmore, *Soviet Politics*.
78 Gorlizki und Khlewniuk, *Cold Peace*, S. 124–132.
79 Die Darstellung des 19. Parteikongresses basiert auf Rossiiskii Gosudarstvennyi Arkhiv Sotsial'no-Politicheskoi Istorii (RGASPI) F. 592, Op.l. Siehe auch: A. Tikhonow und PR. Gregory, ›Stalin's Last Plan‹, in: P. R. Gregory (Hg.), *Behind the Façade of Stalin's Command Economy*, Hoover Institution Press: Stanford 2001.
80 Stalin, *Sochineniya*, S. 227–229.
81 Siehe Y. Gorlizki, ›Party Revivalism and the Death of Stalin‹, *Slavic Review*, Bd. 54, Nr. 1, 1995 und ders., ›Stalin's Cabinet: The Politburo and Decision Making in the Post-War Years‹, *Europe-Asia Studies*, Bd. 53, Nr. 2, 2001.
82 Stalins Rede wurde 1999 in der Zeitschrift *Glasnost* publiziert. Zur weiteren Darstellung des Plenums siehe K. Simonow, *Glazami Cheloveka Moego Pokoleniya: Razmyshleniya o I. V. Staline*, Moskau 1989, S. 240–244; A. Mikoyan, *Tak Bylo*, Moskau 1999, S. 574–575; A. Resis (Hg.) *Molotov Remembers*, Ivan R. Dee: Chicago 1993, S. 313–316.
83 Zitiert nach Gorlizki und Khlewniuk, *Cold Peace*, S. 150.
84 Zur Rolle der Fraktionspolitik in der Innen- und Außenpolitik und dem Kriege siehe: R. Conquest, *Power and Policy in the USSR: The Struggle for Stalins Sucession, 1945–1960*, Harper & Row: New York 1967; W. G. Hahn, *Postular Soviet Politics*, Cornwell University Press: Ithaca, New York 1982; A. Knight, *Beria; Stalins Fürst Lieutenant*, Princeton University Press: Princeton, Nr. 3, 1993; D. Brandenberger, *National Bolshevism: Stalinist Mass Culture and the Formation of Modern Russian National Identity, 1931–1956*, Harvard University Press: Cambridge, Mass 2002, S. 194–195.

Elftes Kapitel
1 L. Gibianski, ›The Soviet-Yugoslav Split and the Cominform‹, in: N. Naimark und L.Gibianski (Hg.), *The Establishment of Communist Regimes in Eastern Europe, 1944–1949*, Westview Press: Boulder, Col. 1997.
2 ›Na Poroge Pervogo Raskola v »Sotsialisticheskom Lagere«‹, *Istoricheskii Arkhiv*, Nr. 4, 1997; *Stalin and the Cold War, 1945–1953: A Cold War International History Project Dokumentary Reader*, September 1999, S. 408–419; I. Banac (Hg.) *The Diary of Georgi Dimitrov, 1933–1949*, Yale University Press: New Haven 2003, S. 436–441.
3 ›Sekretnaya Sovetsko-Ugoslavskaya Perepiska 1948 goda‹, *Voprosy Istorii*, Nr. 4–5, 1992.
4 G. Procacci (Hg.), *The Cominform: Minutes of the Three Conferences, 1947/1948/1949*, Feltrinelli: Mailand 2004, S. 611–621.
5 A. B. Ulam, *Titoism and the Cominform*, Harvard University Press: Cambridge, Mass. 1952, Kap. 5.
6 *Vostochnaya Evropa v Dokumentakh Rossiiskikh Arkhivov, 1944–1953*, Bd. 1, Moskau 1997, Dok. 267, 269, 272, 274, 289; *Sovetskii Faktor v Vostochnoi Evrope, 1944–1953*, Bd. 1, Moskau 1999, Dok. 209–212.
7 W. Loth, *Stalin's Unwanted Children: The Soviet Union, the German Question and the Founding of the GDR*, Palgrave: London 1998, Kap. 1.

8 B. Ruhm von Oppen (Hg.), *Documents on Germany under Occupation, 1945–1954*, Oxford University Press: New York 1955, S. 128–131.
9 G. P. Kynin und J. Laufer (Hg.), *SSSR i Germanskii Vopros*, Bd. 2, Moskau 2000, Dok. 121–123, 126–128, 137. Siehe auch R.B. Levering et al. (Hg.), *Debating the Origins of the Cold War*, Rowman & Littlefield: Lanham, Maryland 2002, Dok. 2, S. 157–159.
10 ›V. M. Molotov's Statement on the American Draft Treaty for the Disarmament and Demilitarisation of Germany‹, *Soviet News*, 11/7/46. Der Austausch zwischen Molotow und Byrnes auf der Außenministerkonferenz findet sich in Arkhiv Vneshnei Politiki Rossiiskoi Federatsii F.431/II, Op.2, D.3, LI. 149–158.
11 G. P. Kynin und J. Laufer (Hg.), *SSSR i Germanskii Vopros*, Bd. 3, Moskau 2003, Dok. 35.
12 *Sovetsko-Amerikanskie Otnosheniya, 1945–1948*, Moskau 2004, Dok. 185.
13 E. S. Mason, ›Reflections on the Moskau Conference‹, *International Organisation*, Bd. 1, Nr. 3, September 1947, S. 475. Siehe auch A. Deighton, *The Impossible Peace: Britain, the Division of Germany and the Origins of the Cold War*, Clarendon Press: Oxford 1990, Kap. 6.
14 *Vneshnyaya Politika Sovetskogo Souza 1947 god*, Teil 1, Moskau 1952, S. 377–383, S. 534; ›K Itogam Soveshchaniya Ministrov Inostrannykh Del‹, *Prawda* 27/4/47. Zahlreiche Dokumente zur Moskauer Konferenz finden sich in: Kynin und Laufer (Hg.), *SSSR i Germanskii Vopros*, Bd. 3.
15 W. M. Molotow, *Problems of Foreign Policy*, Foreign Languages Publishing House: Moskau 1949, S. 488.
16 Ebd., S. 503–509.
17 Deighton, *Impossible Peace*, Kap. 8.
18 Stalins Gespräch mit der SED-Delegation am 26. März 1948 ist wiedergegeben in: *Istoricheskii Arkhiv*, Nr. 2, 2002, S. 9–25.
19 Von Oppen, *Documents*, S. 286–290. Siehe auch M. Trachtenberg, A *Constructed Peace: The Making of the European Settlement, 1945–1963*, Princeton University Press: Princeton, NJ 1999, S. 78–91.
20 W. Stivers, ›The Incomplete Blockade: Soviet Zone Supply of West Berlin, 1948–1949‹, *Diplomatic History*, Bd. 21, Nr. 4, Herbst 1997. Ferner M. M. Narinski, ›The Soviet Union and the Berlin Crisis‹, in: F. Gori und S. Pons (Hg.), *The Soviet Union and Europe in the Cold War, 1943–1953*, Macmillan: London 1996.
21 *Sovetsko-Amerikanskie Otnosheniya, 1945–1948*, Dok. 281, 287.
22 Zitiert nach C. Kennedy-Pipe, *Stalin's Cold War*, Manchester University Press: Manchester 1995, S. 127–128.
23 M.D. Shulman, *Stalin's Foreign Policy Reappraised*, Harvard University Press; Cambridge, Mass. 1963, S. 73–75. Dieses Buch bleibt das wichtigste über die sowjetische Außenpolitik in der Stalinzeit. Von weiterhin großem Wert ist auch W. Taubman, *Stalin's American Policy: From Entente to Détente to Cold War*, W. W. Norton: New York 1982.
24 *Vneshnyaya Politika Sovetskogo Souza 1949 god*, Moskau 1953, S. 46–71, S. 88–94, S. 120–122.
25 Zitiert nach D. Holloway, *Stalin & The Bomb: The Soviet Union and Atomic Energy, 1939–1956*, Yale University Press: New Haven 1994, S. 264.
26 Siehe V. Mastny, *NATO in the Beholder's Eye: Soviet Perceptions and Policies, 1949–1956*, Cold War International History Project, Arbeitspapier Nr. 35, März 2002; N. I. Egorowa, ›Evropeiskaya Bezopastnost i »ugroza« NATO v Otsenkakh Stalinskogo Rukovodstva‹, in: V. Gaiduk, N. I. Egorowa und A. O. Chubarryan (Hg.), *Stalinskoe Desyatiletie Kholodnoi Voiny*, Moskau 1999.
27 *Otnosheniya SSSR s GDR, 1919–1955gg*, Moskau 1974, Dok. 114.
28 Zur Debatte um die sogenannte Stalinnote siehe A. Phillips, *Soviet Policy Reconsidered: The Postwar Decade*, Greenwood Press: New York 1986; R. Steininger, *The German Question and the Stalin Note of 1952*, Columbia University Press: New York 1990; V. Mastny, *The Cold War and Soviet*

Insecurity, Oxford University Press: Oxford 1996; J. Sarusky (Hg.), *Die Stalin-Note vom 10. März 1952,* München 2002. R. van Dijk, *The Stalin Note Debate: Myth or Missed Opportunity for German Unification,* Cold War International History Project, Arbeitspapier Nr. 14, Mai 1996; G. Wettig, ›The Soviet Union and Germany in the Late Stalin Period, 1950–1953‹, in: Gori und Pons, *Soviet Union;* ›Stalin and German Reunification: Archival Evidence on Soviet Foreign Policy in Spring 1952‹, *Historical Journal,* Bd. 37, Nr. 2, 1994; W. Loth, ›The Origins of Stalin's Note of 10 March 1952‹, *Cold War History,* Bd. 4, Nr. 2, Januar 2004; A. M. Filitow, ›Stalinskaya Diplomatiya i Germanskii Vopros: poslednii god‹, in: *Stalinskoe Desyatiletie Kholodnoi Voiny;* ›Nota 10 Marta 1952 goda: Prodolzhaushchayasya Diskussiya‹, in: B. M. Tupolew, *Rossiya i Germaniya,* Moskau 2004; J. Laufer, ›Die Stalin-Note vom 10. März 1952 im Lichte neuer Quellen‹, *Vierteljahreshefte für Zeitgeschichte,* Januar 2004.
29 Stalin, *Sochineniya,* S. 224.
30 Der Bericht über Stalins Treffen mit der Partei- und Staatsführung der DDR am 1. April und 7. April 1952 wurde publiziert in *Istochnik,* Nr. 3, 2003, die Zitate stehen auf S. 122 und 125. Übersetzungen dieser Dokumente finden sich auf der Webseite des Cold War International History Project.
31 *Otnosheniya SSSR s GDR, 1919–1955gg,* Dok. 118. Dieses Dokument wurde von Molotow entworfen und von Stalin redigiert. Siehe *Politburo TsK VKP (b) i Sovet Ministrov SSSR, 1945–1953,* Moskau 2002, Dok. 119.
32 *Stalin and the Cold War, 1945–1953,* S. 523–524.
33 Stalin, *Sochineniya,* Bd. 16, Moskau 1997, S. 98–99.
34 *Vneshnyaya Politika Sovetskogo Souza 1949 god,* S. 441 ff.
35 B. Ponomaryow et al. (Hg.), *History of Soviet Foreign Policy, 1945–1970,* Progress Publishers: Moskau 1973.
36 Rossiiskii Gosudarstvennyi Arkhiv Sotsial'no-Politicheskoi Istorii (RGASPI) F.592, Op.l, D.6, L.25.
37 Shulman, *Stalin's Foreign Policy.*
38 Stalin, *Sochineniya,* S. 94–95.
39 Siehe F. S. Burin, ›The Communist Doktrine of the Inevitability of War‹, *American Political Science Review,* Bd. 57, Nr. 2, Juni 1963.
40 J. Stalin, *Economic Problems of Socialism in the USSR,* Foreign Languages Publishing House, Moskau 1952, S. 37–41. Siehe auch E. Pollack, *Conversations with Stalin on Questions of Political Economy,* Cold War International History Project, Arbeitspapier Nr. 33, Juli 2001.
41 Zur sowjetischen Rüstung siehe Holloway, *Stalin & the Bomb,* Kap. 11–12; Mastny, *NATO;* Y. Gorlizki und O. Khlewniuk, *Cold Peace: Stalin and the Soviet Ruling Circle, 1945–1953,* Oxford University Press: Oxford 2004, S. 97–101; M. A. Evangelista, ›Stalin's Postwar Army Reappraised‹, in: S. M. Lynn-Jones et al. (Hg.), *Soviet Military Policy,* MIT Press: Cambridge, Mass. 1989; N. Simonow, *Voenno-Promyshlennyi Kompleks SSSR v 1920–1950-e gody,* Moskau 1996, Kap. 5; ders., *Stalin and the Cold War, 1945–1953,* S. 492–497.
42 *Vneshnyaya Politika Sovetskogo Souza 1949 god,* S. 162–163. Die Erklärung ist übersetzt in: Holloway, *Stalin & the Bomb,* S. 265–266.
43 B. G. Bechhoefer, *Postwar Negotiations for Arms Control,* The Brookings Institution: Washington, DC 1961, S. 134; J. P. Morray, *From Yalta to Disarmament,* Monthly Review Press: New York 1961.
44 Holloway, *Stalin & the Bomb,* S. 253.
45 Ebd., S. 242.
46 Ebd., S. 247.
47 Holloway, *Stalin & the Bomb,* S. 250. Eine andere Analyse über Stalin und die Bombe ist abgedruckt bei W. Subok, ›Stalin and the Nuclear Age‹, in: J. L. Gaddis et al. (Hg.), *Cold War*

Statesmen Confront the Bomb: Nuclear Diplomacy since 1945, Oxford University Press: Oxford 1999.
48 Zur sowjetischen Koreapolitik in den frühen Nachkriegsjahren siehe E. van Ree, *Socialism in One Zone: Stalin's Policy in Korea 1945–1947*, Berg: Oxford 1989.
49 *Sovetsko-Amerikanskie Otnosheniya, 1945–1948*, Dok. 68.
50 Die Vertragstexte finden sich in R. L. Garthoff (Hg.), *Sino-Soviet Military Relations*, Frederick A. Praeger: New York 1966, Anhang A, B.
51 Ponomaryow et al., *History*, Kap. 19.
52 Vgl. auch die sowjetischen Akten dazu in *Sovetsko-Kitaiskie Otnosheniya, 1946–1950*, 2 Bde., Moskau 2005.
53 *Stalin and the Cold War, 1945–1953*, S. 482.
54 Siehe ferner Chen, Jian, *The Sino-Soviet Alliance and China's Entry into the Korean War*, Cold War International History Project, Arbeitspapier Nr. 1, Juni 1992, S. 10–12.
55 K. Weathersby, ›Should We Fear This?‹ *Stalin and the Danger of War with America*, Cold War International History Project, Arbeitspapier Nr. 39, Juli 2002. Die folgenden Stalinzitate stammen aus diesem Papier.
56 Siehe K. Weathersby, ›Stalin, Mao, and the End of the Korean War‹, in: O. A. Westad (Hg.), *Brothers in Arms: The Rise and Fall of the Sino-Soviet Alliance, 1945–1963*, Stanford University Press: Stanford 1998.
57 *Stalin and the Cold War, 1945–1953*, S. 512.
58 Siehe S. N. Goncharow et al., *Uncertain Partners: Stalin, Mao and the Korean War*, Stanford University Press: Stanford 1993.
59 Siehe J. Brent und W. Naumow, *Stalin's Last Crime*, HarperCollins: New York 2003, Kap. 10.
60 Stalin, *Sochineniya*, S. 230.
61 *Stalin and the Cold War, 1945–1953*, S. 529–530.

Zusammenfassung
1 W. Sokolowski, ›Velikii Podvig Sovetskogo Naroda‹, *Prawda* 9/5/54.
2 ›75th Anniversary of the Birth of J. V. Stalin‹, *New Times*, Nr. 51, 1954; ›Joseph Stalin, 1879–1953‹, *New Times*, Nr. 52, 1955.
3 Siehe D. Reynolds, *In Command of History: Churchill Fighting and Writing the Second World War*, Penguin Books: London 2005; ders., ›How the Cold War Froze the History of World War Two‹, Annual Liddell Hart Centre for Military Archives Lecture 2005, www.kcl.ac.uk/lhcma/info/lec05.htm.
4 D. M. Glantz, ›The Failures of Historiography: Forgotten Battles of the German-Soviet War‹, *Journal of Slavic Military Studies* 8, 1995.
5 Zitiert nach S. Berthon und J. Potts, *Warlords*, Politico's Publishing: London 2005, S. 166–167.
6 *Churchill and Stalin: Documents from British Archives*, FCO: London 2002, Dok. 77–78. Die russische Version des Briefes ist enthalten in: Rossiikii Gosudarstvennyí, Aykhir Sotsial'no-Politichekol Isovii, F.82, Op.2, O.110, L-820.

Zeittafel

1939

23. August	Deutsch-sowjetischer Nichtangriffspakt
1. September	Deutscher Angriff auf Polen
3. September	Großbritannien und Frankreich erklären dem Deutschen Reich den Krieg
17. September	Die Rote Armee besetzt die östlichen Landesteile Polens
	Die Sowjetunion erklärt ihre Neutralität im europäischen Krieg
28. September	Deutsch-sowjetischer Grenz- und Freundschaftsvertrag
	Beistands- und Handelsabkommen zwischen Estland und der Sowjetunion
5. Oktober	Beistands- und Handelsabkommen zwischen Lettland und der Sowjetunion
10. Oktober	Beistands- und Handelsabkommen zwischen Litauen und der Sowjetunion
30. November	Sowjetischer Angriff auf Polen

1940

5. März	Beschluss des Politbüros zur Exekution von 20 000 polnischen Kriegsgefangenen
12. März	Unterzeichnung des Friedensvertrages mit Finnland
9. April	Die Besetzung Dänemarks und Norwegens durch deutsche Truppen beginnt
10. Juni	Italien tritt in den Krieg ein
22. Juni	Deutsch-französischer Waffenstillstand
25. Juni	Die Sowjetunion schlägt Italien ein Abkommen zur Abgrenzung von Einflusssphären auf dem Balkan vor
28. Juni	Bessarabien und die nördliche Bukowina werden von der Sowjetunion annektiert
21. Juli	Die baltischen Staaten stimmen der Eingliederung in die UdSSR zu
27. September	Dreimächtepakt zwischen Deutschland, Italien und Japan
12.–14. November	Gespräche zwischen Molotow und Ribbentrop in Berlin
25. November	Sowjetisches Memorandum über die Bedingungen eines Beitritts zum Dreimächtepakt
18. Dezember	Hitler unterzeichnet die »Weisung Nr. 21« zur Vorbereitung des Angriffs auf die Sowjetunion

1941

25. März	Sowjetisch-türkische Neutralitätserklärung
5. April	Sowjetisch-jugoslawischer Freundschafts- und Nichtangriffspakt

6. April	Beginn des deutschen Angriffs auf Jugoslawien und Griechenland
13. April	Sowjetisch-japanischer Neutralitätspakt
4. Mai	Stalin wird Vorsitzender des Rats der Volkskommissare
5. Mai	Rede Stalins vor Absolventen der Kriegsakademie
14. Juni	Die Moskauer Presseagentur TASS dementiert Gerüchte über einen bevorstehenden Krieg mit Deutschland
22. Juni	Das deutsche »Unternehmen Barbarossa« beginnt Radioansprache Molotows an die Nation
23. Juni	Die Stawka wird eingerichtet
28. Juni	Fall von Minsk
30. Juni	Einrichtung des GKO (staatliches Verteidigungskomitee)
3. Juli	Radioansprache Stalins
10. Juli	Stalin wird Oberkommandierender der Roten Armee
12. Juli	Sowjetisch-britisches Beistandsabkommen
16. Juli	Fall von Smolensk
19. Juli	Stalin wird Volkskommissar für Verteidigung
14. August	Atlantik-Charta
6. September	Leningrad ist eingeschlossen
19. September	Fall von Kiew
1. Oktober	Abkommen mit England und den USA über Hilfslieferungen
2. Oktober	Beginn des deutschen »Unternehmens Taifun« (Angriff auf Moskau)
16. Oktober	Fall von Odessa
6.–7. November	Stalins Reden in Moskau
5. Dezember	Gegenoffensive der Roten Armee vor Moskau
7. Dezember	Japanischer Angriff auf Pearl Harbor
11. Dezember	Kriegserklärung des Deutschen Reiches an die USA
15.–22. Dezember	Gespräche Edens in Moskau

1942

1. Januar	Pakt der Vereinten Nationen
5. April	»Führerweisung Nr. 41« zum Beginn der deutschen »Operation Blau«
19.–28. Mai	Schlacht um Charkow
22. Mai bis 11. Juni	Molotows Reise nach London und Washington
26. Mai	Britisch-sowjetischer Bündnisvertrag
11. Juni	Sowjetisch-amerikanischer Vertrag zur gegenseitigen Waffenhilfe und Zusammenarbeit
12. Juni	Gemeinsames Kommuniqué der Sowjetunion, der USA und Großbritanniens zur Eröffnung einer zweiten Front im Jahr 1942
26. Juni	Wassilewski wird Chef des Generalstabs
28. Juni	Beginn der deutschen Sommeroffensive an der Südfront
4. Juli	Sewastopol fällt an die Deutschen
12. Juli	Formation der Front bei Stalingrad
23. Juli	Rostow wird von den Deutschen eingenommen Hitler befiehlt die Eroberung von Stalingrad und Baku
28. Juli	Stalins Befehl 227 »Keinen weiteren Schritt zurück!«
12.–15. August	Churchills Besuch in Moskau
25. August	Für Stalingrad wird der Belagerungszustand erklärt
26. August	Schukow wird stellvertretender Oberkommandierender der Roten Armee
10. September	Die Wehrmacht erreicht die Wolga

8. November	Die alliierte »Operation Torch«, beginnt in Nordafrika
19. November	»Operation Uranus« (Gegenoffensive der Roten Armee in Stalingrad)
23. November	Die deutsche 6. Armee wird bei Stalingrad eingeschlossen

1943

10. Januar	Großoffensive von 7 sowjetischen Armeen auf die eingeschlossenen deutschen Truppen bei Stalingrad
18. Januar	Die Blockade Leningrads wird durchbrochen
24. Januar	Die Alliierten verabschieden in Casablanca die Formel von der »bedingungslosen Kapitulation«
31. Januar	Die deutsche 6. Armee kapituliert in Stalingrad
14. Februar	Die Rote Armee erobert Rostow zurück
6. März	Stalin wird der Titel »Marschall der Sowjetunion« verliehen
13. April	Die Deutschen geben den Fund von Massengräbern in Katyn bekannt
26. April	Die Sowjetunion bricht die diplomatischen Beziehungen zur polnischen Exilregierung in London ab
22. Mai	Auflösungsbeschluss der Komintern wird veröffentlicht
5.–13. Juli	Schlacht um Kursk
10. Juli 1943	Alliierte Landung auf Sizilien
25. Juli	Mussolini wird verhaftet
3. September	Waffenstillstand der Alliierten mit Italien
25. September	Die Rote Armee erobert Smolensk zurück
13. Oktober	Italien erklärt Deutschland den Krieg
19.–30. Oktober	Außenministerkonferenz in Moskau
6. November	Die Rote Armee erobert Kiew zurück
28. November bis 1. Dezember	Konferenz in Teheran
12. Dezember	Sowjetisch-tschechoslowakischer Freundschafts- und Beistandspakt

1944

27. Januar	Blockade von Leningrad aufgehoben
10. April	Die Rote Armee erobert Odessa zurück
10. Mai	Die Rote Armee erobert Sewastopol zurück
6. Juni	»D-Day«: Landung der Alliierten in der Normandie
23. Juni	Beginn der sowjetischen »Operation Bagration« zur Befreiung Weißrusslands
3. Juli	Die Rote Armee erobert Minsk zurück
20. Juli	Attentat auf Hitler
1. August	Beginn des Aufstands von Warschau
21. August bis 28. September	Konferenz von Dumbarton Oaks
5. September	Einstellung der Kämpfe zwischen der Sowjetunion und Finnland
	Die Sowjetunion erklärt Bulgarien den Krieg
9. September	Einstellung der Kämpfe zwischen der Sowjetunion und Bulgarien
12. September	Kapitulation Rumäniens
19. September	Waffenstillstandsabkommen zwischen der Sowjetunion und Finnland
2. Oktober	Ende des Warschauer Aufstands
9.–18. Oktober	Churchills Besuch in Moskau
20. Oktober	Die Rote Armee erobert Belgrad
28. Oktober	Waffenstillstandsabkommen zwischen der Sowjetunion und Bulgarien

2.–10. Dezember	De Gaulles Besuch in Moskau
10. Dezember	Sowjetisch-französischer Bündnisvertrag
16.–24. Dezember	Ardennenoffensive der Wehrmacht

1945

4. Januar	Anerkennung des polnischen Komitees der nationalen Befreiung als provisorische Regierung Polens durch die Sowjetunion
12. Januar	Beginn der sowjetischen Weichsel-Oder-Operation
17. Januar	Die Rote Armee nimmt Warschau ein
27. Januar	Auschwitz wird von der Roten Armee befreit
4.–11. Februar	Konferenz von Jalta
13. Februar	Die Rote Armee nimmt Budapest ein
5. April	Die Sowjetunion kündigt den sowjetisch-japanischen Neutralitätsvertrag
11. April	Sowjetisch-jugoslawischer Freundschafts- und Beistandspakt
12. April	Tod Roosevelts, Truman wird Präsident der USA
13. April	Die Rote Armee besetzt Wien
16. April	Die Kämpfe um Berlin beginnen
25. April–26. Juni	Gründungskonferenz der Vereinten Nationen in San Francisco
30. April	Hitler begeht Selbstmord
2. Mai	Berlin kapituliert
7.–8. Mai	Bedingungslose Kapitulation Deutschlands
9. Mai	Die Rote Armee besetzt Prag
24. Mai	Militärempfang im Kreml; Stalin bringt einen Toast auf das sowjetische Volk aus
24. Juni	Siegesparade auf dem Roten Platz
28. Juni	Stalin wird zum »Generalissimus« ernannt
17. Juli–2. August	Konferenz von Potsdam
17. Juli	Erster Atombombentest der USA
24. Jul	Truman informiert Stalin über Atombombentest
6. August	Abwurf der ersten amerikanischen Atombombe auf Hiroshima
8./9. August	Die Sowjetunion erklärt Japan den Krieg
9. August	Abwurf der zweiten amerikanischen Atombombe auf Nagasaki
10. August	Japanisches Kapitulationsangebot
14. August	Japan akzeptiert alliierte Kapitulationsbedingungen Chinesisch-sowjetischer Freundschafts- und Bündnisvertrag
2. September	Japan unterzeichnet die bedingungslose Kapitulation
11. September bis 2. Oktober	Erste Sitzung des Rates der Außenminister in London
16.–26. Dezember	Moskauer Konferenz der Außenminister der USA, Großbritanniens und der Sowjetunion

1946

10. Januar bis 14. Februar	Erste Vollversammlung der Vereinten Nationen
9. Februar	Ansprache Stalins an die Bewohner seines Moskauer Wahlkreises
10. Februar	Wahl des Obersten Sowjets
5. März	Churchills »Eiserner-Vorhang-Rede« in Fulton, Missouri
25. April bis 16. Mai	Erste Sitzungsperiode der Pariser Außenministerkonferenz

15. Juni bis 12. Juli	Zweite Sitzungsperiode der Pariser Außenministerkonferenz
29. Juli bis 15. Oktober	Pariser Friedenskonferenz
7. August	Die Sowjetunion fordert in einer diplomatischen Note an die Türkei die Teilhabe an der Kontrolle über den Zugang zum Schwarzen Meer
16. August	Beginn der *Schdanowschtschina*
4. November bis 12. Dezember	Dritte Tagung des Rates der Außenminister in New York

1947

10. Februar	Unterzeichnung der Friedensverträge mit Bulgarien, Finnland, Ungarn, Italien und Rumänien
10. März bis 24. April	Außenministerkonferenz in Moskau
12. März	Truman-Doktrin, Rede Trumans vor dem US-Kongress
5. Juni	US-Außenminister Marshall kündigt einen Plan zur wirtschaftlichen Erneuerung Europas an (Marshallplan)
27. Juni bis 2. Juli	Pariser Dreimächtekonferenz zur Erörterung des Marshallplans
22. bis 28. September	Gründungskonferenz der Kominform
25. November bis 15. Dezember	Außenministerkonferenz in London

1948

25. Februar	Ernennung einer mehrheitlich kommunistischen tschechischen Regierung
24. Juni	Beginn der Berlin-Blockade
28. Juni	Die kommunistische Partei Jugoslawiens wird aus der Komintern ausgeschlossen

1949

4. März	Andrej Wyschinskij wird Nachfolger Molotows als Außenminister
4. April	Abschluss des Nordatlantikpakts (NATO)
8. Mai	Gründung der Bundesrepublik Deutschland (BRD)
12. Mai	Aufhebung der Berlin-Blockade
23. Mai bis 20. Juni	Außenministerkonferenz in Paris
29. August	Erster sowjetischer Atombombentest
1. Oktober	Gründung der Volksrepublik China
7. Oktober	Gründung der Deutschen Demokratischen Republik (DDR)

1950

14. Februar	Sowjetisch-chinesischer Freundschafts- und Beistandspakt
25. Juni	Angriff Nordkoreas auf Südkorea
19. Oktober	Chinesische Truppen rücken über den Yalu nach Nordkorea vor

1951
5. März
bis 21. Juni   Pariser Gespräche der Außenminister der Sowjetunion, der USA, Großbritanniens und Frankreichs
8. Juli   Beginn von Friedensgesprächen in Korea

1952
10. März   »Stalinnote« über die Bedingungen eines Friedensvertrags mit Deutschland
9. April   Weitere diplomatische Note der Sowjetunion zur deutschen Frage
5. bis
14. Oktober   19. Parteikongress der KPdSU
21. Dezember   In seiner letzten öffentlichen Stellungnahme befürwortet Stalin Verhandlungen mit der neuen US-Regierung Eisenhower

1953
5. März   Tod Stalins

Ausgewählte Quellen und Literatur

ARCHIVE
Russische Archive
Arkhiv Vneshnei Politiki Rossiiskoi Federatsii (AVPRF – Außenpolitisches Archiv der Russischen Föderation)
Fond 6 Molotows Sekretariat
Fond 7 Wyschinskis Sekretariat
Fond 12 Dekanosows Sekretariat
Fond 0200 Gusew-Papiere
Fond 0511 Woroschilow-Kommission
Fond 0425 Europäische Ratskommission
Fond 0431 Rat der Außenminister
Fond 0432 Pariser Friedenskonferenz
Fond 0555 Konferenz von Teheran
Fond 0556 Konferenz von Jalta

Gosudarstvennyi Arkhiv Rossiiskoi Federatsii (GARF – Staatsarchiv der Russischen Föderation)
Fond 9401 NKWD-Berichte

Rossiiskii Gosudarstvennyi Arkhiv Noveishei Istorii (RGAN1 – Russisches Staatarchiv zur Neuesten Geschichte)
Fond 2 Plenum des Zentralkomitees

Rossiiskii Gosudarstvennyi Arkhiv Sotsial'no-Politicheskoi Istorii (RGASPI – Russisches Staatsarchiv zur sozialpolitischen Geschichte)
Fond 17 Internationale Abteilung, Politbüroprotokolle Sowinform
Fond 71 Stalin-Sekretariat
Fond 77 Schdanow-Papiere
Fond 82 Molotow-Papiere
Fond 83 Malenkow-Papiere
Fond 359 Litwinow-Papiere
Fond 495 Komintern-Akten
Fond 558 Stalin-Papiere
Fond 592 19. Parteikongress

Amerikanische Archive
Averell Harriman Papers, Library of Congress Manuscript Division
Pamela Harriman Papers, Library of Congress Manuscript Division
Wolkogonow Papers, Library of Congress Manuscript Division

Britische Archive
Public Records Office, London
Foreign Office, Akten des Premierministers und des Kabinetts zu englisch-sowjetischen Beziehungen

ZEITUNGEN UND ZEITSCHRIFTEN

Prawda
Iswestija
Krasnaya Svesda
Woina i Rabochii Klass
Novoe Wremya/New Times
Boschewik
World News and Views
The Communist International
Soviet War News
Woprosy Wneschnei Politiki (Interne Bulletins des ZK: RGASPI F.17, Op.128)

ÜBERGREIFENDE WERKE

D. Glantz et al., *Slaughterhouse: The Handbook of the Eastern Front*, Aberjona Press 2004
B. Taylor, *Barbarossa to Berlin: A Chronology of the Campaigns on the Eastern Front, 1941 to 1945*, 2 Bde, Spellmount: Staplehurst, Kent 2004
Kto Byl Kto v Velikoi Otechestvennoi Voine, 1941–1945, Moskau 2000
›Posetiteli Kremlevskogo Kabineta I. V. Stahna‹, *Istoricheskii Arkhiv*, Nr. 6, 1994; Nr. 2, 3, 4, 5–6, 1995; Nr. 2, 3, 4, 5–6, 1996; Nr. 1, 1997
›Posetiteli Kremlevskogo Kabineta I. V. Stahna: Alfavitnyi Ukazatel‹, *Istoricheskii Arkhiv*, Nr. 4, 1998
Vtoraya Mirovaya Voina, 1939–1945: Al'bom Skhem, Moskau 1958

REDEN UND STUDIEN

B. Franklin, *The Essential Stalin: Major Theoretical Writings, 1905–1952*, Croom Helm: London 1973
W. Molotov, *Problems of Foreign Policy*, Foreign Languages Publishing House: Moskau 1949
V. A. Newezhin, *Zastol'nye Rechi Stahna*, Moskau-St. Petersburg 2003
J. Stalin, O *Velikoi Otechestvennoi Voine Sovetskogo Souza*, Moskau 1946
J. Stalin, *Sochineniya*, Bd. 16 (1946–1952), Moskau 1997
J. Stalin, *On the Great Patriotic War of the Soviet Union*, Hutchinson: London 1943
N. Wosnesesky, *War Economy of the USSR in the Period of the Great Patriotic War*, Foreign Languages Publishing House: Moskau 1948
K. E. Woroschilow, *Stalin i Vooruzhennye Sily SSSR*, Moskau 1951

VERÖFFENTLICHTE DOKUMENTE IN RUSSISCHER SPRACHE

Vneshnyaya Politika Sovetskogo Souza, Bände für 1941–1950, Moskau 1944–1953

Perepiska Predsedatelya Soveta Ministrov SSSR s Prezidentami SShA i Prem'er-Ministrami Velikobritanii vo vremya Velikoi Otechestvennoi Voiny, 1941–1945gg, Moskau 1957
Sovestsko-Frantsuzskiye Otnosheniya vo vremya Velikoi Otechestvennoi 1941–1945gg, Moskau 1959
Sovetsko-Kitaiskiye Otnosheniya, 1917–1957, Moskau 1959
Dokumenty i Materialy po Istorii Sovetsko-Pol'skikh Otnoshenii, Bd. 6–7, Moskau, 1969, 1973
Otnosheniya SSSR s GDR, 1919–1955gg, Moskau 1974
Sovetsko-Bolgarskie Otnosheniya i Svyazi, 1917–1944, Moskau 1976
Dokumenty i Materialy po Istorii Sovetsko-Chekhoslovatskikh Otnoshenii, Bde. 4–5, Moskau 1983, 1984
Sovetsko-Angliiskie Otnosheniya vo vremya Velikoi Otechestvennoi Voiny, 1941–1945, 2 Bde., Moskau 1983
Sovetsko-Frantsuzskie Otnosheniya vo vremya Velikoi Otechestvennoi Voiny, 1941–1945, 2 Bde., Moskau 1983
Sovetsko-Amerikanskie Otnosheniya vo vremya Velikoi Otechestvennoi Voiny, 1941–1945, 2 Bde., Moskau 1984
Sovetskii Souz na Mezhdunarodnykh Konferentsiyakh perioda Velikoi Otechestvennoi Voiny, 1941–1945gg, 6 Bde., Moskau 1984
Polpredy Soobshchayut: Sbornik Dokumentov ob Otnosheniyakh SSSR s Latviei, Litvoi I Estoniei, Avgust 1939g-Avgust 1940g, Moskau 1990
Dokumenty Vneshnei Politiki, Bd. 22–24, Moskau 1992, 1995, 1998, 2000
Sovetsko-Ugoslavskie Otnosheniya, 1917–1941gg, Moskau 1992
Nakanune Voiny: Materialy Soveshchaniya Vysshego Rukovodyashchego Sostava RKKA 23–31 Dekabrya, Moskau 1993
G. K. Zhukov v Bitve pod Moskvoi: Sbornik Dokumentov, Moskau 1994
Komintern i Vtoraya Mirovaya Voina, 2 Bde., Moskau 1994, 1998
NKVD i Pol'skoe Podpol'e, 1944–1945, Moskau 1994
SSSR i Pol'sha, 1941–1945, Moskau 1994
SVAG, 1944–1949, Moskau 1994
Organy Gosudarstvennoi Bezopasnosti SSSR v Velikoi Otechestvennoi Voine, Bde. 1–3, Moskau 1995, 2000, 2003
Moskva Voennaya, 1941–1945, Moskau 1995
SSSR-Pol'sha: Mekhanizmy Podchineniya, 1944–1949gg, Moskau 1995
Stalingrad, 1942–1943, Moskau 1995
Evreiskii Antifashistskii Komitet v SSSR, 1941–1948, Moskau 1996
Glavnye Politicheskiye Organy Vooruzhennykh Sil SSSR v Velikoi Otechestvennoi Voine 1941–1945gg, Moskau 1996
SSSR i Germanskii Vopros, 1941–1949, 3 Bde., Moskau 1996, 2000, 2003
Stawka VGK: Dokumenty i Materialy 1941–1945, Moskau 1996–1999
Katyn': Plenniki Neob'yavlennoi Voiny, Moskau 1997
Sovetsko-Yaponskaya Voina 1945 goda: Istoriya Voenno-Politicheskogo Protivoborstva Dvukh Derzhav v 30–40-e gody, Moskau 1997
Voina i Diplomatiya, 1941–1942, Moskau 1997
Vostochnaya Evropa v Dokumentakh Rossiiskikh Arkhivov, 2 Bde., Moskau 1997, 1998
1941 God, 2 Bde., Moskau 1998
Atomnyi Proekt SSSR: Dokumenty i Materialy, 3 Bde., Moskau 1998–2002
Otnosheniya Rossii (SSSR) s Ugoslaviei, 1941–1945gg, Moskau 1998
Soveshchaniya Kominforma, 1947–1949, Moskau 1998
Tri Vizita A.Ya Vyshinskogo v Bukharest, 1944–1946, Moskau 1998
Sovetskii Faktor v Vostochnoi Evrope, 1944–1948, Moskau 1999

Zimnyaya Voina, 1939–1940, Moskau 1999
Moskva Poslevoennaya, 1945–1947, Moskau 2000
Sovetsko-Izrail'skie Otnosheniya, 1941–1949, Moskau 2000
Sovetsko-Rumynskie Otnosheniya, Bd. 2, Moskau 2000
Sovetsko-Kitaiskie Otnosheniya, Bde. 4–5, Moskau 2000, 2005
Stalingradskaya Epopeya, Moskau 2000
Transil'vanskii Vopros: Vengero-Rumynskii Territorial'nyi Spor i SSSR, 1940–1946, Moskau 2000
Georgii Zhukov, Moskau 2001
Iz Varshavy … Dokumenty NKVD SSSR o Pol'skom Podpol'e, 1944–1945gg, Moskau 2001
Katyn', 1940–2000, Moskau 2001
Moskva i Vostochnaya Evropa, 1949–1953, Moskau 2002
Neizvestnaya Blokada, 2 Bde., Moskau 2002
Politburo Tsk VKP (b) i Sovet Ministrov SSSR, 1945–1953, Moskau 2002
Stalingradskaya Bitva, 2 Bde., Moskau 2002
Kurskaya Bitva, 2 Bde., Moskau 2003
Sovetskaya Povsednevnost' i Massovoe Soznaniye, 1939–1945, Moskau 2003
Sovetskaya Zhizn', 1945–1953, Moskau 2003
Operatsiya ›Bagration‹, Moskau 2004
Sovetsko-Amerikanskie Otnosheniya, 1939–1945, Moskau 2004
Sovetsko-Amerikanskie Otnosheniya, 1945–1948, Moskau 2004
Stalin i Cherchill', Moskau 2004
Zimnyaya Voina': Pabota nad Oshibkami Aprel'-Mai 1940g (Materialy Komissii Glavnogo Voennogo Soveta Krasnoi Armii po Obobshcheniu Opyta Finskoi Kampanii, Moskau 2004
Stalinskiye Deportatsii, 1928–1953, Moskau 2005
Ivan Mikhailovich Maiskii: Izbrannaya Perepiska s Rossiiskimi Korrespondentami, Bd. 2, Moskau 2005
Lubyanka: Stalin i NKVD-NKGB-GUKR ›Smersh‹, 1939–1946, Moskau 2006

VERÖFFENTLICHTE DOKUMENTE IN ENGLISCHER SPRACHE

Churchill and Stalin: Documents from British Archives, FCO: London 2002
A. O. Chubaryan und H. Shukman (Hg.), *Stalin and the Soviet-Finnish War, 1939–1940,* Frank Cass: London 2002
A. Dallin und F. I. Firsow (Hg.), *Dimitrov & Stalin, 1934–1943,* Yale University Press: New Haven 2000
J. Degras (Hg.), *The Communist International 1919–1943,* Bd. 3, Frank Cass: London 1971
J. Degras (Hg.), *Soviet Documents on Foreign Policy,* Bd. 3 (1933–1941), Oxford University Press: London 1953
The Development of Soviet-Finnish Relations, London 1940
Documents on British Policy Overseas, Reihe 1, Bd. 2, HMSO: London 1985
Documents on Israeli-Soviet Relations, 1941–1953, Frank Cass: London 2000
Documents on Polish-Soviet Relations 1939–1945, 2 Bde., Heinemann: London 1961
Foreign Relations of the United States: annual volumes, 1941–1946, Government Printing Office: Washington, DC 1958–1970
Foreign Relations of the United States: The Conference of Berlin 1945, 2 Bde., Government Printing Office: Washington, DC 1960
Foreign Relations of the United States: The Conferences of Cairo and Tehran 1943, Government Printing Office: Washington DC 1961
Foreign Relations of the United States: The Conferences of Malta and Yalta, Government Printing Office: Washington, DC 1955

K. M. Jensen (Hg.), *Origins of the Cold War: The Novikov, Kennan and Roberts ›Long Telegrams‹ of 1946,* Washington 1991

W. LaFeber (Hg.), *The Origins of the Cold War, 1941–1947,* John Wiley: New York 1971

Nazi-Soviet Relations, 1939–1941, Didier: New York 1948

›New Documents about Winston Churchill from Russian Archives‹, *International Affairs,* Bd. 47, Nr. 5, 2001

A. Polonsky (Hg.), *The Great Powers and the Polish Question, 1941–1945,* Orbis Books: London 1976

A. Polonsky und B. Drukier, *The Beginnings of Communist Rule in Poland,* Routledge & Kegan Paul: London 1980

G. Procacci (Hg.), *The Cominform: Minutes of the Three Conferences 1947/1948/1949,* Feltrinelli: Mailand 1994 (auf Russisch: *Soveshchaniya Kominforma, 1947, 1948, 1949: Dokumenty i Materialy,* Moskau 1998)

S. Redlich (Hg.), *War, Holocaust and Stalinism: A Documentary History of the Jewish Anti-Fascist Committee in the USSR,* Harwood Academic Publishers: Luxemburg 1995

G. Ross (Hg.), *The Foreign Office and the Kremlin: British Documents on Anglo-Soviet Relations 1941–1945,* Cambridge University Press: Cambridge 1984

J. Rubenstein und W. Naumow (Hg.), *Stalin's Secret Pogrom: The Postwar Inquisition of the Jewish Anti-Fascist Committee,* Yale University Press: New Haven 2001

B. Ruhm von Oppen (Hg.), *Documents on Germany under Occupation, 1945–1954,* Oxford University Press: New York 1955

O. A. Rchechewski (Hg.), *War and Diplomacy: The Making of the Grand Alliance (Documents from Stalin's Archive),* Harwood Academic Publishers: Amsterdam 1996

Soviet Foreign Policy during the Patriotic War: Documents and Materials, 2 Bde., Hutchinson: London 1944–1945

Stalin and the Cold War, 1945–1953: A Cold War International History Project Documentary Reader, Washington, DC 1999

Stalin's Correspondence with Churchill, Attlee, Roosevelt and Truman, 1941–1945, Lawrence & Wishart: London 1958

›Stalin, Czechoslovakia, and the Marshall Plan: New Documentation from Czechoslovak Archives‹, *Bohemia Band,* Nr. 32, 1991

G. Takhnenko, ›Anatomy of a Political Decision: Notes on the Marshall Plan‹, *International Affairs,* Juli 1992

The Tehran, Yalta and Potsdam Conferences: Documents, Progress Publishers: Moskau 1969

The White House Papers of Harry L. Hopkins, Eyre & Spottiswoode: London 1949

›The Winter War (Documents on Soviet-Finnish Relations 1939–1940)‹, *International Affairs,* Nr. 8, 9, 1989.

MEMOIREN UND TAGEBÜCHER

I. Kh. Bagramyan, *Tak Shli My k Pobede,* Moskau 1998

I. Banac (Hg.), *The Diary of Georgi Dimitrov, 1933–1949,* Yale University Press: New Haven 2003

W. Bedell Smith, *Moskow Mission, 1946–1949,* Heinemann: London 1950

V. Bereschkow, *History in the Making: Memoirs of World War II Diplomacy,* Progress Publishers: Moskau 1983

S. Bialer (Hg.), *Stalin and his Generals: Soviet Military Memoirs of World War II,* Souvenir Press: New York 1969

A. H. Birse, *Memoirs of an Interpreter,* Michael Joseph: London 1967

S. S. Birusow, *Sovetskii Soldat na Balkanakh,* Moskau 1963

C. E. Bohlen, *Witness to History, 1929–1969,* Weidenfeld & Nicolson: London 1973

E. E. Bokow, *Vesna Pobedy,* Moskau 1980
J. R. Deane, *The Strange Alliance,* Viking Press: New York 1947
M. Djilas, *Wartime,* Secker & Warburg: London 1977
I. Ehrenburg, *Post-War Years, 1945–1954,* MacGibbon & Kee: London 1966
I. Ehrenburg, *The War, 1941–1945,* MacGibbon & Kee: London 1964
F. I. Golikow, *On a Military Mission to Great Britain and the USA,* Progress Publishers: Moskau 1987
W. A. Harriman und E. Abel, *Special Envoy to Churchill and Stalin, 1941–1946,* Random House: New York 1975
A. I. Jeremenko, *Stalingrad,* Moskau 1961
L. Kaganowich, *Pamyatnye Zapiski,* Moskau 1996
G. Kennan, *Memoirs,* Hutchinson: London 1968
N. Kharlamow, *Difficult Mission,* Progress Publishers: Moskau 1983
Khrushchev Remembers, Sphere Books: London 1971
I. Konew, *Year of Victory,* Progress Publishers: Moskau 1969
I. Konew, *Zapiski Komanduyushchego Frontom, 1943–1945,* Moskau 1981
CA. Kumanew, *Ryadom so Stalinym,* Moskau 1999
I. M. Maiski, *Vospominaniya Sovetskogo Diplomata,* Moskau 1987
I. M. Maiski, *Memoirs of a Soviet Ambassador,* Hutchinson: London 1967
VA. Malyshev diary, *Istochnik* Nr. 5, 1997
The Memoirs of Marshal Zhukov, Jonathan Cape: London 1971
A. Mikoyan, *Tak Bylo,* Moskau 1999
N. N. Nowikow, *Vospominaniya Diplomata,* Moskau 1989
A. Resis (Hg.), *Molotov Remembers,* Ivan R. Dee: Chicago 1993 (auf Russisch: F. Chuev, *Sto Sorok Besed s Molotovym,* Moskau 1991)
K. K. Rokossowski, *Soldatskii Dolg,* Moskau 2002 (auf Englisch: *A Soldier's Duty,* Progress Publishers: Moskau 1970)
M. V. Sacharow, *Stalingradskaya Epopeya,* Moskau 1968
H. E. Salisbury (Hg.), *Marshal Zhukov's Greatest Battles,* Sphere Books: London 1969
A. M. Samsonow (Hg.), *9 Maya 1945 goda,* Moskau 1970
S. M. Schtemenko, *The Soviet General Staff at War, 1941–1945,* 2 Bde., Progress Publishers: Moskau 1970, 1973
G. K. Schukow, *Vospominaniya i Razmyshleniya,* 10. Auflage, 3 Bde., Moskau 1990
K. Simonow, *Glazami Cheloveka Moyevo Pokoleniya: Razmyshleniya o I. V. Staline,* Moskau 1990
P. Sudoplatov, *Special Tasks,* Warner Books: London 1995
W. Tschuikow, *The Beginning of the Road,* MacGibbon & Kee: London 1963
W. I. Tschuikow, *Konets Tret'ego Reikha,* Moskau 1973
A. M. Wassilewski, *A Lifelong Cause,* Progress Publishers: Moskau 1981 (auf Russisch: *Delo vsei zhizni,* Moskau 1974)

MONOGRAFIEN UND AUFSÄTZE

G. M. Adibekow, E. N. Shakhnazarowa und K. K. Shirinya, *Organizatsionnaya Struktura Kominterna, 1919–1943,* Moskau 1997
G. Alexopoulos, ›Amnesty 1945: The Revolving Door of Stalin's Gulag‹, *Slavic Review,* Bd. 64, Nr. 2, Sommer 2005
A. Axell, *Marshal Zhukov,* Pearson: London 2003
A. Axell, *Stalin's War through the Eyes of his Commanders,* Arms and Armour Press: London 1997
S. J. Axelrod, ›The Soviet Union and Bretton Woods‹, *Slovo,* April 1995

J. Barber und M. Harrison, ›Patriotic War, 1941–1945‹, in: R. G. Suny (Hg.), *The Cambridge History of Russia,* Bd. 3, Cambridge University Press: Cambridge 2006

N. I. Baryschnikow, ›Sovetsko-Finlyandskaya Voina 1939–1940gg‹, *Novaya i Noveishaya Istoriya,* Nr. 4, 1991

A. Beevor, *Berlin: The Downfall 1945,* Viking: London 2002

A. Beevor, *Stalingrad,* Penguin Books: London 1991

M. Beloff, *Soviet Policy in the Far East, 1944–1951,* Oxford University Press: London 1953

G. Bennett (Hg.), *The End of the War in Europe, 1945,* HMSO: London 1996

S. Berthon und J. Potts, *Warlords,* Politico's Publishing: London 2005

L. Besymenski, *The Death of Adolf Hitler: Unknown Documents from the Soviet Archives,* Michael Joseph: London 1968

N. Bjelakovic, ›Comrades and Adversaries: Yugoslav-Soviet Conflict in 1948‹, *East European Quarterly,* Bd. 33, Nr. 1, 1999

T. K. Blauvelt, ›Military Mobilisation and National Identity in the Soviet Union‹, *War & Society,* Bd. 21, Nr. 1, Mai 2003

H. Boog et al., *Germany and the Second World War,* Bd. 4, 6, Clarendon Press: Oxford 1998, 2001

D. Brandenberger, *National Bolshevism: Stalinist Mass Culture and the Formation of Modern Russian National Identity, 1931–1956,* Harvard University Press: Cambridge, Mass. 2002

D. Brandenberger, ›Stalin, the Leningrad Affair and the Limits of Postwar Russocentrism‹, *Russian Review,* Nr. 63, April 2004

J. Brent und W. Naumow, *Stalin's Last Crime: The Plot against the Jewish Doctors, 1948–1953,* HarperCollins: New York 2003

R. J. Brody, *Ideology and Political Mobilisation: The Soviet Home Front during World War II,* The Carl Beck Papers in Russian and East European Studies, Nr. 1104, University of Pittsburgh, Pittsburgh, Penn. 1994

J. Brooks, *Thank You, Comrade Stalin! Soviet Public Culture from Revolution to Cold War,* Princeton University Press: Princeton, NJ 2000

A. Bullock, *Stalin and Hitler,* HarperCollins: London 1991

J. Burds, *The Early Cold War in Soviet West Ukraine,* Carl Beck Papers in Russian and East European Studies, Nr. 1505, Januar 2001

RS. Burin, ›The Communist Doctrine of the Inevitability of War‹, *The American Political Science Review,* Bd. 57, Nr. 2, Juni 1963.

M. J. Carley, *The Alliance That Never Was and the Coming of World War II,* Ivan R. Dee: Chicago 1999

M. J. Carley, ›»A Situation of Delicacy and Danger«: Anglo-Soviet Relations, August 1939-March 1940‹, *Contemporary European History,* Bd. 8, Nr. 2, 1999

D. Carlton, *Churchill and the Soviet Union,* Manchester University Press: Manchester 2000

O. P. Chaney, *Zhukov,* University of Oklahoma Press: London 1996

J. Channon (Hg.), *Politics, Society and Stalinism in the USSR,* Macmillan: London 1998

A. Chmielarz, ›Warsaw Fought Alone: Reflections on Aid to and the Fall of the 1944 Uprising‹, *Polish Review,* Bd. 39, Nr. 4, 1994

A. O. Chubaryan (Hg.), *Voina i Politika, 1939–1941,* Moskau 1999

A. O. Chubaryan und V. O. Pechatnow (Hg.), ›Molotov »the Liberal«: Stalin's 1945 Criticism of his Deputy‹, *Cold War History,* Bd. 1, Nr. 1, August 2000

J. M. Ciechanowski, *The Warsaw Rising of 1944,* Cambridge University Press: Cambridge 1974

A. M. Cienciala, ›General Sikorski and the Conclusion of the Polish-Soviet Agreement of July 30, 1941‹, *Polish Review,* Bd. 41, Nr. 4, 1996

A. M. Cienciala, ›New Light on Oskar Lange as an Intermediary between Roosevelt and Stalin in Attempts to Create a New Polish Government‹, *Acta Poloniae Historica,* Nr. 73, 1996

D. S. Clemens, *Yalta*, Oxford University Press: Oxford 1970

M. Cox und C. Kennedy-Pipe, ›The Tragedy of American Diplomacy: Rethinking the Marshall Plan‹, *Journal of Cold War Studies*‹, Frühjahr 2005

I. A. Damaski, *Stalin i Razvedka*, Moskau 2004

N. Davies, *Rising '44: The Battle for Warsaw*, Pan Books: London 2004

S. Davies und J. Harris (Hg.), *Stalin*, Cambridge University Press: Cambridge 2003

L. E. Davis, *The Cold War Begins: Soviet-American Conflict over Eastern Europe*, Princeton University Press: Princeton, NJ 1974

R. B. Day, *Cold War Capitalism: The View from Moscow, 1945–1975*, M. E. Sharpe: London 1995

D. De Santis, *The Diplomacy of Silence: The American Foreign Service, the Soviet Union and the Cold War, 1933–1947*, University of Chicago Press: Chicago 1979

I. Deutscher, *Stalin: A Political Biography*, Pelican: London 1966

L. Dobroszycki und J.S. Gurock (Hg.), *The Holocaust in the Soviet Union*, M. E. Sharpe: New York 1993

T. Dunmore, *Soviet Politics, 1945–53*, Macmillan: London 1984

D. J. Dunn, *Caught between Roosevelt and Stalin: America's Ambassadors to Moscow*, University Press of Kentucky: Lexington 1998

E. Duraczynski, ›The Warsaw Rising: Research and Disputes Continue‹, *Acta Poloniae Historica*, Nr. 75, 1997

Eric Duskin, *Stalinist Reconstruction and the Confirmation of a New Elite, 1945–1953*, Palgrave: London 2001

M. Dyczok, *The Grand Alliance and the Ukrainian Refugees*, Macmillan: London 2000

M. Edele, ›Soviet Veterans as an Entitlement Group, 1945–1955‹, *Slavic Review*, Bd. 65, Nr. 1, 2006

R. Edmonds, *The Big Three*, Penguin Books: London 1991

N. I. Egorowa und A. O. Chubaryan, *Kholodnaya Voina, 1945–1965*, Moskau 2003

N. I. Egorowa und A. O. Chubaryan, *Kholodnaya Voina i Politika Pazryadki*, Moskau 2003

J. Erickson, ›Barbarossa: June 1941: Who Attacked Whom‹, *History Today*, Juli 2001

J. Erickson, *The Road to Berlin*, Weidenfeld & Nicolson: London 1983

J. Erickson, *The Road to Stalingrad*, Harper & Row: New York 1975

J. Erickson, ›Threat Identification and Strategic Appraisal by the Soviet Union, 1930–1941‹, in: E. R. May (Hg.), *Knowing One's Enemies*, Princeton University Press: Princeton, NJ 1984

J. Erickson und D. Dilks (Hg.), *Barbarossa: The Axis and the Allies*, Edinburgh University Press: Edinburgh 1994

F. Falin, *Vtoroi Front*, Moskau 2000

H. Feis, *Churchill-Roosevelt-Stalin*, Princeton University Press: Princeton, NJ 1957

A. M. Filitow, ›Nota 10 Marta 1952 goda: Prodolzhaushchayasya Diskussiya‹, in: B.M. Tupolev, *Rossiya i Germaniya*, Moskau 2004

D. Filtzer, *Soviet Workers and Late Stalinism*, Cambridge University Press: Cambridge 2002

I. Fleischhauer, ›The Molotov-Ribbentrop Pact: The German Version‹, *International Affairs*, August 1991

M. H. Folly, *Churchill, Whitehall and the Soviet Union, 1940–1945*, Macmillan: London 2000

J. L. Gaddis, *We Now Know: Rethinking Cold War History*, Clarendon Press: Oxford 1997

V. Gaiduk und N. I. Egorowa (Hg.), *Stalin i Kholodnaya Voina*, Moskau 1997

V. Gaiduk, N. I. Egorowa und A. O. Chubaryan (Hg.), *Stalinskoe Desyatiletie Kholodnoi Voiny*, Moskau 1999

M. P. Gallagher, *The Soviet History of World War II*, Frederick A. Praeger: New York 1963

M. A. Gareew, *Polkovodtsy Pobedy i ikh Voennoe Naslediye*, Moskau 2004

J. und C. Garrard (Hg.), *World War 2 and the Soviet People*, St Martin's Press: New York 1993

R. L. Garthoff (Hg.), *Sino-Soviet Military Relations*, Praeger: New York 1966

V. Gavrilow und E. Gorbunow, *Operatsiya ›Ramzai‹,* Moskau 2004

L. Ya. Gibianski, ›Doneseniya Ugoslavskogo Posla v Moskve o Otsenkakk Rukovodstvom SSSR Potsdamskoi Konferentsii i Polozheniya v Vostochnoi Evrope‹, *Slavyanovedeniye,* Nr. 1, 1994

L. Ya. Gibianskii, *Sovetskii Souz i Novaya Ugoslaviya, 1941–1947,* Moskau 1987

U. S. Girenko, *Stalin-Tito,* Moskau 1991

D. M. Glantz, *Barbarossa: Hitler's Invasion of Russia 1941,* Tempus Publishing: Stroud 2001

D. M. Glantz, *The Battle for Leningrad, 1941–1944,* University Press of Kansas: Lawrence, Kansas 2002

D. M. Glantz, *Colossus Reborn: The Red Army at War, 1941–1943,* University Press of Kansas: Lawrence, Kansas 2005

D. M. Glantz, *Kharkov 1942: Anatomy of a Military Disaster through Soviet Eyes,* Ian Allan Publishing: Shepperton, Surrey 1998

D. M. Glantz, *Zhukov's Greatest Defeat: The Red Army's Epic Disaster in Operation Mars, 1942,* University Press of Kansas: Lawrence, Kansas 1999

D. M. Glantz und J. House, *When Titans Clashed: How the Red Army Stopped Hitler,* University Press of Kansas: Lawrence, Kansas 1995

M. E. Glantz, *FDR and the Soviet Union: The President's Battles over Foreign Policy,* University Press of Kansas: Lawrence, Kansas 2005

S. N. Goncharow et al., *Uncertain Partners: Stalin, Mao and the Korean War,* Stanford University Press: Stanford 1993

F. Gori und S. Pons (Hg.), *The Soviet Union and Europe in the Cold War, 1943–1953,* Macmillan: London 1996

Yu. Gorkow, *Gosudarstvennyi Komitet Oborony Postanovlyaet (1941–1945),* Moskau 2002

Y. Gorlizki, ›Ordinary Stalinism: The Council of Ministers and the Soviet Neopatrimonial State, 1945–1953‹, *Journal of Modern History,* Bd. 74, Nr. 4, 2002

Y. Gorlizki, ›Party Revivalism and the Death of Stalin‹, *Slavic Review,* Bd. 54, Nr. 1, 1995

Y. Gorlizki, ›Stalin's Cabinet: The Politburo and Decision Making in the Post-war Years‹, *Europe-Asia Studies,* Bd. 53, Nr. 2, 2001.

Y. Gorlizki und O. Khlewniuk, *Cold Peace: Stalin and the Soviet Ruling Circle, 1945–1953,* Oxford University Press: Oxford 2004

G. Gorodetsky, *Grand Delusion: Stalin and the German Invasion of Russia,* Yale University Press: New Haven 1999

G. Gorodetsky, *Soviet Foreign Policy, 1917–1991,* Frank Cass: London 1994

G. Gorodelsky, ›The Soviet Union on the Creation of the State of Israel‹, *The Journal of Israeli History,* Bd. 22, Nr. 1, 2003

P. R. Gregory (Hg.), *Behind the Façade of Stalin's Command Economy,* Hoover Institution Press: Stanford 2001

A. A. Gromyko et al., *Bor'ba SSSR v OON za Mir, Bezopasnost' i Sotrudnichestvo,* Moskau 1986

J. T. Gross, *Revolution from Abroad: The Soviet Conquest of Poland's Western Ukraine and Western Belorussia,* Princeton University Press: Princeton, NJ 1988

W. G. Hahn, *Postwar Soviet Politics: The Fall of Zhdanov and the Defeat of Moderation, 1946–53,* Cornell University Press: Ithaca, NY 1982

TT. Hammond (Hg.), *The Anatomy of Communist Takeovers,* Yale University Press: New Haven 1975

M. Harrison, *Accounting for War: Soviet Production, Employment, and the Defence Burden, 1940–1945,* Cambridge University Press: Cambridge 1996

M. Harrison, *The Economics of World War II: Six Great Powers in International Comparison,* Cambridge University Press: Cambridge 1998

M. Harrison, *Soviet Planning in Peace and War 1938–1945,* Cambridge University Press: Cambridge 1985

M. Harrison, ›The USSR and the Total War: Why Didn't the Soviet Economy Collapse in 1942?‹, in:

R. Chickering et al. (Hg.), *A World at Total War: Global Conflict and the Politics of Destruction, 1939–1945,* Cambridge University Press: Cambridge 2005

T. Hasegawa, *Racing the Enemy: Stalin, Truman, and the Surrender of Japan,* Harvard University Press: Cambridge, Mass. 2005

J. Haslam, ›Stalin's Fears of a Separate Peace, 1942‹, *Intelligence and National Security,* Bd. 8, Nr. 4, Oktober 1993

J. S. A. Hayward, *Stopped at Stalingrad: The Luftwaffe and Hitler's Defeat in the East, 1942–1943,* University Press of Kansas: Lawrence, Kansas 1998

P. G. H. Holdich, ›A Policy of Percentages? British Policy and the Balkans after the Moscow Conference of October 1944‹, *International History Review,* Februar 1987

D. Holloway, ›Jockeying for Position in the Postwar World: Soviet Entry into the War with Japan in August 1945‹, in: T. Hasegawa (Hg.), *Reinterpreting the End of the Pacific War: Atomic Bombs and the Soviet Entry into the War,* Stanford University Press: Stanford 2006/7

D. Holloway, *Stalin & the Bomb,* Yale University Press: New Haven 1994

G. Hosking, ›The Second World War and Russian National Consciousness‹, *Past & Present,* Nr. 175, 2002

J. M. House und D. M. Glantz, *The Battle of Kursk,* University Press of Kansas: Lawrence, Kansas 1999

Istoriya Velikoi Otechestvennoi Voiny Sovetskogo Souza 1941–1945, 6 Bde., Moskau 1960–1964

Istoriya Vtoroi Mirovoi Voiny, 1939–1945, 12 Bde., Moskau 1973–1982

R. Iwanow, *Stalin i Souzniki, 1941–1945 gg,* Smolensk 2000

R. F. Ivanov und N. K. Petrowa, *Obshchestvenno-Politicheskie Sily SSSR i SShA v Cody Voiny, 1941–1945,* Woronesch 1995

H. und M. James, ›The Origins of the Cold War: Some New Documents‹, *Historical Journal,* Bd. 37, Nr. 3, 1994

N. I. Jegorowa, *The Tran Crisis' of 1945–1946: A View from the Russian Archives,* Cold War International History Project, Arbeitspapier Nr. 15, Mai 1996

G. Jukes, *Hitler's Stalingrad Decisions,* University of California Press: Berkeley 1985

G. Jukes, *Stalingrad: The Turning Point,* Ballantine Books: New York 1968

V. Karpow, *Generalissimus,* 2 Bde., Moskau 2003

C. Kennedy-Pipe, *Stalin's Cold War: Soviet Strategies in Europe, 1943–1956,* Manchester University Press: Manchester 1995

I. Kershaw und M. Lewin, *Stalinism and Nazism,* Cambridge University Press: Cambridge 1997

L. Kettenacker, ›The Anglo-Soviet Alliance and the Problem of Germany, 1941–1945‹, *Journal of Contemporary History,* Bd. 17, 1982

J. Knight, ›Russia's Search for Peace: The London Council of Foreign Ministers, 1945‹, *Journal of Contemporary History,* Bd. 13, 1978

A. J. Kochawi, ›Anglo-Soviet Differences over a Policy towards War Criminals‹, *SIEHER,* Bd. 69, Nr. 3, Juli 1991

T. U. Kochetkowa, ›Voprosy Sozdaniya OON i Sovetskaya Diplomatiya‹, *Otechestvennaya Istoriya,* Nr. 1, 1995

N. V. Kochkin, ›Anglo-Sovetskii Souznyi Dogovor 1942 goda i Nachalo »Kholodnoi Voiny«‹, *Voprosy Istorii,* Nr. 1, 2006

N. V. Kochkin, ›SSSR, Angliya, SShA i »Turetskii Krizis« 1945–1947gg‹, *Novaya i Noveishaya Istoriya,* Nr. 3, 2002

H. Kohn, ›Pan-Slavism and World War II‹, *American Political Science Review,* Bd. 46, Nr. 3, 1952

N. Ya Komarow und G. A. Kumanew, *Blokada Leningrada: 900 Geroicheskikh Dnei, 1941–1944,* Moskau 2004

M. Korobochin, ›Soviet Policy toward Finland and Norway, 1947–1949‹, *Scandinavian Journal of History,* Bd. 20, Nr. 3, 1995

V. V. Korowin, *Sovetskaya Razvedka i Kontrrrazvedka v gody Velikoi Otechestvennoi Voiny,* Moskau 2003

A. Koshkin, *Yaponskii Front Marshala Stahna,* Moskau 2004

G. V. Kostyrchenko, *Out of the Shadows: Anti-Semitism in Stalin's Russia,* Prometheus Books: New York 1995

G. V. Kostyrchenko, *Tainaya Politika Stahna,* Moskau 2001

E. Kulkow et al., *Voina, 1941–1945,* Moskau 2004

Y. Lahav, *Soviet Policy and the Transylvanian Question (1940–1946),* Forschungsbericht Nr. 27, Soviet and East European Research Centre, Hebrew University of Jerusalem, Juli 1977

J. Laloy, ›Le General de Gaulle et L'URSS, 1943–1945‹, *Revue d'histoire diplomatique,* Nr. 4, 1994

A. Lane und H. Temperley (Hg.), *The Rise and Fall of the Grand Alliance, 1941–1945,* Macmillan: London 1995

J. Laufer, ›Die Stalin-Note vom 10. März 1952 im Lichte neuer Quellen‹, *Vierteljahreshefte für Zeitgeschichte,* Januar 2004

N. Lebedewa, *Katyn',* Moskau 1994

A. M. Ledowski, *SSSR i Stalin v Sud'bakh Kitaya,* Moskau 1999

M. P. Leffler und D. S. Painter (Hg.), *Origins of the Cold War,* Routledge: London 2005

C. Leitz (Hg.), *Spain in an International Context,* Berghahn Books: Oxford 1999

R. B. Levering, V. O. Pechatnow et al., *Debating the Origins of the Cold War: American and Russian Perspectives,* Rowman & Littlefield: Lanham, Maryland 2002

S. J. Linz (Hg.), *The Impact of World War II on the Soviet Union,* Rowman & Allanheld: Totowa, NJ 1985

W. Loth, ›The Origins of Stalin's Note of 10 March 1952‹, *Cold War History,* Bd. 4, Nr. 2, Januar 2004

W. Loth, *Stalin's Unwanted Children: The Soviet Union, the German Question and the Founding of the GDR,* Palgrave: London 1998

R. C. Lukas, ›The Big Three and the Warsaw Uprising‹, *Military Affairs,* Bd. 39, Nr. 3, 1975

D. J. Macdonald, ›Communist Bloc Expansion in the Early Cold War‹, *International Security,* Bd. 20, Nr. 3, 1995/6

V. L. Malkow, ›Domestic Factors in Stalin's Atomic Diplomacy‹, in: P. M. Morgan und K. L. Nelson (Hg.), *Re-Viewing the Cold War, Domestic Factors and Foreign Policy in the East-West Confrontation,* Praeger: Westport, Conn. 2000

V. V. Marina, ›Sovetskii Souz i Chekhoslovakiya, 1945 god‹, *Novaya i Noveishaya Istoriya* Nr. 3, 2001

V. Marina, *Zakarpatskaya Ukraina (Podkarpatskaya Rus') v Politike Benesha i Stahna,* Moskau 2003

E. Mark, *Revolution by Degrees: Stalin's National-Front Strategy for Europe, 1941–1947,* Cold War International History Project, Arbeitspapier Nr. 31, 2001

T. Martin, *The Affirmative Action Empire: Nations and Nationalism in the Soviet Union, 1929–1939,* Cornell University Press: Ithaca, NY 2001

A. A. Maslow, ›Forgiven by Stalin – Soviet Generals Who Returned from German Prisons in 1941–45 and Who Were Rehabilitated‹, *Journal of Slavic Military Studies,* Bd. 12, Nr. 2, Juni 1999

V. Mastny, *The Cold War and Soviet Insecurity: The Stalin Years,* Oxford University Press: Oxford 1996

V. Mastny, *NATO in the Beholder's Eye: Soviet Perceptions and Policies, 1949–1956,* Cold War International History Project, Arbeitspapier Nr. 35, März 2002

V. Mastny, *Russia's Road to the Cold War,* Columbia University Press: New York 1979

J. Matthaus, ›Operation Barbarossa and the Onset of the Holocaust‹, in: C. Browning, *The Origins of the Final Solution,* University of Nebraska Press: Lincoln, NB 2004

E. Mawdsley, ›Crossing the Rubicon: Soviet Plans for Offensive War in 1940–1941‹, *International History Review,* Dezember 2003

E. Mawdsley, *Thunder in the East: The Nazi-Soviet War, 1941–1945,* Hodder Arnold: London 2005

S. Masow, ›The USSR and the Former Italian Colonies, 1945–1950‹, *Cold War History,* Bd. 3, Nr. 3, April 2003.

R. H. McNeal, *Stalin: Man and Ruler,* Macmillan Press: London 1998

W. H. McNeill, *America, Britain and Russia: Their Co-operation and Conflict, 1941–1946,* Oxford University Press: London 1953

R. und Z. Medwedew, *The Unknown Stalin,* Overlook Press: Woodstock und New York 2004

Z. Medwedew, *Stalin i Evreiskaya Problema,* Moskau 2003

M. I. Meltukow, ›»Narodny Front« dlya Finlyandiei? (K Voprosy o Tselyakh Sovetskogo Rukovodstva v Voine s Finlyandiei 1939–1940gg‹, *Otechestvennaya Istoriya,* Nr. 3, 1993

M. I. Meltukhow, ›Operatsiya »Bagration« i Varshavskoe Vosstaniye 1944 goda‹, *Voprosy Istorii,* Nr. 11, 2004

M. I. Mel'tukhov, *Upushchennyi Shans Stahna,* Moskau 2000

C. Merridale, *Ivan's War: The Red Army 1939–45,* Faber: London 2005

S. Merritt Miner, *Between Churchill and Stalin: The Soviet Union, Great Britain, and the Origins of the Grand Alliance,* University of North Carolina Press: Chapel Hill, NC 1988

S. Merritt Miner, *Stalin's Holy War: Religion, Nationalism and Alliance Politics, 1941–1945,* University of North Carolina Press: Chapel Hill, NC 2003

P. Morray, *From Yalta to Disarmament,* Monthly Review Press: New York 1961

G. P. Murashko, ›Fevral'skii Krizis 1948g v Chekhoslovakii i Sovetskoe Rukovodstvo‹, *Novaya i Noveishaya Istoriya,* Nr. 3, 1998

G. P. Murashko und A. F. Noskowa, ›Stalin and the National-Territorial Controversies in Eastern Europe, 1945–1947 (Teil 1 und 2)‹, *Cold War History,* Bd. 1, Nr. 3, 2001, Bd. 2, Nr. 1, 2001

D. Murphy, *What Stalin Knew: The Enigma of Barbarossa,* Yale University Press: New Haven 2005

B. Murray, *Stalin, the Cold War and the Division of China,* Cold War International History Project, Arbeitspapier, 12. Juni 1995

M. Yu. Myagkow (Hg.), *Mirovye Voiny XX Veka: Vtoraya Mirovaya Voina (Dokumenty I Materialy),* Bde. 3–4, Moskau 2002

M. Yu. Myagkow, ›SSSR, SShA i Problema Pribaltiki v 1941–1945godakh‹, *Novaya I Noveishaya Istoriya,* Nr. 1, 2005

N. M. Naimark, ›Cold War Studies and New Archival Materials on Stalin‹, *Russian Review,* Nr. 61, (Januar 2002)

N. M. Naimark, ›Post-Soviet Russian History on the Emergence of the Soviet Bloc‹, *Kritika,* Bd. 5, Nr. 3, Sommer 2004

N. M. Naimark, *The Russians in Germany: A History of the Soviet Zone of Occupation, 1945–1949,* Harvard University Press: Cambridge, Mass 1995

N. M. Naimark, ›Stalin and Europe in the Postwar Period, 1945–53‹, *Journal of Modern European History,* Bd. 2, Nr. 1, 2004

N. Naimark und L. Gibianski (Hg.), *The Establishment of Communist Regimes in Eastern Europe, 1944–1949,* Westview Press: Boulder, Col. 1997

M. M. Narinski, ›Moscou et le Gouvernement provisoire du général de Gaulle‹, *Relations internationales,* Nr. 108, 2001

M. M. Narinski et al. (Hg.), *Kholodnaya Voina,* Moskau 1995

J. Newakiwi, ›A Decisive Armistice 1944–1947: Why Was Finland Not Sovietized?‹, *Scandinavian Journal of History,* Bd. 19, Nr. 2, 1994

V. A. Neweschin, ›The Pact with Germany and the Idea of an »Offensive War (1939–1941)«‹, *Journal of Slavic Military Studies,* Bd. 8, Nr. 4, 1995

L. N. Neschinski, *Sovetskaya Vneshnyaya Politika v Gody ›Kholodnoi Voiny‹,* Moskau 1995

R. Nisbet, *Roosevelt and Stalin,* Regnery Gateway: Washington, DC 1988

R. Overy, *The Dictators: Hitler's Germany and Stalin's Russia,* Allen Lane: London 2004

R. Overy, *Russia's War,* Penguin Books: London 1998

R. Overy, *Why the Allies Won,* Jonathan Cape: London 1995

S. D. Parrish und M. M. Narinski, *New Evidence on the Soviet Rejection of the Marshall Plan, 1947,* Cold War International History Project, Arbeitspapier Nr. 9, März 1994

T. G. Paterson, *Soviet-American Confrontation: Postwar Reconstruction and the Origins of the Cold War,* Johns Hopkins University Press: Baltimore 1973

W. Pechatnow, ›The Allies are Pressing on You to Break Your Will‹: Foreign Policy Correspondence between Stalin and Molotov and other Politburo Members, September 1945-December 1946, Cold War International History Project, Arbeitspapier Nr. 26, September 1999

W. Pechatnow, *The Big Three after World War II: New Documents on Soviet Thinking about Postwar Relations with the United States and Great Britain,* Cold War International History Project, Arbeitspapier Nr. 13, 1995

W. Pechatnow, ›Exercise in Frustration: Soviet Foreign Propaganda in the Early Cold War, 1945–47‹, *Cold War History,* Bd. 1, Nr. 2, Januar 2001

W. Pechatnow, ›Moskovskoe Posol'stvo Averella Garrimana‹, *Novaya i Noveishaya Istoriya,* Nr. 3–4, 2002

W. Pechatnow, ›The Rise and Fall of *Britansky Soyuznik*‹, *Historical Journal,* Bd. 41, Nr. 1, 1998

A. Perlmutter, *FDR & Stalin,* University of Missouri Press: Columbia 1993

P. V. Petrow und V. N. Stepakow, *Sovetsko-Finlyanskaya Voina, 1939–1940,* 2 Bde., St. Petersburg 2003

N. K. Petrowka, *Antifashistkie Komitety v SSSR: 1941–1945gg,* Moskau 1999

A. Phillips, *Soviet Policy Reconsidered: The Postwar Decade,* Greenwood Press: New York 1986

H. Piortrowski, ›The Soviet Union and the Renner Government of Austria, April-November 1945‹, *Central European History,* Bd. 20, Nr. 3/4, 1987

C. Pleshakow, *Stalin's Folly,* Houghton Mifflin: Boston 2005

E. Pollack, *Conversations with Stalin on Questions of Political Economy,* Cold War International History Project, Arbeitspapier Nr. 33, Juli 2001

B. Ponomaryow et al. (Hg.), *History of Soviet Foreign Policy, 1945–1970,* Progress Publishers: Moskau 1973

S. Pons, *Stalin and the Inevitable War, 1936–1941,* Frank Cass: London 2002

S. Pons, ›Stalin, Togliatti, and the Origins of the Cold War in Europe‹, *Journal of Cold War Studies,* Bd. 3, Nr. 2, Frühjahr 2001.

S. Pons und A. Romano, *Russia in the Age of Wars, 1914–1945,* Feltrinelli: Mailand 2000

L. V. Posdeewa, *London-Moskva: Britanskoe Obshchestvennoe Mhenie i SSSR,* Moskau 2000

L. V. Posdeewa, ›Sovetskaya Propoaganda na Angliu v 1941–1945 godax‹, *Voprosy Istorii,* Nr. 7, 1998

R. C. Raack, *Stalin's Drive to the West, 1938–1945,* Stanford University Press: Stanford, Calif. 1995

G. D. Ra'anan, *International Policy Formation in the USSR: Factional ›Debates‹ during the Zhdanovshchina,* Archon Books: Hamden, Conn. 1983

E. Radzinsky, *Stalin,* Hodder & Stoughton: London 1997

ES. Raine, ›Stalin and the Creation of the Azerbaijan Democratic Party in Iran, 1945‹, *Cold War History,* Bd. 2, Nr. 2, Oktober 2001

D. Rayfield, *Stalin and his Hangmen,* Viking: London 2004

C. Read (Hg.), *The Stalin Years,* Palgrave: London 2003

E. van Ree, *The Political Thought of Joseph Stalin: A Study in Twentieth Century Revolutionary Patriotism,* Routledge: London 2002

E. van Ree, *Socialism in One Zone: Stalin's Policy in Korea, 1945–1947,* Berg: Oxford 1989

R. Reese, *Stalin's Reluctant Soldiers,* University Press of Kansas: Lawrence, Kansas 1996

A. Resis, ›The Churchill-Stalin Secret »Percentages« Agreement on the Balkans, Moskau, October 1944‹, *American Historical Review,* April 1978

A. Resis, ›The Fall of Litvinov: Harbinger of the German-Soviet Non-Aggression Pact‹, *Europe-Asia Studies,* Bd. 52, Nr. 1, 2000

Ausgewählte Quellen und Literatur

A. Resis, *Stalin, the Politburo, and the Onset of the Cold War, 1945–1946,* The Carl Beck Papers in Russian and East European Studies, Nr. 701, April 1988

D. Reynolds et al., *Allies at War: The Soviet, American and British Experience, 1939–1945,* Macmillan: London 1994

D. Reynolds, ›The »Big Three« and the Division of Europe, 1945–1948‹, *Diplomacy & Statecraft,* Bd. 1, Nr. 2, 1990

D. Reynolds, *In Command of History: Churchill Fighting and Writing the Second World War,* Penguin Books: London 2005

D. Reynolds (Hg.), *The Origins of the Cold War in Europe,* Yale University Press: New Haven 1994

A. J. Rieber, ›Civil Wars in the Soviet Union‹, *Kritika,* Bd. 4, Nr. 1, Winter 2003

A. J. Rieber, ›The Crack in the Plaster: Crisis in Romania and the Origins of the Cold War‹, *Journal of Modern History,* Nr. 76, März 2004

A. J. Rieber, ›Stalin: Man of the Borderlands‹, *American Historical Review,* Nr. 5, 2001

A. J. Rieber, *Zhdanov in Finland,* Carl Beck Papers in Russian and East European Studies, Nr. 1107, University of Pittsburgh, Februar 1995

C. A. Roberts, ›Planning for War: The Red Army and the Catastrophe of 1941‹, *Europe-Asia Studies,* Bd. 47, Nr. 8, 1995

Dzh. Roberts, ›Cherchil i Stalin: Epizody Anglo-Sovetskikh Otnoshenii (Sentyabr' 1939-Iun' 1941 goda)‹, in: A. O. Chubaryan (Hg.), *Voina i Politika, 1939–1941,* Moskau 1999

G. Roberts, ›The Alliance that Failed: Moskau and the Triple Alliance Negotiations, 1939‹, *European History Quarterly,* Bd. 26, Nr. 3, 1996

G. Roberts, ›Beware Greek Gifts: The Churchill-Stalin »Percentages Agreement« of October 1944‹, *Mir Istorii,* www/historia.ru/2003/01/roberts.htm

G. Roberts, ›Ideology, Calculation and Improvisation: Spheres of Influence in Soviet Foreign Policy, 1939–1945‹, *Review of International Studies,* Bd. 25, Oktober 1999

G. Roberts, ›From Non-Aggression Treaty to War: Documenting Nazi-Soviet Relations, 1939–1941‹, *History Review,* Dezember 2001

G. Roberts, ›Litvinov's Lost Peace, 1941–1946‹, *Journal of Cold War Studies,* Bd. 4, Nr. 2, 2002

G. Roberts, ›Moscow and the Marshall Plan: Politics, Ideology and the Onset of Cold War, 1947‹, *Europe-Asia Studies,* Bd. 46, Nr. 8, 1994

G. Roberts, ›Sexing up the Cold War: New Evidence on the Molotov-Truman Talks of April 1945‹, *Cold War History,* Bd. 4, Nr. 3, April 2004

G. Roberts, ›Soviet Policy and the Baltic States, 1939–1940: A Reappraisal‹, *Diplomacy & Statecraft,* Bd. 6, Nr. 3, 1995

G. Roberts, *The Soviet Union and the Origins of the Second World War,* Macmillan: London 1995.

G. Roberts, *The Soviet Union in World Politics: Revolution, Coexistence and the Cold War, 1945–1991,* Routledge: London 1998

G. Roberts (Hg.), *Stalin – His Times and Ours,* Irish Association for Russian and East European Studies: Dublin 2005

G. Roberts, ›Stalin and Foreign Intelligence during the Second World War‹, in: E. O'Halpin et al., *Intelligence, Statecraft and International Power,* Irish Academic Press: Dublin 2006

G. Roberts, ›Stalin, the Pact with Nazi Germany and the Origins of Postwar Soviet Diplomatic Historiography‹, *Journal of Cold War Studies,* Bd. 4, Nr. 3, Sommer 2002

G. Roberts, *The Unholy Alliance: Stalin's Pact with Hitler,* IB. Tauris: London 1989

G. Roberts, *Victory at Stalingrad: The Battle That Changed History,* Pearson/Longman: London 2002

WR. Roberts, *Tito, Mihailovic and the Allies, 1941–1945,* Rutgers University Press: New Brunswick, NJ 1973

N. E. Rosenfeldt et al. (Hg.), *Mechanisms of Power in the Soviet Union,* Macmillan: London 2000

L. Rotundo (Hg.), *Battle for Stalingrad: The 1943 Soviet General Staff Study*, Pergamon-Brassey's: London 1989

L. Rotundo, ›Stalin and the Outbreak of War in 1941‹, *Journal of Contemporary History*, Bd. 24, 1989

I. V. Rubtsow, *Marshaly Stalina*, Moskau 2006

L. Rucker, *Moscow's Surprise: The Soviet-Israeli Alliance of 1947–1949*, Cold War International History Project, Arbeitspapier Nr. 46

E. V. Rusakowa, *Polkovdtsy*, Moskau 1995

O. A. Rchechewski, ›Poslednii Shturm: Zhukov ili Konev‹, *Mir Istorii*, http://gpw.tellur.ru.

O. A. Rchechewski (Hg.), *Vtoraya Mirovaya Voina*, Moskau 1995

O. A. Rzheshevskii und O. Vekhvilyainen (Hg.), *Zimnyaya Voina 1939–1940*, Bd. 1, Moskau 1999

M. Sacharow, *Final: Istoriko-Memuarnyi Ocherk o Razgrome Imperialisticheskoi Yaponii v 1945 gody*, Moskau 1969

M. V. Sacharow, *General'nyi Shtab v Predvoennye Gody*, Moskau 1989 (Neuauflage: 2005)

VP. Safronow, *SSSR-SShA-Yaponiya v Gody ›Kholodnoi Voiny‹ 1945–1960gg*, Moskau 2003

K. Sainsbury, *The Turning Point*, Oxford University Press: Oxford 1986

H. E. Salisbury, *The 900 Days: The Siege of Leningrad*, Avon Books: New York 1970

A. M. Samsonow, *Stalingradskaya Bitva*, 4. Auflage, Moskau 1989

G. Sanford, ›The Katyn Massacre and Polish-Soviet Relations, 1941–1943‹, *Journal of Contemporary History*, Bd. 21, Nr. 1, 2006

D. Sassoon, ›The Rise and Fall of West European Communism, 1939–1948‹, *Contemporary European History*, Bd. 1, Nr. 2, 1992

A. Seaton, *Stalin as a Military Commander*, Combined Publishing: Conshohocken, PA 1998

S. Sebag Montefiore, *Stalin: The Court of the Red Star*, Weidenfeld & Nicolson: London 2003

A. Sella, ›»Barbarossa«: Surprise Attack and Communication‹, *Journal of Contemporary History*, Bd. 13, 1978

I. N. Semskow, *Diplomaticheskaya Istoriya Vtorogo Fronta v Evrope*, Moskau 1982

E. S. Senyavskaya, *1941–1945: Frontovoe Pokolenie*, Moskau 1995

O. V. Serowa, *Italiya i Antigitlerovskaya Koalitsiya, 1943–1945*, Moskau 1973

R. Service, *Stalin: A Biography*, Macmillan: London 2004

G. N. Sewostjanow (Hg.), *Voina i Obshchestvo, 1941–1945*, 2 Bde., Moskau 2004

S. L. Sharp, ›People's Democracy: Evolution of a Concept‹, *Foreign Policy Reports*, Bd. 26, Januar 1951

H. Shukman (Hg.), *Redefining Stalinism*, Frank Cass: London 2003

H. Shukman (Hg.), *Stalin's Generals*, Phoenix Press: London 1997

M. D. Shulman, *Stalin's Foreign Policy Reappraised*, Harvard University Press: Cambridge, Mass. 1963

N. Simonow, *Voenno-Promyshlennyi Kompleks SSSR v 1920–1950-e gody*, Moskau 1996

V. Sipols, *The Road to Great Victory*, Progress Publishers: Moskau 1984

B. N. Slawinski, *Yaltinskaya Konferentsiya i Problems ›Severnykh Territorii‹*, Moskau 1996

S. Z. Sluch, ›»Rech« Stalina, Kotoroi ne Bylo‹, *Otechestvennaya Istoriya*, Nr. 1, 2004

N. D. Smirnowa, ›Gretsiya v Politke SShA i SSSR, 1945–1947‹, *Novaya i Noveishaya Istoriya*, Nr. 5, 1997

B. F. Smith, *Sharing Secrets with Stalin: How the Allies Traded Intelligence, 1941–1945*, University Press of Kansas: Lawrence, Kansas 1996

T. Snyder, ›»To Resolve the Ukrainian Problem Once and for All«: The Ethnic Cleansing of Ukrainians in Poland, 1943–1947‹, *Journal of Cold War Studies*, Bd. 1, Nr. 2, Frühjahr 1999

B. V. Sokolow, *Georgii Zhukov*, Moskau 2004

B. V. Sokolow, *Molotov*, Moskau 2005

B. V. Sokolow, ›The Role of Lend-Lease in Soviet Military Efforts, 1941–1945‹, *Journal of Slavic Military Studies*, Bd. 7, Nr. 3, 1994

V. V. Sokolow, ›I.M. Maiskii Mezhdu I. V. Stalinym i U. Cherchillem v Pervye Mesyatsy Voiny‹, *Novaya i Noveishaya Istoriya*, Nr. 6, 2001

V. A. Solotarew, *Velikaya Otechestvennaya Istoriya Velikoi Pobedy*, Moskau 2005

V. A. Solotarew et al. (Hg.), *Velikaya Otechestvennaya Voina 1941–1945*, 4 Bde., Moskau 1998–1999

W. J. Spahr, *Stalin's Lieutenants: A Study of Command under Stress*, Presidio Press: Novato, Calif. 1997

L. M. Spirin, ›Stalin i Voina‹, *Voprosy Istorii KPSS*, Mai 1990

P. Spriano, *Stalin and the European Communists*, Verso: London 1985

P. J. Stawrakis, *Moskau and Creek Communism, 1944–1949*, Cornell University Press: New York 1989

R. Steininger, *The German Question and the Stalin Note of 1952*, Columbia University Press: New York 1990

R. W. Stephan, *Stalin's Secret War: Soviet Counterintelligence against the Nazis, 1941–1945*, University Press of Kansas: Lawrence, Kansas 2004

W. Stivers, ›The Incomplete Blockade: Soviet Zone Supply of West Berlin, 1948–1949‹, *Diplomatic History*, Bd. 21, Nr. 4, Herbst 1997

E. Subkowa, *Poslevoennoe Sovetskoe Obshchestvo*, Moskau 2000

E. Subkowa, *Russia after the War*, M. E. Sharpe: New York 1998

E. Subkowa, ›The Soviet Regime and Soviet Society in the Postwar Years: Innovations and Conservatism, 1945–1953‹, *Journal of Modern European History*, Bd. 2, Nr. 1, 2004

V. M. Subok, ›Stalin and the Nuclear Age‹, in: J. L. Gaddis et al. (Hg.), *Cold War Statesmen Confront the Bomb: Nuclear Diplomacy since 1945*, Oxford University Press: Oxford 1999

V. Subok und C. Pleschakow, *Inside the Kremlin's Cold War*, Harvard University Press: Cambridge, Mass. 1996

O. F. Suvenirow, *Tragediya RKKA, 1937–1939*, Moskau 1998

Victor Suworow, *Icebreaker: Who Started the Second World War*, Hamish Hamilton: London 1990

G. Swain, ›The Cominform: Tito's International?‹, *Historical Journal*, Bd. 35, Nr. 3, 1992

G. Swain, ›Stalin's Wartime Vision of the Postwar World‹, *Diplomacy & Statecraft*, Bd. 7, Nr. 1, 1996

W. Taubman, *Stalin's American Policy: From Entente to Détente to Cold War*, W. W. Norton: New York 1982

R. W. Thurston und B. Bonwetsch (Hg.), *The People's War: Responses to World War II in the Soviet Union*, University of Illinois Press: Urbana und Chicago 2000

J. Tomaszewski, *The Socialist Regimes of Eastern Europe: Their Establishment and Consolidation, 1944–1967*, Routledge: London 1989

P. Tsakaloyannis, ›The Moskau Puzzle‹, *Journal of Contemporary History*, Bd. 21, 1986

A. B. Ulam, *Titoism and the Cominform*, Harvard University Press: Cambridge, Mass. 1952

T. J. Uldricks, ›The Icebreaker Controversy: Did Stalin Plan to Attack Hitler?‹, *Slavic Review*, Bd. 58, Nr. 3, Herbst 1999

A. A. Ulunian, ›Soviet Cold War Perceptions of Turkey and Greece, 1945–58‹, *Cold War History*, Bd. 3, Nr. 2, Januar 2003

C. van Dyke, *The Soviet Invasion of Finland, 1939–1940*, Frank Cass: London 1997

R. van Dijk, *The Stalin Note Debate: Myth or Missed Opportunity for German Unification*, Cold War International History Project, Arbeitspapier Nr. 14, Mai 1996

A. Varsori und E. Calandri (Hg.), *The Failure of Peace in Europe, 1943–48*, Palgrave: London 2002

S. Walsh, *Stalingrad, 1942–1943*, St Martin's Press: New York 2000

W. Wanger, *The Genesis of the Oder-Neisse Line*, Brentano-Verlag: Stuttgart 1957

D. Watson, *Molotov: A Biography*, Palgrave Macmillan: London 2005

D. Watson, ›Molotov's Apprenticeship in Foreign Policy: The Triple Alliance Negotiations in 1939‹, *Europe-Asia Studies*, Bd. 52, Nr. 4, 2000

A. I. Wdowin, ›Ntsiona'nyi Vopros i Natsional'naya Politika v SSSR v gody Velikoi Otechestvennoi Voiny‹, *Vestnik Moskovskogo Universiteta: Seriya 8: Istoriya*, Nr. 5, 2003

K. Weathersby, ›Should We Fear This?‹ Stalin and the Danger of War with America, Cold War International History Project Working Paper Nr. 39, July 2002

A. L. Weeks, Stalin's Other War: Soviet Grand Strategy, 1939–1941, Rowman & Littlefield: Oxford 2002

A. Weiner, Making Sense of War: The Second World War and the Fate of the Bolshevik Revolution, Princeton University Press: Princeton 2001.

A. Werth, Russia at War, 1941–1945, Pan Books: London 1964

A. Werth, Russia: The Postwar Years, Robert Hale: London 1971

A. Werth, The Year of Stalingrad, Hamish Hamilton: London 1946

V. V. Weschanow, God 1942 – Vchebnyi', Minsk 2002

O. A. Westad, Brothers in Arms: The Rise and Fall of the Sino-Soviet Alliance, 1945–1963, Stanford University Press: Stanford 1998

G. Wettig, ›Stalin and German Reunification‹, Historical Journal, Bd. 37, Nr. 2, 1994

B. Whaley, Codeword Barbarossa, MIT Press: Cambridge, Mass. 1973

J. L. Wieczynski (Hg.), Operation Barbarossa, Charles, Schlades: Salt Lake City 1993

W. C. Wohlforth, The Elusive Balance: Power and Perceptions during the Cold War, Cornell University Press: Ithaca NY 1993

D. Wolkogonow, Stalin: Triumph and Tragedy, Phoenix Press: London 2000

TV. Wolokitina et al. (Hg.), Moskva i Vostochnaya Evropa: Stanovlenie Politicheskikh Rezhimov Sovetskogo Tipa, 1949–1953, Moskau 2002

J. Zarusky (Hg.), Die Stalin-Note vom 10. März 1952, München 2002

E. R. Ziemke und M. E. Bauer, Moscow to Stalingrad: Decision in the East, Center of Military History, US Army: Washington, DC 1987

Register

Abakumow, Wiktor S. 382, 385
Acheson, Dean 414
Achmatowa, Anna 375, 387
Alexander I. 37, 299
Alexandrow, Georgi F. 298, 362, 376
Alexei I. 241
Anders, Władysław 194
Antonow, Alexei I. 145, 180, 206, 269, 290 f., 294, 296, 320
Astakow, Georgi 47 f.
Attlee, Clement 307, 336 f., 384

Badoglio, Pietro 199 f.
Bagramjan, Iwan 123, 144 f.
Bailey, Hugh 351
Beaverbrook, William M. Aitken Lord 113, 135
Benesch, Eduard 238
Bereschkow, Walentin 206
Beria, Lawrenti P. 110, 117, 130, 181, 194, 330, 385, 387, 408
Bevin, Ernest 36, 307, 336 f., 339, 341 f., 345, 354
Bezymenski, Lew 496
Bialer, Seweryn 22
Bidault, Georges 256 f.
Bierut, Bolesław 252
Birse, Arthur H. 308
Bismarck, Otto von 257, 398
Blinow, Fjodor 379
Bock, Fedor von 134
Bohlen, Charles 205, 208, 217, 308
Brent, Jonathan 386
Brooke, Alan 88, 215
Browder, Earl 197

Budjonny, Semjon 118, 122 f.
Bulganin, Nikolai 365, 408
Byrnes, James F. 308, 327, 336 ff., 340 ff., 345, 351, 374, 397 f., 414

Cassidy, Henry 163
Chadajew, Yakow 77, 110
Chaldei, Jewgeni A. 297
Chamberlain, Neville 47, 163
Chiang Kai-shek 207, 317, 325, 329, 414
Chopin, Frédéric 308
Chruschtschow, Nikita 11 f., 14 ff, 27, 65, 110 f., 144 f., 181, 388 f., 421, 497
Churchill, Pamela 254, 270
Churchill, Randolph 254
Churchill, Winston 7, 25, 38, 45 f., 55, 68, 73 f., 113, 123 f., 135 f., 147, 157 f., 165 f., 179, 191, 194, 199 ff., 205 ff., 226, 228, 235, 237 f., 241, 243 f., 247 f., 251 ff., 260, 267, 269 ff., 276, 283, 291, 294, 306 ff., 313, 318 ff., 325, 328, 330, 333, 337, 344 ff., 351, 353, 362, 373 f., 384, 392, 405, 414, 418, 422 f.
Ciano, Galeazzo, Graf von Cortelazzo 45
Ciechanowski, Jan M. 234
Clausewitz, Carl von 292, 362 f.
Clemenceau, Georges 256
Cripps, Stafford 74 f.
Curzon, Lord 212, 54
Davies, Joseph E. 201, 418
de Gaulle, Charles siehe Gaulle, Charles de
Deane 295, 320
Dekanozow, Wladimir G. 78, 84, 87
Deutscher, Isaac 14, 19 f.

Dimitrow, Georgi 53 ff., 61, 66, 79, 97, 112, 192 f., 197 f., 250, 267 f., 316, 393 f.
Donskoi, Dimitri I. 132
Dostojewski, Fjodor M. 298
Dunmore, Timothy 387
Duraczynski, Eugeniusz 234

Eden, Anthony 112, 135 ff., 191, 203 f., 212, 241, 248, 273, 307 f.
Ehrenburg, Ilja 298
Eisenhower, Dwight D. 293, 295 f., 418
Eisenstein, Sergei 37, 375
Erickson, John 78, 134, 229
Ericson, Edward E. 59
Etinger, Dr. Jakow 385

Filtzer, Donald 370
Franco, Francisco 63, 279, 310, 314
Friedrich I. Barbarossa 103

Gaulle, Charles de 201, 207, 255 ff., 259, 270, 273, 280, 360
Georg VI. 210
Gilmore, Eddie 351
Glantz, David 121, 129, 174, 182, 496
Goebbels, Joseph 304, 346, 422
Golikow, Filip 86
Gomulka, Władysław 39, 305, 330, 340, 409
Gorbatschow, Michail S. 12, 14, 24
Gordow, W. N. 152, 157, 364
Gorodetsky, Gabriel 84, 86, 94
Gottwald, Clement 280
Gromyko, Andrei A. 223 f., 250 f., 264 ff., 269, 302, 344, 348, 357, 382
Grosza, Petru 333 f.
Guderian, Heinz 121 f.
Gusew, Fjodor 260, 269, 276, 276

Halder, Franz 105, 107, 149, 149
Harriman, Averell 20, 36, 113, 135, 159, 161, 162, 162, 163, 190, 195, 205, 208, 236, 236, 237, 242, 242, 243, 243, 243, 243, 245, 254, 277, 293, 293, 295, 299, 301, 301, 301, 302, 302, 318, 319, 319, 320, 320, 321, 321, 324, 325, 329, 329, 330, 330, 339, 341, 344
Harriman, Kathleen 195, 254, 270, 496
Harriman, Mary 186

Harrison, Mark 186, 367
Hebrang, Andrija 266 f.
Heß, Rudolf 85, 113, 164 ff., 188
Himmler, Heinrich 106
Hitler, Adolf 7, 9, 11, 13, 16 f., 19, 22 f., 25, 36, 43, 45 ff., 53, 56 ff., 69, 71, 73 ff., 80 f., 83 f., 87 ff., 90, 94 f., 97, 99, 102 f., 105, 108, 112 f., 120, 122, 124, 131 f., 134 f., 137 f., 140 f., 149 ff., 158, 160, 162, 164 f., 175, 179, 188 ff., 193, 203, 208, 215 f., 238, 257, 268, 294, 297 f., 300, 304, 306, 327, 338, 346, 382, 422 f.
Holloway, David 323 f., 328, 409 f.
Hopkins, Harry 113, 123, 215, 304 ff.
Hoth, Hermann 166
House, Jonathan 174
Hull, Cordell 203 f., 208, 273, 318

Il-Sung, Kim 392, 413, 415 ff.
Iwan IV., der Schreckliche 37

Jechow, Nikolai 29
Jelzin, Boris 12 f.
Jeremenko, Andrei I. 119, 122, 157, 167, 170, 172
Jodl, Alfred 151

Kaganowitsch, Lazar 111, 117, 181
Kardelj, Eduard 358, 394
Karpow, Wladimir 189
Katharina II., die Große 37, 43
Kennan, George 344 f.
Kerr, Clark 236 f., 243, 277, 295, 319
King, Harold 193, 215
Kirow, Sergei 29
Kirponos, Michail 123
Kliuewa, Nina 377
Kolarew, W. 267
Kollontai, Alexandra 275
Konew, Iwan St. 228, 290 f. 296 f.,
Koslow, Dimitri T. 142 f.
Kramer, Mark 496 f.
Krebs, Hans 82
Kutusow, Michail 132, 156
Kuusinen, Otto 66
Kusnezow, Nikolai G. 269

Lange, Oskar 238
Laufer, Jochen 496

Laval, Pierre 207
Leffler, Mel 496
Lenin, Wladimir I. 11 f. 34, 54, 110, 132, 216, 267, 280, 352, 362, 421 f.
Lippmann, Walter 262, 345
List, Wilhelm 150
Listikow, Sergei 496
Litwinow, Maxim M. 159, 198 f. 202 f., 222 f., 250, 260 ff., 302
Lodygin, Alexander N. 379
Losowski, Solomon A. 321, 383
Lysenko, Trofim D. 377 f.

MacArthur, Douglas 338, 411, 417
Maiski, Iwan 67, 69, 85, 112 f., 159, 162 f., 165, 188, 198, 249, 260, 263 ff., 269, 271 f., 275, 387
Malenkow, Georgi M. 42, 117, 167, 181, 361, 372, 385, 388 f., 405
Malik, Jakow 223, 321
Malinowski, Rodion Y. 322, 330
Mannerheim, Carl Gustaf 66
Manstein, Erich von 175
Mao Tse-tung 41, 325, 414 ff.
Mark, Eduard 283
Marshall, George 354 ff., 398, 401
Marzani, Carl 303
Mastny, Vojtech 189
Matsuoka, Yōsuke 81 f.
Mawdsley, Evan 89, 91, 124, 128
McNeal, Robert H. 9
Mechlis, Lew S. 118, 142 f.
Medwedew, Roi A. 110, 384
Medwedew, Schores 110
Meiklejohn, R. P. 243
Meir, Golda 383
Mennon, K. P. S. 418
Merezkow, Kirill A. 67, 71, 93 f., 115, 119, 322
Merkulow, Wsewolod N. 86
Meyersohn, Golda siehe Meir, Golda
Michael, König 333
Michoels, Solomon M. 381 f., 386
Mikojan, Anastas I. 110 f., 117 f., 389, 414,
Mikolajczyk, Stanislaw 235, 237 f., 240 ff., 251 f., 258, 277, 305
Minin, Kurma 132
Mlynar, Zdenek 373

Molotow, Polina Sch. 384
Molotow, Wjatscheslaw W. 11, 31, 37, 45, 50, 53 f., 60, 65 f., 69 f., 73, 75 ff., 82, 84, 110 ff., 117, 127, 136, 157 f., 163 f., 181, 190 ff., 196, 198 f., 202 ff., 209, 212, 222 f., 236 f., 242 f., 248 ff., 254, 256 ff., 261 ff., 269, 271, 273, 275 f., 301 f., 311, 316, 323, 327, 334, 336 ff., 342 ff., 347, 349, 356, 364, 367, 373 f., 383 f., 389, 394, 397, 399 f., 402, 405
Monroe, James 262
Montefiore, Simon Sebag 181
Montgomery, Bernard 354, 423
Moschaiski, Alexander F. 379
Moskalenko, Kirill S. 144
Mussolini, Benito 7, 48, 199
Myagkow, Michail 175

Napoleon Bonaparte 100, 112, 131, 362, 398
Naumow, Wladimir 386
Nenni, Pietro 409
Newski, Alexander 132, 156
Nikolaus I. 37
Nikolaus II. 88, 269
Nover, Barnet 177
Nowikow, A. A. 363
Nowikow, Nikolai W. 80, 344 f., 355, 364

Ordin-Nachschekin, Afanasi 241
Orlemanski, Stanislaw 238
Osobka-Morawski, Edward 305
Overy, Richard 21

Paulus, Friedrich 166 ff., 170, 173, 175 f.
Pawlow, Dmitri 119, 182 f.
Pechatnow, Wladimir 344
Pétain, Philippe 207
Peter I., der Große 37, 376
Piłsudski, Josef K. 25
Pollitt, Harry 197
Popow, A. S. 379
Popow, Marteian M. 127
Poscharski, Dimitri 132
Poskrebyschew, Alexander N. 387
Posunow, I. I. 379
Puschkin, Alexander S. 379
Putin, Wladimir 13

Rákosi, Mátyás 282
Resis, Albert 38, 496

Rhee, Syngman 413, 417
Ribbentrop, Joachim von 45, 47 f., 53, 56, 58, 66, 76 ff., 190
Richthofen, Wolfram von 166
Rjumin, Michail D. 385
Roberts, Cynthia A. 95, 99
Rodimtschew, A. I. 171
Rokossowski, Konstantin K. 71, 99, 176, 182, 231, 233 f., 242, 290 f., 296, 408
Roosevelt, Elenor 302, 351
Roosevelt, Franklin Delano 7, 19, 113, 159, 163, 179, 191, 194, 199 ff., 205 f., , 224, 226, 228, 235, 237 f., 244 f., 254 f., 259, 261, 264 f., 269 f., 273 f., 276 f., 294, 301 f., 304, 307, 316, 318 f., 321, 328, 344 f. 351 f. 384, 406, 414, 422
Roskin, Grigori 377
Rychagow, Pawel 119

Saburow, Maxim Z. 388
Schadanow, A. A. 37, 40
Schakarow, Marschall 95
Schaposchnikow, Boris M. 93, 114 f., 119, 122 f.
Schdanow, A. A. 126, 358
Schdanow, Andrei 372, 378
Schdanow, Juri 126 ff., 181, 358 f., 372, 376, 378, 382, 386, 388
Scherbakow, A. A. 130, 385
Schostakowitsch, Dimitri 375
Schtemenko, Sergei M. 114, 178, 180, 182, 206, 291, 294, 296, 322, 421
Schukow, Georgi K. 23, 26 ff., 91, 94 f., 98 ff., 111, 114 f., 119 f., 127, 129 f., 133 f., 144, 146 f., 151 f., 167, 173, 178 ff., 230 f., 233, 290 ff., 296 f., 299 f., 307, 362 ff., 421
Schulenburg, Friedrich Graf von der 75, 78, 83 f.
Service, Robert 496
Shirer, William L. 45
Shulman, Marshall 406
Sikorski, Władysław 134, 194
Simonow, Konstantin 376
Slansky, Rudolph 384, 384
Sluch, Sergej 51
Smith, Walter Bedell 296, 394, 377
Smuschkewisch, Jakow 119
Sokolowski, W. 421
Soong, T. V. 323 f., 328

Sorge, Richard 86 f.
Soschtschenko, Michail 375
Spriano, Paolo 197
Stalin, Jakow 23
Stalin, Wassili 362
Stamenow, Iwan 189
Stassen, Harold 38, 352, 354
Stettinius, Edward 273, 303
Strachey, Lytton 495
Subkowa, Elena 370
Sudoplatow, Pawel 189
Sung, Kim-Il 40
Suritz, Y. Z. 67
Suworow, Alexander W. 132, 156, 362

Tarle, Jewgeni 346
Taylor, A. J. P. 69, 121
Tedder, Sir Arthur 293
Thorez, Maurice 201, 360
Timoschenko, Semjon K. 67, 71, 91, 93 ff., 98, 100, 114, 118 f., 122 f., 145, 152
Tito, Josip B. 41, 239 f., 246, 265 ff., 274, 278, 280, 298, 309, 334, 358, 392 ff.
Togliatti, Palmiro 197, 200
Trotzki, Leo D. 394
Truman, Harry 7, 265, 301 ff., 306 ff., 312 f., 316, 325, 328 f., 331 f., 336, 339, 342, 345 f., 349, 352 f., 357, 360, 374, 384, 399, 405 f., 409 f., 423
Tscheptsow, Alexander 383
Tschernjachowski, Iwan D. 290 f.
Tschou En-lai 404, 417
Tschuikow, Wassili 167 f., 170 f., 292
Tuchatschewski, Michail N. 28, 31
Tupikow, W. F. 123

Varga, Eugen 355, 376 f.
Vatutin, Nikolai 151, 172, 179

Wallace, Henry 265, 406
Walsh, Stephen 174
Wasilewska, Wanda 196
Wassilewski, Alexander M. 26, 28, 95, 99, 122, 144, 146, 152, 167, 173, 179 ff., 229 f., 290, 322, 328, 365, 421
Weathersby, Kathryn 415
Weichs, Maximilian Reichsfreiherr von 150
Werth, Alexander 132, 155 f., 180, 225, 234, 299, 332, 347, 351, 366

Weschanow, W. W. 173
Wilhelm II. 257
Wischnewski, Wsewolod
  374
Wolkogonow, Dimitri 24, 26

Woroschilow, Kliment 32, 35, 65, 70 f., 93, 117,
  126 f., 181, 198, 210, 259, 363
Wosnesenski, Nikolai 117, 380 f.
Wyschinski, Andrei 80, 200, 242 f., 277, 316,
  384, 399 f., 402, 405, 409

Danksagung

Ein Buch wie dieses wäre nicht möglich gewesen ohne die enorme Zunahme an Wissen, das aus der Öffnung der sowjetischen Archive in den letzten 15 Jahren resultiert – durch den direkten Zugang zu neuen Dokumenten oder durch die Publikation von Tausenden noch unbekannter Quellen aus den Archiven. Lytton Strachey beklagte sich einmal darüber, dass »man niemals die Geschichte des Viktorianischen Zeitalters wird schreiben können: Wir wissen einfach zu viel darüber.« Angesichts der Berge an neuen Dokumenten über Stalin weiß ich genau, wie er sich fühlte. Stracheys Lösung dieses Dilemmas sollte eine Serie von enthüllenden Porträts wichtiger Personen des Viktorianischen Zeitalters sein. Ich habe eine ähnliche Strategie eingeschlagen, nur mit dem einen Unterschied, dass ich Stalin eher entmystifizieren als enthüllen wollte. Dies ist keine konventionelle Biografie, sondern das Buch präsentiert ein genaues Porträt Stalins als eines politischen Führers. Ich habe außerdem versucht, Stalin mit eigener Stimme sprechen zu lassen, sodass sich der Leser einen eigenen Eindruck und ein Urteil über ihn zu bilden vermag. Gleichwohl war die Forschungsaufgabe enorm. Aber glücklicherweise war Hilfe von renommierten Gelehrten zur Stelle, die schon viele rätselhafte Aspekte über Stalin und seine Zeit erhellt haben. Zu ihnen gehören auch Forscher wie Robert H. McNeal, der sich in vorarchivarischen Zeiten hauptsächlich auf öffentlich zugängliche Quellen wie Stalins Reden, Zeitungsartikel und den rein chronologischen Ablauf der Geschehnisse gestützt hat. Eine Sache, die ich bei meinen Arbeiten in den sowjetischen Archiven gelernt habe, ist, wie wichtig es ist, öffentliche als auch vertrauliche sowjetische Quellen zu nutzen. Das meiste über das, was Stalin gedacht und getan hat, kann man schon in den sowjetischen Zeitungen lesen. Die Herausforderung aber, vor der Historiker stehen, ist, solche traditionellen Quellen mit den neuen Belegen aus den russischen Archiven zu verbinden und sie zu integrieren. Dies bedeutet, dass auch die zahlreichen Ergebnisse der Forschung wieder belebt werden müssen, die entstanden sind, als die Sowjetunion noch existierte und der Zugang zu ihren Archiven verwehrt war. Die Arbeiten von McNeal, Isaac Deutscher, John Erickson, William McCagg, Paolo Spriano, Alexander Werth und anderen sind eine unschätzbare Quelle, die zu ignorieren wir uns nicht leisten können. Die alte Forschung ist keineswegs überholt.

Meine eigene Forschung in den russischen Archiven konzentrierte sich auf mein Spezialgebiet der Außenpolitik und der internationalen Beziehungen. Mein Aufenthalt in Moskau wurde unterstützt durch Professor Alexander Chubaryans Institut für Allgemeine Geschichte an der Russischen Akademie der Wissenschaften, insbesondere durch meine lieben Freunde in der Kriegsabteilung und der geopolitischen Sektion, die von Professor Oleg Rchechewski und Dr. Michail Myagkow geleitet wird. Besonderen Dank schulde ich Dr. Sergei Listikow, der mir in den letzten zehn Jahren unzählige Male geholfen hat.

Zu den vielen Freunden und Kollegen, die im selben Bereich arbeiten und mit denen ich Ideen und Materialien ausgetauscht habe, gehören: Lew Bezymenski, Michael Carley, Alexei Filitow, Martin Folly, David Glantz, Kathleen Harriman, David Holloway, Caroline Kennedy-Pipe, Jochen Laufer, Mel Leffler, Eduard Mark, Evan Mawdsley, Wladimir Neweschin, Alexander Orlow, Wladimir Pechatnow, Silvio Pons, Alexander Posdeew, Wladimir Poznyakow, Robert Service, Teddy Uldricks, Geoffrey Warner und der verstorbene Derek Watson. Ihnen allen bin ich sehr dankbar. Albert Resis las fast das ganze Manuskript und versuchte, mich vor so vielen Fehlern wie möglich zu bewahren. Ich hoffe, dass ich seiner großen Mühe gerecht geworden bin. Außerdem habe ich sehr von den Hinweisen der Lektoren von Yale University Press profitiert. Vielen Dank auch an meine Freundin und Lehrerin Swetlana Frolowa, die meine Transkriptionen überprüft und mir bei einigen Übersetzungen geholfen hat.

Was Institutionen anbelangt, muß ich mich zuallererst bei meinem University College Cork bedanken, das mir das Privileg einiger unterrichtsfreier Semester einräumte, sodass ich in England, den Vereinigten Staaten und in Russland forschen konnte. Die Geisteswissenschaftliche Fakultät des University College Cork war mir eine unverzichtbare Hilfe bei der Finanzierung meiner Forschungsreisen, wozu auch im Jahre 2000 das begehrte Stipendium ihres Forschungsförderpreises gehörte. Im September 2001 unternahm ich meine erste Forschungsreise in die USA, dank eines Kurzzeitstipendiums des Kennan Institute for Advanced Russian Studies. Es versetzte mich in die Lage, die unverzichtbaren Unterlagen Harrimans in der Library of Congress von Washington, DC, konsultieren und erforschen zu können. 2004–2005 erhielt ich den Forschungspreis des Irish Research Council for Humanities and Social Sciences. Während dieses lehrfreien Jahres wurde mir der Preis der Fulbright Commission verliehen, der es mir ermöglichte, drei Monate an der Harvard University zu verbringen. In Harvard war ich Gast von Mark Kramer und des Forschungsprogramms zum Kalten Krieg des Davis Center für Russische

Geschichte. Marks erstaunliche Forschungen in russischen Archiven waren für uns alle eine Inspiration, und sein Forschungsprogramm hat Tausende Rollen Mikrofilme aus sowjetischen Archiven zusammengetragen, von denen ich viele während meiner Arbeit in Harvard auswerten konnte.

Auf einer Reihe von Tagungen konnte ich die Ergebnisse meiner Arbeit vorstellen. Besondere Erwähnung verdienen dabei die Jahrestreffen der British International History Group, die mir die Gelegenheit gaben, meine Überlegungen mit Spezialisten der internationalen Geschichte zu teilen. Der Zugang zur Moskauer Konferenzreihe wurde für mich 1995 durch Professor Gabriel Gorodetsky eröffnet, und ihr Nutzen hinsichtlich der Ideen und Kontakte war unermesslich. Sein eigenes Buch über Stalin – *Grand Delusion: Stalin and the German Invasion of Russia* – und den 22. Juni 1941 ist ein Klassiker, der mir den Weg wies. Die beiden Hauptarchive, in denen ich in Moskau gearbeitet habe, waren das des Außenministeriums sowie das Russische Staatsarchiv für soziale und politische Geschichte, in dem sich das Archiv der kommunistischen Partei für die Zeit Stalins befindet. Ich verbrachte auch viel Zeit mit der Lektüre von sowjetischen Zeitungen in der staatlichen Moskauer historischen Bibliothek. Ich möchte den Mitarbeitern der Archive und Bibliotheken für ihre Geduld und Ausdauer danken, die sie mir gegenüber stets bewiesen haben. Meine Hauptstütze in London waren wie immer die Bibliotheken der London School of Economics und der School of Slavonic und East European Studies.

Dieses Buch ist dem verstorbenen Dennis Ogden gewidmet. Dennis gehörte zu der Generation britischer Kommunisten, die mit der Entlarvung des Stalinkultes 1956 durch Chruschtschow zurechtkommen mussten. Er war zu dieser Zeit in Moskau, wo er als Übersetzer arbeitete, und nahm an einer Parteiversammlung in seinem Verlag teil, als die »Geheimrede« verlesen wurde. Er erinnerte sich oft an die Bestürzung, den Unglauben, den Schock und das Schweigen derjenigen, die anwesend waren. Als ich ihn in den Siebzigerjahren traf, betrieb er kritische Studien über das sowjetische Sozialismusexperiment und stand an der Spitze der Kritik des sowjetischen Autoritarismus und der Unterdrückung von Dissidenten. Sein unabhängiger, kritischer Geist hat mich seitdem immer inspiriert.

Dies ist das vierte Buch, an dem ich zusammen mit meiner Verlegerin Heather McCallum gearbeitet habe. Nach wie vor bin ich von ihrer Professionalität und Hingabe beeindruckt, Bücher zu verlegen, die sich sowohl an eine wissenschaftliche als auch an eine interessierte breite Öffentlichkeit wenden.

Und dies ist das achte Buch, an dem ich mit meiner Partnerin Celia Weston gearbeitet habe. Sie war sowohl intellektuell als auch editorisch, emotional wie materiell beteiligt. Niemand hat zu dem Buch mehr beigetragen als Celia. Ich weiß wirklich nicht, was ich ohne sie tun würde.

David Stevenson
1914–1918
Der Erste Weltkrieg
800 S. mit zahlreichen
Bilddokumenten
Gebunden mit
Schutzumschlag
ISBN 978-3-538-07214-5

Stevenson schildert das Kampfgeschehen auf sämtlichen Kriegsschauplätzen und verknüpft es mit den wirtschaftlichen und gesellschaftlichen Fakten. Zugleich erhellt er die oft undurchschaubaren Vorgänge der Politik und Geheimdiplomatie. Die Lage der leidenden Zivilbevölkerung, besonders der Frauen, wird eingehend gewürdigt. Der Blick des Autors richtet sich aber auch auf die Folgen des Krieges, denen das ausführliche Schlusskapitel »Auswirkungen« gewidmet ist. Eingehend thematisiert Stevenson die bis heute reichenden Nachwirkungen – die aus den leidvollen Erfahrungen des Ersten Weltkriegs hervorgegangene Neue Weltordnung, die Ansätze zu Freiheit und Demokratie, aber auch den Vormarsch des Nationalsozialismus und anderer Diktaturen.

»Ein Buch, das in wahrhaft erschöpfender Weise die Zeit des Ersten Weltkriegs einer ebenso nüchternen wie detaillierten Untersuchung unterzieht.« FAZ

»Grandiose Geschichtsschreibung.« DIE ZEIT

Artemis
&Winkler

Fabrice d'Almeida
Hakenkreuz und Kaviar
Das mondäne Leben im
Nationalsozialismus
380 Seiten
Gebunden mit
Schutzumschlag
ISBN 978-3-491-35013-7

Almeidas Buch ist die erste umfassende Darstellung des gesellschaftlichen Lebens der Nationalsozialisten. Adlige, Kulturgrößen, Filmstars, Karrierediplomaten und hohe SS-Angehörige bildeten einen dekadenten Hofstaat der braunen Emporkömmlinge und verschafften ihnen das erwünschte Sozialprestige. Die korrumpierte Gesellschaft ließ sich weder durch Krieg noch Massenmord bei ihren exklusiven Vergnügungen stören.
Sie profitierte von dubiosen Geschäften mit den Machthabern und machte Diskretion zur wirksamsten aller gesellschaftlichen Barrieren.

Die scheinbar glanzvolle Fassade der Nazidiktatur – ein Blick in den Abgrund.